董仲舒与儒学研究

第十辑

魏彦红 主编

曹迎春 卫立冬 耿春红 李建明 副主编

巴蜀书社

图书在版编目（CIP）数据

董仲舒与儒学研究.第十辑/魏彦红主编.—成都：
巴蜀书社，2020.6
ISBN 978-7-5531-1344-9

Ⅰ.①董… Ⅱ.①魏… Ⅲ.①董仲舒（前179－前104）
－哲学思想－思想评论－文集②儒学－研究－文集
Ⅳ.①B234.55-53②B222.05-53

中国版本图书馆CIP数据核字（2020）第140715号

董仲舒与儒学研究（第十辑） 魏彦红 主编

责任编辑	李小依
出　　版	巴蜀书社 成都市槐树街2号　邮编610031 总编室电话：(028)86259397
网　　址	www.bsbook.com
发　　行	巴蜀书社 发行科电话：(028)86259422　86259423
经　　销	新华书店
照　　排	四川胜翔数码印务设计有限公司
印　　刷	成都蜀通印务有限责任公司 (028)64715762
版　　次	2020年6月第1版
印　　次	2020年6月第1次印刷
成品尺寸	148mm×210mm
印　　张	19.75
字　　数	650千
书　　号	ISBN 978-7-5531-1344-9
定　　价	98.00元

本书若有印装质量问题，请与工厂调换

2019年6月30日,中央电视台采访衡水学院董学研究情况

魏彦红教授参加第八届国学院长会议

董子学院魏彦红(左)与代春敏(右)在上海交通大学参加第五届君子文化论坛

2019年,在德州举行的董仲舒思想研究高峰论坛的开幕式上,中华孔子学会董仲舒研究委员会会长余治平(中)致辞,副会长季桂起(右一)主持开幕式

在德州董仲舒思想研究高峰论坛上,董子学院教师合影

在第七届全国儒学社团联席会暨第六届河北儒学论坛上,董子学院教师合影

魏彦红与董子学院外聘韩国学者金周昌(左)参加纪念张岱年先生110周年诞辰学术研讨会

魏彦红在纪念张岱年先生110周年诞辰学术研讨会上与张岱年之子张尊超(左二)夫妇和北京大学王东(左一)合影

魏彦红在纪念孔子诞辰2570周年国际学术研讨会上与国际儒学联合会第六届会长刘延东合影

魏彦红在纪念孔子诞辰2570周年国际学术研讨会上与孔子第77代嫡孙、末代衍圣公、大成至圣先师奉祀官孔垂长合影

在纪念孔子诞辰 2570 周年国际学术研讨会上魏彦红(右)、李姝睿(左)与著名思想史家张岂之合影

魏彦红在纪念孔子诞辰 2570 周年国际学术研讨会上与安乐哲先生合影

魏彦红在纪念孔子诞辰 2570 周年国际学术研讨会上与国际儒联副理事长、韩国著名学者梁成武(中)和副理事长、台湾政治大学名誉教授董金裕(右)合影

参加国际儒学联合会"纪念孔子诞辰2570周年国际学术研讨会"的董子学院学者在人民大会堂合影

2019年中央电视台"发现之旅"聚焦先锋榜栏目组再次为衡水董学事业拍摄专题片

董子学院白立强(左)和金周昌(右)参加2019年"儒家思想与人类和平"国际儒学论坛

董子学院代春敏（前排左五）、白立强（前排左七）在孔子博物馆参加游学活动，并为大家讲解儒家思想

衡水学院董子学院承办《光明日报》"构建人类命运共同体·中国经验"国际论坛董仲舒专场。邓红（日本）、李宗桂、金春峰、谢遐龄、孙兴彻（韩国）、余治平等著名学者参加论坛，衡水学院董子学院魏彦红主持

《光明日报》国学版主编梁枢在"构建人类命运共同体·中国经验"国际论坛董仲舒专场与发言学者进行交流

河北省董仲舒研究会第二届会员代表大会暨 2019 董仲舒研究会和董子学院学术年会开幕式

河北省董仲舒研究会新当选的第二届理事会会长、副会长、秘书长与会员见面

2019年12月,董子学院与韩国韩中哲学会、高丽大学联合举办的首届"董仲舒哲学与周易"国际学术研讨会在高丽大学举行。魏彦红代表中方致辞

董子学院参加首届"董仲舒哲学与周易"的学者与高丽大学教师合影

董子学院学者参观韩国成均馆大学校儒学大学

在2020年春衡水市"民营企业赶大集"活动中董子学院组建了服务地方四大博士团队（左起：魏彦红、曹迎春、王文书、白立强）

衡水市委书记王景武(中)在"民营企业赶大集"活动中对董子学院团队予以极大关注

衡水市市长吴晓华(左二)在"民营企业赶大集"活动中对董子学院的成绩高度赞赏

中华孔子学会董仲舒研究委员会会长余治平在"第四届南海青年学者高峰论坛"暨"儒学演进与创新"学术研讨会上致辞

董子学院学者代春敏、魏彦红、白立强参加第四届南海青年学者高峰论坛暨"儒学演进与创新"学术研讨会

2020年7月15日,山东寿光董子后裔到访董子学院

董子学院金周昌在"纪念大成至圣先师孔子圣诞2570周年河北省己亥秋期释奠礼"上担任亚献官

董子学院魏彦红、金周昌参加2019中国实学会学术大会

目 录

序 盛世文化的代表 …………………………… 周桂钿（001）
序 ………………………………………………… 蒋重跃（004）

董仲舒政治思想研究 …………………………………………（001）
 董仲舒《春秋》"大一统"与"通三统"考论 …… 王传林（003）
 论董仲舒的政治思想及其在汉代的影响 ………… 季桂起（018）
 论董仲舒的革命思想 ………………… 王江武 王 康（053）
 阴阳五行与董仲舒"官制象天"学说 ……………… 王 博（068）
 董仲舒"慎德"思想及其现代价值 ………………… 曹迎春（082）
 董仲舒的重贤思想 …………………………………… 刘贵生（091）
 董仲舒治国理念与传统家国情怀的特质 ………… 张 倩（098）
 "十指""五行"与"三之道"
  ——董子的"天下"观 ……………………… 张丰乾（112）
 从正名思想看董仲舒的仁义观 …………………… 代春敏（131）
 "儒如五谷"视域下的"独尊儒术" ……………… 胡发贵（143）
 天、君、儒：构建神学政治思想基础的三角哲学
  …………………………………………………… 杨清虎（151）

董仲舒人性论研究 ……………………………………………（165）
 董仲舒人性论的黄老学特色及研究意义 ………… 白延辉（167）
 董荀二子"性朴"论的同异 ………………………… 林桂榛（180）

董仲舒伦理思想研究 ……………………………………………（189）

以"纲"统"常"以"常"论"纲"
——三纲五常思想在汉代的整合………………左康华（191）
从孟子与董仲舒的"仁—义—利"结构论道德实践的
主体价值抉择…………………………………王涵青（205）
董仲舒正谊明道思想浅议……………………………王即之（221）
董仲舒论"孝之天经地义"观及其现代价值…………魏彦红（231）
《春秋繁露》中的孝道思想及其现代价值……………白立强（237）

董仲舒美学思想研究 ……………………………………………（255）

试论《周易》对西汉董仲舒审美观念的影响
——以《春秋繁露》为研究对象的考论…………谢金良（257）
董仲舒"祥瑞"思想的美学诠释…………………………陆纪君（269）

董仲舒法学思想研究 ……………………………………………（279）

从法哲学的角度看董仲舒思想……………张秀洁 刘炜华（281）

董仲舒生态思想研究 ……………………………………………（289）

董仲舒的"天人之际，合而为一"的生态思想
…………………………………………范 慧 乔清举（291）
董仲舒王道思想中的生态智慧与启发
——以《春秋繁露》为中心………………………魏彦红（317）

董仲舒养生思想研究 ……………………………………………（329）

董仲舒的君子养生观与饮食思想……………………唐 艳（331）

董学文本研究 ……………………………………………………（347）

《春秋繁露》辨伪三流派论……………………………邓 红（349）
董仲舒论"智慧"及其现代启示
——兼谈先秦儒家智慧观…………………………耿春红（372）

董学史研究 ………………………………………………………（381）

从《论衡》看王充的董仲舒观………………魏可音 魏彦红（383）
朱熹对董仲舒的品评研究………………………………王宏海（402）
康有为对董仲舒的历史定位和态度评价………………魏义霞（429）

从三科九旨到六科十旨
　　——以康有为、苏舆对《春秋繁露》的诠释为中心
　　　　……………………………………………… 李有梁（440）
董仲舒"三纲五常"说的解读及其价值
　　——以刘师培、贺麟董子学研究为视角………… 姜淑红（460）

董仲舒思想的价值、影响与当代借鉴研究 …………（467）
　董仲舒儒学的精神方向……………………………… 李宗桂（469）
　董仲舒与中国"文"化
　　——王充"孔子之文在仲舒"说诠说…………… 杨朝明（473）
　董仲舒思想的当代借鉴……………………………… 李奎良（482）
　以儒家"五常"引领新时代"五商"………………… 苗泽华（486）

董仲舒生平事迹研究 …………………………………（497）
　董仲舒年谱考补……………………………………… 王　泽（499）
　董仲舒与淮南之狱考究……………………………… 王文书（522）

董子故里文化研究 ……………………………………（533）
　地方志书视角下的董子故里文化…………………… 田卫冰（535）

董学研究综述 …………………………………………（571）
　风雨沧桑七十年　董学研究归正道
　　——1949年以来的董仲舒哲学研究回望与反思
　　　　………………………………………………… 余治平（573）
　近四十年"罢黜百家，独尊儒术"问题研究的三个阶段
　　……………………………………………………… 丁四新（581）
　"2019中国·衡水董仲舒与儒家思想国际学术研讨会"综述
　　………………………………………… 曹迎春　韩　星（597）

序　盛世文化的代表

周桂钿

两千多年前的儒家提出了最高的社会理想和现实的社会理想。最高理想是"大道之行也，天下为公"的大同社会。最高理想很难实现，现实社会是"大道既隐，天下为家"的家天下。家天下也有兴衰成败的问题，兴盛时，社会安定，经济发展，人民安居乐业。这叫小康社会。如果天下分裂，社会大乱，战争爆发，经济崩溃，人民流离失所。这就是乱世。中国历史上经常出现乱世与治世的交替。大乱后有大治，治以后又乱，分久必合，合久必分。治理得好，可以安定数百年。治理不好，连续动乱，难有安定的日子。中国人的梦想首先是实现小康的现实理想，而最高理想只是追求的目标，时过两千多年，还没实现，再过两千年，也未必能实现。因此，我们要争取的首先是现实理想，那就是小康社会。

儒家认为尧、舜之前是公天下的大同社会，就是公有制的原始社会。从禹开始出现家天下，这是私有制的社会。儒家还认为，在禹、汤、文武、成王、周公执政时期是小康社会。这时的家天下，社会安定，没有战争，秩序良好。这是三代的前期。接着后来就逐渐变坏了。夏桀和商纣当政都是乱世，才被汤、武所取代。特别在周朝末期，天下大乱，周天子没有权威，礼崩乐坏，各诸侯分裂割据，年年纷争，大国强国吞并小国弱国，最后七强纷争进入战国时代，最终由秦国吞并六国统一天下，建立秦朝，筑长城，统一文字与度量衡，改封建制度为郡县制度。秦虽然统一了，由于执政缺乏德教，不久又陷入大乱，很快又灭亡了。继承秦朝的是汉朝，虽然改朝了，而家天下的格局没有改变，一直延续到清朝，达四千五百多年。四千多年中，虽然不断改朝换代，家天下的格局没有变化，虽有改革与创新，只是在完善这种制度。新朝代刚建立往往比较好，社会安定，经济发展，人民安居乐业，呈现盛世状况。延续一段时间后，就逐渐政治腐败，进入乱世，统治者被人民推翻，被有德者取代。在中国历史上有汉唐盛世。汉朝与唐朝的前期与三代前期相似，都可以称为盛世即小康社会。

大同是儒家的最高理想，很难达到，小康则是可以实现的现实的理想社会。大同与小康就成为古今中国人的共同梦想。

尧舜之前还没有出现私有制的原始社会，儒家称为"天下为公"的时代。当时社会状况，我们不清楚。夏、商、周三代，孔子对于夏、商的社会制度已经不太清楚，礼制大概已经出现。后代考古可以确定商代有甲骨文和祭祀文化。至于周代，孔子有比较多的了解，主要的有周公制礼作乐，创造礼乐文化，又实行分封建国的封建制度，细节保存在儒家的典籍中。秦王朝建立时，实行郡县制，取代封建制，同时废除许多礼乐细节。春秋时代已经礼崩乐坏，这时改朝的冲击，使礼乐细节荡然无存。

汉代秦之后，许多儒生企图恢复周礼，由于资料不全，他们收集残篇断简，加上想象猜测，重新创造出与时代相适应的礼乐制度来。"礼之用，和为贵"，礼乐的作用最重要的就是使社会和谐。汉初统治者为了巩固得来不易的政权，采取了一系列措施，协调各种社会关系，消除危险因素。在稳定的条件下，发展生产，保障供给，让人民安居乐业。人民富裕以后，就开始奢侈，而当官的就抢先腐败，教育就变得特别重要。正如孟子所说，生活好了，不接受教育，就会变得与禽兽差不多。刘邦巩固政权，文、景时代使百姓富裕，汉武帝开始独尊儒术，大办教育，发展文化事业。汉初这三阶段形成了盛事景象：社会稳定，经济发展，文化提高。

文化提高，培育了史学家。史学家记述了盛世景象。司马迁、班固等著名史学家，记录了汉代社会的状况。在盛世之下有许多社会问题，是动乱的萌芽，任其发展，就会毁灭这个盛世。这里有丰富的经验与教训。还有一些著作，如陆贾《新语》，贾谊《新书》，桓宽《盐铁论》等，都从不同角度阐述了治理天下的深刻理论。特别是董仲舒，不置产业，专心理论探索，提出一些重要思想，对后代有深刻的影响，如"大一统论"，形成民族意识。为民族统一作出贡献的，是民族英雄；分裂民族，出卖民族利益的，是民族败类、汉奸卖国贼。又如"独尊儒术"，奠定了以儒学为主干的中华民族精神。因此，董仲舒被称为经学大师，"为儒者宗"，"为群儒首"，上承孔子，下启朱熹，堪称中华文明史上三大圣之一。

孔子生于春秋时代的乱世，朱熹生于南宋末世，只有董仲舒生于西汉前期的盛世。因此，董仲舒哲学即董学为盛世文化的代表。

董仲舒故里广川，今属河北衡水市，衡水学院的学者们重视本地先贤，潜心研究，又组织全国性会议，交流研究成果和体会。现将这些论文汇集出版，编辑邀我作序，我以为好事，当即应允，在视力很差的情况下，闭目思考，写下以上文字，权充序，请读者指正！

序

蒋重跃

《衡水学院学报》主编魏彦红教授要我为他们将要出版的《董仲舒与儒学研究》系列文集作一篇序,其中的文章多出自他们学报的特色专栏"董仲舒与儒学研究"。我欣然接受了这项任务。为什么呢?一来是因为这个主题与我的学术领域相关,对于它的学术意义和价值,我多少还能有所了解;二来是因为办特色栏目对于高校社科学术期刊的发展具有重要的意义,作为全国高等学校文科学报研究会理事会的负责人,我的确感到有话可说。

毫无疑问,董仲舒是中国古代历史上第一流的学者和思想家。在他生活的时期,王朝统治正在从"清静无为"向"以孝治天下"(其实是"以霸王道杂之")过渡,很自然地,学术思想上也就要从黄老之学向儒学转向。董仲舒的思想就是儒学向意识形态最高地位攀升的代表。他的"天人三策"对于汉武帝实施思想统治产生了重大影响;他对《春秋》学的研究继承了先秦公羊家传统,被当时的思想界和学术界公认为一家,并进而规范了两汉公羊学的基本走向。董仲舒在当时的政治、思想、文化、教育、学术等诸多方面都留下了影响。他在世时就受到最高统治者和学界的隆重礼遇,身后长期受到尊崇。不过,在特定的历史时期,他也会遭遇相反的命运,受到世人的批评、误解,甚至污蔑和谩骂。时至今日,关于董仲舒,仍有许多问题需要不断地探索和研究。例如，他对天人关系的认识究竟是毫无价值的宗教迷信，还是饱含真知灼见的理性反省？他的一统思想、三统论、三世说究竟是稀奇古怪的歪理邪说，还是别有会心的奇思妙想？他对公羊家法有怎样的贡献？他的学术活动在人类知识发展史上占有怎样的地位？他的思想在今天还有哪些意义和价值？这些问题的确大有研究的必要。

在中国历史上，像董仲舒这样的大思想家并不多见，如果回念两千多年的悠久历程，放眼中国乃至全世界的广袤地域，这个话题就更显得弥足珍贵了。在我国当下的中等学校和高等院校文史哲的相关教材和学术著作中，是不会丢掉董仲舒的。专以董仲舒为题的学术著作也有十几种出版，学术论文就更多了，以董仲舒本人为题的论文每年都会有五十篇左右在正式学术期刊发表，但却没有一种学术期刊是专以董仲舒及与董仲舒相关的思想文化现象为主题的，这不能不说是一个缺憾。怎么办呢？

2007年，就在董仲舒的家乡，《衡水学院学报》创设了"董仲舒研究"专栏，弥补了学术界的这个缺憾。为了办好这个栏目，《衡水学院学报》的主编和编辑不辞辛劳，做了大量工作。他们在全国范围内发出征稿函和约稿函，专程拜访董学专家，参加相关学术研讨会，举办全国董仲舒思想高端学术论坛，还通过网络（博客、微博等）挖掘稿源。他们的努力得到了丰厚的回报，许多著名的董学专家学者纷纷把自己的研究心得贡献出来。在短短的几年里，他们与众多董学研究知名学者建立并保持了良好的合作关系，专栏共刊登了一百多篇董仲舒研究论文，其中不乏精品力作，所以才有本文集的系列出版。

《衡水学院学报》创办"董仲舒与儒学研究"专栏是一个有代表性的案例，它说明，综合性学术期刊创办特色栏目是必要的，更是可行的。

首先，在我国的学术研究和学术期刊界，有一个问题一直困扰着人们，即一方面是有许多学术专题研究成果需要发表，另一方面却是没有足够的与之相应的专题期刊以供论文发表。这样的研究课题和领域有许多，历史人物方面涉及思想家、教育家、文学家、政治家、军事家等等，地域文化方面涉及齐鲁、闽越、河海、三晋、关陇、巴蜀、岭南等等，行业文化方面涉及盐铁、纺织、印刷、演艺等等。与此相适应，各个主题下的研究队伍也相对集中。但与之相对应的专题性学术刊物却不多。那么，怎样才能更有效地把众多优秀的专题论文发表出来，以满足学术研究的需要呢？在现有的管理体制下，唯有在综合期刊中考虑创办专题栏目这条路可走。

其次，随着高等教育的快速发展，如何为提高高校的学术研究水平和教学的学术含量服务，也成了摆在高校学术期刊人面前的一个大问题。要做到这一点，提高自身的学术水平就是当务之急。除了少数办刊历史悠久、学术资源丰厚的"大刊""名刊"，对于众多创刊时间短、经验相对欠缺、资源相对薄弱的学术期刊来说，要想在短时间内取得整体进步是不现实的。如果结合各自的实际，发挥某一方面的优势，创办特色栏目，先把一个或少数几个栏目办好，然后再把优势扩展到全刊，最终推动全刊整体进步，倒是切实可行的。

正是因为瞄准了以上两点，2003年以来，教育部哲学社会科学名刊建设工程中才专门设立名栏建设计划，至今已经评选出三批共五十余家学报。同时，全国高等学校文科学报研究会在三届评优活动中，专门设立"特色栏目"一项，2014年，共评选出217个优秀特色栏目，鼓励高校学术期刊在创办特色栏目上大胆探索。其中《衡水学院学报》的"董仲舒与儒学研究"专栏连续两届入选研究会评选的特色栏目。政府主管部门和行业组织的这些举措，极大地激发了高校学术期刊创办特色栏目的积极性。目前，许多高校学术期刊都在出点子、想办法，一个争相创办、办好特色栏目的活动正在蓬蓬勃勃地开展起来。《衡水学院学报》的"董仲舒与儒学研究"毫无疑问是其中的一个优秀代表。

创办特色栏目当然要有热情。不过，话又说回来了，创办特色栏目不能脱离实际，要认真研究选题的可行性，切实掌握研究基础和学术队伍的实际情况，保证刊发的学术成果是水到渠成的，而不是揠苗助长出来的。简单说，要在特色和学术水平两者之间形成一种合理的张力或平衡，这才叫质量，才值得去做，才有望获得成功。从本系列文集所选的论文可以看出,《衡水学院学报》在追求特色和水平之间的平衡上作出了他们的努力,应该给予充分肯定。

以上就我所知,对本系列文集的缘起和背景略作介绍,希望对读者的阅读和了解有所助益。

董仲舒政治思想研究

董仲舒《春秋》"大一统"与"通三统"考论

王传林

追根溯源，其实早在《尚书》与《诗经》之中"大一统"思想就已萌芽，如《夏书·禹贡》曰"东渐于海，西被于流沙，朔南暨声教讫于四海"，《小雅·北山》曰"溥天之下，莫非王土；率土之滨，莫非王臣"。《夏书·禹贡》与《小雅·北山》曾为《孟子》《荀子》《左传》《韩非子》与《吕氏春秋》等诸多经典广泛引用，这从侧面反映出战国诸子对《尚书》与《诗经》"大一统"思想的推崇与认同。春秋战国时期诸侯割据，中原大地战乱连年。面对战乱不止与诸侯争霸的局面，先秦儒者纷纷表达出对天下一统的渴望。其中，孟子见梁襄王时提出"定于一"（《孟子·梁惠王上》），荀子提出"天下不一，诸侯欲反"（《荀子·王制》）。战国末期，秦以武力统一六国，帝国"大一统"之理想再度由政治理念变成社会现实。秦始皇"灭诸侯，成帝业，为天下一统"（《史记·李斯列传》），春秋战国以来的混乱局势被暂时扭转。

秦亡汉兴，汉承秦制；中原民族与中原政权再度进入"大一统"的历史发展之趋势，随之，先秦诸子思想的大融合与诸种文化的大融合也相继展开。从汉高祖刘邦征讨匈奴至汉武帝刘彻平定四方，汉王朝对"大一统"的追寻可以说从未停止。所以说，追寻"大一统"是西汉王朝前期的重要政治理想。西汉大儒董仲舒从理论上肯定了"大一统"的合理性，为"大一统"思想赋予新的内容，为西汉政治与人君提出新的理想。虽然,董仲舒"肯定了大一统的专制政体,并不等于他肯定了'家天下'"[1],因此他提出"大一统"与"通三统"应该并行。显然,董仲舒看到了"大一统"与"通三统"之中蕴涵的政治宽容与文化宽容,以及由此生发的中华民族大家庭的整体意识与天下观念。

一、《春秋》"大一统"之义考释

"大一统"一词始见于《春秋公羊传》,是《公羊传》演绎《春秋·隐公元年》经文之新见;西汉公羊学大家董仲舒绍承《公羊传》之新见,又扩而充之,以成宏论。究而言之,何谓"大一统"?《春秋·隐公元年》经曰:"元年,春,王正月";《公羊传》曰:"元年者何?君之始年也。春者何?岁之始也。王者孰谓?谓文王也。曷为先言王而后言正月?王正月也。何言乎王正月?大一统也。"(《春秋公羊传·隐公元年》)细绎之,《公羊传》释"元年"与"春"和《左传》无别,然其认为"王者"为"谓文王也"则或有误。因为古时只有天子建国才改正朔、易服色,但周之建国始于周武王,文王以西伯侯身份而终,生前未曾称王,何能改正朔、易服色。古之宗法制度强调立嫡是以长不以贤,立子是以贵不以长,隐公虽贤于桓公,但桓公的出身贵于隐公,此当是"夫子笔削,以成隐公之意"[2]。尽管注重面向历史本身,但是董子诠释《春秋》大义或许不在于还原史实,而在于引申大义,因此他的诠释与众不同。他认为"何以谓之王正月"是强调"王者必受命而后王,王者必改正朔,易服色,制礼乐,一统于天下,所以明易姓,非继人,通以己受之于天也。王者受命而王,制此月以应变,故作科以奉天地,故谓之王正月也"(《春秋繁露·三代改制质文》)。这一思想在他从"《春秋》之序辞"角度诠释"元年,春,王正月"的过程中有充分体现,他认为《春秋》之序辞将"王"置于"春""正"之间,是在强调人君奉行天道而教化百姓,然后可以为王(参见《春秋繁露·竹林》)。这就是说,《春秋·隐公元年》开篇所言"元年,春,王正月"——把"王"放在"春"与"正"之间,是在强调对上奉行天道、对下端正人道,然后可以成为王者。

《春秋》亲周，故尊崇周朝的一统天下；《春秋》所蕴含的"大一统"与《春秋公羊传》所演绎的"大一统"当是强调天下总系于周之一统，故《春秋公羊传》将此处的"王正月"解释为周文王受天命、改正朔。《春秋公羊传》如此诠释"大一统"思想与《诗经·北山》之"崇周"和《诗经·文王之什》之"尊文王"之义形成呼应。其实，"大一统"思想之萌芽可以追溯至上古之时，如《尚书·尧典》提出"光被四表""协和万邦"，《尚书·禹贡》设五服、别九州、言四海，因土地物产之况而推表山川之美，以黄河流域为中心而观天下，已初现"大一统"之雏形。

然则，《春秋》本为鲁国之史，自隐公元年（前722）始至哀公十四年（前481）止，"王正月"在《春秋》经中共97见，如果说其他所见均指当时之鲁公，缘何隐公元年中的"王正月"被《公羊传》解释为周文王受天命、改正朔？这显然与《春秋》之史不符，也与《公羊传》对别处出现的"王正月"之解释不合。我们推测概有诸种可能：一是《春秋》微言大义，孔子或有特指；二是《春秋公羊传》过度诠释《春秋》经义；三是传释者与诠释者借《春秋》以言道。董子对《春秋》"元年，春，王正月"的诠释就明显有借《春秋》而发己见的理论倾向，他认为新王必改制，修订礼乐制度以成王道教化，如是，便会实现"大一统"以及尊王的王道政治，从而实现天下系于君，六合同风，九州共主的一统盛世。更为特别的是，董子认为《春秋》立新王之道，鲁哀公西狩获麟是新王的受命之符；圣人托于《春秋》之正与不正而阐明改制之义（参见《春秋繁露·符瑞》）。可见在董子那里，孔子已成有德无位的"素王"，"西狩获麟"是孔子的"受命之符"。进一步讲，董子眼中的王道之分殊有二：一是现实中真正的王者之道——当世人君之道；二是《春秋》所立王者之道——"素王"孔子的理想之道；较之，前者是现实的，后者是理想的，二者之间充满张力与冲突。显然，董子希望用孔子的理想之道去影响或校正现实中的人君之道，从而找到理想与现实的契合点，进而实现充满道德理想主义色彩的王道政治。因此，当汉武帝策问董仲舒时，董仲舒向汉武帝建言"《春秋》大一统"是"天地之常经，古今之通谊"

(《汉书·董仲舒传》)。董子认为"大一统"思想是源于《春秋》之史的,是天地之间的不变大道,是古往今来的通行之理;今天人们师于异道、且有异论,百家殊方,指意不同,这是对"大一统"思想的消解与否定。通过历史批判现实,让历史精神照进现实;基于此,董子提出"诸不在六艺之科、孔子之术者,皆绝其道,勿使并进"的政治建议。这与李斯向秦始皇建议的"别黑白而定一尊"(《史记·秦始皇本纪》)如出一辙。值得一提的是,后世学者对董子所言"大一统"而"统"于何有不同看法,清人康有为认为"道大一统,无不统于天"[3]173,"所尊皆天,亦统于天"[3]174;台湾学者李威熊认为"后人言大一统,咸指万民归心,国家统一而说","统一思想,归本儒家,便是要使全国人有一致的信仰,让大家在相同的目标下,致力于共同的利益,所以统一思想都是有其必要的。……它给我们带来一个安详而有层次的社会,使我们的国家二千多年来始终能维持大一统的局面,不像面积与中国等大的欧洲,一直四分五裂,国家居然有二三十个之多,由这一点可以看出儒家文化的博大能容。它对国家的统一,民族的发展,有不可磨灭的贡献。因此,我们平心而论,董仲舒统一思想、尊崇儒术的呼吁,其功当多于过"[4]。

所以说,董子从《春秋》中演绎的"大一统"思想的内涵是多维的,既有基于《春秋》大义对儒家王道政治的理想化期许,又有对秦时以李斯与秦始皇为首的抑儒与焚书之历史行为的反动与校正,其中亦有对《尚书》与《诗经》所蕴含"大一统"精神的回应与创新。从《尚书》与《诗经》的时代至秦时的法家时代再至西汉的儒学时代,历史仿佛在追寻"大一统"的进程中走完了一个正、反、合的辩证过程①。这是我们梳理"大一统"思想值得进一步追寻的历史发展之逻

---

① 《庄子·天下》云:"后世之学者,不幸不见天地之纯,古人之大体。道术将为天下裂。"显然,庄子看到了战国纷争导致的学术分裂,然而他却没有预见政权实现"大一统"之后,学术会以一种极端的方式又归于一。历史在分合之间演绎着自由发展的辩证法则。因此,与其说秦始皇崇尚法家、汉高祖崇尚道家、汉武帝崇尚儒家是"大一统"政治格局下的个人行为,不如说是历史进程中的辩证法则之于王者与时代的映现。

辑与儒学发展之逻辑。

二、"大一统"的多维价值向度

其实，董子建议的"大一统"并不能简单地用"思想一统""政治一统"或者"只有儒家才讲大一统"来笼统论之，董子的建议是多维度与多层次的，既有地理意义上的国家一统、政治意义上的权力一统，又有文化意义上的礼乐一统、政治哲学与伦理观念上的思想一统。其中，还隐隐地强调现实状态中民统于君，理论状态中君统于天。于汉初而言，汉王朝的"大一统"是建基于中华传统文化发展进程之特殊阶段的"大一统"，也是建基于以农耕文明为底色的特定历史环境中的"大一统"；同时，西汉王朝的"大一统"是中华民族之"大一统"历史进程中的一个基本环节，而且处于历史之"合"的节点上。所以说，董子语境中的"《春秋》大一统"是有着多重意蕴与价值向度的。

（一）政治与意识形态的"大一统"

对于集权专制的汉帝国而言，政治与思想的"大一统"是极为重要的。政治层面的"大一统"主要表现为国家权力与地理版图的"大一统"，意识形态层面的"大一统"主要表现为礼乐攻伐自天子出与君民同唱一首歌。董仲舒认为《春秋》明改制之义在于"一统乎于天子"（《春秋繁露·符瑞》），即从现实层面实现"百官同望异路，一之者在主"（同上）。很明显，天子就是"一"，故"王者必改正朔，易服色，制礼乐，一统于天下"（《春秋繁露·三代改制质文》），或曰要完成帝国在政治与意识形态上的"大一统"就应该实行改制、易服、制礼作乐等较为具体的办法。不仅如此，政治与意识形态的"大一统"的本质还表现为当时社会与政治理想的单一化，"如果一个民族或者阶级同时有两种理想深入人心，而且二者实际上有矛盾，结果就必定会出现历史的混乱"[5]。可见，董子不仅从义理上为"大一统"寻找到革旧布新之依据，而且从现实政治运作中找到了切实可行的策略。因为思想的混乱往往导致政治格局的混乱，春秋战国时期就是个例证。所以，西汉前期的帝国领导者与儒生对"大一统"几乎有着同样的政治期待，为确保帝国政治秩序稳态的持续，中央政府非常重视推行"大一统"。无论是采用分封制与郡县制并行的政治模式，还是置儒经博士与设立太学以修政教，其实质皆是在强化"大一统"。换言之，"大一统"之于国家政治、意识形态与社会稳定是极为重要的，其功用并不局限于抑诸侯、固政权、顺民意、承天命。其实，"任何社会的政治上的统一，都需要相应的思想的统一来作为前提和保证"[6]。只不过，董子所设计的"大一统"政治架构既强调人君一人之专制，又强调人君应凭依自身道德成为政治权力的核心，即强调人君的贤与不贤、德与不德是决定社会秩序与政治架构稳定性的根本要素，黎民的福祸、文化的传承、政治的治乱皆以此为据。

值得指出的是，西汉王朝的"大一统"在很大程度上促进了政治的伦理化与权力的儒术化以及华夏各民族多元文化的大融合，从而形成了以汉文化为主体的中华主流文化①。特别是西汉时期的崇五经、兴太学、劝教化等政治与文化理念通过不同方式落实到现实生活，如西汉时期所颁崇孝、尊老、抚农、举孝廉、赦天下等内容的诏令多达

---

① 在此，笔者将自刘邦称帝到王莽新政（前206—）这一时期概称为"汉化时期"或"儒化时期"。所谓"汉化时期"，即以中原地区为中心的主体文化载体的形成，与以汉族文化为核心的文化的萌蘖、发展与扩张。在先秦诸子那里，文化中心论之论调颇为盛行，他们习惯地将"四方"称为南蛮、北狄、东夷和西戎。强秦统一中原，即反映了西戎文化对中原文化的冲击与破坏。汉兴，以刘邦为首的楚人又以中原文化抚平强秦之创伤，进而在"大一统"的政治架构下形成了以汉族文化为主体、诸族文化共存的文化格局。所谓"儒化时期"，即儒家伦理文化参与社会与政治活动的实践过程，亦即儒术在西汉历史变迁过程中逐渐从民间走上政治舞台的过程。其中，颇具标志性的历史事件有：汉初，刘邦过鲁，"以太牢祠"（《史记·孔子世家》）孔子，儒生叔孙通与弟子"共起朝仪"（《史记·刘敬叔孙通列传》），汉武帝"黜黄老、刑名百家之言，延登学儒者数百人"（《史记·儒林列传》）、"置五经博士"（《汉书·武帝纪》），汉宣帝主持的"五经诸儒杂论同异于石渠阁"（《汉书·儒林传》）会议等皆反映出儒学的渐次凸显之迹。参见王传林《论董仲舒的政治伦理思想及运行机制》，黑龙江大学硕士学位论文，2011年，第82页。

百余①,这在很大程度上要归功于政治的"大一统"及其所彰显的政治宽容与伦理关切。

(二)文化与民族的"大一统"

文化与民族的"大一统"是政治与意识形态的"大一统"的具体体现,这对汉帝国而言也不例外,其功用有利于化四夷、播文明、促融合。自然经济的自给性、地理环境的封闭性以及其他诸多因素的局限性致使传统中国文化形态具有明显的早熟性,这种早熟性对传统文化本身的发展趋势、文化心理、价值观念等具有深刻影响。自西汉伊始,中华民族的基本性格、民族心理、民族文化、政治制度、伦理文化、社会结构等诸多社会要素与文化符号日趋形成并得以固化,诚如吕思勉所言:"汉族之名,起于刘邦称帝之后。昔时民族国家,混而为一,人因以一朝之号,为我全族之名,自兹以还,虽朝屡改,而族名无改。"[7]这种文化心理、文化表象与文化符号不仅具有极强的稳定性,而且影响深远。随着以汉文化为主体的新文化中心的逐渐形成,文化与民族的"大一统"和文化自身的扩张力开始显现出来,这一点在汉匈关系上表现得尤为明显。

其实,自汉高祖发动对匈奴之战伊始,汉王朝便踏上继续追寻"大一统"的梦想之路,然迫于汉初经济之困窘却一直被压抑着而不得舒展。时至汉武,武帝承汉七十年之厚积,开疆拓边以耀威德之心,终于在晚年凭借武力平定四夷。只是令汉武帝没有想到的是,他发动的无休止的劳师远征导致国家财政大幅亏空,民不聊生;但是,有不少商人与官吏却趁机发了国难财,使得国家财富相对集中于少数人之手,社会矛盾日益加剧。面对时弊,董仲舒直言当今是废先王之德教,独用执法之吏治民,所以欲德化而被四海则难以成功(参见《汉书·礼乐志》)。基于此,他提出"王者爱及四夷"(《春秋繁露·仁义法》)与"泛爱苍生"(《春秋繁露·离合根》)的政治理念,其意在强调对内应该抑制兼并、均调财富、去除奴婢专杀之威,对外应该

---

① 参见(宋)林虙编:《西汉诏令》,详见(清)永瑢、纪昀等:《文渊阁四库全书》第426册,台北:台湾商务印书馆,1986年版,第971—1061页。

爱及四夷，恩泽华夏——"爱及四夷是太平一统之大道"[3]185。由是观之，董子主张《春秋》"大一统"是通过"爱及四夷"与"泛爱苍生"的方式来实现的，这不仅与历史中的秦始皇以武力统一六国的政治理念有不同，而且与当时汉武帝攻伐四夷的政治理念也有不同，董子深刻地看到了依靠武力实现"一天下"有违人道，而且无法真正地征服人心，同时亦无法真正地实现天下太平。董子在深入研究《春秋》近三百年的战争史之后，假《春秋》大义提出"《春秋》爱人，而战争杀人"（《春秋繁露·竹林》）的政治主张，并规劝人君应该成为王者、应该恩泽四夷。在董子看来，基于"爱人"方式和非战争方式的民族交往不仅是"王者爱及四夷"的体现，而且同样可以实现社会统一与民族融合。相较之，先秦时期的那种轻蔑四方（南蛮、北狄、东夷与西戎）的"天下观"与"自我中心论"已经不能适应西汉新时代的发展要求，在汉帝国"大一统"的政治架构下，华夏各民族的大融合已经成为一种必然趋势。应该说董仲舒的论断是十分深刻的，他为西汉新时代形成的中华民族主体文化提供了一种新的视野和思想资源。即使在今天看来，董仲舒倡导的爱及世界与泛爱苍生的伦理哲学也仍然有着一定的理论意义与现实意义。

三、"大一统"与"通三统"的辩证关系

自夏肇始，华夏初归一统；经由殷商，至西周又归一统；东周乱世至秦复归一统；自汉定一统，"大一统"的基本格局渐趋稳定。天下格局大抵是一治一乱，或曰"一统"与"分裂"是古代国家政治存在与发展的两种基本形态，其中蕴含某种历史规律与历史之"绝对精神"。那么，新王朝究竟如何处理与旧王朝的复杂关系，旧邦之民、旧邦之文、旧邦之统如何融入新王朝？这历来是明智的人君与有远见的儒生所关切的时代性命题。

（一）"通三统"是"大一统"之下的"通三统"

西周初期天下一统，夏之遗民被封于杞地，商之遗民被封于宋地，夏、商之后人在各自的封地维其统、继其文。史载，"杞、宋二

国皆公爵,于周为客,得用其先王礼乐"[8],即"使服其服,行其礼乐,称客而朝"(《春秋繁露·三代改制质文》)。夏、商之遗民皆在新周的政治架构中获得公爵之分封,这是五爵之中最高一等的爵位,明显高于其他同时获封的诸侯。换言之,新王朝要把前两朝的后裔分别分封到某个地方,让他们的文化得以延续,获封的旧邦之主去见新王朝的王时不是以臣子身份而是以客人身份,这种特殊礼遇是"通三统"之基本精神的体现。反之,旧邦之民若是有异心,新王朝则会进行劝告,甚至讨伐。史载,"武王崩,三监及淮夷叛,周公相成王,将黜殷,作《大诰》"(《尚书·周书·大诰》),"成周既成,迁殷顽民,周公以王命诰,作《多士》"(《尚书·周书·多士》)。凡此可见,政治统治先礼后兵、软硬兼施乃是常道。简言之,"通三统"是"大一统"之下的"通三统",即"通三统"有其底线与边界。若是"通三统"带来的结果有利于"大一统",则推行之;若是"通三统"带来的结果不利于"大一统",则校正之。

当然,董子从历史的视域强调"通三统"还透显出他对夏商周三种文化和谐共存的向往与钦慕,可以说董子在此已经洞见传统文化与当时政权和文化的关系——多元文化融合,既符合历史发展之规律,也符合文化发展之趋势,同时也是历史理性之于当时之世的涌现。董子之后,"通三统"也曾被提及,如汉元帝时期,匡衡以为王者当存前代二王之后,提出"尊其先王而通三统"并强调"《春秋》之义,诸侯不能守其社稷者绝"(《汉书·杨胡朱梅云传》)。又如汉成帝绥和元年(前8)二月,成帝颁诏曰:"盖闻王者必存二王之后,所以通三统也"(《汉书·成帝纪》);再如刘向上疏汉成帝时提出"王者必通三统,明天命所授者博,非独一姓也"(《汉书·楚元王传》)。如果说西汉时期所论"通三统"是基于文化与政治的现实考量,那么东汉时期所论"通三统"则是或多或少地融入了天意与阴阳等更为形而上的理由,如东汉元和二年(85),陈宠在给汉章帝的奏书中提出天以为正而周以为春、地以为正而殷以为春、人以为正而夏以为春,并强调"三微成著,以通三统""周以天元,殷以地元,夏以人元"(《后汉书·郭陈列传》)。统而言之,从董子首言"通三统"到汉成帝、刘向等人认同并推行"通三统",西汉王朝在对待"传统"上是颇具宽容精神的。时至清代,这种保存在中华传统文化中的"通三统"精神仍有体现,康熙三十八年(1699),康熙"复南巡,见明太祖陵圮剥,诏依周封杞、宋例"(《清史稿·志五十九·礼三》)。不难看出,自周至清,"大一统"与"通三统"是并行不悖的,"通三统"甚至成为新王朝收拢旧邦遗民、继承传统、延续国祚的重要政治手段。新王与先王共存,改制与复古交织;这是董子及儒家处理古今文化关系的高明之处,也是中华传统文化得以薪火相继的关键所在。

其实,面对历史传承,新王朝在"大一统"的政治架构中认同并推崇"通三统"是极为明智的政治策略。"大一统"格局中的"通三统"所形成的文化的普遍形式与秩序承载当时新旧文化中同步的和追寻的共同目标与理想,在这个普遍的文化形式与秩序中每一种过去的文化形态有规律地、和谐地、客观地照面、共存与共进。作为普遍的秩序,文化是一个整体,是一个具有包容性的开放体系。这是中华传统文化中的宽容、同化、融合之精神的体现。

(二)"大一统"是"通三统"之上的"大一统"。

董仲舒从历史本身与《春秋》经典中演绎历史精神与数度之道,并在"同数"的基础上将历史、经典与现实对接。董仲舒认为现实政治所追寻的"大一统"既源于历史精神——《春秋》大义,又源于天数在现实中的映现——天道无二、贵一。董子指出《春秋》大义之要在"通三统","通三统"之要在于合于天数;天数三微而成著,故王者法天而为政。新王初立首先应正月以定历法,确定新王朝的正统之色,制订新的礼乐制度等;同时,新王为彰显崇圣尚贤与仁政厚德要对前朝王者子孙与遗民按照礼仪进行分封,使其在新的王朝体制中既能保留其文化、社会与政治之传统,又能朝于新王,融入新王朝。董子强调《春秋》大元、贵一,"一元者,大始也""《春秋》变一谓之元"(《春秋繁露·重政》),"《春秋》之道,以元之深正天之端,以天之端正王之政"(《春秋繁露·二端》);故曰,新王应当重视"大一统"与"通三统"。《春秋》"大一统"之精神与内涵是包容《春秋》"通三统"的,"通三统"是强化"大一统"的具体举措——继承传统,聚拢人心,巩固新生政权。要言之,"通三统"作为具体举措有利于"大一统"——传统得以继承,人心得以聚拢,新生政权得以巩固。所以说"大一统"是"通三统"之上的"大一统"。

然则,后世有学者望文生义,将董子向汉武帝建议的"《春秋》大一统"(《汉书·董仲舒传》)一段话概括为"罢黜百家,独尊儒术",其实这一点从董子主张的"通三统"的角度就讲不通。董子强调在"大一统"的政治架构下实行"通三统",很是重视传统的承继与文化的共存,怎能误解董子是儒家中的文化专制主义者?针对当时"师异道,人异论,百家殊方,指意不同"与"法制数变,下不知所守"之困境,董子认为这是"上亡以持一统"所导致的,因此他向汉武帝建议应该行儒术、"持一统"。尽管董子提出"诸不在六艺之科、孔子之术者,皆绝其道,勿使并进",但这只是个人建议,个人建议是不能直接等同于史实的。况且,他并没有明确究竟只是在政治层面上"皆绝其道,勿使并进",还是从当时的社会与文化中完全根除。其实,董子只是建议汉武帝在治国理政方面应秉行儒术,不应杂糅用之;相反,汉武帝却是阳儒阴法,甚至迷信神鬼仙术,并没有唯儒术是从,更没有唯董子是从。打破高祖刘邦不曾打破的嫡长子继承制的庶出的汉武帝多次策问天下群贤是有其政治意图的,其真正的意图在于寻找确立其政权来源的合法性与为政之道的合理性等政治难题的灵丹妙药。至于说,汉武帝是否严格遵照董仲舒的建议去做了,仅从他们的策问对答是很难捻出答案的;即便是班固本人也只是以"对既毕,天子以仲舒为江都相,事易王"(《汉书·董仲舒传》)一语带过,并没有明言汉武帝直接采纳或严格执行了董子的建议①。至于说后世学人的附益,且另当别论了。

(三)"大一统"与"通三统"之间有张力亦有共融

其实,董子语境中的"大一统"与"通三统"皆是源于对《春秋》大义的诠释与阐发,因此我们不应将其同出一源的思想简单地视为一对矛盾。关于《春秋》语境中的"大一统"与"通三统"之关系,董子说得很清楚:"《春秋》上绌夏,下存周,以《春秋》当新王。……故同时称帝者五,称王者三,所以昭五端,通三统也。"(《春秋繁露·三代改制质文》)从董子主张的"通三统"来看,董子依然是个主张继承历史传统文化的多元论者,尽管从他主张的《春秋》"大一统"来看,他仿佛是个文化一元论者。其实,"通三统"带来的文化多元与"大一统"带来的文化一元正如"通三统"与"大一统"本身一样,并非就是一对不可调和的矛盾。其实,"大一统"与"通三统"是交叉、共融的关系,是你中有我、我中有你的关系;进言之,"通三统"有利于"大一统","大一统"有利于"通三统",二

---

① 笔者按:时至窦太后崩(前135),汉武帝以"武安侯田蚡为丞相,绌黄老、刑名百家之言,延文学儒者数百人"(《史记·儒林列传》),致使"天下之学士靡然乡风",儒术的政治地位比以前有所提升。同时,汉武帝在建元五年(前136)置五经博士,设立太学、诏举孝廉等举措进一步巩固了儒术的政治地位。当然,汉武帝如此之举是否就是完全听从了董子一个人的建议,答案不言自明。其实,汉武帝是广纳谏言,也曾听取公孙弘等人提出的设太学与劝教化等建议(参见《史记·儒林列传》)。因此将汉武帝推崇儒术的建议完全归功于董子是一叶遮目而不见泰山,同样,将董子的建议概括为绝对化的"罢黜百家,独尊儒术"也是与历史不符的。史载,与董子同时期的太史公司马谈著有《论六家要旨》以明当时学术学派之盛况;稍后,甚至连汉宣帝都不承认之前存在过"独尊儒术"的情况。他说:"汉家自有制度,本以霸王道杂之,奈何纯任德教,用周政乎!且俗儒不达时宜,好是古非今,使人眩于名实,不知所守,何足委任!"(《汉书·元帝纪》)更为有力的证据是,据《汉书·艺文志》统计儒家"六艺"之学,当时仅有103家,凡计3123篇,而其他诸子之学则有189家,凡计4324篇,另有兵家、天文、杂占、形法、经方、神仙、房中、方技等诸多门类的大量著作传世,凡此从侧面说明西汉特别是汉武帝时期似乎并未出现过"皆绝其道,勿使并进"——"罢黜百家,独尊儒术",否则的话,何来《汉书·艺文志》描述的蔚为大观的西汉学术之盛景?

者是相得益彰的。历史总是在传承与创新中前行的，或曰传承与创新是驱动时代进步的动力，犹如车之双轮、鸟之两翼。

当然，我们在看到"大一统"与"通三统"之共存与共融的同时，也应该清楚地看到二者之间也存在某种张力。这种张力或许是推动政治进步与历史发展的动力之一，历史或许正是在充满张力的正、反、合的逻辑进路上前行的。如前所论，夏、商之遗民在新周获得封地与爵位，其应做新周之顺民，否则，周王必然诏谕、规劝、甚至讨伐之。显然，新旧之间、传统与现实之间应当有一个恰当的契合点，才能真正地实现共进与共融；或曰文化之"一元"与"多元"亦当有一个恰当的契合点，才能真正地实现融合与发展。尽管"大一统"与"通三统"之间存在一定的张力乃至冲突，但是只要不突破和谐的临界点，它们之间是能够共进与共融的。正是在这个和谐的临界点内，新文化得以获得丰富的养料，旧文化得以获得新的生机，从而推动历史车轮的前行与中华文脉的接续。

四、余论

绍述《春秋》大义，董仲舒主张汉帝国在"大一统"的政治格局下应当"通三统"，因为"通三统"不只是对前朝政统的尊重，而是对历史传统文化的自觉认同与自觉继承。董仲舒的"大一统"与"通三统"思想不仅拓展了《春秋》大义的诠释边界，而且为"大一统"与"通三统"赋予了全新的时代内涵。董仲舒建构的"大一统"与"通三统"并行的政治模式体现出国家一统与文化多元的基本政治格局，以及政治、文化宽容之精神。诚然，"大一统"所追寻的不只是政治、地理与文化上的"一统"，而是更强调追寻天下人心的"一统"；或曰，人心的"一统"才是真正的"大一统"，政治、地理与文化上的"一统"只是实现人心"一统"后的不同方面的映现。所以说，"大一统"与"通三统"是并行不悖的政治理念，而且"大一统"与"通三统"是相互促进、相得益彰的。

其实，董仲舒提出的"大一统"与"通三统"思想隐藏着对"圣王政治"的推崇与期许。董子认为,真正的王者定然不是暴虐之人、王政亦非暴政,真正的王者应当是爱及天下、泛爱苍生。故而,他宣扬"天,仁也""仁,天心"(《春秋繁露·俞序》);并且强调人君应该效法天心之流行而成为仁者、成就仁政,因为"仁者爱人""仁者无敌"。推而言之,"人类的幸福和繁荣起源于仁爱这一社会性的德性及其分支,就好比城垣筑成于众人之手,一砖一石的垒砌使它不断增高,增加的高度与各位工匠的勤奋和关怀成正比。人类的幸福建立于正义这一社会性的德性及其分支,就好比拱顶的建造,各个单个的石头都会自行掉落到地面,整体的结构惟有通过各个相应部分的相互援助和联合才支撑起来"[9]。换言之,"物疾莫能为仁义,唯人独能为仁义"(《春秋繁露·人副天数》);也就是说,人类之为人类是因为有仁爱与宽容,这是构筑人类大厦与人类命运共同体的基石。

参考文献:

[1] 徐复观. 两汉思想史:第二卷 [M]. 上海:华东师范大学出版社,2001:183.

[2] 傅隶朴. 春秋三传比义:上册 [M]. 台北:台湾商务印书馆,2006:4.

[3] 康有为. 春秋董氏学:卷六 [M]. 北京:中华书局,1990.

[4] 李威熊. 董仲舒与西汉学术 [M]. 台北:文史哲出版社,1978:162-163.

[5] [英] L. T. 霍布豪斯. 形而上学的国家论 [M]. 汪淑钧译,北京:商务印书馆,1997:7.

[6] 金春峰. 汉代思想史 [M]. 北京:中国社会科学出版社,2006:168.

[7] 吕思勉. 先秦史 [M]. 上海:上海古籍出版社,1982:22.

[8] (宋) 郑樵. 通志:一 [M]. 北京:中华书局,1987:450.

[9] [英] 休谟. 道德原则研究 [M]. 曾晓平译,北京:商务印书馆,2001:156-157.

项目基金:2017年国家社会科学基金年度项目"周秦两汉数哲学研究"

(项目编号：17BZX008）阶段性成果，山东省泰山学者青年专家计划项目（NO. tsqn201812060）阶段性成果。

本文为"2019中国·衡水董仲舒与儒家思想国际学术研讨会"提交的论文。

王传林（1978—），男，安徽阜阳人，哲学博士，曲阜师范大学孔子文化研究院副教授、硕士研究生导师，山东省泰山学者青年专家，研究方向为秦汉哲学、数哲学。

论董仲舒的政治思想及其在汉代的影响

季桂起

作为中国古代重要的思想家和儒家学说的主要代表人物，董仲舒对中国古代的思想发展和传统政治学说做出极其重要的贡献。他整合了先秦以来的思想资源，特别是吸收了诸子百家的思想，把儒家学说推向了一个历史的高峰，特别是他所阐述的体现了儒家精神的治国理政的政治主张，构成了其思想体系的主体部分，可以说是集儒家政治思想之大成，并对后世产生了深远的历史影响。在以往的儒学研究中，相比较于对孔子、孟子、荀子、朱熹、王阳明等人的研究，对董仲舒的研究较为薄弱，尤其是对他的政治学说，负面的评价过多而正面的、积极的评价较少，而且发掘的深度也远远不够。本文试图从董仲舒对儒家思想的继承与创新两个维度，着重探讨其政治思想及其思想在汉代的影响，以此推动董仲舒研究向深入发展。

一、董仲舒政治思想的哲学基础

董仲舒的政治思想在其整个思想中占有主体地位，可以说他现存的主要著作《春秋繁露》与《贤良对策》就是围绕着如何治国理政来创作的。董仲舒的政治思想有着十分完整的体系，这与先秦儒家有关政治的学说有很大区别。先秦儒家学说的代表人物如孔子、孟子、荀子，在阐发他们的政治主张时，大多带有经验与感悟的特色，其思辨性、逻辑性都不是很强。或者说他们的政治思想还没有充分建立在哲学的基础上。而董仲舒则不然，他的政治学说带有很强的思辨性、逻辑性，有充分的哲学基础。其主要原因在于，董仲舒对儒家思想的改造首先是对哲学基础的改造。他借助先秦文化及诸子百家的思想文化资源，把孔子、孟子、荀子的主要阐释人间关系的伦理、政治学说，加以系统地整合、改造，将其提升为能够阐释人与自然、人与社会、人与人性关系的世界观，最终建立了一个包容了自然与社会在内的完整的思想体系。在这样一个宇宙论、人性论的基础上，他重点阐发了自己的政治学说。董仲舒政治思想的哲学基础有两个重点：

其一，董仲舒从上古"天人合一"理念引申出了天人同类或天人同构的思想，又从中引申出对人性的认识，以此来确立政治的起源与性质。政治学说所面对或研究的对象是人，因此对人的认识与理解是一切政治学说发生的前提。董仲舒的政治思想也不例外。但是，人又不是外在于自然界独立存在的，而是自然界的一个有机组成部分。人类社会本身就是在人与自然相互依存与斗争的关系中所产生的。为了在与自然的斗争中最大限度地争取到人类的生存空间，人类经过了漫长的调整与组合过程，才形成了自己的社会组织，并逐渐产生了对社会组织的管理，这就是政治的原型。所以，亚里士多德说："人类在本性上应该是一个政治动物。"[1]中国古代的政治思想，在上古时期就把人与自然的关系引入对政治的理解中，但那时人们对自然的认识带有浓厚原始思维的特征，即把自然看作神秘的、具有灵性的存在体，并将其称之为"天"。"天"既是人的生存环境，也是人的创造者，对人具有至高无上的支配力量；人则是"天"的创造物，从"天"那里获得了人的生命及其属性，并被"天"赋予了生存与发展的力量。"天"的运动支配着人的运动，"天"的意志支配着人的意志，人的社会活动应合乎"天"的运行规律。这就是早期的"天人合一"思想。从《尚书·高宗肜日》的训词"惟天监下民，典厥义。降年有永有不永，非天夭民，民中绝命。民有不若德，不听罪。天既孚命正厥德，乃曰其如台。呜呼！王司敬民，罔非天胤，典祀无丰于昵"[2]125中，可以看作上古人们对"天"支配人间政治生活的早期认识。

先秦时期的儒家学说也承认人间的政治生活受到"天"的影响，但对"天"的作用基本不谈。如孔子之弟子称"夫子之言性与天道，不可得而闻也"[3]104（《论语·公冶长》）孔子论政主要讨论道德对政治的作用，主张"为政以德"，强调以德治国，而不探究"德治"的理论来源；孟子只是从如何处理好君与民的关系来谈政治问题，突出"仁政"与"王道"，认为这是从人性中自然而然生发出来的，也没有注重引入"天道"的概念以解释人性的根源，"天不言，以行与事示之而已矣"[3]386（《孟子·万章章句上》）；荀子则干脆将天道与人道区分开来，认为天人之间各有所属，互不关联，"天行有常，不为尧存，不为桀亡"[4]（《荀子·天论》）。过去的主流观点是，先秦儒家的政治学说把政治与自然切割，不言"天道"与政治的关系，这是一种唯物主义的态度，而董仲舒将"天道"与政治密切联系在一起，则是一种唯心主义，学者们以此区分两者之间的优劣。其实，这是一种受制于僵化意识形态的标签式的研究思路，并不合乎历史的真实。先秦儒家思想家之政治学说中"天道"的缺席，主要原因有两点：一是他们的感悟性的思想缺乏对问题深层内涵的探究，只是将政治停留在人间社会层面来理解，没有深入洞察到人类社会的政治属性与自然之间不可分割的关系；二是他们的学说还缺乏体系意识，没有逻辑建构的要求，没有把"德治""仁政""王道"等政治价值提升到形而上的层面，去确立其应有的合法性依据，只是将其简单地归结为所谓的尧、舜、禹的"先王之道"。先秦儒家政治学说的这一缺陷，历经秦朝的酷法暴政及秦末之乱，暴露无遗。它既不能在政治实践上有效抵制法家思想的攻势，也无法在理论建树上取代道家思想的高地，因此需要脱胎换骨，另辟理论的蹊径。尤其是法家政治无视"天道"的肆意妄为，造成了秦朝二世而亡的惨重历史教训，促使了汉帝国建立后的社会精英对政治性质与功能进行新的思考，而董仲舒正是其中的杰出代表。

董仲舒适时应和了这一时代需求，将"天人合一"理念引入儒家政治学说，并用天人同构的思想为这一学说奠定了重要的哲学基础。董仲舒认为，人间社会的政治生活及国家的治理，与自然的运行有着一致性，而产生这种一致性的原因则在于人生于自然，是自然的一个组成部分，故人道秉于天道。在他的语境中，自然即为"天地"，而人格化的"天"是为主导，"地"则是"天"的衍生物。天、地、人共同组成了一个统一的世界。"天地人，万物之本也。天生之，地养之，人成之。天生之以孝悌，地养之以衣食，人生之以礼乐，三者相为手足，合以成体，不可一无也。"人间社会是按照自然秩序即"天道"所构成，其道德、法律皆本于自然秩序的模式。如果没有本于自然秩序的道德、法律支撑，则人间社会就会解体，天下则会大乱，董仲舒将这种现象称之为"自然之罚"："无孝悌，则亡其所以生；无衣食，则亡其所以养；无礼乐，则亡其所以成。三者皆亡，则民如麋鹿，各从其欲，家自为俗。父不能使子，君不能使臣，虽有城郭，名曰虚邑。如此，则君枕块而僵，莫之危而自危，莫之丧而自亡，是谓自然之罚。"所以，社会的管理应该奉"天道"而行事，按照自然秩序构建道德、法律规范，这样社会才会安定。"明主贤君必于其信，是故肃慎三本。郊祀致敬，共事祖祢，举贤孝悌，表异孝行，所以奉天本也；秉耒躬耕，采桑亲蚕，垦草殖谷，开辟以足衣食，所以奉地本也；立辟雍庠序，修孝悌敬让，明以教化，感以礼乐，所以奉人本也。三者皆奉，则民如子弟，不敢自专，邦如父母，不待恩而爱，不须严而使，虽野居露宿，厚于宫室。如是者，其君安枕而卧，莫之助而自强，莫之绥而自安，是谓自然之赏。"[5]168-169 董仲舒认为，这便是"为政以德"的内涵。有人曾将董仲舒所说的"天"视为一种神学化的概念而予以否定，认为其将儒学的朴素思想引向了神秘、荒诞的歧途，其实这是未能深察董氏"天"之思想的深层内涵。如果剥去董氏之言"天"的人格化外衣，将其还原为一个民族赖以生存的由自然及社会传统所构成的大环境，则这一环境与政治之间的关系无疑是极为紧密的，而这也正是天道与人道互为依存的逻辑起点。马克思、恩格斯曾经说过："任何人类历史的第一个前提无疑是有生命的个人的存在。因此第一个需要确定的具体事实就是这些个人的肉体组织，以及受肉体组织制约的他们与自然界的关系。……任何历史记载都应当从这些自然基础以及它们在历史进程中由于人们的活动而发生的变更出发。"这些自然条件包括"地质条件、地理条件、气候条件以及其他条件"[6]24。在这样的自然条件下,人们开展他们的生产活动并由此形成了特定的生活方式,形成了特定的社会组织及政治行为。"以一定的方式进行生产活动的一定的个人,发生一定的社会关系和政治关系。……社会结构和国家经常是从一定个人的生活过程中产生的。"[6]29就人的社会活动及政治行为与自然之间的关系而言,董仲舒的思想与两千多年后马克思、恩格斯的论断可以说是不期而遇。

  为了使儒家政治学说中的天人关系有坚实的理论依据,董仲舒借用阴阳五行的观念,为这一关系构建了一个逻辑框架。在这一逻辑框架中,儒家政治学说的"德治""仁政""王道"等价值观念获得了形而上的提升,具有了坚实的哲学依据。在这个逻辑框架中,天人同构或天人同类是起点,天人感应是终点,而由此形成的人性论则是其核心。在董仲舒看来,人由天生,禀天之赋,天道即为人道,天性衍生出人性。人的生命存在来自上天,但人仅有生命还不能被称为人,还需要有上天所赋予的人性。人禀天地之气而生,但"为生不能为人,为人者天也。人之人本于天,天亦人之曾祖父也"。"人之形体,化天数而成;人之气血,化天志而仁;人之德行,化天理而义。人之好恶,化天之暖清;人之喜怒,化天之寒暑;人之受命,化天之四时。"[5]318—319所以,人的生命、生活及其心性、精神,都是本源于上天的存在。天与人处于一个相互对应、结构相同的同一体中,二者既是本末关系,又是同构关系。那么这种与天同构的人性是怎样构成的,其内涵又包含着哪些内容呢?董仲舒认为,要理解人性,先要理解天性。"天"在董仲舒那里,既不像老子所说的是虚无缥缈的神秘之物,也不像荀子所说的是外在于人的自然之物,而是与人本性同源的有生命、有意志的生命体。这个生命体是由阴阳二气调和而成,遵循"五行"的规律而运行,体现为四时变化、五方空间、寒暑冷暖、生死兴衰、雨雪风霜等自然现象。"天地之常,一阴一阳。阳者天之德也,阴者天之刑也"[5]341,"天道大数,相反之物也,不得俱出,阴阳是也。春出阳而入阴,秋出阴而入阳,夏右阳而左阴,冬右阴而左阳。阴出则阳入,阳出则阴入;阴右则阳左,阴左则阳右"[5]342。由天的这种性质，幻化出人的性质，故人性亦为阴阳二气的产物。在董仲舒看来，人性是由善与欲二者组成，善对应着天之阳，欲对应着天之阴。善表现为人的仁爱之心，欲表现为人的逐利之求。在善与欲的关系中，应是善为主而欲为辅。欲是为了维持人的生命而存在，而善才是人性的主导方面。因为只有人与人之间互存仁义之心，互有利益之惠，人作为一个群体才能存在，社会才能正常运行。如果一个人或群体的欲望无限扩大，对利益的追求无有止境，超出了维持生命的界限，就转而为"恶"。这正如对董仲舒甚为推崇的刘向在解释人性与礼法关系时所言"触情纵欲，为之禽兽"[7]。一个穷奢极欲的人，必然疯狂占有他人的生命资源，剥夺他人生存的权利。这就会出现相与欺诈、争斗不止、乱象丛生、社会动荡，甚至如孟子所说"率兽食人"的现象。而社会之所以需要政治，便是要调节人性的这种失衡现象，使人性的善欲关系符合自然的阴阳之道，使善占据人性的主导地位，从而维持人的个体生命与群体社会的正常生存与发展。为了说明这一点，董仲舒将性与善的关系比喻为"禾"与"米"的关系，认为"善如米，而性如禾。禾虽出米，而禾未可谓米也。性虽出善，而性未可谓善也。米与善，人之继天而成于外也，非在天之所为之内也。天所为，有所至而止。止之内谓之天，止之外谓之王教"[5]311，所谓"王教"就是政治。董仲舒这一观点，超越了孟子和荀子的性善与性恶的对立，给予了人性以较为合理的阐释，也给政治提供了人性的依据。恩格斯曾经说过："人来源于动物这一事实已经决定人永远不能完全摆脱兽性，所以问题永远只能在于摆脱得多些或少些，在于兽性或人性的程度上的差异。"[6]140笔者认为，恩格斯的这一论断可以给予董仲舒的政治思想以现代的理论支持。当然，如从现代政治学的理论视角来看董仲舒的天人同类或天人同构思想，无疑他的观念仍局限于前科学时代的知识谱系与原始思维，在人与自然的关系认知上尚未达到应有的深度。自然与人的关系，以及自然及社会大环境作用于政治，其关系十分复杂，并非仅以阴阳五行理论阐述的这么简单。但是，他从天人关系出发，为政治的性质找到了源自自然及人性的依据，从理论上丰富了儒家的政治、伦理学说，这应该是对中国古代政治思想史的巨大贡献。

其二，董仲舒从《易经》"天地之大德曰生"的理念出发，确定政治的功能是建构稳定、和谐、有秩序的社会结构，使得各个社会阶层安居其位，民生殷实、富足，以保障整个社会的正常生存与发展。这就是"民生为本"。政治是伴随着人类社会的形成而出现的。无论什么时代或是什么种族、国家，只要有形成一定规模的社会存在，就一定会有政治。但是，对政治的功能，在不同的统治者或政治学说那里，却会有不同的认识。先秦诸子百家各有自己的政治学说，这些学说之间在对政治功能的阐释上有很大不同。比较典型的如法家主张政治的功能主要是以严格的法律规范对社会进行制度化管理，建立牢固的社会秩序，以确保社会的稳定和国家的强大，特别强调以刑罚来治理社会；道家主张比较宽松、平和的社会管理，认为道德、法律等社会规范是对自然人性的损害，强调性随自然，"无为而治"。董仲舒的政治主张是儒家政治思想的继续，虽然在对政治功能的阐述上吸纳了法家某些思想，尤其是对社会稳定的强调，但作为儒家的政治主张，董仲舒对政治在保障民生、促进社会平衡方面应该发挥的作用特别看重。孔子、孟子、荀子都强调社会稳定的前提是民生问题，如孟子认为"王道"实现的标志便是解决好人民的衣食温饱："五亩之宅，树之以桑，五十者可以衣帛矣。鸡豚狗彘之畜，无失其时，七十者可以食肉矣。百亩之田，勿夺其时，数口之家可以无饥矣。谨庠序之教，申之以孝悌之义，颁白者不负戴于道路矣。七十者衣帛食肉，黎民不饥不寒，然而不王者，未之有也。"[3]246（《孟子·梁惠王章句上》）对此董仲舒做了更为深入的阐发。

董仲舒以其人性分析的哲学思考为基点，提出了一个政治学的重要命题，即政治的功能究竟是什么的问题。他认为，政治的最高标准是"善治"，其具体内容就是汉武帝在垂询制诰中所说的："风流而令行，刑轻而奸改，百姓乐和，政事宣昭，何修何饬而膏露降，百谷登，德润四海，泽臻草木，三光全，寒暑平，受天之祜，享鬼神之灵，德泽洋溢，施乎方外，延及群生。"[8]1900而要做到这一点，就需要重视民生，使人民能够安居乐业。从国家治理的角度看，安居乐业要有两个必备的条件：一是发展生产、繁荣经济，这就需要保持人应有的欲望，使人具有生存与繁衍的要求，这是社会发展的动力；二是必须用道德和法律约束人的欲望，不能使其泛滥成灾，这是社会稳定的基础。"故圣人之制民，使之有欲，不得过节；使之敦朴，不得无欲。无欲有欲，各得以足，而君道得矣。"[5]174 "天令之谓命，命非圣人不行；质朴之谓性，性非教化不成；人欲之谓情，情非度制不节。是故王者上谨于承天意，以顺命也；下务明教化民，以成性也；正法度之宜，别上下之序，以防欲也；修其三者，而大本举矣。"[8]1913 对人的欲望要肯定，同时又要对欲望进行必要的限制，这是从上古就有的政治理念。《尚书·仲虺之诰》中说："惟天生民有欲，无主乃乱。"[2]380 孔子将其确定为原初儒家的基本政治观念，这一观念上与《尚书》《易经》相对接，下符合人民生活、国家治理的实际要求，是比道家、法家思想更为接近社会生存、发展规律的政治思想。董仲舒继承了这一政治思想，同时又以人性分析为其奠定了哲学基础，使这一思想获得了更具有逻辑合理性的学理支持。应该说，这也是董仲舒对儒家政治学说的创新与拓展。

为了实现"善治"的目标，董仲舒提出政治的核心问题是肯定人民有合理的生活需求，给予人民生存、繁衍的必要物质条件，以此为基础建立一个和谐稳定的社会。他认为满足人民必要的生活需求，这是统治者能够巩固统治、长久执政的前提。在董仲舒的思想中，人有合理的生活需求是一种生命得以保存的必然现象，这也是上天所赋予的人性，因而顺应这种人性即是顺应天性。因为人秉天地之气而生，"人始生有大命，是其体也"，"天地之生万物也以养人，故其可适者以养身体"[5]149,151。所以，民生关乎民意，民意则体现着上天的意志。董仲舒认为，秦帝国之所以短命，就是在关键的"民生"环节上出了大问题：秦以刑法治国，而放弃道德教化和改善民生，造成了"百官皆饰虚辞而不顾实，外有事君之礼，内有背上之心，造伪虚诈，趋利无耻；又好用憯酷之吏，赋敛亡度，竭民财力，百姓散亡，不得从耕织之业，群盗并起"，以至于"立为天子十四岁而国破亡矣"[8]1910,1905。他提出，汉帝国如要避免秦帝国的错误，既要政治变革，也要发展经济。在改变"任刑"不"任德"政治导向的前提下，整顿吏治、变革风俗、重视民生、奖掖生产，使得国家经济有所保障，为帝国的长治久安打下良好基础。所以，提倡"善治"及重视民生既是儒家政治学说的重要内容，也是董仲舒提升与发展儒家政治学说的主要着力点。

二、董仲舒政治思想的制度化建构

在奠定了天人同构、民生为本的政治哲学基础上，董仲舒为汉帝国的政治运行进行了较为完整的制度化设计。

这一制度化设计首要之处是以阴阳调和的理论为立足点，建立"德主刑辅"的社会治理体系。董仲舒推出德法（刑）并用，以德为主，而刑为辅的治理体系，目的是纠正秦帝国酷法暴政的弊端，解决汉初以来奉行刑名、黄老之学所带来的社会混乱现象严重、中央政权政令难以统一的问题。德法（刑）并用、以德为主而刑为辅的国家治理体系的设计，既贯穿了孔子以来儒家的"仁学"传统，又吸收了秦汉之后所积累的政治经验，而它的哲学基础还渗透了道家、阴阳家的思想。在上汉武帝的《贤良对策》中，董仲舒强调国家治理的关键在于遵循"天道"，而天道的要义则为阴阳互动、德刑并举。"王者欲有所为，宜求其端于天。天道之大者在阴阳。阳为德，阴为刑；刑主杀而德主生。是故阳常居大夏，而以生育养长为事；阴常居大冬，而积于空虚不用之处。以此见天之任德不任刑也。天使阳出布施于上而主岁功，使阴入伏于下而时出佐阳；阳不得阴之助，亦不能独成岁。终阳以成岁为名，此天意也。王承天意以从事，故任德教而不任刑。刑者不可任以治世，犹阴之不可任以成岁也。为政而任刑，不顺于天，故先王莫之肯为也。今废先王德教之官，而独任执法之吏治民，毋乃任刑之意欤！孔子曰：'不教而诛谓之虐。'虐政用于下，而欲德教之被于四海，故难成也。"[8]1904董仲舒的这番话，主要针对的是秦朝因过度尊奉法家而出现的暴政，同时也是对汉初奉行黄老、刑名之学①的批评。董仲舒的思想，既体现了儒家登上中国政治舞台的历史要求，也适应了汉武帝临政后改弦更张、有所作为的需求，尤其是在理论上为儒家的治国理政思想奠定了一个以"阴阳相生"为模本的哲学基础，将人间社会与自然世界整合为一个统一体，确定了其"道之大原出于天，天不变道亦不变"[8]1915的神圣地位。

在这个体系中，以德为主的"德"，当然不是先秦诸子百家各自阐述的"德"，而是儒家学说定于一尊的"德"，它是由"六艺之科、孔子之术"[8]1918传承而来的。孔子曾将"德"确定为"仁"与"礼"两个方面。"仁"是"德"的精神内涵，是德的核心价值所在，由此生发出一系列有关德的价值理念，如忠、恕、智、勇、诚、信、义、温、良、恭、俭、让等。在孔子那里，有关"德"的品质界定是多元化的，并无一个统一的概念。"礼"是"德"的外在形态，是德的行为规范体现，由此生发出一系列有关德的行为准则。孔子所言之"礼"依据的是周礼，但也有他自己的思想和创意。周礼的特征是比较讲究制度化建设。《周礼》《仪礼》和《礼记》世称"三礼"，这其中虽有汉儒的整理、篡改与发挥，但其基本内容还可以看作是由"周公制礼"所确立的。荀子将孔子所言"礼"的范围进行了扩大，加入了"法"的内容。董仲舒吸收孔、荀的思想，对"德"和"礼"进行了比较严谨的理论整合。

董仲舒明确了"仁"在"德"中的核心价值作用，所谓以德治国即为以仁治国。仁政是治国理政的最高目标和根本追求。"仁，天心。"[5]161仁的内涵即为孔、孟所言的"仁者爱人"。"仁者，爱人之名也"，"何谓仁？仁者憯怛爱人"[5]251,258。帝王治国追求仁政，这是上天赋予的政治使命。"天高其位而下其施，藏其形而见其光。高其位，所以为尊也；下其施，所以为仁也；藏其形，所以为神；见其光，所以为明。故位尊而施仁，藏神而见光者，天之行也。"[5]164—165董仲舒

---

① 《史记·儒林列传》："孝文帝本好刑名之言。……而窦太后又好黄老之术。"见《史记》，中华书局，1999年版，第2370页。

以此为帝王树立了一个政治上的道德标杆，形成了对君权的一种道义上的限制。这与他的"君权天授"理论相呼应，一方面确定了帝国皇权的合法性地位，另一方面又把皇权限定在一定的道德框架内，使其在合乎儒家道德规范的范围内运行。同时，他又用"天人感应"的思想把"天心"与"灾异"结合起来，形成对帝王的一种警示。帝王失德，国家有乱，则上天必以灾异之象警示之。"凡灾异之本，尽生于国家之失。国家之失乃始萌芽，而天出灾害以遣告之；遣告之而不知变，乃见怪异以惊骇之，惊骇之尚不知畏恐，其殃咎乃至。以此见天意之仁而不欲陷人也。"[5]259 有的时候，这种"天心"也与民意相联系，表现为人世间的人心向背。失德者为民所抛弃，有德者得民之拥戴。"天下之人同心归之，若归父母，故天瑞应诚而至。……尧舜行德则民仁寿，桀纣行暴则民鄙夭。"[8]1902—1903 当然，在大多数情况下，这种限定仅仅是理论上的，其对皇权实际的政治运作影响极为有限。不过自董仲舒为帝王设置了这样一个道德标杆后，历代有些贤明素质的帝王对此也并非都无反应。一些帝王在国家经历大难之后要下所谓"罪己诏"，不管其内心真实想法究竟如何，但起码在形式上则可以看出董仲舒此说所产生的某些政治作用。

　　董仲舒区分了"礼"与"法"的关系，明确将"礼"确定为伦理道德的范畴，而将"法"定义为法律意义上的"刑"。在孔子、孟子那里，"礼""法"不分，"法"包含于"礼"中①。荀子稍有区分，但功用之论未明。周公制礼的"礼"既包含着伦理规范，也包含着典章法规。法家崇法而轻礼，强调"不别亲疏，不殊贵贱，一断于法，则亲亲尊尊之恩绝矣"[8]2487。将礼、法分开，区别二者作为社会制度化建构的功能，是董仲舒对中国传统政治学说的一个贡献。对此，司马迁曾引用董仲舒言："礼禁未然之前，法施已然之后。法之所为用者易见，而礼之所禁者难知。君子以其易见也，故尤重之。"[8]2492 董仲舒认为，在社会制度化建构与政治运作中，礼与法分别承担着不同的

---

① 孔子虽传有"刑不上大夫，礼不下庶人"（《孔子家语》）之言，但此为后人所述，不足征信。

功能。"礼"的作用在于使民众懂得人伦礼义，进而有是非之心、羞耻之心，以培养其道德素质。他认为，在一个道德水平下降的社会，单纯用法律来治理，其作用非常有限，必须以强调礼治，提升人们的道德水平，才可达到社会安定的效果。"今汉继秦之后，如朽木粪墙矣，虽欲善治之，亡可奈何。法出而奸生，令下而诈起，如汤止沸，抱薪救火，愈甚亡益矣。"[8]1905-1906 为此他提出以"三纲五常"作为社会的道德规范，"三纲五常"也就是"礼"的具体化，其用在于以礼治稳定社会秩序。"知仁义，然后重礼节；重礼节，然后安处善。"[8]1913 而"法"的作用是作为"礼"的补充，在道德规范无法正常运行的某些时候或领域，可用司法的手段进行治理，以达到威慑的效果，使奸佞、暴戾之人不能为非作歹。"刑罚以威其恶"[8]1909，是不得已而用之的手段。"教，政之本也；狱，政之末也。"[5]94 但是，董仲舒也坚持认为在社会治理中"刑"是不可偏废的，这不仅是因为"刑"代表了天道之中的"阴"，还因为在人性之中"贪欲"的不可消除和生性无德之人的存在。董仲舒认为，社会之人按其本性可分为"三品"，即圣人之性、中民之性、斗筲之性。圣人之性是天生道德高尚，中民之性是可以用教化来改造使之趋向于善，而斗筲之性则是道德教化所难以改造的，只能用刑罚来防范与压制。所以，在社会制度的结构之中，应以礼制为先，刑罚次之。"圣人之道，众堤防之类也，谓之度制，谓之礼节，故贵贱有等，衣服有制，朝廷有位，乡党有序，则民有所让而不敢争，所以一之也。"[5]231

董仲舒对汉帝国政治运行的制度化设计的第二个重要内容是以传统的宗法制度为基础，构建一个由专制皇权占据主导地位而由君臣、父子、夫妇三种主要人伦关系为架构的，体现了尊卑有序、高下有别的等级化的社会模式。在这一模式中，儒家的价值理念起着重要的文化维系作用。这就是所谓的"三纲五常"。"三纲"即"君为臣纲""父为子纲""夫为妻纲"；"五常"是指"仁、义、礼、智、信"。"三纲五常"是在中国古代社会最受推崇的一个理念。它在历史长河中的起伏跌宕，是董仲舒当初所没有想到的。其实，"三纲五常"的最初提出者也不是董仲舒，而是孔、孟、荀三人。《论语》说："齐景公问政于孔子。孔子对曰:'君君,臣臣,父父,子子。'公曰:'善哉!信如君不君,臣不臣,父不父,子不子,虽有粟,吾得而食诸?'"[3]169(《论语·颜渊》)《论语》又说:"子有四教:文、行、忠、信","君子道者三……仁者不忧,智者不惑,勇者不惧","君子义以为质,礼以行之,逊以出之,信以成之"[3]126,190,199,这可以看作"三纲五常"的滥觞。《孟子》说:"王者施仁政于民,省刑罚,薄税敛,深耕易耨,壮者以暇日修其孝悌忠信,入以事其父兄,出以事其长上,可使制梃以挞秦楚之坚甲利兵矣","恻隐之心,仁之端也;羞恶之心,义之端也;辞让之心,礼之端也;是非之心,智之端也","杨氏为我,是无君也。墨氏兼爱,是无父也。无父无君,是禽兽也"[3]248,293,340。《荀子》说:"体恭敬而心忠信,术礼义而情爱人","推礼义之统,分是非之分,总天下之要,治海内之众","人也,忧忘其身,内忘其亲,上忘其君,则是人也而曾狗彘之不若也","夫禽兽有父子而无父子之亲,有牝牡而无男女之别,故人道莫不有辨"[4]18,33,39,59。这可以看作"三纲五常"的补充性阐述。由此可见,董仲舒的"三纲五常"思想是在孔、孟、荀的基础上整合而成。

  董仲舒依据天地阴阳之说,把人世间的伦理关系整合为三种基本关系,即父子关系、君臣关系、夫妻关系,每种关系中的两方面分别对应着阴阳二气。"父为阳,子为阴;君为阳,臣为阴;夫为阳,妻为阴","君臣、父子、夫妇之义,皆取诸阴阳之道也"[5]350。在这种阴阳相生的关系中,阳者为上,故位尊,阴者为下,故位卑。"故四时之行,父子之道也;天地之志,君臣之义也;阴阳之理,圣人之法也","丈夫虽贱皆为阳,妇人虽贵皆为阴"[5]331,325。尽管这三者关系有上下、尊卑、贵贱之分,但董仲舒还强调了它们之间的"合"。因为作为伦理关系,只分不合,便不足以起到稳定社会的作用。"凡物必有合。……阴者阳之合,妻者夫之合,子者父之合,臣者君之合。物莫无合,而合各有阴阳。阳兼于阴,阴兼于阳;夫兼于妻,妻兼于夫;父兼于子,子兼于父;君兼于臣,臣兼于君。"[5]350只有"纲"而没有"合",三种关系也是不成立的。在这里,"合"的意义就在于它是对天之"仁"道的体现。君臣也好,父子也好,夫妻也好,虽有尊卑之分、上下之别、男女之辨，但重要的还是以"合"为贵，谁也不能离开"仁者爱人"的根本人性肆意妄为。所以要有君仁臣忠、父慈子孝、夫敬妻恭。因此，在董仲舒看来，"三纲"是"礼"的基础，目的是建立一个安定有序的人间伦理秩序。"礼者，继天地，体阴阳，而慎主客，序尊卑、贵贱、大小之位，而差内外、远近、新故之级也。"[5]275-276这就是所谓的"三纲"在社会治理方面的作用。在董仲舒看来，"三纲"作为社会治理的制度化设计，是自然秩序的体现，是"天道"在人间社会的投射，具有亘古不变的真理性。在近代之后"自由""民主""平等"的政治语境中，自然不难看出这一观念的局限性甚至荒谬性，但在古代的政治语境中，"三纲"所发挥的社会治理作用还是不能一概抹杀的。"三纲"的合理之处是它是适应了由农耕文明所形成的血缘宗法制度而进行的政治制度化设计，体现了古代中国农业社会的特色。这正如恩格斯所言："一切以往的道德论归根结底都是当时的社会经济状况的产物。"[6]134有了"三纲"，则有了社会秩序的合法性依据，也有了国家政治运作的导向性理念，这对于一个地域广阔、人口众多且生产力以农耕为主的统一大帝国是不可或缺的。古代中国能够在一治一乱循环往复的历史进程中始终保持着"大一统"的局面，直到20世纪之初最后一个皇权专制王朝覆灭，而没有出现像欧洲那样四分五裂的状态，就可看出"三纲"在稳定社会和国家结构方面的作用。

　　董仲舒继承孔、孟、荀等儒家传统的伦理观，把与"三纲"相对应的人应遵循的道德准则做了整理，提出了"五常"说，被后儒与"三纲"并举，表述为"三纲五常"。当然在董仲舒的论述中，"五常"在《贤良对策》中虽有被提及，"夫仁义礼智信五常之道，王者所当修饬也"[8]1906，但董仲舒对"五常"的具体阐释却并不是一次性完整做出的，而是散落在不同的篇章中。他在《贤良对策》中说：要对民众进行道德教化，重在"仁""义""礼"三方面的教育，即"渐民以仁，摩民以谊（义），节民以礼"[8]1905。在《春秋繁露》中，他又提出"必仁且智"的观点，认为仁者同时又必须是智者，这样才可称得上道德高尚："不仁不智而有材能，将以其材能以辅其邪狂之心，而赞其僻违之行,适足以大其非而甚其恶耳","仁而不智,则爱而不别也;智而不仁,则知而不为也。故仁者所以爱人类也,智者所以除其害也"[5]257。至于"信",董仲舒曾多次提出:"《春秋》尊礼而重信。信重于地,礼尊于身","《春秋》贤而举之,以为天下法,曰礼,曰信","《春秋》之义,贵信而贱诈。诈人而胜之,虽有功,君子弗为也","忠信而博爱,敦厚而好礼,乃可谓善"[5]6,268,304。所以,在董仲舒的著述中,虽已有了"三纲五常"的内容,但这还不是一个整体性的理念。把"三纲五常"作为一个整体理念提出来,是班固所撰的《白虎通义》。《白虎通义》总结了两汉经学的成果,主要内容为记述白虎观会议上经学家关于经学之讨论,大部分为复述董仲舒的学说及基本观点。在归纳董仲舒学说的基础上,它提出了"三纲""六纪"的伦理概念。"三纲"最初的表述为"君为数纲,父为子纲,夫为妻纲";"六纪"的表述为"诸父、兄弟、族人、诸舅、师长、朋友"。《白虎通义》认为"三纲法天地人,六纪法六合","六纪"由"三纲"出,而"三纲"统领"六纪"。到了宋代理学,经过程颢、程颐、朱熹等人的进一步整理与阐释,"三纲五常"才固定下来,形成了一个整体性的理念。就儒家学说而言,"五常"在社会治理方面的作用是作为"教化"的道德规范,用以塑造和提升人们的道德素质。在董仲舒政治学说的话语系统中称之为"堤防"。"夫万民之从利也,如水之走下,不以教化堤防之,不能止也。是故教化立而奸邪皆止者,其堤防完也;教化废而奸邪并出,刑罚不能胜者,其堤防坏也。"[8]1905故"五常"在政治的制度化设计中也是属于"礼"的范围,体现着"仁"的价值,按照董仲舒"仁"为阳而"刑"为阴的观念,"礼"在社会治理上应承担着比"刑"更为重要的作用,这便是对孔子"为政以德"思想的精确化表述。换言之,用"五常"的道德规范通过"教化"的途径,实现对社会的有效治理,使得人们具有一定的文明素养,社会、国家稳定、和谐,就可以说是达到了"德治""仁政"的目的。笔者认为,这既符合中国古代社会的实际,也对我们今天的社会治理与国家政治具有一定的启发性。

三、董仲舒政治思想的国家构想

董仲舒的国家构想是以《春秋》公羊学为宗旨,建立一个政治与文化、治术与学术相互依存的统一大帝国,作为实现"王道"社会的基础。这就是他所谓的"春秋大一统者,天地之常经,古今之通谊也."[8]1918。而建立这样一个统一大帝国,所遇到的一个首要问题,就是如何在一个幅员广大、人口众多的国家确立统一的国家意识。

应该说,中国之有完整意义上的国家意识,是从秦朝开始的。商、周时期的所谓"天下"并非真正意义上的国家,它是由一些从部落转化而来的分散的方国和王室宗族分封的诸侯国所构成,既没有统一的行政管理机构、财政税收体制,也没有统一的军事、治安、教育组织,只可以看作一个具有相对统一的政治归属的联盟。周公制礼虽然有一定的制度化设计,但并没有真正形成各诸侯国达成一致共识的政治规则,只是在周王室及鲁国等少数国家和儒家的思想体系中保存下来。商、周的天子虽被尊为天下的共主,但并不是后来真正意义上的国家元首,所谓"普天之下莫非王土,率土之滨莫非王臣"[9]994仅仅是一种象征。春秋战国时期,列国纷争,互为敌手,各个分散国家的合法性受到了极大威胁,特别是在天下共主周王室衰微后,这种作为独立国家的合法性更是得不到保证。司马迁在《太史公自序》中引董仲舒之言:"《春秋》之中,弑君三十六,亡国五十二,诸侯奔走不得保其社稷者不可胜数。察其所以,皆失其本也。"[8]2492国家合法性的丧失,主要问题在于建立在"道义"基础上的国家意识的缺位。秦朝虽然具有了完整意义上的国家意识,但由法家所设计的国家构想也存在一个致命弱点,那就是道义的缺失和民意的匮乏。董仲舒在给汉武帝所上的《贤良对策》中谈到秦帝国二世而亡的一个很重要原因就是国家合法性的不完备或不充分。"至秦则不然。师申、商之法,行韩非之说,憎帝王之道,以狼贪为俗。非有文德以教训于天下也。诛名而不察实,为善者不必免,而犯恶者未必刑也,是以百官皆饰虚辞而不顾实,外有事君之礼,内有背上之心,造伪虚诈,趋利无耻;又好用憯酷之吏，赋敛亡度，竭民财力，百姓散亡，不得从耕织之业，群盗并起。是以刑者甚重，死者相望，而奸不息，俗化使然也。"[8]1910 可见，董仲舒明确指出，不从道义上解决国家合法性问题，就难以达到国家的长治久安。

  国家合法性的关键，是政权的合法性，也就是统治者要获得让整体国人认可的合理的执政地位。汉帝国继承了秦帝国的统一国家的政治遗产，但毕竟汉室是从草莽身份经过暴力夺权一跃而成为一个地域广阔、人口众多的统一大帝国统治者的政权获得者，其合法性地位的确立是其面临的一个十分严峻的问题。事实上，从刘邦取得皇帝之位开始，汉朝宗室就已经在利用当时流行的"天人感应"意识来论证其权力来源的合法性。《史记》所记载的刘媪梦见蛟龙缠身而有刘邦以及刘邦斩蛇起义的两则故事，就是刘氏王朝为自身政权合法性所编造的最初舆论。然而这个问题在董仲舒之前一直没有得到理论上的很好的解决。董仲舒运用"天人合一""君权天授"以及阴阳五行思想，为汉帝国政权的合法性做了较为完整的理论建构，确立了中国古代统一皇权专制王朝的稳固的国家意识。

  董仲舒从当时已经流行的"天人合一"意识出发，强化提出了"君权天授"的理念，为汉帝国以及此后中国古代皇权专制国家的合法性奠定了第一块基石。"君权天授"是董仲舒政治思想的一个极为重要的理念，也是一个在中国历史上影响巨大的理念。何为"君权天授"？就是说君主的地位和权力不是在人间自然形成的，而是来自上天的安排，是上天赋予的权力。"君权天授"的思想不是董仲舒独创，而是古来有之。夏、商、周三代皆有"君权天授"之说。《尚书·大禹谟》说："帝德广运，乃圣乃神，乃武乃文。皇天眷命，奄有四海，为天下君。"[9]283《尚书·仲虺之诰》说："天乃锡王勇智，表正万邦，缵以旧服；兹率厥典，奉若天命。"[9]340《尚书·大诰》说："天休于王，兴我小邦周，王惟卜用，克绥受兹命。"[9]422 在现已解读出的殷商、西周的甲骨文、金文卜辞中也可发现关于"君权天授"的内容。殷人把上天称为"帝"或"上帝"，认为商王的权力来自上帝的赐予；周人则用"天"代替了"帝"或"上帝"，把周王视为上天之子，称其为"天子"。后来"天子"这个名称就被历代君王所沿用。周代的铜器"毛公鼎"铭文刻录着这样的文字:"丕显文武,皇天宏厌厥德,配我有周,膺受天命。"明确提出了"君权天授"的思想。董仲舒"君权天授"的理念不过是对古人思想的沿用。与古人不同的是,董仲舒依据汉帝国的现实情况,结合儒家学说的核心价值观,对"君权天授"的理念进行了新的富有哲理意义的阐释。在董仲舒这里,"天"已不再是古人心中的那种单纯的人格神,而是由阴阳二气相合而成的超然之物,其中阳尊阴卑,阳为主导。阳的性质是"生","生"体现为"仁",因此天的本质是"仁"。从这里出发,董仲舒认为"君权天授"意味着,君主从上天那里得到的不仅是地位和权力,更重要的是天所赋予的"仁"之道。君主需要有一颗"仁爱"之心,做到"仁者爱人",才能体现天的意志,为百姓之首、天下之主。董仲舒在解释"王"这一概念时说:"三画而连其中,谓之王。三画者,天地与人也,而连其中者,通其道也。取天地与人之中而参通之,非王者孰能当是?是故王者唯天之施,施其时而成之,法其命而循之诸人,法其数而以起事,治其道而以出法,治其志而归之于仁。"[5]329君主如果失去了"仁",便失去了"君权天授"的合法性,其地位与权力"天必夺之"。董仲舒举了桀纣的例子,说明"君权天授"的两面性:"桀纣皆圣王之后,骄溢妄行。侈宫室,广苑囿,穷五彩之变,极饬材之工,困野兽之足,竭山泽之利,食类恶之兽。夺民财食,高雕文刻镂之观,尽金玉骨象之工,盛羽旄之饰,穷黑白之变。深刑妄杀以陵下,听郑卫之音,充倾宫之志,灵虎兕文采之兽。以希见之意,赏佞赐谗。以糟为丘,以酒为池。孤贫不养,杀圣贤而剖其心,生燔闻其臭,剔孕妇见其化,斫朝涉之足察其拇,杀梅伯以为醢,刑鬼侯之女取其环。诛求无已。天下空虚,群臣畏恐,莫敢尽忠,纣愈自贤。周发兵,不期会于孟津者八百诸侯,共诛纣,大亡天下。"[5]105-107从董仲舒对"君权天授"的两面性论述来看,他的这个理念并非像过去有些人所说的,是对孟子"民本"思想的背叛,而是用一种更具有哲学意味的理论依据来强调"民本"的重要性,为"民本"寻找到了天道之为"仁"这样一个价值立论的基点,从而完善了"君权天授"的思想。在董仲舒"君权天授"的"天"的内涵里,既具有至高无上的"天意",也包含着来自民间社会的"民意"。"天意"以祥瑞或灾异示意,"民意"以民心向背而通"天"。在这里,董仲舒用"天地人"这一逻辑架构,对君主权力的合法性、绝对性做出了特定的限制。

  同"君权天授"相关联,是董仲舒提出的另外一个概念,即"天命"。所谓天命,就是上天的指令或上天的安排。"君权天授"便是奉天之"命"。"天之所大奉使之王者,必有非人力所能致而自至者,此受命之符也。"天命所降,必有符瑞所现。"天下之同心归之,若归父母,故天瑞应诚而至。书曰'白鱼入于王舟,有火复于王屋,流为鸟',此盖受命之符也。"[8]1902的确,正如有的学者曾指出的,董仲舒通过"天命"为"君权天授"披上了一层神秘主义的外衣,增强了帝王所获地位与权力的神秘性、权威性,加强了统治者对人民的统治。但是,董仲舒同时也阐释了"天命"的另外一层含义。他说:"王道之端,得之于正。正次王,王次春。春者,天之所为也;正者,王之所为也。其意曰,上承天之所为,而下以正其所为,正王道之端云尔。"[8]1903-1904也就是说,君权固然"天授",但所能够承受"君权"之人,必须是能够遵行正道之人。何谓"正道"?董仲舒给出的答案是效法上古"三王"。"帝三王之治天下,不敢有君民之心。教以爱,使以忠,敬长老,亲亲而尊尊,不夺民时,使民不过岁三日。民家给人足,无怨望无忿怒之患,强弱之难,无谗贼妒疾之人。民修德而美好,被发衔哺而游,不慕富贵,耻恶不犯。父不哭子,兄不哭弟。毒虫不螫,猛兽不搏,抵虫不触。故天为之下甘露。"[5]101-102这其实就是孔子、孟子、荀子所说过的"仁政"或"王道"社会。君主如果达不到"仁政"或"王道"社会的要求,是配不上"君权天授"的,因而也得不到"天命"的眷顾。而要实现这样的社会,则非一般人能够做到,必须是有高尚道德修养的人,这样的人董仲舒称之为"圣人"。"圣人法天而立道,亦溥爱而亡私,布德施仁以厚之,设谊立礼以导之。"这样才能获得"天命"。"天令之谓命,命非圣人不行。"[8]1913在这里,董仲舒实际上为统治者设置了一个很高的道德门槛,他用来自上天的"道德律令"来制约统治者的现实权力,使统治者能够在维护自己统治的同时，关心民瘼，关爱民生，造福于天下百姓。这实际上与孟子的"民本"思想并不矛盾，仍然是儒家传统的一种继续。

在"君权天授"的国家意识框架中，董仲舒对国家的组织构成进行了较为深入的探讨。他认为，国家的构成元素主要为君、民这一对重要关系。在这中间是由各级官吏构成的国家管理阶层，它在君、民之间起着上传下达、沟通调和的作用。为此，董仲舒从儒家的政治理念出发，阐述了君、民、官三者之间的关系及其在国家构成中所起的作用。

就君、民关系而言，董仲舒提出了一个重要命题，即"屈民以伸君，屈君以伸天"。在以往的董仲舒研究中，多数观点将这一命题看作君权对民意的压制，也是孟子"民为贵，社稷次之，君为轻"[4]464先秦儒家民本思想的倒退。其实，董仲舒在阐述这一观点时本无强化君主专制的意思，这一思想是后人的引申。董仲舒这一观点的提出，源自他的天赋人性的理论。"缘民臣之心，不可一日无君。一日不可无君，而犹三年称子者，为君心之未当立也。此非以人随君耶？孝子之心，三年不当。三年不当而逾年即位者，与天数俱终始也。此非以君随天邪！故屈民而伸君，屈君而伸天，《春秋》之大义也。"[5]31—32民间守孝三年的习俗和礼法是怎么来的？董仲舒认为，这来自"天数"，所谓"天数"也就是自然的法则，它决定了人性的存在。三年守孝之期是与"一生二，二生三，三生万物"的自然规律相对应的，"三"既为天之数，也是人情之数、礼法之数。君主去世，其子继承其位，虽为新君，但不可称为君，仍要称为"子"。这对民臣来说，国"一日不可无君"，不称其为"君"感情上过不去，但对新君来说，必以三年为期，才能真正临朝称君。这叫"屈民而伸君"。不过，对君主来说，三年守孝之期未到，孝子之心难安，但因国家治理的需要，他必须即位，所以新君"三年不当而逾年即位者"，也可以算作"与天数俱始终也"。这叫"屈君而伸天"。董仲舒的这一观点是他政治伦理思想的一个重要组成部分，目的是在政治与道德之间找到一条互相通融、彼此协调的通道，既避免道德对政治的严格约束，不致把政治牢牢绑在道德的祭坛上，又避免政治脱离道德，走上一条非道德化的道路。在这一命题中，董仲舒把君、民关系定义为一种相互依存的关系。在当时历史条件下的国家，君主是国家合法性的代表，也是国家存在的象征，故"国不可一日无君"，这同时也是民意。君主的个人意愿应该得到民众的理解与服从，但是民意也是不可忽视的，因为民众对国君的要求其实也是"天意"的体现。"屈民而伸君"是说民众应该照顾到君主的道德需求与政治形象，必要的时候要维护其道德需求与政治形象；而"屈君以伸天"则是说君主应该照顾到民众的现实需求，因为民众的现实需求体现着国家治理的不可缺位，这实际也是"天地之大德曰生"的天意之所在。当然，在君、民这对国家内部的关系中，君处于主导的地位，而民处于服从的地位，这是由阴阳所化成的天道所决定的。君为阳而民为阴，故君为尊而民为卑。但阴阳、尊卑之间也是互为作用的。阴助阳以成化，卑助尊以立国。说到底，国家的存在既在于君主的号召与领导，也在于民众的归附与拥戴。那么，君主的号召与领导力来自何处呢？董仲舒认为，其来自天道所赋予的仁心与正义，这决定了君权真正的合法性。"王者，人之始也。王正则元气和顺，风雨时，景星见，黄龙下。王不正则上变天，贼气并见。五帝三王之治天下，不敢有君民之心。"[5]101君主如果不能代表仁心与正义，将君权过度凌驾于民众之上，那也会得到上天的惩戒，此时或有灾异降临，或有民怨沸腾，最终君主可能失去对国家的掌控，造成王朝的覆灭。

  至于负担着国家管理职能的官僚阶层的职责，董仲舒将其定义为"辅德"与"佐职"。"众圣辅德，贤能佐职，教化大行，天下和洽，万民皆安仁乐谊，各得其宜，动作应礼，从容中道。"[8]1908官僚阶层的各级官吏由君主所任命，担当国家治理的各项职责，对君主负责；但他们也负担着保障与发展民生、教化与管理民众的责任，在君主与民众之间起着上传下达、沟通调和的作用。"王者制官，三公、九卿、二十七大夫、八十一元士，凡百二十人，而列臣备矣。"[5]214在董仲舒的设计中，官吏的职责主要有四项：一是维护君主的皇权专制地位，按照君主的意愿履行管理国家的职能，为国家的巩固与发展建言献策，但是在国家利益大于君主意愿的时候，官吏应以国家利益为上，应体现出《春秋》大义的原则;二是奉行儒家"民为邦本"的理念,关注与发展民生,推进农耕、商贸等经济活动,救困济贫、治理灾害,在保障民众衣食住行等生活需求的基础上实现国家的富强;三是根据儒家的道德礼法与国家法律管理社会,在必要时动用刑罚处置违法现象,更要用教化的方式引导民众,促进其道德水平的提高,达到社会和谐;四是以儒家思想作为主导,重视教育和人才培养,办好太学、庠、序等各级学校,为政权培养合适的支持者与从业者,同时通过选贤任能的方式,有效地为君主推举官吏、使用官吏及考核官吏,强化国家的行政运转。他认为,应打破传统的门阀世袭制度和随意性很大的君主择卿习惯,而由国家所兴办的专门教育机构,即"太学"来提供国家各级官吏,从而保证官吏的从政质量。董仲舒在上汉武帝"对策"中说:"臣愿陛下兴太学,置明师,以养天下之士,数考问以尽其材,则英俊宜可得矣。"[8]1911在接受专门教育的基础上,担任国家公职的官吏由各级官员层层推举,直至推举到朝廷。这就是汉代的"察举"制度。"察举"虽不肇始于董仲舒,但因董仲舒而获得了完善。"臣愚以为使诸侯列侯、郡守、二千石各择其吏民之贤者,岁贡各二人以给宿卫,且以观大臣之所能;所贡贤者有赏,所贡不肖者有罚。夫如是,诸侯、吏二千石皆尽心于求贤,天下之士可得而官使也。"[8]1911应该说,董仲舒的这一意见为后来科举制度的出现埋下了伏笔,把先秦儒家的"尊贤礼士""选贤与能"传统制度化、具体化,在政治的操作层面上完成了其由思想到实践的转换。据《汉书》记载,董仲舒所设计的这一官吏培养、举荐制度,在武帝之后逐渐推行,确定了汉代官吏来源的基本途径,形成了中国古代文官制度的最初形态。

董仲舒还认为,官僚阶层要能担当起这些国家治理的职责,其整体素质尤其是道德品格是十分重要的。这就需要从政的各级官吏必须经过由儒家文化所主导的正规思想教育,遵循儒家的道德规范,按照儒家思想的政治原则去从事行政管理。这一过程,董仲舒称之为"正"。"正"的次序是先由"人君",后到"百官",再到"万民"。"故为人君者,正心以正朝廷,正朝廷以正百官,正百官以正万民,正万民以正四方。是以阴阳调而风雨时,群生和而万民殖,五谷孰而草木茂,天地之间被润泽而大丰美,四海之内闻盛德而皆徕臣,诸福之物,可致之祥,莫不毕至,而王道终矣。"[8]1904 为了能够让官吏勤勉施政、履行职责,董仲舒制定了对官吏的考核之法,从制度上保证国家管理机器的正常运转。"考绩之法,考其所积也。……考绩黜陟,计时除废,有益者谓之公,无益者谓之烦。揽名责实,不得虚言,有功者赏,有罪者罚,功盛者显赏,罪多者罚重。不能致功,虽有贤名,不予之赏;官职不废,虽有愚名,不加之罚。赏罚用于实,不用于名,贤愚在于质,不在于文。故是非不能混,喜怒不能倾,奸轨不能弄,万物各得其冥,则百官劝职,争进其功。"[5]177-178 他为此还具体设计了对各级官吏的较为详细的"考试之法":不同级别的官吏有不同的"考试"时间与次数,然后将其累计以为"绌陟"的依据,"命之曰计"。考核分为内考与外考,以官吏各自的所得成绩,分为上、中、下三等,每等之内又可据其成绩再行细分。朝廷则依据这些考核的结果,对官吏进行赏罚。这种对官吏考核的制度化设计,是保证整个国家机器有效运转的重要行政手段,受到了自汉帝国之后历代后世王朝的重视。

四、董仲舒政治思想的社会理想

任何形态的政治,在国家层面的意义上的作用无非有四个:一是维护现有政权的合法性,巩固现有政权统治;二是在现有政权内部推行改革,实现国家和社会的更新;三是否定现有政权的合法性,用特定方式夺取政权;四是通过政权的运作,实现必要的社会理想。其实,政治从一开始就是围绕国家权力展开的,表现为人们攫取、设计、维护、建设、执行、制约国家权力的全部活动,这其中包括对一定社会理想的追求与实现。董仲舒的政治思想中当然也包含着对社会理想的追求与实现的设计。

董仲舒政治思想的社会理想是以儒家社会理想的蓝图为基础的。儒家的社会理想价值核心是"仁政"或"王道",其实现蓝图为"大同"。"仁政"或"王道"都是由君主自上而下、率先垂范,用以"仁义"为理念的道德治理国家、教化万民,使整个国家达到一定的道德水准,人人皆能以道德礼法规范自己,从而实现"善治"的目的。"大同"则是这种"仁政"或"王道"施行的终极结果。儒家的经典著作《礼记·礼运篇》借孔子之口有对"大同"的形象描绘:"大道之行也,天下为公,选贤与能,讲信修睦。故人不独亲其亲,不独子其子,使老有所终,壮有所用,幼有所长,矜寡孤独废疾者皆有所养,男有分,女有归。货恶其弃于地也,不必藏于己;力恶其不出于身也,不必为己。是故谋闭而不兴,盗窃乱贼而不作,故外户而不闭。是谓大同。"[9]3062 董仲舒对儒家的这一社会理想是非常认同的。他在给汉武帝的《贤良对策》中也表达了他对这一社会理想的向往:"五帝三王之治天下,不敢有君民之心。十一而税。教以爱,使以忠。敬长老,亲亲而尊尊,不夺民时,使民不过岁三日。民家给人足,无怨望忿怒之患,强弱之难,无谗贼妒疾之人。民修德而美好,被发衔哺而游,不慕富贵,耻恶不犯。父不哭子,兄不哭弟。毒虫不螫,猛兽不搏,抵虫不触。故天下为之甘露,朱草生,醴泉出,凤凰麒麟游于郊。囹圄空虚,画衣裳而民不犯。四夷传译而朝,民情至朴而不文。"[5]101-103 董仲舒的这一社会理想与孔子所言的"大同"相比,共同点是都以儒家的"仁政"为社会的基本政治架构,在满足人们物质生活需求的基础上,通过教化促使人们道德素质达到自觉的程度,实现社会的高度和谐。不同的是董仲舒比先秦儒家更重视经济在实现社会理想方面的作用。他认为,道德教化应建立在一定的经济基础之上,以较为充分地满足人们的生活需求为前提,否则教化就只能是无源之水、无根之木。董仲舒这一思想是与他的人性观互为依存的。天生人而有欲,欲望是生命存在的动力,无生命动力则社会无以存在与发展,也就不会有社会理想的实现。"命者天之令也,性者生之质也,情者人之欲也。"[8]1903 他认为满足人民必要的生活需求,这是统治者能够巩固统治、长久执政的前提。在董仲舒看来,人生而有欲是一种合理的生活需求,也是一种天赋的人性,顺应这种人性即是顺应天性。因为人秉天地之气而生,"人始生有大命,是其体也"[5]149,151。所谓

"体"就是上天所给予人的生命安排。一个理想化的社会，既不应该是法家所主张的以律法严格规范、秩序森然的社会，也不应该是道家所倡导的弃绝人之欲望、抱朴守拙的社会，而应该是物质生活充裕，人的生活需求得到满足，人际关系能够互惠互利，人人抱有仁爱礼让之心，让生命处于美好状态的社会。实际上，这也就是儒家所谓的"王道"社会。

为此，董仲舒从天道公平的原则出发，以社会财富的平衡为目的，主张政府的经济政策应该把重点放在抑制权贵、豪强，为下层民众争取必要的经济空间上。董仲舒认为，生命的存续与繁衍是天之德，而使天下苍生都能够获得其生命存续与繁衍的权利则是天之道，所以天道的原则即为公平。社会之所以出现动乱，国家之所以出现危机，就内政而言便是公平出了问题。"夫天亦有所分予，予之齿者去其角，傅其翼者两其足，是所受大者不得取小也。古之所予禄者，不食于力，不动于末，是以受大者不得取小，与天道同意者也。夫已受大，又取小，天不能足，而况人乎！此民之所以嚣嚣苦不足也。"要解决"受大而取小"亦即权贵、豪强无所顾忌而肆意攫取财富的问题，必须要有政府干预，用相应的经济政策抑制权贵、豪强，维持社会财富的平衡，使普通百姓具有保证其生命存续与繁衍权利的条件。"故受禄之家，食禄而已，不与民争业，然后利可均布，而民可家足。此上天之理，而亦太古之道，天子之所宜法以为制，大夫之所当循以为行也。"这种经济政策，有着促进民生、稳定社会的重要作用，同时对良好的社会风气的形成也会产生影响。"尔好谊，则民乡仁俗善；尔好利，则民好邪而俗败。"[8]1916,1917 所以，公平原则是保证国家长治久安的极为重要的经济原则，政府在这方面应有"君子"之风，而不能效小人之为。《春秋繁露·玉英篇》叙述鲁隐公"观鱼于棠"，实际是张网捕鱼，与民争利，这一行为违背了天道公平的原则，所以《春秋》予以讥刺与贬责。说到底，能否维护社会财富的平衡，避免强权阶层越界谋利以致形成巨大的贫富差异，这是一个政府是否具有道德素质与公信力的问题。对此，董仲舒提出了谆谆告诫："由是观之，天子大夫者，下民之所视效，远方之所四面而内望也。近者视而放之,远者望而效之,岂可以居贤人之位而为庶人行哉!夫皇皇求财利常恐乏匮者,庶人之意也;皇皇求仁义常恐不能化民者,大夫之意也。《易》曰:'负且乘,致寇至。'乘车者君子之位也,负担者小人之事也,此言居君子之位而为庶人之行者,其祸患必至矣。若居君子之位,当君子之行。"[8]1917政府就是要担当起"君子"的职责,奉行天道,扶弱救贫,促进社会公平。

董仲舒还认为,社会理想的经济活动应以道德约束为前提,贯彻"义"在"利"先的原则,在义与利产生矛盾之时舍弃利而追求义,即"正其义不谋其利"。可以看出,对经济活动中必然出现的利益问题,董仲舒继承了孔、孟、荀等先秦儒家的思想,既肯定了经济活动中个体利益追求的合理性、必然性,又强调了个体利益追求不过是经济活动的低级形态,经济活动的高级形态应该是保障个体利益之间的平衡,从而保障整个社会的利益诉求得到实现,也就是互惠互利,这种高级形态在道德层面上体现为"义"。孔子言:"己欲立而立人,己欲达而达人","富与贵,是人之所欲也,不以其道得之,不处也;贫与贱,是人之所恶也,不以其道得之,不去也"[3]118,94−95,说的便是人与人之间的互惠互利关系及利益获得的合理性、正当性。董仲舒认为,经济活动虽然是社会存在与发展的动力,但决不能把经济活动看作单纯为了民生之需而进行,把牟利作为经济活动的唯一目的,那样便会造成整个社会道德水平的下降,酿成人人争利、私欲泛滥的局面,为社会动乱埋下潜在的危机。所以,董仲舒主张经济活动应在道德规则控制的范围内实施,利益的牟取与礼法的奉行应并行不悖,这是天道在经济活动中的体现。"天地人,万物之本也。天生之,地养之,人成之。天生之以孝悌,地养之以衣食,人成之以礼乐,三者相为手足,合以成体,不可一无也。"违背这个天道,使人们"各从其欲",一味追逐私利,就会得到"自然之罚";合乎这个天道,使人们在"孝悌敬让"的教化下从事经济活动,"秉耒躬耕,采桑亲蚕,垦草殖谷,开辟以足衣食",就会得到"自然之赏"[5]168。他认为,在经济活动中强调道德控制,才可以避免"大富则骄,大贫则忧;忧则为盗,骄则为暴"的现象。同时,董仲舒认为对经济活动的道德控制不应只是诉诸教化,还应该用法律的形式固定下来,作为国家对经济活动管理的依据。"圣者则于众人之情,见乱之所从生,故其制人道而差上下也,使富者足以示贵而不至于骄,贫者足以养生而不至于忧,以此为度而调均之,是以财不匮而上下相安,故易治也。"如果舍弃这样的"度制","各从所欲,欲无所穷,而俗得自恣,其势无极。大人病不足于上,而小民羸瘠于下,则富者愈贪利而不肯为义,贫者日犯禁而不可得止"[5]227-228,那么将会给国家治理带来巨大困难,甚至导致天下大乱。董仲舒这一思想,是孔子"不患贫而患不均"[3]205思想的延续,但"均贫富"在中国古代严格的阶级制度下是很难实行的,只是一种理想状态。当然,客观上讲,它也为此后中国人对社会理想的追求提供了一种模本。

　　董仲舒把经济活动引入到对社会理想的谋划与设计之中,这就把先秦儒家提出的"大同"模式的社会理想从较为空洞的乌托邦状态还原到现实政治的状态,并为其注入了能够在政策操作的层面上进行政治尝试的因素,使得儒家这一社会理想模式具有了可以实际运作的可能性和理论意义。实际上,董仲舒在为汉武帝所上《贤良对策》中所提出的"更化""改制"的建议,都与他对社会理想的这一谋划有着极为密切的关系。董仲舒在其"对策"中屡屡以尧、舜、禹的"三王之道"启发汉武帝,而"三王之道"也就是儒家崇奉的"王道"社会。董仲舒认为,前秦失其国、汉初酿其乱的原因就是违背了"三王之道",所谓"更化""改制"也就是要改变秦朝与汉初的治国理政道路。在董仲舒看来,要建立一个"王道"的理想化社会,除了在政治上"更化"改革,确立以儒家思想为指导的皇权"大一统"体制外,经济上也要从秦朝的横征暴敛、汉初的"无为而治"转向由政府主导的积极的经济政策。董仲舒认为,秦朝的横征暴敛、竭泽而渔的法家经济政策,是造成民怨沸腾、人们揭竿而起,其政权二世而亡的主要原因,而汉初的"无为而治"、休养生息,固然对国家从秦末的战乱局面中恢复元气起到了应有作用,但因为政府对社会治理、经济发展的干预太少,也造成了民间经济的混乱,权贵、豪强肆意妄为,趁机兼并土地、攫取财富,各诸侯国自收税赋,羽翼渐丰,构成对中央政权的威胁。这些权贵、豪强"身宠而载高位,家温而食厚禄,因乘富贵之资力,以与民争利于下,民安能如之哉!是故众其奴婢,多其牛羊。广其田宅,博其产业,畜其积委,务此而亡已,以迫蹴民,民日削月朘,浸以大穷。"因此,对这种"富者奢侈羡溢,贫者穷急愁苦"的现象必须予以纠正,否则便会造成社会的动荡不安,"穷急愁苦而上不救,则民不乐生;民不乐生,尚不避死,安能避罪!此刑罚之所以繁而奸邪不可胜者也"[8]1916。从这里可以看出,董仲舒的社会理想是与现实政治紧密结合的。他用理想来引导现实的政治改革,又把政治改革作为实现理想的途径,这就走出了先秦儒家大多坐而论道,难以贯彻其政治主张的困境,为汉帝国的政治决策提供了实际的帮助。

五、董仲舒政治思想在汉代的影响

董仲舒的政治思想能够发挥作用,与汉武帝在窦太后死后亲自执掌汉帝国大权有着十分密切的关系。在这之前,他的学说还只是个人著述,他仅仅在学术界有一定声望,虽是公认的儒学大师,以专治春秋公羊学见长,但还谈不上有任何政治影响。汉武帝执政后采取了一项重要改革措施,就是下诏让各地举荐贤良文学之士,收集并听取他们对朝廷治国理政的意见,这便是有名的"举贤良对策"。建元元年(前140)冬十月,汉武帝曾下诏令各级官员与诸侯"举贤良方正直言极谏之士",但那次丞相卫绾认为"所举贤良,或治申、商、韩非、苏秦、张仪之言,乱国政,请皆罢"[8]111。没有达到汉武帝的预期目的。元光元年(前134)五月,汉武帝复下诏召贤良之士垂询,让他们针对国家的长治久安问题上书对策,诏曰:"今朕获奉祖庙,夙兴以求,夜寐以思,若涉渊水,未知所济。猗与伟与!何行而可以章先帝之洪业休德,上参尧舜,下配三王!朕之不敏,不能远德,此子大夫之所睹闻也。贤良明于古今王事之体,受策察问,咸以书对,著之于篇,朕亲览焉。""于是董仲舒、公孙弘出焉。"[8]115"武帝即位,举贤良文学之士前后百数,而仲舒以贤良对策焉。"[8]1890汉武帝下诏"举贤良之士"对策,应该是他制定的长期施政措施的一个重要部分。元光元年这一次的"举贤良对策",参与者大多为儒学的饱学之士,满足了汉武帝的愿望,成为他希望以儒学治国、改弦更张的一次重要活动。董仲舒也就是在这次活动中因建言献策而走上了汉帝国的政治舞台。对于董仲舒在汉武帝新政中所发挥的作用,《史记》与《汉书》的记载不尽一致。《史记》只是简单记载了"举贤良对策"活动,并没有提及汉武帝的垂询内容与贤良文学之士的对策过程,也没有记载董仲舒的"对策",但在《儒林列传》中记载董仲舒参与了元光元年的"举贤良对策"的活动。《汉书》则不仅具体记载了董仲舒的"对策",而且对董仲舒的"对策"以及其后的政治表现大加赞赏。《汉书》还分别在《武帝纪》《礼乐志》《食货志》《五行志》《董仲舒传》《司马迁传》《刘向传》《儒林传》《循吏传》等篇章中记载了董仲舒的政治活动及其学说,为后人了解董仲舒的政治影响提供了主要的历史依据。

董仲舒上书汉武帝的"贤良对策"是西汉帝国政治生活中的一件大事,由此影响了汉武帝的执政理念及汉帝国的政治走向,对结束汉初实行的汉承秦制与以刑名、黄老之学治理国家的政策,转而以儒家学说作为治国理政的主导思想起到了关键作用,以至于后人将其总结为"罢黜百家,独尊儒术"。所以,班固在《汉书》中使用了重要篇幅,详细记载了董仲舒上书汉武帝的"贤良对策"。后世历史学家也都对这一事件给予了高度重视。董仲舒在汉武帝"举贤良对策"活动中所起到的作用,虽然《史记》不予记载,但作为历史事实,应是不容怀疑的。董仲舒在《贤良对策》针对汉武帝垂询的问题所做的回答,其主要内容有如下要点:第一,他推出德法(刑)并用,以德为主,刑为辅的治理体系,纠正秦帝国酷法暴政的弊端,解决汉初以来奉行刑名、黄老之学所带来的社会混乱现象严重、中央政权政令难以统一的问题;第二,他提出以"正"为本,"君权天授",主张综名核实,定皇权为一尊,巩固汉帝国皇权统治的合法性;第三,他主张社会与国家的治理应以统一思想为基础,提出以儒学为思想之宗,对民众实施教化,以聚合民心,达到思想与政治的一体化治理;第四,他重视教育对政治的作用,倡导设立国家管理的学校,为政权培养合适的支持者与从业者，同时制定了通过选贤任能，有效推举官吏、使用官吏及考核官吏的制度，强化帝国的行政运转；第五，他提出适时"更化"的观点，认为虽然以行仁义、尊德性为根本的治国理政之大道不可变动，但具体的政治政策、典章制度还应该根据社会实际情况而进行改革，以达到"善治"的目的；第六，他从历史发展的大势出发，提出"大一统"的思想，主张以皇权专制为核心，以儒家学说为主导，建立统一的国家政治、经济、文化体制，保持国家的长治久安。董仲舒的这些建议，表现了他对文、景之后国家政治形势的正确判断，以及他从公羊学的思想出发对如何巩固皇权统治、稳定社会秩序，使民众安居乐业、国家长治久安的深入思考，这些都给汉武帝留下了深刻印象。

从《汉书》的记载看，汉武帝虽未能重用董仲舒，但对其"对策"中所提出的治国理政思想进行了较多的采纳，仅《武帝纪》中即有：元朔元年冬十一月，武帝下诏要求各级官吏要"广教化，美风俗"，"本仁祖义，褒德禄贤，劝善刑暴"，"旅耆老，复孝敬，选豪俊，讲文学，稽参政事，祈进民心，深诏执事，兴廉举孝"[8]119。元朔五年（前124）夏六月，汉武帝下诏要求"导民以礼，风之以乐"，"详延天下方闻之士，咸举诸朝。其令礼官劝学，讲议洽闻，举遗兴礼，以为天下先"[8]122。元狩元年（前122）夏四月，赦天下，下诏曰："嘉孝弟力田，哀老眊寡鳏独或匮于衣食。甚怜悯焉。其遣谒者巡行天下，存问致赐。""赐县三老、孝者帛，人五匹；乡三老、弟者、力田帛，人三匹；年九十以上及鳏寡孤独帛，人二匹，絮三斤；八十以上米，人三石。有冤失职，使者以闻。"[8]124元狩六年（前117）六月，整顿市场，纠正"币轻多奸，农伤而末众"，富者凌贫，豪强兼并的现象，下诏"改币以约之"，为贫困者下发救济，"遣博士大（褚大，董仲舒之弟子）等六人分行天下，存问鳏寡废疾，无以自振业者贷与之"[8]128。这些措施可与董仲舒的"贤良对策"互为对应，应能看出董仲舒"对策"的影响。《汉书·循吏传》中还说："孝武之世，外攘四夷，内改法度，民用凋敝，奸轨不禁。时少能以化治称者，惟江都相董仲舒、内史公孙弘、倪宽，居官可纪。三人皆儒者，通于世务,明习文法,以经术润饰吏事,天子器之。"[8]2687 所以,班固在《汉书》中说董仲舒晚年还能得到朝廷重视,皇帝经常向其询问朝政,并非是没有根据的虚言,说明董仲舒当年的"对策"一直在汉武帝一朝的政治生活中保持着一定的影响。"仲舒在家,朝廷如有大议,使使者及廷尉张汤就其家问之,其对皆有明法。自武帝初立,魏其、武安侯为相而隆儒矣。及仲舒对策,推明孔氏,抑黜百家。立学校之官,州郡举茂材孝廉,皆自仲舒发之。"[8]1917 由此可见董仲舒的政治思想是影响汉武帝以儒学治国这一政治方向的重要因素之一。

当然,终汉武帝一朝,董仲舒没有得到实际重用,他的治国理政的思想在很大程度上也没有得到很好贯彻,尤其是他所提出的国家不与民争利、减轻民众税赋负担、鼓励民间经济发展等措施,因与汉武帝的治国方针不够吻合,被武帝弃置未用。《汉书》记载,董仲舒曾向汉武帝建言,要大力发展农耕,保证百姓温饱,同时减轻税负,发展民间经济,其中便提出了著名的"盐、铁皆归于民"和"薄赋敛,省徭役,以宽民力"的主张:"古者税民不过什一,其求易共;使民不过三日,其力易足。民财内足以养老尽孝,外足以事上共税,下足以畜妻子极爱,故民说从上。至秦则不然,用商鞅之法,改帝王之制,除井田,民得卖买,富者田连阡陌,贫者亡立锥之地。又颛川泽之利,管山林之饶,荒淫越制,逾侈以相高;邑有人君之尊,里有公侯之富,小民安得不困? 又加月为更卒,已,复为正一岁,屯戍一岁,力役三十倍于古;田租口赋,盐铁之利,二十倍于古。或耕豪民之田,见税什五。故贫民常衣牛马之衣,而食犬彘之食。重以贪暴之吏,刑戮妄加,民愁亡聊,亡逃山林,转为盗贼,赭衣半道,断狱岁以千万数。汉兴,循而未改。古井田法虽难卒行,宜少近古,限民名田,以澹不足,塞并兼之路。盐、铁皆归于民。去奴婢,除专杀之威。薄赋敛,省徭役,以宽民力。然后可善治也。"[8]957 董仲舒提出的这一主张,应该说具有很强的现实政治意义,但因为汉武帝在当时急需从民间获得财富以整顿军备征伐匈奴、抑制藩属消除内患,故采取了强征税赋、耗竭民财的财政政策,最后使得汉帝国国力消耗太大,以至于出现了《汉书》所记载的"仲舒死后,功费愈甚,天下虚耗,人复相食"[8]957的悲惨现象。这也是董仲舒所始料未及的。汉武帝晚年对自己的做法亦有所悔悟,曾下《轮台召》,否定桑弘羊建议,回归董仲舒《贤良对策》的意见。《汉书》记载:"武帝末年,悔征伐之事,乃封丞相为富民侯。下诏曰:'方今之务,在于力农。'以赵过为搜粟都尉。过能为代田,一亩三甽。岁代处,故曰代田,古法也。……过使教田太常、三辅,大农置工巧奴与从事,为作田器。二千石遣令长、三老、力田及里父老善田者受田器。学耕种养苗状。民或苦少牛,亡以趋泽,故平都令光教过以人挽犁。过奏光以为丞,教民相与庸挽犁。率多人者田日三十亩,少者十三亩,以故田多垦辟。过试以离宫卒田其宫壖地,课得谷皆多其旁田亩一斛以上。令命家田三辅公田,又教边郡及居延城。是后边城、河东、弘农、三辅、太常民皆便代田,用力少而得谷多。"[8]958这也许可以看作他晚年对董仲舒建言献策的一个补偿吧。

在武帝之后,董仲舒的思想渐渐得到了朝廷有识之士的重视,如霍光、桓宽、王吉、丙吉、萧望之、贡禹、刘向等人都对董仲舒的思想有所认同。至昭帝、宣帝、元帝之时,他的政治思想也开始得到了比较好的贯彻,尤其是著名的"盐铁会议",贤良文学之士在与桑弘羊等大臣的辩论中所秉持的基本上是董仲舒曾经的主张,而这些主张最终得到了汉昭帝的认可并被采纳到当时的施政决策中。"昭帝即位六年,诏郡国举贤良文学之士,问以民所疾苦,教化之要。皆对愿罢盐铁酒榷均输官,毋与天下争利,视以俭节,然后教化可兴。"[8]983"在位诸儒多言盐铁官及北假田官、常平仓可罢,毋与民争利。上从其议,皆罢之。又罢建章、甘泉宫卫,角抵,齐三服官,省禁苑以予贫民,减诸侯王庙卫卒半。又减关中卒五百人,转谷振贷穷乏。"[8]960盐铁会议在汉代政治史上产生了很大影响,至此汉武帝在桑弘羊等人倡议下所奉行的以富国强兵为目的,对民间经济进行剥夺,集天下财富于朝廷,"人君统而守之则强"[10]的政治经济政策画上了句号,董仲舒早年对汉武帝上言而未采纳的建议开始发挥他曾经预期的作用。汉昭帝之所以采纳了贤良文学之士们所引用自董仲舒"盐、铁皆归于民""薄赋敛,省徭役,以宽民力"的意见,当时掌握大权的霍光在其中起了重要作用，而与贤良文学之士意见相左的桑弘羊则因此在政坛上失势。《汉书》记载，盐铁会议后昭帝的政策一直被保留下来，"宣、元、成、哀、平五世，亡所改变"[8]984。昭、宣、元三帝时西汉经济的恢复及国家的强盛，应该说董仲舒政治思想的影响是不应该被忽视的。对此，宋代司马光在《资治通鉴》中评价说："昭帝始元六年，秋，七月，罢榷酤官，从贤良、文学之议也。武帝之末，海内虚耗，户口减半。霍光知时务之要，轻徭薄赋，与民休息。至是，匈奴和亲，百姓充实，稍复文、景之业焉。"[11]司马光的评价虽是针对霍光而言，但是从源头上讲，也可以看作后世对董仲舒政治思想在西汉所产生的历史影响的一个评价。

延及东汉，董仲舒政治思想的影响愈益显现。汉章帝时著名的"白虎观会议"既是对汉武帝之后西汉政治导向、政治制度，也是对董仲舒政治思想的一次总结。"白虎观会议"的目的体现在《后汉书》所载汉章帝所下的诏书中："盖三代导人，教学为本。汉承暴秦，褒显儒术，建立《五经》，为置博士。其后学者精进，虽曰承师，亦别名家。孝宣皇帝以为去圣久远，学不厌博，故遂立大、小夏侯《尚书》，后又立京氏《易》。至建武中，复置颜氏、严氏《春秋》，大、小戴《礼》博士。此皆所以扶进微学，尊广道艺也。中元元年诏书，《五经》章句烦多，议欲减省。至永平元年，长水校尉儵奏言，先帝大业，当以时施行。欲使诸儒共正经义，颇令学者得以自助。孔子曰：'学之不讲，是吾忧也。'又曰：'博学而笃志，切问而近思，仁在其中矣。'于戏，其勉之哉！"汉章帝这一诏书表明东汉显然是继承了汉武帝之后以儒学治国的基本政治导向，并将儒学所形成的"五经"作为社会治理的经典及主要教育内容，由此促成了"白虎观会议"的召开，并经班固整理形成了东汉的制度化文件《白虎通义》。"于是下太常，将、大夫、博士、议郎、郎官及诸生、诸儒会白虎观，讲议《五经》同异，使五官中郎将魏应承制问，侍中淳于恭奏，帝亲称制临决，如孝宣甘露石渠故事，作白虎议奏。"[8]95如果说汉武帝"举贤良对策"改变了西汉的政治走向，那么"白虎观会议"则可以说是决定了东汉的政治走向。包括东汉初期曾一度被国家收回的盐、铁经营之权,在"白虎观会议"之后,又由汉殇帝尊章帝遗训予以恢复。"戊寅,诏曰:'昔孝武皇帝致诛胡、越,故权收盐铁之利,以奉师旅之费。自中兴以来,匈奴未宾,永平末年,复修征伐。先帝即位,务休力役,然犹深思远虑,安不忘危,探观旧典,复收盐铁,欲以防备不虞,宁安边境。而吏多不良,动失其便,以违上意。先帝恨之,故遗戒郡国罢盐铁之禁,纵民煮铸,入税县官如故事。其申敕刺史、二千石,奉顺圣旨,勉弘德化,布告天下,使明知朕意。'"[8]114-115班固著《汉书》,特别为董仲舒专门列传,将《史记》并未记载的董氏三篇《贤良对策》全文收入,并引刘向、刘歆父子对董仲舒的高度评价入传,肯定了董仲舒在汉代"遭汉承秦灭学之后,六经离析,下帷发愤,潜心大业,令后学者有所统一,为群儒首"[8]1920的历史地位。这些史实都说明,董仲舒的思想在整个汉代是具有重要影响的。当然,东汉后期因外戚、宦官势力交替把揽朝政,加之"党锢之祸"的惨烈政治斗争,使儒家在政坛上的力量受到重大打击,董仲舒的影响渐趋衰微,直至淡出了汉末的政治视野。

参考文献:

[1] 亚里士多德. 政治学 [M]. 吴寿彭译, 北京:商务印书馆, 1997:130.

[2] 尚书 [M]. 北京:中华书局, 2012.

[3] 朱熹. 四书集注 [M]. 长沙:岳麓书社, 1985.

[4] 荀子 [M]. 北京:中华书局, 2011:265.

[5] 苏舆. 春秋繁露义证 [M]. 北京:中华书局, 1992.

[6] 马克思, 恩格斯. 马克思恩格斯选集:第1卷 [M]. 北京:人民出版社, 1975.

[7] 说苑校证 [M]. 北京:中华书局, 1987:479.

[8] 汉书 [M]. 北京:中华书局, 1999.

[9] 十三经注疏:卷一 [M]. 北京:中华书局, 2009.

[10] 盐铁论 [M]. 北京:中华书局, 2017:111.

[11] 资治通鉴:卷二三 [M]. 北京:中国社会出版社, 1999:320.

本文为"2019 中国·衡水董仲舒与儒家思想国际学术研讨会"提交的论文。

季桂起（1957—），男，河北南皮人，文学博士，德州学院文学院教授，主要从事中国文学史、中国文化史、董仲舒思想研究。

论董仲舒的革命思想

王江武　王　康

儒家向来有主张"革命"的传统,在先秦的典籍中关于"革命"的记载比比皆是。如《尚书·多士》有"惟时天罔念闻,厥惟废元命,降致罚。乃命尔先祖成汤革夏,俊民甸四方"[1]219,又有"惟尔知,惟殷先人,有册有典,殷革夏命"[1]220。《易·革卦》象曰:"汤武革命,顺乎天而应乎人。"[1]60《诗·大雅·文王有声》云:"文王受命,有此武功,既伐于崇,作邑于丰。"[1]526《诗·大雅·大明》云:"有命自天,命此文王,于周于京。"[1]508《孟子·梁惠王》也有:"贼仁者谓之贼,贼义者谓之残,残贼之人谓之一夫。闻诛一夫纣矣,未闻弑君也。"[1]2680而秦汉之后,儒家的"革命"理论似乎遭到了冷落。

《史记·儒林列传》有载:景帝时,清河王太傅辕固生和黄生就"汤武革命"在景帝御前辩论。黄生认为,成汤和武王作为臣子未得到上天的授权而讨伐桀纣是谋反。辕固生则认为,夏桀和商纣暴虐而使得天下大乱,成汤和武王是顺应民心而诛杀桀纣。因此不能说汤武未得天命。而黄生反驳,帽子即使是旧的也是必须要戴在头上的,鞋子哪怕是新的也只能穿在脚上。同理,桀纣即使是无道之君也是君上,汤武虽是有道的圣人始终是臣下。主上有了过错,做臣子的应该极力规劝、匡正君主,怎么能够因此而诛杀之,然后取而代之呢?这实际是谋反。辕固生于是列举汉高祖的例子,指出如果汉高祖取代秦而居天子之位又当如何讲。然后,汉景帝就说出了所谓的"马肝之论":"食肉不食马肝,不为不知味;言学者无言汤武受命,不为愚",及时终止了这场讨论。是后,学者不再提"受命放杀"[2]之论。这就是历史上著名的"汤武"之禁。《韩非子》里也有与黄生之说类同的说法:"冠虽穿弊,必戴于头;履虽五采,必践之于地"[3],而景帝的观念无疑是偏向于韩非、黄生的。

"汤武之禁"的出现,实与中国历史上的一重大变局——"周秦之变"密切相关。秦代以"郡县制"代替了周代的"分封制",以严刑峻法代替了周代的礼乐制度。更为重要的是,整个国家成为一个中央集权的大一统的国家,皇帝成为至高无上权力的拥有者,所谓"天下之事无大小,皆取决于上"(《史记·秦始皇本纪》)[2]3122—3123。汉代继秦之后,其典章制度多承暴秦,汉儒的言说空间变得前所未有的逼仄。

在"汤武之禁"之前,由于汉王朝需要为自身政权的合法性做论证,所以并不禁止儒生谈论"革命"。诚如辕固生所言,桀纣无道,汤武取而代之是既顺应民心,又得到天命的。同理,暴秦无道,汉王朝取代秦王朝同样是顺天应人的。然而景帝却在辕固生与黄生的辩论之中,敏锐地发现"汤武革命"实乃"双刃剑"。既然汉王朝可以取代无道的秦朝,那么汉王朝若是失德无道,就将被取而代之。景帝以帝王的权威终止了辕固生与黄生的讨论,而"汤武革命"也由此变为一个理论禁区。于是,"汤武之禁"后应以何种言说方式继续儒家的"革命"理论,便成了包括董仲舒在内的汉儒所面临的一个问题。

一、"改制"还是"革命"

《尧舜不擅移汤武不专杀》言及"汤武",其他文本则似未有直涉"汤武",而多言"改制"。故而颇有学者否认董仲舒具有"革命"思想。如晚清康有为虽极度推崇董仲舒的"改制"思想,因其反对排满革命,而倡"君主立宪"主张,故而重在阐发改良意义上的"改制"

思想，康有为之忽视董仲舒"改制"说隐含的"革命"思想①，有其诠释的合理性。而苏舆认为《尧舜不擅移汤武不专杀》一篇非董仲舒所作，继而否认董仲舒具有"革命"的思想②。蒙文通认为董仲舒变"革命"为"改制"，乃是今文学的倒退③。杨向奎不仅否认董仲舒具有"革命"思想，甚至认为董仲舒的改制也仅仅"只是一种形式上的变更，丝毫无补于实际"[4]。亦有不少人对《三代改制质文》为董仲舒所作提出质疑④。黄开国则指出董仲舒的改制"保留了孟子肯定汤武革命的精神"[5]。以下仅主要就苏舆与蒙文通的看法进行驳正。

苏舆认为《尧舜不擅移汤武不专杀》一篇非董仲舒所作，而是汉景帝时辕固生和黄生的争论之语，被后人误采入董仲舒《春秋繁露》。为了说明这一点，苏舆对《尧舜不擅移汤武不专杀》一篇提出了五点质疑：

> 董恶秦特甚，而此云："周为无道，而秦代之"，与汤武相提并论。黄东发已讥之，不合一也。《春秋》家推征伐之事，往往举文王伐崇以配伐桀。兹乃汤、武并举，不合二也。《史记·儒

---

① "《春秋》专为改制而作……幸有董子之说发明此义"，见康有为撰，楼宇烈整理：《春秋董氏学》卷五，中华书局1990年版，第110页。

② 苏舆对《尧舜不擅移汤武不专杀》的质疑，参见苏舆撰：《春秋繁露义证》，中华书局1992年版，第221页。

③ 蒙文通先生的观点，参见《儒家政治思想之发展》和《孔子与今文学》两文（蒙文通著：《经学抉原》，上海人民出版社2006年版，第152－182页、第215－231页）。

④ 黄震认为《三代改制质文》一文中"皇帝之先谥，四帝之后谥……舜主天法商，禹主地法夏，汤主天法质，文王主地法文"的说法非常浅薄，不应出自大儒董仲舒之手。日本学者原田正己认为，在"文质"理论上，《三代改制质文》与东汉文献《白虎通义》及《春秋公羊传何氏解诂》的论述相似，故该篇不可能产生于东汉之前。美国学者桂思卓认为，与董仲舒上呈武帝第三个对策所阐发的三重循环论及保存的其他文献中的董仲舒的论著所论证的双重循环论相比，《春秋繁露》第23篇的历史循环论更为复杂，它涵盖了双重、三重、四重、五重与九重循环论。（参见江新：《〈春秋繁露·三代改制质文〉真伪考》，载《信阳师范学院学报（哲学社会科学版）》2012年第1期）江新以为"三统三正说"与"忠－敬－文"循环矛盾，亦认为该篇非董仲舒所作。

林传》孝景帝时辕固生为博士,与黄生论汤、武受命事于景帝前……是后学者莫敢明受命放杀者。董生为学,岂容忽先帝遗言,为此雷同之论?不合三也。史公与董生习,使有此论,不当云是后学者莫敢明受命放杀矣,不合四也。末云桀、纣不能臣天下……而其前又云伐人不义,宜为国讳,是矛盾之词,不合五也。[6]

显而易见,苏舆的这些质疑是不充分的,黄开国于《董仲舒春秋公羊学的改制说》一文中多有辩驳。关于第一点,黄开国认为虽然董仲舒对秦王朝有批评,但他批评的是秦王朝的暴政,董仲舒并不否认秦王朝取代周王朝这一客观的历史事实[5]。关于第二点,黄开国认为在先秦儒学和汉代经学中,皆以桀纣为暴君、汤武为圣王,董仲舒将汤武相提并论,并没有违反《春秋》学的精神[5]。其实,讨论征伐问题,以"汤武"并举的例子有很多,例如《易》有"汤武革命,顺乎天而应乎人"(《易·革封·彖辞》),《孟子》有"汤放桀,武王伐纣"(《孟子·梁惠王下》),《荀子》有"桀纣无天下,而汤武不弑君。汤武者,民之父母也;桀纣者,民之怨贼也"(《荀子·正论》),等等。而在《春秋繁露》中,除了本篇外"汤武"并举的情况也出现在其他篇章里,如"汤之时,民乐其救之于患害也,故護,護者,救也;文王之时,民乐其兴师征伐也,故武,武者,伐也"(《春秋繁露·楚庄王》),"周发兵,不期会于孟津者,八百诸侯,共诛纣"(《春秋繁露·王道》),"独身者虽立天下诸侯之位,一夫人耳,无臣民之用矣,如此者,莫之亡而自亡也"(《春秋繁露·仁义法》),等等。以《史记》为例,是书"汤武"并举26次,亦可知"汤武"并举在西汉已是常态。关于第三点和第四点,黄开国认为董仲舒此篇专以不擅移、不专杀为说[5],即该篇中"革命"及其相关字眼亦并未出现,不能说董仲舒违反了"汤武"之禁。关于最后一点,黄开国认为董仲舒讲伐人不义,是就没有受天命伐人的情况,而汤武是受天命讨伐桀纣的,是正义的。

我们认为黄开国对苏舆后三点的反驳稍显不足,有强为董仲舒说的倾向。其实第三点和第四点是同一个问题,董仲舒主要生活在武帝时期，景帝所下的禁令随着时间的推移效力是否依旧，这本身就是值得怀疑的。对比司马迁的《史记》和班固的《汉书》关于"汤武之禁"的描述，可以发现《汉书》几乎全文复制了《史记》，除了最后一句"是后学者莫敢明受命放杀者"。班固何以漏掉该句？这恰恰证明这一禁令并未被彻底执行，抑或说有志之士并未因为一纸禁令而放弃了自己的诉求。历史早有明证，如赵绾、王臧请立"明堂"而招致杀身之祸，昭帝时的眭孟和宣帝时的盖宽饶都因上书言禅让而被处死，等等。此外，关于第四点，我们认为司马迁的《史记·董仲舒传》对董仲舒著作（或言论）的记录为完整的、可靠的也是应该存疑的。司马迁或许也未见到董仲舒的全部著作，例如被班固所全文摘录的《天人三策》，司马迁在《史记》中并未记载即是一例。苏舆以《史记》未载来证《尧舜不擅移汤武不专杀》一篇非董仲舒所作是站不住脚的。关于最后一点，所谓的这种前后矛盾其实是合理的，两者只是从不同的角度来考察同一件事。我们可以援引同为《春秋繁露》的《竹林篇》作一说明。《竹林篇》载："盟不如不盟，然而有所谓善盟；战不如不战，然而有所谓善战；不义之中有义，义之中有不义。"（《春秋繁露·竹林》）与不发生战争、天下太平相比，征伐当然是不好的，所以需要讳言。但同时这并不妨碍有正义性的征伐的存在，即所谓的"善战"。

  蒙文通倒是没有质疑《尧舜不擅移汤武不专杀》一篇为董仲舒所作，但他认为董仲舒是像公孙弘一样的曲学阿世者。他说董仲舒放弃了今文经学的斗争性，因而对专制君主没有危害反而有益。蒙文通认为正是由于董仲舒的儒学是妥协的、让步的，所以能被汉武帝接受并加以推崇。这些观点集中于《儒家政治思想之发展》和《孔子与今文学》这两篇文章中，虽然两文写作时间跨度较大，但其中对董仲舒的评价却并未发生大的变化。例如蒙文通在《儒家政治思想之发展》一文中说："眭孟称先师董仲舒有言：'虽有继体守文之君，不害圣人之受命。'以董生变'易姓'之事为'继体之君'，于'汤武革命'漫曰'三代改制'，则仅当于'五际''改政'之义耳。"[7]157 在《孔子与今文学》一文中说："凡坚持儒家学说的人，无论是六国之君或秦始皇、汉武都是不能容忍的……'汤、武革命'，岂非今文学一大义吗？董仲舒却变汤、武'革命'为三代'改制'。'易姓受命'是禅让的学说，但董仲舒何以又要说'继体守文之君……不害圣人之受命。'"[7]216

可见蒙文通对董仲舒的批评主要集中于两点：变"汤武革命"为"三代改制"；变"易姓受命"为"继体守文之君"。关于"三代改制"与"革命"的关系，笔者在后文会有详细的阐发。而关于第二点，蒙文通似乎对相关材料的理解有误。"虽有继体守文之君，不害圣人之受命"出自《汉书·眭两夏侯京翼李传》。大致的背景是：在泰山之南出现异象，有块巨大的石头自己立了起来，有几千只乌鸦围绕着它。上林苑里已经折断枯死的柳树重新复活，很多虫子吃树叶，形成了"公孙病已立"几个字。然后眭孟就根据自己学习的灾异理论，提出"先师董仲舒有言'虽有继体守文之君，不害圣人之受命'……汉帝宜谁差天下，求索贤人，禅以帝位，而退自封百里，如殷周二王后，以承顺天命"[8]3154。通过眭孟的转述，我们可以清楚地明白董仲舒想要表达的意思：即使汉代有"继体之君"，也并不妨碍新的受命王的出现；当汉德已衰的时候，就应该主动选择禅让给有德之人，而"退自封百里"。蒙文通以为董仲舒变"易姓受命"为"继体之君"实是误解。

二、"改制"为"微言"

"改制"一词应为董仲舒所首创①，董仲舒少言"汤武"，专言"改制"。蒙文通以为"改制"为改革，从而指董子堕落为曲学阿世之

---

① 参见徐复观：《两汉思想史》，九州出版社2014年版，第322页；黄波：《董仲舒改制思想的三种向度》，《江汉学术》2019年第2期等。

徒①。当代的学者有所驳正，以为改制有三义：新王改制、孔子改制和汉代改制，即改制暗含着革命②。董仲舒以"改制"言"汤武"，是微言。董仲舒选择以"改制"来言"革命"，一方面固然由于"改制"具有更为丰富的理论内涵，另一方面则由于"汤武之禁"后的高压政策使得董仲舒不得不改变话语策略，《春秋繁露》有言："义不讪上，智不危身"，"世逾近，而言逾谨"（《春秋繁露·楚庄王》）。笔者认为董仲舒以"改制"说"革命"，体现在"受命"，以及其"再而复""三而复""四而复""五而复"等说中。

董仲舒不言"汤武"，而言"受命"。司马迁于《史记·儒林列传》载："是后学者莫敢明受命放杀者。"[2]3122 虽不言"放杀"，但还是讲"受命"。而"受命"就是革命。"受命"的观念对董仲舒至关重要。如前文所引由眭孟转述的董仲舒的话："虽有继体守文之君，不害圣人之受命。"一方面我们可以看到董仲舒及其后学对"受命"观念的重视；另一方面我们需要注意的是，这一句话是眭孟转述董仲舒的，且除了《汉书·眭孟传》之外没有其他文献有相关记载，即这句话是通过董仲舒师徒之间口传而留下来的。可见，"汤武之禁"之后言说"革命"的困难性，此亦可从侧面证明董仲舒的"改制"实乃"微言"。

"受命"有多种含义：一是接受天子册封为国君或大臣，或接受国君之命为臣为使；二是《仪礼》与《礼记》等文献中，冠、婚、乡

---

① 蒙文通撰：《儒家政治思想之发展》，《经学抉原》，上海人民出版社 2006 年版，第 157 页。蒙文通对于"革命"的理解，可能受到了辛亥革命以来的革命观念及马克思"平民革命"的影响。参见蔡方鹿：《蒙文通对晚清〈公羊〉学及董仲舒的批评——兼论社会转型时期政治对经学的影响》，《孔子研究》2006 年第 5 期。
② 参见曾亦、郭晓东：《春秋公羊学史》，华东师范大学出版社 2017 年版，第 252—271 页；曾亦、黄铭：《董仲舒与汉代公羊学》，上海人民出版社 2017 年版，第 130—150 页；余治平：《孔子改制与董仲舒的春秋法统论》（上、下），《衡水学院学报》2013 年第 2、3 期；又见黄开国：《董仲舒春秋公羊学的改制说》，《中国儒学（第 11 辑）》(中国社会科学出版社 2016 年版；黄波：《董仲舒改制思想的三种向度》，《江汉学术》2019 年第 2 期等。

射等礼受主人命为宾；三是受天命，做天子①。在董仲舒这里所用的"受命"就是其第三种含义，即"受命而王"。董仲舒在《三代改制质文》开篇即引用隐公元年《春秋经》的原文："王正月。"那么"王正月"何解呢？他引用了《公羊传》隐公元年的传文："王者孰谓？谓文王也。曷为先言王而后言正月？王正月也。""王正月"里的"王"指的是什么，历来有争议。有人认为指的是"时王"（即按照时间记载的周天子），有人认为特指周平王，有人认为指的是鲁公，有人认为是指"素王"（即孔子，有德而无位），有人认为指的不是具体的人而是抽象的王道。而《公羊传》认为这里的"王"指的是周文王。文王是周代第一个受命王，是"一代受命之王"②。董仲舒是赞同并继承了《公羊传》这个说法的。他说："王者必受命而后王，王者必改正朔，易服色，制礼乐，一统于天下，所以明易姓非继人，通以己受之于天也。王者受命而王，制此月以应变，故作科以奉天地，故谓之王正月。"王者必须受命于天，然后才能称王，天命是王者政权合法性的来源。王者接受天命称王之后，一定要进行一系列的"改制"，即所谓"改正朔，易服色，制礼乐"。而这一系列的改制反过来也象征着王者是受命于天，而非继人之后。

既然"王"指的是"文王"，是受命王，那么，接下来的问题在于文王何以能够接受天命？换言之，即天命的更替又何以可能？董仲舒讲："天子命无常，唯命是德庆。"③天命是无常的，唯有德者而奖赏之。而在《尧舜不擅移汤武不专杀》中董仲舒则说得更为直接："德足以安乐民者，天予之，其恶足以贼害民者，天夺之。"德行足以

---

① 参见王江武：《〈公羊传〉隐元年"文王"义解》，该文为2019年5月18日—19日，复旦大学国际关系与公共事务学院、复旦大学政治哲学研究中心联合主办的"经学与古代政治"学术研讨会上所作主旨演讲。

② 同上，《〈公羊传〉隐元年"文王"义解》一文详细论证了《春秋》隐公"元年春王正月"之"王"何以必须是"周文王"。

③ 《春秋繁露·三代改制质文》，钟肇鹏主编：《春秋繁露校释》，河北人民出版社2005年版，第421页。后文所引《春秋繁露》原文无特殊说明皆出自该书，只标明章节，不再注明页码。

安定百姓的，上天就会授予天命；恶行足够戕害百姓的，上天就会夺走授予的天命，此说并不违背孔孟之徒"德以配位"的立场。

天如何"予之""夺之"？通过两种方式：禅让和革命。夏代之后，天下由"官天下"变为"家天下"，真正的禅让已不可能①。无论是成汤、文武，还是汉帝皆是通过革命获得政权。董仲舒讲："天之无常予，无常夺也。故封泰山之上，禅梁父之下，易姓而王，德如尧舜者，七十二人，王者，天之所予也，其所伐，皆天之所夺也。"（《春秋繁露·尧舜不擅移汤武不专杀》）天命是会变动的，不会一直钟爱一家一姓。能够称王是"天之所予"，被讨伐则是"天之所夺"。董子又讲："天之生民，非为王也；而天立王，以为民也"，"君也者，掌令者也，令行而禁止也，今桀纣令天下而不行，禁天下而不止，安在其能臣天下也！果不能臣天下，何谓汤武弑"（《春秋繁露·尧舜不擅移汤武不专杀》）。所谓天命在某种程度上指的就是民心，如果统治者失去了民心，没有能力做到对百姓令行禁止，那么自然会有新的受命者取而代之。

董子所谓"天不变，道亦不变"[8]1915，以为"王道"本于"天道"，"天命"可变，然而天不变，王者所当持守的"王道"亦不能变。正朔、服色、礼乐，甚至朝代本身皆是新王秉承"王道"而有天下的表征，是可变且必须变的，即所谓的"改制"。

> 臣谨案《春秋》之文，求王道之端，得之于正。正次王，王次春。春者，天之所为也……然则王者欲有所为，宜求其端于天。（《天人对策一》）[8]1903—1904

> 故王者有改制之名，无易道之实。（《春秋繁露·楚庄王》）

至于如何"改制"，董仲舒在《三代改制质文》中提到了四种循环模式，即"文质两再复"，"逆数三而复"，"顺数五而相复"，"顺数四而相复"。"文质两再复"指的是文和质的循环，如夏尚文，殷尚质，周尚文。春秋（或者说汉）继周之后，应该"损文从质"而尚殷

---

① 董仲舒的学生眭孟因上书言禅让而被处死，也证明了这一点。

质。"逆数三而复"指的是"三统"的循环。黑统以十三月为正月，服色尚黑；白统以十二月为正月，服色尚白；赤统以十一月为正月，服色尚赤。其中"逆数"指的是正朔的顺序。具体来讲，是指从黑统的以十三月为正月，到白统的以十二月为正月，再到赤统的以十一月为正月。"顺数五而相复"则是指五帝按照的五行顺序的循环。具体来讲，即指按照木、火、土、金、水的五行相生的顺序，所以它是"顺数"①。"顺数四而相复"指的是"主天法商而王""主地法夏而王""主天法质而王""主地法文而王"四者的循环②。"法商"亦是法质，"法夏"亦是法文，所以本质上依旧是文和质的循环。无论是两再复、三而复、四而复、五而复，皆要改国号，迁国都，易官名，制礼作乐。要言之，"文质两再复"，"逆数三而复"，"顺数五而相复"，"顺数四而相复"，共同构建了董仲舒的"三王五帝九皇"系统③。

在这样一个系统里，"王道"贯穿始终，文和质的循环是其核心，法统④的更替是其主要特征。如"三统三正"中的"尚黑""尚白"

---

① 五帝依循治世相继的天命传递模式，是正常状态，所以是"顺数"；而三代依循乱世相替的革命模式，是变革状态，所以是"逆数"。参见徐兴无：《〈春秋繁露〉的文本与话语——"三统""文质"诸说新论》，《中国典籍与文化》2018年第3期。

② 按照"顺数四而相复"的模式，《春秋》应为"主天法质而王"，而《三代改制质文》里却有"商质者主天，夏文者主地，春秋者主人"的说法。对于"春秋者主人"历代学者有不同的看法：苏舆认为这是董仲舒的异说，并且他认为此处应为春秋主地，未知苏舆何据（参见苏舆：《春秋繁露义证》，第205页）。张惠言认为此处"人"字为"天"的误写。钟肇鹏认为"春秋者主人"是指《春秋》兼统文质，是文质之统一（上述两说参见钟肇鹏主编：《春秋繁露校释》，第461页）。笔者倾向于张惠言的说法，认为此处的"人"应为"天"的讹写。

③ 钱塘云："案董子法，以三代定三统，追前五代为五帝，又追前一代为九皇，凡九代。三统移于下，则九皇五帝迁于上。"（钟肇鹏主编：《春秋繁露校释》，第428页）如商当白统，汤受命而王，定国号为殷，"亲夏故虞"，以唐（尧）为五帝之末，神农为五帝之首，而庖羲为九皇；周当赤统，文王受命而王，定国号为周，"亲殷故夏"，以虞（舜）为五帝之末，轩辕为五帝之首，而神农为九皇。

④ "法统"一词借用余治平在《孔子改制与董仲舒的〈春秋〉法统论（上）》一文中的提法。

"尚赤"本就源于自然。十一月时,万物尚在地下,刚刚开始生根,为赤色,故以十一月为正月则"尚赤";同理,十二月时,万物始有萌芽,为白色,故以十二月为正月则"尚白";十三月时,万物破土而出,为黑色,故以十三月为正月则"尚黑"[①]。而"五而复"中的木、火、土、金、水的五行相生的循环亦符合天道。两再复、三而复、四而复、五而复,重要的不是循环的每一环具体的表现形式,而是循环(或者说代替)的本身。如在"文质两再复"中,"文"必将被"质"所取代,而"质"也必将被"文"所替代;在"逆数三而复"中,"黑统"必将被"白统"所更换,而"白统"也必将被"赤统"所代替,"赤统"亦必将被"黑统"所代换;在"顺数五而相复"和"顺数四而相复"同样是如此。下一环节对上一环节的取代,是董仲舒这一系统中必然逻辑。

在《汉书》本传,董仲舒又提出了一种不同于"三统三正"的模式,即忠—敬—文三者的循环。所谓"夏尚忠,殷尚敬,周尚文……今汉继大乱之后,若宜少损周之文致,用夏之忠者"[8]1915。董仲舒的这种提法源自孔子对三代"礼"的看法:"殷因于夏礼,所损益可知也;周因于殷礼,所损益可知也;其或继周者,虽百世可知也。"董仲舒认为通过对夏的"忠"的损益,殷代创造了"敬",通过对殷代"敬"的损益,周代创造了"文"。由是,忠、敬、文三者因革损益,则"百世可知"。

后司马迁在《史记》中对董仲舒的"忠—敬—文"循环系统有进一步阐释和发挥:

> 夏之政忠。忠之敝,小人以野,故殷人承之以敬。敬之敝,小人以鬼,故周人承之以文。文之敝,小人以僿,故救僿莫若以忠。三王之道若循环,终而复始。[2]393

---

① 《白虎通·三正》载:"十一月之时,阳气始养根株,黄泉之下,万物皆赤。赤者,盛阳之气也,故周为天正,色尚赤也。十二月之时,万物始牙而白。白者阴气,故殷为地正,色尚白也。十三月之时,万物始达,孚甲而出,皆黑,人得加功,故夏为人正,色尚黑。"(陈立:《白虎通疏证》,中华书局1994年版,第363页)

司马迁认为夏代崇尚"忠",重视忠厚的德行,久而久之就会过于忠厚质朴而缺少礼节,所以殷代就因革损益崇尚"敬"。然而过度的"敬"就会使人迷信鬼神,于是周代因革损益崇尚"文"。然而繁文缛节的出现,就使人流于形式而缺少真诚,要解决这一问题就又要回到"忠"。在"忠—敬—文"循环往复过程中,就形成了历史。司马迁对董仲舒的阐释是合理的,也是符合董仲舒原本的逻辑的。

　　我们看到似乎这两套模式是矛盾的①,按照《三代改制质文》所叙述的"三统三正"的模式,汉代继周之后"受命而王",应该当黑统,损周文而尚殷质,"亲周故宋";而按照《汉书·董仲舒传》叙述的"忠—敬—文"的循环模式。汉应"损周之文致,用夏之忠者"。"质"与"忠"有其相通之处,然并非一物。有学者即以此为理由否认《三代改制质文》为董仲舒的作品。当然,这种做法是很武断的。笔者认为这种看似矛盾现象的出现是具有多种可能性的,或是两者只是董仲舒在不同时期的不同看法,或是有其他今人未发现的可以沟通联系二者的材料。在没有充足的证据的前提下,断然判定其中之一非董仲舒的思想或有失谨慎。

　　搁置两种模式之间的矛盾,我们可以发现二者具有共通之处。无论是"三统三正"说,还是"忠—敬—文"循环说,都在表明"王道"外化的具体表现是可变的,而王道本身是不变的。国号、国都、官制、正朔、服色、礼乐等是可以因革损益的,而贯穿其中王道却是同一的。同样,无论是"三统三正说"的"损文从质"(或"损质从文"),还是"忠—敬—文"循环的"损文用忠"(或"损忠用敬""损敬用文"),都在表明每一王朝的"德"发展到极端都会出现弊端而偏离王道,然后被具有另一"德"的另一王朝所取代。进一步推论,当作为且只能作为"一统"(或者说是"一代之治")的汉王朝违背王道时,就必将丧失天命,被后来者所取代。如此,"改制"中的"革命"意味就"图穷匕见"了。

---

① 这一矛盾,由古至今已被许多学者发现并试图解决,如古代之刘向、孔颖达、近人徐复观,今人余治平、徐兴无、高瑞杰等。

三、余论

蒙文通以是否坚守"汤武革命"作为区分儒学真伪的标尺,是深刻的洞见。检讨董子的"革命"思想,发掘其"革命"精神,都关系到董子之学性质的基本判定,因此不得不辩。我们看到,除了"改制"说,董仲舒的"灾异"说也是他对于"汤武之禁"的回应,是对于"汤武之禁"后"以道御势"之手段的探索①。董仲舒的"灾异说"将灾与异整合为一个统一的解释体系,提出了"异大于灾"和"灾先异后"两条原则。《天人对策一》:"国家将有失道之败,而天乃先出灾害以谴告之,不知自省,又出怪异以警惧之,尚不知变,而伤败乃至。"[8]1901也是暗含着易代的内涵。其中可见董子以其卓越的权变智慧对"汤武革命"这一儒学核心观念的坚守。

除了董仲舒外,其他今文学者也在持守"革命"精神。如《齐诗》有所谓的"四始""五际"说:"《大明》在亥,水始也。《四牧》在寅,木始也。《嘉鱼》在巳,火始也。《鸿雁》在申,金始也。午亥之际为革命,卯酉之际为改正……亥,《大明》也,然则亥为革命,一际也;亥又为天门出入候听,二际也;卯为阴阳交际,三际也;午为阳谢阴兴,四际也;酉为阴盛阳微,五际也。"[7]226所谓"《大明》在亥",《大明》为《诗·大雅》里的一篇,是一首叙述周朝开国历史的一首诗歌,讲上天在授命文王后复授命给武王,遂周武王在牧野打败商纣王,则"亥为革命"的意义就不言而喻了。京房《易传》有:"凡为王者,恶者去之,弱者夺之,易姓改代,天命靡常,人谋鬼谋,百姓与能。"[7]226"易姓改代,天命靡常"等纬书中的相关言论,皆表明今文经学对"汤武革命"主张的坚守。

---

① 董仲舒"灾异说"与"汤武"问题的关联,可参见王江武,高瑞杰:《董仲舒"灾异"说之确立》,《云南大学学报(社会科学版)》2016年第2期。

参考文献：

［1］十三经注疏［M］. 北京：中华书局影印本，1980.

［2］司马迁. 史记［M］. 北京：中华书局，1959.

［3］韩非. 韩非子［M］. 北京：中华书局，1998：300.

［4］杨向奎：译史斋学术文集［M］. 上海：上海人民出版社，1983：110.

［5］黄开国. 董仲舒春秋公羊学的改制说［C］. 中国儒学：第十一辑. 北京：中国社会科学出版社，2016.

［6］苏舆. 春秋繁露义正［M］. 北京：中华书局，1992：221.

［7］蒙文通. 经学抉原［M］. 上海：上海人民出版社，2006.

［8］班固. 汉书［M］. 北京：中华书局，1999.

［9］（汉）何休注，（唐）徐彦疏. 春秋公羊传注疏［M］. 上海：上海古籍出版社，2014.

［10］（汉）赵岐注，（宋）孙奭疏. 孟子注疏［M］. 北京：中华书局，1980.

［11］（清）陈立. 白虎通疏证［M］. 北京：中华书局，1994.

［12］（清）王先慎. 韩非子集解［M］. 北京：中华书局，1998年版

［13］苏舆. 春秋繁露义证［M］. 北京：中华书局，1992.

［14］钟肇鹏. 春秋繁露校释［M］. 石家庄：河北人民出版社，2005.

［15］王永祥. 董仲舒评传［M］. 南京：南京大学出版社，1995.

［16］余治平. 孔子改制与董仲舒的春秋法统论（下）［J］. 衡水学院学报，2013（3）.

［17］徐兴无.《春秋繁露》的文本与话语——"三统""文质"诸说新论［J］. 中华典籍与文化，2018（3）.

［18］黄波. 董仲舒改制思想的三种向度［J］. 江汉学术，2019（2）.

［19］江新.《春秋繁露·三代改制质文》真伪考［J］. 信阳师范学院学报（哲学社会科学版），2012（1）.

［20］王江武，高瑞杰. 董仲舒"灾异"说之确立［J］. 云南大学学报（社会科学版），2016（2）.

［21］蔡方鹿. 蒙文通对晚清《公羊》学及董仲舒的批评——兼论社会转型时期政治对经学的影响［J］. 孔子研究，2006（5）.

本文为"2019 中国·衡水董仲舒与儒家思想国际学术研讨会"提交的论文。

王江武（1968—），男，浙江武义人，上海师范大学哲学与法政学院副教授，哲学博士。

王康（1995—），男，河南武陟人，上海师范大学哲学与法政学院在读硕士。

阴阳五行与董仲舒"官制象天"学说

王 博

董仲舒的历史使命更多地被理解为,从思想与学术上对大一统[①]政治制度加以论证与强化[②],但较少看到董仲舒承认大一统是"天地之常经,古今之通谊"(《汉书·董仲舒传》)。因为董仲舒在追求和加强大一统的同时,也看到了中央集权的大一统必然造成的君权独大与不受约束的问题,因而对君权的限制则是他论述的重心所在。董仲舒立足于《春秋》学,以阴阳五行这一在自己时代较为普遍化的信仰构建起了一个天人之学的系统。这一系统以人主依据天道设政立教从而与天合一成为圣人为基本追求,希图以天道来规范人道。如果说强调大一统是"屈民而伸君",那对君权的限制则是"屈君而伸天"。学界对董学的这种深度研究获得越来越多的关注并且已经有较多研究成果的同时,却忽视了董仲舒在独创官制系统以限制君权上所做的努力。

---

① 在《天人三策》中,董仲舒说"《春秋》大一统者,天地之常经,古今之通谊也",而在《春秋繁露》中,却只有《符瑞》篇出现过"一统乎天子"这样的话。在《天人三策》的语境中,"《春秋》大一统"的实质含义是《春秋》以"一统"为"大"或者说《春秋》强调一统,而以"大一统"来描述中国自秦汉以来的统治形式则远为后来之事。我们在这里使用"大一统"也侧重于后一个层面的含义。本文所引《天人三策》(《汉书·董仲舒传》)皆据(汉)班固:《汉书》,中华书局1962年版。

② 以周桂钿先生为代表的大多数学者皆倡此说。参见周桂钿:《秦汉哲学》,武汉出版社2006年版,第79页。

在《天人三策》中，董仲舒极力批判汉家的吏治问题，以学者身份挑战既有的权力格局，而武帝对学者之僭妄的严厉指责预示了董仲舒很难在现实政治中改造吏治①。因此，董仲舒只能在理论中构造自己的权力运行系统。在天人合一的基本思路下，董仲舒构造的权力系统也与天相副②，用他自己的话说就是"官制象天"。《官制象天》是《春秋繁露》中的一篇，但此篇的内容仅仅是从纵向上对权力进行了职级性的划分。在横向上分割权力使之得以良好运行的具体阐发则在《五行相生》与《五行相胜》等篇之中。于是我们看到，阴阳学说和五行学说合力助成了董仲舒的"官制象天"。官制象天具有两个层面的内涵：其一为纵向层面上天之数与官之制有着严格对应，以三、四、十、十二、百二十等天之数构建起三公、九卿、二十七大夫、八十一元士共计百二十人的百官系统；其二为横向上五行与五官严格对应，以五行生胜为依据构建起彼此共生又相互制约的五官系统。第一个系统纯为理想化的构造，百官等级乃依据德行而划分，不具备可操作性；第二个系统以不同职能的协同与相互制约划分五官职权，乃依据现实而作，希冀对本无制约的王权进行有效约束，实为大一统政治环境中深理性化的官制创构。

一、天之数与官之制

董仲舒在《官制象天》开篇即言：

> 王者制官，三公、九卿、二十七大夫、八十一元士，凡百二十人，而列臣备矣。吾闻圣王所取仪，法③天之大经，官制亦然

---

① 在第二策中，董仲舒热情建言吏治改造问题，而汉武帝严厉指责董仲舒："文采未极，岂惑乎当世之务哉？条贯靡竟，统纪未终，意朕之不明与？听若眩与？夫三王之教所祖不同，而皆有失，或谓久而不易者道也，意岂异哉？"(《汉书·董仲舒传》)

② 董仲舒"天人相副"学说的具体内涵可参见拙文：《董仲舒天人相副说新阐：从人副天数到天人感应》，《东吴哲学学报》2019 年第 39 期。

③ "法"原为"金"，诸家皆以"金"为"法"之讹，故从之。参见苏舆：《春秋繁露义证》，中华书局 2002 年版，第 214 页。

者,此其仪与?三人而为一选,仪于三月而为一时也。四选而止,仪于四时而终也。三公者,王之所以自持也。天以三成之,王以三自持。立成数以为植而四重之,其可以无失矣。备天数以参事,治谨于道之意也。(《春秋繁露·官制象天》)

这段话首列王者所制一百二十之官,重点讨论的是王者制官的基本原则。所谓"圣王所取仪,法天之大经,官制亦然者",是指王者制官当以天道为依据。王者制官分公、卿、大夫、元士四等,四等即是"四选";由王者而下,每一等皆以三人辅佐其上的一等,就是董仲舒所说的"三人为一选"。具体而言,一岁有四时,所以制官当分四选;三月成一时,所以制官当以三人为一选。无论是四时之"四"还是三月之"三",都是所谓"天之数"。这里的"天之数"只是泛指,更偏重表达与天道有关的一些特定"数字"。在董仲舒的文本中,"数"在很多地方通"术",意为"道"。天之数同时也是天道,因此官制象天的核心要义即是以四选和"三人为一选"与代表了天道的四时和"三月成一时"相副。官制与天相副的核心理由在于天人本来就相副。在此篇的后面,董仲舒说:

求天数之微,莫若于人。人之身有四肢,每肢有三节,三四十二,十二节相持而形体立矣。天有四时,每一时有三月,三四十二,十二月相受而岁数终矣。官有四选,每一选有三人,三四十二,十二臣相参而事治行矣。以此见天之数,人之形,官之制,相参相得也。(《春秋繁露·官制象天》)

在这里,天人相副尤其是人副天数仅是作为官制象天的理论前提。既然人的形体有四肢十二节,一岁有四时十二月,人副天数不言而喻。天人与古今的通贯最终落实于实际的人世治道,治道具体落实于官制。因此,官制成为董仲舒关切的重点所在。官制不仅与天相副,而且也与天之数、人之形相参。正所谓"天生之,地养之,人成之"(《春秋繁露·立元神》),天、地、人三才的相参被引申为天之数、人之形、官之制的相参。与天、人相参的官之制也是与四时、十二月相副。具体说来:

此百二十臣者,皆先王之所与直道而行也。是故天子自参以三公,三公自参以九卿,九卿自参以三大夫,三大夫自参以三士。三人为选者四重,自三之道以治天下,若天之四重,自三之时以终始岁也。一阳而三春,非自三之时与?而天四重之,其数同矣。天有四时,时三月;王有四选,选三臣。是故有孟、有仲、有季,一时之情也;有上、有下、有中,一选之情也。三臣而为一选,四选而止,人情尽矣。(《春秋繁露·官制象天》)

即是说,王者制官分公、卿、大夫、元士四等。由王者而下,每一等皆以三人辅佐其上的一等。具体而言,三公辅佐王者;九卿辅佐三公;二十七大夫辅佐九卿;八十一元士辅佐二十七大夫。除了处于最高等级的王者与处于最底层的元士之外,每一等级在辅佐上一等级的同时又以下一等级为其辅佐。如此,就以王为核心与顶点,构建起了一个类似于金字塔状的立体系统。这个系统中,除了上下等级之间不同的差别外,同一等级的三人之间也有上、中、下的层次划分。因为一时有孟、仲、季之别。比如说,三公有上、中、下之分,三卿也有上、中、下之别,等等。那么很自然地可以推论出,分别辅佐三公的九卿之间也可以排出层次的差异。分别辅佐九卿的二十七大夫、分别辅佐二十七大夫的八十一元士亦然。因此,这个系统不仅每一个等级之间被严格区分,同一等级之中也是严格按等级来划分。支持这个等级划分的内在根据是作为天之道的四时十二月之间的差别,而与天相副的人之"情"则是其实际根据。官制系统中的官员实际上有能力与品质上的优劣之分,因此贤能的程度成为选官的关键依据。董仲舒说:

人之材固有四选,如天之时固有四变也。圣人为一选,君子为一选,善人为一选,正人为一选,由此而下者,不足选也。四选之中,各有节也。是故天选四堤十二而人变尽矣。尽人之变合之天,唯圣人者能之,所以立王事也。(《春秋繁露·官制象天》)

也就是说,之所以官制是四选,因为人的材质大致有四个等级,正如天有四时。四时之间本来就有差异。用董仲舒的话说:"天地之理,分一岁之变为以四时,四时亦天之四选已。是故春者少阳之选也,夏者太阳之选也,秋者少阴之选也,冬者太阴之选也。"(《春秋繁露·官制象天》）人由于与天相副，在可选为官的人之中，其材质也是有圣人、君子、善人、正人四种区分。董仲舒并没有明言这四种人分别与四时的哪一时相副，只是从四时的不同来证明四种人之材质的区别。四种人中，"三公之位，圣人之选也。三卿之位，君子之选也；三大夫之位，善人之选也；三士之位，正直之选也"（《春秋繁露·官制象天》）。正人以下，则不足以选为官。所谓"四选之中，各有节也"，即是说属于同一材质的人中也分为不同的等级，由于"四选之中各有孟、仲、季，是选之中有选，故一岁之中有四时，一时之中有三长，天之节也"。天有四选，每选有三节。因为人之情与天相副，则官制有四选，每选有三人。所以从纵向上来看，人之情大致上有十二个等级。因此董仲舒说"是故天选四堤十二而人变尽矣"①。人变就是人之情的区分。既然一岁有十二月，人情就有十二变。在这个意义上说，"尽人之变合之天，唯圣人者能之，所以立王事也"。我们多次说过，唯圣人能以对天道的效法实现天人的合一。在这个论题中就应当这样说，唯有王者深通天人之道，所以能够以其创制的官制与天完美相副。

但是，由人情的十二变所决定的十二级官制却只是抽象分出的十二个等级，并无法体现于由百二十人构成的大系统中。在由三公、九卿、二十七大夫、八十一元士所实际组成的官制系统中，若要构建一个十二级的系统，只能从每一等级抽象选出三人，以之作为所处等级的代表。用董仲舒的话说：

> 三公为一选，三卿为一选，三大夫为一选，三士为一选，凡四选。三臣应天之制，凡四时之三月也。是故其以三为选，取诸天之经；其以四为制，取诸天之时；其以十二臣为一条，取诸岁

---

① 此句颇为难解，苏舆认为此处有误，当为"天选四时，终十二而天变尽矣"，可备一说。但后文云"尽人之变合之天"，所以此句中的"人变"当不误，困难就在于对"堤"的理解。我们暂且联系上下文意，将此句大致理解为天有四选，每选之中各有三节，三四十二，人之情大致有十二等，与天相副。参见苏舆：《春秋繁露义证》，第216页。

之度；其至十条而止，取之天端。（《春秋繁露·官制象天》）

如此，三公、三卿、三大夫、三元士正好有十二人。董仲舒所说的十二臣只能这样抽象选出。抽象选出的这十二臣被董仲舒称为一条，十二正好是一年的月数，也与天相副。那么，在百二十的官制系统中，正好就有十条。为什么偏偏是十条呢？因为十本身就是天之数，更是天之端：

> 何谓天之端？曰：天有十端，十端而止已。天为一端，地为一端，阴为一端，阳为一端，火为一端，金为一端，木为一端，水为一端，土为一端，人为一端，凡十端而毕，天之数也。天数毕于十，王者受十端于天，而一条之率。每条一端以十二时，如天之每终一岁以十二月也。十者天之数也，十二者岁之度也。用岁之度，条天之数，十二而天数毕。是故终十岁而用百二十月，条十端亦用百二十臣，以率被之，皆合于天。（《春秋繁露·官制象天》）

天之端有十个，每一端都率一条，正好将百二十官全部统帅。由于一条有十二官，正好与一岁之十二月相副。因此，十天端所率的十条就有百二十官，与十岁之百二十月相副。其实我们可以看出，董仲舒将十天端置于此处完全是为了附会"四选"而"选三人"的官制系统。在这个系统中，核心的"天之数"并不是十，而是三。因为在这样一个层级结构中，三人辅佐一人的"选三人"是关键的配置，即便是"四选"也只是为了与四时之数相比附。除了四时之义外，董仲舒并没有为"四选"寻找更多的理论根据，反而对"选三人"的具体置官方式有更多的论证：

> 何谓天之大经？三起而成日，三日而成规，三旬而成月，三月而成时，三时而成功。寒暑与和，三而成物；日月与星，三而成光；天地与人，三而成德。由此观之，三而一成，天之大经也，以此为天制。是故礼三让而成一节，官三人而成一选。（《春秋繁露·官制象天》）

我们看到，董仲舒从三起而成日、三日而成规等中得出了"三而一成"这一"天之大经"。在董仲舒给出的理由中，三时而成功、三而成物、三而成光、三而成德等都极具说服力。三时而成功是阴阳学说的重要内容；寒暑（阴阳）和而成物是对"三生万物"的化用；日月星是最重要的三个天体；天地人而成德是三才观念的关键追求。因此，既然三而一成是天之大经，那王者制官以三人为一选也就是"天制"。这个天制被董仲舒称为"慎"，他更进一步说：

> 其率三臣而成一慎，故八十一元士为二十七慎，以持二十七大夫；二十七大夫为九慎，以持九卿；九卿为三慎，以持三公；三公为一慎，以持天子。天子积四十慎以为四选，选一慎三臣，皆天数也。是故以四选率之，则选三十人，三四十二，百二十人，亦天数也。十端积四十慎，慎三臣，三四十二，百二十人，亦天数也。以三公之劳率之，则公四十人，三四十二，百二十人，亦天数也。故散而名之为百二十臣，选而宾之为十二长，所以名之虽多，莫若谓之四选十二长，然而分别率之，皆有所合，无不中天数者也。（《春秋繁露·官制象天》）

既然一慎有三人，那一百二十人就有四十慎。董仲舒运用了多种算法，或是以慎先与十端再与四选相乘，或是以慎先与四选再与十端相乘，最终得到的数字都是一百二十。从这个数字游戏中，董仲舒得出结论，官制皆与天数相合。也因此，董仲舒的官制系统实际上是以三、四、十、十二、百二十等所谓"天之数"构建起的。在此之中，三、四两数是整个架构的核心。正因为"四选"和"选三人"，官制系统就有百二十人。百二十又正好是三、四相乘之倍数的十倍，因此十天端才被引入这个系统中作为理论辅助。

我们知道，十天端虽是董仲舒整个天人学说的逻辑起点①，但在他以天之数构建官制系统时，却只用到了作为天之数的"十"。十天端系统中的天、地、人则只是被用来证明天数"三"的重要性；阴阳只有分为与四时相配的少阳、老阳、少阴、老阴也才有其实质意义；五行则与这个天之数的官制系统毫无关系。但是，我们也说过，以天

---

① 关于董仲舒"十天端"学说，可参见拙文：《天人之学的自然哲学根基——"十天端"架构中的董仲舒阴阳五行学说》，《衡水学院学报》2018年第2期。

之数构建起的官制系统只是一种纵向性的权力等级划分。在这种等级性的官制中，低等级辅佐高等级，划分的依据实际上指向了人的德行，各等级之间只有高低优劣的差异。这样的权力划分方式最终依靠的是处于权力最顶端的天子真正地做到选贤任能与知人善任。也就是说，这种自上而下的权力分配系统实际上缺乏有效制约，其良性运行只能依赖天子与众官员的德性自律。因此，这种官制构造更多地是在阐扬古已有之的"尚贤"理想与"尚德"观念，必待圣王出方能行。在实际的政治权力运行中，有没有一种更具现实效力的权力分配方式？这正是董仲舒依靠十天端中的"五行"着力构造的。

二、五行与五官

在董仲舒的整个理论系统中，他虽然对阴阳的阐发更多，但也并没有忽视五行的重要性。虽然阴阳、五行往往同时被当作天道的核心内容，但在官制象天的理论系统中，五行学说以其独特优势成为构建横向的官制系统之根本依据。董仲舒说：

> 天意难见也，其道难理。是故明阳阴、入出、实虚之处，所以观天之志。辨五行之本末顺逆、小大广狭，所以观天道也。天志仁，其道也义。为人主者，予夺生杀，各当其义，若四时；列官置吏，必以其能，若五行；好仁恶戾，任德远刑，若阴阳。此之谓能配天。天者其道长万物，而王者长人。人主之大，天地之参也；好恶之分，阴阳之理也；喜怒之发，寒暑之比也；官职之事，五行之义也。（《春秋繁露·天地阴阳》）

这段话是董仲舒天人学说的总纲。此处我们重点看一下与五行相关的部分。总体而言，董仲舒是将五行学说与官制联系在一起，而董仲舒五行学说的核心内容本来就是在论述官制问题时系统阐述的：

> 天地之气，合而为一，分为阴阳，判为四时，列为五行。行者行也，其行不同，故谓之五行。五行者，五官也，比相生而间相胜也。故为治，逆之则乱，顺之则治。（《春秋繁露·五行相生》）

这里的第一句话实际上是对前引那段话的进一步解说。既然阴阳、四时、五行等都由天地之一气分判而出，则通过它们就能把握天志、天意。阴阳和四时较易于理解，五行所代表的天意则需更深入地阐发。

董仲舒首先解释了"五行"这个概念的基本含义。五行最初指水、火、木、金、土五种自然材质①。《管子·五行》说："作立五行，以正天时，五官以正人位。"[1]五行只是划分时间的方式，与五官可以相配属，但二者又不同。在思孟学派那里，五行是仁、义、礼、智、圣五种德行②。到了邹衍，则直接以五德来称呼五行。在董仲舒看来，既然五行是天地之气，那五行就应该是天地之气分判出的五种气。《白虎通·五行》说："言行者，言为天行气之义。"[2]《释名·释天》云："五行者，五气也，于其方各施行也。""行"本来有德行、行为、能力、方向等之义，因此说"行者行也"，就包含此数义于"行"之中。董仲舒说："故五行者，乃孝子忠臣之行也。五行之为言也，犹五行欤？"（《春秋繁露·五行之义》）以"行"为官并不是董仲舒的发明，在他之前的贾谊说："道行典知变化，以为规是非，明利害……故职不率义，则道行之任也。"[3]已明确将"行"当作官职名。董仲舒径言五行就是五官，其实略去了五行学说在之前发展的诸多环节。五行从最初的自然含义，中经其包含的行为、德行、能力等义，才能合理地导向五官。选立五官的标准是依据德能，而官职的设立本来就是为了行事。因此，当董仲舒将五行等同于五官之时，既对五行

---

① 根据现有研究，最早系统论述五行的文献当为《尚书·洪范》，此篇所见的五行皆是就自然意义上的五种材质而言。参见拙文：《周式天人合一的崩溃与阴阳五行的自然性意涵》，《云南大学学报（社会科学版）》2015 年 03 期。

② 章太炎认为子思将《尚书·洪范》中同"五事"并举的"五行"进一步同仁、义、礼、智、信关联起来，开启了"五行"道德化之先河，其言曰："古者《洪范》九畴，举五行傅人事，义未彰著，子思始善傅会。旁有燕、齐怪迂之士，侈搪其说，以为神奇。耀世诬人，自子思始，宜哉荀卿以为讥也。"章太炎：《子思孟轲五行说》，《章太炎全集（四）》，上海人民出版社 2014 年版，第 19 页。李学勤进一步将《洪范》与《五行》进行了细致的对比研究，认为它们之间有密切的相关性。参见李学勤：《帛书〈五行〉与〈尚书·洪范〉》，《学术月刊》1986 年 11 期。

学说的应用范围进行了有效的限定,也为"官制象天"下的官制系统提供了丰富的天道依据。

三、五行相生下的五官系统

董仲舒说:"五行之随,各如其序,五行之官,各致其能。"(《春秋繁露·五行之义》)五官是否各如其序、各致其能决定了天下是否得治,正所谓"顺之则治,逆之则乱"。治乱取决于是否遵从"比相生而间相胜"的五行之理。在此核心原则之下,董仲舒系统论述了相生又相胜的五官系统是如何运作的。我们先看相生的五官系统:

东方者木,农之本。司农尚仁,进经术之士,道之以帝王之路,将顺其美,匡其恶……召公是也。亲入南亩之中,观民垦草发淄,耕种五谷,积蓄有余,家给人足,仓库充实。司马,本朝也。本朝者火也,故曰木生火。

南方者火也,本朝。司马尚智,进贤圣之士,上知天文,其形兆未见,其萌芽未生,昭然独见存亡之机……周公是也。成王幼弱,周公相,诛管叔蔡叔,以定天下。天下既宁以安君。官者,司营也。司营者土也,故曰火生土。

中央者土,君官也。司营尚信,卑身贱体,夙同夜寐,称述往古,以厉主意……太公是也。应天因时之化,威武强御以成。大理者,司徒也。司徒者金也,故曰土生金。

西方者金,大理司徒也。司徒尚义,臣死君而众人死父。亲有尊卑,位有上下,各死其事,事不逾矩,执权而伐……子胥是也。伐有罪,讨不义,是以百姓附亲,边境安宁,寇贼不发,邑无狱讼,则亲安。执法者,司寇也。司寇者,水也。故曰金生水。

北方者水,执法司寇也。司寇尚礼,君臣有位,长幼有序,朝廷有爵,乡党以齿……孔子是也。为鲁司寇,断狱屯屯,与众共之,不敢自专。是死者不恨,生者不怨,百工维时,以成器械。器械既成,以给司农。司农者,田官也。田官者木,故曰水

生木。(《春秋繁露·五行相生》)

这里的论述将五方、五行、五官、五尚等依据五行相生序配属到一个大系统中去。可以这样说，董仲舒在五行相生的基本原理之下，构建起了一个五官系统。五官各有所尚与所职，五官各以其所尚得其职，又各以其能尽其职。五官所职相辅翼，缺一不可，又反过来证明了五行相生之义。我们试以下表将这个官制系统的核心要点表示为：

五方	东	南	中	西	北
五行	木	火	土	金	水
五官	司农	司马	司营	司徒	司寇
五尚	仁	智	信	义	礼

虽然董仲舒为五官各自赋予了相当多的职能，但真正让五官的职能可以相辅翼的却是五官各自所尚之德，我们将其称为"五尚"。按照五行的相生排列，五尚为仁、智、信、义、礼。很明显即可看出，董仲舒的五尚来源于思孟五行，只不过将思孟五行中的"圣"改为"信"而已。董仲舒之前的贾谊有所谓"六行"[1]，即仁、义、礼、智、圣、乐，实际上是在思孟五行上加入"乐"。因此，董仲舒的五尚既是对前人的继承，又是对前人的改造。我们不必去纠缠于对五尚的概念区别，因为董仲舒的五尚并不是单纯的德性概念，它只能在五行学说的发展史与以五行构建官制的努力中才可以得到最恰当的安置。在《天人三策》中，董仲舒说："夫仁、谊、礼、知、信五常之道，王者所当修饬也；五者修饬，故受天之晁，而享鬼神之灵，德施于方外，延及群生也。"(《汉书·董仲舒传》)五官所尚在这里成为王者当修饬的"五常"。在此基础上，后来的学者发展出系统的五常学说，但其五常与五行的搭配不仅和董仲舒并不一致[2]，且逐渐失去了

---

[1] 《新书·六术》云："人有仁、义、礼、智、信之行，行和则乐兴，乐兴则六，此之谓六行。"贾谊：《贾谊集·贾太傅新书》，第94页。

[2] 参见李存山：《"五行"与"五常"的配法》，《燕京学报》新28期，北京大学出版社2010年版。

其最初的本义，并与三纲学说合在一起，成为所谓的"三纲五常说"①。

四、五行相胜下的五官系统

董仲舒为相生的五官在历史中分别找到了最完美的代表，即司农为召公、司马为周公、司营为太公、司徒为伍子胥、司寇为孔子。虽然这五人在历史中并不一定承当过这样的官职，但他们实际所行之事却极佳地展示了五官的行为标准。因此，召公等五人同时也成为五尚的典型代表。五尚不仅决定了五官之间的辅翼关系，同时也让五官具有了相牵制的关系，与五行之间的相生相胜完全一致。在五行相胜的图式中，董仲舒又将五官系统做了如下阐述：

> 木者，司农也，司农为奸，朋党比周，以蔽主明，退匿贤士……长幼无礼，大小相厉，并为寇贼，横恣绝理。司徒诛之，齐相是也。行霸任兵……以安中国。木者，君之官也，夫木者农也，农者民也，不顺如叛，则命司徒诛其率正矣，故曰金胜木。
>
> 火者，司马也，司马为谗，反言易辞以谮愬人，内离骨肉之亲，外疏忠臣……鲁上大夫季孙是也。专权擅政……劫惑其君。孔子为鲁司寇，据义行法……夫火者，本朝，有邪谗荧惑其君。执法诛之，执法者水也，故曰水胜火。
>
> 土者，君之官也。其相司营。司营为神，主所为皆曰可，主所言皆曰善，谄顺主指，听从为比……百姓愁苦，叛去其国，楚灵王是也……及其身弑。夫土者，君之官也，君大奢侈过度失礼，民叛矣。其民叛，其君穷矣，故曰木胜土。
>
> 金者，司徒也。司徒为贼，内得于君，外骄军士，专权擅势……令君有耻，则司马诛之，楚杀其司徒得臣是也……以危楚

---

① 三纲五常连用最早见之于东汉马融，到南宋朱熹极力推尊三纲五常，遂使三纲五常成为不可置疑的天理。参见刘学智：《"三纲五常"的历史地位及其作用重估》，《孔子研究》2011年第2期。

国,司马诛之。金者,司徒,司徒弱不能使士众,则司马诛之,故曰火胜金。

水者,司寇也,司寇为乱,足恭小谨,巧言令色,听谒受赂,阿党不平,慢令急诛,诛杀无罪,则司营诛之,营荡是也……夫水者,执法司寇也。执法附党不平,依法刑人,则司营诛之,故曰土胜水。(《春秋繁露·五行相胜》)

虽然这一段的论述仍然遵从了五行相生的顺序,但从论述方式上来看,这里与前引《五行相生》篇的最大不同是,前者是正面的肯定性论述,即各守其职状况下五官之间如何相辅翼,而后者着重于在否定意义上讨论,即一旦某一官失职,则可由另一官相制衡。此中的不同正好体现了五行的相生与相胜之间的理论差异。也可以这样说,五行相生图式中的五官构造实际上更偏重于理想化的建构,而五行相胜模式下的五官构造则是现实状况下的制度约束。因此,董仲舒在这两篇之外,又以《五行顺逆》篇将五官的尽职与失职状况合而论之,使理想与现实统一于其五官构造之中,也将五行的相生相胜之理进一步通过官制展现出来。

我们不必去详细疏解董仲舒为五官赋予的各种具体职责,只需要点明这是以天道为根据且重职责不重等级的横向官制架构,五官之间正如五行之间一样,有相生与相胜的关系。如果与纵向的等级式的官制系统放置到一起,则更能看出董仲舒的深层关切依然是对大一统王权之下的政治权力进行有效约束。虽然董仲舒以天为根据构建起的官制系统始终停留于理论层面,但这种构建无疑是学者面对着愈发集中的皇权时所能提出的深具理性的构想。当然,从董仲舒分割与限制权力的制度设计中,我们无法得到现代意义上的权力分立主张,更不能说,民主的观念可以在董仲舒这里找到古老的先声。我们将董仲舒究通天人古今的努力落于官制的设计之上,只是希望能借此表明,在政治的实际运作中,制度设计向来远比道德约束更具效力。

参考文献：

[1] 黎翔凤. 管子校注 [M]. 北京：中华书局，2004：865.
[2] 陈立. 白虎通疏证 [M]. 北京：中华书局，1994：166.
[3] 贾谊. 贾谊集·贾太傅新书 [M]. 长沙：岳麓书社，2010：62.

本文为"2019中国·衡水董仲舒与儒家思想国际学术研讨会"提交的论文。

王博，(1987—)，陕西凤翔人，哲学博士，空军军医大学基础医学院副教授。

董仲舒"慎德"思想及其现代价值

曹迎春

"慎德"是上古重要的思想观念,在传世文献中屡见不鲜。《尚书·文侯之命》:"克慎明德。"《周礼·地官·司徒》:"十有一日以贤制爵,则民慎德。"《礼记·大学》:"是故君子先慎乎德。""慎"德在儒家道德体系中占有重要地位,是"谨慎"与道德相结合的一种行为美德。

先秦时期孔子将"慎德"与仁、礼结合起来,并且认为能够体现"慎德"内涵的是畏、敬、戒;孟子进一步追寻"慎德"的价值根源,认为"恭敬之心"生"慎","辞让之心"行"慎";荀子则更加强调"智",即理性能力在"慎德"实现过程中的作用[1]。董仲舒继承并发展了先秦儒家的"慎德"思想。现笔者深入研究其"慎德"思想对于当前提升党员干部的道德修养水平和遵纪守法自觉性具有重要的教育意义和启示作用。

一、上天慎罚

董仲舒的哲学是"天"的哲学。他讲的天,有三方面的意义,即神灵之天、道德之天和自然之天。他突出天的道德理性,认为"道德之天",是一种最高的普遍的道德原则。正是这种道德原则支配和制约着阴阳五行的运行和认识社会的一切变化[2]。董仲舒将人的道德归之于"天",道德从天那里获得了神圣的依据,这也是董仲舒"天"哲学里最具特色的地方。因此董仲舒的"慎德"思想,也须上求于天。

董仲舒认为,天在进行"灾异谴告"时是十分谨慎的。他在对策中说:"观天人相与之际,甚可畏也。国家将有失道之败,而天乃先出灾害以谴告之;不知自省,又出怪异以警惧之;尚不知变,而伤败乃至。"天地之间有时会出现一些异常的现象,小的异常叫"灾",大的异常叫"异"。董仲舒认为,这些灾异不是随便出现的,它们是天对人间的警告。上天一直关心着人类社会的治理情况,如果人间国家的统治出现了一些小的过失,天就会降下水旱之类的灾害来"谴告"之;如果谴告了还不知改正,天就降下日食、月食之类的"怪异"来"警惧"之;倘若仍然无济于事,就只能说明统治者是咎由自取,上天就要革他的命了。《春秋繁露·二端》:"灾者,天之谴也,异者,天之威也,谴之而不知,乃畏之以威。"(下文中引自《春秋繁露》者,只写篇目)灾祸是上天的谴责,怪异是上天的威力震慑。上天谴责还不知道悔改,那么就用威力震慑来使其畏惧。

上天这种"慎罚"的态度,乃是"仁"之体现。《王道通三》:"天,仁也。天覆育万物,既化而生之,有养而成之。事功无已,终而复始,凡举归之以奉人。察于天之意,无穷极之仁也。人之受命于天也,取仁于天而仁也。"董仲舒认为"天"孕育万物、化生万物,但从不居功自傲,这是一种至善至美的"仁"之品性。

正因为天的"仁",所以天在实施惩罚的时候格外谨慎,是怀有仁爱之心而不是想"陷人"的。《二端》:"凡灾异之本,尽生于国家之失,国家之失乃始萌芽,而天出灾异以谴告之。谴告之而不知变,乃见怪异以惊骇之。惊骇之尚不知畏恐,其殃咎乃至。以此见天意之仁而不欲陷人也。"上天惩罚的目的是让人们畏惧、警戒、改过,而不是让人们厌恶的,"故见天意者之于灾异也,畏之而不恶也;以为天欲振吾过,救吾失,故以此报我也"。

上天的"慎罚"是符合天之道的。《天容》:"天之道,有序而时,有度而节,变而有常。"天道有次序而得时,有法度而节制,变化而有常规。天之道"有度而节",天之罚也是"有度而节"。正因为如此,所以董仲舒才说"堂堂如天殃"(《郊语》),上天如吾子一般,堂堂正正地降下灾祸。

二、《春秋》慎微

天之慎表现在"慎罚",经之慎表现在"慎微"。

董仲舒认为《春秋》"慎微"特征最显著的表现就是"慎辞"。《精华》:"春秋慎辞,谨于名伦等物者也。是故小夷言伐而不得言战,大夷言战而不得言获,中国言获而不得言执,各有辞也。"《春秋》应用文辞很谨慎,认真界定人伦贵贱的名称,区分事物大小的等级。所以对于势力小的夷狄发起的战争,称攻伐而不说是战争;对势力大的夷狄称战争而不说是捕获了什么人;对中原的国家称捕获了什么人而不说拘捕了什么人,各自有不同的文辞。

董仲舒以解读《春秋》之"微言大义"构建起自己的理论学说。《楚庄王》:"义不讪上,智不危身。故远者以义讳,近者以智畏,畏与义兼,则世愈近,而言愈谨矣。此定、哀之所以微其辞。"在这里董仲舒解释《春秋》对于定公、哀公之过失用比较隐晦的微辞表述,是因为定公、哀公之世是孔子所见之世。孔子对于当世的君主,出于明智的考虑而畏惧他,从而不使自己陷入危险。《春秋》经传既创造出一套独特的解释话语系统,又发挥着重要的现实批判和道义谴责功能,它比一般的哲学解释学多出了社会、政治、历史、文化的向度[3]。

董仲舒认为《春秋》"慎微"特征还表现在"不遗小""不敢阙"。

对于善事,《春秋》的记载是"不遗小"。《威德所生》:"《春秋》采善不遗小。"《王道》:"善无细而不举,恶无细而不去。"《盟会要》:"善无小而不举,恶无小而不去。"《春秋繁露》中多处提到《春秋》记载善事"不遗小"。

对于灾异之事,《春秋》的记载是"不敢阙"。《奉本》:"天无错舛之灾,地有震动之异。天子所诛绝,所败师,虽不中道,而《春秋》者不敢阙，谨之也。"上天没有因差错而发的灾害，大地有震动的怪异现象。天子所责备并与之断绝关系的人、所打败的军队，即使天子的做法不完全合乎道理，但是作《春秋》的人不敢遗漏，态度上十分谨慎。董仲舒认为《春秋》之所以把天下的祸患之事记载得十分详尽周遍，是因为其作者想通过把这些祸患全盘展示出来的方式来达到消除天下祸患的目的，因此他在《盟会要》中说："《春秋》重而书天下之患遍矣，以为本于见天下之所以致患，其意欲以除天下之患。"

在《二端》篇，董仲舒详细论述了小大、微著的关系："《春秋》至意有二端，不本二端之所从起，亦未可与论灾异也，小大、微著之分也。"《春秋》最深远的意义有两个方面，不探求这两个方面是怎样产生的，也就不可以讨论灾异，这两个方面就是小与大、细微与显著的分别。"夫览求微细于无端之处，诚知小之将为大也，微之将为著也，吉凶未形，圣人所独立也。"在没有端倪显现的地方查看到细微之处，确实知道小的将要变为大的，细微的将要变得显著。在吉凶尚未形成之前，只有圣人能够知见。聪者见于无声，明者见于无形。"故圣人能系心于微而致之著也。"所以圣人能把心思放在细微之处并把它变得显著。"故书日蚀、星陨、有蜮、山崩、地震、夏大雨水、冬大雨雪、陨霜不杀草、自正月不雨至于秋七月、有鹳鹆来巢，春秋异之，以此见悖乱之征，是小者不得大，微者不得著，虽甚末亦一端。孔子以此效之，吾所以贵微重始是也。"于是圣人记录了天下发生的日食、陨星坠落、山崩、地震、夏天降大雨、冬天下大冰雹、降下的严霜没有损毁青草、从正月到秋天的七月一直没有下雨、有鹳鹆来筑巢居住等现象，《春秋》认为这些事都很怪异，并用它来表示悖理逆乱的征兆。这是小的不至于变成大的，细微的不至于变成显著的，虽然很细微，但也是一个方面。孔子用这些现象来进行征验，这也就是《春秋》看重细微、重视开始的原因所在。

《王道》篇也讲到《春秋》中记载了日食、陨石、蝗灾、城塌、山崩、河壅、涝灾、雪灾、地震及其他怪异现象，《春秋》用它们来表现悖乱的征兆。

《春秋》"慎微"，"不遗小""不敢阙"，于细微处而知显著，因此应该用谨慎的态度来研读《春秋》,真正做到防微杜渐。董仲舒在《竹林》中说:"《春秋》记天下之得失,而见所以然之故,甚幽而明,无传而著,不可不察也。夫泰山之为大,弗察弗见,而况微眇者乎!故按春秋而适往事,穷其端而视其故,得志之君子、有喜之人,不可不慎也。"《春秋》记载天下事情的得失,而探究出事情为什么会发生的缘故,这些缘故虽然很隐微却很明白,没有解说却又很清楚,不能不仔细观察。泰山虽然高大,但是不去观察它,是见不到的,何况微细的事物呢?因此考察《春秋》而全面了解历史往事,详细推究事情的本原,而观察它发生的原因,得志的君子,有喜事的人,不可不慎重去探究这些事实。然后董仲舒举了齐桓公的孙子齐顷公的例子,齐顷公就是因为没有忧患意识,仗着国家大、地势好,还有爷爷的余威,不但不参加诸侯国会盟,而且威胁鲁国、进攻宋国、得罪晋国,最终落得个"大辱身,几亡国,为天下笑"的结局。最后,董仲舒感慨道:"是福之本生于忧,而祸起于喜也。"

三、君主慎行

人主要法天而行、遵经而行。天之慎罚、经之慎微,落实到君主,便是君主慎行。董仲舒认为君主慎行主要表现在三个方面:恭敬祭祀、修身正己、更化改制。

(一)恭敬祭祀

董仲舒十分强调君主对上天的祭祀。"天者,百神之大君",君主如果对上天侍奉得不够周到,那么即使侍奉众神再好也没有用。董仲舒以周与秦做对比,指出秦朝废除了古代圣王十分重视的郊祭之礼,不敬畏上天,而周朝从周文王起就"小心翼翼,昭事上帝""以郊为百神始",十分敬畏上天,最终两个朝代国运差别很大,"未见秦国致天福如周国也"(《郊语》)。董仲舒还引用孔子之言"君子有三畏:畏天命、畏大人、畏圣人之言",指出"天之不可不畏敬,犹主上之不可不谨事,不谨事主,其祸来至显,不畏敬天,其殃来至暗"。

《郊事对》篇记载了董仲舒回答廷尉张汤对郊礼的咨询,包括郊礼的意义以及一些具体操作的细节问题。其中，董仲舒尤其强调郊礼时的恭敬、谨慎态度。"臣闻孔子入太庙，每事问，慎之至也。陛下祭躬亲，斋戒沐浴，以承宗庙，甚敬谨。"（《郊事对》）《祭义》中也对祭祀的恭敬态度进行了强调："尊天，美义也，敬宗庙，大礼也，圣人之所谨也，不多而欲洁清，不贪数而欲恭敬。君子之祭也，躬亲之，致其中心之诚，尽敬洁之道，以接至尊，故鬼享之，享之如此，乃可谓之能祭。"尊崇上天，是美好的"义"；敬重宗庙，是重大的"礼"。圣人会小心谨慎地处理这些事情。上供的祭品不在于数量多而要讲求干净清洁，不要贪图次数的频繁而是要讲求内心的恭敬态度。君子进行祭祀时，一定要亲自参加，表达出内心的诚意，尽力按照恭敬、清洁的要求去做，以此来迎接最尊贵的神灵，所以鬼神才会来享用祭品。鬼神只有这样来享用祭品，才可以说君子擅长于祭祀。

（二）修身正己

董仲舒对君主的品德格外重视，他强调"君人者，国之元，发言动作，万物之枢机"（《立元神》），君乃国家之元首，他的一切言行都关系到万民万物；"为人君者，固守其德，以附其民"（《保位权》），作为国君，必以德才能使人民团结在自己的周围。在《二端》中董仲舒说君主应该"省天谴而畏天威，内动于心志，外见于事情，修身审己，明善心以反道"，在内在的心志上产生震动，并表现了外在的事情之上，修养身心，审视自己，彰明善心并返回正道，这才是"贵微重始、慎终推效"。

董仲舒提醒君主要"慎欲"，他以鲁庄公为例，说："鲁庄公好宫室，一年三起台，夫人内淫两弟，弟兄子父相杀，国绝莫继……可不慎邪！"（《王道》）鲁庄公喜好修宫室，一年之内三次修建高台。他的夫人和两个弟弟淫乱，兄弟父子之间互相杀戮，导致国家将要灭绝无人继承。因此做君主的不可以不谨慎。

君主修身正己，谨言慎行，才能承担起自己的治国责任。《天人三策》："言行，治之大者，君子之所以动天地也。故尽小者大，慎微者著。《诗》云：'惟此文王，小心翼翼。'故尧兢兢日行其道，而舜业业日致其孝，善积而名显，德章而身尊，此其浸明浸昌之道也。"

言和行之正,是治理国家最重要的条件,君子之所以能感动天地也是靠言行之正。所以积小成大,谨慎注意细微的行为就会有显著的效果。《诗经》上说:"周文王啊,小心翼翼。"所以尧战战兢兢地每天实行他的治国之道,舜小心恐惧地每天尽孝道。做的好事积累多了,自然名声显赫,德行彰著,自身就会受到尊重,这就是渐渐昌明的道理。

《立元神》:"故为人君者,谨本详始,敬小慎微……是故肃慎三本,郊祀致敬,共事祖祢,举显孝悌,表异孝行,所以奉天本也;秉耒躬耕,采桑亲蚕,垦草殖谷,开辟以足衣食,所以奉地本也;立辟雍庠序,修孝悌敬让,明以教化,感以礼乐,所以奉人本也。"作为人君的人,应该谨慎地对待根本性的东西。在开始时非常仔细,对小事也很恭敬地去做,对细微的事也很谨慎。贤明的君主要恭敬谨慎地对待"三本",即天本、地本、人本。祭祀天地表达敬意时,恭敬地侍奉先人庙堂,表扬孝悌,表彰孝行,以此来侍奉"天本";皇帝亲自耕种,皇后亲自采桑养蚕,除草种谷,开垦土地以使自己衣食富足,以此来侍奉"地本";设立学校,修习孝悌、恭敬、谦让等美德,以教化使人明智,以礼乐使人感动,以此来侍奉"人本"。

(三) 更化改制

董仲舒认为国君的责任重大,他引用孔子的"道千乘之国,敬事而信"来说明治理国家要"敬而慎之",如果"行身不放义,兴事不审时"(《竹林》),就会招致祸患。

君主更化改制乃是顺天之行。《楚庄王》:"故必徙居处、更称号、改正朔、易服色者,无他焉,不敢不顺天志而明自显也。"新王改制,是因为"受命之君,天之所大显也",上天把君主的地位和责任很显明地标示出来了,所以他"不敢不顺天志",而迁都、改称号、变更历法、改服色,就是顺从天的意志、表明自己地位责任的举动。

董仲舒在《官制象天》中论述了天子建立官制的道理,认为天数与官制是相通的,天子建立官制应该取象于天,以天为法。他说:"备天数以参事,治谨于道之意也。"用具备符合天数条件的官员来辅佐君主办事,这是对于治国之道谨慎的表现。

四、董仲舒"慎德"思想的现代价值

董仲舒"慎德"思想是其政治思想的重要内容,对于当前提升党员干部的道德修养水平和遵纪守法自觉性具有重要的教育意义和启示作用。

在当前的中国特色社会主义现代化建设中,"慎德"依然是德治实现的重要保障。深入研究董仲舒的"慎德"思想,有利于党员干部"慎微""慎始""慎独"道德水平的提升。

习近平在《在党的群众路线教育实践活动工作会议上的讲话》等文中引用《新唐书》中的"奢靡之始,危亡之渐",在参加十三届全国人大一次会议重庆代表团审议时引用《后汉书》中的"堤溃蚁孔,气泄针芒",说明的都是"慎微"的道理。党员干部要"慎微"以防微杜渐。在小事、小节上防微杜渐,思想上不放松警惕,生活上不放纵自己,时刻敬仰党纪国法之威严。

习近平《在网络安全和信息化工作座谈会上的讲话》中说过"聪者听于无声,明者见于无形",意思是,聪明的人可以于无声处听有声,于无形处见有形,在事情还未显出征兆时就预见先知。这就是大智慧,先知先觉。习近平借这句古语,强调只有对网络安全的发展趋势进行准确预测、预警,知道风险在哪里,是什么样的风险,什么时候发生风险,才能预先防范网络安全风险,维护网络安全,建设网络强国。这种"听于无声,见于无形"的大智慧,也是董仲舒所强调的"慎始",在事情处于苗头的时候就格外谨慎小心。党员干部应该"慎始",从一开始就严格要求自己,绝不苟且放纵。

对于"慎独",习近平是格外重视和强调的。《之江新语》中有一篇《追求"慎独"的高境界》,其中说道:"党员干部特别是领导干部手中往往掌握一定的权力,不仅要主动接受组织、制度的监督,而且还要不断加强自律,做到台上台下一个样,人前人后一个样,尤其是在私底下、无人时、细微处,更要如履薄冰、如临深渊,始终不放纵、不越轨、不逾矩。"董仲舒对于君子要法天而行、修身正己的思想,有助于提醒党员干部常怀律己心,追求"慎独"的高境界。

参考文献：

[1] 胡鹏飞. 儒家"慎"德思想演变及其对当代社会的启示 [J]. 行政科学论坛, 2017 (8): 55-58.

[2] 金春峰. 汉代思想史 [M]. 北京：中国社会科学出版社, 2006: 122-129.

[3] 余治平. 董子春秋义法辞考论 [M]. 上海：上海书店, 2013: 289.

本文为"2019 中国·衡水董仲舒与儒家思想国际学术研讨会"提交的论文。

曹迎春（1976—），女，河北衡水人，历史学博士，衡水学院董子学院教授。

董仲舒的重贤思想

刘贵生

自古及今，人才都是时代发展的领军人物，是推动社会变革的重要力量。传说中的黄帝会造指南车，并利用指南车打败了南方的蚩尤，为华夏民族的发展奠定了基础；神农氏遍尝百草，学会用草药给人治病的同时也开启了中华民族农耕的历史；伏羲氏教人结网捕鱼，极大地改善了人们的生活；此后的尧、舜、禹等莫不是以某一方面的特长而成为联盟首领。社会的发展在很大程度上与这些杰出人才的贡献是分不开的，所以很早以前，人们就形成了重贤的思想。春秋战国时期，百家争鸣，思想活跃，但无论哪家思想，都无一例外地将重视人才放到了重要的位置。儒家的孔子一生办学收徒，据说有弟子三千，贤人七十二，而这七十二贤人正是孔子为社会培养的精英人才。墨家的墨子在《墨子》中专门著有"尚贤"一章，鲜明地提出"尚贤者，政之本也"[1]，认为重视贤才是治国的根本。战国时期著名的四公子以及秦国的国相吕不韦等人都大量地招揽门客，特别是到了战国后期，以主张"横成则帝秦，众成则楚王"策略为代表的苏秦、张仪等纵横家更是几乎成了天下大势的决定力量："故苏秦相于赵而关不通。当此之时，天下之大，万民之众，王侯之威，谋臣之权，皆欲决苏秦之策。不费斗粮，未烦一兵，未战一士，未绝一弦，未折一矢，诸侯相亲，贤于兄弟。夫贤人在而天下服，一轼撙衔，横历天下，廷说诸侯之王，杜左右之口，天下莫之能伉。"[2]刘邦能在风起云涌的秦末大起义中最后打败强大的项羽，建立汉室基业，其高明之处就在于善于吸纳和运用人才，最有名的"汉初三杰"即是其中的代表，出自韩信口中的"善将将"正好说明了刘邦会重用人才的高明之处。鉴于对《春秋》及前代史实的谙熟，董仲舒在其主要代表性著作《春秋繁露》和《天人三策》中，就君王的治国之道，特别突出地强调了重贤的思想。

首先，董仲舒对历史上重贤的现象给予了充分的关注。在《天人三策》二策中，董仲舒说尧受命以来，"诛逐乱臣，务求贤圣，是以得舜、禹、稷、卨、咎繇"[3]1198，周文王"顺天理物，师用贤圣，是以闳夭、大颠、散宜生等亦聚于朝廷。爱施兆民，天下归之，故太公起海滨而即三公也"[3]1198。司马迁《史记·五帝本纪第一》记载尧重用的贤臣主要有舜、禹、皋陶、契、后稷、伯夷、夔、龙、倕、益、彭祖等人[4]28。关于周文王用贤的事实，在《史记·周本纪第四》中是这样记载的：（文王）"礼下贤者，日中不暇食以待士，士以此多归之。伯夷、叔齐在孤竹，闻西伯（即文王）善养老，盍往归之。太颠、闳夭、散宜生、鬻子、辛甲大夫之徒皆往归之"[4]105。在《春秋繁露·玉英第四》中，董仲舒对齐桓公"知恐惧，敬举贤人，而以自覆盖"[5]73的行为表示极大的肯定。齐桓公重用贤人的事例当以管仲为典型。据史载，管仲本是齐桓公的哥哥公子纠的辅臣，在齐桓公与公子纠争夺君位的过程中，管仲一箭射中齐桓公的衣带钩，要不是齐桓公乘机装死躲过一劫，春秋的历史恐怕要重写，故此齐桓公和管仲之间可谓积怨颇深。但后来为了王霸大业，齐桓公还是虚心听取了鲍叔牙的建议，对管仲不仅不计前嫌，反而拜管仲为相，不仅重用管仲，齐桓公还采纳管仲的建议，重用了史称"桓管五杰"的隰朋、宁戚、王子成父、宾胥无、东郭牙，这五人分别在外交、农业、军事、司法、进谏等方面具有卓越的才能。在《春秋繁露·俞序第十七》中，董仲舒认为孔子作《春秋》目的就是"上探天端，正王公之位，万民之所欲，下明得失，起贤才，以待后圣"[5]183，董仲舒将发现贤才并重用贤才看作孔子作《春秋》的主要目的所在。孔子"举贤才"的思想不仅在《春秋》中有明确的阐述，在《礼记·中庸》里也有类似的表达："为政在人……文武之政，布在方册"[6]，孔子认为为政的根本就在于人，而这人并不是普通的平民百姓，而是文能经邦武能定国的治世良才。

其次，董仲舒结合史实充分肯定了贤才的重要作用。"任贤臣者，国家之兴也"（《春秋繁露·精华第五》）[5]99，董仲舒认为，只有重用贤臣，国家才能兴旺发达。对此，董仲舒举了鲁僖公的例子。鲁僖公虽然在混乱中即位，但是他亲近、重用季友，因而在季友辅政的二十多年间，鲁国内无臣子作乱，外无诸侯侵凌，国家一片安宁的景象。在《春秋繁露·立元神第十九》，董仲舒进一步从统治者的角度阐述了重贤的意义。"体国之道，在于尊神。尊者，所以奉其政也；神者，所以就其化也，故不尊不神，不神不化。夫欲为尊者，在于任贤；欲为神者，在于同心。贤者备股肱，则君尊严而国安；同心相承，则变化若神；莫见其所为而功德成，是谓尊神也"[5]198，一国的君主要想顺利地施政，首先要使自己具有尊贵和神圣的地位，而尊贵和神圣地位的确立，离不开重用贤人且君臣上下同心，重用贤人且上下同心，不是信口开河，而是建立在深厚的理论基础上。对此，董仲舒从天人感应的角度做了类比论证："天积众精以自刚，圣人积众贤以自强；天序日月星辰以自光，圣人序爵禄以自明。天所以刚者，非一精之力；圣人所以强者，非一贤之德也。故天道务盛其精，圣人务众其贤，盛其精而壹其阳，众其贤而同其心。壹其阳，然后可以致其神。同齐心，然后可以致其功。是以建治之术，贵得贤而同心。"[5]199从天的角度来看，天之所以刚健有力，是因为积聚了众多的精气；天之所以光芒万丈，是因为合理排列日月星辰的顺序。天既如此，则人事亦不例外。故此，圣人（亦即君主）也须积聚众多贤才以使自己变得强大，合理安排众多贤才的爵禄等级以使自己变得明智。这里，董仲舒特别强调了众贤的力量：只有广泛地延揽和积聚贤才，且上下团结一心，才能取得应有的成效。为了证明这个道理，在《天人三策》第二策中，董仲舒列举了尧的例子，在众多贤人的辅佐之下，尧治理下的社会是"教化大行，天下和洽，万民皆安仁乐谊，各得其宜，动作应礼，从容中道"[3]1199，一片太平祥和的景象。

在肯定重用贤才的积极作用时，董仲舒也从反面论述了不重用贤才的后果。在《春秋繁露·精华第五》中，董仲舒说："所任非其人，谓之主卑国危。万世必然，无所疑也"[5]99，"是故任非其人，而国家不倾者，自古及今，未尝闻也"[5]99。在此，董仲舒举了鲁庄公和宋殇公的例子。鲁庄公因为没有早用季友，而使国家陷于危难，"庆父不死，鲁难未已"说的就是鲁庄公所用非贤导致的严重后果。宋殇公因为没有一直重用孔父，结果落得个自身被华督残杀的下场。不重用贤人，不仅会陷国君自身于可悲的结局，而且更主要的是危及国家的命运。在《春秋繁露·王道第六》，董仲舒说，吴王因为不采纳伍子胥的建议，导致了亡国；秦穆公因为刚愎自用，听不进百里奚和蹇叔的忠言，被秦军大败于崤山；虞公不接受宫之奇的劝谏，最后为晋国所灭，留下了"唇亡齿寒"的深刻教训[5]133。在《天人三策》第二策中，董仲舒一针见血地揭示了商朝灭亡的根本原因就在于商纣王"逆天暴物，杀戮贤知，残贼百姓。伯夷、太公皆当世贤者，隐处而不为臣。守职之人皆奔走逃亡，入于河海。天下耗乱，万民不安，故天下去殷而从周"[3]1199。

再次，董仲舒还指出了君主为得到贤才应有的素养。首先，作为一国之君，必须有崇高的德行，才会吸引贤才。"其德足以安乐民者，天予之，其恶足以贼害民者，天夺之"（《春秋繁露·尧舜不擅移汤武不专杀第二十五》）[5]277，只有具有高尚的德行的君主，上天才会将国家托付于他，否则上天就会将国家从他的手里夺走。"至德以受天命，豪英高明之人辐辏归之"（《春秋繁露·观德第三十三》）[5]345，泰伯有与天地齐等的完美德行，所以天下的人都归附于他；钟离会盟之时，吴国国君没有被以国君的身份安排入席，原因就是他的德行不够。"故德侔天地者，皇天右而子之，号称天子"（《春秋繁露·顺命第七十》）[5]557，具有天子称号的人，其德行跟天地一样高，上天也会帮助他，并且将其当作自己儿子来看待。其次，国君必须礼贤下士，诚恳待人。"治身者以积精为宝，治国者以积贤为道……夫欲致精者，必虚静其形；欲致贤者，必卑谦其身；形静志虚者，精气之所趣也；谦卑自卑者，仁贤之所事也。故治身者，务执虚静以致精；治国者，务尽谦卑以致贤。能致精，则合明而寿；能致贤，则德泽洽而国太平。"（《春秋繁露·通国身第二十二》）[5]220 这里，董仲舒以养身来说明治国的道理。要保养好身体，最重要的是积蓄精气，要积蓄精气，必须让身体处于恬淡寡欲的状态，只有形体安宁内心恬淡的人，精气才会归附于他，有了精气，就会内外通达，延年益寿。治理国家的根本之道是积聚贤人，积聚贤人最好的做法就是君主放下架子谦卑待人，贤才就会甘心来为他效劳，有了贤才的帮助，君主的恩泽就会普及天下，那样才会国泰民安。再次，君主运用贤臣必须根据他们各自的才能，给予相应的职位，然后上下同心，各尽其责，这样才能把国家治理好。"国以君为主……贤积于其主，则上下相制使……则百官各得其所……然后国可得而安守也"（《春秋繁露·通国身第二十二》）[5]220，"贤者备股肱，则君尊严而国安；同心相承，则变化若神；莫见其所为而功德成"（《春秋繁露·立元神第十九》）[5]198，用贤才作为君主的辅佐，才会保证君主自己的尊严和国家的安宁，君臣上下同心协力，国家的治理就会顺风顺水，日见成效。

第四，董仲舒对于如何培养和选拔贤才也提出了具体的措施。"养士之大者，莫大乎太学；太学者，贤士之所关也，教化之本原也"（《天人三策》第二策）[3]1201，董仲舒认为，要得到贤才，首先要注重培养人才，培养人才最重要的就是开办学校，学校是推行教化的源头和培养人才的关键所在。因此，董仲舒建议汉武帝首先要兴办太学，且配备高明的老师，学生接受教育后，要通过层层的考核，最后选出杰出的人才。对于如何考核，从哪些方面进行考核，考核中应该注意的事项，董仲舒也给出了明确的建议："臣愚以为使诸列侯、郡守、二千石各择其吏民之贤者，岁贡各二人以给宿卫，且以观大臣之能；所贡贤者有赏，所贡不肖者有罚。夫如是，诸侯、吏二千石皆尽心于求贤，天下之士可得而官使也。遍得天下之贤人，则三王之盛易为，而尧、舜之名可及也。"（《天人三策》第二策）[3]1202 董仲舒认为，各级官吏是行使考核的主要责任人，君主应该要求他们每年向上推荐两人在朝廷做事，以此观察被推荐之人是否符合贤人的标准。如果被推荐之人确实名副其实，君主对于行使推荐之官员进行相应的奖赏，否则,不仅要将被推荐之人斥退,而且推荐之人也要相应地受到处罚。这样就在很大程度上避免了各级官员的徇私舞弊,使其能有效地为朝廷选拔实至名归的贤才。同时,董仲舒针对考核人才中长期存在的弊端,提出了自己的建议,"毋以日月为功,实试贤能为上,量材而授官,录德而定位"(《天人三策》第二策)[3]1202,即考核不能以做官的时间长短来决定官员的功绩大小,而是应注重考核其从事实际事务的能力和水平,选拔人才应该根据他的才能大小和品行高低来安排其职位,"故小材虽累日,不离于小官;贤材虽未久,不害为辅佐"(《天人三策》第二策)[3]1201。在《春秋繁露》十指第十二,董仲舒对于如何选拔贤才,也给出了明确的说法,"论贤才之义,别所长之能……则百官序矣"[5]162,即选拔贤才,应该区别各自的特长,然后根据其特长,安排相应的官职。

围绕培养人才,董仲舒对于学校的教学内容也做了比较明确的建议,他参照古代的人才培养标准,提出了"以德善化民"[3]1203的教学原则,具体做法就是"渐民以仁,摩民以谊,节民以礼"[3]1196,也就是用儒家传统的仁、义、礼、知、信等来进行施教,"夫仁、谊、礼、知、信,五常之道"[3]1197,他认为如果全民都从这几方面做起,那么好的社会风尚就形成了:"教化大行,天下和洽,万民皆安仁乐谊,各得其宜,动作应礼,从容中道。"[3]1199

综上所述,董仲舒通过对《春秋》治乱之道的深刻体察和分析,充分认识到圣君贤臣联手治国的重要性。因此,在《春秋繁露》中,他多次提出求贤、用贤、养贤等重要话题,尤其在有幸受到汉武帝的关注后,他不失时机地通过《天人三策》向汉武帝灌输这种思想,言辞恳切,态度诚挚,在很大程度上也影响到汉武帝的用人政策。而董仲舒本人也正是通过策对,在众多人才中脱颖而出,被汉武帝先后两次委以诸侯王国相的重职。不仅如此,即便在董仲舒晚年退休回家后,朝廷每当遇到棘手问题时,总要派出重要官员向其请教,寻求解决措施。史载"仲舒在家,朝廷如有大议,使使者及廷尉张汤就其家而问之,其对皆有明法"[3]1210。

纵观历朝历代,我们不难发现一个规律,那就是"得人才者得天下"。东汉后期的群雄逐鹿中，原本弱小的曹操正是凭着"唯才是举"求贤若渴的心态，聚集起手下人才，在跟其他军阀势力对抗的过程中，曹操总显得游刃有余。唐太宗李世民在隋末大起义中，也是虚怀若谷，不避嫌隙，多方接纳人才。当了皇帝后，他有感而发地提出了自己治国所依赖的三面镜子，其中的"以人为镜，可以明得失"就突出了贤臣在治国中的重要作用。魏征死了，他失去了一个贤臣，从而悲叹自己失去了一面镜子。当今，全国上下都在为实现中华民族繁荣富强美丽的中国梦而日夜奋斗，这就更离不开各类人才的齐心协力共同努力。"国家振兴，人才先行"，董仲舒的重贤思想其实早已深入人心，而且随着社会的不断发展和国际竞争的日趋激烈，这种思想仍旧将持久地闪耀着智慧的光芒，成为推动整个社会发展的原动力。

参考文献：

[1] 孙诒让. 墨子间诂（卷二）：尚贤（上）[M]. 北京：中华书局，2001：46.

[2] 朱东润. 中国历代文学作品选（上编）：第一册 [M]. 上海：上海古籍出版社，2002：112-113.

[3] 许嘉璐. 二十四史全译：班固. 汉书·董仲舒传 [M]. 上海：汉语大词典出版社，2004.

[4] 杨燕起. 史记全译：卷一 [M]. 贵阳：贵州人民出版社，2001.

[5] 张世亮，钟肇鹏，周桂钿. 春秋繁露译注 [M]. 北京：中华书局，2012.

[6] 朱熹. 四书章句集注·中庸章句 [M]. 北京：中华书局，1983：28.

本文为"2019中国·衡水董仲舒与儒家思想国际学术研讨会"提交的论文。

刘贵生（1970—），男，山西神池人，衡水学院文学学院副教授。

董仲舒治国理念与传统家国情怀的特质

张 倩

中国传统的"家国情怀"是个体对其所生活的家庭、家族以及邦国共同体的认同、维护,表现为在情感和理智上热爱共同体,并自觉承担共同体责任的一种道德自觉和政治自觉。这种共同体意识以"天下一体"的直觉体验为基础,以"天下太平"为终极追求,贯穿在中国古代社会始终。传统家国情怀的特质在于,在亲亲尊尊的宗法情感的基础上,通过类比思维,用拟伦理的方式沟通家与国,强化夫、父、君的权威,以"修身—齐家—治国—平天下"来激励个体向善向上,积极承担自己的责任,成就"大人之学",进而构建以家国情怀为感召的共同体。其中,君主是共同体的"凝聚核心"。围绕着君主如何自治以维持自己的权威、君主如何治民来维护共同体的统一和发展,中国的古圣先贤们提出了诸多主张,大致可以概括为两个层面:一方面希望通过君主任贤、爱民来维持共同体的稳定;另一方面也力图限制王权,避免共同体因君主的私欲、昏聩走向灭亡。其中,君主的榜样作用、责任意识不可或缺。

董仲舒思想作为汉代大一统思想的重要组成部分,深刻地影响了传统家国情怀的特质。董仲舒强调"立王为民"的文化理想,限制君主权力并提升共同体成员的整体意识;申论"仁以安人""义以正我"的道德要求,彰显君主的责任意识和榜样示范作用,增强共同体的凝聚力;阐释"三纲""五常"在理论架构上的一体性,通过等级秩序来维持共同体的现实稳定。董仲舒以天人论为根基的大一统思想，成为传统家国情怀的价值支撑，构筑了家国情怀的独特基础。

一、立王为民：天人合一理路下的君民一体

"天下一体"是中国人面对整个世界时所形成的初级共同体意识，包含着对于天人、物我的文化想象，成为传统家国情怀的逻辑起点[1]。《左传·桓公二年》中记载了与之相关的一段名言："故天子建国，诸侯立家，卿置侧室，大夫与贰宗，士有隶子弟，庶人工商，各有分亲，皆有等衰。是以民服事其上，而下无觊觎。"其中，宗法和等级是其中的重要原则。就宗法系统而言，"天子"是天下的大宗；就政治系统而言，"天子"是天下的共主。天下、国、家形成了一个清晰的序列。王室子弟、功臣因分封而确认等级，同时也因各享其等级而拱卫王室，以血缘为纽带来达到整合家、国、天下的目的。基于血缘伦理而有的"亲亲"和基于政治等级而有的"尊尊"成为传统家国情怀的重要支撑，并在"礼治"的维护下获得很强的生命力。在这种格局下，普通民众则承担着"服事其上"的社会功能和政治责任。董仲舒通过强调"天下一体"中"立王为民"的文化理想，来强化君王与民众的密切关联，提升了家国情怀的整体意识；同时，他还抽象化了"亲亲""尊尊"的文化内涵，使得情感成为整个共同体的重要纽带，在一定程度上超越了血缘、身份的限制，对于大一统帝制时代的家国情怀建构产生了积极的影响。

"天下"所包含的"共同体"含义是中国人家国情怀中不可或缺的组成部分。在董仲舒思想中，"天"作为一切生命和秩序的源头，是一个高高在上的主宰，是通过灾异来表达自己意志的存在。"天下一体"的古老思想在董仲舒这里衍生出一套以阴阳五行为基本架构、具有宇宙生成论色彩的理论，天、人、物、事从根源处获得一致。用阴阳五行来说明各种自然现象、社会人文均为由天而生、应天而动，是对"天下一体"更为具体、生动的说明。虽然其中有不少牵强附会的内容，但这种说明加强了天人、物我的整体统一性，"天命有德"

"以德配天"等西周初期就颇为流行的观念也嵌在董仲舒的天人学说中,"民心""民意"通过"天"的言说表达出来,"天地之物有不常之变者,谓之异,小者谓之灾。灾常先至而异乃随之。灾者,天之谴也;异者,天之威也。……凡灾异之本,尽生于国家之失。国家之失乃始于萌芽,而天出灾害以谴告之;谴告之而不知变,乃见怪异以惊骇之,惊骇之尚不知畏恐,其殃咎乃至。以此见天意之仁而不欲陷人也"[2]259,灾异成为警示君主过失的最直接、有力的方式。在"天"的谴告与威慑下,"天之生民,非为王也;而天立王以为民也。故其德足以安乐民者,天予之;其恶足以贼害民者,天夺之"[2]220"王者,民之所往。君者,不失其群者也"[2]133成为制衡君王一己之私的核心理念和价值依据,并成为"天下一体"图式中的文化理想。

从社会政治层面看,"天子"作为"天"在人间的代表,提升王权的主宰性是"天下一体"中的统一性因素的现实表现。在西周,统治者就开始蓄意提升王权。冯天瑜指出:"周初三次分封,可归为前、后两个不同形态:一为文王、武王分封,大体沿袭商代的方国部落联盟形态,天子'长'诸侯而未'君'诸侯。二为周公分封,天子正式成为诸侯的君主,王权得以提升。"[3]随着贵族政治的解体,与郡县制相匹配的,是从贵族世卿制向游仕制转化,进而形成的官僚制度。由朝廷直接任命官员,"天子—诸侯—卿大夫"的等级序列被打破,"君主—官僚"的政治结构使得官员的流动性增强,君主直接任命官员,也使得强化王权具有更大的可能性。在经济层面,郡县制使血缘的氏族,落地成为地缘的家族,小农户成为基本的生产单位,农民安土作业,束缚于小农业与家庭手工业相结合的自然经济。郡县制所带来的政治、经济、社会层面的变化,使得官僚们的政治地位与普通民众更加接近,官僚的实质只是君主治理民众的工具。韩愈《原道》中对君、臣、民三者之间的关系概括颇为经典:"君者,出令者也;臣者,行君之令而致之民者也;民者,出粟米麻丝、作器皿、通货财,以事其上者也。"[4]马端临在《文献通考·自序》中的"役民"之论,更是直指官僚政治的本质:"役民者,官也;役于官者,民也。郡有守,县有令,乡有长,里有正,其位不同而皆役民者也。"在这种政治下,君主对臣、民是一种单向的宰治,与之相应的文化形态则是"一统"及君主的"独尊"。董仲舒以儒学整合其他各家思想,形成更加适应君主一元统治的文化形态,是应时而作的文化更新;同时,他也或隐或显地运用"天下为公"的文化来实现价值整合。

"天下为公"直接与"选贤与能"相关,在先秦为各家思想所推崇,成为普遍的价值观,代表着全体国人的普遍诉求。"天下为公"是中国传统各家思想中最具共通性的内容。正如徐复观所说,先秦各家的政治思想,都可以说是"为人民而政治"。儒家最高的政治原则是"民之所好好之,民之所恶恶之",政治运用的形式是"天下为公,选贤与能"。老子认为"圣人无常心,以百姓之心为心",希望在无为而治的不干涉的政治之下,让人民"自富,自正"。墨子则主张由地方官吏(正长)以迄卿大夫、诸侯、三公、天子,皆出于选举[5]。陈乔见梳理了先秦各种公、私观念,指出:"先秦诸子确实大都'贵公''崇公',但'公'皆为价值观层面的公正无私之义,'贵公'与'崇公'的本质是'尚贤',以及实现政治的公正、公平。"[6] "天下为公"不仅在理论层面为董仲舒整合各家思想提供了基础,还成为君主应当任贤、爱民行为的观念支撑。

董仲舒强调"民"的重要性,说明"天"在赋予君主至高无上的人间地位的同时,也要求君主必须以爱民、治民来完成自己的使命,展现"天"的意志。"君"成为家、国、天下的核心,在传统家国情怀中发挥着"凝聚核心"的功能。"君人者,国之元,发言动作,万物之枢机"[2]166就是在这个意义上来立论的。"民"不仅仅是被治理的对象,也是君主证明自己能力、展示权力合法性的必要依凭,这使得君、民之间的关系更加明确,贤臣的重要性也凸显出来。董仲舒作为汉代的"群儒之首",代表着儒生群体的价值诉求。他高扬"尊君"来寻求君主的支持与合作,附带"任贤""养民"来兼顾儒家的王道理想。董仲舒有言:"夫欲为尊者在于任贤,欲为神者在于同心。贤者备股肱则君尊严而国安,同心承则变化若神,莫见其所为而功德成,是谓尊神也。"[2]170 这种纵贯天人、打通理论与现实的论说,是为其尊君仁民的主张做论证的。

"天下一体"的世界图式、"立王为民"的文化理想、"亲亲""尊尊"的宗法精神是传统家国情怀的核心精神。追求"穷则独善其身，达则兼济天下"的儒者们在官僚政治的格局下，用"天下为公"的文化理想来打通君、臣、民，提升共同体成员的整体意识，力求在价值理想与现实政治之间寻求一种动态平衡。董仲舒对于君主的绝对化和权威化，把君主个人作为尽忠的对象，而忽视了君主背后"民意"与"天下为公"的价值理念，把"忠"引向片面。通过分析董仲舒思想对于传统家国情怀的双向影响，我们可以进一步审视传统家国情怀的特质与演进。

二、仁以安人：君主责任的彰显

　　除了从终极本源、文化理想层面的天、君、臣、民一体贯通来加强天下一体的共同体意识之外，董仲舒还从个体的情感、义务来说明共同体的现实基础。"仁以安人"是"天"赋予君主的责任，是君主基于恻隐之心而有的行为，"以义正我"是其前提。放在"共同体"的视野下来看，"仁是个体通向共同体的交往方式和规范，人在与他人的交往过程中成为共同生活的整体。仁对共同体的意义是，每个人都应该通过关爱他者来构建一个团结的、和谐的共同体，在这个共同体中，一切需要帮助的人能够得到帮助和关心。共同体中的人不是为了自己而生活，而是与他人和共同体分享他的命运"[7]84。"仁"所内具的情感因素，是维持"家—国—天下"一体的基础。此外，"以仁安人"也是从"民"的生活需要出发而提出的现实要求，集中表现在"不与民争利"上。

　　以"爱人"来界定"仁"，并强调"弟子入则孝，出则弟，谨而信，泛爱众而亲仁"[8]49，以及"亲亲而仁民，仁民而爱物"[8]363是儒学教人的主旨。这一思路建立在"孝"的基础上。"孝"最贴近人的情感、贴近家庭生活，因而容易被接受和践行。随着后世儒学把"孝"泛化，血缘伦理与非血缘伦理获得了最大程度的一致，实现了"其为人也孝弟，而好犯上者，鲜矣"[8]47的社会治理目标，维持了中国传统社会的稳定发展。"仁以安人"是董仲舒对先秦儒学的直接继承，强调"仁"是个体对于他人的爱与亲近，包含着人与人之间的互相成就。"仁"也是对君主最重要的道德要求。

首先，董仲舒把"仁"的依据上溯到"天"，以此强调君主推行"仁"是法天而行。董仲舒强调："天常以爱利为意，以养长为事，春秋冬夏皆其用也。王者亦常以爱利天下为意，以安乐一世为事，好恶喜怒而备用也。"[2]330 君主在人间的地位也由此确定。"天高其位而下其施，藏其形而见其光。高其位，所以为尊也；下其施，所以为仁也；藏其形，所以为神；见其光，所以为明。故位尊而施仁，藏神而见光者，天之行也。故为人主者，法天之行，是故内深藏，所以为神；外博观，所以为明也；任群贤，所以为受成；乃不自劳于事，所以为尊也；泛爱群生，不以喜怒赏罚，所以为仁也。故为人主者，以无为为道，以不私为宝。"[2]165 在法天行仁的思路中，董仲舒把无为、不私、爱民、任贤作为君主之"仁"的基本内容，整合在一起，使其成为维持君、臣、民共同体的道德和行为的基础。

其次，董仲舒把《春秋》的主旨归结为"仁"。他说："《春秋》之道，大得之则以王，小得之则以霸。故曾子、子石盛美齐侯安诸侯，尊天子。霸王之道，皆本于仁。仁，天心，故次以天心。爱人之大者，莫大于思患而预防之。"[2]161-162 董仲舒用"思患而预防"把"爱人之大者"和"教化"联系起来，提出君主为政也要以教化百姓、以身作则为重要内容。"政有三端：父子不亲，则致其爱慈；大臣不和，则敬顺其礼；百姓不安，则力其孝弟。孝弟者，所以安百姓。力者，勉行之身以化之。"[2]319 这在君主的政治身份之外，又增加了一层文化权威的色彩，进一步提高了君主的现实地位，加强了传统家国情怀中君主的主导地位，臣、民的被动性则进一步增强。同时，家庭政治化与政治家庭化也联系在了一起，深化了传统家国情怀中一体混融的方面。

再次，董仲舒把"义"作为"仁"的逻辑前提。在董仲舒的思想里，"正我"是对"义"的具体内容的说明，"宜"则是对"正我"的进一步解释。除了让人被动地遵从天命、因循天时之外，董仲舒还强调人的创造性,要求人要根据具体情境准确把握"适宜感"。他指出:"义者,谓宜在我者。宜在我者,而后可以称义。故言义者,合我与宜,以为一言。以此操之,义之为言我也。故曰有为而得义者,谓之自得;有为而失义者,谓之自失。人好义者,谓之自好;人不好义者,谓之不自好。以此参之,义,我也,明矣。"[2]253-254 这种思路,特别要求个人结合自己的处境、身份,恰当地完成自己的责任。以"正我"为前提的"宜也",具体到君主身上,则要求君主对于根源于天的"仁爱"有深刻的体会,君主要不断培养自己的责任意识,并根据这种责任恰当地行使自己的权力,完成自己的责任。在董仲舒看来,"仁"也就是君主在"正我"的基础上,进一步来完成其治理社会的使命。君王深厚的道德修养是伦理政治的创生点,以"义"引导伦理的外化、恩惠的推广,是"仁"与"义"之间的基本关联。而以"义"排斥"利"所形成的非功利化的取向是董仲舒思想对于家国情怀特质影响中最为引人注目者[9]。在董仲舒看来,"凡人之性,莫不善义,然而不能义者,利败之也。故君子终日言不及利,欲以勿言愧之而已,愧之以塞其源也。夫处位动风化者,徒言利之名尔,犹恶之,况求利乎?"[2]73 对于执政者而言,对"利"的绝对排斥也产生了很多弊端。

整体而言,董仲舒在论证君主"仁以安人"的责任时,除了基于天道、政事的考量之外,还有因于"民情"的安排。董仲舒认为,"命者天之令也,性者生之质也,情者民之欲也。或夭或寿,或仁或鄙,陶冶而成之,不能粹美,有治乱之所生,故不齐也"[10]2501。"民"在现实的物质生活中是趋利的,"万民之从利也,如水之走下"[10]2503,对物质利益的追求所造成的贫富分化是导致社会失序的重要原因,这也是"民"需要被治理的现实原因。董仲舒用"圣人之制民,使之有欲,不得过节;使之敦厚,不得无欲"[2]174 道出了制民的平衡法则,围绕"调均"展开具体描述。他说:"圣人则于众人之情,见乱之所从生。故其制人道而差上下也,使富者足以示贵而不至于骄,贫者足以养生而不至于忧。以此为度而调均之,是以财不匮而上下相安,故易治也。"[2]228 与"调均"相适应的道德要求,则是自我节制。在董仲舒的教化思想里,"教人以让"是一个重要的内容。通过"治民""教民"而实现"爱民"的思路,在董仲舒这里获得了更加坚实的基础和更加深刻的阐释。董仲舒努力在正人与正己之间寻求平衡,也反映了社会分化、专门官僚集团形成之后的道德要求。"无为而治"的君主治国术、官员职位的设置、官员功绩的考评等客观计算的内容,一直存在于官僚政治的架构之中。如何维持道德理想与功利计算的张力,成为传统家国情怀中的另一个问题。

董仲舒对"仁"的整体构建,着眼于君主治民,是从安人利民、维持共同体稳定的伦理政治视角展开的。他说:"仁者憯怛爱人,谨翕不争,好恶敦伦,无伤恶之心,无隐忌之志,无嫉妒之气,无感愁之欲,无险诐之事,无辟违之行。故其心舒,其志平,其气和,其事易,其行道,故能平易和理而无争也。"[2]258这也是对孔子"克己复礼为仁"思想的发展。陈来指出:"汉代的仁说思想,以仁者爱人为出发点,而更重视仁的政治实践意义;强调仁是对他人的爱,突出了他者的重要性;以恻隐不忍论仁,确认仁的内在情感是恻隐,而不仅仅把仁作为德化;汉儒已经在仁的观念下肯定、容纳了兼爱、泛爱、博爱作为仁的表达,以仁包容了所有中国文化内的爱的表达,使得仁爱包容了以往各家所提出的普世之爱;最后,与汉儒的宇宙论想联系,仁被视作天心、天意,仁被作为气的一种形态,使得仁深深介入儒家的宇宙论建构,已经具有了形而上的意义。"[7]161董仲舒的"仁"说,已然具备了上述特征,并把维持共同体的基本情感"仁"更加体系化、广博化,在强调君主权力的同时凸显了君主的责任,通过君主的顺天、应人、不争、平和的自我节制来实现"天下太平",确定了传统家国情怀中执政者的义务取向。

三、纲常一体:以等级秩序维持社会稳定

在"天下一体"的背景下,所有人形成一种等级性的互补关系,君、臣、民三者通过各自特定的功能联系在一起,并且因为各自的功能不同而形成一种稳定的社会关系。在董仲舒思想中,因等级而具有

差异性的存在和价值,本身就体现了社会秩序的正当性。这种基于等级互补关系而产生的社会分工,不仅仅是功能的分配,还具有内在的道德要求,并直接与"善"相关联。通过纲常、礼法、权变来维持等级秩序,进而维护共同体的稳定,是董仲舒思想中的核心,也是实现君民自然而然贯通,君臣各安其分、各行其是而实现天下太平的现实设计。"三纲""五常"都是这种设计的理论支撑。董仲舒对于"三纲""五常"之一体性的设计,建立在理想层面,即君主在"安人"与"正己"都足以成为臣民的榜样,则臣民自然应当对君主绝对服从。"君为臣纲"正是在此意义上理论[11]。父子、夫妻之间亦是如此。正是在这个意义上讲,"五常"是"三纲"的道德依据,"三纲"是"五常"行为要求。三纲五常对于维护统一体,增强社会稳定具有积极意义,但对于单向服从的强调则限制了臣、子、妻的主动性和创造性。传统家国情怀的特质则具有双向影响,包含着对不同群体的人分别设计道德理想和行为要求的思路,在今天可以为家庭美德、社会公德、职业道德等不同向度的道德建设提供方法论借鉴。

  首先,董仲舒把等级秩序的根据用"王道之三纲,可求与天"[2]351 "《春秋》明得失,差贵贱,本之天"[2]150的终极预设表达出来,并通过类比思维、阴阳理论使之具体化,内化为中国人整个族类的思维方式。董仲舒有言:"君臣、父子、夫妇之义,皆取诸阴阳之道。君为阳,臣为阴;父为阳,子为阴;夫为阳,妻为阴。阴道无所独行。其始也不得专起,其终也不得分功,有所兼之义。是故臣兼功于君,子兼功于父,妻兼功于夫。"[2]350—351在君臣、父子、夫妻之间,君父夫为主导,臣子妻则居于受支配的地位。贺麟在1940年发表的《五伦观念的新检讨》中,就已清晰地说明"三纲说要求臣、子、妇尽单方面的忠、孝、贞的绝对义务,以免陷入相对的循环报复,给价还价,不稳定的关系之中"[12]。这对于加强共同体的稳定,具有重要的作用。"尊君"是"尊尊"传统的内在要求,并经过秦帝国的政治文化而加深和强化。尽管汉初的学者们对于秦政的严酷进行了批判,但对于强调君主权威的一面则难以有效撼动,以"三纲"来强化"尊君"成为董仲舒思想中的重要内容,董子并对人们的具体行为提出要求:"不以亲害尊,不以私防公"[2]89,强化了"尊尊"的一面而降低了"亲亲"的地位。在强调"尊君"的同时,董仲舒还从文化身份上强调了儒生们因获得了对于"天"的解释权,进而应限制王权的责任[13]。儒生文士也因此成为沟通"君"与"民"的重要中介。阎步克指出:"'礼治'秩序赋予了士大夫'君子'以特殊地位。他们掌握了文化知识,因'贤贤'之义而强化而来其居位的正当性,并且既维持着等级制度之'尊尊'差等,也维系着各类社会成员之'亲亲'纽带。"[14]这为我们审视传统家国情怀中的血缘亲情与等级尊卑的统一提供了一种思路。

其次,董仲舒强调维持社会稳定,需要君、臣共同完成。这既在一定程度上强化了"君臣共治"的现实治理格局,也是从君、臣各自身份出发,来深化"以义正我"和"以仁安人"。从理论层面看,董仲舒用"天积众精以自刚,圣人积众贤以自强。天序日月星辰以自光,圣人序爵禄以自明。天所以刚者,非一精之力;圣人所以强者,非一贤之德也。故天道务盛其精,圣人务众其贤。盛其精而一其阳,众其贤而同其心。壹其阳然后可以致其神,同其心然后可以致其功。是以建治之术,贵得贤而同心"[2]170-171的天人相类思路来立论。从现实运行的角度看,董仲舒强调"群臣分职而治,各敬其事,争进其功,显广其名,而人君得载其中,此自然致力之术也。圣人由之,故功出于臣,名归于君也"[2]176的原则,还提出运用考评、赏罚等方式鼓励官员尽心尽力履职。"考绩绌陟,计事除废,有益者谓之公,无益者谓之烦。揽名责实,不得虚言,有功者赏,有罪者罚,功盛者赏显,罪多者罚重。不能致功,最有贤名,不予之赏;官职不废,虽有愚名,不加之罚。赏罚用于实,不用于名,贤愚在于质,不在于文。"[2]178"信"所要求的诚实、信义也在这里彰显出来。

最后,董仲舒强调君主以礼乐教化民众,以引导、利用民之情感、好恶,来维持等级秩序的必要性。董仲舒指出:"士者,事也。民者,瞑也。士不及化,可使守事而从上而已。"[2]286教化是君主与民众相关联的重要依据,也是民众完成其善性的必经之途。"天生民性有善质,而未能善,于是为之立王以善之,此天意也。民受未能善之性于天，而退受成性之教于王。王承天意，以成民之性为任者也。"[2]302君主教化民众的途径是引导民众的好恶，"礼"的根本作用是防微杜渐，预防对尊卑贵贱秩序的破坏。董仲舒强调："凡百乱之源，皆出嫌疑纤微，以渐寖稍长至于大。圣人章其疑者，别其微者，绝其纤者，不得嫌以蚤防之。圣人之道，众堤防之类也。谓之度制，谓之礼节。"[2]231这本身就是君主治国的重要内容。董仲舒强调"民无所好，君无以劝也。民无所恶，君无以畏也。无以劝，无以畏，则君无以禁制也。无以禁制，则比肩齐势而无以为贵矣。故圣人之治国也，因天地之性情，孔窍之所利，以立尊卑之制，以等贵贱之差。"[2]172-173与《大学》中"民之所好好之，民之所恶恶之"之论相较，董仲舒思想更多是对"术"的考量，其冷静、算计的功利色彩或多或少地遮蔽了"善善恶恶"的道德理想含义，却包含着对于官僚政治的深刻认知，是基于"智"而有的行为设计，能够有效地实现"智者以除其害也"[2]257"其动中伦，其言当务，如是者谓之智"[2]259的"行仁"目标。

这种整体设计下，董仲舒在应对武帝策问中提到的"夫仁义礼智信五常之道，王者所当修饰也"[10]2505"道者，所由适于治之路也，仁、义、礼、乐皆其具也"[10]2499也成为支撑"三纲"的重要内容。徐复观在讨论儒学的等级秩序时，指出基于血缘纽带的"感情"的作用："儒家心目中的尊卑贵贱，乃是由'尊贤，使能，俊杰在位'所构成的。……礼从宗法中的伯叔兄弟甥舅的亲亲关系中所规定出来的，所以在周旋进退之间，还有一种感情流注于尊卑上下之间，以缓和政治中的压制关系。亲亲的精神消失了，但由亲亲精神所客观化出来的礼，其所定的君臣上下间的分位，远没有由法所定出来的悬隔而冷酷。"[15]董仲舒用在亲情基础上形成的凝聚意识和自然情感，把家庭生活和政治生活打通，把"三纲""五常"结合在一起，使其成为维护等级秩序的重要依凭，成为汉代以来共同体的核心道德表达，构成传统家国情怀中的等级观念。

李宗桂指出："三纲与五常之间，是一个有机的整体。其中，三纲之间，君为臣纲居于主导地位，父为子纲与夫为妻纲同处于从属地位,在行为价值导向方面,前者是后者的表率,后者以前者诶归依。五常之间,以仁义为核心,以礼智为辅翼。仁义的特定内涵以及二者的交互为用,规范着礼智信的意蕴和运用范围。"尽管董仲舒有高扬儒学"天道"与"仁义礼智信"的一面,但其对汉代政治的影响力还是体现在"术"之中,并以此吸收同时文吏之法的内容,以与文吏相抗衡来提高儒生的实际地位,冷静、算计之处也不时体现出来。除了通过人们的道德自律、各安其分来保证尊卑贵贱的方法之外,法令强制也是维持君尊臣卑的重要方式。以"刑"释"法",以"法"来诛恶、禁绝的内容在《春秋繁露》中被多次提及,可见董仲舒对"法"的暴力色彩及其功用有充分的认知和接受。他所提出的"《春秋》之听狱也,必本其事而原其志。志邪者不待成,首恶者罪特重,本直者其论轻"[2]92的原则,对汉代的法治思想产生了重要的影响。董仲舒对"法"的论述,加重了儒学中等级秩序的冷酷,同时也使得共同体的稳定获得了国家权力的更大支持。

在董仲舒的思想中,"法"依旧从属于"礼",这使得"法"难以独立发展。其思想体现并加深了中国古代法的几个特点:偏重"刑"(刑法规范和刑事手段),忽视法的概念所应包含的其他内容;偏重"用"而忽视"体"的方面,轻思辨,轻逻辑,好笼统;偏重法的艺术方面而忽视法的科学方面[17]。这对于以法治为核心的现代国家认同构建而言,需要辩证的审视。诚如论者指出的,民族国家是一种关于身份建构、地缘政治、民族认同及其文化单元的普遍主义的法律结构。在此语境下,近代中国的百年奋斗旨在"救国、建国",即将传统帝制王朝拨转为现代民族国家,这种奋斗目标决定了现代中国必定是一个法律共同体,其表现为对中国与中国人的身份建构、地缘政治、民族认同和文化单元的抽象一体性法权安排[18]。在传统家国情怀中,加入法治精神和法律理念,是传统家国情怀现代转型的必要内容。这也是传统家国情怀特质中急需更新的部分。

董仲舒建构起来的天人理论用天人感应、阴阳五行把"天下一体"的共同体理论论证得更加严密,在强化"君主"这一沟通天人的关键人物的权力和权威的同时,也彰显了其正己、爱民、安民的义务,并通过君臣、父子、夫妇之间单向的服从关系来强调主导者的责任和榜样意义,从而使得家庭、国家之中的道德建设都能真正向上、向善。董仲舒思想中关于天人共同体论证中的直观色彩、类比思维,以及对共同体中居于主导地位的人的道德自律、义务优先的强调,都对传统家国情怀中的情感基础、义务取向等特质产生了重要影响,是中国人传统价值观念中颇具特色之处,值得我们深入思考。

参考文献:

[1] 张倩. "家国情怀"的逻辑基础与价值内涵 [J]. 人文杂志, 2017 (06): 68-72.

[2] 苏舆. 春秋繁露义证 [M]. 钟哲, 点校, 北京: 中华书局, 1992.

[3] 冯天瑜. "封建"考论(修订本)[M]. 北京: 中国社会科学出版社, 2010: 19.

[4] 韩愈. 唐宋名家文集·韩愈集 [M], 卫绍生, 杨波注译, 郑州: 中州古籍出版社, 2010: 187.

[5] 徐复观. 辛亥革命的意义与教训 [A], 载徐复观. 论智识分子 [C]. 北京: 九州出版社, 2014: 296-297.

[6] 陈乔见. 公私辩: 历史演变与现代诠释 [M], 北京: 生活·读书·新知三联书店, 2013: 94.

[7] 陈来. 仁学本体论 [M]. 北京: 生活·读书·新知三联书店, 2014.

[8] 朱熹. 四书章句集注 [M]. 北京: 中华书局, 1983.

[9] 张倩. 董仲舒思想中的传统家国情怀 [J]. 兰州学刊, 2020 (01): 36-45.

[10] 班固. 汉书 [M]. 北京: 中华书局, 1962.

[11] 李锦全. "三纲"与孔孟之道无关吗? [A]. 载李锦全: 李锦全文集(第二卷)[C]. 广州: 中山大学出版社, 2018: 49.

[12] 贺麟. 五伦观念的新检讨 [A]. 载贺麟. 文化与人生 [C]. 北京: 商务印书馆, 2015: 62.

[13] 杨清虎. 天、君、儒: 构建神学政治思想基础的三角哲学 [J]. 衡水学院学报, 2019 (5): 30-36.

[14] 阎步克. 士大夫政治演生史稿 [M]. 北京：北京大学出版社，1996：99.

[15] 徐复观. 两汉思想史 [M]，李维武编. 徐复观文集（第五卷）[C]. 武汉：湖北人民出版社，2009：22.

[16] 李宗桂. 论董仲舒的道德哲学 [A]. 载李宗桂. 传统文化与人文精神 [C]. 广州：广东人民出版社，1997：257.

[17] 范忠信. 中西法文化的暗合与差异 [M]. 北京：中国政法大学出版社，2001：30—40.

[18] 许章润. 论现代民族国家是一个法律共同体 [J]. 政法论坛，2008（03）：3—14.

基金项目：国家社科基金规划青年项目"传统家国情怀的价值内涵及其近代转型研究"（项目编号：17CKS052）

张倩（1982—），女，河北张家口人，哲学博士，副教授。

"十指""五行"与"三之道"
——董子的"天下"观

张丰乾

一、"天之大经""正天端"与"治天下之端"

宋儒张载之言"为天地立心"鼓舞了无数儒者;《中庸》则言:"惟天下至诚,为能经纶天下之大经,立天下之大本,知天地之化育。"而董子则讨论更为根本的问题——"何谓天之大经":

> 何谓天之大经?三起而成日,三日而成规,三旬而成月,三月而成时,三时而成功;寒暑与和,三而成物;日月与星,三而成光;天地与人,三而成德;由此观之,三而一成,天之大经也。以此为天制,是故礼三让而成一节,官三人而成一选,三公为一选,三卿为一选,三大夫为一选,三士为一选,凡四选三臣,应天之制,凡四时之三月也。是故其以三为选。取诸天之经;其以四为制,取诸天之时;其以十二臣为一条,取诸岁之度;其至十条而止,取之天之端。(《春秋繁露·官制象天》)

董子对于"三"的推崇可谓无以复加,这是他的理论特色。下文还将论及。他还认为"正天端"是孔子作《春秋》的最高目的:

> 仲尼之作《春秋》也,上探正天端、王公之位、万物民之所欲;下明得失,起贤才,以待后圣。故引史记,理往事,正是

非，见王公。史记十二公之间，皆衰世之事，故门人惑。孔子曰："吾因其行事而加乎王心焉。"①（《春秋繁露·俞序》）

在董子看来，孔子的"上探下明"把"万物民之所欲"与"天端"和"王公之位"相并列，孔子并阐明得失、启发贤才，以后者是圣人的兴起准备条件。

在"正天端"的理论基础上，董子提出了"援天端"。《说文·端部》："物初生之题也。上象生形，下象其根也。""端"又有"正"和"极致"及"原则"的意思。在阐发《春秋》之大义之后，董子又提出"援天端"：

> 《春秋》，大义之所本耶！六者之科，六者之恉之谓也。然后援天端，布流物，而贯通其理，则事变散其辞矣。（《春秋繁露·正贯》）

"天端"可以作为援引的最基础依据。何为"天之端"？董子有明确阐述：

> 何谓天之端？曰：天有十端，十端而止已，天为一端，地为一端，阴为一端，阳为一端，火为一端，金为一端，木为一端，水为一端，土为一端，人为一端，凡十端而毕，天之数也。（《春秋繁露·官制象天》）

在天地、阴阳、五行之外，董子把"人"也作为"一端"，并认为"人"是天下最可贵的。

对于"天下"，他同样看重"发端"，提出了"治天下之端"的方案。

董子有名言"天人之际，合而为一"。其实，"天下"作为一个指代词，其基本的指向就是"天人合一"：

> 治天下之端，在审辨大；辨大之端，在深察名号。录其首章之意，以窥其中之事，则是非可知，逆顺自着，其几通于天地

---

① 《尚书·商书·咸有一德》："一哉，王心！"《诗经》中有"王心则宁""王心载宁"之说。《左传》庄公四年有"荡王心"之说。《孔子家语·七十二弟子解》："祭公谋父作《祈昭》，以止王心。"

矣。是非之正，取之逆顺，逆顺之正，取之名号，名号之正，取之天地，天地为名号之大义也。古之圣人，而效天地谓之号，鸣而施命谓之名。名之为言，鸣与命也，号之为言，而效也。而效天地者为号，鸣而命者为名。名号异声而同本，皆鸣号而达天意者也。天不言，使人发其意；弗为，使人行其中。名则圣人所发天意，不可不深观也。

受命之君，天意之所予也。故号为"天子"者，宜视天如父，事天以孝道也。号为"诸侯"者，宜谨视所候奉之天子也。号为"大夫"者，宜厚其忠信，敦其礼义，使善大于匹夫之义，足以化也。"士"者，事也；"民"者，瞑也。士不及化，可使守事从上而已。各有分。

天人之际，合而为一。同而通理，动而相益，顺而相受，谓之德道。《诗》曰："维号斯言，有伦有迹。"此之谓也。（《春秋繁露·观德》）

董子把"治天下之端"具体化为"审辨大"，强调"深察名号"是"审辨大"之端。在此基础上，又进一步推衍出"天地为名号之大义"——他所说的"天人之际，合而为一"，要紧处是"合于名号"。

他还以《诗经·小雅·正月》中的"维号斯言，有伦有迹"作为结语。这也体现了董子"以《诗》为天下法"的思想，而不是局限于《春秋》：

孔子曰："吾不与祭，如不祭。祭神如神在。"重祭事，如事生。故圣人于鬼神也，畏之而不敢欺也，信之而不独任，事之而不专恃。恃其公，报有德也；幸其不私，与人福也。其见于《诗》曰："嗟尔君子，毋恒安息。静共尔位，好是正直。神之听之，介尔景福。"正直者得福也，不正者不得福，此其法也。以《诗》为天下法矣，何谓不法哉？其辞直而重，有再欢之，欲人省其意也。而人尚不省，何其忘哉！孔子曰："书之重，辞之复。呜呼！不可不察也。其中必有美者焉。"（《春秋繁露·祭义》）

天子号天之子也。奈何受为天子之号，而无天子之礼？天子不可不祭天也，无异人之不可以不食父。为人子而不事父者，天下莫能以为可。今为天之子而不事天，何以异是？是故天子每至岁首，必先郊祭以离开天，乃敢为地，行子礼也；每将同师，必先郊祭以告天，乃敢征伐，行子道也。文王受天命而王天下，先郊乃敢行事，而兴师伐崇。其《诗》曰："芃芃棫朴，薪之槱之。济济辟王，左右趋之，济济辟王，左右奉璋。奉璋峨峨，髦士攸宜。"此郊辞也。其下曰："淠彼泾舟，烝徒楫之。周王于迈，六师及之。"此伐辞也。其下曰："文王受命，有此武功，既伐于崇，作邑于丰。"以此辞者，见文王受命则郊，郊乃伐崇，伐崇之时，民何处央乎？（《春秋繁露·郊祭》）

周宣王时，天下旱，岁恶甚，王忧之。其《诗》曰："倬彼云汉，昭回于天。王曰呜呼！何辜今之人？天降丧乱，饥馑荐臻。靡神不举，靡爱斯牲，圭璧既卒，宁莫我听。旱既太甚，蕴隆虫虫。不殄禋祀，自郊徂宫。上下奠瘗，靡神不宗。后稷不克，上帝不临。耗射下土，宁丁我躬。"宣王自以为不能乎后稷，不中乎上帝，故有此灾。有此灾，愈恐惧而谨事天。（《春秋繁露·郊祀》）

"正直""不私"是董子特别看重的德性，他特意多次引用《诗经》之言，来说明圣人君子和帝王对于祭祀和鬼神的重视。在董子看来，"天以天下予尧舜"，而尧舜之间的天下转移，也不是私相授受：

尧舜何缘而得擅移天下哉？《孝经》之语曰："事父孝，故事天明。"事天与父，同礼也。今父有以重予子，子不敢擅予他人，人心皆然。则王者亦天之子也，天以天下予尧舜，尧舜受命于天而王天下，犹子安敢擅以所重受于天者予他人也。天有不以予尧舜渐夺之，故明为子道，则尧舜之不私传天下而擅移位也，无所疑也。（《春秋繁露·尧舜不擅移汤武不专杀》）

他从"事天与父，同礼也"的角度为"家天下"提供了理论支持，但是同时也从"事天"的角度突破了"事父"的狭隘和自私。

二、"天下"视域中的"《春秋》十指"

董子毕生致力于《春秋》学,推崇《春秋》之义。在众多的治《春秋》的学者中,唯他达到了"明"的程度,且受到高度重视①。他作《春秋繁露》的视域是基于"《春秋》详己而略人,因其国而容天下"(《春秋繁露·俞序》)。他从十个方面概括《春秋》叙事的宗旨,以此作为解说《春秋》的原则:

> 《春秋》二百四十二年之文,天下之大,事变之博,无不有也。虽然,大略之要有十指。十指者,事之所击也,王化之所由得流也。
>
> 统此而举之,德泽广大,衍溢于四海,阴阳和调,万物靡不得其理矣。说《春秋》者凡用是矣,此其法也。(《春秋繁露·十指》)

《春秋》所记之事时空跨度之大,变化之多,到了无所不有的程度。董子总结出了十个主旨,都是与事件的要害有密切关系,体现了王道教化得以流行的根据。兹列表如下:

"《春秋》十指"表

名目	效果
举事变见有重焉,一指也。	举事变见有重焉,则百姓安矣。

---

① 《史记·十二诸侯年表序》:"赵孝成王时,其相虞卿上采《春秋》,下观近势,亦著八篇,为《虞氏春秋》。吕不韦者,秦庄襄王相,亦上观尚古,删拾《春秋》,集六国时事,以为八览、六论、十二纪,为《吕氏春秋》。及如荀卿、孟子、公孙固、韩非之徒,各往往捃摭《春秋》之文以著书,不同胜纪。汉相张苍历谱五德,上大夫董子推《春秋》义,颇著文焉。"《史记·儒林列传》:"至卒,终不治产业,以修学著书为事。故汉兴至于五世之间,唯董子名为明于《春秋》,其传公羊氏也。"《汉书·董仲舒传》:"仲舒在家,朝廷如有大议,使使者及廷尉张汤就其家而问之,其对皆有明法。自武帝初立,魏其、武安侯为相而隆儒矣。及仲舒对册,推明孔氏,抑黜百家。立学校之官,州郡举茂材孝廉,皆自仲舒发之。"

续表

名目	效果
见事变之所至者，一指也。	见事变之所至者，则得失审矣。
因其所以至者而治之，一指也。	因其所以至而治之，则事之本正矣。
强干弱枝，大本小末，一指也。	强干弱枝，大本小末，则君臣之分明矣。
别嫌疑，异同类，一指也。	别嫌疑，异同类，则是非着矣。
论贤才之义，别所长之能，一指也。	论贤才之义，别所长之能，则百官序矣。
亲近来远，同民所欲，一指也。	亲近来远，同民所欲，则仁恩达矣。
承周文而反之质，一指也。	承周文而反之质，则化所务立矣。
木生火，火为夏，天之端，一指也。	木生火，火为夏，则阴阳四时之理相受而次矣。
切刺讥之所罚，考变异之所加，天之端，一指也。	切刺讥之所罚，考变异之所加，则天所欲为行矣。

　　董子是以"举""见""因""别""论""承""返""切""考"等哲学的方法去考察事件和变化之中的"重""至""干""本""是非"及人物的才能、百姓的喜好，希望达到"文质彬彬"的理想。同时，他也指出"火"的极端重要性，如《汉书·律历制》所记："汉高祖皇帝，著《纪》，伐秦继周。木生火，故为火德。"

三、人最为天下贵；有士君子之行而少过

　　董子把"人"列入"天之数"，与"物"相区别：

　　　　天、地、阴、阳、木、火、土、金、水，九，与人而十者，天之数毕也。故数者至十而止，书者以十为终，皆取之此。圣人何其贵者？起于天，至于人而毕。毕之外谓之物，物者投所贵之端，而不在其中。以此见人之超然万物之上，而最为天下贵也。人，下长万物，上参天地。故其治乱之故，动静顺逆之气，乃损

益阴阳之化，而摇荡四海之内。（《春秋繁露·天地阴阳》）

他极端强调"人"的尊贵，但并不是提倡"人类"中心主义，而是强调人处在与"天地万物"的有机关联中。这种有机关联，在人的寿命方面体现得尤为典型：

> 短长之质，人之所由受于天也。是故寿有短长，养有得失，及至其末之，大卒而必雠，于此莫之得离，故寿之为言，犹雠也。天下之人虽众，不得不各雠其所生，而寿夭于其所自行。自行可久之道者，其寿雠于久；自行不可久之道者，其寿亦雠于不久。久与不久之情，各雠其生平之所行，今如后至，不可得胜，故曰：寿者雠也。然则人之所自行，乃与其寿夭相益损也。其自行佚而寿长者，命益之也；其自行端而寿短者，命损之也。以天命之所损益，疑人之所得失，此大惑也。是故天长之而人伤之者，其长损；天短之而人养之者，其短益。夫损益者皆人，人其天之继。出其质而人弗继，岂独立哉？（《春秋繁露·祭义》）

董子指出"人寿"的长短一方面是"受于天"，但是"养"的因素也不可或缺；天命对于寿的损益作用也不用怀疑。人的"独立"，基于对"天"的承继。他强调"心为气之君"，而天下做导引术的人，都是在内心之中培植其生命之本，故而长寿：

> 孟子曰："我善养吾浩然之气者也。"谓行必终礼，而心自喜，常以阳得生其意也。公孙之养气曰："裹藏泰实则气不通，泰虚则气不足，热胜则气，寒胜则气，泰劳则气不入，泰佚则气宛至，怒则气高，喜则气散，忧则气狂，惧则气慑。凡此十者，缺之害也，而皆生于不中和。故君子怒则反中而自说以和，喜则反中而收之以正，忧则反中而舒之以意，惧则反中而实之以精。"夫中和之不可不反如此。故君子道至，气则华而上。凡气从心。心，气之君也，何为而气不随也。是以天下之道者，皆言内心其本也。故仁人之所以多寿者，外无贪而内清净，心和平而不失中

正，取天地之美以养其身，是其且多且治。①（《春秋繁露·祭义》）

在人之中，董子又特别推崇"士君子"，认为天下之人如果都拥有士君子的行为方式，那么就会很少有过失：

> 孔子曰："吾因行事，加吾王心焉。"假其位号以正人伦，因其成败以明顺逆，故其所善，则桓文行之而遂；其所恶，则乱国行之终以败。故始言大恶杀君亡国，终言赦小过；是亦始于粗粗，终于精微。教化流行，德泽大洽，天下之人，人有士君子之行而少过矣，亦讥二名之意也。（《春秋繁露·俞序》）

董子引孔子之言指出，士君子可以通过做事影响到君王的心思，而借助于位号及善恶判断来推行教化。

四、"五行""五事"与"天下"

董子在金木水火土的五行关系上，在"生""克"之外，提出了"干"的问题，即任何一种元素，都会受到其他四种元素的干犯，从而导致各种失衡和冲突：

> 火干木，蛰虫蚤出，蚑雷蚤行；土干木，胎夭卵毈，鸟虫多伤；金干木，有兵；水干木，春下霜。
>
> 土干火，则多雷；金干火，草木夷；水干火，夏雹；木干火，则地动。
>
> 金干土，则五谷伤有殃；水干土，夏寒雨霜；木干土，倮虫不为；火干土，则大旱。
>
> 水干金，则鱼不为；木干金，则草木再生；火干金，则草木秋荣；土干金，五谷不成。
>
> 木干水，冬蛰不藏；土干水，则蛰虫冬出；火干水，则星坠；金干水，则冬大寒。（《春秋繁露·治乱五行》）

---

① 董子论"心"尤其需要重视，参见拙文：《董子的心学：以其引〈春秋〉与〈诗〉为基础的探讨》，《衡水学院学报》2017年第6期。

五行的失衡和冲突,应当依据美德加以救治,在天下推行;否则,三年之内会出现天灾人祸:

> 五行变至,当救之以德,施之天下,则咎除;不救以德,不出三年,天当雨石。木有变,春凋秋荣,秋木冰,春多雨,此徭役众,赋敛重,百姓贫穷叛去,道多饥人;救之者,省繇役,薄赋敛,出仓谷,振困穷矣。火有变,冬温夏寒,此王者不明,善者不赏,恶者不绌,不肖在位,贤者伏匿,则寒暑失序,而民疾疫;救之者,举贤良,赏有功,封有德。土有变,大风至,五谷伤,此不信仁贤,不敬父兄,淫泆无度,宫室荣;救之者,省宫室,去雕文,举孝悌,恤黎元。金有变,毕昴为回三覆,有武,多兵,多盗寇,此弃义贪财,轻民命,重货赂,百姓趣利,多奸轨;救之者,举廉洁,立正直,隐武行文,束甲械。水有变,冬湿多雾,春夏雨雹,此法令缓,刑罚不行;救之者,忧囹圄,案奸宄,诛有罪,筮五日。(《春秋繁露·五行变救》)

董子进一步阐发了《尚书·洪范》篇中"敬用五事"的思想:

> 五事,一曰貌,二曰言,三曰视,四曰听,五曰思。何谓也?夫五事者,人之所受命于天也,而王者所修而治民也。故王者为民,治则不可以不明,准绳不可以不正。王者貌曰恭,恭者敬也。言曰从,视曰明,明者知贤不肖,分明黑白也。听曰聪,聪者能闻事而审其意也。思曰容,容者言无不容。恭作肃,从作乂,明作哲,聪作谋,容作圣。何谓也?恭作肃,言王者诚能内有恭敬之姿,而天下莫不肃矣。从作乂言王者言可从,明正从行而天下治矣。明作哲,哲者,知也。王者明则贤者进,不肖者退,天下知善而劝之,知恶而耻之矣。聪作谋,谋者谋事也,王者聪则闻事与臣下谋之,故事无失谋矣。王者心宽大无不容,则圣能施设,事各得其宜也。(《春秋繁露·五行五事》)

他认为"五事"是人受命于天的。至于对王者的要求,他从"为民"的角度来解释"治民",也是强调统治者要有奉献和服务意识,并有"哲"的能力和"宽大"的胸怀。

五、"一统""三统"与"自三之道以治天下"

董子之"大一统"理论固然是因应当时的历史需要,但也基于他的经学:

> 《春秋》曰:"王正月。"《传》曰:"王者孰谓?谓文王也。"曷为先言王而后言正月?王正月也。何以谓之王正月?曰:王者必受命而后王。王者和改正朔,易服色,制礼乐,一统于天下,所以明易姓,非继人,通以己受之于天也。王者受命而王,制此月以应变,故作科以奉天地,故谓之王正月也。(《春秋繁露·三代改制质文》)

"一统于天下"的具体体现是"一统于天子":

> 有非力之所能致而自至者,西狩获麟,受命之符是也,然后托乎春秋正不正之间,而明改制之义,一统乎天子,而加忧于天下之忧也,务除天下所患,而欲以上通五帝,下极三王,以通百王之道,而随天之终始,博得失之效,而考命象之为,极理以尽情性之宜,则天容遂矣。百官同望异路,一之者在主,率之者在相。(《春秋繁露·符瑞》)

没有在思想方面的一统,帝王则没有办法"持一统",从而使臣下无所适从:

> 《春秋》大一统者,天地之常经,古今之通谊也。今师异道,人异论,百家殊方,指意不同,是以上亡以持一统;法制数变,下不知所守。臣愚以为诸不在六艺之科,孔子之术者,皆绝其道,勿使并进。邪辟之说灭息,然后统纪可一而法度可明,民知所从矣。(《汉书·董仲舒传》)

如周桂钿所论:

> "大一统"在《公羊传》里主要指统一历法。而在董仲舒那里,"大一统"的思想大大丰富了。元光元年,汉武帝再次召贤良对策,董仲舒明确提出大一统是宇宙间普遍规律,并提出思想大一统——独尊儒术的建议。[1]

在董子看来，《春秋》先言"王"，乃是出于对"受命"的凸显。"王"的使命就是通过历法、服色、礼乐的改易和确定而使得天下统一。所以，"一统于天下"不能是出于个人私欲，"圣人视天而行"，"欲合诸天"体现在多个方面：

> 天之道，有序而时，有度而节，变而有常，反而有相奉，微而至远，踔而致精，一而少积蓄，广而实，虚而盈。圣人视天而行，是故其禁而审好恶喜怒之处也，欲合诸天之非其时不出暖清寒暑也；其告之以政令而化风之清微也，欲合诸天之颠倒其一而以成岁也；其羞浅末华虚而贵敦厚忠信也，欲合诸天之默然不言而功德积成也；其不阿党偏私而美泛爱兼利也，欲合诸天之所以成物者少霜而多露也；其内自省以是而外显，不可以不时，人主有喜怒，不可以不时，可亦为时，时亦为义，喜怒以类合，其理一也。故义不义者，时之合类也，而喜怒乃寒暑之别气也。

他强调"时之合类"，很好地处理了"常"与"变"的关系①。需要特别注意的是，董子所说的思想一统是以"六艺之科，孔子之术"为基础，而"六艺之科，孔子之术"本身就有很强的包容性、多元性。董子本人则在"一统"之外，也重视"三统"。

董子以"三统"来说明三代的"改正"，而且强调"三代必居中国"，是"近夷遐方"所没有的：

> 古之王者受命而王，改制称号正月，服色定，然后郊告天地及群神，远追祖祢道尔，然后布天下。诸侯庙受，以告社稷宗庙山川，然后感应一其司。三统之变，近夷遐方无有，生煞者独中

---

① 如李祥俊所论："君臣地位变与不变问题上，董仲舒的观点是较为全面的，他一方面站在儒家民本立场上，承认无道之君可以易位，这是对孟子、荀子等先秦大儒相关思想的继承发展，但在另一方面，他又通过天人感应论，宣扬君主可以通过行道、修道实行君位永固，实现君臣地位确定不变，这是对现实的专制君主的维护。而且，在君臣地位问题上董仲舒还有一个思想上的推进，这就是他把君臣地位问题从具体的人、事上跳出去，把君臣地位问题看作是一个普遍的形式法则，即作为具体人物的君臣地位可以改变，但作为抽象道理的君臣地位却永恒不变。"（李祥俊：《董仲舒与秦汉时期君臣关系新范式的确立》，《衡水学院学报》2017年第5期。）

国。而三代改正,必以三统天下。曰:三统五端,化四方之本也。天始废始施,地必待中,是故三代必居中国。法天奉本,执端要以统天下,朝诸侯也。是以朝正之义,天子纯统色衣,诸侯统衣缠缘纽,大夫士以冠,参近夷以绥,远方各衣其服而朝,所以明乎天统之义也。其谓统三正者,曰:正者,正也,统致其气,万物皆应,而正统正,其余皆正,凡岁之要,在正月也。法正之道,正本而末应,正内而外应,动作举错,靡不变化随从,可谓法正也。(《春秋繁露·三代改制质文》)

董子所说的"三正",当是天地人的三正道①,其意义如余治平所论:

> 董子把三统直接与夏、商、周三代历史与礼制相比配的最初目的只是为汉德从夏、取法《春秋》而重建新王道统奠定理论基础,尽管最终并没有对武帝太初改制产生任何实质性的影响,但通过一种循环论历史观、以经学权威的形式规劝乃至制约了那些为所欲为的集权者。[2]

但需要注意的是,董子的理论中有"绌夏存周""绌王谓帝"之意:

> 《春秋》上绌夏,下存周,以《春秋》当新王。《春秋》当新王者奈何?曰:王者之法必正号,绌王谓之帝,封其后以小国,使奉祀之;下存二王之后以大国,使服其服,行其礼乐,称客而朝;故同时称帝者五,称王者三,所以昭五端,通三统也。是故周人之王,尚推神农为九皇,而改号轩辕,谓之黄帝,因存帝颛顼、帝喾、帝尧之帝号,绌虞,而号舜曰帝舜,录五帝以小国;下存禹之后于杞,存汤之后于宋,以方百里,爵号公,皆使服其服,行其礼乐,称先王客而朝。《春秋》作新王之事,变周之制,当正黑统,而殷周为王者之后,绌夏,改号禹谓之帝,录其后以小国,故曰:绌夏、存周,以《春秋》当新王。(《春秋繁露·三代改制质文》)

---

① 《尚书·夏书·甘誓》:"有扈氏威侮五行,怠弃三正。"孔安国注:"怠惰弃废天、地、人之正道。"

"绌"为废止之意,这一提法旨在为"新王"提供政权合法性。

董子的思想之中,虽然阴阳二分的模式非常突出,但是他对于"三之道"也格外重视。他提出的"王道通三"为读者所熟知:

> 古之造文者,三画而连其中,谓之王;三画者,天地与人也,而连其中者,通其道也,取天地与人之中以为贯,而参通之,非王者庸能当是。是故王者唯天之施,施其时而成之,法其命而循之诸人,法其数而以起事,治其道而以出法,治其志而归之于仁。仁之美者在于天,天仁也,天覆育万物,既化而生之,有养而成之,事功无已,终而复始,凡举归之以奉人,察于天之意,无穷极之仁也。人之受命于天也,取仁于天而仁也,是故人之受命天之尊,父兄子弟之亲,有忠信慈惠之心,有礼义廉让之行,有是非逆顺之治,文理灿然而厚,知广大有而博,唯人道为可以参天。(《春秋繁露·王道通三》)

"王者"以中正之道贯通天地人,效法天命而遵循人道,其言行举止以"奉人"为目标,扮演服务的角色。仁爱忠信,礼义廉让都是"受命"的体现,董子所言"唯人道为可以参天"则突出了"人道"的可贵和尊严。

在具体的制度和人事安排方面,董子认为应该贯彻"三之道":

> 王者制官,三公、九卿、二十七大夫、八十一元士,凡百二十人,而列臣备矣。吾闻圣王所取仪,金天之大经,官制亦角者,此其仪与?三人而为一选,仪于三月而为一时也。四选而止,仪于四时而终也。三公者,王之所以自持也。天以三成之,王以三自持。立成数以为植而四重之,其可以无失矣。备天数以参事,治谨于道之意也。此百二十臣者,皆先王之所与直道而行也。是故天子自参以三公,三公自参以九卿,九卿自参以三大夫,三大夫自参以三士。三人为选者四重,自三之道以治天下,若天之四重,自三之时以终始岁也。一阳而三春,非自三之时与?而天四重之,其数同矣。(《春秋繁露·官制象天》)

有大功德者受大爵士,功德小者受小爵士,大材者执大官位,小材者受小官位,如其能,宣治之至也。故万人者曰英,千人者曰俊，百人者曰杰，十人者曰豪。豪杰俊英不相陵，故治天下如视诸掌上。其数何法以然？曰：天子分左右五等，三百六十三人，法天一岁之数。五时色之象也。通佐十上卿与下卿而二百二十人，天庭之象也。倍诸侯之数也。诸侯之外佐四等，百二十人，法四时六甲之数也。通佐五，而六十人，法日辰之数也。佐之必三三而相复，何？曰：时三月而成大，辰三而成象。诸侯之爵或五何？法天地之数也。（《春秋繁露·爵国》）

"自三之道以治天下"也包括了"四重"，可见董子对于"无失"的追求。他的确也提出了"天下所以永全"的方略。

五、天下之所以永全

以文德为上，而以暴力威胁为下是董子为"天下之所以永全"提出的总方略：

> 天地之生万物也以养人，故其可适者以养身体，其可威者以为容服，礼之所为同也。剑之在左，青龙之象也。刀之在右，白虎之象也。铍之在前，朱鸟之象也。冠之在首，玄武之象也。四者，人之盛饰也。夫能通古今，别然不然，乃能服此也。盖玄武者，貌之最严有威者也，其像在后，其服反居首，武之至而不用矣。圣人之所以超然，虽欲从之，末由也已。夫执介胄而后能拒敌者，故非圣人之所贵也。君子显之于服，而勇武者消其志于貌也矣。故文德为贵，而威武为下，此天下之所以永全也。于《春秋》何以言之？孔父义形于色，而奸臣不敢容邪；虞有宫之奇，而献公为之不寐；晋厉之强，中国以寝尸流血不已。故武王克殷，裨冕而笏。虎贲之王说剑，安在勇猛必任武杀然后威。是以君子所服为上矣，故望之俨然者，亦已至矣，岂可不察乎！（《春秋繁露·服制像》）

类似的主张屡见不鲜，董子的特别之处在于他从天地生万物以养人的角度，以及以服饰中前后左右不同图像的寓意来阐明护生止杀的思想。同时，他也从多方面提出了原则。

圣人之所命、名，天下以为正：

圣人之所命，天下以为正。正朝夕者视北辰，正嫌疑者视圣人。圣人以为无王之世，不教之民，莫能当善。善之难当如此，而谓万民之性皆能当之，过矣。质于禽兽之性，则万民之性善矣；质于人道之善，则民性弗及也。万民之性善于禽兽嗜许之，圣人之所谓善者弗许。吾质之命性者异孟子。孟子下质于禽兽之所为，故曰性已善；吾上质于圣人之所为，故谓性未善。善过性，圣人过善。《春秋》大元，故谨于正名。名非所始，如之何谓未善已善也。(《春秋繁露·深察名号》)

孔子曰："名不正则言不顺。"今谓性已善，不几于无教而如其自然！又不顺于为政为道矣。且名者性之实，实者性之质。质无教之时，何遽能善？善如米，性如禾。禾虽出米，而禾未可谓米也。性虽出善，而性未可谓善也。……圣人之所名，天下以为正。今按圣人言中，本无性善名，而有"善人吾不得见之矣"。使万民之性皆已能善，善人者何为不见也？观孔子言此之意，以为善甚难当。而孟子以为万民性皆能当之，过矣。圣人之性不可以名性，斗筲之性又不可以名性，中民之性如茧如卵。卵待覆二十日而后能为雏，茧待缲以涫汤而后能为丝，性待渐于教训而后能为善。(《春秋繁露·实性》)

君命顺，则民有顺命；君命逆，则民有逆命：

傅曰："唯天子受命于天，天下受命于天子，一国则受命于君。"君命顺，则民有顺命；君命逆，则民有逆命。故曰："一人有庆，兆民赖之。"之谓也。(《春秋繁露·为人者天》)

圣人为天下同利除害：

考之法。考其所积也。天道积聚众精以为光，圣人积聚众善以为功。故日月之明，非一精之派也；圣人致太平，非一善之功也。明所从生，不可为源，善所从出，不可为端，量势立权，因事制义。故圣人之为天下同利也，其犹春气之生草也，各因其生小大而量其多少，各顺其势，倾侧而制于南北。故异孔而同归，殊施而钧德，其趣于同利除害一也。是以同利之要在于致之，不

在于多少；除害之要在于去之，不在于南北。(《春秋繁露·考功名权》)

生育养长，成而更生，终而复始，其事所以利活民者无已。天虽不言，其欲赡足之意可见也。古之圣人，见天意之厚于人也，故南面而君天下，和以兼利之。为其远者目不能见，其隐者耳不能闻，于是千里之外，割地分民，而建国立君，使为天子视所不见，听所不闻，朝者召而问之也。诸侯之为言，犹诸候也。(《春秋繁露·诸侯》)

《春秋》之所治，人与我也。所以治人与我者，仁与义也。以仁安人，以义正我，故仁之为言人也，义之为言我也，言名以别矣。仁之于人，义之与我者，河不察也。众人不察，乃反以仁自裕，而以义设人。诡其处而逆其理，鲜不乱矣。是故人莫欲乱，而大抵常乱。凡以暗于人我之分，而不省仁义之所在也。是故《春秋》为仁义法：仁之法在爱人，不在爱我；义之法在正我，不在正人。我不自正，虽能正人，弗予为义；人不被其爱，虽厚自爱，不予为仁。昔者晋灵公杀膳宰以淑饮食，弹大夫以娱其意，非不厚自爱也，然而不得为淑人者，不爱人也。质于爱民，以下至于鸟兽昆虫莫不爱。不爱，奚足谓仁？仁者，爱人之名也。酅《传》无大之之辞。自为追，则善其所恤远也。兵已加焉，乃往救之，则弗美。未至豫备之，则美之，善其救害之先也。夫救蚤而先之，则害无由起，而天下无害矣。(《春秋繁露·仁义法》)

天常以爱利为意，以养长为事，春秋冬夏皆其用也。王者亦常以爱利天下为意，以安乐一世为事，好恶喜怒而备用也。然而主之好恶喜怒，乃天之春夏秋冬也，其俱暖清寒暑而以变化成功也。(《春秋繁露·王道通三》)

省徭役，薄赋敛，出仓谷，振困穷：

五行变至，当救之以德施之天下，则咎除。不救以德，不出三年，天当雨石。木有变，春凋秋荣。秋木冰，春多雨。此徭役众，赋敛重，百姓贫穷叛去，道多饥人。救之者，省繇役，薄赋

敛，出仓谷，振困穷矣。(《春秋繁露·五行变救》)

先饮食而后教诲；躬自厚而薄责于外：

　　《诗》曰："饮之食之，教之诲之。"先饮食而后教诲，谓治人也。又曰："坎坎伐辐，彼君子兮，不素餐兮。"先其事，后其食，谓治身也。《春秋》刺上之过，而矜下之苦，小恶在外弗举，在我书而诽之。凡此六者，以仁治人，义治我，躬自厚而薄责于外，此之谓也。且《论》已见之，而人不察，不攻人之恶，非仁之宽与？自攻其恶，非义之全与？此谓之仁造人，义造我，何以异乎？故自称其恶谓之情，称人之恶谓之贼；求诸己谓之厚，求诸人谓之薄；自责以备谓之明。责人以备谓之惑。是故以自治之节治人，是居上不宽也；以治人之度自治，是为礼不敬也。为礼不敬，则伤行而民弗尊；居上不宽，则伤厚而民弗亲。弗亲则弗信，弗尊则弗敬。二端之政诡于上，而僻行之则诽于下，仁义之处可无论乎？夫目不视弗见，心弗论不得。虽有天下之至味，弗嚼，弗知其旨也；虽有圣人之至道，弗论不知其义也。(《春秋繁露·仁义法》)

天下随阳；天下除残贼而得盛德大善者再，是重阳也：

　　天之志，常置阴空处，稍取之以为助。故刑者德之辅，阴者阳之助也，阳者岁之主也。天下之草木随阳而生落，天下之三王随阳而改正，天下之尊卑随阳而序位。幼者居阳之所少，老者居阳之所老，贵者居阳之所盛，贱者居阳之所衰。藏者，言其不得当阳。不当阳者臣子是也，当阳者父是也。故人主南面，以阳为位也。阳贵而阴贱，天之制也。礼之尚右，非尚阴也，敬老阳而尊成功也。(《春秋繁露·天辨在人》)

　　桀，天下之残贼也；汤，天下之盛德也。天下除残贼而得盛德大善者再，是重阳也，故汤有旱之名。皆适遭之变，非禹汤之过。毋以适遭之变疑平生之常，则所守不失，则正道益明。(《春秋繁露·暖燠常多》)

天下和平，则灾害不生：

　　今秦与周俱得为天子，而所以事天者异于周。以郊为百神始，始入岁首，必以正月上辛日先享天，乃敢于地，先贵之义也。夫岁先之与岁弗行也，相去远矣。天下福若无可怪者，然所以久弗行者，非灼灼见其当而故弗行也，典礼之官常嫌疑，莫能昭昭明其当也。今切以为其当与不当，可内反于心而定也。尧谓舜曰"天之历数在尔躬。"言察身以知天也。今身有子，孰不欲其有子礼也。圣人正名，名不虚生。天子者，则天之子也。以身度天，独何为不欲其子之有子礼也。今为其天子，而阙然无祭于天，天何必善之？所闻曰：天下和平，则灾害不生。今灾害生，见天下未和平也。天下所未和平者，天子之教化不行也。《诗》曰："有觉德行，四国顺之。"觉者，着也，王者有明着之德行于世，则四方莫不响应，风化善于彼矣。故曰：悦于庆赏，严于刑罚，疾于法令。（《春秋繁露·郊语》）

可见，董子对于天下永全的向往并不是肤浅的想象，而是基于他对于历史兴衰的深刻洞察和对于政治哲学的缜密思考。

六、"天之所弃"与"天下所患"

在董子的理论体系中，也有众多警示之辞：

天之所弃，天下弗桀纣是也。天子之所诛绝，臣子弗得立，蔡世子逢丑父是也。天父父所绝，子孙不得属，鲁庄公之不得念母，术辄之辞父命是也。（《春秋繁露·观德》）

人始生有大命，是其体也。有变命存其间者，其政也。政不齐则人有忿怒之志，若将施危难之中，而时有随、遭者，神明之所接，绝续之符。亦有变其间，使之不齐如此，不可不省之，省之则重政之本矣。进义诛恶绝之本，而以其施，此举汤武同而有异。汤武用之治往故。《春秋》明得失，差贵贱，本之天。王之所失天下者，使诸侯得以大乱之，说而后引而反之。故曰博而明，深而切矣。（《春秋繁露·重政》）

有非力之所能致而自至者，西狩获麟，受命之符是也。然后托乎《春秋》正不正之间，而明改制之义。一统乎天子，而加忧于天下之忧也；天下所患，而欲以上通五帝，下极三王，以通百王之道，而随天之终始，博得失之效，而考命象之为，极理以尽情性之宜，则天容遂矣。（《春秋繁露·符瑞》）

民无所好，君无以权也；民无所恶，君无以畏也。……所好多则作福，所恶多则作威。作威则君亡权，天下相怨；作福则君亡德，天下相贼。故圣人之制民，使之有欲，不得过节；使之敦朴，不得无欲。无欲有欲，各得以足，而君道得矣。（《春秋繁露·保位权》）

他认为君主应该和天下同忧患，顺应民众的好恶，针对不同情况，采取不同措施，使得民众"各得以足"，从而实现"君道"。

参考文献：

[1] 周桂钿. 董仲舒政治哲学的核心——大一统论 [J]. 中国哲学史，2007（4）：36-43.

[2] 余治平. 论董子的"三统"说 [J]. 江淮论坛，2013（1）：67-72.

本文为"2019中国·衡水董仲舒与儒家思想国际学术研讨会"提交的论文。

张丰乾（1973-），男，甘肃古浪人，哲学博士，中山大学哲学系副教授。

从正名思想看董仲舒的仁义观

代春敏

作为西汉时期最重要的政治哲学家,董仲舒是儒学发展中的关键人物,他继承发展了孔子以来的正名思想,并且从正名角度系统阐发了他的仁义思想,使之成为构建汉代社会政治制度,维护和完善社会秩序的重要理论基础和组成部分。

"名",许慎《说文解字》解释:"自命也。从口,从夕。夕者冥也。冥不相见,故以口自名。"[1]56 命,是命名,自命的意思,就是自己称呼自己的名字。夕就是晚上的意思,《礼记·内则》记载:"夜行以烛,无烛则止。"[2]夜晚是禁止出行的,即禁冥行。夜晚彼此看不见,所以自己称呼自己的名来表明身份,区分你我。《管子》中说:"物因有形,形固有名。"名就是指事物的名物。由此可见,名虽然只是一种符号,但从其产生时就被赋予了一定的实质意义,其最本质的作用是在社会交往中用以指称和区分人、物等,达到交流的目的。

在中国古代社会,非常重视名的地位和作用。《左传》中有这样一段话:"唯器与名,不可以假人,君之司也,名以出信;信以守器,器以至礼,礼以行义,义以生利,利以平民,政之大节也。"君子必须信守名器、礼义,这是国家政权的大节所在。名与实的关系,是名实一体,不可分离,即名实相副。

一、孔子及先秦正名思想

孔子生活在礼坏乐崩的春秋时期，社会动荡不安，王室衰微，国君失权，周代以来建立的宗法制等级制度和政治伦理秩序遭到严重破坏。所谓的"礼坏乐崩"，并不是礼乐的缺失，从表面上看，礼乐反而更加的繁复兴盛，如"八佾舞于庭""三家者以雍彻""季氏旅于泰山"等，这些实质上"名不副实"的僭越诸侯、国君甚至天子之礼的行为成为普遍现象，所以孔子提出正名思想。

孔子所说的正名，其核心意义是名实相副，名实一体。《论语·颜渊》记载齐景公问政于孔子，孔子对曰："君君，臣臣，父父，子子。"孔子提出这八字箴言来警示齐景公，朱熹注解道："人道之大经，政事之根本。"[3]136 而当时的齐景公未能听出孔子正名的深意。在《论语》的另一章中，孔子向学生子路明确阐释了"正名"思想："名不正，则言不顺；言不顺，则事不成；事不成，则礼乐不兴；礼乐不兴，则刑罚不中；刑罚不中，则民无所措手足。"[3]142 孔子非常郑重地说为政之先，"必也正名"，说的也是君君、臣臣、父父、子子。一名一言，都不可忽视，不可苟且，否则牵连一切皆名不正，名不正则国不可治。孔子如此直白，子路最终也未能明白。

孔子的正名思想是在当时礼崩乐坏的大背景下提出的，不同于一般名辨意义上的正名，孔子的正名思想是一种政治哲学思想，目的是恢复和重建安定和谐的社会秩序，核心就是名实相副，并且孔子提出了名、实、礼、义背后"仁"的核心思想。"人而无仁，如礼何？人而不仁，如乐何？"名、器、礼、义等名实一体，源于内在的仁心仁德。孔子想要践行正名思想，未能成功，所以转而修订《春秋》，以口诛笔伐的形式来体现正名思想。

自孔子之后，正名思想成为春秋战国中后期一个重要的论题，进而形成一个学派——名家学派。名家的思想特点是注重辩论"名"与"实"之间的关系，"苛察缴绕""专决于名"，循名责实，或强调以名学或逻辑学的方法来考察和处理事物。而辩的内容，又往往与政治实际无关，如公孙龙的"坚白离、合异同"等名学命题，陷于纯粹的名实之辨和逻辑推理。值得注意的是战国后期荀子的正名思想，内容十分复杂且具有综合性，既包括认识论层面的思想，又包含政治伦理层面的思想。他提出了共名与别名的概念以及共名、别名之间从属关系，并且提出了一系列正名的原则和方法，这些对于后世的正名思想产生重要的影响。

二、董仲舒正名思想的特点

董仲舒继承并发展了孔子及先秦的正名思想，在《春秋繁露·深察名号》一篇中有重要阐述。董仲舒的正名思想有以下几个特点：

（一）重视考察名号

首先，董仲舒重视考察名号，他认为名号不仅与实际事物相关，而且与治国理政相关。

董仲舒认为："《春秋》慎辞，谨于名伦等物者也。"[4]88名号用以区别实际事物，"名者，所以别物也。亲者重，疏者轻，尊者文，卑者质，近者详，远者略，文辞不陷情，明情不遗文。人心从之而不逆，古今通贯而不乱，名之义也"[4]657。名号包括器物之名、地之名、征伐之名、人之名、华夷之名、祭祀之名等等，各有其辞，使用时应非常谨慎，"春秋大元，故谨于正名"[5]297，"顺其志而一其辞，章其义而褒其美"[4]84。从事物的名称，可以考察或褒或贬之"春秋大义"。

名号是圣人用来表现事物的真实情况和状态的，"名生于真，非其真，弗以为名"，所以，名号产生于真实，如果不真实，就不能用来命名。名号也是辨别是非逆顺的关键所在，"欲审曲直，莫如引绳；欲审是非，莫如引名"[4]374。就像工匠用绳墨画直线一样，想要辨别事物的是非曲直，必须用名做判断标准。

《荀子·正名》篇中指出："上以明贵贱，下以辨同异。贵贱明，同异别，如是则志无不喻之患，事无困废之祸，此所为有名也。"名号用以表明上下尊卑、贵贱同异的事物之名直接关系到国家的礼乐制度和社会秩序的维护。董仲舒指出了考察名号的重要性，名号与治理国政息息相关："治天下之端，在审辨大；辨大之端，在深察名号。"[5]366治理天下最为重要的就是考察名号。"事能辨则治。"辨，是区别、分别；大，是大纲、要纲。辨大，指审察区别天下事物的异同之纲目，名号如同书籍的第一章之纲领，是"大理之首章"，是治国理政的首要之事。

（二）音、义、形同本而达天意

其次，董仲舒把事物的名号与天相联系，认为名号是天意的表达，圣人仿效天地之意定名号。这是其正名思想的另一个重要特点。

名号之所以能够辨正是非曲直，是因为"其几通于天地"，名号取自天意，"名号之正，取之天地，天地为名号之大义也"。《释名》中解释天地："天，显也，在上高显也；地，底也，其体底下，载万物名也。"[6]278天地之名也蕴含着名号的大义。无论是名号的发声，还是含义，都是取自天地的大节大义。

"古之圣人，謞而效天地谓之号，鸣而施命谓之名。名之为言鸣与命也，号之为言謞而效也。謞而效天地者为号，鸣而命者为名。"[4]367"謞""效""号"与"鸣""命""名"两组字，字义相近，字音如诗文一般和仄押韵，董仲舒用这样的两组字来阐发何谓名号："名号异声而同本，皆鸣号而达天意者也。"[4]367天本身并不发声，天地通过人发出声音来体现和传达天意，那么这个能够体现天意的人声，即"名号"自然就格外重要。

董仲舒认为，名号的字形、字义和字音一样，都可以探求出其内涵与天意相通。如"心止于一中者，谓之忠；持二中者，谓之患。患，人之中不一者也"[5]338。将"忠"和"患"字形的结构对比，就能明白两字不同的含义。董仲舒从"天子""诸侯""大夫""士""民"等字义分析，"天子"就是天的儿子，事天以孝道；"诸侯"就是候奉天子；"大夫"就是在忠信礼义方面大于匹夫；"士"即事也；"民"即瞑也。以此董仲舒进一步说明各自的职分："五号自赞各有分，分中委曲，各有名。"[4]369这五种名号都是据各自不同的职责和使命而取得，且合于天道人情。又如，董仲舒以"皇""方""匡""黄""往"五科来说明"王"号之大意；以"元""原""权""温""群"

五科说明"君"号之大意。这些韵脚相同或相近的字,不仅在声音上传递内涵,并且用相近的字义来表达名号之意义,以此传达天地之大节大义。包括董仲舒"释仁为人,义为我,性为生"等,都是从名号的发音、字形和字义分析,表明名号的内涵与天意相通。

（三）名、号的区别

所谓名号,都是人、物、事的指称,但名和号又有区别。"物莫不有凡号,号莫不有散名",董仲舒详细区分了凡号与散名,这是董仲舒正名思想的又一个特点。

"名众于号,号其大全。"名比号要多,要详细,号指称事物的大类,少而略。"名也者,名其别离分散也。号凡而略,名详而目。"董仲舒谨慎区别了散名和凡号的不同,认为所有的事物都有其凡号,号之下也都有其散名。凡号是举其大纲,名则是为了能详细列举并分辨万事万物。如号为"祭",是泛指祭祀,一年四季不同时节的祭祀则有不同的散名："春曰祠,夏曰礿,秋曰尝,冬曰烝。"[5]280 号为"田",是泛指狩猎,不同季节的狩猎,其散名也不一样："春苗,秋蒐,冬狩,夏狝。"[5]280 这些号和名都来自天意,暗合人类的生产和生活行为顺从天意,"是故事各顺于名,名各大顺于天"。春天的田猎曰"春苗",指春天植物动物刚刚萌芽,尚且幼小;秋天的祭祀曰"尝",《大传》里记载："鲜者何也?秋取尝也。"[5]281 鲜、狝意同,品尝秋天收获的新鲜五谷,所以秋天的田猎曰"狝";

圣人举凡号之纲,因天意天时来制名,循名求实,通达天意,顺乎人情。董仲舒所说的"天人之际,合而为一",完全可以从事物的凡号与散名中体现出来。

从董仲舒正名思想的特点可以看出,名号直达天意,了解分析事物的名号就可探寻其蕴含的深刻内涵和意义。董仲舒从正名思想出发,在更广阔的思维角度和立场阐发了他的仁义思想。

三、正名角度看仁、义

《春秋繁露·仁义法》篇,董仲舒系统阐发了他的仁义观。徐复观认为这篇《仁义法》:"即在现在,仍富有极大启发性,而又未尝违反先秦儒家本义。"从正名的角度来看的董仲舒的仁义思想,不仅同儒家仁义思想一脉相承,而且具有更加丰富的内涵。

"《春秋》之所治,人与我也。所以治人与我者,仁与义也。"[4]314 董仲舒认为《春秋》所研究的,无非是别人与自我的关系,用来研究别人与自我关系的,就是仁与义。"以仁安人,以义正我,故仁之为言人也,义之为言我也,言名以别矣。"[4]314 董仲舒从正名的角度阐释什么是"仁",什么是"义","言名以别"就是一说出名称就已经把事物的真实情况辨别出来了:仁,就是表述怎样对待别人;义,就是表述怎样对待自我。以仁义之"名"来指出仁义的基本内容和范畴。下面就从"仁""义"之名的音、义、形方面具体分析。

(一)仁

《说文解字》解释:"仁,亲也,从人二。"[1]365

首先,从字音看,仁者,亲也,"仁者,人也"。这个"仁",同"人""亲爱人""人群"不可分离。"仁""人""亲""群"在读音上,韵脚押韵。《周易·说卦传》中说,天之道在阴阳,地之道在柔刚,强调"立人之道曰仁与义"。仁和义是人之为人最根本的法则,天、地、人三者合而称为"三才",这是天、地、人之道的根基所在。董仲舒所说的:"仁之为言人也,义之为言我也,言名以别矣。"非常明显,作为名,说到"仁"这个字,就是在说"人"而不是在说"我"。

其次,从字形看,仁,从人二,"人二"也就是二人,段玉裁注:"以相人耦为敬也。……耦犹言尔我亲密之词,独则无耦,耦则相亲。故其字从人二。"[1]365 意思是一个人无法体现"仁",仁是人与人之间关系的体现,"仁"必须在人群交往中才能呈现出来。钱穆先生说:"仁即人群相处之大道。"[7]6 人在天地间之所以被称为"人",在于人有父子、兄弟、君臣、长幼之伦,也就是说,人必须在伦理关系之中才可成其为人,生在人伦中,死亦在人伦中。董仲舒说:"何谓本?曰:天地人,万物之本也。天生之,地养之,人成人。天生之以孝悌,地养之以衣食,人成之以礼乐,三者相为手足,合以成体,不可一无也。"[4]193 天、地、人是万物的根本,天用孝悌生长成物,地用衣食养育万物，人用礼乐成就万物，三者合为整体，缺一不可。人是天地所生，"人为天下贵"，人既自知其贵，就不能把自己等同于无知的动物，而应该有一定的道德自觉，通过学习和教化，追求人之所以成为人的德性，修仁德以成人。

第三，从字义来看，仁有亲爱、爱人的意思。董仲舒所说的爱"人"，突破或弱化了先秦儒学以宗法制为基础的血缘亲情的限制，扩大到"我"之外的所有"他人"，"人不被其爱，虽厚自爱，不予为仁"，如果人只是爱自己，不爱他人，那么也不能被称为"仁"。董仲舒认为"仁者所爱，人类也"，仁爱之爱，遍及群生万物，以至于"鸟兽昆虫莫不爱。不爱，奚足谓仁"？董仲舒还详细阐述了何谓仁者的道德修养："何谓仁？仁者，憯怛爱人，谨翕不争，好德敦伦，无伤恶之心，无隐忌之志，无嫉妒之气，无感愁之欲，无险诐之事，无辟违之行。故其心舒，其志平，其气和，其欲节，其事易，其行道，故能平易和理而无争也，如此者，谓之仁。"[4]327真正的仁爱，是仁智兼具。其思虑深远，能防患于未然；其所爱至深，遍及四方，恩及至广。

"仁"还有另外一个含义：果核的最内部分或其他硬壳中可以吃的部分，含有"生"之意，生生不息之"生"。《释名》："人，仁也。仁生物也。"仁自然有一种生长的力量，可以萌生长育万物的德行。"仁者何也？活者为仁，死者为不仁。今人身体麻痹不知痛痒，谓之不仁。桃杏之核可种而生者谓之桃仁杏仁，言有生之意。"(《上蔡语录》)董仲舒也正是从"生"的含义出发，指出："天，仁也。"从天人关系的角度给"仁"正名，赋予"仁"更丰富的内涵。

(二) 义

首先，从字形看，甲骨文"义"是会意字，从羊，从我。"我"代表刀锯，表示用刀锯屠宰牛羊以祭祀。杀牲以祭祀，是古代非常重要、不可废弃的大事，后引申为正当、公正、公正合宜的事或举动及合乎伦理道德的原则。《说文解字》："义，己之威仪也，从我从羊。"这里是引申义。董仲舒从"义"的字形上分析，"义"之名一说出来就是言"我"，而不是在说"别人"，"有为而得义者，谓之自得；有为而失义者,谓之自失;人好义者,谓之自好;人不好义者,谓之不自好。以此参之,义,我也,明矣"[5]248。就是说,人的一切行为,不管是合乎义还是不合乎义的,都是自我的得与失,所以董仲舒认为,义就是表明"我"。

第二,从字音分析,《中庸》说:"义者,宜也。"朱熹注:"宜者,分别事理,各有所宜也。"[3]29"宜"通"仪"和"谊",《汉书·董仲舒传》中的"义"字,多处用"谊"字表示,《春秋繁露》全部用"义"字。"义"与"宜""仪""谊"三者音韵相近,"仪"是己之威仪。

第三,从字义来看,"义"具有正当、合适、公正的含义。《论语》:"子曰:'君子之于天下也,无适也,无莫也,义之于比。'"[3]71《孟子·离娄下》:"大人者,言不必信,行不必果,惟义所在。"[3]297"义"是儒家的核心思想之一,如同"一切价值及德性的调节器和安全阀"。孔子的"杀身成仁",孟子的"舍生取义",无不蕴含着儒家对于"仁义"这一最高道德标准的追求,"仁"可谓是儒家之大慈大悲,"义"可谓是儒家之大智大勇。董仲舒强调"义在正我",说的是以正当合宜的道德标准来端正自己,而不是端正别人,"义"与"我"因此紧密联系起来。"宜在我者,而后可以称义","义"立足于我,是针对我而言的适宜、恰当,而不是我之外的他人。义,首先是自我的行为适宜而恰当,而后才可以被称作为义。看一个人的道德行为是否符合义所要求的标准和法则,不是看他对别人做的事情是否适宜、恰当,而是看其自身言行是否端正,是否符合义的准绳。自己的心正了,行为自然也就端正了。"故言义者,合我与宜以为一言。"义与我合二为一,两者之间具有内在的、密切相关的联系。

(三)仁、义之名号

从正名角度看董仲舒的仁义观,仁、义是两种不同的散名,是对待他人和自己时不同的指称。董仲舒从天人关系理论指出"仁"与"仁、义"并举时的含义不同,以天释"仁",引申出"仁"作为凡号的意义。"名号之由人事起也,不顺天道,谓之不义。"[4]658董仲舒从名、号层次,对"仁""义"思想的原则和本质进行明确的阐述。

1. 仁、义之散名

"仁"和"义"作为散名的深层区别,即人、我、内、外和远、近、往、来的区别。董仲舒说:"是义与仁殊:仁谓往,义谓来;仁大远,义大近;爱在人,谓之仁;义在我,谓之义。仁主人,义主我也。故曰:仁者,人也;义者,我也。此之谓也。君子求仁义之别,以纪人我之间,然后辨乎内外之分,而著于顺逆之处也。是故内治反理以正身,据礼以劝福;外治推恩以广施,宽制以容众。"[4]320-321 董仲舒指出仁与义在主体、对象、范畴、作用、效果等方面完全不同但相互对应。"仁"之人、往、远、外分别对应"义"之我、来、近、内。仁爱的主体和所施及的对象,是他人而不是自己,仁爱的施及是向外、向远、向更广大的他人推广;相反,义的主体和所施及的对象是自己,自己以道德准则和社会规范来端正自己,义是切近、向内,向自己内心的反思、省察。

孔子对冉有说:"治理人民,要先使人民富裕,然后再进行教化。"对樊迟说:"端正自身,要先事后食。"《诗经》曰:"彼君子兮,不素餐兮。"都明确了仁和义的不同对待方式。《春秋》记事笔法也是:对于上位者的过错,就毫不留情地指出来,对下层人的痛苦却百般怜惜;对于鲁国之外的国家的小错就忽略,而本国的小过错则记下来并给予批评。所有这些都说明一个道理:"躬自厚而薄责于人。""仁"是造福别人,"义"是成就自我。而且居于上位的君主更应该清楚治人与自治的标准,在施政中宽待厚爱别人,苛责端正自己,这样的君主才能得到民众的拥护和尊重。

2. "天仁"之凡号

天,在董仲舒看来,具有神圣性、绝对性和权威意志的不可超越性,董仲舒"以仁释天,以天为仁"的思想正是对"天人之际,合而为一"的最好诠释,"仁"由此具有凡号的意义。

首先,董仲舒肯定了天有"仁"德。"为生不能为人,为人者天也。人之为人本于天。"董仲舒认为人能生育,但人之所以成为"人",在于禀受上天,能够造就人的是天。也正是"仁"有"生物"的含义,董仲舒认为"仁之美者在于天,仁也。天覆育万物,既化而生之，有养而成之，事功无已，终而复始，凡举归之以奉人。察于天之意，无穷极之仁也。人之受命于天也，取仁于天而仁也"[4]421。《周易·系辞下》中说："天地之大德曰生。"生，就是指化生万物。天地的弘大德泽，在于使万物生生不息，不相侵害；其次，人生天地之间，遵循天道、地道而行事，效法天地而归于仁德。"人之血气，化天志而仁"，董仲舒认为，美好的仁德在天，天是仁爱的，人从天那里获取仁道，修养仁德，才可与天地并行，参赞天地化育。

"仁"是生生不息的生命和精神成长的力量，体现儒家的生死观和价值观。一个人如果没有仁心仁德，就不能称之为活着。"天行健，君子以自强不息"说的就是人要保持精神和生命的饱满，向上生长的生生不息的力量。而且这种生长的力量来源于自身，"为仁由己，而由人乎哉"，人始终要自我的成长和强大，只有这样，才可达到仁的境界。

在这个意义上，董仲舒突破了作为散名的"仁、义"在人与人之间对待意义上的含义和原则，从更高的天人关系角度"以天释仁"，赋予了"仁"更广泛更深远的"凡号"的内涵和意义。

四、结语

董仲舒通过对《春秋》大义的阐发，从正名角度表明了他的仁义观：名号得于天意，名、号又有区分。从天与人的关系看，"仁"统揽"仁、义"，董仲舒认为天是仁爱的，"天人合一"，在这个意义上，"仁"可以看作凡号；另一方面，在人与人相处，如何对待自我与他人时，仁、义又是不同的散名。

"仁"作为凡号，告诉人们要遵循天道，学习和效法天的仁爱之德。

"仁、义"作为散名，其区别是："仁"之名，广、远、厚、大、深，仁注重的是如何对待别人，是外治，强调的是推广恩泽；"义"之名，是内治，强调对待自我，注重的是如何规范自己。因此，在人与人相处之际，对待自己以"义"，以义正我，以理正身，依礼行事，只有这样端正自己，才能表现出对别人的"仁"，才能把爱广泛地施予他人。

作为散名，仁、义并举时，虽存在这些区别，但并不是截然分开的两码事，董仲舒认为仁义一体，在我是义，表现出来对别人就是仁，要时时以义匡正自己，否则就是不仁不义。

从正名的角度对仁和仁、义的内在含义进行区别，君子必须要用眼睛看，用心思考，反复琢磨，"仁之于人，义之于我者，不可不察也"[4]314，深切体察仁义之分、人我之别。只有看到了天心之仁，体察到仁与义的不同，彻底辨别出其中的分别所在，才可以在顺逆之时正确处理自我与外部世界，自我与他人、他事、他物的关系，表现出正确的进退取舍之态度，最终真正明白圣人最高明的道理。

参考文献：

[1] 许慎. 说文解字注 [M]. 段玉裁，注. 上海：上海古籍出版社，1988.

[2] 孙希旦. 礼记集解 [M]. 北京：中华书局，1989：736.

[3] 朱熹. 四书章句集注. [M]. 北京：中华书局，1983.

[4] 荀子. 荀子 [M]. 北京：中华书局，2015.

[5] 董仲舒. 春秋繁露 [M]. 张世亮，钟肇鹏，周桂钿，译注. 北京：中华书局，2012.

[6] 苏舆. 春秋繁露义证 [M]. 北京：中华书局，1992.

[7] 钱穆. 论语新解 [M]. 北京：九州出版社，2011.

[8] 刘强. 论语新识 [M]. 长沙：岳麓书社，2016.

[9] 余治平. 仁义诠释的一条独特进路——以董仲舒仁义学说为中心 [G] //. 杨朝明，编，孔子学刊（第 3 辑），上海：上海古籍出版社，2012.

[10] 杨济襄. 儒家道德思想的实践——董仲舒"仁义法"的人我内外之别 [J]. 衡水学院学报，2018（6）：8-9.

[11] 苟东锋. 孔子正名思想探源 [J]. 湖南大学学报（社会科学版），2015（5）：45-52.

[12] 余治平. 董仲舒仁义之学的特殊性 [J]. 北京青年政治学院学报，2006（1）：33-38.

本文为"2019 中国·衡水董仲舒与儒家思想国际学术研讨会"提交的论文。

代春敏（1973—），女，河北衡水人，衡水学院董子学院讲师。

"儒如五谷"视域下的"独尊儒术"

胡发贵

董仲舒之倡言一依儒学,独尊孔子,仅从其对策来看,已有充分的理据;而若开阔视之,则汉武帝时发生的"独尊儒术"这场重要的思想变革风云,既有其外在的原因,更有儒家"儒如五谷"的内在因由。

一

从外在的层面看,"独尊儒术"之所以会发生,缘在儒家渐为"显学",且在国家政治实践中,初露显著的功效。

春秋以降,诸国纷争,导致诸子百家蜂出,依庄子的说法是"各以其学易天下",从而造成了天下莫衷一是、道术大裂的状况。《汉书》形容之为:"九家之术蜂出并作,各引一端,崇其所善,以此驰说,取合诸侯。"(《汉书》卷三十《艺文志》第十)在此"各引一端"的思想纷纭中,儒家虽然只为纷争中的一家,荀子视之为"一子",韩非视之为"一学",但其主导意义渐显。其表征一是荀子要求"法仲尼":"今夫仁人也,将何务哉?上则法舜、禹之制,下则法仲尼、子弓之义,以务息十二子之说,如是则天下之害除,仁人之事毕,圣王之迹著矣。"(《荀子·非十二子》)众所周知,荀子对包括孟子思想在内的诸多学说,多有不满,但独推孔子,期许之为思想领袖。二是韩非子虽然讥刺"儒分为八",但仍承认儒为"显学","世之显学,儒、墨也";而且他更推崇孔子为儒家代表,"儒之所至,孔丘也"(《韩非子·显学》)。

简言之,在春秋以来政治动荡、思想纷争、各是其是的大争鸣中,儒学的意义渐受重视,孔子更是备受瞩目。这或奠定了董仲舒"独尊儒术"思想合理性的前提。

二

当然,儒家不仅在理论上得到相当的推崇,而且也显现出实践上的绩效和功用。汉初叔孙通定礼仪,强调"儒可与守成"的故事,使儒术的"当世"切要性大显。于此,《史记》有生动的描述:

> 汉五年已屏天下,诸侯共尊汉王为皇帝于定陶。叔孙通就其仪,号高帝。悉去秦苛。仪法为简易,群臣饮酒争功,醉或妄,拔剑击柱。高帝患之。叔孙通知上益厌之也。说上曰:儒者难与进取,可与守成。臣愿征鲁诸生与臣弟子共起朝仪。……汉七年长乐宫成,诸侯皆朝十月。仪先平明谒者治礼,引以次入殿门,廷中陈车骑步卒卫官;设兵张旗志,殿下郎中侠陛,陛数百人,功臣列侯诸将军军吏,以次陈西方;东向文官丞相以下陈;东方西向,大行设九宾胪句传。于是皇帝辇出房,百官执职传警,引诸侯王以下至吏六百石,以次奉贺。自诸侯王以下,莫不振恐肃敬,至礼毕复置法酒,诸侍坐殿上皆伏抑首,以尊卑次起上寿。觞九得,谒者言罢酒,御史执法举不如仪者,辄引去。竟朝置酒,无敢欢哗失礼者。于是高帝曰:吾乃今日知为皇帝之贵也。(《史记》卷七十《刘敬叔孙通列传》)

文中一句"吾乃今日知为皇帝之贵也",就一语道破,刘邦从儒家那里找到了做皇帝的尊严。换句话说,儒家则给了皇帝以体面。故而对叔孙通,刘邦又赐官又赏钱,刘邦还以太牢亲祭孔子。儒家学术的"齐世"功能,于此可谓初试牛刀。而往深里说,这个故事表明,儒家或难于进取,但却大可"守成",即儒家对于社会秩序,尤其是国家治理，大有裨益，甚至有着不可或缺的价值依据的意义。

三、儒为五谷

这一依据意义，历史曾有"儒如五谷"之说，颇为生动地揭示了古代社会对儒家的依赖。

据元代陶宗仪《南村辍耕录》卷五记载，一次翰林进讲毕，上问字术：三教何者为贵？"对曰：释如黄金，道如白璧，儒如五谷。上曰：若然，则儒贱耶？对曰：黄金、白璧，无亦何妨，五谷于世其可一日阙哉。上大说。""五谷"虽然比不上黄金与白璧的华贵与精美，但它却是人类社会日常生活离不开的，也是时刻不可缺少的。"儒如五谷"之比喻，不仅形象揭示较之释、道，儒家思想更切于实际，也更便于实用，而且也生动地展示了儒学在古代社会的朴实与根本性的核心价值地位。

故事虽然发生在元代，但"儒如五谷"却是因儒家出现而存在的久远的历史事实。那么如何来理解儒家的五谷性呢？

首先，儒家的人伦日用性。太史公在述六家要旨时，尤为突出地表扬了儒家的人伦实用性："阴阳之术大祥，而众忌讳，使人拘而多所畏；然其序四时之大顺，不可失也。儒者博而寡要，劳而少功，是以其事难尽从；然其序君臣父子之礼，列夫妇长幼之别不可易也。墨者俭而难遵，是以其事不可遍循；然其强本节用不可废也。法家严而少恩；然其正君臣上下之分，不可改矣。名家使人俭而善失真；然其正名实、不可不察也。道家使人精神专一，动合无形，赡足万物。"（《史记》卷一百三十《太史公自序》）太史公虽然肯定六家均"务为治"，而且对儒家的烦琐颇为不满，但仍然肯定儒家思想事关君臣父子大伦，这在宗法社会，也实际上指出了儒家最切合社会需要。太史公在解读儒家经典的题义时，更具体地表明了这一意向："夫《春秋》，上明三王之道，下辩人事之纪，别嫌疑，明是非，定犹豫，善善恶恶，贤贤贱不肖，存亡国继绝世，补敝起废，王道之大者也；《易》著天地阴阳四时五行，故长于变；《礼》经纪人伦，长于行；

《书》记先王之事，故长于政；《诗》记山川奚谷，禽兽草木，牝牡雌雄，故长于风；《乐》，乐所以立，故长于和。"（《史记》卷一百三十《太史公自序》）儒家经典中，太史公尤为看重《春秋》的实用价值，"有国者不可以不知春秋。……为人君而不通于春秋之义者，必蒙首恶之名，为人臣子而不通于春秋之义者，必陷篡弑之诛，死罪之名"（《史记》卷一百三十《太史公自序》）。这也表明，儒学在古代中国，从来就不单纯是一种学术思想，而发挥着重要的"治平"功能。

其次，"人为贵"的人本与仁爱思想。

儒家对人的肯定和博爱精神，在类的意义上，褒扬人的价值，呼吁尊重和友善对待所有人，因此，这类思想既为社会所广泛认同与接受，又为人所亲近。儒家内部对人的本性，虽然有性善、性恶的聚讼，但人最为天下贵的认识则是一致的："人者，其天地之德，阴阳之交，鬼神之会，五行之秀气也。""天地之性人为贵，明于天性，知自贵于物。""人最贵"显然是一价值判断，它所肯定的是人超拔于天地间万事万物，是宇宙间最为独特，也是最为杰出的存在。儒家固然也认可"人有十等"的政治、经济分层与分化，但在人性的理论抽象上，却坚决主张人的本质是同一的，即"人有气有生有知亦且有义"。凡属是人，都具有这一"最贵"的本性。也正因此，在人的本质上，儒家认为人均是等值的，无有高低贵贱之分。由人的同质与等值，儒家强调人的同类性。其间又包含这样两层意思：一是人与物不同类。孟子在《告子》上、下两篇中，力驳告子"生文为性"论，辨析牛之性不同于马之性，强调人之性绝不同于牛、马之性，"若犬马之与我不同也"，因为人有仁义礼智之心。二是凡人皆为同类。为突出这一点，孟子反复申论，即使是如舜一样的圣人，也是与凡人同类，凡人和他一样是人。他说："麒麟之于走兽，凤凰之于飞鸟，泰山之与丘垤，河海之于行潦，类也。圣人之与民，亦类也。""凡同类者，举相似也，何独至于人而疑之？圣人，与我同类者。"这种圣、凡同类性，显然也就在理论上抹去了人的贵贱之别，确定了人在"类"的框架中是同一的。其实从外在的形体观察就不难发现人的同形、同状，但这种"形而下"的相似性，是自然、表面与肤浅的，儒家的"圣人与我同类"说则从形而上的、所以然的深层次上,揭示了人与人相同的理由。这种相同是必然而不是偶然的,人皆同类,于是,人与人的彼此认同,也就有了哲学上的依据。儒家之提倡"仁者人也"以及"仁者爱人"正是这一认同的表现。这种基于人性本质抽象之上的"同类"与"爱人"判断,在理论上几乎超越了所有地域与血亲组织的局限,而呈现出绝对的、以人为对象的认同原则;"天下一家""四海之内,皆兄弟""民吾同胞,物吾与也"之类的表述,就显示了这一原则中所包含的认同的普遍性。尽管在实际上很难达此境界,但这并不妨碍该理论在思想上产生"泛爱众"的博爱倾向。

其三,重民生和"与民同乐"。

儒家有种强烈的亲民倾向,主张爱民。其鲜明体现一是"节用爱人"。"子曰:道千乘之国:敬事而信,节用而爱人,使民以时。"(《论语·学而》)所谓"使民有时",这里既有体恤民力的意思,又有适时而用的意涵,即"择可劳而劳之",不能随心所欲地想怎么用就怎么用。其次体现在要向古代圣王学习,自奉甚俭,如要向大禹那样,"菲饮食而致孝乎鬼神,恶衣服而致美乎黻冕,卑宫室而尽力乎沟洫"(《论语·泰伯》)。要向周公那样厚爱人民,轻徭薄赋,"施恩要厚,用民力应平,租税要轻"(《左传》哀公十一年)。

二是要求统治者"与民同乐"。这在孔子那里,强烈地表现为重均:"孔子曰:丘也闻有国有家者,不患寡而患不均,不患贫而患不安。盖均无贫,和无寡,安无倾。"(《论语·季氏》)而"均"的本质,就是抑制社会的贫富两极分化,就是要求当政者"济众",满足人民的生活欲求:"子贡曰:如有博施于民而能济众,何如?可谓仁乎?子曰:何事于仁,必也圣乎。尧舜其犹病诸。夫仁者,己欲立而立人,己欲达而达人。"(《论语·公冶长》)文中的"博施"与"济众",实质上是一种共富的理想,孔子认为它远超"仁"而达至"圣"的境界,因为尧舜之类的圣人都难以做到这一点,这一境界必是非常了不起的;而"立人"与"达人",则在哲学上肯定了共享生活的必然与必要性。不难看出,"不患寡而患不均",主要是针对统治者而言的,是意在警醒、敦促他们不能独占资源、独享生活,而其根本目的则是欲实现"百姓足"。很显然，孔子"患不均"思想，不仅展现出其生活观中的共享价值取向，更流露出孔子对"百姓"的强烈关注，即对贫困的弱势群体的关注，而这与他"周急不继富"的公平思想，又是完全一致的。

孟子大大发展了孔子的爱民与"均"的思想，更为明确地提出"与民同乐"。他认为，使人民安居乐业，这是理想政治，亦即仁政的基本要求和出发点。"使民养生丧死无憾也。养生丧死无憾，王道之始也。"（《孟子·梁惠王上》）而为了实现人民"养生丧死无憾"，则必须有一定的物质资产作为基础，也就是说必须分配给人民一定的土地，使其有稳定的生活来源。所以孟子提出："夫仁政，必自经界始。经界不正，井地不钧，谷禄不平。是故暴君汙吏必慢其经界。经界既正，分田制禄可坐而定也。"（《孟子·滕文公上》）所谓"正经界"，借用今天的话语来表达，则是明晰产权，而其实质是保证人民拥有相应的土地，孟子称之为"恒产"。为强调这种"恒产"的重要性，孟子又从道德意识（"恒心"）产生的角度分析说，如果没有"恒产"，也就不会有"恒心"。他说："无恒产而有恒心者，惟士为能。若民，则无恒产，因无恒心。苟无恒心，放辟、邪侈，无不为已。"（《孟子·梁惠王上》）

在治"恒产"以富民外，孟子还特别强调"与民同乐"。"古之人与民偕乐，故能乐也。……虽有台池鸟兽，岂能独乐哉！"（《孟子·梁惠王上》）孟子认为，统治者只有兼顾人民的利益，才能真正实现自己的利益，此即"偕乐而能乐"。故孟子奉劝梁惠王说："王如好货，与百姓同之，于王何有？……王如好色，与百姓同之，于王何有？……今王与百姓同乐，则王矣。"（《孟子·梁惠王上》）孟子反复强调与百姓同乐有诸多好处，显然是意在突出人民分享资源以及享受生活的权利；换句话说，孟子的"同乐"论，实是变调的"民生"论。儒家这类为人民发声的思想，当然会受到人民的欢迎。换句话说，儒家的民生思想，必然为古代社会所期待。

其四，"得民心者得天下"的民本思想。中国古代的帝王们为强调王权的合法性和神圣性，常常以君权神授来为自己辩护，如商纣大难临头还强辩"我不有命在天乎"。但自古以来，就有一种责疑和批判的声音，主张君权不是神授的，而是人民赋予的。据《孟子·万章》的记载，弟子万章曾问孟子，是否有过尧将天下让给舜的事？孟子说没有这回事，他认为政权的转移不是某个人的意志所能左右的，而是决定于民意。只有有德于人民，获得人民的拥戴人，才能取得天下，即"得乎丘民而为天子"（《孟子·尽心下》）。孟子还进而提出了"得民心者得天下"的著名论断："桀纣之失天下也，失其民也；失其民者，失其心也。得天下有道，得其民，斯得天下矣；得其民有道，得其心，斯得民矣。"（《孟子·离娄上》）后来荀子又以"水—舟"之喻，生动揭示了人民对君权的取得和转移的决定性作用："传曰：君者，舟也；庶人也者，水也。水则载舟，水则覆舟。此之谓也。"（《荀子·王制》）文中一"载"一"覆"，就形象说明君权不是绝对和自足的，相反，它的获取完全取决于人民的意志和态度。其实在中国古代，"水则载舟，水则覆舟"，非智者的独白，一些明智而有所作为的政治家，也深谙其中的道理。如贞观六年，唐太宗和魏征就有过这段对话："可爱非君，可畏非民。天子者，有道则人推而为主，无道则人弃而不用，诚可畏也。魏徵对曰：臣又闻古语云：君，舟也；人，水也。水能载舟，亦能覆舟。"（《贞观政要》卷一）

无论是孟子强调"得民心"，还是荀子的"水—舟"之譬，其所突出的都是人民的决定性力量，此正如贾谊所论："自古至于今，与民为仇者，有迟有速，而民必胜之。"（《新书·大政上》）司马迁深惜项羽兵败垓下仍怨天而不自省："乃引天亡我，非用兵之罪也，岂不谬哉！"（《史记·项羽本纪赞》）也透露了相近的体认。民心的向背决定一切，民意左右着君王的命运，这一思想在理论逻辑上自然包含了一个结论：君权不是神授的，亦非君主与生俱来的，而是民意"肯认"的结果，亦即君权是被给予的，予夺之权在于人民，"得乎丘民而为天子"，故孟子说"民贵君轻"。显然，"得民心者得天下"论，不仅否定了传统的君权神授迷信，着意彰显了人民的力量；而且按其所蕴含的人民与君主之间决定与被决定的逻辑关系可推论，君权至尊，它也是人民赋予的，因此它也就不是第一位的，更不是终极的，而只是派生的权力，而赐给君主以权力的人民才是第一位的，才是终极权力的拥有者。因此，"得民心者得天下"论，在肯定人民是政权鼎革的最终决定力量的同时，也清晰流露出"主权在民"的思绪。这一思绪高度强调并肯定了人民的历史地位与作用，它与重民生一样，体现了儒家对人民的敬畏。这种敬畏既源自对历史经验的深刻总结，也是对当政者的严正警醒，在传统社会，儒家"民心"论准确而客观地揭示了社会变革中人民的决定性作用，因而是具有真理性的思想，它当然也是滋养社会的非常重要而有益的精神资源，恰如"五谷"一样。

儒家本身对古代社会有如同"五谷"一样的重要意义，是董仲舒"独尊儒术"的思想价值基础和前提，在此层面上，"独尊儒术"之提出，固有时间和人物上的偶然性，但其问世亦是必然的。

本文为"2019中国·衡水董仲舒与儒家思想国际学术研讨会"提交的论文。

胡发贵（1960—），男，安徽太平人，江苏省社会科学院哲学与文化研究所所长、研究员。

天、君、儒：构建神学政治思想基础的三角哲学

杨清虎

春秋战国之际，诸子争鸣，开创儒家学派的孔子辗转列国，希望通过游说各国君主以实现传播并实施自己仁爱之学的伟大抱负。后他又著书立说，广收门徒，使儒家学说在先秦时代大放异彩，产生了很大的影响力。秦王朝横征暴敛，秦二世荒淫无道，虽六国统一，却不能长久治国而千秋万载。西汉初年，刘邦采用黄老修养之道，与民休息，使西汉国力得以恢复。然而，黄老思想与继任大统的汉武帝的雄心大志相差甚远，汉武帝亟须一种新的思想学说来成就霸业。时势造英雄，董仲舒审时度势，向汉武帝献上著名的"天人三策"理论，迎合了天子心思，随后"天子以仲舒为江都相，事易王"[1]2523。

一、三角哲学的建构："天""君""儒"基本理论框架

汉武帝时期，西汉政治经济文化各方面经过汉初休养生息已经得到恢复和发展，接下来汉王朝的任务主要是完成统一大业、加强权力集中和进行政治的有效治理。在这种背景下，熟读《公羊》《春秋》的董仲舒抓住时机，提出了有效应对当前国家发展的"天人三策"。所谓的"天人三策"就是董仲舒对汉武帝的策问的回复，他解释了君

主应该如何在天的授意和指引下治国、治人和尊儒。"天人三策"所透露出来的信息有：一是天的根本性作用，没有天就没有一切，天主宰万物；二是君的关键性地位，贤君应该有德，善于纳谏，重视教化，君行使权力；三是旁白者的隐性支撑，儒家的仁义道德是对天道的完美诠释，没有儒的存在，则天不授权，君无德无仁，儒在天、君关系中承担设计责任。董仲舒通过"天人"感应思想，融会理性与非理性思维，把"天""君""儒"牢牢地捆绑在一起。这种"天人"关系理论，实际上是一种三角循环制衡关系的哲学理论：一方面，天授权于君，君治儒，天释于儒；另一方面，君又受制于天，天又依附于儒，儒又听命于君。

　　董仲舒的天人思想里，天的地位与能力是独一无二的。他对天做了解释："天有十端，十端而止已。天为一端，地为一端，阴为一端，阳为一端，火为一端，金为一端，木为一端，水为一端，土为一端，人为一端，凡十端而毕，天之数也。"[2]217 天既是宇宙万物之本体，又是人类社会政治权力之源泉。道济天下，儒家崇道，道本万物之本。董仲舒曰："道者，所由适于治之路也，仁义礼乐皆其具也。故圣王已没，而子孙长治久安数百岁，此皆礼乐教化之功也。"[1]2499 又曰："道之大原出于天，天不变，道亦不变。"[1]2518 然而，在董仲舒看来，有天才有道，有天才有仁义道德，天被释为一切精神的源头，天是宇宙之本体。道与天相比，要退居次要地位。依此，一切都要顺应天意，董仲舒说服武帝曰："强勉学问，则闻见博而知益明；强勉行道，则德日起而大有功。此皆可使还至而有效者也。"[1]2499 当然，董仲舒强调天的至高，说到底，还是想抬高人的自主权，故曰："治乱废兴在于己，非天降命不可得反，其所操持悖谬，失其统也。"[1]2500 其目的是为解释君权做好铺垫。

　　以天为本，君的权力就有所依存，源于天，至高无上。君权天授，并非董仲舒发明，而是自西周以来的一贯政治权力解释理论。《左传》曰："兄弟而及此，吾从天所与。"[3] 当然，君主有了权力来源，其目的是要发挥人的作用。《吕氏春秋·本生》曰："始生之者，天也。养成之者，人也。"[4] 天子继承了天的意志，得以治理人间。徐复观说:"'天子'是天的儿子,有法天的责任。并且能法天,也便有天的功效与伟大。"[5]14 汉代儒家神化君主没有多少新意,董仲舒也只是让这种君权源于天之论回归。秦始皇继往开来,也不过是号称"皇帝",不敢把权力的来源归于天赐,把自己说成是"天子元子"。但董仲舒的思想,继承了周代"天帝"观念,辅以原始宗教理论,赋予了皇帝"天子"的神格。这样一来,君是天的副本,即"天亦有喜怒之气,哀乐之心,与人相副,以类合之,天人一也"[2]341。最能与天相合者,非君莫属。因而"德侔天地者,称皇帝,天佑而子之,号称天子。故圣王生则称天子"[2]301。"天子"荣誉光环的形成,儒家思想功不可没。

其实,这里就引出一个问题:儒家在这种天观念中何以自处?在董仲舒创造的"天""君""儒"三角哲学里,儒的地位微妙。从表面上来看,明明是天人合一,君权神授,但背后所有的天人理论都是靠儒学来建构和支撑的,离开儒家则理论基石必然轰塌。儒家把自身权益与神权、君权无形中进行了捆绑。从某种程度上讲,"儒"这样一个角色,上有天的尚方宝剑在手,下有君的权力庇佑,无往而不利,是这一三角权力结构关系中实际受益最大的一方。董仲舒在对策中,闭口不谈儒家地位,只谈王权的合法性来源,曰:"臣谨案《春秋》之文,求王道之端,得之于正。正次王,王次春。春者,天之所为也;正者,王之所为也。其意曰:上承天之所为,而下以正其所为,正王道之端云尔。"[2]2502 在董仲舒建构的政治哲学体系中,上层是君以及依附于君的儒,下层是与之对立的民与诸子百家。简单的二维结构中,儒紧附君存在,地位得到了极大提升。实际上,没有儒的存在,天人关系就无所依附,而依靠天人理论所赋予君的权力也就不存在了。以董仲舒为代表的汉代儒士精心构筑了一个包罗各种角色的神学政治蓝图,而他们自己就是蓝图的设计者。

"天""君""儒"三角哲学有三大特质:一是该哲学理论依附于宗教思维,具有很浓的神学色彩;二是该哲学奠定了汉代意识形态依托神学"复古"的思想基础;三是该哲学虽强化了儒家仁学思想的核心理念,但始终未脱离儒学的基本精神。需要指出的是,董仲舒的

"天""君""儒"三角哲学与论人的哲学理论不是一个体系。"天人合一"理论，其中所谓的人，是理想化的抽象人格，并不特指普通民众。在三角哲学关系结构中，民众并不起决定作用，处于三者关系之外，完全是被教化和统治的对象，处于另一维度，并不包含在他的制衡三角权力关系理论里。所以董仲舒说："屈民而伸君，屈君而伸天，《春秋》之大义也。"[2]32董仲舒高举《春秋》大义，将民作为"君"的对立个体和陪衬，曰："他国不讨贼者，诸斗筲之民，何足数哉！"[2]44又曰："王者，民之所往，君者，不失其群者也；故能使万民往之，而得天下之群者，无敌于天下。"[2]133又曰："民无所好，君无以权也；民无所恶，君无以畏也。"[2]172民就是"君"的对立个体和陪衬，是君行使天授之权的主要对象，民要拥君，君要爱民。"圣人之性，不可以名性，斗筲之性，又不可以名性，名性者，中民之性"[2]311，故统治者需要寻求教化之道，以使中民有所改变，至于圣人和斗筲就只需保持本性了。董仲舒谓"为政而宜于民者，固当受禄于天"[1]2505，也不过是他看到了人民的存在与潜质，并不代表他把民抬高到了"天人"之"人"的高度。

当然，这种看似稳固的三角哲学思想，是存在着矛盾，潜伏着极大危机的。对天的解释由于没有形成系统宗教观念和理论的体制化，存在民间信仰的弥散的可能性与沦为功利性信仰的可能性；君并不甘愿受制于董仲舒的天人理论，董仲舒想假天而限制王权，势必引来君的不满与警惕；儒本身又依附王权，所谓伴君如伴虎，儒的自身地位并不能提升到宗教教主的高度，因而岌岌可危。

二、理性与信仰的融合："天""君""儒"三角哲学与神学思潮

董仲舒构建的这种"天""君""儒"三角哲学有着特定的目的和作用，简单来说就是董仲舒作为国家权力代言人来建立整个汉代的政治思想体系，用以维系汉代的社会政治走向。基于实现理想政治的动机，董仲舒把神学思想引入儒学，借力神学完成了儒学向政治的靠拢。

（一）"君权天授"之天：神灵信仰与权力来源

董仲舒的天道观核心是神性之天。虽董仲舒所谓之天，有神性之天、自然之天、道德之天等多种意义和解释[6]，但道德与自然皆统摄于信仰，囿于神学之内。自然之天是万事万物存在的前提，无须做太多解释；道德之天又是人与人相处的基本原则，自有自处的标准；唯有神性之天，含有太多的神秘与未知色彩，诠释的余地较大。《春秋繁露·郊语》中说："天者，百神之大君也。事天不备，虽百神犹无益也。"[2]398 很自然地，自然之天与道德之天就合二为一，统摄于人格化的神性之天。

之所以说神性之天地位更高，因为它是天子身份和地位神学化的来源。董仲舒引《公羊传》曰："惟天子受命于天，天下受命于天子。"[2]319 不祭祀天，不尊重天，还会受到惩罚。董仲舒曰："祭而地神者，《春秋》讥之。孔子曰：'获罪于天，无所祷也。'是其法也。故未见秦国臻天福如周国也。《诗》云：'惟此文王，小心翼翼，昭事上帝，允怀多福。'多福者，非谓人也，事功也，谓天之所福也。"[2]398 在神性之天的存在下，"不敢以父母之丧废事天地之礼"[2]404，汉代大肆提倡的忠孝道德也只能为之屈服。董仲舒的《春秋繁露》虽不是谶纬学，但是谶纬学的主导思想与其天人感应的神学思潮异曲同工，可以说是对董仲舒思想的传承和发展。东汉以后，纬书中大量吸收《春秋繁露》的内容，如三纲、三正、三统、三科九旨等，一些礼制方面均采纳《春秋繁露》之说。特别值得注意的是，谶纬类书籍中大量地直接抄录《春秋繁露》之文[7]。神性之天的统摄与其所具有的本体性，使其成为董仲舒政治哲学的最高信仰。

神性之天是天的人格化与君观念的合二为一。董仲舒的天观念非常复杂，董子给天赋予神性之后，接下来就是把天人格化。徐复观说："由阴阳五行所构建的天，不是人格神，不是泛神，不是静态的法则；而是有动力，有秩序，有反应（感通）的气的宇宙法则，及由此所形成的有机的世界。"[5]50 在这个"有机世界"里，最能体现天的意志和地位的，就是"天子"。这个"天子"与儒家的理想人格"君子"时常融为一体。如果天容纳了整个世界的话，那么"君"就是这个世界的关键和代言。董仲舒曰:"君人者,国之元,发言动作,万物之枢机。"[2]166 儒家的君子和天的儿子让董仲舒找到了共同点,就是把天人格化,让天子来代天巡狩。所以董仲舒神化自然之天,人格化道德之天,反复强调"惟天子受命于天,天下受命于天子,一国则受命于君"[2]319 "受命之君,天意之所予也"[2]286 "王者必受命而后王"[2]185 "今所谓新王必改制者,非改其道,非变其理,受之于天,易姓而王,非继前王而王也"[2]17 等。

为了把天授命于君主的这一过程真实化、形象化,董仲舒把一些自然现象神化,比如祥瑞之说。董仲舒曰:"故天为之下甘露,朱草生,醴泉出,风雨时,嘉禾兴,凤凰麒麟游于郊。"[2]102 君主受命是与天的预兆相符相合。君主为了印证这种理论的真实性,经常会推行一些礼俗变迁措施,比如改正朔、易服色、徙居处、制礼乐等,应天改制、应人制礼,"所以明易姓非继人,通以己受之于天也"[2]185。为了答谢天的恩赐,天子还要行郊祭和封禅大典。董仲舒曰:"已受命而王,必先祭天,乃行王事,文王之伐崇是也,《诗》曰:'济济辟王,左右奉璋。奉璋峨峨,髦士攸宜。'此文王之郊也。其下之辞曰:'淠彼泾舟,烝徒楫之。周王于迈,六师及之。'此文王之伐崇也。上言奉璋,下言伐崇,以是见文王之先郊而后伐也。"[2]408 "郊重于宗庙,天尊于人也。"[2]414 通过一系列的礼仪和制度,人们会从思想和行为上深化对天授权于君的认识,天成为民众心目中真真切切存在的人格神,天与君在神学思潮的外衣掩饰下融为一体。

既然天有神性,天子虽为天的代表,也不能完全代替天,因此董仲舒也倡导制约君权,以"天"的高度限制君权。董仲舒所谓的"屈君而伸天"[2]31,实际上就是想依靠自己制造的君权神授逻辑来让天子领会权力并非无度。所以边家珍认为,"屈民而伸君"是虚,"屈君而伸天"才是实[8]。其目的就是想让天子信仰天,信仰天的神性。

(二)"君权天授"之君:政治实体与权力象征

"君"本为一国之主宰,是政治统治金字塔的最高点,其权力要么来自民主政治,要么来自世袭或暴力手段。董仲舒的"天""君""儒"三角哲学理论中,神化天是逻辑起点,服务于君权是终极目的,君权被网罗其中，被神学思潮复杂化。

"君"的地位是多方位的。一方面，君主是神性之天权力的继承者和执行者。所谓"君权神授"就是君主的权力是由上天赐予的。董仲舒曰："夫古之天下，亦今之天下，共是天下……以古准今，壹何不相逮之远也！"[1]2519 对君主的权力，董仲舒解释："今陛下贵为天子，富有四海，居得致之位，操可致之势，又有能致之资；行高而恩厚，知明而意美，爱民而好士，可谓谊主矣。"[1]2503 另一方面，董仲舒又极力地想限制君权，强调权力不是无度的。董仲舒曰："国家将有失道之败，而天乃先出灾害以谴告之；不知自省，又出怪异以警惧之，尚不知变，而伤败乃至。"[1]2498 但实际上，董仲舒的这种想法过于天真，君权膨胀是不能被制止的。《汉书·董仲舒传》云："仲舒治国，以《春秋》灾异之变推阴阳所以错行，故求雨，闭诸阳，纵诸阴，其止雨反是。"[1]2524 董仲舒曰："凡灾异之本，尽生于国家之失，国家之失乃始萌芽，而天出灾害以谴告之，谴告之而不知变，乃为怪异以惊骇之，惊骇之尚不知畏恐，其殃咎乃至，以此见天意之仁而不欲陷人也。"[2]260 董仲舒试图以灾异来警告天子，险些丢了性命。"当死，诏赦之。仲舒遂不敢复言灾异。"[1]2524 限制君权的尝试，最后落得一场空。事实证明，董仲舒的这种看似稳固的三角哲学只是一种理想逻辑，应对现实问题则存在漏洞。

当然，董仲舒的这种理论有其成功之处，其最大的亮点在于迎合了统治者的需要，强调君本来的统治角色，君是政治权力的拥有者，权力至高无上。此外，该理论又借助神学外衣，倡导君权源自上天，把君与天的关系等同于父与子，竭力打造权力的神圣性。董仲舒曰："天心之仁爱人君。""天尽欲扶持而全安之。"又曰："号为天子者，宜视天如父，事天以孝道也。""受命之君，天意之所予也。"[2]286 "天子号天之子也。奈何受为天子之号，而无天子之礼？天子不可不祭天也，无异人之不可以不食父。"[2]404-405 这种权力还具有唯一性，"惟天子受命于天"。该理论对君权的大肆推崇并神化，深得天子的认可。

此外，从当时汉代社会实际而言，社会需要一个集权主义者来领导。董仲舒的三角哲学理论有利于国家统一，有益于整合皇帝的领导权力。在君臣关系上，君阳臣阴，他认为："阴道尚形而露情，阳道无端而贵神。"[2]172 故臣子要听从君主，不能违逆僭越。而君民关系基本延续了先秦孔孟的君民之道。董仲舒曰："民无所好，君无以劝也；民无所恶，君无以畏也。无以劝，无以畏，则君无以禁制也。""故设赏以劝之。""故设法以畏之。"[2]173 当然，董仲舒只是引入了神学色彩，曰："天之生民，非为王也，而天之立王，以为民也。故其德足以安乐民者，天予之；其恶足以贼害民者，天夺之。"[2]220 董仲舒在对策最后说："《春秋》大一统者，天地之常经，古今之通谊也。"[1]2521 可知，其目的还是一统江山。董仲舒对君权的极大推崇，打破了黄老无为的消极政治策略，深得武帝雄才大略之心，因而其理论得以推广，儒生得以重用。

（三）"君权神授"之儒：游离理性与信仰之间的儒家理想践行者

在董仲舒的"天""君""儒"三角哲学里，儒的地位极为微妙。董仲舒的理论设想里，处处都是天与君，绝少提到儒。然而，儒绝不是无足轻重的，反而至关重要。第一，以董仲舒为代表的儒家一直是以旁白者的身份在解释天人合一、君权神授等政治哲学理论，从未在"天人合一"理论中为自己留下位置，儒的地位相当隐蔽，以致人误认为"天人合一"就是天与人的哲学，与儒不相干。第二，儒家的地位又是牢不可破的，君权一直试图摆脱受天制约这一束缚，甚至让董仲舒反受其灾，但是天子若要铲除儒家，势必引起三角哲学一角的坍塌，"君权神授"的理论也就无所依附。儒生们就像一块磁体，牢牢地吸附在天子的周围，趋炎附势也好，兢兢业业也罢，为君权的合法性提供了理论支撑和合理解释。第三，从孔孟到荀子，随着绝地天通对理性的影响，儒家一直试图探索一条脱离神学思潮的理想政治之路。然而，汉代董仲舒的儒学思想，却又汲取了齐黄之术等各种神秘主义，引导儒学走上了与先秦儒家看似相悖的非理性之路，儒似乎正极力扮演巫的角色，充当信仰世界的灵媒，以弥补儒家信仰上的不足。

董仲舒以天钳制天子之权，曰："凡灾异之本，尽生于国家之失，国家之失乃始萌芽，而天出灾异以谴告之。谴告之而不知变，乃见怪异以惊骇之。惊骇之尚不知畏恐，其殃咎乃至。"[2]259 希望天子不忘本，施行仁政。从根本上说，还是由于儒的权利来源于君，因此儒自己有所顾虑，怕这种依附关系消失。汉代以来，以董仲舒为代表的儒家容纳百家，以实现政治理念为现实目标，早已抛弃原始儒家的政治理念，不断把儒学意识形态化。在有些人看来，这就是儒学的没落[9]，这种没落导致儒生们既要靠孔子原儒之学发展理论，又要靠天子给予的巨大权利来保持高高在上的地位。东汉王充评曰："儒生……长于匡救，将相倾侧，谏难不惧。……董仲舒表《春秋》之义，稽合于律，无乖异者。"[10] 说到底，董仲舒的天人理论，实际上是为了迎合汉武帝的"欲闻大道之要"[1]2495，是想献媚于权力中枢，体现了政治权力的极大向心力改变了儒学思潮的流向。也正是基于这种对权力的膜拜，董仲舒煞费心思，以"天""君""儒"三角关系哲学为儒家理论基础，用神学而来改造儒学，引神入儒，最终实现服务政治，同时庇护儒家、延续儒学的目的。

三、儒体神用：神学政治思想的形成与特质

董仲舒所秉持的"天""君""儒"三角哲学，本质上是儒学介入政治的理论体系，是儒家构建的新型政治理想和权力架构的思想依据。一般观点认为，中国历史上不存在"神学政治"社会形态，但事实上，汉代伊始，神学政治就雏形渐显，只不过与西方"基督教神学政治"相比，中国的神学政治体制中神权较弱，仅为实现王权神化的工具，但不能因此而彻底否决中国古代神学政治的存在事实。汉代神学政治的形成，是基于儒学熔炼百家，吸纳民间信仰的，进而神化儒学，最终以儒体神用形式而进入主流意识形态的。

孔子增删六经，著书立说，创设儒学。汉代儒学首先是沿袭了孔子学说的基本理论，在儒学发展上具有继承性。第一，汉代儒家继续延续了原儒思想，仍然是以儒为宗。比如，汉代儒学继续尊重孔孟，以孔子为先师，孔子的地位在汉代儒家中依然是最高的。第二，继续

重视六经，在学术思想和教育思想上没有大的变化。第三，依然采用以德治国的理念，主张使用道德伦理来治理国家，虽然实际为刑德并用，但以德为主，贵德而轻刑。因此，汉代儒学没有脱离儒学大义，以儒为主干是事实。然而，这种继承并非简单复制，而是在孔孟儒学的基础上，集百家思想之长，弃诸子思想之短，是熔理性与信仰为一炉的"新儒学"。这种新的儒学实际上是以董仲舒所创制的"天""君""儒"三角哲学为基本理论框架的，是一个思想复合体，既吸收神学思维，又为政治服务。汉儒对先秦儒学理论进行了一系列改造，进而迎合时代需要，最终化理想为现实，为政治服务。

汉代儒学在学术方面不断发展的同时，也出现了一些变化。受神学思维的影响，儒学神学化色彩越来越浓。董仲舒把神秘文化引入儒学，比如用祥瑞来表示天对人伦道德的肯定，"天下之人同心归之，若归父母，故天瑞应诚而至"[1]2500；用灾异来表示天对人道紊乱的批判，"国家将有失道之败，而天乃先出灾害以谴告之；不知自省，又出怪异以警惧之；尚不知变，而伤败乃至"[1]2498。董仲舒的神学政治哲学本意是服务于政治，但过分依赖神学就出现了一些问题，打破了理性占据主导的儒学思想，导致了东汉"谶纬"之学的兴盛。班固曰："汉兴，推阴阳言灾异者，孝武时有董仲舒、夏侯始昌，昭宣则眭孟、夏侯胜。"[1]3194昭帝元凤三年（前82），上林苑大柳树断枯卧地，自立复生，有虫食树叶成文字："公孙病已立。"今文经学家眭孟便引"先师董仲舒"之言，建议汉帝"求索贤人，禅以帝位"[1]3154。所以说，董仲舒虽是极力倡导神学与儒学的联姻，只不过，两者的结合，出现了一些意想不到的结果，把儒学引向谶纬。谶纬极力神化一切儒家文化，过度吸收神学思想，让儒学异化。董仲舒虽无创谶纬之心，却有成就谶纬之实。然而，谶纬兴盛虽与董仲舒有关，但却并非他的本意。儒学的这种变化，只是儒学引神学而救儒学的"预料之外"的附加品。

董仲舒把神学引入儒学，真正目的是构建整个汉王朝的意识形态理论，是为了打造一套新的神学政治理论模型。《春秋繁露·天地阴阳》曰："人，下长万物，上参天地。故其治乱之故，动静顺逆之气，乃损益阴阳之化,而摇荡四海之内。物之难知者若神,不可谓不然也。"[2]466 董仲舒的哲学是"以神而治乱",说到底就是一种为政治服务的神学理论,或言之"神学政治"。他把信仰之天、政治之君和似巫为臣之儒捆绑在一起,以三角哲学为形式,以天人观为起点,宗教为路径,汲取民间信仰神学资源,打造政治思想理论。董仲舒对神学政治的贡献体现在如下几个方面:

第一,把儒学神化,引入宗教性观念,确立了儒学向儒教的发展方向。董仲舒构建宗教性极强的神性之天,"天者,百神之君也,王者之所最尊也"[2]402。继而又说:"天子者,则天之子也。"[2]399 在"天""君""儒"的三角哲学里,按照李泽厚对巫的解读,董仲舒充当了汉代的巫者,把天与君联系起来。可以说,董仲舒所施行的一系列巫术活动成了"神明"出现的前提[11]。董仲舒曰:"君人者,国之元,发言动作,万物之枢机。枢机之发,荣辱之端也。……君人者,国之本也。夫为国,其化莫大于崇本,崇本则君化若神……君人者,国之证也,不可先倡,感而后应。故居倡之位而不行倡之势,不居和之职而以和为德,常尽其下,故能为之上也。"[2]166 董仲舒以一个巫者身份,把儒学神学化,并且把君主纳入其中。最后的结果是,无论是君王,还是百姓,都要敬畏儒所赋予"天"的神力,举头三尺有神明,神明主宰万物,而儒以巫的身份把这种权力赋予君,天下最后才得以和谐和治理。

第二,把儒家伦理神学化,儒学在形成一种伦理哲学的过程中,伦理又被神化。人与人之间的关系,本是一种自然关系,但是这种关系,却被董仲舒打上了神学意义的烙印。汉代礼制的成熟,就是伦理神学化的最大表现。其一,以天为宗、以德为本的天人合一思想支撑了礼制不断走向成熟[12],"天人合一"带有很浓烈的神学色彩;其二,汉代祭天、祭孔、祭祖等祭祀行为,既是"礼"思想的表现,又有很强的神学氛围;其三,汉代儒家所提倡的"三纲五常",以及涉及的婚丧嫁娶等社会风俗,无不渗透了鬼神色彩。汉代的伦理道德,以礼制为内核,以法制为外壳,以神学为骨架,渲染着"天""君""儒"的三角哲学理念。

第三，推动了儒学的政教化，即让儒学作为一种意识形态迅速取得独尊的地位。诸多学者看到了儒学的政教之路，如陈劲松提出汉代儒学意识形态化，与"以吏为师"的意识形态的终结、"独尊儒术"政策的提出，以及两汉时期儒学的法律化运动等相关事件的发展有密切关系[13]。毫无疑问，董仲舒在设计汉代意识形态时，是以儒家的政治理想为目标的，但甚少注意到推动政教的内在动力与方式。儒学只有披上神学的外衣，才能受到统治者的重视。也就是说，儒学借助道家和民间信仰等汉代神学资源，促成神学与儒学的合二为一，才使得儒学弥补了宗教性的缺失，并快速地构建为意识形态，以显学之势成为政治的基本指导思想。

在神学政治的形成中，儒学是神学与政治的纽带。政治和神学的结合，又是以儒学的神秘化、宗教化、民间化为链接点。因此，汉代儒学呈现出了多元化的发展趋势，一是儒学接近政权，建立了以儒家思想为主的国家权力机构，加速了儒学的意识形态化；二是汉代经学大行其道，汉王朝设立五经博士，让儒学成为官学，儒学经学化成为必然；三是儒生与方士求仙问卜，大兴神秘文化，致使儒学的宗教性和神学色彩凸显；四是儒学作为一种极其强势的力量进入民间，化民成俗，化性起伪，形成了以儒家伦理为核心的"新"（儒化）民间信仰体系。

四、余论

董仲舒以"天""君""儒"三角哲学为基础构建的汉代神学政治理论体系，从整个儒学发展的长河来看，本质上是儒学吸纳神学，"神体儒用"的前奏，体现的是儒学的宗教性。只不过在汉代这样一个特殊的社会环境里，特别是董仲舒所处的时代，宗教理论还不完备，董仲舒所吸收的宗教思想更多的是中国本土文化中的原始宗教观念，比如方士思想、道家思想、齐黄理论、自然崇拜、祖先祭祀，以及这样那样的神秘主义思潮和民间信仰，这些观念带有浓烈的宗教色彩，却又不是现代意义上的宗教。

从表面上来看，董仲舒把先秦孔孟之学的政治理想付诸实践，并促成了儒家独尊的历史事实。然而，董仲舒大量地借力于神学思潮，努力地迎合施政者尤其是王权的需要，这与原始儒学所追逐的社会理想是相悖的，或者至少存在差异。换句话来说，董仲舒在汉代创立的这种神学政治模式虽然延续千年，垄断了整个专制社会的意识形态，却又为此而付出了代价，让儒学卷入政治漩涡，成为腐朽、没落、反动等"封建"的代名词。事实上，儒学不乏包容、仁爱、开明的进步思想。时至今日，儒学剥离政治，这些思想才得以彰显，并使得儒学回归心性。只可惜历时太久，弯子绕得过大。

参考文献：

[1] 班固. 汉书 [M]. 北京：中华书局，1962.

[2] 苏舆. 春秋繁露义证 [M]. 钟哲，点校. 北京：中华书局，1992.

[3] 孔颖达. 春秋左传正义 [M]. 杜预，注. 北京：中华书局，1980：2013.

[4] 许维遹. 吕氏春秋集释 [M]. 北京：中华书局，2009：12.

[5] 徐复观. 两汉思想史：第二卷 [M]. 上海：华东师范大学出版社，2001.

[6] 金春峰. 汉代思想史 [M]. 北京：中国社会科学出版社，1987：147.

[7] 钟肇鹏. 董仲舒与汉代儒学 [J]. 传统文化与现代化，1995（2）：49-55.

[8] 边家珍. 董仲舒与汉代天道信仰的重建 [J]. 河南教育学院学报（哲学社会科学版），2004（6）：71-77.

[9] 惠吉星. 论"独尊儒术"与汉代儒学的没落 [J]. 学习与探索，1991（5）：16-22.

[10] 黄晖. 论衡校释 [M]. 北京：中华书局，1996：534-542.

[11] 李泽厚. 历史本体论 [M]. 增订本. 北京：生活·读书·新知三联书店，2008：164.

[12] 李宗桂. 汉代礼治的形成及其思想特征 [J]. 哲学研究，2007（10）：46-53.

[13] 陈劲松. 两汉时期儒学观念的意识形态化及其路径 [J]. 中国人民大学学报, 2007 (2): 44-50.

本文发表于《衡水学院学报》2019 年第 5 期。
杨清虎 (1981—), 男, 陕西西乡人, 哲学博士, 副教授。

董仲舒人性论研究

董仲舒人性论的黄老学特色及研究意义

白延辉

董仲舒是西汉时期《春秋》公羊学的代表人物,著述主要有《春秋繁露》和保存在《汉书·董仲舒传》中的《天人三策》,其中《春秋繁露》是董仲舒的主要著作。董仲舒以天人感应为基础,以《公羊春秋》学说为骨干,以儒家思想为本位,融合阴阳家、法家、名家、道家诸家学说,形成了不同于以往先秦儒家思想的兼容并包、富有特色的思想价值体系。徐复观曾概括《春秋繁露》的内容,认为其是由"《春秋》学""天的哲学"以及其他一些关于礼制建设的内容等三部分组成。可见,董仲舒的学术思想具有明显的综合性特征,"董仲舒的学术主要有两部分内容,即'《春秋》学'与'天的哲学',前者来自对之前《春秋公羊传》为代表的儒家王道论体系的继承和发展,后者则更多地吸取了《吕氏春秋》《淮南子》、黄老之学的天道论体系,两者融为一体,正显示出董仲舒对秦汉初期两大体系化思想潮流的综合创新"[1]。这个概括更加准确,董仲舒一方面继承发展《春秋公羊传》的"大一统"思想,形成了系统的王道论,确立了儒学独尊的正统地位;另一方面从人道效法天道的原则出发,树立了天道不可违的观念,形成独特的天道论观念,并把天道论贯彻到治世之道和养生之道,形成其兼容并包、独具特色的由天道观、人性论、治国论、养生观等理论构成的思想体系。

学术界关于董仲舒的人性论众说纷纭,出现了性善论、性未善论、性善情恶论、性三品说等多种观点，有学者认为董仲舒的人性论思想承接孟子，有学者认为董仲舒人性思想的精神是荀学，还有人认为其思想兼综孟子与荀子。"董仲舒的人性论继承孔子，吸收告子，兼综孟荀，扬弃韩非，并结合新的时代条件将其纳入天人阴阳的理论框架，开创了古代人性论的新格局。"[2]董仲舒人性论的多重判定根源于其理论结构的兼容性、复杂性。

目前已有研究从儒家思想理论内部寻找董仲舒思想根源，如从董仲舒与孟子、荀子的承继关系等角度展开研究。本文认为，由于董仲舒思想具有综合融会诸家思想学说的综合性、复杂性的特征，相关研究亦应在更广阔的视野中展开。董仲舒所处时代，不仅面临着儒学的复兴与发展，还有黄老学思潮盛极一时，因而应该将董仲舒思想与黄老道家学术思想联系起来，思考其学术背景，发掘其思想特色及逻辑生成。具体到人性论问题上，董仲舒与黄老道家人性论的比较研究应该得到重视。

一、董仲舒人性论的黄老学特色

在董仲舒有关人性论问题的论述中，"性者生之质"的概念界定、"为人者天"的人性根源、"阳性而阴情"的性情论、"顺性而导善"的治国思想，均与黄老学相通，表现出明显的黄老学特色。对黄老人性论的吸收容纳是董仲舒之所以不同于孟荀以善恶论人性的重要特点。

(一) 性者生之质

先秦儒家人性论主要有两种类型：孟子的性善论与荀子的性恶论。董仲舒与孟子、荀子以善恶论人性有所不同，他没有直接用"善""恶"判定人性，而是通过"正名"的方法来界定"性"，并以之为自己的人性论逻辑起点。董仲舒指出事物的"名"应该对应其"真"，董仲舒在审名求实的原则下，厘清了"性""善""情"等名实关系。首先要"反性之名"，他认为"性"之名为"质"，在《深察名号》和《实性》中他用"质"界定"性"："今世暗于性，言之者不同，胡不试反性之名。性之名非生与？如其生之自然之资谓之性。性者质也。既不能中矣，而尚谓之质善，何哉？性之名不得离质。离质如毛，则非性已，不可不察也。"（《深察名号》）"性者生之质也。"（《汉书·董仲舒传》）"生之自然之资谓之性。"（《深察名号》）"性者，天质之朴也；善者，王之教化也。无其质，则王教不能化；无王教，则质朴不能善。"（《实性》）可见董仲舒将人性视作人与生俱来的天性、自然本性。在董仲舒的人性论中，尽管"性含善质"，但"性"之名与"善"之名所对应的本质不同，因此不能得出性善的结论。"天之所为，止于茧麻与禾。以麻为布，以茧为丝，以米为饭，以性为善，此皆圣人所继天而进也，非情性质朴之能至也，故不可谓性善。"（《实性》）"人之性情，有由天者矣。"（《为人者天》）只能用"质"即人天生的自然本质来界定人性，这与荀子的"生之所以然者谓之性"（《正名》）、"凡性者，天之就也"（《性恶》）思路相通，但董仲舒并未如荀子一样得出"人之性恶，其善者伪也"（《性恶》）的结论。董仲舒的"质"包含着"善质"与"恶质"的双重含义，无论是善还是恶都是天赋予人的本性，有学者将之概括为"天赋善恶论"，"人性既不能单纯地评判为善，也不能片面地归纳为恶，而是善恶仁贪兼备"[3]。

学术界对于董仲舒人性论的性质判定有争议，其中最具代表性的争议是董仲舒人性论是否属于"性朴论"，有肯定者①，也有反对者②。如何理解董仲舒对"性"的界定就成为争论的关键之所在。性朴论者认为董仲舒与荀子均为性朴论，反对者则不赞同此说法。但争论双方都承认董仲舒与荀子人性论的确存在着诸多学理上的关系。

纵观学术发展史可以发现，"性者生之质"的论断并非荀子或者董仲舒首倡，放眼战国末年以及汉初学术思潮可以发现，以生言性、

---

① 参见周炽成：《董仲舒对荀子性朴论的继承与拓展》，《哲学研究》2013年第9期，第53-67页。

② 参见黄开国：《董仲舒人性论是性朴论吗？》，《哲学研究》2014年第5期，第34-38页。

以质言性是当时人性学说的一个普遍观点。告子、庄子、黄老学,都将"以生言性"作为逻辑的出发点。老庄道家言性、言情亦十分重视自然与真实,"道家所谓'性',首先是'自己如尔'的自然之性"[4],因为"道"法"自然",万物(包括人)之性亦应法"自然"之性,"朴""素""赤子""婴儿"等概念象征最原初的、最自然的人性,因而庄子提出"性者生之质"(《庚桑楚》),"不厌其天,不忽于人,民几乎以其真"(《达生》)。人的真性情应该是最自然、最本然的状态,应顺任人的自然情感而不去盲目"益生"。"真者,精诚之至也。……礼者,世俗之所为也;真者,所以受于天也,自然不可易也。故圣人法天贵真,不拘于俗。"(《渔父》)人的真实性情禀自天赋,喜怒哀悲之情应遵循"法天贵真"的原则,即法效自然,不拘于俗礼。

必须注意的是,尽管都以"生之质"界定人性,但董仲舒将"人性"界定为"质",以人的天生自然性为"人性",这种自然性并不同于庄子的"自然性"。因为董仲舒的"质"具有"善质""恶质"的双重含义,人性并不是完成了的、不变的最高理想,而是需要通过外在教化从而扬善抑恶,其人性论中作为外在约束力量的礼仪教化必不可少。而庄子所谓的自然本真之性,尽管不以"性善"称之,但象征的都是人性中真与善的美好理想,这种人性是无须拘于俗礼,仅仅顺其自然本性即可以达到"法天贵真"的理想人性。

黄老道家对人性的理解与董仲舒相近。黄老道家也不以善恶论人性,但在情欲问题上与老子、庄子有所不同,他们并未将"情""欲"与"性"对立起来,他们认为人之本性就是人生而具有的自然性情,其中最重要的就是人的好恶之情,所喜好者即为"欲""利",所厌恶者即为"恶""害",人的自然性情就是"趋利避害",就是"自为"。《黄帝四经》《慎子》《管子》《吕氏春秋》均持此观点,在黄老道家眼中,人是一个在自然性情支配下的"有情""有欲"的"自为"的人,社会是以"为己"和"利益"为中心的社会[5]。黄老道家学者并不认为所有的欲望都是合理的,他们将人的"情""欲"分为两种类型:一种是出于人的生理本能的、凡人皆有的好利恶害之情,这就是人的自然本性,这种人性没有善恶的价值判断,它以"自为""为己"为特征，不能用"无知""无欲"的方法去改变或者消除，而应因之、养之。另一种是在外物的诱惑下产生的嗜欲，这是比原初的、本然的自然情欲多出来的东西，多余的东西势必妨害本然之性，需控制嗜欲，使之有度有节，方可回归本性、避免祸患。可见，董仲舒与黄老道家都重视人的自然本性，都将性与情分而论之，都将情欲中属于恶的一面作为礼仪教化存在的原因与根据，为王道教化提供理论基点。

（二）为人者天

董仲舒将人性看作人之内在、天然即具有的本性，而人性的根源则在于"天"，"天者万物之祖也"（《顺命》），"为人者天也。人之为人本于天……人之性情，有由天矣"（《为人者天》）。人受命于天，因此"天"是"性"的逻辑起点，这样董仲舒就将天道观与人性论结合起来。在对"天"的具体思考中，董仲舒借助了黄老道家"气"的学说。董仲舒认为，作为万物本原的天由"十端"构成："天有十端，十端而止已。天为一端，地为一端，阴为一端，阳为一端，火为一端，金为一端，木为一端，水为一端，土为一端，人为一端，凡十端而毕，天之数也。"（《官制象天》）"十端"其实皆是"气"，因为"天地之气，合二为一，分为阴阳，判为四时，列为五行"（《五行相生》）。"十端"都是浑元之气的一系列化生，整个客观世界赖气而生，"是故惟天地之气而精，出入无形，而物莫不应，实之至"（《循天之道》）。天之构造，首推阴阳之气："天道之常，一阴一阳。阴者天之德也，阳者天之刑也。"（《阴阳义》）阴阳二气是沟通天人的中介，同时涵盖自然现象与人事规则，天道可以通过阴阳二气来影响万物，也通过阴阳来决定人性的善恶。

在天人关系问题上，董仲舒的"天人感应"说、"人副天数"说与黄老道家有很深的渊源。董仲舒提出"同类相感"说，认为同一类的事物是可以互相感应的，他说："今平地注水，去燥就湿；均薪施火，去湿就燥。百物去其所与异，而从其所与同，故气同则会，声比则应，其验皦然也。"（《同类相动》）这种水就湿、火就燥、气同则会、声比则应的同类相动现象，是一种自然现象。有关同类相应的思想，也出现在董仲舒之前的众多著作中，比如《吕氏春秋》中这样描绘："类固相召，气同则和，声比则应。鼓宫而宫动，鼓角而角动。平地注水，水流湿；均薪施火，火就燥。"从语言内容与表达方式可以看出，董仲舒对《吕氏春秋》有所援引。不仅如此，董仲舒认为，"天地之精所以生物者，莫贵于人。人受命乎天也"，人与天是同类的，"人副天数"而成，如"人有三百六十节，偶天之数也"。"天以终岁之数，成人之身，故小节三百六十六，副日数也；大节十二分，副月数也；内有五脏，副五行数也；外有四肢，副四时数也。""天地之符，阴阳之副，常设于身，身犹天也。"（《人副天数》）人的形体、情志、本性与伦常，无一不与天道相对应。既然人与天表现出如此高度的一致性，那么天人之间存在着必然的感应，人能够通过改变自己的内心道德修养来改变外在对天地福祸的感应。"人副天数"并不是董仲舒的独创，在之前的思想家尤其是黄老道家学派中，已经有了很多相关论述。道与气是宇宙万物和人体的共同本源，天地万物都由无形之气产生，万物有着共同的物质基础，宇宙与生命有着内在的联系，这就决定了天与人之间具有共同的物质基础，天人之间存在着同构的关系，自然与人体具有相似之处。在这种"法自然"原则的指引之下，黄老道家把天体构成与人体构成相比附，提出了对人体结构的初步设想和推断。《吕氏春秋》强调人与自然具有相似性："人之与天地也同，万物之形虽异，其情一体也。故古之治身与天下者，必法天地也。"（《情欲》）《吕氏春秋》认为，通晓这种思想，就能在治身与治国之时采取"法天地"的思想方式和措施。《黄帝内经》把人体形态结构与天地万物一一对应起来，更加细致地描绘了人体与天地相应的状态，与《淮南子》的天人同构论相比更加细致详备。在黄老道家哲学中，把人体的各个部分与自然界相比附，人体作为小宇宙处处体现着与外在大宇宙的和谐统一。可见，无论是董仲舒还是黄老道家学者，都将天作为人体、人性的产生根源，将天道观作为人性论的根据，人性就是天道自然的表现。

（三）阳性而阴情

董仲舒《春秋繁露》中有一篇名为《阳尊阴卑》，篇中有"贵阳而贱阴"的提法。与《易传》相对平等地对待阴阳关系不同，天道阴阳在董仲舒的理论体系里并不是对等的。他设定了阳尊阴卑的高低区分，举阳而抑阴，阳主而阴从，并将道德与阴阳气化论结合起来："是故推天地之精，运阴阳之类，以别顺逆之理。安所加以不在？在上下，在大小，在强弱，在贤不肖，在善恶。恶之属尽为阴，善之属尽为阳。阳为德，阴为刑。"（《阳尊阴卑》）《汉书·董仲舒传》说："仲舒治国，以春秋灾异之变推阴阳所以错行。"这个评价是准确的。阴阳是董仲舒哲学的基本概念。阴阳既是天的两种基本属性，也是构成万物的两种"气"，进而也就成为万事万物的两种不可或缺的属性。"是故推天地之精，运阴阳之类，以别顺逆之理。安所加以不在？在上下，在大小，在强弱，在贤不肖，在善恶。恶之属尽为阴，善之属尽为阳。阳为德，阴为刑。"（《阳尊阴卑》）在天道运行的过程中，阳主生而阴主杀，相比较而言，阳比阴更为根本。董仲舒以阴阳五行说为其思想理论的框架，对人性论的论述也是以阴阳说为理论基础的，阴阳两种属性决定了人性中的性与情、善与恶的两种属性。在人性论中，善恶关系总是离不开性情关系。在董仲舒人性论中，"性"体现的是人的内在本质，"情"体现的是人的外在欲望，"性者生之质也，情者人之欲也"（《汉书·董仲舒传》）。"是正名号者于天地。天地之所生谓之性情。情性相与为一瞑，情亦性也。……身之有情性也，若天之有阴阳也。"（《深察名号》）董仲舒将人性与阴阳结合起来，天道有阴有阳，人性有情与性，表现出贪与仁两种属性。"人之诚有贪有仁，仁贪之气，两在于身。身之名取诸天，天两有阴阳之施，身亦两有贪仁之性。"（《深察名号》）董仲舒以人性中的贪为阴，这属于人性中的恶质，代表着冷酷、剥夺、凶暴、急躁；以仁为阳，属于人性中的善质，代表着温暖、给予、仁爱、宽厚。天喜好仁爱而接近阳，厌恶凶暴而疏远阴。因而人性中来自阳的善质之性应发扬，而来自阴的恶质之情应该受到抑制。

"人性之有阴阳，性情与善恶之两方面，这是董仲舒对天地间之观察。天地间之事物，原系相生相成，亦有相杀相克之性。"[6]所以人性不能说是全善，也不能是全恶，善与性的关系即米与禾的关系，善出自性中，而性未可全为善，性可以待"德教而后善"。董仲舒的阳性阴情的性情观与原始儒家有区别。孔子、孟子、荀子并没有将阴阳与人性相联系，董仲舒的阳性阴情的思想主张也并非渊源于儒学内部，而是在吸收黄老道家的崇阳抑阴的价值理念基础上完成的。黄老道家早期代表作《黄帝四经》明确提出了阴阳的主张，"刑晦而德明，刑阴而德阳，刑微而德章（彰）"（《十大经·姓争》）。正如太阳和月亮协调配合方能使万物生长一样，德与刑也相辅相成，偏废任何一方都是行不通的，而应该"刑德相养"（《十大经·姓争》）。在人性论问题上《黄帝四经》也主张尊阳卑阴、雌雄并用，刚柔相济。《黄帝四经》人性论理念被《吕氏春秋》《管子》等继承发扬，在汉初的《论六家要旨》《淮南子》等著作中得到完善，也对董仲舒人性理论的建构产生了重要影响。

（四）顺性而成善

既然"天"通过"气"赋予人以"性"，通过"王教之化"而成"善"，董仲舒所谓王政的关键就在于"引其天性所好，而压其情之所憎"（《正贯》）。通过引导、因顺的方法导人向善，即顺性方可成善。在此过程中必须发挥"心"的能动作用，通过"心"去压制"恶"，同时，"凡气从心，心，气之君，何为而气不随也"？心为气之君，主宰气，因而也可以主宰人性。在心的作用下，董仲舒将外在的圣王礼仪教化内化为主体的自觉。王者要从天道那里寻求王道，天道最大的是阴阳，尽管阴阳二者相辅相成，但是有主次之分，天道以阳为主，以阴为辅，因为阳主生养，而阴主收藏，阴作为阳的辅助而存在。如果用阳表示道德，那么阴表示刑罚，所以天也要以德为主，以刑为辅。董仲舒得出结论：王者承天意以从事，故任德教而不任刑。"刑者不可任以治世"，这是有秦朝任用推重刑罚的法家导致其迅速灭亡作为前车之鉴的，秦朝"为政任刑"是不顺于天道，先贤圣王不做这样的事情。所以废除德教官员而任用法家，这不是正确的选择。董仲舒认为，任用法家政治家的主张，犹如孔子所言"不教而诛谓之虐"，是对臣民的虐政、暴政，是难以长治久安的。董仲舒进而通过《春秋》来劝谏汉武帝，强调用儒家的仁义礼智教化百姓的重要性，提出教化立则奸邪止，教化废则奸邪出，古之圣王"南面而治天下，莫不以教化为大务",所以应当"立大学以教于国,设庠序以化于邑,渐民以仁,摩民以谊,节民以礼,故其刑罚甚轻而禁不犯者,教化行而习俗美也"。如果能做到明教化、正习俗,而且子孙世代承袭之,则可以国家兴盛,五六百年都不至于衰败。如果反其道而行之,比如秦国,"师申商之法,行韩非之说","重禁文学,不得挟书,弃捐礼谊而恶闻之,其心欲灭先王之道",其结果是"为善者不必免,犯恶者未必刑",百官皆虚辞诈伪、趋利无耻,君主重用酷吏而又赋敛无度,竭尽民之财力,使得百姓四散逃亡,荒废了耕织之业,致使群盗并起,"刑者甚重,死者相望,而奸不息",所以秦朝"立为天子十四岁而国破亡"。秦朝的政策使得习俗薄恶,人民愚顽,其遗毒甚至一直延续到汉代初年。汉朝初建时期,继承秦制沿袭法治,其结果是"法出而奸生,令下而诈起,如以汤止沸,抱薪救火,愈甚亡益也",根据当时的形势应该改变既往的政策,不再以兼容儒墨法思想的黄老为治国的指导思想,而是由法治转向德治,恢复儒学中的仁义礼智信五常,"夫仁谊礼知信五常之道,王者所当修饬也;五者修饬,故受天之祐,而享鬼神之灵,德施于方外,延及群生也"。"故圣人法天而立道,亦博爱而无私,布德施仁以厚之,设谊立礼以导之。"王者应该上承天意,下明教化于民,正法度,别上下。

　　董仲舒顺性而成善的主张与黄老道家相通。道家学派尤其是黄老派在人性问题上最重要的主张是因循、顺遂人的自然本性,即"因人情"。《慎子·因循》曰:"天道因则大,化则细。因也者,因人之情也。人莫不自为也,化而使之为我,则不可得而用之也。"又曰:"故以人之自为也,不以人之为我也。"这就是说,既然自为、自利是人的自然本性,那就只能是遵循天道的原则,顺应它,进而利用它("因"),而不是企图违背它、改变它("化")。田骈亦曰:"人皆自为,而不能为人。"(《尹文子·大道》引)因而他提出"因性任物"(《吕氏春秋·执一》),主张顺应人的这一本性并加以利用。此外,《管子·心术上》亦提出"因人之情",并对"因"做了明确的界定:"因也者,无益无损也。""因也者,舍己而以物为法者也。"所论重在排除主观意向而顺其自然。因此,"因人之情"应是最初的黄老学派对待人性问题的主张，先秦儒家对于人性中属于自然本性的部分采取的应对措施是教化、改变、控制，如荀子的"其善者伪也"。董仲舒对因、顺的高度重视应该是其接受了黄老道家"因循""任物"的主张的表现。

  黄老道家与董仲舒同样重视心的作用。由于人性被视为好恶之情，情的表达离不开心的作用，心之所发为情，情之所显为性，性与情二者通过心的作用才得以呈现，《黄帝四经》中的"心"以及相关观念"共出现十六次，含义比较单纯，尚未成为独立的哲学概念……尚不具备认识论方面的意义"[7]。如"俗者，顺民心也"（《经法·君正》），"所谓行忿，心唯（虽）忿，不能徒怒"（《十大经·本伐》），"心之所欲则志归之"（《称》）等，都是指"内心""意念""欲望""情绪"等心之初始意义，就是说作为人体的最重要器官的"心"具有思维的自然功能。人性的过度嗜欲会伤生害性，因此人要通过内心的"宁""静""安"等方法，建立起一道抵御嗜欲的屏障，方能反归于淳朴之人性。这与董仲舒"以心抑恶"方法相通、相近。

  此外，董仲舒根据顺性成善的原则提出了的具体的社会治理方案。在人才体系建构即推举贤良问题上，为改善察举制度，他提出"养士"和"兴太学"的制度，充分发掘民间人才，精通儒学成为平民入仕的必经之路。董仲舒提出："夫不素养士而欲求贤，譬犹不琢玉而求文采也。故养士之大者，莫大乎太学。太学者，贤士之所关也，教化之本原也。"（《汉书·董仲舒传》）"臣愿陛下兴太学，置明师，以养天下之士，数考问以尽其材，则英俊宜可得矣。"（《汉书·董仲舒传》）养士制度满足了国家对于人才的需求。兴立以儒家经学为主要教学内容的太学作为教养士大夫以及选拔官吏的重要机构，通过考试问答来选拔人才，避免了察举制度存在的以私心任命官吏的弊端。董仲舒的以经学取士的方法，直接开创了汉代经学的兴盛。"自武帝立五经博士，开弟子员，设科射策，劝以官禄，讫于元始，百有余年，传业者浸盛，支叶蕃滋，一经说至百余万言，大师众至千余人，盖利禄之路然也。"（《汉书·儒林传》）

二、董仲舒人性论研究的理论与现实意义

儒学自孔子在春秋末年创建后,在战国时期得到了很大的发展,与墨学共同成为两大显学。孔子以后"儒分为八",并产生了孟子与荀子两位大儒。在先秦时期儒家是一大学派,思想影响深远,但儒家一直未能获得诸侯国官方的支持。虽说孔子、孟子积极宣扬自己的学说,乃至周游列国宣扬自己的主张,但都以失败告终。进入汉代以后,儒家学派取代黄老道家成为官方意识形态,在我国历史上第一次走进了繁荣昌盛时期,在意识形态领域的统治地位几乎延续了两千年之久。儒学的繁荣就是从汉代的"独尊儒术"开始的,董仲舒在此过程中功不可没。他吸取了秦王朝失败的教训,认识到建立了大一统的中央集权的封建帝国之后,还必须建立起统一的指导思想,方为真正的长治久安之策。汉武帝即位后,开始讨论"大道之要,至德之极",即治国的根本指导思想问题。董仲舒在对策中提出了"独尊儒术,罢黜百家"的主张,认为"道者,所繇适于治之路也,仁义礼乐皆其具也,故圣王已没,而子孙长久安宁数百岁,此皆礼乐教化之功也"(《汉书·董仲舒传》),提出尊崇儒学的建议,从而拉开了汉代新儒学确立独尊地位的序幕。人性学说作为董仲舒学术思想的重要组成部分,成为董仲舒王道政治理论逻辑起点,追溯其思想真相,研究其逻辑生成以及理论建构的过程,至今仍然是董仲舒儒学思想研究的重要课题,仍然具有理论与现实意义。

(一)董仲舒人性论是儒家人性学说的新形态

董仲舒与孟子、荀子同属于儒家学派,不可否认的是,董仲舒对于孟子、荀子的人性论均有所承继。例如他们都将形上之道作为人性的最高依据和最深根源,都依据推天道而明人事的原则思考人性之本然,并由此思考人道与治道。他们都将导人向善作为人性论的最终目的。但由于思想背景、时代特色上的差异,他们在人性论问题上有所差异。董仲舒与孟子的"性善"、荀子的"性恶"不同,他并未直接对人性论做出善恶的价值判断,而是以"生""质"即人的天然、自

然本性界定"人性",对人性问题的思考与孟、荀相比较更为具体化、形下化,其思想根源于对天、道的气化、形下化解析,因而其哲学思想的形上性、玄思性减弱,而现实性、客观性凸显。他遵循的是"以生言性""以质言性"的路径,提醒人们应该合理地、辩证地面对人性中固有的自然之性即生理欲望,在"顺性而导善"的原则下进一步探讨社会制度和国家法治的建构。同时,董仲舒对人性论的思考没有脱离社会现实,他取"中人之性"为人性之标准,将超出或者低于普通人的"圣人之性"与"斗筲之性"排除在外,对人性的思考更具有针对性与现实性,"性三品"丰富了儒家人性论的理论形态,是为适应独尊儒术的思想环境以及汉代政治改革的社会需要而做出的理论调适。因而,研究董仲舒人性论对于研究整个儒家学派人性学说至关重要。

(二)董仲舒人性论研究是现代儒学研究的典例

面对当代多元文化与现代精神的强烈碰撞的现实,儒学如何适应新的形势,完成自身的现代化转换以及创新性发展,使得传承了两千多年的儒家文化传统展现其存在的合理性,成为现代儒学研究的重要课题。而实现转化的重点在于将思想本身进行理论化建构、系统性地表达,方能全面展现其价值、境界、方法。董仲舒根据时代与政治发展的要求,创造性地改造了儒家人性学说,使之适应了儒家人性理论衍变的需要以及政治改革的现实需求。他在明确界定性、情的概念基础上,具体指出其人性论的天道根源、上中下三品的构成、导人向善的王道目的等内容。尽管其人性论结构较为复杂,但清晰的逻辑推演、明确的概念界定、具体的经验实证,使得董仲舒人性论独具特色并成为深入展开儒学思想研究的典型范例。因而,从总体上理解董仲舒人性论的思想内涵,展示其思想特色,探讨其思想渊源以及与其他学派的关系,这将有助于实现董仲舒哲学思想的现代转化,并发掘其时代价值与意义。

参考文献:

[1]李祥俊.董仲舒与秦汉初期体系化思想的建构[J].魏彦红,主

编.董仲舒研究文库:第二辑.成都:巴蜀书社.2013:128.

[2] 李宗桂.董仲舒人性论析要[J].齐鲁学刊,1992(5):65-68.

[3] 曾振宇.董仲舒人性论再认识[J].史学月刊,2002(3):16-23.

[4] 郑开.道家心性论研究[J].哲学研究,2003(8):80-86.

[5] 白延辉.《黄帝四经》人性论的理论逻辑与思想史意义[J].中国哲学史,2018(4):38-43.

[6] 陈福滨.董仲舒人性论探究[J].衡水学院学报,2018(6):16-22.

[7] 白奚.稷下学研究[M].北京:生活·读书·新知三联书店,1998:105.

本文是2018年国家社科基金项目"黄老道家生命哲学的思想内涵与渊源流变"(18XZX007)及2017年度内蒙古自治区高等学校科学研究项目"汉代儒道关系研究"(NJSY17018)的阶段性成果。

本文为"2019中国·衡水董仲舒与儒家思想国际学术研讨会"提交的论文。

白延辉(1976—),女,内蒙古赤峰人,哲学博士,博士后,内蒙古大学哲学学院副教授。

董荀二子"性朴"论的同异

林桂榛

康有为《万木草堂口说》曾曰:"性者,生之质也,未有善恶……受天者谓之性,就天说……董子言生之谓性,是铁板注脚。总之,'性是天生,善是人为',二句最的。"[1]蔡元培《荀卿论》曰:"韩婴《外传》不著非孟之辞,董生《察名》未引性恶之说。"[2]宋本《荀子》刘向《孙卿书录》曰:"至汉兴,江都董仲舒亦大儒,作书美孙卿。"[3]《汉书·董仲舒传》里,董仲舒《贤良对策》曰:"质朴之谓性,性非教化不成;人欲之谓情,情非度制不节……下务明教化民,以成性也。"《春秋繁露·深察名号》驳斥孟子性善论曰:"性之名非生与?如其生之自然之资谓之性。性者质也,诘性之质于善之名能中之与?……性之名不得离质,离质如毛,则非性已,不可不察也。"《春秋繁露·实性》又曰:"今按圣人言中,本无'性善'名,而有'善人吾不得见之矣'。使万民之性皆已能善,善人者何为不见也?观孔子言此之意,以为善甚难当,而孟子以为万民性皆能当之,过矣!……性待渐于教训而后能为善。善教训之所然也,非质朴之所能至也,故不谓性……性者天质之朴也,善者王教之化也,无其质则王教不能化,无其王教则质朴不能善。"

对比荀董的见解,可知二人皆激烈批判孟子的"性善"论,而且《春秋繁露》批判孟子性善论的语气都极似《荀子》。譬如,《荀子》"过矣"仅用1次,且是用来批判孟子"性善"论的,《春秋繁露》中有 2 次使用"过矣",也是批判孟子"性善"论的,而且 2 次出现"过矣"的地方,句式、语义很相同或很相近,这更证明该 2 次"过矣"句子所在今本《春秋繁露·实性》《春秋繁露·深察名号》确当是董仲舒的思想言论(未必是董手著但一定代表董氏见解),更证明宋本《荀子》里刘向《孙卿书录》曰"至汉兴,江都董仲舒亦大儒,作书美孙卿"不谬。试比较:

> 孟子曰:今人之性善,将皆失丧其性故也。曰:若是则过矣。今人之性,生而离其朴,离其资,必失而丧之。用此观之,然则人之性恶明矣。所谓性善者,不离其朴而美之,不离其资而利之也。使夫资朴之于美,心意之于善,若夫可以见之明不离目,可以听之聪不离耳,故曰目明而耳聪也。(《荀子·性恶》)

> ……是故孔子曰:善人吾不得而见之,得见有常者斯可矣。由是观之,圣人之所谓善,未易当也……圣人之所命,天下以为正。正朝夕者视北辰,正嫌疑者视圣人。圣人以为无王之世,不教之民,莫能当善。善之难当如此,而谓万民之性皆能当之,过矣。(《春秋繁露·深察名号》)

> ……正朝夕者视北辰,正嫌疑者视圣人。圣人之所名,天下以为正。今按圣人言中,本无性善名,而有善人吾不得见之矣。使万民之性皆已能善,善人者何为不见也?观孔子言此之意,以为善甚难当。而孟子以为万民性皆能当之,过矣。(《春秋繁露·实性》)

又譬如,《荀子》里"无待"字眼凡 4 见,《春秋繁露》论性之处类似"无待"字样的"无所待"凡 1 见,两书的"无待—无所待"语意是完全一样的,而且"无待—无所待"两词在先秦两汉著作里只存在于荀子、董仲舒的著作里,在其他人著作里不见。荀、董曰:

> 凡人有所一同:饥而欲食,寒而欲暖,劳而欲息,好利而恶害,是人之所生而有也,是无待而然者也,是禹桀之所同也。目辨白黑美恶,而耳辨音声清浊,口辨酸咸甘苦,鼻辨芬芳腥臊,骨体肤理辨寒暑疾养,是又人之所常生而有也,是无待而然者也,是禹桀之所同也。可以为尧禹,可以为桀跖,可以为工匠,

可以为农贾,在势注错习俗之所积耳。是又人之所生而有也,是无待而然者也,是禹桀之所同也。为尧禹则常安荣,为桀跖则常危辱;为尧禹则常愉佚,为工匠农贾则常烦劳;然而人力为此,而寡为彼,何也?曰:陋也。尧禹者,非生而具者也,夫起于变故,成乎修为,待尽而后备者也。(《荀子·荣辱》)

……饥而欲食,寒而欲暖,劳而欲息,好利而恶害,是人之所生而有也,是无待而然者也,是禹桀之所同也。(《荀子·非相》)

……善,教训之所然也,非质朴之所能至也,故不谓性。性者宜知名矣,无所待而起,生而所自有也。(《春秋繁露·实性》)

"待"字,《论语》4见,《孟子》18见,《荀子》69见,《礼记》37见,《韩诗外传》27见,《春秋繁露》23见,《说苑》55见,《论衡》30见,尤其以《荀子》里多见"待"字。《春秋繁露》23见"待"字《深察名号》7见,《实性》4见,《性恶》9见。《春秋繁露》诸多"待"字的用法一如《荀子》。如《春秋繁露》里"无待—无所待"的用法或一样或相似,这反映出《荀子》影响了《春秋繁露》,如:

性有似目,目卧幽而瞑,待觉而后见。当其未觉,可谓有见质,而不可谓见。今万民之性,有其质而未能觉,譬如瞑者待觉,教之然后善。……性如茧如卵。卵待覆而成雏,茧待缲而为丝,性待教而为善。……《春秋》之辞,内事之待外者,从外言之。贪今万民之性,待外教然后能善,善当与教,不当与性。(《深察名号》)

圣人之性不可以名性,斗筲之性又不可以名性,中民之性如茧如卵。卵待覆二十日而后能为雏,茧待缲以涫汤而后能为丝,性待渐于教训而后能为善。善,教训之所然也,非质朴之所能至也,故不谓性。性者宜知名矣,无所待而起,生而所自有也。(《实性》)

若夫目好色,耳好听,口好味,心好利,骨体肤理好愉佚,是皆生于人之情性者也;感而自然,不待事而后生之者也。夫感

而不能然，必且待事而后然者，谓之生于伪。是性伪之所生，其不同之征也。(《性恶》)

故枸木必将待檃栝、烝矫然后直；钝金必将待砻厉然后利；今人之性恶，必将待师法然后正，得礼义然后治……直木不待檃栝而直者，其性直也。枸木必将待檃栝烝矫然后直者，以其性不直也。今人之性恶，必将待圣王之治，礼义之化，然后始出于治，合于善也。(《性恶》)

荀董对孟子的批判大有相似相近之处（但不是相同，详见后述）。比如荀子以"朴资"界定作为人的起点或原点状态的人性、本性、生性，并将"朴资"置于"材"的基础上或"资材"的基础上。而董仲舒则以"质朴"来界定作为人的起点或原点状态的人性、本性、生性，两人都强调"自然"，都强调"天（生）"或"本（有）"。董仲舒"质朴之谓性""性者天质之朴也""（善）非质朴之所能至也，故不谓性""如其生之自然之资谓之性"不正是《荀子·礼论》的"性者本始材朴也"及《荀子·性恶》的"（性）生而离其朴，离其资，必失而丧之"（即失丧朴资而为恶，非孟子所谓失丧善性为恶）之言吗？要之，董、荀二人言人性的"质朴—材朴""天质之朴—本材之朴""生资/自然—生朴/生资"之语是完全同义的，毫无疑问他们都有"性"是基于"材/质"的且由材朴、质朴进而推出"性朴"的人性论见解的！

尽管董仲舒以"质朴"论来批判、否定孟子"性善"论，似乎与荀子以"材朴"来批判、否定孟子"性善"论是完全一样。但是，细加研究分析，当知董仲舒反对"性善"论的"质朴"论是抽象的，并保留有抽象的"性善"论的丝缕，而荀子反对"性善"论的"材朴"论，因是完全抛弃哲学抽象或哲学玄想的科学的"结构—功能""材料—性能"论，所以荀子与董仲舒表面有相似或相同，但又实际上有不同甚至大不同。

一言以蔽之，董仲舒摇摆在孟子"性善"论、荀子"性朴"论之间，他未理解荀子"材—性"关系论之精华（科学思维精华），反残有孟子"本—善"关系论糟粕（哲学思维糟粕），其思想是典型的半截子性善论、半截子性朴论综合体。用董仲舒的话来说，他是坚信"善出性中，而性未可全为善也""天生民性有善质，而未能善""性虽出善，而性未可谓善也""性有善质，而未能为善也""善出于性，而性不可谓善"的"未善"论！他以"禾≠米"来否定"性≠善"，但又以"禾→米"的派生关系来比喻"性→善"虽非等同关系但有一定派生关系，并谓之"此皆圣人所继天而进也"。《春秋繁露》曰：

……故性比于禾，善比于米。米出禾中，而禾未可全为米也。善出性中，而性未可全为善也。善与米，人之所继天而成于外，非在天所为之内也。天之所为，有所至而止。止之内谓之天性，止之外谓之人事。事在性外，而性不得不成德。……性如茧如卵，卵待覆而成雏，茧待缲而为丝，性待教而为善，此之谓真天。天生民性有善质，而未能善。于是为之立王以善之，此天意也。民受未能善之性于天，而退受成性之教于王。王承天意，以成民之性为任者也。……或曰：性有善端，心有善质，尚安非善？应之曰：非也。茧有丝而茧非丝也，卵有而卵非也，比类率然，有何疑焉。天生民有《六经》，言性者不当异。然其或曰性也善，或曰性未善，则所谓善者，各异意也。<u>性有善端，动之爱父母，善于禽兽，则谓之善，此孟子之善。</u>循三纲五纪，通八端之理，忠信而博爱，敦厚而好礼，乃可谓善，此圣人之善也。……<u>孟子下质于禽兽之所为，故曰性已善；吾上质于圣人之所为，故谓性未善。</u>善过性，圣人过善。《春秋》大元，故谨于正名。名非所始，如之何谓未善已善也。（《春秋繁露·深察名号》）

……善如米，性如禾。禾虽出米，而禾未可谓米也。性虽出善，而性未可谓善也。米与善，人之继天而成于外也，非在天所为之内也。天所为，有所至而止。止之内谓之天，止之外谓之王教。王教在性外，而性不得不遂。故曰性有善质，而未能为善也。岂敢美辞，其实然也。天之所为，止于茧麻与禾。以麻为布，以茧为丝，以米为饭，以性为善，此皆圣人所继天而进也……卵待覆二十日而后能为雏，茧待缲以涫汤而后能为丝，性待渐于教训而后能为善……是以米出于粟,而粟不可谓米;玉出于璞,而璞不可谓玉;善出于性,而性不可谓善。其比多在物者为然,在性者以为不然,何不通于类也?卵之性未能作雏也,茧之性未能作丝也,麻之性未能为缕也,粟之性未能为米也。……性者,天质之朴也;善者,王教之化也。无其质,则王教不能化;无其王教,则质朴不能善。质而不以善性,其名不正,故不受也。(《春秋繁露·实性》)

今本《荀子》也着重强调了董子说的"此皆圣人继天而进也"的问题,强调"性伪分"而"性伪合"。"伪"基于"性",而由"伪"所生发创造的东西不等于是"性"的直接派生物,即"伪"的结果或成果于"性"本身是异质的,他们之间不是物质的派生关系;"性"和"伪"的生发结果呈现各自的异质形态,"性"与"性"的结果是直接派生关系,但"伪"与"伪"的结果是加工与被加工关系,非直接的派生或衍生关系,此所谓"是性伪之所生,其不同之征也"。类比言之,即《荀子·性恶》所谓"器生于陶人之伪,非故生于人之性也""礼义法度者是生于圣人之伪,非故生于人之性也"。《荀子·性恶》曰:

问者曰:人之性恶,则礼义恶生?应之曰:凡礼义者,是生于圣人之伪,非故生于人之性也。故陶人埏埴而为器,然则器生于陶人之伪,非故生于人之性也。故工人斫木而成器,然则器生于工人之伪,非故生于人之性也。圣人积思虑,习伪故,以生礼义而起法度,然则礼义法度者是生于圣人之伪,非故生于人之性也。若夫目好色,耳好听,口好味,心好利,骨体肤理好愉佚,是皆生于人之情性者也;感而自然,不待事而后生之者也。夫感而不能然,必且待事而后然者,谓之生于伪。<u>是性伪之所生,其不同之征也</u>。

故圣人化性而起伪,<u>伪起而生礼义</u>,礼义生而制法度;然则礼义法度者,<u>是圣人之所生也</u>。故圣人之所以同于众,其不异于众者,性也;所以异而过众者,伪也。故曰:性者、本始材朴也;伪者、文理隆盛也。无性则伪之无所加,无伪则性不能自美。性伪合，然后成圣人之名，一天下之功于是就也。故曰：天地合而万物生，阴阳接而变化起，性伪合而天下治。天能生物，不能辨物也，地能载人，不能治人也；宇中万物生人之属，待圣人然后分也。（案：内之段由《礼论》篇移至此）

董仲舒《春秋繁露·深察名号》说："性有善端，动之爱父母，善于禽兽，则谓之善，此孟子之善。循三纲五纪，通八端之理，忠信而博爱，敦厚而好礼，乃可谓善。此圣人之善也。……质于禽兽之性，则万民之性善矣。质于人道之善，则民性弗及也。万民之性善于禽兽嗜许之，圣人之所谓善者弗许。吾质之命性者异孟子，孟子下质于禽兽之所为，故曰性已善；吾上质于圣人之所为，故谓性未善。"尽管董仲舒将孟子的"性善"论解释为人相对于"禽兽"而言"性善"或"性已善"，并以此来批判"性善"或"性已善"论，但董仲舒还是保持了孟子"性有善端"的玄想，并称"善出性中""天生民性有善质""性虽出善""性有善质""善出于性"等。

如此就可见，董仲舒虽然明白"性—教"是"继天而进"的关系，但却不明白荀子的"是性伪之所生，其不同之征也"的关系，陷入了本体或本质的玄想思维，故董仲舒谓"质朴"而荀子谓"材朴"，董仲舒用"质"或"天质"来说（人）性之"朴"，甚至直接说"性者质也"①。就如《庄子·庚桑楚》说"性者，生之质也"及《列子·天瑞》谓"太素者，质之始也"一样，二者已陷入道家擅长的人性本源或本原之哲学玄想中。而某种层面上，孟子恰恰是受黄老道家影响的先秦儒家学派代表，他的"性善"尤其是"性本善"观点与黄老学派的人性论及本体论有关，孟子在人性本体上注入了"仁义礼智圣"五德并尤其崇尚"圣"德，然后为此人间伦理五德上配天道性的"五行"而创立了"仁义礼智圣"新五行说②。

---

① 《春秋繁露·深察名号》曰："性之名非生与？如其生之自然之资谓之性。性者质也，诘性之质于善之名，能中之与？……性之名不得离质。离质如毛，则非性已，不可不察也。"

② 参见林桂榛：《"五行"说源于天道历数考》，《光明日报》2013年1月7日。

另外，曾经"作书美孙卿"的董仲舒认同的有"善端""善质"之哲学化的"性朴"论、"性未善"论，实不完全同于荀子之科学化的"性朴"论、"性不善"论，但这并不否定董仲舒持过"性三品"的言论。《春秋繁露》说爵禄时有"三品"的概念，且论性时曰：

> 圣人之性不可以名性，斗筲之性又不可以名性，中民之性如茧如卵。卵待覆二十日而后能为雏，茧待缫以涫汤而后能为丝，性待渐于教训而后能为善。（《春秋繁露·实性》）

> 身之有性情也，若天之有阴阳也。言人之质而无其情，犹言天之阳而无其阴也。穷论者，无时受也。名性，不以上，不以下，以其中名之。（《春秋繁露·深察名号》）

东汉荀悦论人性时曰："或问天命人事。曰：有三品焉，上下不移，其中则人事存焉尔。"（《申鉴·杂言下》）学术界往往将这"三品"论与《春秋繁露》的"上中下"三层民性论结合起来，而谓董仲舒持"性三品"论。其实董仲舒这里说的三层民性不是指本性而是指习性，这是董仲舒自己没有强调而易被后人所误解之处。其实，根据《春秋繁露》及《论衡》等的记载，在"善端""善质"的思维上，董仲舒是持"善恶混"论，即以为人性里有善端善质也有恶端恶质，他根据阴阳家理论将"情—性""善—恶""阳—阴"统一对配起来，如王充说：

> 董仲舒览孙孟之书，作《情性》之说曰：天之大经，一阴一阳；人之大经，一情一性。性生于阳，情生于阴。阴气鄙，阳气仁。曰性善者，是见其阳也；谓恶者，是见其阴者也。若仲舒之言，谓孟子见其阳，孙卿见其阴也。处二家各有见，可也。不处人情性，情性有善有恶，未也。夫人情性，同生于阴阳，其生于阴阳，有渥有泊。玉生于石，有纯有驳；情性于阴阳，安能纯善？仲舒之言，未能得实。（《论衡·本性》）

在这点上，董仲舒的观点应该与稍后年代的扬雄的人性观比较接近。《扬子法言·修身》曰："人之性也善恶混，修其善则为善人，修其恶则为恶人。"这也是典型的"善端/善质—恶端/恶质"同在论（善或恶本源本质论），故谓"人之性也善恶混，修其善则为善人，修其恶则为恶人"。更后的王充《论衡·本性》评述曰："余固以孟轲言人性善者，中人以上者也；孙卿言人性恶者，中人以下者也；杨雄言人性善恶混者，中人也。"于"人性善恶混"观点，王充只引扬雄不引董仲舒，恰恰证明董仲舒最亮点的观点不是"善恶混"而是"质朴"论。只不过董仲舒是个兼容并蓄的"大家"，所以一面吸收荀子的"材朴论"主张"性朴"，一面又摇摆于孟子的"本善"及阴阳家的阴阳论主张"善恶混"及"阴阳情性"论。

参考文献：

[1] 康有为. 康有为全集：第 2 集 [M]. 上海：上海古籍出版社，1990：332、346、378.

[2] 蔡元培. 蔡元培全集：第 1 卷 [M]. 北京：中华书局，1984：51.

[3] 严灵峰. 无求备斋荀子集成：第 6 册 [M]. 台北：成文出版社，1977：877.

本文为"2019 中国·衡水董仲舒与儒家思想国际学术研讨会"提交的论文。

林桂榛（1974—），男，江西兴国人，哲学博士，邯郸学院荀子与赵文化研究中心特聘研究员。

董仲舒伦理思想研究

以"纲"统"常",以"常"论"纲"
——三纲五常思想在汉代的整合

左康华

一、定于一尊:纲纪价值原则的确立

在《说文》的解释中,"纲,网纮也。""纪,别丝也。"《白虎通义·三纲六纪》则曰:"纲者,张也。纪者,理也。大者为纲,小者为纪。所以张理上下,整齐人道也。""纲"是贯穿网口的大绳,"纪"则是罗网的小结,二者的区别只在于大小与先后,抓住"纲""纪"即可提纲挈领、纲举目张。用以表征人世的价值观,"纲纪"代表一种强制性的、垂直式的、单向度的价值规范导向。

"纲纪"首先以交互的伦常关系为依托。正如董仲舒所言:"凡物必有合。合,必有上,必有下。"(《春秋繁露·基义》)此方的主从与尊卑,只有在彼方的衬托与对比之下才能够成立。孔子从纷繁交错的社会关系中提取了君臣、父子这两对伦常关系:"齐景公问政于孔子。孔子对曰:'君君,臣臣,父父,子子。'"(《论语·颜渊》)朱熹认为这两对伦常关系的有序是"人道之大经,政事之根本"(《论语集注》)。孔子其时,社会关系相对简单,在家则父子,出外则君臣;而到了孟子时,君臣、父子这两对关系已经不足以从整体上涵盖社会了。《孟子·滕文公上》载,圣人忧虑于百姓饱食、暖衣、逸居而无教，近于禽兽，因此"使契为司徒，教以人伦——父子有亲，君臣有义，夫妇有别，长幼有叙，朋友有信"。在相传为子思作的《礼记·中庸》篇中，也有"五达道"的记载："天下之达道五……曰：君臣也，父子也，夫妇也，昆弟也，朋友也。"至东汉，伦常关系再度被扩充："三纲者，何谓也？谓君臣、父子、夫妇也。六纪者，谓诸父、兄弟、族人、诸舅、师长、朋友也。"（《白虎通义·三纲六纪》）暂且不论"纲""纪"的轻重之别，单就伦常关系而言，君臣、父子、夫妇、诸父与子、兄弟、族人、诸舅与子、师长、朋友等九种交互乃至更复杂的关系已被纳入考量。相较于孔子时期的君臣、父子，伦常关系的扩大反映出社会关系的日益复杂。

其次，在这些伦常关系中，"纲纪"的原则表现为一方的尊贵与权威，以及相应一方的卑下与顺从。王四达认为，"礼的制度依据是'维齐非齐'（《尚书·吕刑》），即只有通过等级名分的'非齐'，才有可能达至统治秩序的'齐'"[1]。这一概括是十分精当的。常有学者为纲纪思想到底是出自儒家还是法家而争论不休①，但事实是，对于君臣、父子、夫妇之间的主从、尊卑关系的强调，其实是传统文化一股由来已久且影响越来越强大的潜流。这股潜流虽不始于儒家，但于儒家典籍并非无据。战国后期至秦汉之际，这种价值规范逐渐由隐而显，并为社会所普遍认同。

先秦儒家强调伦常关系中双方的"对应"但不"对等"的责任。孔子主张"君使臣以礼，臣事君以忠"（《论语·八佾》），《荀子·君道》载："请问为人君？曰：以礼分施，均遍而不偏。请问为人臣？曰：以礼待君，忠顺而不懈。请问为人父？曰：宽惠而有礼。请问为人子？曰：敬爱而致恭。请问为人兄？曰：慈爱而见友。请问为人弟？曰：敬诎而不苟。请问为人夫？曰：致功而不流，致临而有辨。

---

① 任继愈等学者认为，"董仲舒根据孔子的君君、臣臣、父父、子子的伦理纲常和仁义道德思想，提出了一整套维护封建等级制度的三纲五常学说。"而更多的学者则认为"三纲之说非孔孟之言也"，而是直接源于申韩之术。参见张之洞、何启、胡礼垣著：《劝学篇·劝学篇书后》，湖北人民出版社2002年版，第115页。

请问为人妻？曰：夫有礼则柔从听侍，夫无礼则恐惧而自竦也。"儒家中的理想主义者孟子则认为："君之视臣如手足，则臣视君如腹心；君之视臣如犬马，则臣视君如国人；君之视臣如土芥，则臣视君如寇雠。"（《孟子·离娄下》）这段话曾使明太祖朱元璋勃然大怒，以至于他将《孟子》列为禁书①。细究其实，其所强调的君臣关系，仍然是不对等的。正如上文所言，礼治的原则就是"维齐非齐"，因此伦常关系的双方本就承担着不对等的责任与义务。孔子就曾感慨："事君尽礼，人以为谄也。"

对长于"列君臣父子之礼，序夫妇长幼之别"（《史记·太史公自序》）的儒家而言，强调上下尊卑，进而强调下对上的无条件服从，是学说理路进升的必然。孔子固然主张"父父，子子"（《论语·颜渊》），但又要求子道"无违"（《论语·为政》），则"见父之执，不谓之进不敢进，不谓之退不敢退，不问不敢对"（《礼记·曲礼上》）的行为举止，乃至"父母之所爱亦爱之，父母之所敬亦敬之""父母怒，不悦而挞之流血，不敢疾怨，起敬起孝"（《礼记·内则》）的情感表达，就成为单方面"大孝尊亲"的必然准则；孟子固然嘲笑"以顺为正者，妾妇之道也"（《孟子·滕文公下》），然而一旦确立了"君子之道，造端乎夫妇；及其至也，察乎天地"（《礼记·中庸》）的原则，以"夫有礼则柔从听侍，夫无礼则恐惧而自竦"（《荀子·君道》）的"妾妇之道"侍奉君主，也就理所当然；至于"妇人有三从之义，无专用之道，故未嫁从父，既嫁从夫，夫死从子"（《仪礼·丧服》），就更是明文记载在《仪礼》之中，在先秦时就成为妇人举止进退的一定之规。

然而，不可否认，"纲纪"这种"宗法专制时代的产物"，"体现

---

① 据全祖望记载："上读《孟子》，怪其对君不逊，怒曰：使此老在今日，宁得免耶！"朱元璋下令撤去孟子在孔庙祭祀中的配享、禁《孟子》一书。后虽在臣下的冒死进谏下收回旨意，却亲自筛选，删去《孟子》一书的八十余章，做成《孟子节义》，以取代《孟子》而流行天下，并规定所删章节"课士不以命题，科举不以取士"，可见其对孟子学说之忌惮。参见（清）全祖望：《辨钱尚书争孟子事》，《全祖望集汇校集注》，上海古籍出版社 2000 年版，第 457 页。

了君主专制覆盖下的垂直式独断,强调的是上对下的等级式威权以及下对上的无条件屈从"[2],与先秦儒家强调身份、地位与其责任相对应的主张还是有着根本不同。因此,其直接来源,只能是儒家以外的诸子。《吕氏春秋·似顺论》提出:"凡为治必先定分:君臣、父子、夫妇。君臣、父子、夫妇六者当位,则下不逾节而上不苟为矣,少不悍辟而长不简慢矣。"强调六者应各当其位,"下不逾节而上不苟为",但重点明显放在"下不逾节":"父虽无道,子敢不事父乎?君虽不惠,臣敢不事君乎?"(《吕氏春秋·恃君览》)这种单向度的要求在韩非子那里被表达得尤为明显:"臣事君,子事父,妻事夫。三者顺则天下治,三者逆则天下乱,此天下之常道也。'明王贤臣而弗易也,则人主虽不肖,臣不敢侵也。"(《韩非子·忠孝》)无论是"父虽无道,子敢不事父乎?君虽不惠,臣敢不事君乎"的反问,还是"人主虽不肖,臣不敢侵也"的秩序追求,都是将君臣、父子、夫妇之间的主从、尊卑关系绝对化,是对伦常关系中权利与责任的割裂。

秦汉之际,随着中央集权专制制度的社会的逐渐形成,中央政府对于"纲纪"原则的强调就成为一种必然。《史记》载秦始皇刻石自赞:"大圣作治,建定法度,显箸纲纪。"(《史记·秦始皇本纪》)《礼记》中也已经有了关于"纪纲"的明确表述:"然后圣人作,为父子君臣,以为纪纲。纪纲既正,天下大定。"(《礼记·乐记》)董仲舒在《春秋繁露·基义》中认为:"君臣、父子、夫妇之义,皆取诸阴阳之道。君为阳,臣为阴;父为阳,子为阴;夫为阳,妻为阴……王道之三纲,可求于天。"不但首次提出了"三纲"的概念,而且将其与天道相联系,认为"天为君而覆露之,地为臣而持载之,阳为夫而生之,阴为妇而助之;春为父而生之,夏为子而养之;秋为死而棺之,冬为痛而丧之"。"三纲"之说的出现,是对战国后期直至秦汉之际社会所普遍认同的"纲纪"思想潮流的总结。

二、以纲纪为化:伦常关系的重新规定

如果将"纲"理解为"无条件服从"或"单方面的绝对的义务"

的价值观念的话，那么在此之外，中国传统文化中存在一种更古老、更为人们所认可的"常"的价值观念。前者强调一方的尊贵与威严及另一方的卑下与服从，表现为强制性的、垂直式的、单向度的价值规范导向；后者提出的是"自天子以至庶人"（《礼记·大学》）皆应遵从的、人际间双向互助的德目要求，表现为引导性的、水平式的、双向度的价值规范导向。秦汉以前，"纲"与"常"是统治者维护社会秩序、规范人际关系的两种选择，但中央集权专制制度的社会一经形成，在"定于一尊"的社会格局下，若想实现礼对于社会秩序的规整，就必须完成"纲""常"的观念整合，同时确立以"纲"统"常"的价值导向，以使国家处于一种相对稳定的状态，维持社会的高效运行。

"常"或者"五常"的出现远远早于"三纲"，且多与"五典""五品""五行""五伦"等混用，兼指五种伦常关系及伦常关系所对应的五种德目。《尚书·尧典》载："慎微五典，五典克从。"文后传曰："五典，五常之教：父义，母慈，兄友，弟恭，子孝。"《尚书·泰誓下》载："今商王受，押侮五常，荒怠弗敬。"孔颖达疏曰："五常即五典，谓父义、母慈、兄友、弟恭、子孝，五者人之常行。"《史记·五帝本纪》载："舜曰：'契，百姓不亲，五品不驯'。"郑玄注："五品，父、母、兄、弟、子也。"王肃注："五品，五常也。"这一时期的"五常"，多是指建立在血缘亲属之间的伦常关系，以及建立在"亲亲"基础上的对于德行的要求。与"纲纪"一样，"常"以交互的伦常关系为依托，因此二者的调整范围多有重合。

后世所使用的"五常"一词，逐渐隐去了"五典""五伦"中对于人伦关系的先置，而是提炼出五种更为普遍的德目。孟子认为"仁""义""礼""智"为人之四"善端"，同时孟子又将"信"与孝、悌、忠并列，称"孝悌忠信"；郭店楚简的《五行》篇曾提出"仁""义""礼""智""圣"为"德之行五"；董仲舒在对策中提出："夫仁、谊（义）、礼、知（智）、信五常之道，王者所当修饬也。"（《汉书·董仲舒传》）这是对"五常"概念最清晰的界定。从"五典"到"五伦"再到"五常"，人伦关系由含混到清晰，又由清晰到消隐，最终表现为对仁义礼智信五种德目的凸显。"常"不再将道德的要求与身份及地位相联系,而提倡一种"自天子以至庶人"(《礼记·大学》)皆应遵守的规范,并内化为道德主体的自觉。也因此,"纲""常"摆脱了早期的重叠,而逐渐表现为两种不同的价值取向:"纲"强化了伦常关系的认定,并在此基础上强调一方的尊贵与威严及另一方的卑下与服从,表现为强制性的、垂直式的、单向度的价值规范导向;"常"则隐去了人伦关系的前置,取消了身份及地位的限制,表现为引导性的、水平式的、双向度的价值规范导向。

如果说在秦汉以前,"三纲"与"五常"还是统治者维护社会秩序、规范人际关系的两种选择,那么中央集权专制制度的社会一经形成,"五常"向"三纲"的倾斜就成为一种必然;单从社会运行的效率而言,"三纲"完全适用于中央集权专制,是优于"五常"的选择。

但另一方面,携几百年耕战实力与法家强权主张的秦朝的灰飞烟灭,也给后世,尤其是西汉的统治者敲响了警钟。汉文帝时,贾谊作《过秦论》,认为秦朝灭亡的原因是"仁义不施",这也是西汉上至统治者、下至思想家的一致结论。如果说"三纲"所代表的君主专制体制的出现是历史的必然,那么秦亡的事实(乃至景帝时期的七国之乱)也提醒汉代统治者,必须对"五常"所代表的深刻的历史意识与强大的文化传统予以尊重,而不宜刻意抛弃。因此,"纲"与"常"的价值观念必须完成整合,从而使"纲"的权威建立在更坚实的、更广泛的道德基础之上。在这个意义上,这种整合反映的是汉代如何使新的社会制度承担起传统的政治和道德理想,从而为新制度的发展提供更坚实的依据的时代课题。

"常"的价值观念对于"纲"的调适,以不损害"纲"的原则为界限;"纲""常"的整合,最终要达到的目的,就是增强"纲"的原则的权威性,实现臣以君为纲、子以父为纲、妇以夫为纲的单向度的价值规范导向,同时进一步归结于以君为纲,真正实现"定于一尊"的社会秩序的稳定。在这个意义上,以"纲"统"常"不仅表现为"五常"向"三纲"的倾斜,甚至表现为父权、夫权向君权的倾斜。

楚有士申鸣者,在家而养其父,孝闻于楚国,王欲授之相,申鸣辞不受，其父曰："王欲相汝，汝何不受乎？"申鸣对曰："舍父之孝子而为王之忠臣，何也？"其父曰："使有禄于国，立义于庭，汝乐吾无忧矣，吾欲汝之相也。"申鸣曰："诺。"遂入朝，楚王因授之相。居三年，白公为乱，杀司马子期，申鸣将往死之，父止之曰："弃父而死，其可乎？"申鸣曰："闻夫仕者身归于君而禄归于亲，今既去子事君，得无死其难乎？"遂辞而往，因以兵围之。白公谓石乞曰："申鸣者，天下之勇士也，今以兵围我，吾为之奈何？"石乞曰："申鸣者，天下之孝子也，往劫其父以兵，申鸣闻之必来，因与之语。"白公曰："善。"则往取其父，持之以兵，告申鸣曰："子与吾，吾与子分楚国；子不与吾，子父则死矣。"申鸣流涕而应之曰："始吾父之孝子也，今吾君之忠臣也；吾闻之也，食其食者死其事，受其禄者毕其能；今吾已不得为父之孝子矣，乃君之忠臣也，吾何得以全身！"援桴鼓之，遂杀白公，其父亦死，王赏之金百斤，申鸣曰："食君之食，避君之难，非忠臣也；定君之国，杀臣之父，非孝子也。名不可两立，行不可两全也，如是而生，何面目立于天下。"遂自杀也。（《说苑·立节》）

如果说申鸣的出仕还是尊父命而行、父权与君权达成一致的话，那么他在后来违父命而前往白公处，甚至在白公以其父性命相威胁要求他退兵时，君命与父命之间的冲突无疑到了一种剑拔弩张的地步（虽然楚王在这则故事中隐而不显，并没有如申鸣之父一般正面出场）。在这种情况下，申鸣认为"出仕"标志着个人身份从"子"向"臣"的转变，"为君尽忠"的职责与义务就高于"为父尽孝"，因此选择"援桴鼓之，遂杀白公"，结果"其父亦死"。尽管申鸣在事后选择自杀以赎罪，但毕竟是将君权置于父权之上。

无独有偶，《孟子》中也设计了类似的君权与父权相冲突的场景。"桃应问曰：'舜为天子，皋陶为士，瞽瞍杀人，则如之何？'孟子曰：'执之而已矣。''然则舜不禁与？'曰：'夫舜恶得而禁之？夫有所受之也。''然则舜如之何？'曰：'舜视弃天下犹弃敝屣也。窃负而逃，遵海滨而处，终身䜣然，乐而忘天下。'"（《孟子·尽心上》）假如舜的父亲瞽瞍杀了人,那么舜身为天子,是应履行君主的职责,支持皋陶抓捕瞽瞍,还是应履行身为人子的职责,为父隐过?对此,孟子的回答是"窃负而逃",实则将为人子的职责置于君主的职责之上,"终身䜣然,乐而忘天下"。"瞽瞍杀人"这个场景是虚拟的,但当父亲的利益与国君的利益相冲突时,孟子选择以父为尊,则是真实的。相形之下,申鸣的选择在某种程度上是对先秦儒家精神的背离,但这种背离反而更符合中央集权专制制度下以君为纲、定于一尊的价值规范导向,在当时而言,是更高层次上地对儒学的推动与发展。

不但父权要向君权让步,在刘向的理论设计中,对于君命的听从是高于其他任何追求的。从《说苑·立节》篇记载的锄之弥、邢蒯聩的事迹来看,刘向认为即便明知君主之命是"乱命",臣子依然不可违抗,最多只能选择自尽来逃避选择,而不可能真正做到"以道事君,不可则止"(《论语·先进》)。

以"纲"统"常",甚至以君权统摄"三纲"的主张使得社会在臣以君为纲、子以父为纲、妇以夫为纲的基础上进一步归结于以君为纲,在君臣、父子、夫妇三对封建等级体制的主干关系中突出强调君臣关系,是对一元价值中心的追求,这一追求使人与人的关系有了基本准则,成为整个社会秩序的来源。

三、三纲五常价值观念的情景化

在后世学者看来,"三纲五常"是"宗法社会最基本的伦理道德,也是维护宗法等级秩序的重要支柱"[3],这也是很长一个时期以来,人们对三纲五常历史作用的基本判断。但是,对于汉代尤其是西汉的学者而言,"三纲五常"并不是作为整体出现的概念。从《汉书》等典籍中可以看出,"纲"往往与"纪"连用,表示对于社会秩序的强制约束,如《汉书·礼乐志》载:"夫立君臣、等上下,使纲纪有序,六亲和睦,此非天之所为,人之所设也。""五常"则常与"九德"连用,表示对于道德修养的追求,《汉书·王尊传》载:"丞相……典五常九德,以总方略,壹统类,广教化,美风俗为职。"

《礼纬·含文嘉》载:"三纲,谓君为臣纲,父为子纲,夫为妻纲矣。"这是"三纲"思想第一次被完整表述。何晏的《论语集解》,在"子曰:殷因于夏,礼所损益,可知也;周因于殷,礼所损益,可知也"条目下引马融语:"所因,谓三纲五常;所损益,谓文质三统。"这是"三纲五常"在中国思想史上的首次登场。宋儒对于这种以"三纲五常"释"礼"的思路大加赞扬。朱熹在《论语集注》中同样引用了马融的上述注解,并明确解释说:"三纲,谓:君为臣纲,父为子纲,夫为妻纲。五常,谓:仁、义、礼、智、信。""三纲五常,礼之大体,三代相继,皆因之而不能变。""三纲五常概念的形成,说明汉儒把自孔孟以来内容复杂、歧义杂出的儒家人伦道德观念,逐渐升华为一个核心价值观念,这既抓住了汉儒政治伦理的实质,又便于实施和记忆,人们亦常将此称为'纲常名教',并且也在社会生活中实际地发生了作用。"[4]

　　以董仲舒、刘向等为代表的汉儒熔铸"三纲""五常"两种价值观念,并最终提炼为"三纲五常"的"核心价值观",既需要敏锐的洞察力,也需要细致而扎实的理论建构,更需要将理论转化为一整套用于指导民众日常生活的价值观念和行为准则的能力。如何将三纲五常思想在现实生活中最大程度地覆及教化对象,并内化为其行为规范,是刘向等人关注的重点,也构成了汉代礼学最鲜明的特色。

　　(一)"莫敢失君臣之礼"

　　　　赵襄子见围于晋阳,罢围,赏有功之臣五人,高赫无功而受上赏,五人皆怒。张孟谈谓襄子曰:"晋阳之中,赫无大功,今与之上赏,何也?"襄子曰:"吾在拘厄之中,不失臣主之礼,唯赫也。子虽有功,皆骄寡人。与赫上赏,不亦可乎?"仲尼闻之曰:"赵襄子可谓善赏士乎?赏一人而天下之人臣,莫敢失君臣之礼矣。"(《说苑·复恩》)

赵襄子处于困境之时,高赫仍不忘他的君主身份而谨持君臣之礼,对君主恭敬以待,因此高赫虽然不如张孟等人有功,反而受上赏。孔子赞赏赵襄子的举动,认为其"善赏士",实际上反映的是刘向对于君臣之礼、尊卑秩序的强调。

刘向在主张"人臣之术，顺从而复命，无所敢专"（《说苑·臣术》）之外，更引入法家"重势"之理论，认为君与臣之间是"事势不两大""上下相亏"的关系，君主若不能握势于上，那么就必然会"私门盛而公家毁""下有泰山之安，则上有累卵之危"。笔者曾在前文指出，刘向以诸子百家为思想资源，此处显露出法家思想的痕迹也不足为奇。然而无论如何，这样一位"为人简易无威仪，廉靖乐道"（《汉书·楚元王传》）的敦厚长者，这样一位强调"士节"的儒者，在论及君臣关系时，露出这样的肃杀之气，依旧令人印象深刻。联系刘向当时佞谀不当在位而历年不去、外戚贵盛而皇权旁落、后宫起于微贱而逾礼制的种种弊病，其对于君权的捍卫也就不难理解了。

（二）"梓者子道也"

伯禽与康叔封朝于成王，见周公，三见而三笞。康叔有骇色，谓伯禽曰："有商子者，贤人也，与子见之。"康叔封与伯禽见商子，曰："某某也，日吾二子者朝乎成王，见周公，三见而三笞，其说何也？"商子曰："二子盍相与观乎南山之阳？有木焉名曰桥。"二子者往观乎南山之阳，见桥竦焉实而仰，反以告乎商子，商子曰："桥者父道也。"商子曰："二子盍相与观乎南山之阴？有木焉名曰梓。"二子者往观乎南山之阴，见梓勃焉实而俯，反以告商子，商子曰："梓者子道也。"二子者明日见乎周公，入门而趋，登堂而跪。周公拂其首，劳而食之，曰："安见君子？"二子对曰："见商子。"周公曰："君子哉商子也。"（《说苑·建本》）

"父道"就如同南山之阳的桥木，"竦焉实而仰"；"子道"就如同南山之阴的梓木，"勃焉实而俯"。父道为阳、子道为阴，父俨然居于上，子谦卑侍于下，这种地位上的高下与区别，是没什么道理好讲的，就好比同样结实，桥木天然地高仰，梓木却天然地低俯，一仰一俯之间，双方的高低贵贱不言自明。

在儒家思想中，父子关系是受到特别瞩目的一种伦常，这是因为父母对子女的慈爱舐犊之情，与子女对父母的敬爱孺慕之情，都是纯乎天然的、发自内心的诚挚情感；将这种基于血缘的内心真实情感推而广之,"老吾老以及人之老,幼吾幼以及人之幼",就是向外的社会生活中仁的观念乃至"仁政"的主张的形成。但另一方面,父亲对于子女的权威,较之君主对于臣子的权威,更具不证自明的合法性。当君主是桀纣那样的暴君时,孟子尚敢鼓吹汤武革命,认为汤放桀、武王伐纣是"诛一夫"而非"弑君"①;但当父亲是瞽瞍那样的不慈时,即便是舜也只能"号泣于旻天","劳而不怨"②。这种差别的产生,正是因为父亲是子女生命的源头,"孝"是子女"无所逃于天地间"的大义所在。这种身份上的不对等使得即便在先秦儒家那里,"子"也承担着更多的道德要求。在《论语》中,孔子对于"父慈"的要求,仅仅体现于"父为子隐",而对于"子孝"的要求则有"敬""色难""无违""父母惟其疾之忧""三年无改于父之道""父母在,不远游,游必有方"乃至"几谏",集中表现为子对父的体贴之意:不忍让父母为自己牵挂、忧愁;尊重父母的志向、意志乃至行为方式和习惯,即使父母死后也不轻易改变;即便父母有错,也要做到"又敬不违","既恐唐突以触父母之怒,又务欲置父母于无过之地"[5]。

如《孝经》所言:"资于事父以事母,而爱同;资于事父以事君,而敬同。故母取其爱,而君取其敬,兼之者父也。""君子之事亲孝,故忠可移于君。"一旦"孝"与"忠"相关联,"事君犹事父也"(《说苑·至公》)成为一种普遍认识时,君、父的权威就可以互证:君之于臣,就有如同父之于子那样具有先天的、不言而喻的权威性;父之于子,就有如同君之于臣那样具有绝对的、不可辩驳的掌控性。学者认为中国传统社会的政治"伦理化",反过来,中国传统社会伦理又何尝不是"政治化"?前文所引材料中,伯禽之于周公,既是"子",

---

① 《孟子·梁惠王下》:"齐宣王问曰:'汤放桀,武王伐纣,有诸?'孟子对曰:'于传有之。'曰:'臣弑其君可乎?'曰:'贼仁者谓之贼,贼义者谓之残;残贼之人,谓之一夫。闻诛一夫纣矣,未闻弑君也。'"

② 《孟子·万章上》:"万章问曰:'舜往于田,号泣于旻天。何为其号也?'孟子曰:'怨慕也。'万章曰:'父母爱之,喜而不忘;父母恶之,劳而不怨。然则舜怨乎?'曰:'……人少则慕父母,知好色则慕少艾,有妻子则慕妻子,仕则慕君,不得于君则热中。大孝终身慕父母;五十而慕者,予于大舜见之矣。'"

又是"臣",恰可为此观点做一注脚。

(三)"贞顺,妇人之至行也"

先秦乃至西汉时期,夫妇关系并不是儒者关注的重点。《仪礼·丧服》记载"妇人有三从之义,无专用之道,故未嫁从父,既嫁从夫,夫死从子",是对女性礼仪原则的规定;《荀子》载"夫妇之道,不可不正也,君臣父子之本也",《礼记·中庸》载"君子之道,造端乎夫妇;及其至也,察乎天地",是对夫妇为人伦之始的确认。但整体而言,女性处于被忽视的状态,学者对于"夫为妻纲"理论的兴趣,自然不如另外两纲。相比之下,刘向对于夫妇伦常关系的关注,不仅弥补了"三纲"理论体系的不足,更是开创了将女性群体纳入儒家教化体系的女教传统,极大地拓展了礼学调整的范围。

在夫妇关系中,刘向强调"贞顺":"以专一为贞,以善从为顺。贞顺,妇人之至行也。岂以专夫室之爱为善哉!"(《列女传·贤明传·宋鲍女宗》)"贞"表现为从一而终,"顺"则表现为以夫为天。刘向反复强调"适人之道,壹与之醮,终身不改"(《列女传·贞顺·蔡人之妻》)、"妇人之道,壹而已矣"(《列女传·贞顺·黎庄夫人》)、"妇人之义无二夫"(《列女传·节义·代赵夫人》),正是因为当时社会并未形成女性从一而终的价值观。《仪礼·丧服传》:"夫死、妻稚、子幼,子无大功之亲,与之适人。"并不禁止妇人丧偶再嫁;秦代律法也只是禁止有子的妇人再嫁,防止出现"子不得母"的悲剧①;直到汉武帝时期,"夫死无男有更嫁之道"也被视为符合《春秋》大义②。甚至从阴阳学说的角度看,妇人守贞不嫁反而会招致灾异:

---

① 《史记》载秦始皇的刻石铭文中有对女子再嫁的规定:"……饰省宣义,有子而嫁,倍死不贞。防隔内外,禁止淫泆,男女絜诚。夫为寄豭,杀之无罪,男秉义程。妻为逃嫁,子不得母,咸化廉清。"司马迁:《史记》,中华书局1975年版,第262页。

② 程树德《九朝律考》中所辑春秋决狱有如下案例:甲夫乙将船,会海风盛,船没溺流死亡,不得葬。四月,甲母丙即嫁甲,欲皆何论? 或曰,甲夫死未葬,法无许嫁,以私为人妻,当弃市。议曰:臣愚,以为《春秋》之义,言夫人归于齐,言夫死无男,有更嫁之道也。妇人无专制擅恣之行,听从为顺,嫁之者归之,甲又尊者所嫁,无淫行之心,非私为人妻也。明于决事,皆无罪名,不当坐。

"阴害阳。其救也……嫁贞女，赐鳏寡，此灾即消。"[6]而在现实生活中，妇人改嫁在当时实属平常，汉武帝乃其母王氏改嫁后所生，王氏则是其母臧儿改嫁后所生，武帝即位后不避此事，封同母异父妹金俗为修成君，封王氏同母异父弟田蚡、田胜为武安侯、周阳侯，并未见朝野内外为此哗然。但在刘向看来，妇人应当"以贞为行"，对于贞节的强调可以"绝无礼之求，防淫欲之行"（《贞顺传·召南申女》），对抗社会的淫靡风气，而且这种坚守是无论如何也不会过分的。

整本《列女传》，是刘向"采取《诗》《书》所载贤妃贞妇，兴国显家可法则，及孽嬖乱亡者"，序次而成，"以戒天子"，提醒统治者注意女性之于家国治乱兴衰的重要性。全书明显营造出这样一种价值导向，即女性言行与家国治乱息息相关。刘向是第一位正视女性价值的儒者，也是第一位正面论述"夫为妻纲"的儒者。他对女性的重视，伴随着对"夫为妻纲"的价值规范的重视。

"道德与法律，作为社会秩序的维持手段，是所有文明共有的现象。"[7]如果将道德视为依靠社会舆论规范人的心灵的软约束，将法律视为依靠国家权力规范人的行为的硬约束，那么在中国古代（确切地说，是礼学自先秦发生以来），这两者无疑完美地统一于"礼"。正如《礼记·曲礼上》所言："道德仁义，非礼不成；教训正俗，非礼不备；分争辩讼，非礼不决；君臣上下，父子兄弟，非礼不定，宦学事师，非礼不亲；班朝治军，莅官行法，非礼威严不行；祷祠祭祀，供给鬼神，非礼不诚不庄。是以君子恭敬、撙节、退让以明礼。""礼"兼具修心养性的道德教化功能与对行为举止的强制约束功能，因此人们选择"以礼治国"，试图以"道德"的广泛性来弥补"法律"调整范围的有限性，以"法律"的强制性来保证"道德"的履行，进而追求一种上下有序、讲信修睦的理想社会秩序。在董仲舒、刘向等人的努力下，五常的德目要求被还原于伦常关系之中，从而使三纲的权威建立在更坚实的、更广泛的道德基础之上，实现了约束性的行为准则向主体道德律令的内化，使"礼以正外"的主张更具道德上的正当性与说服力。

参考文献：

[1] 王四达. "治在道，不在圣"——一个失落的传统：道法家政治哲学发微 [J]. 哲学研究，2013（6）：47-53.

[2] 冯天瑜. "五伦"、"三纲"分梳说 [J]. 长江文艺，2012（9）：72-75.

[3] 张立文：朱熹评传 [M]. 南京：南京大学出版社，1998：487.

[4] 刘学智. "三纲五常"的历史地位及其作用重估 [J]. 孔子研究，2011（2）：19-29.

[5] 钱穆. 论语新解 [M]. 北京：九州出版社，2011：114.

[6] 严可均. 全汉文 [M]. 北京：中华书局，1999：456.

[7] 任强. 知识、信仰与超越——儒家礼法思想解读（增订版）[M]. 北京：北京大学出版社，2009：84.

本文为"2019中国·衡水董仲舒与儒家思想国际学术研讨会"提交的论文。

左康华（1987—），女，河北邢台人，哲学博士，广州大学政治与公民教育学院副教授。

从孟子与董仲舒的"仁—义—利"结构论道德实践的主体价值抉择

王涵青

一、前言

"主体价值抉择"是道德实践过程中的重要环节,人类的行动有其内在性的结构。如杨国荣所论,人在行动过程中,首先会因主体的内在要求而产生意欲,并对此意欲有所评价,此过程再转化为行动的动机,主体进而对此动机进行权衡与选择。在权衡与选择中,主体需透过事实认知与价值评价对其意欲与动机进行考虑,做出决定而付之于实行。[1]因此,在我们产生意欲到实际行动的过程中,大脑已有一连串的活动(因此说是内在性的结构)。此一连串的活动中,引导每个人做出最后决定并实践其行动的环节,是我们的价值抉择,且当我们将行动范域缩限于关乎道德之行为时,主体的价值抉择又更显重要。虽然就现代而言,许多人的自我价值往往是混乱的甚至矛盾的,但每一个行为主体必然有其个人价值为其行为的指引,此为不可否认的。

扼要来说,论及"主体价值抉择"时,其牵涉的范畴包括主体的价值观,与相关的道德原则/规范,以及根据此些原则所进行的道德判断。我们认为每个人都有其价值观,通常所说的价值观是我们对人生、对事物的看法与评价。价值观的形成有其复杂的因素,在此我们先不予讨论。而主体的价值观通常是引导其进行价值抉择的基础,在关乎道德的行为上,主体的价值观首先会影响由意欲到动机之产生,在主体对动机进行权衡与选择时,其价值观也对指引主体行动之道德原则、道德判断有绝对性的指引作用,即道德原则与判断是个体行动的指引,价值观又往往是确定道德原则与判断的根据。因此在行动的内在结构环节中,主体如何进行价值抉择,此价值抉择在由主体价值观确定道德原则进而到确定道德判断的过程中,如何被思考与处理,是一值得探讨的问题。

面对此问题,儒家论域中,则有一个很明确的回复。当儒家论及主体价值抉择时,必定提及由孔子以来所确立的最深刻的核心价值,即是《论语》中彰显的"仁"。"仁"是中国文化精神中重要的核心价值观①,延伸至当代,"仁"甚至可被视为值得提倡的普世价值。而"仁"作为根源性的核心价值,所形成的可作为行为指引的道德原则基础的,即是"义","义者,宜也"(《中庸》),这是最基本的道德判断原则。然而,在儒家思想中,"义"所处理与面对的情境,则又常与"利"(主体的欲求)联系而被共同讨论(无论是过度或基本的利),"仁—义"与"利"形成一组对比的价值,或是对比的道德原则。循此脉络,对于仁—义—利间关联的思考,成为儒家讨论主体价值抉择的一项重点。

谈到仁—义—利间的关联,先秦以来,孔子以"见利思义"(《论语·宪问》)与"子罕言利与命与仁"(《论语·子罕》)定调利义关系,孟子更进一步以"王何必曰'利'?亦有'仁义'而已矣"(《孟子·梁惠王上》)将儒家义利关系确定为以仁义为绝对主导地位的关

---

① 如陈来于《中华文明的核心价值——国学流变与传统价值观》中提到儒家的人生观中所强调的君子理想最重要的即在于以"仁"为普世价值,"仁"(己所不欲,勿施于人)为伦理学上的道德金律。参见陈来:《中华文明的核心价值——国学流变与传统价值观》,生活·读书·新知三联书店2015年版,第176—178页。

系。《汉书·董仲舒传》中载董仲舒之言:"正其谊,不谋其利;明其道,不计其功。"更被宋儒支持,如程颢对此说有"此董子所以度越诸子"(《河南程氏遗书卷第二十五》)之赞誉,朱熹也有"汉儒惟董仲舒纯粹,其学甚正,非诸人比。只是困苦无精彩,极好处也只有'正谊、明道'两句。下此诸子皆无足道"(《朱子语类·战国汉唐诸子》)的说法,更确立儒家在义利关系上以义为主,进而推衍而成的"存天理,去人欲"的强烈主张。然而,回到孔子,罕言利与见利思义都不是对利的绝对否定。董仲舒的观点,在《春秋繁露》中则被记载为:"正其道不谋其利,修其理不急其功。"(《春秋繁露·对胶西王越大夫不得为仁》)[1] 同样没有全盘否定利/功的意思。关于董仲舒此类似论述的两种表达模式,当代学者已有许多讨论,有认为其中一说必然有误,亦有如李宗桂指出此两论述不矛盾,思想实质是一致的[2]。或如何丽野有更详尽厘析,认为文献中所载董仲舒的两段话就语境上分别,是董仲舒在不同时期对不同对象所言[3],因此各有其自身的细致考虑。参酌何丽野之观点,回到《春秋繁露》文本,董仲舒对于义利关系的考虑,确实非死硬地以义为主导、抹杀利存在之必要,与孟子或宋明儒的立场有别。另外,就更基础的仁—义关系而言,董仲舒的主张,还与孟子"仁义内在"之说有别,而是"仁之于人,义之于我"(《春秋繁露·仁义法》)的主张。因此,若我们以孟子与宋儒区别于董仲舒,实可见到儒学中两种关于"仁—义—利"的结构性思考。只是,此两种结构上之差异,之于我们思考主体价值抉择问题,无论在根基的价值观层面,或道德原则与判断层面,可提供什么不同的思路?"仁—义—利"三概念在道德实践中对道德实践主体进行价值抉择以至于产生实际行动有什么样的影响,两组结构如何对主体进行道德抉择与行动有无相互补充的可能,均是可思考之面向。并且,在现代社会中,我们也不难发现,一般人通常很难坚持以"仁"为核心价值而肯定地面对经验世界中有待处理的种种事务,个

---

[1] 本文《春秋繁露》之原典引用以苏舆《春秋繁露义证》(中华书局 1992 年版)为依据,后续引用直接于引文后标明篇名,不再另行注释。

人价值观的冲突时常发生，此些冲突可能源于个人价值厘清的困难，也可能源于个人与他者间的价值冲突，亦或许是个人自身有准确价值观，但却不足以应付复杂的现代社会带给个人的问题与困境。我们在此时将儒家思路中的"仁—义—利"结构提出，又能带给这些情况什么样的指引？这些都是我们以儒家"仁—义—利"结构讨论主体价值抉择问题时，可循的思考脉络。

二、孟子的"仁—义—利"结构

孟子以"即心言性"的模式建构性为善的人性论，证成孔子"仁"学思想在根源性层面的基础，"仁"为其人性论架构的一环，承孔子之说，为人之所以为人的基本理由，就道德实践的层面而言，也就是主体道德实践的根源性面向。孟子言："夫仁，天之尊爵也，人之安宅也。"（《孟子·公孙丑上》）仁是一本质性定义（天之尊爵），此本质性定义落实于主体上，便是人之所以为人的理由（人之安宅）。对孟子而言"仁"是主体重要的基本的核心价值，循此思路孟子推导出了"仁—义"的义理间架：

仁，人心也；义，人路也。（《孟子·告子上》）

居恶在？仁是也；路恶在？义是也。居仁由义，大人之事备矣。（《孟子·尽心上》）

仁，人之安宅也；义，人之正路也。（《孟子·离娄上》）

仁是人之所以为人的本质，是主体先天本有的道德自觉心。仁作为核心价值，当其作用（于主体身上发用）时，是透过"义"而被展现，因此，"义"是主体在经验世界中面对各种情况而展现出来的道德判断的基准原则，"居仁由义"成为人作为价值主体活动的基本预设。此预设在"仁—义"关系上，以仁为"居"，以义为"路"，展现出一种由主体自身往外（经验世界）扩展的情境，因此孟子也说："亲亲，仁也；敬长，义也。无他，达之天下也。"（《孟子·尽心上》）

这展现出一种外推的伦理实践过程①。道德实践因此立基于主体自身并向外推广,如《大学》,以"修身为本"而循序往"齐家、治国、平天下"推进的历程,该主张成为儒家伦理关怀的主轴。

孔子摄礼规仁、摄礼规义,建构了"仁—义—礼"的基本义理间架,并以"见利思义"将义利关系进行区分。到了孟子,当其将仁义问题明确的放置在人性论范畴中进行论述时,便对仁—义、义—利间的关联性问题展开进一步的思考。在孟告的仁义内外之辨中②,告子切断了仁义间的关联,强调"义"作为一种道德判断原则必然需要有被其判断的对象,因此"义"必然与外在经验世界有关,有客观事实作为其处理对象③,因此任何的判断与行为(包括道德上的)与客观事实有关,因而为外;孟子则强调在道德上的判断与行为,虽然必然有外在的客观对象,但当主体以义作为原则而产生道德判断,并因此做出合宜适当(义)的行为,此具体行为的展现不是在外在客观对象上,而是在我(主体自身)身上。因此,义与仁的联结是紧密的,人作为具有先验内在道德自觉的主体,义是透过此种主体自觉所展现的道德原则与判断,是主体自身固有的自律原则[4],因此,此道德原则所展现出的应当或不应当的道德判断且由此而展现出的适当合宜的道德行为,是由内而发而为"义内"。

孟子确立仁义内在的主张后,对于"义"的讨论还有另一重要主题,即义—利关系。孟子见梁惠王,梁惠王问:"叟不远千里而来,亦将有以利吾国乎?"孟子回曰:"王何必曰利?亦有仁义而已矣。"

---

① 《中庸》:"仁者人也,亲亲为大;义者宜也,尊贤为大。"与孟子此说相印证,具有儒家的等差之爱的伦理特色,也因此而多遭批判,但亲亲的等差之爱的伦理观所强调的不应该只是对"亲亲"的关注,而必须包含能"达之天下"的外推精神。

② 告子曰:"食色,性也。仁,内也,非外也。义,外也,非内也。"孟子曰:"何以谓仁内义外也?"曰:"彼长而我长之,非有长于我也。犹彼白而我白之,从其白于外也,故谓之外也。"曰:"异。于白马之白也,无以异于白人之白也!不识长马之长也,无以异于长人之长欤?且谓长者义乎?长之者义乎?"(《孟子·告子上》)

③ 如袁保新所言,告子在此将"敬长之义决定于对客观事实的认知,而义、不义的道德问题,也就转换为是否如实地认识外在世界的问题。"袁保新,《孟子三辨之学的历史省察与现代诠释》,台北:文津出版社,1992年版,第141页。

(《孟子·梁惠王上》）孔子以"见利思义"将义利关系进行区分时，未完全否定"利"的正当性，孟子同样明确主张利不该作为建立规范或价值判断的准则，当然更不应该是主体应有的基本价值，义一利关系必然有着以义为先、为主导的秩序。因此孟子对梁惠王直言"何必曰利"。在孟子的观念里，利的正当性相较于孔子更被削弱，"何必曰利"更产生了一种对于"利"的不屑之感，如孟子云：

> 为人臣者，怀利以事其君，为人子者，怀利以事其父，为人弟者，怀利以事其兄，是君臣、父子、兄弟终去仁义，怀利以相接；然而不亡者，未之有也。……是君臣、父子、兄弟去利，怀仁义以相接也，然而不王者，未之有也。何必曰利？（《孟子·告子下》）

> 鸡鸣而起，孳孳为善者，舜之徒也。鸡鸣而起，孳孳为利者，跖之徒也。欲知舜与跖之分，无他，利与善之间也。（《孟子·尽心上》）

以利为主体价值抉择与引导行为的核心，将其作为面对与处理经验世界各种外在客观现象的准据是被孟子绝对否定的。孳孳为善还是为利，就是舜与跖之分、君子与小人之别。因此，君臣、父子、兄弟各种关系的对待，都不能以利相接。只是，规定人类主体完全不以利为价值取向，去引导他的生活，作为其行为的判断准则，当然是不合理的。所以，当孟子从在上位者的治理角度思考人民的基本需求时，认为人类对基本需求之"利"仍是必须的，如以下两段之说：

> 易其田畴，薄其税敛，民可使富也。食之以时，用之以礼，财不可胜用也。民非水火不生活，昏暮叩人之门户，求水火，无弗与者，至足矣。圣人治天下，使有菽粟如水火。菽粟如水火，而民焉有不仁者乎？（《孟子·尽心上》）

> 无恒产而有恒心者，惟士为能。若民，则无恒产，因无恒心。苟无恒心，放辟邪侈，无不为已。及陷于罪，然后从而刑之，是罔民也。焉有仁人在位，罔民而可为也？是故明君制民之产，必使仰足以事父母，俯足以畜妻子，乐岁终身饱，凶年免于死亡。然后驱而之善，故民之从之也轻。今也制民之产，仰不足

以事父母，俯不足以畜妻子，乐岁终身苦，凶年不免于死亡。此惟救死而恐不赡，奚暇治礼义哉？(《孟子·梁惠王上》)

当上位者降低实物、金钱等税收且教导人民在经济民生需求上做到适当合宜（义），人民的所有基本生活需求可达到至足，也就是让人民能有"恒产"，能有维持家庭经济的基本能力，甚至在凶年不安定之时都能安然度过。此种使民保有且维持基本需求之"利"，才是治理之根基，上位者也才有可能将人民进一步引导到礼乐教化的途径上。

三、董仲舒的"仁—义—利"结构

董仲舒申论义利关系，在某一层面上是直接承袭孔孟的观点，他们一致地不同意以"利"为主体价值抉择与行为引导的核心，"利"不应该是主体面对与处理经验世界各种外在客观现象的准据。董仲舒说"利者盗之本也，妄者乱之始也"（《春秋繁露·天道施》）、"凡人之性，莫不善义，然而不能义者，利败之也"（《春秋繁露·玉英》），甚至，董仲舒认为人禽之别也体现在"行仁义"与"为利"的不同：

> 天之为人性命，使行仁义而羞可耻，非若鸟兽然，苟为生，苟为利而已。（《春秋繁露·竹林》）

所以，"为利"是一种单纯的就生命的动物性层面言生存之基本需求，但人类的基本需求不仅是动物性的，在形上根源与经验世界的关系中，人之主体具有其独特地位，"天地人，万物之本也。天生之，地养之，人成之"（《春秋繁露·立元神》）。人是类于天且与天地同为万物之本者，因此"人之受命于天也，取仁于天而仁也"（《春秋繁露·王道通三》）。与孔孟有别的是，孔孟以"仁"为主体价值根源，为人之所以为人的本质，至于孔孟对于"天"的思考，虽不能否定"天"有作为根源性的形上实体的含义，但如孟子言"尽心—知性—知天；存心—养性—事天"时，产生的是境界层面上之关怀，此时天显示的是"主体内在本心本性的善的价值取向的先验性与绝对性"[5]，是天然如此而非天下贯于人的状态的描述。董仲舒所论之天，则很明确地为整体存在界的根源性存在，是一明确的形上实体，在《春秋繁露》中董仲舒又以"元"概念释之，如"谓一元者，大始也""元者为万物之本"（《春秋繁露·玉英》），与"气"共同成为基本预设，"气"又由阴阳二气结合四时、五行而成为一套宇宙结式的义理间架，且阴阳二气的运行是以"同类相动"为驱动原则。如此，在天的阴阳二气落实于人类主体，则成为人的"仁贪之气（性）"，但是阴阳二气的运行又有禁阴不得干阳的原则，因此落实于人之主体有"损其欲而辍其情以应天"（《春秋繁露·深察名号》）的要求。董仲舒的主张因此在形而上学与人性论上与孔孟有着显著的不同。"仁"虽然仍是主体价值抉择的根源性面向，但其有上一层的形而上学预设，"天"才是最后的价值根源、存在根源，因此董仲舒言："为生不能为人，为人者，天也。"（《春秋繁露·为人者天》）但回到对于"仁"本身的思索，"仁"一方面是天道展现的内涵，另一方面当然也就是人道之彰显最重要的预设。在此脉络下，董仲舒透出与孔孟一致的仁义关系论：

> 天志仁，其道也义。为人主者，予夺生杀，各当其义，若四时；列官置吏，必以其能，若五行；好仁恶戾，任德远刑，若阴阳。此之谓能配天。（《春秋繁露·天地阴阳》）

董仲舒的话语对象是最高的上位者，而此论述内容落实到现代社会，有意义的地方在于此种以同类相动为原则所展现的"配天"主张，仍提醒世人要以"仁"为天道运行的规律，而"义"则表现为以仁为根基的主体在经验世界适当合宜地处理各种现实事物的显现（其道也义）。所以，"各当其义"虽然在此是就生杀刑罚的掌握而言，但也可以成为主体进行价值思考而引导其主张与行为的原则。此是以仁为根源义之天道的存在内涵，但其于经验世界的彰显必须以人之主体为中介，就此层面，以主体而言，仁根源于主体之外（天道）但为根基，义为内但必须透过我（主体）之"配天"，使万物各得其宜。

然而，除了此基本思路，董仲舒还有一"仁之于人，义之与我"的独特论述，其云：

> 《春秋》之所治，人与我也。所以治人与我者，仁与义也。

以仁安人,以义正我,故仁之为言人也,义之为言我也,言名以别矣。仁之于人,义之与我者,不可不察也。众人不察,乃反以仁自裕,而以义设人。诡其处而逆其理,鲜不乱矣。……是故《春秋》为仁义法。仁之法在爱人,不在爱我。义之法在正我,不在正人。我不自正,虽能正人,弗予为义。人不被其爱,虽厚自爱,不予为仁。(《春秋繁露·仁义法》)

从主体(我)出发,思考我与人(他者)作为不同对象的对治(统理、经营)方式时,主体必须有仁与义之区别,"以仁安人,以义正我"是评价此区别的准则。董仲舒认为透过字形之区别即可见到此准则,仁从人而义从我,在孟子即有"仁也者,人也"之言,《中庸》亦有"仁者人也"的说法,但孟子与《中庸》所述是从仁作为人之主体的价值根源的角度而论,董仲舒此处所论之仁则是将"仁义"视为一组主体思考与处理自我与他人等不同对象的不同原则,因此对治自己时必须"以义正我",对治他者时必须"以仁安人"。"以仁安人"的展现实则就是"爱人"且不把关爱放置在对自我的关怀上,"以义正我"的展现是首先思考自身抉择与行为的合宜适当,而非他者。因此董仲舒主张"仁者爱人,不在爱我,此其法也""义在正我,不在正人,此其法也"(《春秋繁露·仁义法》)。在《仁义法》中董仲舒接续言:

> 君子求仁义之别,以纪人我之间,然后辨乎内外之分,而着于顺逆之处也。是故内治反理以正身,据礼以劝福。外治推恩以广施,宽制以容众。(《春秋繁露·仁义法》)

此种仁义之别,就是主体处理自身与他者的不同准则,因此君子能以此明辨内外之分,理解顺逆之处境。当然,就理想的情境而言,则应该是对内以义的"反理正身、据礼劝福",外推以仁的"推恩广施、宽制容众"。当代学者对董仲舒与孟子的仁义关系之区别有许多强调,如余治平认为孟子论仁所指涉的是人心内在的本体,义是指涉外在社会及亲情血缘之外的、更广大的人群。且义作为外在的原则规范,要求他人遵循之前,主体自身也应该无条件遵循。而董仲舒的仁则不是针对自己,而是他人,仁爱的对象主要在外,作为规范原则的义,则在要求他人遵循前,应无条件地在主体自身被接受[6]292。曾振宇与范学辉对董仲舒仁-义关系的分析亦强调此点,指出董仲舒强调的爱人是反对亲亲为大的等差之爱,且仁-义是两个平行不分上下从属关系的伦理范畴:仁是往外对待他者的伦理规范,核心为"爱人";义是对待自己的自律原则,核心是自省[7]。

当代学者的主张突出了孟子与董仲舒的仁-义结构的差异性,如余治平分析董仲舒以天的神圣和绝对超越作为仁义所具之绝对性和超越性的基础,可以此限制王权的滥用,这是很实际的考虑。另外,"以仁安人,以义正我"的主张也是立基于当时实际的社会结构的改变,是立足于亲亲的价值原则容易被滥用且容易造成社会矛盾的实际困境而构思的解决方案[6]291—295。此差异性的突出是详细考察了董仲舒所处环境背景而产生的必然结果,展现了董仲舒进行论述时的企图。但这些论述另一方面也可能忽略了孟子与董仲舒在仁-义结构上的一致性,或是某些同样值得关注的重点。譬如孟子论仁-义关系并非仅强调"义"作为外在的原则规范,孟子更从"义内"强调道德实践主体的意义,因此义作为道德规范与判断的准则必然是透过道德实践的主体而发挥作用的,是主体内在的自律而非他律原则。在董仲舒身上,这种仁-义关系如前所述,同样是存在的。只是董仲舒更突出了另一种特别的仁-义关系,即"以仁安人,以义正我"。"以仁安人,以义正我"的主张,虽然可理解为董仲舒观察到以亲亲(血缘)为基础的价值原则容易陷主体于自爱或只爱其亲属的问题,容易导致利益分配的不均与社会矛盾的产生,已难以适应当时的社会变化与时代要求[6]294—295,为了对治以上情况而提出的解决方法,但此思路如前所述,并非完全与先秦孔孟的仁义观对立,而是从主体(我)出发思考我与人(他者)作为不同对象的对治(统理、经营)方式,是透过不同脉络的区分来解决当时所见的由亲亲之杀所导致的实际问题。透过此辨别董仲舒最后强调的,还是"推恩广施、宽制容众"的外推精神。

在此种以仁义为主体处理自身与他者等不同对象的指导原则的主

张中，董仲舒的义利关系，除了承袭孔孟观点即不同意以"利"为主体价值抉择与行为引导的核心，相对地其更展现了对于利的更大包容性，正面地肯认了利为主体生存的基本需求，其言：

> 天之生人也，使人生义与利。利以养其体，义以养其心。心不得义不能乐，体不得利不能安。义者心之养也，利者体之养也。体莫贵于心，故养莫重于义，义之养生人大于利。……吾以此实义之养生人，大于利而厚于财也。(《春秋繁露·身之养重于义》)

维持生存的基本需求是从自然人性说人的内涵，孟子在与告子的论辩中否定了"生之谓性"的论点。如李宗桂所言，董仲舒此论为一种"事实判断"，由此可说其产生了"义利双养（义利双行）"的主张[2]17-18。但回到价值层面，"体"除了是那个具有自然层面之基本需求的身体，要求饮食温饱、家庭稳定、避免灾害，更重要者，"体"还应该是主体在价值层面对于仁义的要求，所以"体莫贵于心"而"养莫重于义"，即以"正我"为基础的价值在董仲舒这里被展现出来。

四、两种"仁—义—利"结构与主体价值抉择的思考

首先，两种"仁—义—利"结构之差异在：孟子以仁义内在均为价值主体之自觉根源，此根源强调的是主体先验的内在道德自觉；而董仲舒则明确地将仁根源于外在的超越的形上实体，但此"仁"又必须以"人"为中介，我（主体）之"配天"方能使万物各得其宜。在此脉络中，仁义为一组概念，孟子与董仲舒都强调主体自身往外扩展（"居仁由义"；"天志仁，其道也义"），也就是外推的作用。如黄俊杰论儒家的"自我"观时言："就身心内部关系而言，儒家强调身心互渗、身心一体；就人与世界之关系而言，儒家主张自我的转化是世界转化的基础。"[8]在此脉络下，仁义概念对当代社会纠正人类主体对个体自由的过度强调，以及主体价值基础的混乱的重审，都能有所帮助。"仁"作为主体的核心价值，无论在孟子心性论或董仲舒形而上

学的脉络中，强调的都是对于主体具备道德性自我价值的肯定，此种明确的价值肯定对现代人很容易产生的价值混乱或冲突（无论是自身的或是与他者的），有明确地对治。当然，在讨论这种对治的可能之时，我们也必须注意到如孙向晨所分析的"'个体的道德自律'，儒家传统似乎有着强大的思想资源可以与之对接。……但事实上，这种基于道德觉悟的心性之学并没有捕捉到现代性根基，未能理解现代非道德性的自由和权利观念"[9]此种批评，即孟子以主体道德价值自觉之肯定为核心的仁义架构，而董仲舒以绝对超越性的天之存有作为主体具备仁之主体价值的根源，此两种心性哲学对现代人而言，也确实有明显的距离感。此种距离感，又实则为现代人之所以存在着价值观的混乱或不确定的因素之一。当个体与世界之联系不再紧密，当个体的道德自律不一定能解决现代世界的种种与道德相关的问题或困境，在现代世界中去强调主体价值抉择过程中对于主体道德价值自觉的肯定，也就是孟子与董仲舒从不同路径突显的仁之核心价值，其意义何在？笔者认为，就现代人过于关注个体（自我）的问题，是时候让以"仁"为核心的主体价值在个人的道德实践上重新产生影响，这当然不该是简单粗暴地直接倡导或规定，不是荒谬地让其成为一种外在的道德规范，用洗脑式的宣传让其成为一种理所当然的"应该"，而是引导主体重新思考自我与世界的关联。此时，无论是董仲舒的承继于天道或孟子的源于自身之价值自觉肯定，透过仁的价值之于人的意义所引导进而试图建构的，是主体的责任意识。董仲舒提出的形而上学脉络，使人类理解其与整体存在界的息息相关，更赋予人应该努力"配天"使万物各得其宜的思维，人不应该只关怀自身，仅发展自我，其自我（自身）的发展是与他者在存有论上是有直接关联的。因此，主体自身核心价值的确立，也就不仅是自身的问题，而是具有行动能力的主体与经验世界产生联系进而影响与其相关的世界的基础。而"仁"作为主体的道德实践根源性的价值，一方面强调由自我层层进行外推，另一方面强调对万事万物的仁爱精神，在孟子与董仲舒的对照下，或许就不同时代脉络会有不同的反省与强调，然而对现代而言，则都是可被正面肯定的价值。

次者,在董仲舒的仁义关系上,除了前述与孟子一脉的由主体自身外推之理路,董仲舒还强调当从主体(我)出发,思考我与人(他者)作为不同对象时的对治(统理、经营)方式而必须有的仁义之别,此时,"以仁安人,以义正我"则成为另一准则。此准则初视似乎与孟子的仁义内在或告子的仁内义外均不同,而是以仁为外、以义为内,但若简单分判会忽略了孟告仁义内外之辨与董仲舒此论在议论范畴上的不同,孟告之辨讨论的是仁义的根源性问题,尤其是"义"的根据性问题,告子强调的是义作为一判准必然有客观要处理的事实对象,但孟子指出就算必然有客观对象的存在,作为判准的义必然也根基于主体自身,透过主体自身才能使得外在对象合于义(合宜)。此仁义内在的论述被放回道德实践主体身上,便形成了一种深刻的道德观建构的基础,如果此道德基础能被主体认同且于其身上作用,则在一关涉道德的行动过程中,在主体内在产生对行动之意欲到动机的检视,以至于在动机形成后的权衡与选择过程中,仁义都将作为主体进行考虑的基本价值及原则。当然,放在当今世界,仁义作为基本价值与道德抉择之原则,是否足以应付复杂的道德问题。例如在企业伦理或环境伦理各类应用伦理范畴中,可能涉及国与国、跨国的企业与地方之间的问题,在此些问题中充满了在各不同层级中,主体必须从自身之不同面向面对且处理其所面临的道德困境的道德抉择,在过程中主体所必须拥有的当然不仅是基本且稳固的价值观,还必须有相当程度的知识涵养,以及随时代变革而有的对各种新形态道德难题的认知与理解。不过,道德知识的丰富程度与道德抉择和实践在主体自身之联系上如何可能?仁义内在的设定与肯认,似乎又是一条可行之路。

因此,再检视董仲舒"以义正我"的主张,该主张更说明了,当我们将自我与他者均作为道德实践的思考对象而进行规范时,"义"首先需要放在主体自身上,此种对于"正我"之"义"的强调,更加深了主体的自我对治意识,即生而为人的责任。此时,就对治对象的不同,可说董仲舒在此所主张的仁义观是一种仁义概念的对举而非强调两者的上下关系。从道德实践层面而言,"仁"可被理解为由"爱人"（安人，仁爱精神）而成为一种主体道德实践的基本价值观，"义"作为"正我"而强调道德实践主体对于道德原则与判断的以自身为首要的观点，两者对于主体价值抉择就着人我关系而进行了区别。在一般的思路下，"义"通常作为主体立基于仁的基础而面对经验世界各种情况所必须有的道德原则与判断，但如前所述，"义"的展现虽必然有客观对象，但道德原则与判断的主体仍然挺立，"义"的展现还是在我（主体自身）身上。董仲舒在此基础上，更强调"义之法在正我，不在正人。我不自正，虽能正人，弗予为义"，以道德实践主体对于自我的要求为先，因此，"义"不可成为对他人的他律要求，而是对自我的道德自律原则，这种说法与孟子的仁义观没有绝对的不同，而是透过不同范畴的讨论更明确了道德实践的主体以自我与他者为不同对象时的不同关注重点。回到主体自身，仁爱仍是重要的道德核心价值，所以仁爱才必须透过主体实践而外推于世界，而在此外推的过程中，主体自身又必须以严谨的态度规范自己，对自己的每一个与道德相关的行动的形成过程进行合宜合义的审视。在此基础上，立基于稳定道德价值观的行为主体再辅以充分的对于当今世界复杂道德困难的知性认知与理解，则能让自我成为真正具有道德的人，而不仅是具有道德知识的人。

最后，在义利关系的层面上，无论孟子或董仲舒均不认同以"利"为主体价值抉择与行为引导的核心，董仲舒甚至有"不能义者，利败之也""正其谊不谋其利"的主张，影响宋儒，形成了存天理以灭人欲的主张，即完全灭利的存在价值。然而，以重义轻利为主导的价值观，甚至忽视人的基本正当的物质需求的观点，不仅不符合现代人的价值思考，回到过往，也不一定被认同。所以，在孟子，仍会指出需要使民有恒产才能使其有恒心，教化才有实施的可能，在董仲舒，则更清楚地以"利养其体，义养其心"，明确指出人对于自身基本需求（利）的满足是必须的，只是心才是身体的主导，因此养心之体重于养那基本需求之体。以此观点检视当代人类的价值思维，不难发现，当代人对于利的需求绝对超过孟子或董仲舒所考虑的基本之利，而且，非必要的过度需求，又确实造成各种问题。例如从环境伦理层面来看，当代世界中存在种种环境问题，如山林土地过度开发、资源浪费与耗损、海洋垃圾的问题等，现代人对这些问题的反省，往根源追溯，势必回到对自身需求问题之检讨，也就回到了主体的价值问题。而在此思路上，如何让"利"的发展重新与"义"连接，对自我之"利"进行更谨慎之检视，将价值的根据放回仁义中，则为一可行径路。

五、结论

孟子与董仲舒的"仁—义—利"结构在某些基本定义与关注层面上有不同，在理论思辨上对两者间的不同进行准确的理解与分析是必要的。但另一方面，就当代社会而言，从道德实践的主体价值抉择的面向上来看，在理解与分析之后，现代人可以更进一步地将此两种有别但不矛盾的结构进行整合，重新审视儒家的仁义关怀，让过于强调个体与自我的现代人重新回到世界之中。如牟宗三所言，儒家"没有孤独的成德"，仁义的德性不会只单独的在个体身上而是向外感通的[10]，这一条重新连结自我与他者（世界）之路，是我们在现代社会中思考道德实践的主体价值抉择之可能性与动力的可行方向。

参考文献：

[1] 杨国荣. 行动：一种哲学的阐释 [J].《学术月刊》：第42卷，2010 (12)：25-26.

[2] 李宗桂. 董仲舒义利观揭旨 [J]. 齐齐哈尔师范学院学报，1991 (4)：16-19.

[3] 何丽野. 从语境看董仲舒义利观的一段学案——兼论中国思想史研究中的"语境意识"[J]. 哲学研究，2011 (2)：54.

[4] 蒙培元. 中国心性论 [M]. 台北：台湾学生书局，1990：37.

[5] 冯达文，郭齐勇. 新编中国哲学史（上册）[M]. 北京：人民出版社，2004：96.

[6] 余治平. 唯天为大—建基于信念本体的董仲舒哲学研究 [M]. 北

京：商务印书馆，2003.

[7] 曾振宇，范学辉. 天人衡中——春秋繁露与中国文化 [M]. 开封：河南大学出版社，1998：140-153.

[8] 黄俊杰. 东亚传统与现代哲学中的自我与个人 [M]. 台北：台湾大学出版中心，2015：44.

[9] 孙向晨. 现代个体权利与儒家传统中的"个体" [J]. 文史哲，2017，360（3）：102.

[10] 牟宗三. 生命的学问 [M]. 台北：三民书局，1978：37.

本文为"2019中国•衡水董仲舒与儒家思想国际学术研讨会"提交的论文。

王涵青（1978—），女，台湾高雄人，哲学博士，黄冈师范学院文学院副教授。

董仲舒正谊明道思想浅议

王即之

董仲舒正谊明道思想，出自他的一段名言，其中最核心的句子是——"正其谊不谋其利，明其道不计其功。"此句可谓言简意赅，旗帜鲜明，成为博大精深的董仲舒学术思想中的"显学"。

自汉代以降直至今日，这段骈体文式的连珠妙语，一直受到人们的热捧和热评。热捧当然是正面的评价和追捧了，而热评则意味着很受人们关注，其中也不乏有一些人对此段语录及其思想持批评甚至批判的态度，当然也有持中立态度的，这些皆是合乎情理之中的，只不过是各人的角度不同而导致认知各异罢了。笔者完全认可和崇尚董子的这个思想，并且认为这个思想历尽两千多年沧桑，在当下社会仍然具有极大的现实意义。

一、董仲舒正谊明道思想的提出

汉武帝元光元年（前134），武帝下诏征求治国方略，让各地推荐贤良文学之士。董仲舒被推举参加策问，他系统地阐述了"天人感应""神权与君权的关系""大一统"学说、"诸不在六艺之科、孔子之术者，皆绝其道，勿使并进""推明孔氏，抑黜百家"等思想和主张，并且为汉武帝所采纳，从而大大维护了汉武帝的集权统治，为当时社会政治和经济的稳定做出了巨大的贡献，使儒学成为中国封建社会正统思想，影响长达二千多年。

董仲舒对策后，被武帝派到江都易王刘非那里当国相。刘非是武帝的哥哥，一直以来粗暴蛮横，争强好胜。董仲舒以礼谊匡正之，得到江都王的敬重。相处的时间长了，江都王便向董仲舒请教问题。

据《汉书·董仲舒传》载：久之，王问仲舒曰："粤王句践与大夫泄庸、种、蠡谋伐吴，遂灭之。孔子称殷有三仁，寡人亦以为粤有三仁。桓公决疑于管仲，寡人决疑于君。"仲舒对曰："臣愚不足以奉大对。闻昔者鲁君问柳下惠'吾欲伐齐，何如？'柳下惠曰：'不可'。归而有忧色，曰：'吾闻伐国不问仁人，此言何为至于我哉！徒见问耳，犹且羞之，况设诈以伐吴乎？'由此言之，粤本无一仁。夫仁人者，正其谊，不谋其利，明其道，不计其功，是以仲尼之门，五尺之童羞称五伯，为其先诈力而后仁谊也。苟为诈而已，故不足称于大君子之门也。五伯比于他诸侯为贤，其比三王，犹武夫之与美玉也。"王曰："善。"[1]

这段话大意为：过了一段时间，易王问董仲舒说："越王勾践和大夫泄庸、文种、范蠡密谋攻打吴国，后来终于灭了吴国。孔子说殷纣王有三位仁人，我认为越王勾践也有三位仁人。春秋时的齐桓公有疑难的事让管仲解答，我有疑问请您解答。"董仲舒回答说："臣愚昧不能解答您提出的问题。我听说春秋时鲁国国君鲁僖公问鲁国大夫柳下惠：'我想攻打齐国，怎么样？'柳下惠说：'不行。'他回家后面有忧色。然后说：'我听说攻伐别的国家不问有仁德的人，国君想攻打齐国为什么问我呢！'柳下惠只不过被询问罢了，尚且感到羞愧，何况是设谋诈降来攻打吴国呢？由此说来，越国根本没有一位仁人。仁人端正他的义却不谋取私利，阐明他的道却不计较自己的功劳，所以在孔子的门徒里，即使是尚未成年的儿童也羞于谈论五霸，因为五霸推崇欺诈武力不注重仁义。越王君臣不过是实行不正当的诈术罢了，所以不值得孔子的门徒谈论。五霸比其他诸侯贤明，可是和三王相比，就好像似玉的石块和美玉相比一样啊。"易王说："讲得好。"

在这里，"谊"同"义"。谓符合正义或道德规范，亦指按照正义或道德规范的要求。如《楚辞·九章·惜诵》曰："吾谊先君而后身矣，羌众人之所仇也。"洪兴祖补注："谊，与义同。"《汉书·霍光传》："光欲夺之，郎按剑曰：'臣头可得，玺不可得也！'光甚谊之。"[2]在这里"谊"也是"义"的意思。

按说，董仲舒在江都王刘非那里还是可以待下去的，虽然刘非阴险毒辣，但董仲舒的威名足以压倒他的嚣张气焰。只不过世事难料，董仲舒的渊博也为自己带来了麻烦。汉武帝建元六年（前135），皇帝祭祖的地方长陵高园殿、辽东高庙发生了大火，董仲舒认为这是宣扬天人感应的好机会，于是带病坚持起草了一份奏章，以两次火灾说明上天已经对汉武帝发怒。结果奏章还没上，正巧主父偃到董仲舒家做客，看见奏章，因嫉妒董仲舒之才，就把奏章草稿偷走，交给了汉武帝。武帝看后大怒，决定将董仲舒斩首。后怜其才，又下诏赦免，从此，董仲舒不敢再说灾异之事，而是干起了老本行，从事教学活动，又教了十年的《公羊春秋》。

汉武帝元朔四年（前125），公孙弘又向朝廷推荐董仲舒做官，汉武帝遂派董仲舒做胶西王刘端的国相。刘端也是汉武帝的哥哥，他比刘非更凶残、蛮横，过去不少做他国相的人都被杀掉或毒死。因董仲舒是知名的大儒，刘端对他也还比较尊重。但董仲舒一直提心吊胆，小心谨慎，唯恐时间长了遭到不测，遂于四年后以年老有病为由，辞职回家。从此以后，他也就结束了仕禄生涯。

据《春秋繁露义证第九·对胶西王越大夫不得为仁》载：在董仲舒做胶西王刘端的国相期间，有一次胶西王对董仲舒说："勾践的贤明，加上范蠡、文种的才能，我认为这是越国的'三仁'，你怎么看待这'三仁'呢？当初齐桓公有问题请教管仲，我的疑虑就由先生解决了。"董仲舒回答说："我才疏学浅，没能力决断大王的疑虑。虽然如此，大王向我提问，我不能不尽我所知回答。我听说，过去鲁国国君问柳下惠：'我想攻打齐国，你看怎么样？'柳下惠回答说：'不行。'他退下来满脸忧愁地说：'我听说，阴谋侵略邻国的，不会向仁爱者讨教，这次国君为什么问我呢？'可见，柳下惠连被问都觉得羞耻，更别说参与讨伐齐国了！由此看来，越国本来就没有一个'仁'，哪来的'三仁'？所谓仁人，是'正其道不谋其利，修其理不急其功'

的仁。致力于以德教化民众而使社会风气大变,才是仁的最高境界,尧、舜、禹就是榜样!"[3]

那么,这下问题来了:从以上两本典籍分别记载的两段文字来看,两者既有相同的地方,也有相异的地方,而其实质到底是同还是异呢?再者:董仲舒到底是在回答谁的提问呢?人多口杂,各说各话,在纷纷扬扬的多家声音中,我更看中秦进才先生的观点。他认为《春秋繁露·对胶西王越大夫不得为仁》和《汉书·董仲舒传》有着大致相同的记述,但也存在着相异之处。一是提问者不同。《春秋繁露》记载董仲舒所回答的是胶西王;而《汉书·董仲舒传》记述发问者是江都王。秦先生认为"似乎当以江都王为是"。二是记载的字数多少、详略不同。《春秋繁露》记载有360余字,《汉书》记述仅210余字。总体来看,《春秋繁露》详细,《汉书》简略。当是《春秋繁露·对胶西王越大夫不得为仁》成文在前,《汉书·董仲舒传》根据《春秋繁露》进行了删削润饰。三是人数不同。《春秋繁露》作:"大夫蠡、大夫种、大夫庸、大夫睪、大夫车成,越王与此五大夫谋伐吴。"《汉书·董仲舒传》作:"粤王句践与大夫泄庸、种、蠡谋伐吴。"前者5人,后者3人,删去了大夫睪、大夫车成两人。四是核心语言不同。《春秋繁露》作:"仁人者,正其道不谋其利,修其理不急其功。"《汉书·董仲舒传》作:"夫仁人者,正其谊不谋其利,明其道不计其功。"除了"不谋其利"相同外,其他的表述都不同。《汉书·董仲舒传》对"功"由"不急"改为"不计",突出了对功利的排斥态度,成为后来正统儒家义利观宗旨的经典表述[4]。

秦进才先生在这里主要说了两层意思:一是两本书尽管有相同之处,但差异无疑更大一些,主要表现在4个方面;二是发问者"似乎当以江都王为是"。我觉得此论不谬也!因为毕竟董仲舒在人生最得意的时候载誉来到江都王门下为相,江都王也对他表现出了极大的敬重之情,在处熟了之后向他请教问题,他也口无遮拦、痛快淋漓地回答问题,这是顺理成章、水到渠成的事情。而在胶西王那里为相时已经是因为"灾异之说"从差点被杀头到汉武帝怜其才而赦免其回家重操旧业,教了十年书后再度出山的事情了。肯定年龄越来越老,胆子越来越小，说话越来越巧，不可能再那么信马由缰了。

二、董仲舒正谊明道思想的渊源

董仲舒以他卓越的理论底蕴和良好的说服能力，赢得汉武帝的认可和重用，使儒学的地位达到空前的高度。从正常推理来讲，他的理论思想必然不是无本之木、无源之水，肯定有其来龙去脉和渊源关系，这就是历史文化的传承。上文已经论述了"谊"同"义"。那么董仲舒之前的圣贤又是怎样论述"义"的呢？打开汉语词典，"义"的定义是："中国华夏一种含义极广的道德范畴。义谓天下合宜之理，道谓天下通行之路。"

再进一步追根溯源，是管子最早提出了"义"的概念：据《管子·牧民》载："仓廪实则知礼节，衣食足则知荣辱；上服度则六亲固，四维张则君令行。……四维不张，国乃灭亡。……国有四维，一维绝则倾，二维绝则危，三维绝则覆，四维绝则灭。倾可正也，危可安也，覆可起也，灭不可复错也。何谓四维？一曰礼，二曰义，三曰廉，四曰耻。礼不逾节，义不自进，廉不蔽恶，耻不从枉。"[5]

管子在这里说得很到位："国之四维，缺了一维，国家就会倾侧；缺了两维，国家就会危殆；缺了三维，国家就会颠覆；缺了四维，国家就会灭亡。"是的，倾侧了可以扶正，危险了可以拯救，颠覆了可以恢复，灭亡了就再也没有什么办法拯救了。笔者体味，在这里"礼"指上下有节，有礼就不会超越节度；"义"指合宜恰当的行事标准，有义就不会妄自冒进；"廉"指廉洁方正，有廉就不会掩饰恶行；"耻"指知耻之心，有耻就不会同流合污。礼义在这里处于统领的地位，有了礼义，廉耻就容易做到了！

号称六经之首的《周易》也涉及了"义"。在《周易·上经·乾卦第一》中，《文言》曰："元者，善之长也；亨者，嘉之会也；利者，义之和也；贞者，事之干也。"[6]265 这是孔子在《文言》中，对周文王所作乾卦的卦辞"元、亨、利、贞"四个字的解释。对于"元"字，孔子强调它善的内涵，认为它代表万物的开始，也是美好的开始；"亨"则是好的集合，因为"嘉"就是好，众多的好集合起来，当然就亨通无碍了；"利"则是秉承道义、和谐相处的结果，所谓和气生财者也；"贞者，事之干也"，是指事物的中心。孔颖达疏："言天能以中正之气，成就万物，使物皆得干济。"所以常以"贞干"喻支柱、骨干和能负重任、成大事的贤才。

在《论语》中，孔子也多次提到了"义"。比如《论语·里仁》中的"君子喻于义，小人喻于利"[7]32，对君子和小人的区别做出了深刻的评判；《论语·颜渊》载孔子曰："主忠信，徙义，崇德也。爱之欲其生，恶之欲其死，既欲其生，又欲其死，是惑也。"[7]124 在这里，孔子谆谆教导弟子，做事要以忠信为主，使自己的思想合于义，这也就是崇尚道德了。如果感情用事，爱一个人，就希望他活下去，厌恶起来就恨不得他立刻死去，既要他活，又要他死，这就是迷惑。在《论语·子路》里，孔子还为上位者开处方："……上好礼，则民莫敢不敬，上好义，则民莫敢不服；上好信，则民莫敢不用情……"[7]134 在《论语·卫灵公》中，孔子对君子的行为做了一个规范："君子义以为质，礼以行之，孙以出之，信以成之。君子哉！"[7]168 做事以义作为根本，用礼加以推行，用谦逊的语言来表达，用忠诚的态度来完成，这就是君子了。在《论语·阳货》中，子曰："君子义以为上。君子有勇而无义为乱，小人有勇而无义为盗。"[7]197 在这里，孔子把义作为君子最高尚的品德，而且肯定地说，君子有勇无义就会作乱，小人有勇无义就会偷盗。

不光孔子如此看重"义"，在孔子的教导下，他的弟子也在茁壮成长，产生了各自的思想。比如在《论语·子张》中，子张曰："士见危致命，见得思义，祭思敬，丧思哀，其可已矣。"[7]208 大意是说士遇见危险时能献出自己的生命，看见有利可得时能考虑是否符合义的要求，祭祀时能想到自己要严肃恭敬，居丧的时候想到自己要哀伤，这样就可以了。说得多好呀！在奋不顾身、见义勇为的同时，还要见得思义，这无疑是对孔子思想的继承与拓展。

孔子是一个伟大的哲学家，他的辩证思维也很了得。他在正面命名、规范、填充、倡导"义"的同时，也从"义"的反面来谈论

"义"。比如《论语·为政》中的"见义不为，无勇也"[7]15。在批评鲁莽的同时，他也在倡导勇敢，这就是辩证色彩。《论语·述而》中的"德之不修，学之不讲，闻义不能徙，不善不能改，是吾忧也"[7]61。很显然，他还倡导"品德、学习、道义、善良"。《论语·述而》中载孔子"饭疏食，饮水，曲肱而枕之，乐在其中矣。不义而富且贵，于我如浮云"[7]65。他以轻松的语言，刻画出了自己以苦为乐的精神境界，表明自己对那些靠不正当手段而得到富贵的人是不屑一顾的。作为一个现代人，每当笔者读到这句话时，就好生感动！他能成为圣人乃至至圣，自然是有原因的，而这段自我表白，也应该是他成为圣人的一个重要因素吧！

在《论语·卫灵公》中孔子说："群居终日，言不及义，好行小慧，难矣哉！"[7]168孔子在此批评一些人说："整天聚在一块，说一些不着边际、远离义理的话，喜欢卖弄自己的小聪明，这种人真是难教导呀！"此段和接下来的这一段话遥相呼应，互为见证，甚妙。在《论语·季氏》中孔子说："见善如不及，见不善如探汤。吾见其人矣，吾闻其语矣。隐居以求其志，行义以达其道。吾闻其语矣，未见其人也。"[7]184大意为看到善良的行为，就担心达不到，看到不善良的行动，就好像把手伸到开水中一样赶快避开，我见到过这样的人，也听到过这样的话。以隐居避世来保全自己的志向，依照义而贯彻自己的主张，我听到过这种话，却没有见到过这样的人。孔子的这段话，说的是不做坏事、远离坏人容易，而按照义的要求来实施自己的正确主张，却是一件难事，难到自己都没有见过这样的人的地步。

在《论语·里仁》中孔子说："君子之于天下也，无适也，无莫也，义之与比。"[7]31这一段像总结似的，来了一个高度概括：总的来说，君子在社会上做事，没有什么固定的该做还是不该做，只是按照义来把握就是了。

从时间推算来看，孟子应该是孔子隔了二代的再传弟子，他很好地继承了孔子奠基的儒家文化，并有所发展。在《孟子·告子上》中，孟子云："生亦我所欲也；义，亦我所欲也。二者不可得兼，舍生而取义者也。"[6]185大意为：生命是我所珍爱的，义也是我所珍爱的。如果两者不可能都得到，我就放弃生命而要义。其大义凛然、义无反顾的英雄气概确实比起孔子来，是有过之而无不及的。

《孟子·梁惠王上》载：孟子见梁惠王。王曰："叟，不远千里而来，亦将有以利吾国乎"孟子对曰："王何必曰利？亦有仁义而已矣。王曰'何以利吾国'，大夫曰'何以利吾家'，士庶人曰'何以利吾身'上下交征利，而国危矣。万乘之国，弑其君者。必千乘之家；千乘之国，弑其君者，必百乘之家。万取千焉，千取百焉，不为不多矣。苟为后义而先利，不夺不餍。未有仁而遗其亲者也，未有义而后其君者也，王亦曰仁义而已矣，何必曰利？"[8]

大意为：孟子拜见梁惠王。梁惠王说："老先生，你不远千里而来，一定是有什么对我的国家有利的高见吧！"孟子回答说："大王何必说利呢？只说仁义就行了。大王说'怎样使我的国家有利'，大夫说'怎样使我的家庭有利'，一般士人和老百姓说'怎样使我自己有利'。结果是上上下下互相争夺利益，国家就危险了啊！在一个拥有一万辆兵车的国家里，杀害其国君的人，一定是拥有一千辆兵车的大夫；在一个拥有一千辆兵车的国家里，杀害其国君的人，一定是拥有一百辆兵车的大夫。这些大夫在一万辆兵车的国家中就拥有一千辆，在一千辆兵车的国家中就拥有一百辆，他们的拥有不算不多。可是，如果把义放在后而把利摆在前，他们不夺得国君的地位是永远不会满足的。反过来说，从来没有讲'仁'的人是会抛弃父母的，从来也没有讲义的人也是不顾君王的。所以，大王只说仁义就行了，何必说利呢！"孟子的思辨和推理水平之高由此可见一斑。

在这么多先贤高论的基础上，学富五车、视野开阔的董仲舒，自然要兼收并蓄、化而裁之，形成"正谊明道"的新思想了。他认为："天之生人也，使人生义与利。利以养其体，义以养其心。心不得义不能乐，体不得利不能安。义者心之养也，利者体之养也。体莫贵于心，故养莫重于义，义之养生人大于利。"[9] 在这里，他依然以骈体文式的语言组合，清楚表达他对人与生俱来的义与利以及两者之间的相辅相成、美美与共的天然关系的理解。

三、董仲舒正谊明道思想的当下意义

如前文所言，董仲舒在回答江都王刘非的问题时说："……越国根本没有一位仁人。仁人端正他的义却不谋取私利，阐明他的道却不计较自己的功劳，所以在孔子的门徒里，即使是尚未成年的儿童也羞于谈论五霸，因为五霸推崇欺诈武力不注重仁义。越王君臣不过是实行不正当的诈术罢了，所以不值得孔子的门徒谈论。五霸比其他诸侯贤明，可是和三王相比，就好像似玉的石块和美玉相比一样啊。"易王说："讲得好。"

在回答胶西王刘瑞的问题时，董仲舒说："……我听说，过去鲁国国君问柳下惠：'我想攻打齐国，你看怎么样？'柳下惠回答说：'不行。'他退下来满脸忧愁地说：'我听说，阴谋侵略邻国的，不会向仁爱者讨教，这次国君为什么问我呢？'可见，柳下惠连被问都觉得羞耻，更别说参与讨伐齐国了！由此看来，越国本来就没有一个'仁'，哪来的'三仁'？所谓仁人，是'正其道不谋其利，修其理不急其功'的仁。致力于以德教化民众而使社会风气大变，才是仁的最高境界，尧、舜、禹就是榜样！"

当下社会，和"端正自己的道义却不谋取私利，阐明自己的道却不计较自己的功劳"的先见之明和中肯之语背道而驰的人不在少数。为了追逐自己的一己之利，所以笔者以为当下社会呼唤正谊明道思想的回归，董仲舒思想依然具有现实意义！

参考文献：

[1] 班固. 汉书 [M]. 北京：中华书局，2012：2194.
[2] 班固. 汉书 [M]. 北京：线装书局，2015：1107.
[3] 苏舆. 春秋繁露义证 [M]. 北京：中华书局，1992：266.
[4] 秦进才. 董仲舒"正其谊不谋其利，明其道不计其功"管窥 [J]. 衡水：《衡水学院学报》，2014（3）：8-14.
[5] 龙汉宸等，编著. 管子 [M]. 北京：北京燕山出版社，1995：11.

［6］孔子等. 思履，主编. 四书五经详解［M］. 北京：北京联合出版公司，2015.

［7］邓启铜，注释. 论语［M］. 南京：东南大学出版社，2010：32.

［8］白平，注译. 孟子详解［M］. 北京：人民文学出版社，2014：1.

［9］苏舆. 春秋繁露义证［M］. 北京：中华书局，1992：263.

本文为"2019中国·衡水董仲舒与儒家思想国际学术研讨会"提交的论文。

王即之（1958—），男，陕西长安人，西北大学现代学院国学院副院长，西北大学中国西部书画研究院研究员，国家一级美术师，研究方向：儒学、诗书画。

董仲舒论"孝之天经地义"观及其现代价值

魏彦红

一、献王刘德问孝于董仲舒

孝,是儒家思想之根,是儒家伦理之源。无论是先秦儒学,还是董仲舒在西汉采各家之长而建构的新儒学,孝永远是儒家思想之主脉。那么在董仲舒眼里到底什么是孝呢?孝的根源又在哪里呢?人为什么要"孝"呢?董仲舒结合自己的天人哲学观,对孝进行了详尽的剖析。《春秋繁露》中曾记载,当时的河间献王刘德咨询董仲舒关于孝的问题,问道:"《孝经》曰:'夫孝,天之经,地之义。'何谓也?"(《春秋繁露·五行对》)董仲舒予以了认真而详尽的推理答复。在当时,无论是在《孝经》中,还是在人们的观念中,人人都晓得孝是每个人必须遵循的基本道德规范,但为什么要遵守孝道呢,这可能不是人人能理解的,就连献王刘德都存着困惑。刘德是汉武帝刘彻之兄,其所管辖地献县和衡水接壤,距离董仲舒家乡不足百里,而献王酷爱收藏散落于民间的儒家经典,其藏古书量与朝廷藏书量相当,他本人对儒家经典的研究也颇有成就,吸引了大批儒者相聚于此,形成了河间学术中心,对儒家文化的传承做出了不可磨灭的贡献。就是献王刘德这样一个对儒家思想有着高度情怀和深入研究的人,对儒家孝文化的认识都有疑惑,何况是当时的普通百姓呢?董仲舒了解人们对孝的认识水平和现状，认为非常有必要进行详尽彻底的解释，让更多的人理解孝之根源，以便更好地将孝行贯穿于生活之中，为此他在《春秋繁露》记录下了这一关键问答。

二、孝之天经：五行者，乃孝子忠臣之行也

那么，董仲舒到底是如何解读的呢？他对曰："天有五行：木、火、土、金、水是也。木生火，火生土，土生金、金生水。水为冬，金为秋，土为季夏，火为夏，木为春。春主生，夏主长，季夏主养，秋主收，冬主藏。藏，冬之所成也。"（《春秋繁露·五行对》）董仲舒从天——自然现象出发，剖析自然运行规律，以此推出作为自然现象、自然个体存在的人的行为准则。在董仲舒看来，天生之有五行，五行相生，这是不可违背的规则，五行运行各有所生，各有所长，寓意五德，即"故五行者，五行也"（《春秋繁露·五行对》）。五德终始，有规律可循，决不可违背。董仲舒认为，天人合一，天的意志会表现在自然之万事万物上。即天之意志，万物之宗，人之道循。由此推之，人伦所依，道之所存，五行之规，天之所愿！董仲舒对五行之序及其前后之间的关系进行了详细解读："木，五行之始也；水，五行之终也；土，五行之中也。此其天次之序也。木生火，火生土，土生金，金生水，水生木，此其父子也。木居左，金居右，火居前，水居后，土居中央，此其父子之序，相受而布。是故木受水而火受木，土受火，金受土，水受金也。诸授之者，皆其父也。受之者，皆其子也。常因其父以使其子，天之道也。"（《春秋繁露·五行之义》）

由此看出，董仲舒认为，五行先后之间顺序的关系的实质就是父子关系，前者为父，后者为子，依次往复。"父者，子之天也。天者，父之天也。无天而生，未之有也。天者万物之祖，万物非天不生。"（《春秋繁露·顺命》）父亲是儿子的天，天是父亲的天，由此推出天也是万物之祖，没有天就没有万物的存在和生长。这就提出了一个论点，天是万物的祖源，万物的运行相处必须遵循上一级的父道和天道。由此，董仲舒又进一步反向推导："是故父之所生，其子长之；

父之所长，其子养之；父之所养，其子成之。诸父所为，其子皆奉承而续行之，不敢不致如父之意，尽为人之道也。"(《春秋繁露·五行对》)即，遵循五行相生之理，推导出父亲所生的，儿子使他成长，父亲所成长的，儿子要加以养育，父亲所养育的，儿子要完成它。也就是说，凡是父亲所做的，儿子要继承下来继续实行，作为儿子不敢不按照父亲的意志去做，这就是尽为人（人子）之道。不难看出，董仲舒认为父子之人伦，源于五行终始之律，即"为人者天"的道理。董仲舒对"孝之天经"之理进行了总结："故五行者，乃孝子忠臣之行也。"(《春秋繁露·五行之义》)

董仲舒认为："为生不能为人，为人者天也。人之人本于天，天亦人之曾祖父也。此人之所以乃上类天也。人之形体，化天数而成；人之血气，化天志而仁；人之德行，化天理而义；人之好恶，化天之暖清；人之喜怒，化天之寒暑；人之受命，化天之四时。人生有喜怒哀乐之答，春秋冬夏之类也。喜，春之答也，怒，秋之答也，乐，夏之答也，哀，冬之答也。天之副在乎人。"(《春秋繁露·为人者天》)在这里，董仲舒概括出了人之所以为人的本质，"人之为人本于天"，天是人之本、之源，人之曾祖父也，没有天就没有人，人要循天道，这就是本源的孝道和孝道的本源。董仲舒在为献王刘德讲解孝之五行为本源后，得出明确的结论："由此观之，父授之，子受之，乃天之道也。故曰：夫孝者，天之经也。此之谓也。"即，父授子受为天道，孝为天经。

三、孝之地义：忠臣之义，孝子之行，取之土

献王刘德进一步咨询董仲舒"孝之地义"："天经既得闻之矣，愿闻地之义。"(《春秋繁露·五行对》)董仲舒通过对"地"之品行的分析进行了解读："地出云为雨，起气为风，风雨者，地之所为。地不敢有其功名，必上之于天。命若从天命者，故曰天风天雨也，莫曰地风地雨也。勤劳在地，名一归于天，非至有义，其庸能行此。故下事上，如地事天也，可谓大忠矣。"天地人，万物之本。上为天，下为

地，中为人。地为天之子，云、雨、气、风等自然现象都是地产生的，是地的劳作之功，但地从不独享其功，而是将功劳归于其父——天，故此称之为天风天雨。这就是孝行——下事上，地事天，亦为大忠！地在五行之中为土，土在五行之中为中，五行之五德，土最为贵。

缘何土为贵，贵在何处呢？董仲舒认为："土居中央为之天润。土者，天之股肱也，其德茂美不可名以一时之事，故五行而四时者，土兼之也。"（《春秋繁露·五行之义》）由此看出，既然土是天之股肱，没有土，天将不存；没有土，万物不再。土集所有美德于一身，其源为事天之孝忠！董仲舒进一步用形象的比喻对土德之美进行了阐发："甘者五味之本也，土者五行之主也。五行之主土气也，犹五味之有甘肥也，不得不成。是故圣人之行，莫贵于忠，土德之谓也。"（《春秋繁露·五行之义》）忠，是土德的最高表现，圣人之行以忠为准则，百姓之行以孝为标准。董仲舒一再赞赏土的高贵品质："土者，火之子也，五行莫贵于土。"（《春秋繁露·五行对》）董仲舒在回复献王刘德的问题时果断地得出结论："忠臣之义，孝子之行，取之土。土者，五行最贵者也，其义不可以加矣。五声莫贵于宫，五味莫美于甘，五色莫盛于黄，此谓孝者地之义也。"（《春秋繁露·五行对》）从董仲舒形象的比喻、华丽的辞藻可以看出他对土之美德的溢美之情，从五声之宫贵、五味之甘美、五色之黄盛的描述，可以深刻理解了"五行之土贵"。

循地事天之忠为孝，不仅普通百姓如此，受命于天的天子更当如此。"受命之君，天意之所予也。故号为天子者，宜事天如父，事天以孝道也。"（《春秋繁露·深察名号》）所以，在董仲舒看来，孝悌是随天而生的，天人合一，人循天道，才能人之为人。"天生之以孝悌，地养之以衣食，人成之以礼乐，三者相为手足，合以成体，不可一无也。无孝悌则亡其所以生，无衣食则亡其所以养，无礼乐则亡其所以成也。"（《春秋繁露·立元神》）由此看来，董仲舒高度评价孝悌之于人之为人的价值在于：没有孝悌就没有了生长的依据，没有了在天地间存在的理由，孝悌是人成长成人的先决条件，也是根本依据。也就是说,不懂孝悌,无孝悌之行的人不称其为人!因为,"举显孝悌,表异孝行,所以奉天本也"(《春秋繁露·立元神》)。这里再次强调了孝悌乃尊奉天之本。

四、董仲舒"孝之天经地义"观的现代意义与价值

孝是儒家思想的根与脉,儒家思想是中华优秀文化的精髓,孝文化是流淌于中华民族文化血脉中生命力最强的主力军。孝之生命生生不止,永不停息。中华民族在儒家文化两千多年的熏陶下,已经将孝融入了民族道德价值的血液之中。孝已经成为百姓日常道德价值判断的基点。但这并不等于人人懂孝,人人会孝,人人有孝。在日常生活中,反而还存在很多不孝的现象和行为。

每个人从一个自然生命个体发展成为社会个体的过程,严格意义上讲,是一个人化的过程,是一个道德化的过程,是一个用社会道德准则和伦理价值约束自我的过程。唯其如此,人才成其为人,自然人才成其为社会人。一个人能否很好地融入社会,在社会大家庭中能否成为其中一份和谐因子,决定于他是否践行了社会伦理。这是一种能力,更是一种理念,表现在行为,根源即在于伦理之根本——孝悌。中华孝悌文化的发展有着天人合一的属性,正如董仲舒所阐发的,天道即人道,天生孝悌,人必孝悌。从对父母的孝,到对兄弟姐妹的悌,到人际交往的仁、义,到与自然相处的和合,这是孝文化的一脉相承,有着发展的规律性和必然性。

董仲舒对"孝之天经地义"的阐释反映了他的天人哲学观,他认为自然万物和谐共处的基本原则是天人合一。在他看来,天有五行,五行相生之序为父子关系,五行乃孝子忠臣之行为准则;土为五行之中,土德最贵,贵在对天之大忠。忠臣之义,孝子之行,取之土德。董仲舒对孝的阐释揭示了孝的根与由,也推导出了孝之必然性。董仲舒这样的解释虽然是在当时的社会背景下进行的阐发,也是他的天人哲学思想发展的必由之路,但今天看来仍然具有非常强烈的现实意义。无论社会如何发展进化,孝文化永远是社会倡导的主流积极价

观,不仅是社会发展所需,也是人性所求。董仲舒的阐释具有很强的合理性,因为在一定程度上这是符合自然现象发展规律的,即,是符合天道的,那么孝就是一种对规律的遵循,就是循天之道。如此看来,每个生活、存在于自然中的个体必须遵循自然发展规律和准则,否则会遭到天之惩罚。

由此,让人们知道孝是天经地义的,是循天之道,是遵循自然规律的,这是多么好的一种阐释和倡导!如果人们都能以天人合一的理念遵循如自然规律、自然法则一样的孝,社会将是何等美好!孝的理念和行为必须从小养成,让孝道孝行流淌在每个人的血液之中。孝,必须在家庭、学校、社会等不同的领域以不同的形式进行灌输、倡导和严格要求。当代社会应让孝像三餐一样为每个个体的成长提供必需的营养,成为每个人的主流血脉,成为每个人生命的因子,让孝成为胜过法律效力的道德自觉。

本文为"2019 中国·衡水董仲舒与儒家思想国际学术研讨会"提交的论文。

魏彦红(1967—),女,河北博野人,历史学博士,衡水学院董子学院教授。

《春秋繁露》中的孝道思想及其现代价值

白立强

传统中国作为农耕社会这一基本事实,直接注定了天人同构成为中国传统处理天人关系的原发性观念。《春秋繁露》中的孝道思想即由此理路出发,从天地人之整体宏大的宇宙图式论证了孝道之所以然。尽管从逻辑推理形式来看,其中不乏带有相当浓厚的玄秘幽微色彩,但究其实质,这正体现了中华文化内在的精神品格与思维特质。以天人同构的视角为切入点,探讨《春秋繁露》之孝道思想,对于当下社会具有一定意义。

一、天人同构是中国传统的宇宙意识

著名儒家学者杨汝清认为:"追求天人合一的境界一直以来都是儒家的理想目标,天人感应则是在这种理想下的具体表现。有人因为西汉的董仲舒在其《春秋繁露》中提出了'天人合一''天人感应'的思想,再加上汉代谶纬之学的过度宣扬,便认为这种感应是儒家神秘主义,是封建统治的工具,可是他们忽略了这恰恰是儒家思想超越了世俗生活,达到精神境界最高层面的表现。"[1]中国传统思维正是通过天人同构之路径进而抵达天人合一的目标。

天人同构即指天地自然与人作为宇宙之中的共同存在,皆由相同的物质运化、化育而成,并且在结构方面二者具有天然的相似性,由此决定了天人之间在功能、属性等方面的相通性。就天人同构作为中国传统思维方式而言，其明显地不同于西方之科学思维。如果说科学思维以理性为标准，那么，天人同构意识则以感性为尺度。科学思维是可以量化的，而基于感性之上的天人同构观则是混沌的、模糊的，当然，这并非意味着其不具客观性；相反，东方思维方式在相当大的程度上显示着其真理性。二者的区别体现在：

　　西方思维：科学思维——理性——具体指标——量化实证——物化特征

　　东方思维：意象思维——感性——朴素直觉——情感体验——人化特征

　　一定意义上，二者各有千秋，无谓优劣。理想的状态也许应该是两种思维相互补充、相互借鉴、取长补短，从而在技术理性一路高歌猛进的时代，让技术拥有温情，让血肉之躯体拥抱理性，进而回归生命之初心，以避免"有机械者必有机事，有机事者必有机心"（《庄子·天地篇》）的悲惨情状，从而在人与自然、身与心之间建构起和谐、健康、良性的互动关系。

　　天人同构的特征大体包括四个方面：一是同质性。在中国传统哲学语境中，天地自然等一切存在物包括人都是由"气"聚合化生而成的。正如《易经·系辞》有言："天地絪缊，万物化醇；男女构精，万物化生。"无独有偶，《易经·序卦》亦云："有天地然后有万物，有万物然后有男女。"同理，《易经·彖辞》也高度赞誉天之生生不息之伟力，有"大哉乾元，万物资始，乃统天，云行雨施，品物流形"等。诸如此之表达，一方面体现了"天地之大德曰生"的宇宙镜像之动力系统，另一方面也预示了万物与人之于天生地化的同源性、同质性。二是相通性。天、人都是整个宇宙系统运化而生成，故天与人之间不是彼此孤立的存在，而是发生着千丝万缕、息息相通的联系。实际上，在中国文化看来，人只不过是天的副本，天地日月江河湖海在人的身体当中都存在着相互对应的部分。由是，天与人在结构上存在着相似相通，进而形成了二者在功能等方面的相通性。如天有雷电雨雪，人有悲怒哀怨。天人之间的相类相通性注定了天人一体性，就此而言，毋宁说天地自然就是人的无机身体；而人则是天地自然的灵秀化身，如《礼记·礼运》曰："人者，其天地之德、阴阳之交、鬼神之会、五行之秀气也。……人者，天地之心也、五行之端也。"三是情感性。天人同构之内在意蕴即是认为天与人一样，也具有喜怒哀乐之情、爱恶惧恐之绪。一定意义上，"人类远高于动物者，不徒在其长于理智，更在其富于情感"[2]。因此，天人之同源同质性必然意味着天同样是情感丰富的感性存在之量体。正如李泽厚在谈到孔门仁学时所言："孔门仁学由心理伦理而天地万物，由人而天，由人道而天道，由政治社会而自然、宇宙。由强调人的内在自然（情、感、欲）的陶冶塑造到追求人与自然、宇宙的动态同构。"从而使宇宙、自然这一"感性世界"具有了"一种情感性的色调和性质"[3]282。由此也注定了天人之间在意志方面的相通性，即"事父者承意，事君者仪志，事天亦然"（《春秋繁露·楚庄王第一》）。四是系统性。天人关系之系统性意味着整个宇宙时空就是诸多无限天人层级构成的多重复合系统，其大无外，其小无内。如天人、父子、君臣等。大系统套小系统，小系统套子系统。以此类推，整个天人系统就是无限梯度之诸多天人系统的复合体。

中国传统文化体现了鲜明的天人同构宇宙意识。

如《黄帝内经·灵枢·邪客》云："天有日月，人有两目。地有九州，人有九窍。天有风雨，人有喜怒。天有雷电，人有音声。天有四时，人有四肢。天有五音，人有五脏。天有六律，人有六腑。地有十二经水，人有十二经脉。岁有三百六十五日，人有三百六十节。"这就鲜明地指出了天人之间在物质构成与情感表达等方面的相类相通。概而言之，此种思维体现了中华"元"文化之鲜明特色，即从相互联系的整体宏观角度审视一切，由此及彼、求同存异，在理论上建构起整个宇宙世界之物、境、相等并行不悖、和合统一的大道共生结构图式。同理，在《淮南子》也有类似表达："天有九重，人亦有九窍。天有四时，以制十二月，人亦有四肢，以使十二节。天有十二月，以制三百六十日，人亦有十二肢，以使三百六十节。"（《淮南子·天文训》）"天有四时、五行、九解、三百六十六日，人亦有四支、五藏、九窍、三百六十六节。"(《淮南子·精神训》)这是从"数"上体现了天人之间的同构关系。就"象"而言,"头之圆也象天,足之方也象地"。"天有风雨寒暑,人亦有取与喜怒。故胆为云,肺为气,肝为风,肾为雨,脾为雷,以与天地相参也,而心为之主。是故耳目者,日月也;血气者,风雨也。"(《淮南子·精神训》)其中,人之血躯情志与天地之气候气象自然搭建起了一一对应关系。

依此逻辑,《春秋繁露》有言:

  人有三百六十节,偶天之数也;形体骨肉,偶地之厚也;上有耳目聪明,日月之象也;体有空窍理脉,川谷之象也;心有哀乐喜怒,神气之类也。(《春秋繁露·人副天数第五十六》)

  喜怒之情,哀乐之义,不独在人,亦在于天;而春夏之阳,秋冬之阴,不独在天,亦在于人。故曰:天乃有喜怒哀乐之行,人亦有春秋冬夏之气者,合类之谓也。(《春秋繁露·天辨在人第四十六》)

  天亦有喜怒之气、哀乐之心,与人相副。以类合之,天人一也。春,喜气也,故生;秋,怒气也,故杀;夏,乐气也,故养;冬,哀气也,故藏。四者,天人同有之,有其理而一用之。(《春秋繁露·阴阳义第四十九》)

  天有阴阳,人亦有阴阳。天地之阴气起,而人之阴气应之而起;人之阴气起,天地之阴气亦宜应之而起,其道一也。(《春秋繁露·同类相动第五十七》)

  为生不能为人,为人者天也。人之为人本于天,天亦人之曾祖父也,此人之所以乃上类天也。人之形体,化天数而成;人之血气,化天志而仁;人之德行,化天理而义;人之好恶,化天之暖清;人之喜怒,化天之寒暑;人之受命,化天之四时。人生有喜怒哀乐之答,春秋冬夏之类也。喜,春之答也;怒,秋之答也;乐,夏之答也;哀,冬之答也。天之副在乎人,人之情性有由天者矣,故曰受,由天之号也。(《春秋繁露·为人者天第四十一》)

显然,这均体现了鲜明的天人同构的同质性、相通性、情感性等特征。

《易经》作为象数理之综合系统，蕴涵着天人同构境域下人天等互动之运动发展与变化的规律。一方面，《易经》包含了天地人三才。正如《易经·系辞》有言："易之为书也，广大悉备，有天道焉，有人道焉，有地道焉，兼三才而两之，故六，六者非它也，三才之道也。"另一方面，《易经》以其特有的方式建构起天地人一体的结构图谱。于此，钱穆先生指出："易传、中庸……从天地万物之流动变化中，指出其内在固有之一种性格与特征，故说是'德性一元论'。此种德性一元的观点，实为中国思想史中之特创。易传、中庸即运用此种德性一元的观点来求人生界与宇宙界之合一，即中国思想史里之所谓'天人合一'。"[4]94 这即是《易经·文言》之言："夫大人者，与天地合其德，与日月合其明，与四时合其序，与鬼神合其吉凶。"

在中国文化看来，"人是宇宙的缩影，而宇宙则是人的放大"[5]。由是，"天行健，君子以自强不息"，"地势坤，君子以厚德载物"。不可否认的是《易传》"一面认为人道本身就是天道"，"但另一面也常先从认识天道入手来规范人道"[4]85。

"天人同构"之传统"既为人与天地相参找到理论依据，同时也为从天地大宇宙（可观察的白系统）认识人体这个小宇宙（黑系统）提供了认识论和方法论的基础"[6]144。鉴于此，《论语·阳货》有言："天何言哉？四时行焉，百物生焉，天何言哉？"一般说来，先秦儒家，尤其是孔子，是"罕言天道"的。如《论语·公冶长》录子贡语云："夫子之文章，可得而闻也；夫子之言性与天道，不可得而闻也。""但在其思想之内在深处，实有一个极深邃的天人合一观之倾向，然只是引而不发。"[4]81

概而言之，天道与人道之间内在相关性或显或隐地浸润于传统文化之中，或者说，天人同构作为中华文化的底色本身就蕴涵在传统文化之中。如"易传、中庸，一面认为人道本身就是天道，此义当溯源于孔孟。但另一面也常先从认识天道入手来规范人道，此法则袭诸庄老"。《易传》《中庸》通过现象"籀绎出此现象所特具而显著的德性"[4]85，由此搭建起天人之间的一致性。

二、天人同构视角下《春秋繁露》中的孝道思想

《春秋繁露》通过人天之间相类相通的整体建构，使人道与天道紧密联系在一起，人道即是天道，天道亦为人道。由此，董仲舒搭建起了人天之间的一体统一性。"董仲舒的贡献就在于，他最明确地把儒家的基本理论（孔孟讲的仁义等等）与战国以来风行不衰的阴阳家的五行宇宙论具体地配置安排起来，从而使儒家的伦常政治纲领有了一个系统论的宇宙图式作为基石，使《易传》《中庸》以来儒家所向往的'人与天地参'的世界观得到了具体的落实。"[7]150 其中的孝道思想大体包括以下诸方面。

第一，法天则地：孝亲敬上的根源性。"人生于天，而取化于天。"（《春秋繁露·王道通三第四十四》）《春秋繁露》以"王"字诠释了天地人三才贯通之王道。王道以此示人而成"父兄子弟之亲""忠信慈惠之心"以及"礼义廉让之行"，最终达致"惟人道可以参天"之境况。如：

> 古之造文者，三画而连其中，谓之王。三画者，天、地与人也，而连其中者，通其道也。取天地与人之中以为贯而参通之，非王者孰能当是？是故王者唯天之施，施其时而成之，法其命而循之诸人，法其数而以起事，治其道而以出法，治其志而归之于仁。仁之美者在于天。天，仁也。天覆育万物，既化而生之，有养而成之，事功无已，终而复始，举凡归之以奉人，察于天之意，无穷极之仁也。人之受命于天也，取仁于天而仁也。是故人之受命天之尊，父兄子弟之亲，有忠信慈惠之心，有礼义廉让之行，有是非逆顺之治。文理灿然而厚，知广大有而博，惟人道为可以参天。（《春秋繁露·王道通三第四十四》）

天地作为万物之源，其品性特质内在地影响并浸润到其运行化育的物相之中，于人亦然。天之至明之理、地之至晦之道，天然地与君臣、父子、夫妇形成了对应联系，一尊一卑、一上一下。人间秩序与基本格局由法则天地而成。

天地者，万物之本、先祖之所出也。广大无极，其德昭明，历年众多，永永无疆。天出至明，众知类也，其伏无不照也；地出至晦，星日为明，不敢闇，君臣、父子、夫妇之道取之此。（《春秋繁露·观德第三十三》）

第二，唯天为大：天伦之孝的至上性。在天、父、子三者关系链条中，"父者，子之天也。天者，父之天也"，因为"天者万物之祖，万物非天不生"。"无天而生，未之有也。"（《春秋繁露·顺命第七十》）就父子关系而言，父辈作为子之天，本身就代表着先在性、威权性、至上性。又"事天与父同礼也"（《春秋繁露·尧舜不擅移汤武不专杀第二十五》）。显然，在天伦关系中，子于父之孝乃天大之事，故子于父须以至诚、诚敬之孝心而待之。否则，将受到相应的指责与批评。如：

《春秋》讥文公以丧取。难者曰："丧之法，不过三年，三年之丧，二十五月。今按经：文公乃四十一月方取，取时无丧，出其法也久矣，何以谓之丧取？"曰："《春秋》之论事，莫重于志。今取必纳币，纳币之月在丧分，故谓之丧取也。且文公秋袷祭，以冬纳币，皆失于太蚤，《春秋》不讥其前，而顾讥其后，必以三年之丧，肌肤之情也。虽从俗而不能终，犹宜未平于心，今全无悼远之志，反思念取事，是《春秋》之所甚疾也。故讥不出三年于首，而已讥以丧取也。不别先后，贱其无人心也。"（《春秋繁露·玉杯第二》）

文公之所以被讥以丧取，从事理上看，没有遵循传统之"三年之丧，二十五月"之规矩；从情理看，"三年之丧，肌肤之情"，如《孝经》所言：身体发肤，受之父母。三年乃天下之通丧，不可不从之；从天理看，文公"全无悼远之志，反思念取事"，"不别先后，贱其无人心也"。中华文化特别重视家庭伦理关系。一定意义上，中华文化对人的认识是将其置放到家族系统当中进行的。所以，从家族图谱上，上可推到"鼻祖"，下可延伸到"耳孙"。由此，"慎终追远"成为中华文化的基本要求。虽然，"文公乃四十一月方取，取时无丧，出其法也久矣"，但"春秋之论事，莫重于志"，即文公之取的思想动机早已有之，特别是"纳币之月在丧分"，此乃丧取之由。由是观之，文公上无"悼远之志"，下"反思念取事"，置天理人情于不顾，有悖天伦，大不孝也。

天乃为人子、为人君行为处事的最高价值标准，顺天而非逆天乃人子、人君的基本要求。"受命之君，天意之所予也。故号为天子者，宜事天如父，事天以孝道也。"（《春秋繁露·深察名号第三十五》）《春秋繁露》有言：

> 《春秋》之法：以人随君，以君随天。曰：缘民臣之心，不可一日无君；一日不可无君，而犹三年称子者，为君心之未当立也。此非以人随君耶？孝子之心，三年不当，而逾年即位者，与天数俱终始也。此非以君随天邪？故屈民而伸君，屈君而伸天，《春秋》之大义也。（《春秋繁露·玉杯第二》）

"以人随君，以君随天"即体现了人、君、天三者之间双重的天人关系，君乃人之天，天乃君之天。"三年称子""君心未当立"以及"孝子之心，三年不当"，乃揭示了天（天伦）的至上性，即对父、对天的诚敬与尊崇的必须性。然"三年不当，而逾年即位者，与天数俱始终也"，依然是顺天之为、尊天之举。这意味着，天（天伦）的至上性、先在性，故一切活动要服从于天（天伦）。同理，这正如《论语·宪问第十四》中子张所问："书云：'高宗谅阴，三年不言。'何谓也？"子曰："何必高宗，古之人皆然。君薨，百官总己以听于冢宰三年。"如果说家族是小天（天伦），那么，国（人民）则是大天（天伦）。为此，在家国同构的传统观念中，继位者虽"三年不当，而逾年即位者"，则就是"伸天"——伸"人民"之天。

第三，家国同构：移孝作忠的自然性。天人同构的必然逻辑就是家国同构。天人同构作为一般的宇宙思维图式，是多重复合的天人关系整体系统。在天人关系整体系统链条之中，任何相邻的两个层级都构成一个相对独立的天人关系，即其中任何一个层级相对于上一层级而言，属于天人关系之人的层次，而相对于下一层级而言，则同时又是天人关系之天的层次。这意味着，家国即是天人同构多重层级系统当中的一个小系统，此中，家为人（子），而国为天（父）。

"君子之事亲孝，故忠可移于君。"（《孝经·广扬名章第十四》）《大学》亦有言："古之欲明明德于天下者，先治其国；欲治其国者，先齐其家。"家国同构的思维方式搭建起了由孝亲通向忠君的路径，这正是天人之一体关系的两种具体展现，即父子、君臣之天人关系。父为子之天，君为臣之天。为此，古之有言曰：忠臣必出于孝子之门。鉴于此，《春秋繁露》直接将忠孝与君亲关联在一起。如：

> 人受命于天，有善善恶恶之性，可养而不可改，可豫而不可去，若形体之可肥癯，而不可得革也。是故虽有至贤，能为君亲含容其恶，不能为君亲令无恶。《书》曰："厥辟不辟，去厥祇。"事亲亦然，皆忠孝之极也。非至贤安能如是？父不父则子不子，君不君则臣不臣耳。（《春秋繁露·玉杯第二》）

这里指出了至贤"事亲孝"与"事君忠"的内在一致性。《论语·学而》有言曰："其为人也孝悌，而好犯上者鲜矣。"一般说来，源于血缘亲族关系的孝悌之内在品质在天人同构的整体文化背景中直接规制了至贤之于君上的忠心态度，而对于君亲之恶敢于谏言，则体现了至贤对于君亲之忠孝极致表现。

第四，天经地义：孝敬之道的应然性。孝道本是人伦关系范畴，但在中华文化视域中，人道与天道天然地联系在一起。人道效法天道，天道昭示人道。《春秋繁露》通过天之五行之间的相生与生、长、养、成关系，建构了"父授之，子受之"的天道律令。由此，将孝亲之人伦与五行之天伦结合在一起。如：

> 《孝经》曰："夫孝，天之经，地之义。"何谓也？对曰：天有五行：木、火、土、金、水是也。木生火，火生土，土生金，金生水，水生木。水为冬，金为秋，土为季夏，火为夏，木为春。春主生，夏主长，季夏主养，秋主收，冬主藏。藏，冬之所成也。是故父之所生，其子长之；父之所长，其子养之；父之所养，其子成之。诸父所为，其子皆奉承而续行之，不敢不致如父之意，尽为人之道也。故五行者，五行也。由此观之，父授之，子受之，乃天之道也。故曰：'夫孝者，天之经也。'此之谓也。（《春秋繁露·五行对第三十八》）

再者：

> 天有五行：一曰木，二曰火，三曰土，四曰金，五曰水。木，五行之始也；水，五行之终也；土，五行之中也。此其天次之序也。木生火，火生土，土生金，金生水，水生木。此其父子也。木居左，金居右，火居前，水居后，土居中央。此其父子之序，相受而布。是故木受水而火受木，土受火，金受土，水受金也。诸授之者，皆其父也；受之者，皆其子也。常因其父以使其子，天之道也。是故木已生而火养之，金已死而水藏之，火乐木而养以阳，水克金而丧以阴，土之事天竭其忠。故五行者，乃孝子、忠臣之行也。（《春秋繁露·五行之义第四十二》）

又者，地之于天，"不敢有其功名，必上之于天"。"土之于四时，无所命者，不与火分功名。"（《春秋繁露·五行对第三十八》）故"忠臣之义，孝子之行，取之土"。在天人同构的宇宙图式中，臣、子就相当于天地关系中的土地，土地为功而不自居，正彰显了其大义。为人臣、为人子之于君亲之忠孝乃其则的必然体现。于此，《春秋繁露》有言：

> 地出云为雨，起气为风。风雨者，地之所为。地不敢有其功名，必上之于天。命若从天气者，故曰天风天雨也，莫曰地风地雨也。勤劳在地，名一归于天，非至有义，其孰能行此？故下事上，如地事天也，可谓大忠矣。土者，火之子也，五行莫贵于土。土之于四时，无所命者，不与火分功名。木名春，火名夏，金名秋，水名冬。忠臣之义，孝子之行，取之土。土者，五行最贵者也，其义不可以加矣。五声莫贵于宫，五味莫美于甘，五色莫盛于黄，此谓孝者地之义也。（《春秋繁露·五行对第三十八》）

如《易经·系辞》之言："天尊地卑，乾坤定矣；卑高以陈，贵贱位矣。"父子、君臣皆法则天地，可谓"美孝之至"。如：

> 是故《春秋》君不名恶，臣不名善，善皆归于君，恶皆归于臣。臣之义比于地。故为人臣者，视地之事天也；为人子者，视土之事火也。虽居中央，亦岁七十二日之王，傅于火以调和养长，然而弗名者，皆并功于火，火得以盛，不敢与父分功，美孝

之至也。是故孝子之行,忠臣之义,皆法于地也。地事天也,犹下之事上也。地,天之合也,物无合会之义。(《春秋繁露·阳尊阴卑第四十三》)

在天人同构的宇宙思维图式中,天、地、人作为"万物之本",分别承载着天生、地养、人成的天然功能,相对独立而又相互补充。孝悌源于"天生",即与生俱来的天然伴随物,内嵌不显地隐寓于每个生命之中。但孝悌不能自然而呈现,须有赖于"人成",即须借助于礼乐教化之功。换言之,"人成之以礼乐"完全是应"天生之以孝悌"的顺势而为,即:"天、地、人,万物之本也。天生之,地养之,人成之。天生之以孝悌,地养之以衣食,人成之以礼乐,三者相为手足,合以成体,不可一无也。"(《春秋繁露·立元神第十九》)违之,则天昏地暗,"父不能使子,君不能使臣","是谓自然之罚";顺之,则天清地宁,"民如子弟,不敢自专,邦如父母,不待恩而爱,不须严而使,虽野居露宿,厚于宫室。如是者,其君安枕而卧,莫之助而自强,莫之绥而自安,是谓自然之赏"(《春秋繁露·立元神第十九》)。

另,《春秋繁露》特别重视孝子孝妇对于先祖父母之祭祀。"古者岁四祭。四祭者,因四时之所生,孰而祭其先祖父母也。""过时不祭,则失为人子之道也。""孝子孝妇,缘天之时,因地之利。地之菜茹瓜果,艺之稻麦黍稷;菜生谷熟,永思吉日,供具祭物,斋戒沐浴,洁清致敬,祀其先祖父母。孝子孝妇不使时过,已处之以爱敬,行之以恭让,亦殆免于罪矣。""此天之经也,地之义也。"(《春秋繁露·四祭第六十八》)孝子通过祭祀表达着对先祖的感念与报答,一定程度上,这是情感互通而非盲目流俗。可以说,"儒家所宣传的丧礼祭礼,是诗与艺术而非宗教"[8]。

《孝经·三才》:"夫孝,天之经也,地之义也,民之行也。天地之经,而民是则之。"《春秋繁露》之孝道思想正承接此意。

第五,上行下效:圣君之孝的影响性。为人君者法天而行,上事亲尊以尽孝,中于兄以悌道。自然对于臣民产生积极的教化与影响。正如子曰:"《书》云:'孝乎惟孝,友于兄弟。'施于有政,是亦为政,奚其为为政?"(《论语·为政》)同理,《春秋繁露》指出了圣人君子力行孝悌的教化之功。

传曰:政有三端:父子不亲,则致其爱慈;大臣不和,则敬顺其礼;百姓不安,则力其孝弟。孝弟者,所以安百姓也。力者,勉行之,身以化之。天地之数,不能独以寒暑成岁,必有春夏秋冬;圣人之道,不能独以威势成政,必有教化。故曰:先之以博爱,教以仁也;难得者,君子不贵,教以义也;虽天子必有尊也,教以孝也;必有先也,教以弟也。此威势之不足独恃,而教化之功不大乎?

传曰:天生之,地载之,圣人教之。君者,民之心也;民者,君之体也。心之所好,体必安之;君之所好,民必从之。故君民者,贵孝弟而好礼义,重仁廉而轻财利。躬亲职此于上,而万民听,生善于下矣。故曰:"先王见教之可以化民也。"此之谓也。(《春秋繁露·为人者天第四十一》)

上有所好,下必从之。正如《大学》有言:"一家仁,一国兴仁;一家让,一国兴让;一人贪戾,一国作乱:其机如此。此谓一言偾事,一人定国。尧、舜帅天下以仁,而民从之;桀、纣帅天下以暴,而民从之。其所令反其所好,而民不从。是故君子有诸己而后求诸人,无诸己而后非诸人。"即为此意。

有学者认为,"在汉代,将天人同构或同体理论发展到极致的是董仲舒",其"将天视作有性、有情、有意的自在实体",由此将"汉代哲学关于人与自然关系的判断"纳入"审美属性"图谱之中[9]。其意义在于通过上达天道而下启人道,或者说,为人与自然、人与人之间建构良性的社会秩序提供了至高至上的本原性的德性根据。即所谓"上承天之所为,而下以正其(人)所为"(《汉书·董仲舒传》)。

三、《春秋繁露》孝道思想的当代价值

天人同构思想作为中华文化传统思维具有自然必然性,即使在科学技术高度发达的今天,其依然具有重要意义。一则就理论而言,

"处在先秦和魏晋两大哲学高峰之间、以董仲舒为重要代表的秦汉思想","以阴阳五行来建构系统论宇宙图式为其特色","是中国哲学发展的重要新阶段"[7]139;二则就现实而言,天人同构思维以其素朴至上、返本溯源的方式,在天人类比互通的图式中架构与规制了人与天地自然、人事万物的基本关系。一定程度上,天人同构的思维方式并非人对外在自然的知识性探索与求真,而是人与天地自然互通互感的内在体认,即"与天地参"的价值追求,从而达成与天地合一的人生大成之境况。毕竟人和人与社会关系应该如何不是"事实性"问题,而是"价值性"问题[10]337。

首先,以诚敬、敬畏之心待天、敬亲。学界一般将董仲舒之天划分为自然之天、道德之天与神灵之天,甚至认为其天之内涵存在着落后的宗教情结甚至是矛盾。如:"董氏所说的天,似乎回到古代宗教的人格神上面去了。我相信董氏常会有宗教神的影响,往来于他的心目之中。但他的天的实体是气,气表现而为阴阳四时五行;认真地思考一下,把气当作人格神来看待,是非常困难的事。""董氏以气为基底的天的构造,与他建立天的哲学的宗教情绪,是含有很大的矛盾,而他未尝自觉"[11]245。实际上,如果从天人同构的视角考量,则其所谓的问题自然化解。同样,站在中国传统文化视角,学界对董仲舒之天的划分,即自然之天、道德之天以及神灵之天,似乎不甚妥当。据天人同构理论,天人之间的同质性、相通性自然意味着人与天在结构特别是属性方面的相似性。由是,人是生理与心理(知情意)的统一,则天必然不仅仅是自然之天、物质之天,更是意志之天,即义理(或道德、神灵)之天。《春秋繁露·天地阴阳第八十一》:"天、地、阴、阳、木、火、土、金、水、九,与人而十者,天之数毕也。故数者至十而止,书者以十为终,皆取之此。人何其贵者,起于天,至于人而毕。毕之外,谓之物。物者,投所贵之端,而不在其中。以此见人之超然万物之上,而最为天下贵也。"如果说,人之所以最为天下贵乃在于人之成己、成物之心智(知情意)的完善,那么,天之至高则在于天是基于"天、地、阴、阳、木、火、土、金、水、九,与人而十者"等诸多有形与无形因素相互作用而形成的物质、信息以及能量场,即义理(道德、神灵)之天。义理之天源于自然之天而高于自然之天,换言之,自然之天乃有形物质之体,而义理之天则为无形功能之用。自然之天乃人类借助于物质、能量以及信息与自然进行交换,从而实现自身存在与发展的物质基础,而义理之天则是源于自然之天而又超脱于自然之天之上的宇宙法则或道德律令。

由是,对于有形的自然之天,人类不能一味索取,更应该呵护。正如马克思在《1844年经济学—哲学手稿》中指出:"自然界,就其不是人的身体而言,是人的无机的身体,人靠自然界生活。这就是说,自然界是人为了不致死亡而必须与之不断交往的、人的身体。所谓人的肉体和精神生活同自然界相联系,也就是等于说自然界同自身相联系,因为人是自然界的一部分。"[12] 从人与自然之间的价值关系终极看,人与自然是不可分割的统一体。爱护自然即是爱护人类自己。

对于无形的义理之天,人应保持基本的敬畏之心。孔子曰:"君子有三畏:畏天命,畏大人,畏圣人之言。小人不知天命而不畏也,狎大人,侮圣人之言。"(《论语·季氏》)朱子释之曰:"天命者,天所赋之正理也。知其可畏,则其戒谨恐惧,自有不能已者。而付畀之重,可以不失矣。""不知天命,故不识义理,而无所忌惮如此。"[13] 人作为天地中的一分子,虽然认识的触觉已经上天入地,但未知的世界对于人类来说依然存在。于之保持一份敬畏,是人存在于天地之间的基本准则。如《中庸》有言:"是故君子戒慎乎其所不睹,恐惧乎其所不闻,莫见乎隐,莫显乎微,故君子慎其独也。"敬畏产生信仰,此非盲目的精神崇拜,而是源于生命本然的敬畏意识。

对于师长君亲,应持有基本的敬意。随着物质生活的提高以及科技进步,传统的长幼尊卑人伦关系格局与秩序日益式微甚至遭到颠覆。要求恢复人伦关系格局与秩序并非无视与否定人与人之间的社会平等关系,而是倡导在认可社会关系平等的前提下,幼对长、子对父应保持基本的敬意。《论语·为政》有言:子游问孝。子曰:"今之孝者,是谓能养。至于犬马,皆能有养;不敬,何以别乎?"唯有内心诚敬,方有外事上以孝行。如果把孝视为基本之礼,儒家明显地发展了"礼"与内在心理的重要关系,且强调后者是根本,是基础[3]232。于上以敬乃人之为人且区别于其他生命现象的鲜明特征。正如马一浮先生所言:主敬为涵养之要。良好人际关系的形成须依赖于彼此诚敬之心,于师长君亲尤为如此。

其次,秉持天地人一体的和谐理念。在天、地、人三才之中,"天大,地大,人亦大,天人是相通而合一的。从而,人可以以其情感、思想、气势与宇宙万物相呼应,人的身心作为的一切普遍规律和形式(包括艺术的一切规律和形式),也正是自然界的宇宙普遍规律和形式的呼应,例如运动、流变、动态平衡、对应统一……"[3]282。从而天地人共参。天生之,地养之,人成之。三者合一成体,不可一无。三才结成相得益彰的图式,方使天地宇宙处于相对平衡、美美与共、和合共生的存在样态。一般而言,天地作为天然自然界,以其无为而为的内在自然必然性进行着演进与分化,其中遵循着天地之大道、宇宙之法则。而人类的登场、进化、发展与强大一旦足以影响到天地自然的整体能量场时,势必使人类生活存在的自然界能量场域产生偏差,甚至导致能量场失去平衡,如自然生态的破坏、自然灾害的发生即为例证。此等状态乃人自身失范所致。人之为人的价值和意义在于"成之"。《春秋繁露》云:人成之以礼乐。何谓礼乐?法则规范即是。这意味着,人之所以能够与天地并列为三才,须以上合天道、中合人道、下合地道的标尺规制自身的思维和行为,以保证其内在意识之中正、外在行为之合道、外化结果之完好。

人是天地的产物。人只能遵循天地之道而不可无视乃至违背天地正道。虽然科技的发展在改变着人与自然之间交换与互动的筹码,但人与天地自然之间的关系无法改变。这意味着,一方面,人们对自然界的必然性认识在广度与深度上日益扩展,从而获得越来越大的自由;另一方面,就理论而言,人们无法对自然界必然性实现完全彻底的认识,即自然界的必然性永恒存在。鉴于此,尊重自然、与天地万物和谐共生永远是人类自身存在的基础和条件。因为天地乃人生命之本、活力之源。正是在此意义上,《春秋繁露》言曰:"人之为人本于天,天亦人之曾祖父也。"(《春秋繁露·为人者天第四十一》)故无论技术如何发达,人类切不可忘乎所以。因为人类永远需要地球,而地球并不需要人类。

于人与自然的关系,恩格斯指出:"我们不要过分陶醉于我们人类对自然界的胜利。对于每一次这样的胜利,自然界都对我们进行报复。每一次胜利,起初确实取得了我们预期的结果,但是往后和再往后却发生完全不同的、出乎预料的影响,常常把最初的结果又消除了。"[14]383 "因此我们每走一步都要记住:我们统治自然界,决不像征服者统治异族人那样,决不像站在自然界之外的人似的,——相反地,我们连同我们的肉、血和头脑都是属于自然界和存在于自然之中的;我们对自然界的全部统治力量,就在于我们比其他一切生物强,能够认识和正确运用自然规律。"[14]383-384

其三,公务人员特别是领导者尤其须在社会公共活动领域做出表率。公务人员行为处事、工作作风直接对民众产生着教化与影响,具有正相关性。一方面,相对于天地自然,公务人员乃其子民,唯以对基层民众负起责任,方称天地赋予之职。否则,既不能服众,又违背天职。以《春秋繁露》之意蕴,往往导致自然之灾。另一方面,相对于基层民众,公务人员乃民众之师长君亲,其工作作风无时不刻不对民众产生着示范性、导向性的影响。如《论语·颜渊》有言:"季康子问政于孔子,曰:'如杀无道以就有道,何如?'孔子对曰:'子为政,焉用杀?子欲善而民善矣。君子之德风。小人之德草。草上之风,必偃。'"诚如斯也。

参考文献:

[1] 杨汝清. 孝道离我们有多远:《孝经》与幸福人生 [M]. 北京:中国纺织出版社,2017:200.

[2] 深圳大学国学研究所主编. 中国文化与中国哲学 [M]. 北京:东方出版社,1986:441.

[3] 李泽厚. 美学三书 [M]. 合肥:安徽文艺出版社,1999.

[4] 钱穆. 中国思想史 [M]. 北京:九州出版社,2011.

[5] 魏义霞. 生存论:人的生存维度及其哲学回应 [M]. 哈尔滨:黑

龙江人民出版社，2002：162.

[6] 王巧慧. 淮南子的自然哲学思想 [M]. 北京：科学出版社，2009：144.

[7] 李泽厚. 中国思想史论 [M]. 合肥：安徽文艺出版社，1999.

[8] 冯友兰. 三松堂学术文集 [M]. 北京：北京大学出版社，1984：139. 转引自李泽厚. 美学三书 [M]. 合肥：安徽文艺出版社，1999：232.

[9] 刘成纪. 汉代哲学的天人同构论及其美学意义 [J]. 上海师范大学学报（哲学社会科学版），2006（6）：37-44.

[10] 陈静. 自由与秩序的困惑——《淮南子》研究 [M]. 昆明：云南大学出版社，2004：337.

[11] 徐复观. 两汉思想史（第二卷）[M]. 上海：华东师范大学出版社，2001：245.

[12] 马克思恩格斯全集（第42卷） [M]. 北京：人民出版社，1979：95.

[13] [宋] 朱熹. 论语 大学 中庸 [M]. 上海：上海古籍出版社，2013：199.

[14] 马克思恩格斯选集（第四卷）[M]. 北京：人民出版社，1995.

本文为"2019中国·衡水董仲舒与儒家思想国际学术研讨会"提交的论文。

白立强（1970-），男，河北武邑人，法学博士，衡水学院董子学院副教授。

董仲舒美学思想研究

ions
试论《周易》对西汉董仲舒审美观念的影响
——以《春秋繁露》为研究对象的考论
谢金良

在距今两千多年以前的中国古代思想家中,董仲舒的籍贯以及生平经历等都算得上是比较翔实的。也许是"罢黜百家,独尊儒术"对近两千年的中国影响深刻,以至于许多人提起汉武帝时很容易就联想到董仲舒、司马迁等著名人物。董仲舒堪称一代通儒,不愧是中国儒学文化史上的一座高峰!当然,直至现当代,学界对董仲舒的思想仍然是臧否不一。但从近几年的学术研究来看,董仲舒思想学说的研究已经越来越受到学界的重视和青睐。倘若研究者能更加实事求是地对待董仲舒的思想学说,那么也就能从中汲取更多有益的思想成分。本文拟以《春秋繁露》的文本内容作为主要依据,初步研究《周易》(包括《易传》)对董仲舒审美观念的影响。

一、董仲舒与《周易》经传及其学说的关系

根据相关史料记载,董仲舒从小就特别喜欢阅读,手不释卷。家中拥有大量藏书,使他更有可能博览诸子百家之书,贯通阴阳、儒、道、法之学。时至今日,或许我们已经很难知道董仲舒具体读过哪些著作和史料了。但有一点可以肯定的是,他特别喜欢儒家方面的经典,尤其对《公羊春秋》有精深的研究。在《春秋繁露》的八十二篇

文章中，明显引用的经典都是儒家的，主要有《春秋》《诗经》《尚书》《论语》《大戴礼记》《易经》《公羊传》《孝经》《孟子》等。有充分的证据表明，董仲舒是接触过《易经》的，主要体现在：一是在总括六经要义和特点时，他认为"《诗》《书》序其志，《礼》《乐》纯其美，《易》《春秋》明其知。六学皆大，而各有所长。《诗》道志，故长于质；《礼》制节，故长于文；《乐》咏德，故长于风；《书》著功，故长于事；《易》本天地，故长于数"（《玉杯第二》）①[1]25。二是在说明六经功能特点时，他认为"曰：所闻《诗》无达诂，《易》无达占，《春秋》无达辞"（《精华第五》）[1]48-49。三是引用《易经》卦爻辞文句来说明道理，如"鲁桓忘其忧而祸逮其身；齐桓忧其忧而立功名。推而散之，凡人有忧而不知忧者凶，有忧而深忧者吉。《易》曰：'复自道，何其咎。'此之谓也。匹夫之反道以除咎尚难，人主之反道以除咎甚易。《诗》云：'德辅如毛。'言其易也"（《玉英第四》）[1]48-49。此处乃是直接引用《易经》中《小畜卦》初九爻辞"复自道，何其咎，吉"来阐明除咎获吉的义理。又如"天之道，终而复始。……以出入相损益，以多少相溉济也"（《阴阳终始第四十八》）[1]246。此处的损、益、溉济（《新注》以为是"既济"）都是《易经》六十四卦中的卦名。再如"《易》曰：'履霜坚冰'，盖言逊也"（《基义第五十三》）[1]261。此处乃是直接引用《坤卦》初六爻辞"履霜，坚冰至"来说明事物顺势发展的道理。仅仅从以上几方面的列举分析，就可以发现董仲舒不仅熟悉《易经》文本辞句，而且在义理阐释和理解上颇为精到，此外单从"《易》无达占"一句便可看出他对占卜预测之术也是颇有研究的。

在《春秋繁露》中，甚至还可以发现董仲舒有引用《易传》的迹象。主要体现在：一是"其在《易》曰：'鼎折足，覆公悚。'夫鼎折

---

① 曾振宇、傅永聚：《春秋繁露新注》，商务印书馆2010年版，第25页。按：关于《春秋繁露》的文本和注本，比较重要的是清代苏舆《春秋繁露义证》和董天工《春秋繁露笺注》，以及张世亮、钟肇鹏、周桂钿等人的译注本。《春秋繁露新注》乃是在前几种基础上的最新研究成果，有兼采众长的特点，故本文以此本为引用依据。

足者,任非其人也。覆公餗者,国家倾也。是故任非其人,而国家不倾者,自古至今未尝闻也。"(《精华第五》)[1]66此处明显是引用《易经》第五十卦《鼎卦》九四爻辞"鼎折足,覆公餗,其形渥,凶"中前两句。但值得注意的是,在《鼎卦》爻辞中并没有凸显"不自量力""任非其人"的意思,这些意涵是在《易传》之《系辞下传》才出现:"子曰:'德薄而位尊,知小而谋大,力小而任重,鲜不及矣!'《易》曰:'鼎折足,覆公餗,其形渥,凶',言不胜其任也。"由此可证,此处是明引《易经》爻辞,暗引《易传》思想的。二是有个别语句与《易传》相同,如"仁,天心,故次以天心。爱人之大者,莫大于思患而豫防之⋯⋯"(《俞序第十七》)[1]113,恰与《既济》之《象传》"既济,君子以思患而豫防之"有相同的句子。又如"存不忘亡,安不忘危"(《五行顺逆》第六十)[1]284恰与《易传》之《系辞下传》"是故君子安而不忘危,存而不忘亡,治而不忘乱。是以身安而国家可保也"有相同的成语。三是《春秋繁露》有与《易传》思想基本相同或相通的,但又没有明引或暗用《易传》相关文句的。最典型的是,《春秋繁露》中有大量天尊地卑的思想,如"天高其位而下其施,藏其形而见其光。高其位,所以为尊也"(《离合根第十八》)[1]116、"地卑其位而上其气"(《天地之行第七十八》)[1]346;有显明的阳尊阴卑思想,如"丈夫虽贱皆为阳,妇人虽贵皆为阴。阴之中亦相为阴,阳之中亦相为阳。诸在上者皆为其下阳,诸在下者皆为其上阴⋯⋯先经而后权,贵阳而贱阴也"(《阳尊阴卑第四十三》)[1]231-233。这与《周易》所充分体现的"崇阳抑阴""乾君坤臣""乾易坤简""乾主坤从"等思想并无本质上的区别,尽管董仲舒的说法更为细致,也更为极端,但总体上主张贵阳贱阴、以天以阳为重的思路是基本一致的。此外,"阴阳之道不同,至于盛而皆止于中,其所始起,皆必于中。中者,天地之太极也,日月之所至而却也,长短之隆,不得过中,天地之制也"(《循天之道第七十七》)[1]336与《系辞上传》"是故易有太极,是生两仪",在对"太极""阴阳"概念的认识上也是有明显相通之处的。《庄子》认为"《易》以道阴阳",而《春秋繁露》中亦有不少篇幅论述阴阳,而且几无任何与易理相抵牾之处,这也可很好证明两者在思维、思想上是相通不悖的。

在阅读《春秋繁露》时，笔者总觉得其中阐明的道理大多是与《周易》（包括《易传》）相通的，甚至会感觉其中有些篇章是对易学原理的细化和运用。当然，始终不能否定的是，董仲舒是《春秋》公羊学博士，他在《春秋繁露》中大多是对《春秋》经义的引申和发挥，表面上与《周易》似乎都没什么直接的关系。《春秋繁露》的思想主要与《春秋》微言大义相通，为什么又会让读者感觉也是与《周易》思维、义理相通呢？根据《史记》《汉书》等史料记载，传说孔子在六十八岁"自卫返鲁"之后，主要就做两件事：一是读《易》乃至"韦编三绝"，并为《易经》作《传》（即《易传》，有《文言传》《彖传上》《彖传下》《象传上》《象传下》《系辞传上》《系辞传下》《说卦传》《序卦传》《杂卦传》，共七种十篇，亦称《十翼》）①；二是根据鲁国史官所撰的《鲁春秋》改写成《春秋》（共十二公，二百四十二年的鲁国历史），以褒贬历史人物的是非善恶。刚编完《春秋》不久，孔子就去世了。如果历史记载基本属实的话，可以说孔子生命最后的五年里是在边研究《易经》边编订《春秋》的时光中度过的。那么，能否据此认为孔子在作《易传》和编《春秋》过程中存在"以史（即《春秋》）证易"和"以易评史"（以《易经》思想作为褒贬人物的准绳）呢？笔者认为这是极有可能的，理由有三：一是孔子自认为"吾道一以贯之"，足以说明他在早期编撰《诗》《书》《礼》《乐》，与后期作《易传》、编《春秋》时的指导思想是基本一致的；二是孔子对道的理解和认识，既是在哲思中的领悟，也是对历史和现实的感悟，然后再将其融会贯通成人生准则的，不可能凭空就先天形成的；三是孔子的代表性思想既是"仁义之道"，也是"中庸之道"，而这些与《周易》《春秋》都是关系密切的。因此，按常理来推测，笔者有

---

① 关于孔子与《周易》的关系问题，笔者曾有过较为深入的研究，参见拙文：《关于孔子与〈周易〉学说的若干思考》，"早期易学的形成与嬗变"国际学术研讨会论文集《大易集思》（刘大钧主编），上海科学技术文献出版社2013年版，第223—248页。基于此，本文与此相关的观点，就不再重新论证和赘述了。

理由相信孔子最后成熟的思想是在《易经》哲理与《春秋》史料互相印证的基础上交融而成的，而从考镜源流的角度看，《易经》的思想无疑更为根本和久远，也更有指导性意义，极有可能成为孔子拟定《春秋》编撰义例时的审美标准和褒贬人物的标尺。对此，后文将进一步加以分析和论述。

二、董仲舒的天人关系思想源于《周易》

在《春秋繁露》中，可以非常清楚地发现董仲舒的思想始终是建立在尊"天"卑"地"的基础上，而且还以阴阳五行为框架，将天道与人事有机地统一在一起，并由此来建构自己的天人理论体系。在这个理论体系中：

（一）"天"是最高的主宰，是万物之祖，"父者，子之天也；天者，父之天也。无天而生，未之有也。天者，万物之祖，万物非天不生。独阴不生，独阳不生，阴阳与天地参然后生"（《顺命第七十》）[1]308，这与《周易》的思想完全一致。不妨略举几处以证之：如《说卦传》"乾，天也，故称乎父""乾，为天，为圆，为君，为父"，与"父之天也"的意思并无差别；《序卦传》"有天地然后万物生焉""有天地然后有万物，有万物然后有男女，有男女然后有夫妇，有夫妇然后有父子，有父子然后有君臣，有君臣然后有上下，有上下然后礼义有所错"，与董仲舒"阴阳与天地参然后生"的意思也是基本一样的。《乾卦》之《彖传》"大哉乾元，万物资始，乃统天"，也完全可以推出"天者，万物之祖"的意思来。

（二）"天"是最尊贵的，"天者，百神之大君也"（《郊语第六十五》）[1]298、"天者，百神之君也，王者之所最尊也。以最尊天之故，故易始岁更纪……先贵之义，尊天之道也"（《郊义第六十六》）[1]301、"天地之所为，阴阳之所起也。……曰：大旱者，阳灭阴也。阳灭阴者，尊厌卑也"（《精华第五》）[1]60。《系辞上传》开篇指出："天尊地卑，乾坤定矣。"很明显，两者尊天的思想是完全一致的。《周易》六十四卦中以《乾卦》为首卦，无疑是中国有史以来彻底尊天的明显体现。

(三)"天"是有数的。"天"是由天地人阴阳五行等十种因素构成的,"凡十端而毕,天之数也"(《官制象天第二十四》)[1]153、"天之大数,毕于十旬。旬天地之间,十而毕举;旬生长之功,十而毕成。十者,天数之所止也。古之圣人因天数之所止以为数,纪十如更始"(《阳尊阴卑第四十三》)[1]230、"天、地、阴、阳、木、火、土、金、水九,与人而十者,天之数毕也。故数者至十而止,书者以十为终,皆取之此"(《天地阴阳第八十一》)[1]354。《系辞上传》"大衍之数五十,其用四十有九……天数五,地数五,五位相得而各有合。天数二十有五,地数三十,凡天地之数五十有五""天一、地二,天三、地四,天五、地六,天七、地八,天九、地十",其实也是认为"天"是有数,是有一定规律可循的。

(四)"天"数是天道运行变化的体现。在由十端组合而成的阴阳与四时、五行的运动体系中,"天地之气,合而为一,分为阴阳,制为四时,列为五行……比相生而间相胜也"(《五行相生第五十八》)[1]272,即认为天是通过五行相生相胜的次序,在春生、夏长、秋收、冬藏的四时运动变化之中显示其功能和运行轨迹,这便是所谓的天道,即"天之道,春暖以生,夏暑以养,秋清以杀,冬寒以藏……故曰:'王者配天,谓其道。'天有四时,王有四政,四政若四时,通类也,天人所同有也"(《四时之副第五十五》)[1]263。在董仲舒看来,五行的次序,又可与人间的伦常政治以及社会制度相配合,四时有庆赏罚刑四政,木火土金水五行有仁义礼智信五种德行。"天道施,地道化,人道义。"(《天道施第八十二》)[1]358《易传》之中也有多处明言"天道"与"人道",如《系辞下传》"易之为书也,广大悉备:有天道焉,有人道焉,有地道焉",《说卦传》"昔者圣人之作易也,将以顺性命之理。是以立天之道曰阴与阳,立地之道曰柔与刚,立人之道曰仁与义",《谦卦》之《彖传》"天道下济而光明,地道卑而上行。天道亏盈而益谦,地道变盈而流谦,鬼神害盈而福谦,人道恶盈而好谦。谦尊而光,卑而不可逾,君子之终也"。《易传》虽然没有详细论及"天道",但其所提出的"天道"概念与《春秋繁露》所体现的天道观也是基本一致的,甚至可以把《春秋繁露》所论看作对易学思想的有益补充。

（五）在天人关系上，人生于天，受命于天，人副天数，人道通于天道，人君必须法天之行。"人生于天，而取化于天……上下法此，以取天之道"（《王道通三第四十四》）[1]237，故人之喜怒哀乐与天之四时运行相感应，"人受命于天，有善善恶恶之性，可养而不可改"（《玉杯第二》）[1]22，"天地之符，阴阳之副，常设于身，身犹天也，数与之相参，故命与之相连也"（《人副天数第五十六》）[1]266。因天人同类，故人副天数而巧合："天有日月，人有耳目；天有星辰，人有毛发；天有四时，人有四肢；天有五行，人有五脏；一年有三百六十六日，人有三百六十六个骨节……在董仲舒看来，人类生命源出于天，所以人类的生理结构在本质上、形式上与天的结构是同一的。天是大宇宙，人是小宇宙，人类生命体是天的缩影。"[1]265因为天人同构，天人相通，圣人法天而立道，故董仲舒认为为人主者必须法天之行。"《春秋》之法：以人随君，以君随天……故屈民而伸君，屈君而伸天，《春秋》之大义也。"（《玉杯第二》）[1]20"是故《春秋》之道，以元之深正天之端，以天之端正王之政，以王之政正诸侯之即位，以诸侯之即位正竟内之治。五者俱正，而化大行。"（《二端第十五》）[1]108而人主法天之行，即"为人君者，其法取象于天，故贵爵而臣国，所以为仁也；深居隐处，不见其体，所以为神也；任贤使能，观听四方，所以为明也；量能授官，贤愚有差，所以相承也"（《天地之行第七十八》）[1]345。法天之行，也就是"故为人主者，以无为为道，以不私为宝，立无为之位而乘备具之官"，实行无为之治道，做到"足不自动""口不自言""心不自虑"而"群臣效当"，故"莫见其为之，而功成矣"（《离合根第十八》）[1]116。这与黄老"无为而治"的思想一致，与《系辞传》"无思无为""何思何虑"的思想也是可以相通的；而"法天之行"的思想，《大象传》中诸如"天行健，君子以自强不息""地势坤，君子以厚德载物"等，都是极其强调为人必须效法天地万物之自然运行规律，因此两者的思维仍是相通的。

（六）天意难明且不可违逆，必须考察天人之分。因为"天意难见也，其道难理，是故明阴阳、入出、实虚之处，所以观天之志；辨五行之本末、顺逆、小大、广狭，所以观天道也……此之谓能配天。天者其道长万物，而王者长人。人主之大，天地之参也，好恶之分，阴阳之理也；喜怒之发，寒暑之比也；官职之事，五行之义也"（《天地阴阳第八十一》）[1]356-357。"故人虽生天气及奉天气者，不得与天元，本天元命，而共违其所为也。"（《重政第十三》）[1]102必须"察天人之分，观命之异……人道者，人之所由，乐而不乱，复而不厌者。万物载名而生，圣人因其象而命之。然而可易者，皆有义从也……形而不易者，德也；乐而不乱，复而不厌者，道也"（《天道施第八十二》）[1]360。《乾卦》之《文言传》曰："夫大人者，与天地合其德，与日月合其明，与四时合其序，与鬼神合其吉凶。先天而天弗违，后天而奉天时。天且弗违，而况于人乎？况于鬼神乎？"这也是顺天而行的思想，尽管两者表述上差异较大，但大体上还是思想一致的。如何才能有效地考察天人之分呢？在笔者看来，董仲舒已经充分意识到依靠易学思维"明阴阳""辨五行"进而尽量做到"与四时偕行"的重要性，同时也深知通过类似《春秋》的历史观察人道变化的必要性，"是故《春秋》推天施而顺人理"（《竹林第三》）[1]41，"《春秋》论十二世之事，人道浃而王道备"，而明"《春秋》修本末之义，达变故之应，通生死之志，遂人道之极者也"，"以矫枉世而直之"（《玉杯第二》）[1]21,26,31。把天道、地道、王道、人道在历史与哲学中贯通，并试图通过政治实践加以实现，无疑是儒家的社会理想，也是董仲舒坚决贯彻的治国理政之道。

关于董仲舒天人关系思想理论的研究成果，古往今来多如牛毛，无须过多赘证。综而观之，不外乎"天人合一""天人感应"之说。这些具有传统特色的思想，其实也可看作董仲舒所代表的一种审美观念。如此而言，根据前面的对举分析，可以发现董仲舒对天人关系的理解也有可能来源于《周易》学说。笔者虽尚未有足够的依据，但至少已经可以证明《春秋繁露》与《周易》经传及其义理之间是有一定关系的，而并非完全的风马牛不相及。明于此，笔者便有理由进一步论述董仲舒中和之美观念的形成也是有受到《周易》思想影响的。

三、《周易》对董仲舒中和之美观念的影响

美学作为一门学科是诞生在近代的西方,然而审美文化的发生和审美观念的形成无论东、西方都是在远古时期就已有之。在我国先秦诸子百家著作中,虽然没有专门谈论美的著作和篇章,但对美的认识已经相当深入。在阅读《春秋繁露》时,不仅可以经常看到董仲舒谈到"美",而且可以发现他的整个思想体系也是与其美学思想有机统一的,并以"中和之美"的崭新观念出现,奠定了"中和之美"审美观念对后世持续影响的坚实基础。

美是怎么来的?怎么样才能成其为美呢?在董仲舒看来,美是与天地万物紧密联系在一起的,是在天地运行中不断体现出来的和谐之处。"天地之行美也。是以天高其位而下其施,藏其形而见其光,序列星而近至精,考阴阳而降霜露。"(《天地之行第七十八》)[1]345 "循天之道以养其身,谓之道也……南方之中用合阳,而养始美于上。其动于下者,不得东方之和不能生,中春是也;其养于上者,不得西方之和不能成,中秋是也。然则天地之美恶在?两和之处,二中之所来归,而遂其为也。"(《循天之道第七十七》)[1]333 "天所独代之成者,君子独代之,是冬夏之所宜也。春秋杂物其和,而冬夏代服其宜,则当得天地之美,四时和矣。"(《循天之道第七十七》)[1]342 "是天地之间,若虚而实,人常渐是澹澹之中,而以治乱之气与之流通相淆也。故人气调和,而天地之化美。"(《天地阴阳第八十一》)[1]356 而"为仁者自然为美"(《竹林第三》)[1]36,故"统此而举之,仁往而义来,德泽广大,衍溢于四海,阴阳和调,万物靡不得其理矣。说《春秋》者凡用是矣,此其法也"(《十指第十二》)[1]101。不难发现,在"相淆"中不断"调和"而"化美",是董仲舒对美之生成的深刻认识。

在美的生成问题上,董仲舒不仅意识到"和"之可贵,而且从审美的角度明显提出"中和之美"的思想观念,使源于先秦儒家的"中和"思想在文本表述上上升到审美的维度。董仲舒在《春秋繁露·循天之道第七十七》明确论述了"中和之美"观念:"天有两和,以成

二中,岁立其中,用之无穷……起之,不至于和之所不能生;养长之,不至于和之所不能成。成于和,生必和也;始于中,止必中也。中者,天地之所终始也;而和者,天地之所生成也。夫德莫大于和,而道莫正于中。中者,天地之美达理也,圣人之所保守也。《诗》云:'不刚不柔,布政优优。'此非中和之谓与!是故能以中和理天下者,其德大盛;能以中和养其身者,其寿极命。"[1]333—334 东汉许慎《说文解字》解"中,和也",应该也是受到董仲舒中和思想的影响吧。关于"中和之美",《循天之道第七十七》中有比较详细深入的论述,最精彩的一段如下:

> 天地之经,至东方之中,而所生大养,至西方之中,而所养大成,一岁四起,业而必于中。中之所为,而必就于和,故曰和其要也。和者,天之正也,阴阳之平也,其气最良,物之所生也。诚择其和者,以为大得天地之奉也。天地之道,虽有不和者,必归之于和,而所以为功;虽有不中者,必止于中,而所为不失。是故阳之行,始于北方之中,而止于南方之中;阴之行,始于南方之中,而止于北方之中。阴阳之道不同,至于盛而皆止于中,其所始起,皆必于中。中者,天地之太极也,日月之所至而却也,长短之隆,不得过中,天地之制也。兼和与不和,中与不中,而时用之,尽以为功。是故时无不时者,天地之道也。顺天之道,节者天之制也,阳者天之宽也,阴者天之急也,中者天之用也,和者天之功也。举天地之道,而美于和,是故物生皆贵气而迎养之……公孙之养气曰:"里藏泰实则气不通……故君子怒则反中,而自说以和;喜则反中,而收之以正;忧则反中,而舒之以意;惧则反中,而实之以精。"夫中和之不可不反如此。[1]336—337

在董仲舒看来,事物的发展莫不是在"反中""归和"的持续调整变化之中;"中"乃美之所起,"和"乃美之所成,"中"与"和"互相为用,互相成就,因此"中和之美"是最为关键的。"中和之美"与《礼记》《中庸》《论语》等儒家经典所阐明的"中庸之道"是一脉相承的,这在当代已有许多相关的学术成果可以证明;而它与《周易》"中正和谐"思想实际上也是相互融通的。对此,笔者已有相关的研究成果,不再赘述①。在没有对《春秋繁露》文本内容做更为细致的分析和梳理,以及相关史料较为缺失的情况下,笔者确实难以论证《周易》对董仲舒"中和之美"观念之形成的直接影响,但是根据前文的研究结论,还是可以证明《周易》学说对董仲舒"中和之美"的审美观念有一定间接的影响,可以将"中和之美"看作对《周易》美学思想的进一步完善和发挥。

在阅读《春秋繁露》时,笔者看到董仲舒对"中"还有一个深刻而独特的认识:"是故古之人物而书文,心止于一中者,谓之忠;持二中者,谓之患;患,人之中不一者也,不一者,故患之所由生也,是故君子贱二而贵一。"(《天道无二第五十一》)[2]255 笔者以为,此处与《周易》崇尚的"君子之道"是完全一致的。而"君子之道"的核心精髓,乃是崇尚"中正和谐"之道②。如果依据逻辑推理而姑且不考虑文献、文本记载或表述等因素,笔者以为至少在《周易》中已形成"中和之美"的审美观念了。正因为如此,《周易》思想学说无疑乃是中华历代审美文化发展和演变的大本大源。

结　语

匆匆行文至此,觉得意犹未尽,亦感觉所提出的观点尚有待来日更细致深入地研究和论证。为了增加本文观点的说服力,不妨借用选修笔者课程的学生相关作业的结语来为本文作结:

> 董仲舒耗尽毕生心血构造的这一套繁复巨丽,精密宏大的宇宙哲学体系,展现出来的是生机勃勃的大一统帝国对于整个外在

---

①　参见谢金良:《略论〈周易〉对两汉经学美学的影响》,《广西大学学报》2016年第1期;谢金良、樊高峰:《中华审美文化基因初探——在中和之美研究基础上对"中"范畴的理解》,《中国古代美学范畴的现代价值国际会议论文集》,华东师范大学中文系主办,2019年6月,第230—243页。

②　参见谢金良:《〈易经〉中"君子"的出处及其审美特征》,入选"文学理论话语体系建设·2019"浦东论坛,于2019年7月20日发表。

世界认知和征服的雄大气魄，以及一种前所未有的人类信心。但从文化和审美的角度来批评这套哲学，更加关键的一点在于，董仲舒的哲学中无处不贯彻着"中正和谐"的传统思想。从阴阳五行调谐中和以形成宇宙的物质结构、天人合一的玄妙因果感应、顺应本性的清净养生之术、三纲五常的伦理政治，都是以"道"为核心，并以"中和"的方式将各个层次统摄在"道"的根本之下，由此将各个层次，各个方面，各个维度的元素都以一种和谐自然的状态统摄融合在一起。因此概略言之，董仲舒的哲学既是西汉巨丽宇宙哲学发展的集大成之作，也是自先秦以来"中正和谐"思想的又一次光辉，建立在这之上的伦理政治、阴阳五行中正和谐，圆融调和，运行不息的思想在后续数千年时间里延绵不绝，并深入民族心理核心层次的思维方式和其宇宙认知的先验图景之中，今日犹然。①

参考文献：
[1] 曾振宇、傅永聚. 春秋繁露新注[M]. 北京：商务印书馆，2010.

本文为上海社科基金一般项目"中和之美：《周易》与中华审美文化史论"阶段性成果。项目批准号：2014BWY008。
本文为"2019 中国·衡水董仲舒与儒家思想国际学术研讨会"提交的论文。
谢金良（1971—），男，福建安溪人，复旦大学中文系教授，博士生导师。

---

① 叶坤翌：《董仲舒天人哲学体系中的"和"——西汉中正和谐的审美文化研究》，复旦大学中文系 2018 年秋季课程《中国古典美学》期末作业。按：该篇作业侧重从"中正和谐"的角度来理解董仲舒的审美观，篇幅较长，写得比较到位，有助于印证本文观点，故特意选择该文结论来加以佐证。

董仲舒"祥瑞"思想的美学诠释

陆纪君

"祥瑞",在相关文献中又称"符瑞""祯祥""天瑞"等,主要指"自然界直接呈现的特异物象"[1]553,是"古代帝王承天受命、施政有德的征验与吉兆"[2],如《春秋繁露》中频频出现的"景星""凤凰""嘉禾""甘露"等。其中,既有自然的成分,也有超自然的成分。基于感性维度,"祥瑞"具有一定的美学阐释空间。但是,由于"祥瑞"本身带有的现实功利色彩,在董仲舒那里,它又作为"天人感应"理论体系的交接点而被纳入政治哲学体系之中。因此,以往论者往往将"祥瑞"视为政治的附庸甚至迷信体现,其自身的美学价值在"审美无利害性"占主导的现代美学维度下受到忽视。

一、"祥瑞"美学意蕴的内在阐释

"祥瑞"思想的发端可追自中华文明的创始时期,即"河出图,洛出书"时期[1]552。一般认为,"河图"由"龙马"负之,"洛书"由"神龟"背之,"龙马"与"神龟"这两种"特异物象"便成为"祥瑞"的早期显现。这种带有神秘主义色彩的文化起源论奠定了后世对"祥瑞"进行论述的基础,即自然与超自然的交合。《尚书·益稷》有云:"箫韶九成,凤皇来仪。"[3]129此处的"凤皇"也是"祥瑞"物象的一种,其显现的直接原因在于演奏《韶》乐,而《韶》又是舜之乐,所以其显现的根本原因在于舜帝施政有德,这与儒家乐论"声音之道与政通"的观点相契合。并且,孔子也有感叹:"凤鸟不至,河不出图,吾已矣夫!"[4]这是孔子借"祥瑞"物象来抒发自己对于当时政治现状的失望之情。

有汉以来,人们对于"祥瑞"的记录逐步系统化。在司马迁,有"国之将兴,必有祯祥,君子用而小人退"[5]1595。基于此,以《史记》为首的历代史书中多有"祥瑞"记述,如光武帝刘秀出生之时,"是岁县界有嘉禾生,一茎九穗,因名光武曰秀"[6]。至董仲舒,他将"祥瑞"解释为"非力之所能致而自至者"[7]157,以往零散的"祥瑞"思想在他这里得到了系统化的阐述:"天之所大奉使之王者,必有非人力所能致而自至者,此受命之符也。天下之人同心归之,若归父母,故天瑞应诚而至。《书》曰'白鱼入于王舟,有火复于王屋,流为乌',此盖受命之符也。周公曰'复哉复哉',孔子曰'德不孤,必有邻',皆积善累德之效也。"[8]1902显然,"祥瑞"在这里成为董仲舒"天人感应"哲学体系中的交接点。

如前所述,"祥瑞"是"自然界直接呈现的特异物象"。由此,自然性的"祥瑞"便与人文性的"图谶"与"符箓"区别开来,后两者或多或少具有人工图画的性质,所以亦有美学阐释的可能性。当然,"祥瑞""图谶"与"符箓"三者统一于汉代谶纬神学的体系之中,它们都是古代帝王承天受命、施政有德的感性征兆。正如朱存明先生所言:"谶纬的内容是虚幻的,其形式则是审美的。"[9]但是,与"图谶""符箓"相比较,"祥瑞"的自然存在物特性使其具有独特的强自然可感性,它虽然兼具"形象"与"象征"的双重意蕴,但却是前者先于后者,或者说,"祥瑞"首先是审美的,然后才是政治的,它内含中国古人以审美把握世界的诗性认识方式。

"祥瑞"作为直接的自然对象,首先是感性的。如"嘉禾",苏舆引《白虎通义》将其解为"大禾":"同为一穗,大几盈车,长几充箱。"[7]102−103显然,作为"自然界直接呈现的特异物象"的"嘉禾",首先是人们在日常农事生产时周围所环绕的亲近对象,然后还蕴含着人们对于庄稼丰收的美好期许。再如"景星",许慎《说文解字》将

"景"解为"光",段玉裁注曰:"光者远而自他有耀者也……明也……大也。"[10]《史记》则将"景星"解为"德星",《汉书》则在此基础上进一步论述:"景星者,德星也,其状无常,常出于有道之国。"[8]1065可见,"景星"首先是位于农人上空远处发光明亮的星体,然后才是君主德行优良的现实象征。究其本然,"祥瑞"由感官所能达致的感性对象而起,是"美"与"善"的综合体。

并且,"祥瑞"还涉及中国古人认识世界的基本方法——俯仰观察,远近取与。正如宗白华先生所言:"俯仰往还,远近取与,是中国哲人的观照法,也是诗人的观照法。"[11]这是一种感性的空间思维,是一种由"小宇宙"向"大宇宙"无限弥漫的诗性思维。以董仲舒为代表的思想家通过这种由"集体无意识"沉淀下来的认识方式选择他们认为美的对象,当作君主有德的象征即"祥瑞",从"美"出发构建了他们对于美好生活的向往与追求。

在维柯看来,作为"人类儿童"的原始民族,形象思维发达而抽象思维欠缺。这一论断放在中国人身上尤为合适,因为对"祥瑞"的追求彰显着中国人骨子里的"诗性智慧",即凭借充满想象力的形象思维来审美地把握世界的方式。如前所述,董仲舒所言及的"祥瑞"多为"景星""凤凰""嘉禾""甘露",显然,现实世界中的自然物经由人的形象思维加工命名后便油然而生一种美的感觉。当然,这种美的感觉一方面直接源自汉字的"象形"性,即经由"俯仰观察"与"远近取与"而来的汉字本身为我们接通了达至现实可感世界的亲切途径,勾起了我们对于现实美好事物的想象与向往;另一方面也源自词汇的非抽象性,如果所谓的"祥瑞"被抽象化表述为"天体""动物""植物""H_2O",其审美性便会大为减损甚至消耗殆尽。并且,这里形象思维所涉及的感官不仅在于视觉,甚至在于味觉,因为"甘露"之"甘"唯有经由舌头品尝方才可以断定。因此,所谓的"诗性智慧"在中国人这里便存在一种极深的内在张力,它不仅涉及人的个别感官,而且关乎人从内到外的整个身体体验。因此,由"祥瑞"出发,我们所看到的不仅是古人丰富的"诗性智慧",更是由这种"诗性智慧"出发而建构的一个整体的审美世界。

然而，经由"诗性智慧"所建构的审美世界又不可避免地带有理想性甚至虚幻性。毕竟，像"凤凰""甘露"等"祥瑞"之物充其量只能算作古人根据现实飞禽与雨水加以想象的产物。然而，这些在现代视角下非科学的"祥瑞"却又蕴含一种积极价值。换句话说，当古人以一种审美的方式来解释与建构世界时，其中也昭示着他们对于理想世界的向往与追求。当然，我们不能否认少部分人喜欢"灾异"之怪诞的可能性，但毕竟对于"祥瑞"之美好的追寻才是人们主流的价值取向。总之，"祥瑞"在董仲舒这里正式被纳入了由人所建构的审美世界之中，而这个审美世界又是建立在其"天人感应"理论基础之上的。

二、"祥瑞"美学阐释的理论基础

董仲舒将"祥瑞"纳入其"天人感应"的理论体系构架之中，前者因后者更加具有合法性，"祥瑞"成为"天"之"感应"到人世政治顺天而行的积极感性显现，即顺理成章地通过美的事物将天道与人事连接起来。并且，董仲舒通过对汉代元气自然论的系统阐释，使他的"天人感应"体系具有了坚实的哲学基础。这里的"天人感应"是指以"气"为介质的天与人之间的相与往还。并且，董仲舒从"气"出发所构建的天人同构同感的世界，是一个以人的身体体验为核心的世界，"祥瑞"不仅因此获得了可以为人亲切接近的形而上根源，其自身的感性特征也能借此得到更好阐释。

具体而言，董仲舒以"气"为媒介对"天人感应"进行了系统的论述。首先，董仲舒将"天"视作"群物之祖"，特点在于"遍覆包涵而无所殊"[5]1913。这就说明，人与万物皆由"天"而化生，这就为人与万物相互交感亲近奠定了本源的基础。进一步，"阴阳之气，在上天，亦在人。在人者为好恶喜怒，在天者为暖清寒暑。……人有喜怒哀乐，犹天之有春夏秋冬也，喜怒哀乐之至其时而欲发也，若春夏秋冬之至其时而欲出也，皆天气之然也"[7]463−465。这就说明，"天"由"气"而构成，"人"亦由"气"而构成，所谓的"天"化生"人"

其实就是"阴阳之气"的动态推演变化,并且在这个过程中万物亦得以形成。进而,"百物去其所与异,而从其所与同,故气同则会,声比则应"[7]358。这便是说,既然"天"与"人"皆由"气"所同构,因而"同类",那么"天"与"人"之间便存在相互交感的可能性,推而广之,由"天"所化生之万物皆存在相互交感的可能性。最后,"美事召美类,恶事召恶类,类之相应而起也。如马鸣则马应之,牛鸣则牛应之。帝王之将兴也,其美祥亦先见;其将亡也,妖孽亦先见"[7]358。总之,天化生阴阳二气,人与万物皆由气弥而化生,"祥瑞"物象当然也由一"气"化生,因此与人亦获得一种同构性或者同类性,使人能够亲切接近。由此,经由天人同构理论奠定的基础,"祥瑞"的出现便自然而然。董仲舒在此构建的是一个严整的感性哲学体系。

在奠定了"气"这种天人同构的内在基质后,董仲舒便转而走向"人"与"天"的整体同构:"人有三百六十节,偶天之数也;形体骨肉,偶地之厚也。上有耳目聪明,日月之象也;体有空窍理脉,川谷之象也;心有哀乐喜怒,神气之类也。"[7]354-355可见,这段话从"人"的外在形体与内在性情出发,进而把"天"也看为与自己相匹配的有生命的类似物。显然,这与维柯所提出的"以己度物"或"诗的逻辑"相符合,古人因为形象思维发达而"赋予感觉和情欲于无感觉的事物",或是"把有生命的事物的生命移交给物体,使它们具有人的功能"[12]。如果说上面一段在论述人的内在性情与天相配时尚有欠缺的话,那么下面这句可谓经典:"人生有喜怒哀乐之答,春秋冬夏之类也。喜,春之答也;怒,秋之答也;乐,夏之答也;哀,冬之答也。"[7]318-319并且,这种"春夏秋冬"与"喜怒哀乐"相匹配的做法也昭示着人对自然时间的敏锐体验。总之,董仲舒基于以"气"为介质的"天人感应"论,又从人的形体与性情出发,采取全然感性化的身体体验与想象的论述方式,阐释"小宇宙"与"大宇宙"因相配而相感,其中弥漫着诗意,近似一种审美体验。进而言之,维柯所谓的"诗性智慧"于中国人来说并不仅限于形象思维,而是涉及由内到外整个身体对自然的体验。从这一层面来讲,如果说以"气"为核心的

"天人感应"体系是"祥瑞"的客体基础,那么古人"诗性智慧"的发达便可被视为"祥瑞"思想产生的主体基础。

然而,当我们在论述让"祥瑞"成立的"天人感应"哲学基础时,也不能忘记"祥瑞"本身的政治基础。毕竟,董仲舒的"天人感应"哲学体系就是为服务于汉代大一统政治而建构的,而"祥瑞"就是"天人感应"的末端感性显现。武帝即位,举天下贤良策问国事,而董仲舒开宗明义,在"天人三策"的第一策中便说:"臣谨案《春秋》之中,视前世已行之事,以观天人相与之际,甚可畏也。国家将有失道之败,而天乃先出灾害以谴告之,不知自省,又出怪异以警惧之;尚不知变,而伤败乃至。……天之所大奉使之王者,必有非人力所能致而自至者,此受命之符也。天下之人同心归之,若归父母,故天瑞应诚而至。"[8]1901—1902 由此可见,董仲舒在此欲扬先抑,即先言"灾异"而没有直接从"祥瑞"入手,但是其"天人感应"体系的构建的确是起于国家政治的需要。《春秋繁露·王道》亦云:"王正则元气和顺、风雨时、景星见、黄龙下。王不正则上变天,贼气并见。"[7]101 总之,董仲舒所谓"天人感应"中的"人"主要还是指统治者,"天"则是指能对统治者形成约束的最高权威。如果统治者德行敦厚,勤政爱民,那么上天便会给以"祥瑞";如果统治者德行低劣,暴戾无度,那么上天便会给以"灾异"。因此,没有汉代的"大一统"政治,就没有董仲舒"天人感应"哲学体系的产生,"祥瑞"也便不会获得如此体系化、系统化的构建。

三、"祥瑞"美学意蕴的文艺表现

如前所述,"祥瑞"作为"自然界直接呈现的特异物象",其本身不仅是"美"的,而且是"好"的,象征着人们对于美好生活的积极追求。经由董仲舒的系统论述之后,"祥瑞"观念不仅直接与国家政治相联系,其本身的审美属性又使其具有丰富的文学艺术的表现空间。进一步讲,"祥瑞"自身的功利性因文学艺术的表现而得以淡化,更易于为人们所接近。

首先，体现在文学上，如曹植《大魏篇》有云："大魏应灵符，天禄方甫始。圣德致泰和，神明为驱使。……众吉咸集会，凶邪奸恶并灭亡。黄鹄游殿前，神鼎周四阿。玉马充乘舆，芝盖树九华。白虎戏西除，含利从辟邪。骐驎蹑足舞，凤皇拊翼歌。"[13]774又有乐府诗《景星》篇云："景星显见，信星彪列，象载昭庭，日亲以察。参侔开阖，爰推本纪，汾脽出鼎，皇佑元始。"[13]7显然，诗中的"黄鹄""神鼎""玉马""灵芝""白虎""凤凰""景星"等皆为"祥瑞"，皆是源自自然的特异物象，其目的在于昭示与歌颂曹魏政权的合法性，具有强烈的政治象征意味。但是，由于诗歌大量罗列"祥瑞"，诗歌所诉诸的枯燥政治意味便巧妙地寓身于此类美好的"祥瑞"物象之下。从这种意义上讲，"祥瑞"作为一种诗歌意象，其本身的美好形象与政治象征意味提供了连接审美与政治的途径，从而成为审美化政治的典型表现。

然后，体现在艺术方面，《春秋繁露·服制》有云："饮食有量，衣服有制，宫室有度，畜产人徒有数，舟车甲器有禁。"[7]222直接来看，这句话的主题在于论述等级礼序的日常体现。但是，就"衣服"来讲，其等级区分并不是一个简单的"服色"之别，而是与"祥瑞"联系在一起。《尚书·益稷》云："予欲观古人之象，日、月、星辰、山、龙、华虫，作会，宗彝，藻、火、粉、米、黼、黻、絺、绣，以五采彰施于五色，作服，汝明。"[3]116《尚书大传》又云："天子衣服，其文华虫、作缋、宗彝、藻火、山龙，诸侯作缋、宗彝、藻火、山龙，子男宗彝、藻火、山龙，大夫藻火、山龙，士山龙。故《书》曰：天命有德，五服五章哉！"又曰："天子服五，诸侯服四，次国服三，大夫服二，士服一。"[7]222由此可见，礼序由服饰等级而分，服饰等级又由"祥瑞"物象的等级与多少来分，而"祥瑞"物象的等级又直接来自人的感性审美体验，即物象愈美，等级愈高。显然，所谓的"衣服有制"首先是一个审美问题，其后才是一个政治问题。由此出发，我们可以对中国传统政治与国家历史进行一种审美角度的纵深洞察。

此外，在汉画像中，也有大量的"祥瑞"画像存在。如李翕《黾池五瑞图》石刻,其中刻画了"黄龙""白鹿""甘露""嘉禾""木连理"五种"祥瑞"形象。如果说文学对于"祥瑞"物象的描述依旧是一种间接方式的话,那么绘画便是一种直接方式。后者将"祥瑞"形象直接呈现出来,审美的色彩更加浓厚。在众多的汉画像石中,"黄龙""凤鸟""瑞鹿"等种类繁多的"祥瑞"形象也是经常出现,如山东嘉祥武梁祠画像石,共刻画了23种祥瑞形象。这种诉诸视觉的图像表达方式背后又带有深刻的政治隐喻,从而将汉代的国家政治纳入艺术领域之中。

劳思光先生在其《新编中国哲学史》中将董仲舒的"天人感应"思想视为对儒家的曲解,并将其斥为一种"幼稚思想",以此为依附的"祥瑞"当然是一种迷信。但是,在古人那里,以"天人感应"体系为基础的"祥瑞"就是那个时代的"科学",以今人的视角批评古人并不可取。"祥瑞"的美好形象代表着古人对于国泰民安的向往与追求,体现了古人感性思维的发达,其在文学艺术作品中的丰富表现使审美与政治联系起来,为美学的现代转向提供了一个新的切入点。

参考文献:

[1] 刘成纪. 先秦两汉艺术观念史 [M]. 北京:人民出版社,2017.

[2] 龚世学. 论汉代的符瑞思想 [J]. 文艺研究,2016 (2):69-78.

[3]《十三经注疏》整理委员会. 十三经注疏·尚书正义 [M]. 北京:北京大学出版社,1999.

[4] 程树德. 论语集释 [M]. 北京:中华书局,1990:588.

[5] 司马迁. 史记 [M]. 北京:中华书局,2000.

[6] 范晔. 后汉书 [M]. 北京:中华书局,2000:58.

[7] 苏舆. 春秋繁露义证 [M]. 钟哲,点校. 北京:中华书局,1992.

[8] 班固. 汉书 [M]. 北京:中华书局,2000.

[9] 朱存明. 汉画像之美——汉画像与中国传统审美观念研究 [M]. 北京:商务印书馆,2011:372.

[10] 许慎,撰. 段玉裁,注. 说文解字注 [M]. 上海:上海古籍出版社,1981:304.

[11] 宗白华. 美学散步 [M]. 上海：上海人民出版社，1981：111.
[12] 朱光潜. 西方美学史 [M]. 北京：人民出版社，1963：332.
[13] 郭茂倩. 乐府诗集 [M]. 北京：中华书局，1979.

本文发表在《衡水学院学报》2019 年第 6 期。

陆纪君（1996—），男，山东临沂人，北京师范大学哲学学院在读硕士。

董仲舒法学思想研究

从法哲学的角度看董仲舒思想

张秀洁　刘炜华

一、导言

董仲舒系西汉初中期之间人，生活于约公元前190－前115年，为汉代杰出的思想家、政治家、法学家，一生积极宣扬儒家思想，对有关哲学、政治、法律等问题进行了深入阐述。董仲舒的法律思想在中国古代法律思想史上占有重要地位，大多数学者都认同其改造后的新儒学标志着中国古代正统法律思想的正式形成，在其传世著作中亦蕴含着丰富的法哲学思想，如法之本源、法之功能作用以及法律渊源等，对西汉当朝以至于整个中国传统社会都产生了非常重要的影响。

当前学术界关于董仲舒法律思想的研究并不罕见，通过资料搜集可见大多数文献是对董仲舒相关法律理论的梳理。在比较有影响的文献中，曾加（2003）和周建英（2005）论述了董仲舒法律思想的基本概念；王翠霞（2007）研究了董仲舒的"春秋"法律思想；龙文懋（2005）研究了董仲舒的法学思维方法；王占通和栗劲（1983）较早研究了董仲舒"德主刑辅"的思想；王怡（2001）探讨了董子思想中"屈君伸天"与皇权专制的关系。

但从法哲学角度进行分析的却为数不多，仅有庆明（2000）、史广全（2005）和武夫波（2014）等人的几篇文献。但是这些研究还基本停留在对董子原初概念的阐述上，尚没有提炼出一个法哲学的框架来对董子的法律思想进行整合。本文则试图从法哲学的视角，从法之本源、法之功能作用及法律渊源三个维度对董仲舒的法律思想进行整合以系统化和理论化。

二、董仲舒的主要法哲学思想

（一）法之本源

董仲舒认为社会运作秩序的确定、社会财富占有享用权利的界定、国家权力行使的限定、人性的教化塑造等，这些关系到法律存在的根本问题都是由有意志的自然天体所决定的。最初的法是圣人效仿上天制定出来的，并通过礼、乐、政、刑各个功能组件作用的发挥来规范人的行为。圣人是缘天意而作法，但是立法的主体始终是人而非天。至于人为什么要制定法律则需从董仲舒的人性论和天人感应论进行探讨。

1. 人性论

对于人性善恶问题的探讨一直是中国传统哲学研究中的重要内容，董仲舒在对前人单纯的"性善论""性恶论"进行批判的基础上，提出了自己的人性观，即"圣人之性""中民之性"和"斗筲之性"的"性三品"说（《春秋繁露·实性》）。

董仲舒认为人性是天赋予的，因此是不可以根除的，即所谓"人受命于天，有善善恶恶之性，可养而不可改，可豫而不可去，若形体之可肥癯，而不可得革也"（《春秋繁露·玉杯》）。即人性中有善的成分，但是并未全然达到善的地步。正是由于此原因，"凡人之性，莫不善义。然而不能义，利败之也"（《春秋繁露·玉英》）。面对利益的引诱总会有人无法保持其善质而走上歧路。在此基础上董仲舒提出了"性三品"说：存有善质却未达到全善地步的人性为"中民之性"，社会中绝大多数民众的人性属于此类，与之相对应的还有在社会中占据极少比重的"圣人之性"和"斗筲之性"。具有"圣人之性"的人是天生的道德完美的人，他们就是董仲舒一直推崇的圣人，他们完全没有私心，不会被利益所诱惑，是最适合管理社会的人。具有"斗筲之性"的人是性情恶劣、难以教化的一部分人，对于他们只能适用刑罚。

董仲舒认为法的产生和存在是为了解决因人性未善而带来的社会问题，正是由于普通人不是完美无缺的，天生就有"未善"的人性，他们会受到利益的引诱，在利益面前无法永久地保持客观公正，因此需要一个不会因诱惑而产生行为瑕疵的人进行居中裁判，这一裁判者即是道德完美之圣人。圣人遂根据天意制定礼、刑等法律来规范人的行为、崇善罚恶，随着法的广泛教化和民众对法的遵循必然会使得民众得以达到与圣人一样的道德水准，从而"随心所欲不逾矩"地生活。这就是董仲舒认为的法律起源的原因。

2. 天人感应论

董仲舒的天人感应理论包含了三个逻辑层面，即天乃世界之本，万物之祖；天人相类，同类相动；天降灾异，警醒人世。可以说天人感应理论是董仲舒哲学最显著的标签之一，也是其法哲学的哲学基础和根本出发点。

董仲舒首先指出天孕育万物，是世界之本，因此天的地位是至高无上的，"天者万物之祖，万物非天不生"（《春秋繁露·顺命》），"天地者，万物之本、先祖之所出也"（《春秋繁露·观德》）。而人又是天所生养化育而成，即"为人者，天也"，因此"人之为人本于天，天亦人之曾祖父也，此人之所以乃上类天也"（《春秋繁露·为人者天》）。人的行为应效仿天。天人是同类的，无论在肉体或精神方面，人都是天的副本，即"人副天数"（《春秋繁露·人副天数》），同类之间是可以相互感应的，即同类相动："美事召美类，恶事召恶类，类之相应而弃也，如马鸣则马应之，牛鸣则牛应之。"（《春秋繁露·同类相动》）由于天人同类且能够天人相互感应，加之天是自然最高之权威，所以人必须要遵从天意而行事，连君主帝王都不能例外："受命之君，天意之所予也。故号为天子者，宜视天如父，事天以孝道也。"（《春秋繁露·深察名号》）如若不然的话，"国家将有失道之败，而天乃先出灾害以谴告之；不知自省，又出怪异以警惧之；尚不知变,而伤败乃至"(《汉书·董仲舒传》)。董仲舒通过天人同类、同类相动的论证成功地塑造了具有至高无上地位的天的形象,因此只有圣人根据天意制定出的规则才可以称之为法,君主的恣意妄为非但不合法,更会招致天谴。

3. 君权神授

董仲舒在天人感应理论的基础上,提出君权是神授的,君主是代表上天来统治人世的,即"天子受命于天,天下受命于天子"(《春秋繁露·为人者天》),"王者承天意以从事"(《汉书·董仲舒传》)。

虽然作为天下至尊的君主拥有巨大的权力,但是其行使权力应该按照天的阴阳、四时规律而不能不受任何限制地恣意妄为。董仲舒从对法律起源的论证中就开始了潜在地对君主权力的限制,因为王不过是天之子,而法律则是圣人根据天意制定的,遵从法律就是遵从天的意志。为了体现天意,天子立法应该听从圣人的意见,因为"圣人法天,贤人法圣"(《汉书·董仲舒传》),圣贤之人能够体察天意。天无时无刻不在监视着人世治道,且通过各种方式表示自己的意愿以昭示统治者,在行使至高权力的帝王头上加了一个紧箍,使他"畏天命,畏大人,畏圣人之言"(孔子语,转引自《春秋繁露·郊语》)。这也潜藏着董仲舒限制君权的努力和追求。

总之,董仲舒以人性未善作为其人性论的哲学基础,借助天人感应理论得出结论:即法是圣人根据天意制定的,这种法之本源观为《唐律疏议》《大明律》等法典所沿袭,对后世产生了深远影响。

(二)法之功能作用

董仲舒认为法是与木工的规矩、乐师的六律等具有相同性质的工具,为治理国家所必需,包括礼、乐、政、刑等多个功能组件,各个功能组件互相配合共同确保法的功能的实现。正如前文所述,董仲舒认为最初的法是圣人效仿上天制定出来的,并且通过礼、乐、政、刑各个功能组件作用的发挥来规范人的行为,礼乐在董仲舒的法哲学体系中实际发挥着法的规范作用。但是董仲舒对法的功能组件的利用是有差别的,以体现道德教化的礼乐组件为主,以体现法的惩罚作用的刑罚组件为辅即"德主刑辅""大德小刑",这也正是其司法理念的体现。

重视道德的教化作用一直以来都是中国传统法文化的重要内容，但是这种对道德的推重是以教化的普遍施行为前提的。董仲舒从孔子"道之以政，齐之以刑，民免而无耻；道之以德，齐之以礼，有耻且格"的观点出发，认为单纯任用刑罚只能从表面上以刑去刑，而不能从根本上制止犯罪的产生。因此主张要重视礼乐教化的宣传："王者上谨于承天意，以顺命也；下务明教化民，以成性也；正法度之宜，别上下之序，以防欲也。修此三者，而大本举矣。"（《汉书·董仲舒传》）"教，政之本也；狱，政之末也。其事异域，其用一也，不可以不顺。故君子重之也。"（《春秋繁露·精华》）只有国家重视对百姓进行礼乐教化，百姓才懂得行事规矩，具有荣辱之心。只有对懂得礼乐教化的百姓施以刑罚才是合乎仁的，不然就是孔子所谴责的"以不教民战，是谓弃之也"。正是在此基础上，董仲舒利用天人感应宣扬其德主刑辅的观念。他认为天是万物之祖，有阴阳两重属性，阴阳两种属性本身就代表着德和刑，因此要遵从天意阳德阴刑，即"刑者德之辅，阴者阳之助"（《春秋繁露·天辨在人》）。"阴阳，理人之法也。阴，刑气也；阳，德气也。""是故天数右阳而不右阴，务德而不务刑。""为政而任刑，谓之逆天，非王道也。"（《春秋繁露·阳尊阴卑》）可见，董仲舒德主刑辅的观念并非单纯地片面强调道德的作用而轻视法的作用，而是以国家重视礼乐教化、以教化作为为政之本为前提的，对于经过礼乐教化与熏陶还不能抑制其犯罪的人，则只能用刑处罚。

"德主刑辅"是董仲舒法律思想的核心，也是中国正统法律思想的主要内容，在人性论的基础上董仲舒进一步从理论上完善了该法律思想观念。董仲舒认为，善性的存在强化了儒家教化主义的合理性，而恶的可能则肯定了刑的必要性，因此，要根据人们不同的"性"而有所侧重地施行刑罚。圣人之性和斗筲之性都是少数，所以讨论人性及其对策问题应立足于中性之民。既然中性之民可善可恶，其善质必须经过德教才能发挥出来，所以对他们要"厚其德而简其刑"（《春秋繁露·基义》），以德教为主。但对于有斗筲之性，则必须通过刑罚威吓，故刑亦不可废，即德主刑辅，德多而刑少。

总之，不管是从天道还是从人性来看，董仲舒都认为治国中必须强调礼乐教化的优越性，以礼乐教化为主要手段，刑罚等辅助手段只是在完善了道德教化的基础上，用来惩罚那些不接受道德教化或经过教育而仍冥顽不化的犯上作乱者。但道德教化与法律刑罚都是维护伦理宗法等级的手段，在董仲舒的观念里，法的各个功能组件必须互相配合才能共同确保法的教育功能、规范功能和惩罚功能的实现和统一。

（三）法之渊源

董仲舒将儒家的《春秋》等经义引入司法过程，使其成为适用法律的指导原则，使儒家思想成为立法司法的指导理论和法律渊源并具有高于现行法律的特殊地位，即所谓的"春秋决狱"，亦即"引经决狱""经义决狱"，其主要目的就是运用法律的力量，使儒家的伦理道德真正成为人们各项活动的准则。"春秋决狱"是中国古代法律儒家化的开端，它开启了中国古代近两千年的法律儒家化过程，在"春秋决狱"过程中形成的一些司法制度和原则，对中国古代法律的发展起到了重要的作用。

"春秋决狱"就是用《春秋》等儒家经义来断案决狱，把儒家思想作为断狱的指导思想，要求司法官吏在审理案件过程中，用儒家经典所阐述的思想观点作为分析案情、认定犯罪的根据，并按照经义的精神解释和使用法律制度，即以《春秋》等儒家经典里的经义和事例作为审判决狱的依据，并要求凡是法律中没有规定的，司法官吏就以儒家经义作为司法裁判的依据；凡是法律条文与儒家经义相违背的，则儒家经义具有高于现行法律的效力。经义不仅可以用来解释法意、指导法条的适用，而且《春秋》经典的言辞本身也具有了法律效力。

"春秋决狱"的要旨在于根据案情事实，追究行为人的动机，并以其动机有无恶意作为定罪量刑的首要条件，此即为董仲舒的"原志定罪说"。董仲舒主张动机或意图是犯罪成立的必备要件，案件判决的基础不应局限于行为，行为的意义仅在于其有助于探明行为者的动机，罪与非罪的结论不应是单纯考察行为的结果，必须考虑行为与动机的关系。因此在判断被指控者是否有罪时，董仲舒经常会最大限度地考虑动机问题，在此基础上，法律适用就具有了弹性，审理案件时就会出现"同罪异论"或"异事同论"。齐国逢丑父、陈国辕涛涂俱欺三军，鲁国庆父、吴国阖闾俱弑君，但他们各自所面临的处罚却截然不同，此即"同罪异论"。关于此，董仲舒解释说这主要是因为其所发生的环境即"本其事"不同所致："春秋之听狱也，必本其事而原其志。志邪者，不待成；首恶者，罪特重；本直者，其论轻。是故逢丑父当斩，而辕涛涂不宜执，鲁季子追庆父，而吴季子释阖庐，此四者，罪同异论，其本殊也。俱欺三军，或死或不死；俱弑君，或诛或不诛。"（《春秋繁露·精华》）而"公子目夷复其君，终不与国，祭仲已与，后改之，晋荀息死而不听，卫曼姑拒而弗内，此四臣事异而同心，其义一也"（《春秋繁露·玉英》），公子目夷、祭仲、晋荀息、卫曼姑四人行事不同甚至相反，但都合于《春秋》的重宗庙、贵先君的原则，《春秋》对他们一致肯定，即为异事而同论。董仲舒列举这些有代表性的史料就是为了说明行为的原动机是最主要的，官吏在审案时不可不察。

此外，"春秋决狱"还有严格的程序要求，其中以适用范围和案件的决定权最为重要。"春秋决狱"方式仅适用于"疑狱"，即事实清楚，但如何处理，或无法律规定，或按法律规定处理其结果将非常不合理的案件。而以从《春秋》等儒家经典中抽象出的法律原则为依据得出的结论仅仅是谳议意见，是建议，如何判决须由司法主官决定，重大疑难案件则须由皇帝做最后决定。由此可以看出，"春秋决狱"的适用范围以及最后的判决都由制定法规定，其整个实施过程基本上都受到制定法的规制，因而它实质上是与制定法关系极为密切的一项判例法制度，是以制定法为主体的中国古代法制的有机组成部分。

尽管学者们普遍认为"春秋决狱"导致在法律适用上加进主观随意性，使主观臆断、枉法裁判有了泛滥的空间，对中国古代法制产生了破坏作用，但不可否认其仍有积极的一面。"春秋决狱"重视"合理性"，是对汉代酷法的一个平衡，是重情理、重民本的体现，起着软化僵硬的法律条文的作用，纠正了当时仅以客观事实为断案依据的制定法的僵化、呆板以及违背人的本性或本意做法的弊端，增强了法律的灵活性和适应性，极大地推动了我国法制思想的发展进程，同时也起到了维护社会稳定的作用。也正是因为这些原因，"春秋决狱"作为一种审判方式和制度才能得以产生和长期存在。

三、结语

综上所述不难发现，董仲舒对法律的思考的逻辑是相当清晰的，分别以其人性论、天人感应理论、德主刑辅、"春秋决狱"等主张论证了法"圣人缘天意而作"之本源、"道德教化为主，刑罚强制为辅"之功能作用、"经权要义"之渊源以及司法、法律适用等理念，也在此基础上构建了其以"天命论"为指导、以"人性论"为基础、以"德主刑辅"为主要内容、以"经权要义"为法律实施依据的法哲学思想体系，使儒家的价值追求与道德理想从此开始逐渐渗透到法律中，开创了中国传统法律儒家化的先河，并成为后世官方法哲学之思想基础。虽然董仲舒的法哲学思想中也包含君权神授等宣扬君权的内容，其"原志定罪说"也存在司法者主观臆断、自由裁量权过大的倾向，但是我们应该运用历史的眼光去将其理解为这可能是时代的烙印，而不应用现代人的标准去苛求古人。

本文为"2019 中国·衡水董仲舒与儒家思想国际学术研讨会"提交的论文。
张秀洁（1985—），女，河北大名人，澳门科技大学法学院博士生。
刘炜华（1981—），又名刘仁子，男，河北饶阳人，哲学博士，澳门科技大学助理教授。

董仲舒生态思想研究

董仲舒的"天人之际，合而为一"的生态思想

范 慧 乔清举

董仲舒（前179—前104），西汉广川（今河北枣强）人，著名经学家、思想家、哲学家。董仲舒著述颇多，据说有123篇，但多散佚。后人"杂采董书，缀辑成卷"，编为《春秋繁露》[1]。

董仲舒的生态思想体系以"天人合一"为统摄，以"阴阳运行""五行生变"为运行机制，以"泛爱群生"为道德准则，以"顺时而为"为实践基础。他提出"天，仁也。天覆育万物"[2]"仁，天心"[3]，将先秦以心为纽带的尽性知天转变成了以气为中介的"化天而得仁义"，通过气的阴阳五行化，把天、地、人、政治、历史统合为一个统一的联系的整体。

一、天人合一的天人关系论

在儒家哲学史上，董仲舒首先提出了"天人合一"的主张。他说："天人之际，合而为一。"[4] "天人合一"是董仲舒生态思想的基

---

[1] （清）苏舆撰，钟哲点校：《春秋繁露义证》，中华书局1992年版，第1页。
[2] （清）苏舆撰，钟哲点校：《春秋繁露义证》，中华书局1992年版，第329页。
[3] （清）苏舆撰，钟哲点校：《春秋繁露义证》，中华书局1992年版，第329页。
[4] （清）苏舆撰，钟哲点校：《春秋繁露义证》，中华书局1992年版，第288页。

本原则，统摄他的整个生态思想体系。

在董仲舒的思想中，天具有不同的含义。冯友兰在《中国哲学史》中讲道："董仲舒所谓之天，即与地相对之天，有时系指有智力有意志之自然。有智力有意志之自然一名辞，似乎有自相矛盾之处，然董仲舒所说之天，实有智力有意志，而非一有人格之上帝，故此谓之为自然也。"① 他在《中国哲学史新编》中论述道："他（董仲舒）把物质的天人格化了，看成为有人的意识和情感的实体。但这个人格化了的天，又不就是和人类的形体相类似的'上帝'。"② 金春峰认为："董仲舒讲的天，有三方面的意义，即神灵之天、道德之天和自然之天。这三个方面，他力图把它们加以统一，构造成一个体系。"③ 韦政通将董仲舒的"天"概括为，至上神、万物之本、道德义、自然义、天有十端，天为人君的化身六种含义④。余治平认为："天有着三层不同的含义：一方面是包容万物的、规律性的宇宙总体结构；另一方面，天又具有人性化、伦理化的品格；第三方面，天更是人心信仰的源出，是人不得不尊崇和敬畏的对象。"⑤

综合前辈的意见，董仲舒论述的天基本上可以归结出三个方面的意义：纯粹的物质之天，具有人性、道德因素之天，神性之天。

在理解董仲舒思想中天的不同含义的基础之上，继续分析董仲舒"天人合一"思想的含义。董仲舒"天人合一"的思想可以归结出四层含义。

第一层意义是人的本源问题，对于这个问题，董仲舒认为人生于天。他说：

> 为生不能为人，为人者天也。人之人本于天，天亦人之曾祖父也。此人之所以乃上类天也。人之形体，化天数而成；人之血

---

① 冯友兰：《中国哲学史：下册》，华东师范大学出版社2005年版，第503页。
② 冯友兰：《中国哲学史新编：中》，人民出版社2007年版，第52页。
③ 金春峰：《汉代思想史》，中国社会科学出版社2006年版，第122页。
④ 韦政通：《董仲舒》，台北：东大图书股份有限公司1986年版，第66—71页。
⑤ 余治平：《唯天为大：建基于信念本体的董仲舒哲学研究》，商务印书馆2003年版，第85页。

气，化天志而仁；人之德行，化天理而义。人之好恶，化天之暖清；人之喜怒，化天之寒暑；人之受命，化天之四时。人生有喜怒哀乐之答，春秋冬夏之类也。喜，春之答也；怒，秋之答也；乐，夏之答也；哀，冬之答也。天之副在乎人。人之情性有由天者矣。故曰受，由天之号也。为人主也，道莫明省身之天，如天出之也。使其出也，答天之出四时而必忠其受也，则尧舜之治无以加。是可生可杀，而不可使为乱。故曰："非道不行，非法不言。"此之谓也。①

意思是说人之初生并不能说是真正的人，真正使人成为人的是天。董仲舒从"人之形体""人之血气""人之德行""人之好恶""人之喜怒""人之受命"六个方面阐述了人的本源在于天。人的形体是从天数化成的，人的血气则是天志化成的，人的德行是天理化成了人类的义，人的好恶则是天的暖清化成的，人的喜怒则是天的寒暑化成的，人的受命则是由四时化成的。正是由于人的本源在于天，人的各个方面都是化天而成，所以才使得人与天相类，"天之生人"可以说是后面我们将谈到的董仲舒"天人合一"思想第二层含义"人副天数"的重要原因与依据。

董仲舒"天人合一"的第二层意义是"人副天数"，即天人相似。"人副天数"是董仲舒"天人合一"思想最为核心的思想，也是他论述的最为详细的观点。董仲舒主要从两个层面来论述"人副天数"。其一，人的形体、结构与天相副。上文提到董仲舒认为人是天所生，人的形体是变化天数而成，即"人之形体，化天数而成"②。因此，人的形体与天是相类似的，"观人之体一，何高物之甚，而类于天也"③。董仲舒把人体的各个部分都与自然物相对应，人身体的三百六十个关节，与日数相合；人的形体骨肉与大地的厚重相合；人头上

---

① （清）苏舆撰，钟哲点校：《春秋繁露义证》，中华书局1992年版，第318—319页。

② （清）苏舆撰，钟哲点校：《春秋繁露义证》，中华书局1992年版，第318页。

③ （清）苏舆撰，钟哲点校：《春秋繁露义证》，中华书局1992年版，第354页。

有耳朵眼睛,象征着日月;身体有穴道血脉,象征着山川河谷;人心有哀乐喜怒,与气相类似。他说:

> 人有三百六十节,偶天之数也;形体骨肉,偶地之厚也。上有耳目聪明,日月之象也;体有空窍理脉,川谷之象也;心有哀乐喜怒,神气之类也。①

古人认为天圆地方,所以董仲舒认为人的头部浑圆象天,脚展开是方形象地;头发繁多,象征着星辰;眼耳分明,象征着日月;口鼻呼吸,象征着风和气;胸中有知觉,象征着神明;腹部有实有虚,象征着万物。他说:

> 人之身,首□而员,象天容也;发,象星辰也;耳目戾戾,象日月也;鼻口呼吸,象风气也;胸中达知,象神明也;腹胞实虚,象百物也。……足布而方,地形之象也。②

其二,人道与自然之道相通。人的仁爱之心来源于天,人的德义之行也源于天。董仲舒说:"人之血气,化天志而仁;人之德行,化天理而义。"③ 又说:

> 天之生人也,使人生义与利。利以养其体,义以养其心。心不得义不能乐,体不得利不能安。义者心之养也,利者体之养也。体莫贵于心,故养莫重于义,义之养生人大于利。④

意思是说天生出人,使人生出义与利。之所以生出利是为了养人的身体,而生出义则是为了养人的心。人心没有义就不能快乐,人体没有利就不能安稳。所以义养心,利养体。而人体最贵重的莫过于心,所以养人最重要的是义,义对于人的养成要大于利。由此可见,董仲舒重视人的伦理道德甚于重视人的生理肌体。他也重点论述了人道是如何源于天、与天相副的。他说:

---

① (清)苏舆撰,钟哲点校:《春秋繁露义证》,中华书局1992年版,第354页。
② (清)苏舆撰,钟哲点校:《春秋繁露义证》,中华书局1992年版,第355—356页。
③ (清)苏舆撰,钟哲点校:《春秋繁露义证》,中华书局1992年版,第318页。
④ (清)苏舆撰,钟哲点校:《春秋繁露义证》,中华书局1992年版,第263页。

人之受命于天也，取仁于天而仁也。是故人之受命天之尊，父兄子弟之亲，有忠信慈惠之心，有礼义廉让之行，有是非逆顺之治，文理灿然而厚，知广大有而博，唯人道为可以参天。天常以爱利为意，以养长为事，春秋冬夏皆其用也。王者亦常以爱利天下为意，以安乐一世为事，好恶喜怒而备用也。然而主之好恶喜怒，乃天之春夏秋冬也，其俱暖清寒暑而以变化成功也。天出此物者，时则岁美，不时则岁恶。人主出此四者，义则世治，不义则世乱。是故治世与美岁同数，乱世与恶岁同数，以此见人理之副天道也。①

意思是说人受命于天，从天那里获得仁才成就了人间的仁。人间有父兄子弟之亲，有忠信慈惠之心，有礼义廉让之行，有是非逆顺之治，文理灿然而厚，知广大有而博都是因为人受命天之尊。所以只有人道可以参天。而人君治理天下也是参照天道而行的。天道是以爱利为意，以养长为事，春夏秋冬都是天的用，而于这样相同的是君王也以爱利天下为意，以安乐一世为事，好恶喜怒则是君王之用。君王的好恶喜怒就像天的春夏秋冬，都具有暖清寒暑，因变化而成就功用。天有这些，顺时则年岁好，不顺时则年岁不好，同样君王发出这四者，合义则天下太平，不合义则天下乱，所以治世与美岁同数，乱世与恶岁同数。由此可以知道，人理与天道相副。

天道与人道的统一更清楚地表现在"王"的身上。董仲舒认为王者能够沟通天地人，王者受命于天，即从天那里接受天道，用于人事而成人道。他说：

古之造文者，三画而连其中，谓之王。三画者，天地与人也，而连其中者，通其道也。……天覆育万物，既化而生之，有养而成之，事功无已，终而复始，凡举归之以奉人。察于天之意，无穷极之仁也。②

---

① （清）苏舆撰，钟哲点校：《春秋繁露义证》，中华书局1992年版，第329—330页。

② （清）苏舆撰，钟哲点校：《春秋繁露义证》，中华书局1992年版，第329页。

其三，人道与自然之道相通。人的仁爱之心来源于天，人的德义之行也源于天。"人之血气，化天志而仁；人之德行，化天理而义。"① 天道与人道的统一更清楚地表现在"王"的身上。董仲舒认为王者能够沟通天地人，王者受命于天，即从天那里接受天道，用于人事而成人道。他说：

> 古之造文者，三画而连其中，谓之王。三画者，天地与人也，而连其中者，通其道也。……天覆育万物，既化而生之，有养而成之，事功无已，终而复始，凡举归之以奉人。察于天之意，无穷极之仁也。人之受命于天也，取仁于天而仁也。②

他又提出"天，仁也。天覆育万物"③；"仁，天心"④，以天之生物为仁，这是对天的一个重大发展，也是对仁的思想的重大发展。在气的中介下，天具有了道德意义，仁具有了宇宙意义；先秦以心为纽带的尽性知天在这里转变为以气为中介的"化天而得仁义"。

人道与天道一致，二者都不可以改变。如果发生错位，就会产生不好的结果。董仲舒说：

> 人受命于天，有善善恶恶之性，可养而不可改，可豫而不可去，若形体之可肥臞，而不可得革也。是故虽有至贤，能为君亲含容其恶，不能为君亲令无恶。书曰："厥辟去厥祇。"事亲亦然，皆忠孝之极也。非至贤安能如是？父不父则子不子，君不君则臣不臣耳。⑤

也就是说人受命于天，本身就具有善善恶恶的本性。这种本性是能够修养的但是不能够改变的，是能够隐匿但是不能够去除的。就像人的形体可以胖可以瘦，但是却不能够增加部位或者革除某些部位。所以即使有至贤，也只能包容恶，却不能消除恶。又说：

---

① （清）苏舆撰，钟哲点校：《春秋繁露义证》，中华书局1992年版，第318页。
② （清）苏舆撰，钟哲点校：《春秋繁露义证》，中华书局1992年版，第329页。
③ （清）苏舆撰，钟哲点校：《春秋繁露义证》，中华书局1992年版，第161页。
④ （清）苏舆撰，钟哲点校：《春秋繁露义证》，中华书局1992年版，第329页。
⑤ （清）苏舆撰，钟哲点校：《春秋繁露义证》，中华书局1992年版，第34页。

天有寒有暑。夫喜怒哀乐之发，与清暖寒暑，其实一贯也。喜气为暖而当春，怒气为清而当秋，乐气为太阳而当夏，哀气为太阴而当冬。四气者，天与人所同有也，非人所能蓄也，故可节而不可止也。节之而顺，止之而乱。人生于天，而取化于天。喜气取诸春，乐气取诸夏，怒气取诸秋，哀气取诸冬，四气之心也。四肢之答各有处，如四时；寒暑不可移，若肢体。肢体移易其处，谓之壬人；寒暑移易其处，谓之败岁；喜怒移易其处，谓之乱世。明王正喜以当春，正怒以当秋，正乐以当夏，正哀以当冬。上下法此，以取天之道。春气爱，秋气严，夏气乐，冬气哀。爱气以生物，严气以成功，乐气以养生，哀气以丧终，天之志也。是故春气暖者，天之所以爱而生之；秋气清者，天之所以严以成之；夏气温者，天之所以乐而养之；冬气寒者，天之所以哀而藏之。春主生，夏主养，秋主收，冬主藏。生溉其乐以养，死溉其哀以藏，为人子者也。故四时之行，父子之道也；天地之志，君臣之义也；阴阳之理，圣人之法也。阴，刑气也；阳，德气也。阴始于秋，阳始于春。春之为言，犹偆偆也；秋之为言，犹湫湫也。偆偆者喜乐之貌也，湫湫者忧悲之状也。是故春喜夏乐，秋忧冬悲，悲死而乐生。以夏养春，以冬藏秋，大人之志也。是故先爱而后严，乐生而哀终，天之当也。而人资诸天。天固有此，然而无所之如其身而已矣。①

大意是人的喜怒哀乐与天之清暖寒暑是一贯的，而喜怒哀乐、清暖寒暑又是与春秋冬夏相对应。人的四肢有其各自的位置，就像四时有其各自的顺序，天之寒暑不能移动就像人的肢体不能更改位置一样。改变肢体位置的人被称为"壬人"，而寒暑如果改变了其应该所在的位置，则称为败岁，喜怒改变了位置则称为乱世。贤明的君主应该是正喜以当春，正怒以当秋，正乐以当夏，正哀以当冬，上下都按照这样去做，来获取天之道。四时各居其位，则世间万物运行有序，

---

① （清）苏舆撰，钟哲点校：《春秋繁露义证》，中华书局1992年版，第330—332页。

天之志得以彰显。人道与天道相副，父子之道承四时之行，君臣之义承天地之志，圣人之法则是阴阳之理。

第三层意义是建立在"人副天数"基础上的"天人感应"。因为人与天相类，所以人与天之间可以沟通互动。董仲舒将这种互动称为"天人感应"。而天人之所以能够感应，一方面在于"同类相动"。"同类相动"思想古已有之。《周易》中说："同声相应，同气相求。水流湿，火就燥，云从龙，风从虎，圣人作而万物睹。本乎天者亲上，本乎地者亲下，则各从其类也。"① 《庄子·杂篇·渔父》中说："同类相从，同声相应，固天之理也。"② 《庄子·杂篇·徐无鬼》记载："于是为之调瑟，废一于堂，废一于室，鼓宫宫动，鼓角角动，音律同矣。"③《吕氏春秋·有始览》中说："类固相召，气同则合，声比则应。"④《淮南子·览冥训》中云："夫物类之相应，玄妙深微，知不能论，辨不能解。"⑤ 以上这些都是在说明同类事物之间能够相互感应。董仲舒继承并发展了前人的"同类相动"的思想。人源于天，天人之间相类，因此天与人可以发生"同类相动"的交互作用，即"感应"。他说："美事召美类，恶事召恶类，类之相应而起也。如马鸣则马应之，牛鸣则牛应之。帝王之将兴也，其美祥亦先见；其将亡也，妖孽亦先见。"⑥ 又说：

> 今平地注水，去燥就湿；均薪施火，去湿就燥。百物去其所与异，而从其所与同。故气同则会，声比则应，其验皦然也。试调琴瑟而错之，鼓其宫则他宫应之，鼓其商而他商应之，五音比而自鸣，非有神，其数然也。⑦

---

① （魏）王弼、韩康伯注，（唐）孔颖达等正义：《周易正义》，（清）阮元刻《十三经注疏》，中华书局1980年版，第16页。
② 陈鼓应注译：《庄子今注今译》，商务印书馆2007年版，第937页。
③ 陈鼓应注译：《庄子今注今译》，商务印书馆2007年版，第736页。
④ 许维遹撰：《吕氏春秋集释》，中华书局2009年版，第285页。
⑤ 何宁撰：《淮南子集释》，中华书局1998年版，第450页。
⑥ （清）苏舆撰，钟哲点校：《春秋繁露义证》，中华书局1992年版，第358页。
⑦ （清）苏舆撰，钟哲点校：《春秋繁露义证》，中华书局1992年版，第358页。

天人之所以能够感应的原因，另一方面在于阴阳之气。天地之间有阴阳二气，此二气作用于人，如同水作用于鱼。"治乱之气""邪正之风"生于天地之化，与人交互产生美恶，又反作用于天地之化，与命运相连。

> 天地之间，有阴阳之气，常渐人者，若水常渐鱼也。所以异于水者，可见与不可见耳，其澹澹也。然则人之居天地之间，其犹鱼之离水，一也，其无间若气而淖于水，水之比于气也，若泥之比于水也。是天地之间，若虚而实，人常渐是澹澹之中，而以治乱之气，与之流通相殽也。故人气调和，而天地之化美，殽于恶而味败，此易之物也。推物之类，以易见难者，其情可得。治乱之气，邪正之风，是殽天地之化者也。生于化而反殽化，与运连也。①

董仲舒通过"人副天数"论证了"天人感应"的合理性，进而建立起他的灾异谴告说。董仲舒把天地间的事物发生了不寻常的变化叫作异，其中小的称为灾。而灾是上天对人的谴责，异是上天对人的威慑。他说："天地之物，有不常之变者，谓之异，小者谓之灾。"② 异与灾之间存在着关联。董仲舒认为灾往往是先出现，然后异随之而来。上天先降灾谴责人类，若受到了谴责还不知改变，上天才用异来使人畏惧。

> 灾常先至而异乃随之。灾者，天之谴也；异者，天之威也。谴之而不知，乃畏之以威。《诗》云："畏天之威。"殆此谓也。③

董仲舒认为灾异的产生都是因为国家有过失。而国家的过失刚刚萌芽之时，上天就会降下灾害进行告诫；若上天告诫之后，人不知改变，天下就显现怪异之象来使人惊惧害怕；若不知畏惧，那么随之而来的就是衰败与灭亡。

> 凡灾异之本，尽生于国家之失。国家之失乃始萌芽，而天出

---

① （清）苏舆撰，钟哲点校：《春秋繁露义证》，中华书局1992年版，第467页。
② （清）苏舆撰，钟哲点校：《春秋繁露义证》，中华书局1992年版，第259页。
③ （清）苏舆撰，钟哲点校：《春秋繁露义证》，中华书局1992年版，第259页。

灾害以谴告之；谴告之而不知变，乃见怪异以惊骇之；惊骇之尚不知畏恐，其殃咎乃至。①

董仲舒认为通过灾异可以了解上天的意愿。上天的意愿有想要的，有不想要的。不管想与不想，人们应对内自省，心中有所警惕；对外体察世事变化，对国家发展有效果。所以可以由灾异看出上天的意图，应该畏惧它却不厌恶它，认为这是上天想要制止人类的过错，拯救人类的失误，所以用这些现象向人类警示。他说：

> 灾异以见天意。天意有欲也，有不欲也。所欲所不欲者，人内以自省，宜有惩于心；外以观其事，宜有验于国。故见天意者之于灾异也，畏之而不恶也，以为天欲振吾过，救吾失，故以此报我也。《春秋》之法，上变古易常，应是而有天灾者，谓幸国。孔子曰："天之所幸，有为不善而屡极。"楚庄王以天不见灾，地不见孽，则祷之于山川，曰："天其将亡予邪！不说吾过，极吾罪也。"以此观之，天灾之应过而至也，异之显明可畏也。此乃天之所欲救也，《春秋》之所独幸也，庄王所以祷而请也。圣主贤君尚乐受忠臣之谏，而况受天谴也？②

第四层含义是人与天本为一体。董仲舒从宏观的角度观察世界的时候，将天地人立于同等地位，视三者为万物的根本，天地人行使各自的职能，相互配合以至成就万物。天地人"合以成体，不可一无"。天的作用是生长万物，地的作用是养育万物，而人则是成就万物。天以孝悌之义生万物，地提供衣食养万物，人用礼乐来成就万物：

> 天地人，万物之本也。天生之，地养之，人成之。天生之以孝悌，地养之以衣食，人成之以礼乐，三者相为手足，合以成体，不可一无也。③

至此，董仲舒的"天人合一"思想完整地展现在研究者眼前：人

---

① （清）苏舆撰，钟哲点校：《春秋繁露义证》，中华书局1992年版，第259页。
② （清）苏舆撰，钟哲点校：《春秋繁露义证》，中华书局1992年版，第260—261页。
③ （清）苏舆撰，钟哲点校：《春秋繁露义证》，中华书局1992年版，第168页。

与自然是一个统一的有机整体,在这个整体之中,人与自然是相类似的,人道与天道是相类似,同时由于同类相感,人与自然之间便存在着相互作用,这种相互作用通过自然的灾异突出地表现出来。董仲舒"天人合一"的将人与自然紧密地联系在一起,"天人合一"思想贯穿董仲舒生态思想的始终,正是在这一思想的统摄下,董仲舒产生道德地对待自然界的态度。这是董仲舒生态哲学思想的精华。

二、阴阳与五行的运行机制

(一) 阴阳运行

董仲舒的自然运行的机制是阴阳五行论。"阴阳"是中国古代哲学中重要的范畴。"阴阳"最早被解为"气",见于《国语》。《国语·周语》言:"气无滞阴,亦无散阳。阴阳序次,风雨时至。"① 在中国思想史上,"阴阳"逐渐成为解释人和自然界万物化生的概念,万物皆有阴阳,其生成、发展、灭亡都是阴阳运行的结果。

阴阳有其各自的方位,阳气是从东北方生出而向南行,到达自己的位置;而后转向西,再向北,进入北方后隐藏起来。阴气是从东南生出而向北行,也到达自己的位置;而后向西,在向南,进入南方隐匿起来。所以南方是阳气发挥作用的位置,北方是其休息的处所;而阴气则是以北方为发挥作用的位置,南方为休息之处。阴阳一年之中各自出现一次。董仲舒说:

> 阳气始出东北而南行,就其位也;西转而北入,藏其休也。阴气始出东南而北行,亦就其位也;西转而南入,屏其伏也。是故阳以南方为位,以北方为休;阴以北方为位,以南方为伏。……故阴阳终岁各一出。②

---

① (清)徐元诰撰,王树民、沈长云点校:《国语集解》,中华书局2002年版,第111页。

② (清)苏舆撰,钟哲点校:《春秋繁露义证》,中华书局1992年版,第337—338页。

董仲舒认为世间万事万物都是阴阳的运行的结果。阴阳运行有序则天下太平，失序则产生灾异，天下混乱。阴阳运行，万物生灭，一阴一阳是天地运行的规律。"天地之常，一阴一阳。阳者天之德也，阴者天之刑也。"① 有序的阴阳运行应该是阳气从东北生出，进入西北，阳气开始生出，则万物萌芽；阳气旺盛，则万物也繁盛；阳气衰弱，则万物也开始衰败。董仲舒说："阳气出于东北，入于西北，于发孟春，毕于孟冬，而物莫不应是。阳始出，物亦始出；阳方盛，物亦方盛；阳初衰，物亦初衰。"② 阴阳运行有序，世间万物也运行有序；阴阳有始有终，万物有生有死。阴阳运行有序，阴阳各居其位，则万物也各居其位。阴阳运行失序，阴阳失其位，则万物失其所处。

阴阳的出入与四时相应，春季阳气出现阴气隐退，秋季阴气出现而阳气隐退。夏季，阳气运行到右边，阴气转到左边，冬季则相反。阳气发生作用的位置在南，阴气隐匿的处所也是南，因此春季时阳气、阴气都是向南而行。阴气发生作用的位置在北，阳气隐藏的位置也在北，所以秋季时阴气、阳气都向北运行。但是二者的所行的路径不同，夏季，阴阳之气相交于前；冬季，阴阳之气相交于后，而规律不同。

天道大数，相反之物也，不得俱出，阴阳是也。春出阳而入阴，秋出阴而入阳，夏右阳而左阴，冬右阴而左阳。阴出则阳入，阳出则阴入；阴右则阳左，阴左则阳右。是故春俱南，秋俱北，而不同道；夏交于前，冬交于后，而不同理。③

董仲舒还提出，夏至、冬至、春分、秋分也是由阴阳运行而产生的。初冬，阴气自东向西而行，阳气自西向东而行，二气于中冬之月在北方相遇，合而为一，此时即冬至。

初薄大冬，阴阳各从一方来，而移于后。阴由东方来西，阳

---

① （清）苏舆撰，钟哲点校：《春秋繁露义证》，中华书局1992年版，第341页。
② （清）苏舆撰，钟哲点校：《春秋繁露义证》，中华书局1992年版，第324页。
③ （清）苏舆撰，钟哲点校：《春秋繁露义证》，中华书局1992年版，第342页。

由西方来东，至于中冬之月，相遇北方，合而为一，谓之日至。①

冬季结束时，阴阳二气都向南运行。在仲春之月，阳气在正东，阴气在正西，此时即春分，春分时阴阳各一半，所以昼夜平均，冷暖适宜。

> 冬月尽，而阴阳俱南还，阳南还出于寅，阴南还入于戌，此阴阳所始出地入地之见处也。至于仲春之月，阳在正东，阴在正西，谓之春分，春分者，阴阳相半也，故昼夜均而寒暑平。②

春分之后，阴气日益亏损，阳气日益强盛，所以天气暖热。刚到盛夏之月，阴阳二气在南方相遇，合而为一，此时即夏至。

> 阴日损而随阳，阳日益而鸿，故为暖热。初得大夏之月，相遇南方，合而为一，谓之日至。③

夏季结束时，阴阳二气都向北运行，在中秋之月，阳气在正西，阴气在正东，此时即秋分，秋分时阴阳也各一半，所以也是昼夜平均，冷暖适宜。

> 夏月尽，而阴阳俱北还。阳北还而入于申，阴北还而出于辰，此阴阳所始出地入地之见处也。至于中秋之月，阳在正西，阴在正东，谓之秋分。秋分者，阴阳相半也，故昼夜均而寒暑平。④

阴阳运行生出四时，天气冷暖皆是阴阳运行的结果。阴阳运行失序，则会导致天气冷暖异常现象的出现。

总之，董仲舒认为，阴阳有各自的方位，运行有序，有始有终。天地、日月、星辰、四时、草木、动物、人等都随着阴阳运行而生灭。阴阳运行有序，则人类社会的发展和自然的运行也就有序。阴阳

---

① （清）苏舆撰，钟哲点校：《春秋繁露义证》，中华书局1992年版，第343页。
② （清）苏舆撰，钟哲点校：《春秋繁露义证》，中华书局1992年版，第343页。
③ （清）苏舆撰，钟哲点校：《春秋繁露义证》，中华书局1992年版，第343—344页。
④ （清）苏舆撰，钟哲点校：《春秋繁露义证》，中华书局1992年版，第344页。

失其位，乱尊卑，运行失序，无始终，就会有灾异发生。自然与人的一切都是阴阳运行的结果。

（二）五行生变

关于"五行"，最早的记载见于《尚书·洪范》，指构成世界的五种基本物质，即水、火、木、金、土。《国语·鲁语》云："地之五行，所以生殖。"①《国语·郑语》云："先王以土与金木水火杂，以成百物。"②"五行"与人类息息相关，是人类衣食住用的来源。孔颖达引《尚书大传》说："水火者，百姓之求饮食也；金木者，百姓之所兴作也；土者，万物之所资生也，是为人用。"③

董仲舒认为，五行与五种官职相对应，木与司农相应，司农尚仁，所以木之性是仁；火与司马相应，司马尚智，所以火之性是智；土与司营相应，司营尚信，所以土之性是信；金与司徒相应，司徒尚义，所以金之性是义；水与司寇相应，司寇尚礼，所以水之性是礼。

> 天地之气，合而为一，分为阴阳，判为四时，列为五行。行者行也，其行不同，故谓之五行。五行者，五官也，比相生而间相胜也。故为治，逆之则乱，顺之则治。④

董仲舒在《春秋繁露》中对"五行"生克的顺序做了细致的阐述，他认为五行的次序是天的安排，五行的次序表达了一种父子衍生关系，木生火，火生土，土生金，金生水，水生木，因此五行的排列是木、火、土、金、水。他说：

> 天有五行：一曰木，二曰火，三曰土，四曰金，五曰水。木，五行之始也；水，五行之终也；土，五行之中也。此其天次

---

① （清）徐元诰撰，王树民、沈长云点校：《国语集解》，中华书局2002年版，第161页。
② （清）徐元诰撰，王树民、沈长云点校：《国语集解》，中华书局2002年版，第470页。
③ （汉）孔安国传、（唐）孔颖达等正义：《尚书正义》，（清）阮元刻《十三经注疏》，中华书局1980年版，第188页。
④ （清）苏舆撰，钟哲点校：《春秋繁露义证》，中华书局1992年版，第362页。

之序也。木生火，火生土，土生金，金生水，水生木，此其父子也。①

在董仲舒看来，"五行"与自然相关，又与人事相应；具有人与自然的双重属性。木从时间上说就是春季，有生成万物的性质，主管的是农事，所以此时君主要鼓励农耕，不剥夺百姓农耕的时间，使役百姓不要超过三天，实行征收十分之一的税制，提拔懂经学的人等。"木者春，生之性，农之本也。劝农事，无夺民时，使民，岁不过三日，行什一之税，进经术之士。"② 火从时间上说就是夏季，有成长万物的性质，主管的是朝廷之事。举贤良，选茂才，发挥他们的才能，奖励有功劳的人，封赏有德行的人，救济穷困的百姓，划定疆界，向各国派遣使节。"火者夏，成长，本朝也。举贤良，进茂才，官得其能，任得其力，赏有功，封有德，出货财，振困乏，正封疆，使四方。"③ 土从时间上说是仲夏，万物成熟，主管的是君主之事。依循宫室的制度，谨慎区分夫妇间的差别，增加亲戚间恩情。"土者夏中，成熟百种，君之官。循宫室之制，谨夫妇之别，加亲戚之恩。"④ 金从时间上说是秋季，肃杀之气始生，主管的是军事。此时设立旌旗战鼓，拿起武器，诛杀贼寇，禁止暴虐，使百姓安居。发动百姓出兵一定要合乎理义，出兵时要举行祭祀慰劳战士，返回时要整顿军旅，农闲时演习军事。"金者秋，杀气之始也。建立旗鼓，杖把旌钺，以诛贼残，禁暴虐，安集，故动众兴师，必应义理，出则祠兵，入则振旅，以闲习之。"⑤ 水从时间上说就是冬季，万物藏于阴气之中，主管祭祀之事。宗庙祭祀由此时开始，慎重地举行四时之祭，举行禘祫之祭时，遵守昭穆的次序。"水者冬，藏至阴也。宗庙

---

① （清）苏舆撰，钟哲点校：《春秋繁露义证》，中华书局1992年版，第321页。
② （清）苏舆撰，钟哲点校：《春秋繁露义证》，中华书局1992年版，第371页。
③ （清）苏舆撰，钟哲点校：《春秋繁露义证》，中华书局1992年版，第373页。
④ （清）苏舆撰，钟哲点校：《春秋繁露义证》，中华书局1992年版，第374—375页。
⑤ （清）苏舆撰，钟哲点校：《春秋繁露义证》，中华书局1992年版，第375页。

祭祀之始，敬四时之祭，禘祫昭穆之序。"①

　　董仲舒认为灾异的发生与五行的变异有关，如果五行发生变异，君王应当用德政予以补救，灾异就能消除；否则，不超过三年，就会天降陨石。木发生变异，春天草木凋谢，秋天草木繁茂。秋天树上凝结冰块，春季多雨。木发生变异是因为服徭役的人多、赋税重、百姓贫穷而叛逃、路上有很多饥民。补救的方法是减少人民的徭役、减轻人民的赋税、开仓放粮，救济穷困的百姓。火发生变异，冬季温暖，夏季寒冷。火变异的原因是君主不贤明，对于善不奖赏，对于恶不惩罚，让不贤的人做官，贤人隐居，使得寒暑颠倒，百姓遭受疫病。补救的方法是提拔有才能的人，奖赏有功劳的人，分封有德之人。土发生变异，天刮起大风，五谷受到损伤。土变异的原因是君王不信任仁人贤人、不尊敬父兄、生活荒淫没有限度、大规模修筑宫室。补救的方法是少修筑宫室、去掉雕饰彩绘、提拔孝悌之人、体恤百姓。金发生变异，天上的毕星、昴星回旋，二者多次相覆盖则有战事发生，战事多、贼寇作乱多。金变异的原因是背弃君王道义贪图财富、轻视百姓生命、重视财货，百姓追求利益、作奸犯科的人多。补救的方法是提拔廉洁的人、扶植正直的人、偃息军事实行文教、把铠甲武器都收起来。水发生变异冬季潮湿多雾、春季夏季下冰雹。水变异的原因是法令松弛、刑法不施行。补救的方法是考虑监狱之事、稽查犯法的人、诛杀有罪的人、搜查犯法的人。董仲舒说：

　　　　五行变至，当救之以德，施之天下，则咎除。不救以德，不出三年，天当雨石。木有变，春凋秋荣。秋木冰，春多雨。此徭役众，赋敛重，百姓贫穷叛去，道多饥人。救之者，省徭役，薄赋敛，出仓谷，振困穷矣。火有变，冬温夏寒。此王者不明，善者不赏，恶者不绌，不肖在位，贤者伏匿，则寒暑失序，而民疾疫。救之者，举贤良，赏有功，封有德。土有变，大风至，五谷伤。此不信仁贤，不敬父兄，淫泆无度，宫室荣。救之者，省宫

---

①　（清）苏舆撰，钟哲点校：《春秋繁露义证》，中华书局1992年版，第377页。

室,去雕文,举孝悌,恤黎元。金有变,毕昴为回,三覆有武,多兵,多盗寇。此弃义贪财,轻民命,重货赂,百姓趣利,多奸轨。救之者,举廉洁,立正直,隐武行文,束甲械。水有变,冬湿多雾,春夏雨雹。此法令缓,刑罚不行。救之者,忧囹圄,案奸宄,诛有罪,夏五日。①

如上所言,"五行"与自然的四季相应,人类的行为应当顺应四时,也应该与"五行"相应。"五行"变异又与人事、灾异有关,五行变异,表现在自然界出现异常,人类若能采取补救措施,则灾异消除,若不能则灾异丛生。

董仲舒的五行学说的生态性在于它说明了人与自然的有机联系。在这个整体之中,人与自然都是由五行化生的,自然、人事的运行也受五行运行规律的支配。董仲舒的五行学说与其"天人合一"思想内在地一致,也是董仲舒生态哲学思想的一个重要内容。

三、"泛爱群生"的生态德性论

孔子提出了"仁",孔子在《论语》中详细地论述了仁的含义,孔子注重人事,所以孔子讲"仁者爱人",但这并不是说孔子不讲爱物。孔子对自然也是十分关爱的,《论语》中讲"子钓而不纲,弋不射宿"② 就体现了孔子对于鱼、鸟动物的关爱。面对自然之美,孔子常常发出感叹,"山梁雌雉,时哉时哉"③,并以自然之美来赞美君子。"知者乐水,仁者乐山"④,孔子一方面赞美了君子德性如大山那样稳重、智者智慧如水般流动;另一方面,在孔子那里,山、水也被人赋予了德性与感情。

---

① (清)苏舆撰,钟哲点校:《春秋繁露义证》,中华书局1992年版,第385—386页。
② 杨伯峻:《论语译注·述而》,中华书局1958年版,第72页。
③ 杨伯峻:《论语译注·述而》,中华书局1958年版,第107页。
④ 杨伯峻:《论语译注·述而》,中华书局1958年版,第61页。

孟子继承并发展了孔子的仁爱思想，提出了"仁民爱物"[①]的说法，明确地将物纳入仁爱的对象之中。孟子讲："君子之于物也，爱之而弗仁；于民也，仁之而弗亲。亲亲而仁民，仁民而爱物。"[②] 值得注意的是孟子将爱扩大至物之上，但是这种爱是有差等的爱，这三种差等的爱被表述为亲、仁、爱。三种差等的爱是三种范围的爱，也是三种程度的爱。于亲为亲，此为人之天性，是范围最小的爱；于民，能够"老吾老以及人之老，幼吾幼以及人之幼"，然也并不能完全如亲亲之爱，所以称之为仁；于物，则更为次等，爱之，却也并非以爱人的标准爱之。孟子的"仁民爱物"始于血缘之亲，终于道德之爱。虽程度递减，然范围不断扩大。此后儒家"仁爱"思想不断地发展扩充，仁爱的对象范围不断地扩大。发展到董仲舒这里，仁爱的对象被扩大到了一切生命体。

董仲舒提出了"泛爱群生"的主张。所谓的"泛爱群生"指的是爱护一切有生命的事物，尊重自然，不以人的好恶喜怒来赏罚。"泛爱群生"是董仲舒生态哲学的又一重要内容。董仲舒说："泛爱群生，不以喜怒赏罚，所以为仁也。"[③] 又说："质于爱民以下，至于鸟兽昆虫莫不爱，不爱，奚足谓仁！"[④] 董仲舒的仁爱思想强调一切生命都是要得到尊重和爱护的。董仲舒的"仁"是"始于自爱，推于爱人，极于爱物"[⑤]。董仲舒认为，草木、鸟兽、土地、山川都是有生命的存在，也就是说整个自然都是"仁"所应该关照的对象。董仲舒提出了"恩及草木""恩及鳞虫""恩及羽虫""恩及于土""恩及倮虫""恩及毛虫""恩及于水"的观点，强调以道德对待一切生命存在，即自然。从生态哲学的角度来说，这是将植物、动物、水、土、人都纳入道德共同体中，要求对其加以道德关怀。而人类作为唯一能够行仁

[①] 杨伯峻：《孟子译注·尽心上》，中华书局2005年版，第287页。
[②] 杨伯峻：《孟子译注·尽心上》，中华书局2005年版，第287页。
[③] （清）苏舆撰，钟哲点校：《春秋繁露义证》，中华书局1992年版，第165页。
[④] （清）苏舆撰，钟哲点校：《春秋繁露义证》，中华书局1992年版，第251页。
[⑤] （清）苏舆撰，钟哲点校：《春秋繁露义证》，中华书局1992年版，第251页。

义的生物，其责任与义务在于要对万物施仁义，"天之为人性命，使行仁义而羞可耻"①。董仲舒这一观念用当代生态哲学的话语来说，表达的其实是"道德代理人"的意思。人类作为"道德代理人"，对于自然有施行仁义的道德责任与义务。

董仲舒认为，人类应善待动物，善待动物才能够有祥瑞出现，天下太平。他在《春秋繁露》中说：

> 恩及鳞虫，则鱼大为，鱣鲸不见，群龙下。②
> 恩及羽虫，则飞鸟大为，黄鹄出见，凤凰翔。③
> 恩及倮虫，则百姓亲附，城郭充实，贤圣皆颔，仙人降。④
> 恩及于毛虫，则走兽大为，麒麟至。⑤
> 恩及介虫，则鼋鼍大为，灵龟出。⑥

意思是说人类的恩德到达有鳞的动物身上，那么鱼类就能够大量繁殖，鱣鱼、鲸鱼不会出现，群龙降世。人类的恩德到达鸟类身上，那么飞鸟就会大量繁殖，黄鹄就会出现，凤凰飞来。人类的恩德到达不长毛发的动物身上（人类等），就能够百姓归顺，人口增加，财物充实，有才能的人能够得到重用，就会有仙人降世。人类的恩德到达有毛发的动物身上，走兽就能够大量繁殖，麒麟便会到来。人类的恩德到达有甲壳的动物身上，则爬行动物就能够大量繁殖，灵龟就会出现。

与此相反，如果人类不能够善待动物，那么人类所得到的就会是祸患。如果人类竭泽而渔，不道德地对待有鳞的动物，那么鱼类就不繁殖，群龙就潜伏起来，鲸（海兽）就会出现。如果人类摘取鸟巢、捕捉幼鸟，不道德地对待鸟类，那么鸟类就不繁殖，冬应不来，枭鸱成群地鸣叫，凤凰高飞远去。如果人类残暴、滥杀无辜，不道德地对

---

① （清）苏舆撰，钟哲点校：《春秋繁露义证》，中华书局1992年版，第61页。
② （清）苏舆撰，钟哲点校：《春秋繁露义证》，中华书局1992年版，第372页。
③ （清）苏舆撰，钟哲点校：《春秋繁露义证》，中华书局1992年版，第373页。
④ （清）苏舆撰，钟哲点校：《春秋繁露义证》，中华书局1992年版，第375页。
⑤ （清）苏舆撰，钟哲点校：《春秋繁露义证》，中华书局1992年版，第376页。
⑥ （清）苏舆撰，钟哲点校：《春秋繁露义证》，中华书局1992年版，第380页。

待人类自己,则人类便不能繁衍,百姓离去,圣人逃亡。如果人类用四面张网、焚烧山林的方式猎取动物,不道德地对待兽类,那么走兽就不繁殖,白虎肆意搏斗,麒麟远去。如果人类不道德对待有甲壳的动物,那么龟类就深藏起来,大鳖和鳄鱼吼叫。董仲舒说:

> 漉陂如渔,咎及鳞虫,则鱼不为,群龙深藏,鲸出现。①
>
> 摘巢探鷇,咎及羽虫,则飞鸟不为,冬应不来,枭鸱群鸣,凤凰高翔。②
>
> 暴虐妄诛,咎及倮虫,倮虫不为,百姓叛去,贤圣放亡。③
>
> 四面张罔,焚林而猎,咎及毛虫,则走兽不为,白虎妄搏,麒麟远去。④
>
> 咎及介虫,则龟深藏,鼋鼍响。⑤

董仲舒在这里是将人类与动物放在同样的位置上,甚至可以说他把人类归类于一种动物,即"倮虫"。他认为人类要道德地对待动物包括人类自身。这表明,董仲舒已经意识到动物与人类一样都是道德共同体的成员。

董仲舒将动物纳入道德共同体之中,动物需要得到道德的对待的理论是其"泛爱群生"思想的重要表现。"泛爱群生"思想所说的仁爱的对象不仅仅是人类自己,而是包含了人、动物、植物、土地山川等一切事物。正是因为动物是仁爱的对象,所以人类才会道德地对待它。董仲舒在《春秋繁露》中说:

> 《春秋》为仁义法,仁之法在爱人,不在爱我;义之法在正我,不在正人;我不自正,虽能正人,弗予为义;人不被其爱,虽厚自爱,不予为仁。……质于爱民以下,至于鸟兽昆虫莫不

---

① (清)苏舆撰,钟哲点校:《春秋繁露义证》,中华书局1992年版,第373页。
② (清)苏舆撰,钟哲点校:《春秋繁露义证》,中华书局1992年版,第374页。
③ (清)苏舆撰,钟哲点校:《春秋繁露义证》,中华书局1992年版,第375页。
④ (清)苏舆撰,钟哲点校:《春秋繁露义证》,中华书局1992年版,第377页。
⑤ (清)苏舆撰,钟哲点校:《春秋繁露义证》,中华书局1992年版,第381页。

爱，不爱，奚足谓仁？①

意思是说，《春秋》制定了仁、义的原则。仁的原则在于"爱人"，不在于爱自己；义的原则在于纠正自我，不在于纠正他人。不纠正自己，即使能够纠正他人，《春秋》也不认为他是"义"的；不爱他人，即使很爱自己，《春秋》也不认为他是"仁"的。虔诚地爱民及鸟兽昆虫才是真的仁。由此可知，"仁"的对象不仅仅包含人类，还有"鸟兽昆虫"。正是因为鸟兽昆虫皆是"仁"所涵盖的对象，因此董仲舒才会要求人类道德地对待动物。

董仲舒认为以仁爱之心对待万物，泛爱群生，就能够草木茂盛、动物繁多、气候适宜、水土肥美，人与自然和谐共生。董仲舒说：

> 毒虫不螫，猛兽不搏，抵虫不触。故天为之下甘露，朱草生，醴泉出，风雨时，嘉禾兴，凤凰麒麟游于郊。②

反之，则会"灾异丛生，白虎妄搏，茂木枯槁，麒麟远去，凤凰高翔"。

董仲舒的"泛爱群生"的核心是"仁"。"仁"作为天地之德表达的是"生生"之意，"天地之大德曰生"。"生"即是生养万物。人禀承天命，与天地合德，就要发挥"生"功能。董仲舒的"泛爱群生"实际上是人与天地合德，发挥的是"生"的功能。人所发挥的"生"的第一个作用在于自身生命的体验，这一点人类与其他生命一致。第二个功能在于维护其他生命权利，帮助其他生命完成它们的"生"的实践。所以"泛爱群生"的生态意义在于承认人是自然统一体的一员，与其他生命本质上是一致的。同时，人类作为理性的存在，又有责任与义务来保护自然界的其他成员生的权利。自然界与人类都是道德共同体的一员。

---

① （清）苏舆撰，钟哲点校：《春秋繁露义证》，中华书局1992年版，第250—251页。

② （清）苏舆撰，钟哲点校：《春秋繁露义证》，中华书局1992年版，第102页。

四、"顺时而为"的生态实践论

儒家所讲的"时"有时间、季节的意义，但这些意义不是儒家所讲的"时"的本质内涵，儒家的"时"的概念要远远大于现代"时间"的概念。

儒家的"时"是天道的表现。孔子说四时运行，万物生出，天道就体现出来。孔子说："天何言哉？四时行焉，百物生焉，天何言哉？"① 朱熹注云："四时行，百物生，莫非天理发见流行之实，不待言而可见。"② "时"是天理流行的现实表现，这是儒家"时"的第一层含义。儒家文化中的"时"还是天道运行的秩序、法则，即董仲舒所说的"天之道，有序而时"③。自然的运行是按照时的秩序与法则而进行的。春爱夏乐，秋严冬哀。这个法则又可以表述为春生、夏养、秋杀、冬藏。董仲舒说：

春爱志也，夏乐志也，秋严志也，冬哀志也。故爱而有严，乐而有哀，四时之则也。④

春暖以生，夏暑以养，秋清以杀，冬寒以藏。⑤

以上是"时"的自然含义，"时"还具有人文含义。在"天人合一"的统摄下，"时"作为天道秩序与人道秩序是紧密相连的，古人根据"时"来制定政策、法令。正因如此，在儒家的典籍中有"时令"之说："天子乃与公卿大夫共饬国典，论时令，以待来岁之宜。"⑥ 董仲舒中认为天有四时，即春、夏、秋、冬；人有四政，即庆、赏、罚、刑。四时与四政相通、相应。轻赏对应春季、重赏对应

---

① （宋）朱熹撰：《四书章句集注》，中华书局1983年版，第180页。
② （宋）朱熹撰：《四书章句集注》，中华书局1983年版，第180页。
③ （清）苏舆撰，钟哲点校：《春秋繁露义证》，中华书局1992年版，第333页。
④ （清）苏舆撰，钟哲点校：《春秋繁露义证》，中华书局1992年版，第335页。
⑤ （清）苏舆撰，钟哲点校：《春秋繁露义证》，中华书局1992年版，第353页。
⑥ （汉）郑玄注、（唐）孔颖达等正义：《礼记正义》，（清）阮元刻《十三经注疏》，中华书局1980年版，第1384页。

夏季、惩罚对应秋季、刑戮对应冬季。庆赏罚刑不能不具备，就像春夏秋冬不能不具备一样。赏赐刑罚应当出现的地方不能不出现，就好像暖热清寒应当出现的时候不能不出现。庆、赏、罚、刑有各自适用的地方，春夏秋冬也有各自的时间。四政不能相互干扰，就像四时不能相互干扰一样。四政不可以交换适用的位置，就像四时不能交换位置。董仲舒说：

> 天有四时，王有四政，四政若四时，通类也，天人所同有也。庆为春，赏为夏，罚为秋，刑为冬。庆赏罚刑之不可不具也，如春秋冬不可不备也。庆赏罚刑，当其处不可不发，若暖暑清寒，当其时不可不出也。庆赏罚刑各有正处，如春夏秋冬各有时也。四政者，不可以相干也，犹四时不可相干也。四政者不可以易处也，犹四时不可易处也。①

董仲舒着重论述了不按照物候特点而行政令的危害：

> 春阳气微，万物柔②易，移弱可化，于时阴气为贼，故王者钦。钦不以议阴事，然后万物遂生，而木可曲直也。春行秋政，则草木凋；行冬政，则雪；行夏政，则杀。春失政则。③

春季阳气微弱，万物容易移植，柔弱可以变化，这个季节阴气会伤害万物，所以君主要重视它。注意不讨论有关阴气的事情，然后万物便能生长出来，木可曲可直。若春季实行秋季的政令，就会草木凋零；实行冬天的政令，就会春季下雪；实行夏季的正令，就会伤害万物。

> 秋气始杀，王者行小刑罚，民不犯则礼义成。于时阳气为贼，故王者辅以官牧之事，然后万物成熟。秋草木不荣华，金从革也。秋行春政，则华；行夏政，则乔；行冬政，则落。秋失

---

① （清）苏舆撰，钟哲点校：《春秋繁露义证》，中华书局1992年版，第353—354页。
② 苏舆言"柔字疑当在弱上"。
③ （清）苏舆撰，钟哲点校：《春秋繁露义证》，中华书局1992年版，第392页。

政，则春大风不解，雷不发声。①

秋季阳气开始减弱，君主施行轻的刑罚，百姓不触犯法律，则礼义得以成就。此时阳气为害，所以君主以官吏治理政事来辅助自己，此后万物成熟。秋天草木不开花，是因为金具有能柔能刚、变革、肃杀的属性。若秋季实行春季的政令，就会草木开花；若实行夏季的政令，就会树木高耸；若实行冬季政令，就会草木凋零。秋季施政有误，到了春季就会大风不断，雷不发出声音。

夏阳气始盛，万物兆长，王者不挣明，则道不退塞。而夏至之后，大暑隆，万物茂育怀任，王者恐明不知贤不肖，分明白黑。于时寒为贼，故王者辅以赏赐之事，然后夏草木不霜，火炎上也。夏行春政，则风；行秋政，则水；行冬政，则落。夏失政，则冬不冻冰，五谷不藏，大寒不解。②

夏季阳气开始盛行，万物繁茂地生长，君主圣明，王道就不会闭塞。夏至之后，暑气旺盛，万物茂盛、繁殖后代。此时寒冷危害万物，所以君主用赏赐的方法辅助自己，然后在夏季草木不受霜的侵害，火向上焚烧。若夏季实行春季的政令，就会刮风；若实行秋季的政令，就会发洪水；若实行冬季的政令，就会草木凋零。夏季施政有误，到了冬季就会不结冰，五谷不能储藏，严寒不能解除。

冬阴气始盛，草木必死，王者能闻事审谋虑之，则不侵伐。不侵伐且杀，则死者不恨，生者不怨。冬日至之后，大寒降，万物藏于下。于时，暑为贼，故王者辅之以急断之事，以水润下也。冬行春政，则蒸；行夏政，则雷；行秋政，则旱。冬失政，则夏草木不实。霜五谷疾枯。③

冬季阴气开始盛行，草木一定死亡，君王听政，能够谨慎谋划思虑，就不会发生侵略征伐。不发生侵略、攻伐和杀戮，那么死去的人

---

① （清）苏舆撰，钟哲点校：《春秋繁露义证》，中华书局1992年版，第392—393页。
② （清）苏舆撰，钟哲点校：《春秋繁露义证》，中华书局1992年版，第393页。
③ （清）苏舆撰，钟哲点校：《春秋繁露义证》，中华书局1992年版，第393页。

就不会有遗恨，活着的人不怨恨。冬至日之后，大寒降临，万物藏匿于下方。此时暑热为害，所以君王用紧急决断的事辅助自己，因为水是向下润泽的。若冬季实行春季的政令，地气就会往上蒸发；若实行夏季的政令，就会打雷；若实行秋季的政令，就会发生干旱。冬季施政有误，则夏季草木不结果实。下霜，五谷很快地枯萎。

董仲舒吸取《礼记·月令》中的物候学的思想内容，详细地解释了植物与四时政令的关系，强调植物的生长受到物候、政令的双重影响。此外，《春秋繁露》中还有"不夺民时""时则岁美""不时则岁恶"等有关时的论述。董仲舒认为，人类的一切行为都应当顺时而为，只有这样才能够达到人与自然、人与人的和谐。笔者将董仲舒关于时的论述总结为"顺时而为"，即人的活动应当参考"时"，应当顺应"时"做事，避免行不时之事，如此才能达到"天人合一"的境界。"顺时而为"是"天人合一"的内在要求，也是"天人合一"的外在表现；"顺时而为"是建立和谐统一的人与自然关系的基础。

董仲舒用阴阳五行的宇宙论思想把先秦生态哲学系统化了，其生态哲学标志着汉代儒家生态思想的宇宙论化的完成。在历史上，董仲舒一直被认为是"醇儒"，其哲学思想具有影响汉代以后百代之重要地位。这个评介是可以接受的。其生态哲学同样具有重要的影响。"天，仁也""仁，天心"的思想尤其值得重视。

董仲舒生态思想具有思想与实践两方面的现实意义，"天人合一"是其核心，"阴阳运行""五行生变"是其运行机制，"泛爱群生"是其道德准则，"顺时而为"则是其实践基础。董仲舒的生态思想带来了生态的思维方式，丰富了儒家生态哲学的研究内容，也为当今的生态保护的实践带来启发。

本文为"2019中国·衡水董仲舒与儒家思想国际学术研讨会"提交的论文。

基金项目：2014年度国家社科基金重大项目"中国生态哲学思想史研究"，项目编号：14ZDB005

范慧（1986—），女，辽宁瓦房店人，中国美术学院马克思主义学院讲师，哲学博士。

乔清举（1966—），男，河南禹州人，中央党校督学组督学，教授，博士生导师。

董仲舒王道思想中的生态智慧与启发
——以《春秋繁露》[①] 为中心

魏彦红

董仲舒,汉代最重要的思想家,汉代新儒学的奠基者和开创者。其天的哲学及天人感应、天人合一思想为其哲学思想体系的构建基石,贯穿在其思想领域的各个环节,并成为董仲舒思想及其影响力的重要来源和最重要的组成部分。本文仅从其"王道"思想的角度进行探讨,以期发现其中的生态智慧并对当今生态保护有所启发。

《春秋繁露》是董仲舒最主要的著作,也是研究董仲舒思想最基本的资料,全文共八十二篇,本文选取的天道思想主要取材于此,以此来考察董仲舒关于王道的政治哲学思想并从中获得一些生态智慧及启发。

一、王道及其最高价值与生态智慧的启示

(一)王道及其最高价值

《王道通三》篇对王道进行了诠释:"古之造文者,三画而连其中,谓之王。三画者,天、地与人也,而连其中者,通其道也。取天

[①] 本文引用文献出自董仲舒著,张世亮、钟肇鹏、周桂钿译注:《春秋繁露》,中华书局,2012年版。

地与人之中以为贯而参通之,非王者孰能当是?是故王者唯天之施,施其时而成之,法其命而循之诸人,法其数而以起事,治其道而以出法,治其志而归之于仁。"(《春秋繁露·王道通三》)董仲舒认为,将天地人贯穿起来就是王,将天道贯彻实施于自然和人类中并使之和谐共生就是王道,是王与生俱来的根本职责。即将天道应用于自然与人类的伦理法则就是王道。董仲舒又进一步说明了王道的渊源即天道,表现为:"春主生,夏主养,秋主收,冬主藏。生溉其乐以养,死溉其哀以藏,为人子者也。故四时之行,父子之道也;天地之志,君臣之义也;阴阳之理,圣人之法也。"(《春秋繁露·王道通三》)王作为天之子,先天秉承了上天赋予的因循天道管理国家的责任与义务,使天地人和谐共处。王在贯通天地人和谐共处方面承担的责任和所起的作用具有必然性和不可替代性。即王效法天的行为和天命,因循天时实施于民,效法天命而指导民事,效法天道而实行法度,效法天志而归于仁德。这是天道的最高价值体现,社会运行遵循天道将最终呈现为仁德的美好。这既是王道的最高价值也是生态的最高智慧。

《王道》一篇从正反两方面集中反映了董仲舒关于王道的观点。他认为,君王行为端正就会出现祥瑞,社会和谐,国家安定,相反则会出现灾异,祸乱流行,国无宁日。为此他倡导君主必须依循王道,并以具体实例进行了启发引导。董仲舒在该篇中开宗明义阐述了什么是王道,并以五帝三王为例进行了具体说明。他认为,"《春秋》何贵乎元而言之?元者,始也。言本正也。道,王道也。王者,人之始也"(《春秋繁露·王道》)。《春秋》是鲁国的编年史,经过了孔子删定,里面包含有孔子提倡的儒家关于历史发展的价值观。社会的理想状态是实现人道,而王道是人道之始,可以说没有王道的实施就没有人道的实现,因为君王承担政教合一的职责,除了处理其他政务还担负着教化百姓和普及道的责任。传道布道者首先要从自己做起,以身作则。《春秋》重视"元",即"开始",根本性的东西要端正,即作为王者一定要从自身实施王道,并将其作为人生的准则贯彻始终。

那么实现了王道会怎样呢?董仲舒认为,"王正则元气和顺,风雨时,景星见,黄龙下"(《春秋繁露·王道》)。王道的实施会带来美好理想的社会状态，自然界的阴阳之气就会和谐顺畅，风调雨顺，象征美好祥瑞的景星、黄龙等就会出现。不实现王道又会怎么呢？"王不正则上变天，贼气并见。"（《春秋繁露·王道》）王道的不施、错施、乱施就会致使阴阳二气紊乱失调，自然界就会变化无常，甚至出现灾异。董仲舒以此来告诫国家管理者王道实施的必要性。

（二）王道的生态智慧启示

在今天看来，我们仍然可以从董仲舒的王道观中获得很多生态智慧并受到启发。王可以理解为国家管理者、政策制定者，生态、环保政策制定的出发点同样是让人民生活在淳朴美好的自然环境中，这是天道，是自然法则和自然规律。如果遵循了自然法则就能获得自然赐予的美好生活，大自然就会风调雨顺，五谷丰登，否则就会受到大自然的警告和惩罚，生态失衡，致使百姓生活环境恶化，人们的健康乃至生命受到威胁。我们国家这几年大力整治环境污染，大力调整生态平衡，就是因为生态平衡遭到了严重破坏，环境污染已经威胁到每个人的健康。整治是必须的，是非常必要的，是必须要大力实施的，这是对自然法则即对天命的遵循和致敬，是对天地人关系的重新审视和定位，是对我们以往行为的忏悔和反省，是对自然规律、美好天道仁德的追逐和再回归！

二、王道的总则与生态智慧的表现形式

（一）王道的总则

董仲舒认为，人副天道、遵循自然规律是王道的基本原则，"人主立于生杀之位，与天共持变化之势，物莫不应天化"（《春秋繁露·王道通三》）。实施王道遵循的基本原则就是天道，即自然规律。"是故人主之大守，在于谨藏而禁内，使好恶喜怒必当义乃出，若暖清寒暑之必当其时乃发也。人主掌此而无失，使乃好恶喜怒未尝差也，如春秋冬夏之未尝过也，可谓参天矣。"（《春秋繁露·王道通三》）以上是对君王实施王道的基本原则要求，即以参天之道为根本。王日常的好恶喜怒都如四季运行、暖清寒暑一样，是非常重要的，也必须遵从

四季交替和暖清寒暑运行的规律，不能有一点过错。"天常以爱利为意，以养长为事，春秋冬夏皆其用也。王者亦常以爱利天下为意，以安乐一世为事，好恶喜怒而备用也。然而主之好恶喜怒，乃天之春夏秋冬也，其俱暖清寒暑而以变化成功也。天出此物者，时则岁美，不时则岁恶。人主出此四者，义则世治，不义则世乱。是故治世与美岁同数，乱世与恶岁同数，以此见人理之副天道也。"王者须遵循天"爱利"之意愿和"养长"之美德，将"爱利天下"和"安乐一世"作为实施王道的价值诉求，这样的价值观源于天道的仁爱万物之本源。仁爱天下是天道之根，自然也是王道之本与王道的终极价值归宿。董仲舒具体强调了遵循天时则"岁美"，违反天时则"岁恶"，他进一步总结出"治世与美岁同数，乱世与恶岁同数"。"治世"成为国家和社会治理的目标和理想状态，"乱世"则是"治世"的反面状态。由此董仲舒归纳出"人副天道"之理。董仲舒为了进一步阐明王道的体现，他以五帝三王为例进行了说明："五帝三王之治天下，不敢有君民之心。"(《春秋繁露·王道》)这是王道实施应遵循的又一重要法则，也可以说是君王管理国家的终极价值目标，五帝三王在管理天下时始终抱有一种爱民、服务于民的理念，而不是把自己作为执政管理者来君临天下。五帝三王就是之后历代君王效法的榜样，董仲舒提倡奉天法古，这就是具体的体现。

（二）王道生态智慧的表现形式及意义

王道的最高生态价值是如何表现的呢？董仲舒认为，"仁之美者在于天。天，仁也。天覆育万物，既化而生之，有养而成之，事功无已，终而复始，凡举归之以奉人。察于天之意，无穷极之仁也。人之受命于天也，取仁于天而仁也"(《春秋繁露·王道通三》)。天道的仁爱表现在自然界的万事万物中，上天（即大自然）化育万物，使之生长成熟，周而复始，最终都归于奉献人类。这是天对人类、对自然的无穷仁爱的表现，所以人类从天那里接受仁爱而变得爱意满满，这是天道，即仁爱来自天道归于天道，人类活动源于仁爱归于仁爱是天道，是人类、是自然的终极价值取向。仁作为最高的生态智慧当之无愧，是由大自然的本质决定的，自然之美好在于其万物和谐相处。当今人对私利的追逐和管理的不利造成自然生态环境遭到破坏，影响了万物生存及相处的和谐状态，使得自然之大爱无法撒播世间万物，生态的悖乱使得自然万物失去和谐的秩序和美好的生活及健康的身体，人们为之付出了沉重的代价并努力重启生态的淳朴，回归自然之爱的美好。这永远是高悬于自然万物之上的最高法则，是一切美好社会发展的出发点和归宿。

三、王道的实施与生态智慧的启示

（一）王道实施的做法与意义

王作为天之子应该怎样做才是实施王道呢？"天者，其道长万物，而王者长人。"（《春秋繁露·天地阴阳》）阐明了天和王的责任：天长养万物，王以天道、王道教化百姓。"是故天执其道，为万物主，君执其常，为一国主。天不可以不刚，主不可以不坚。天不刚则列星乱其行，主不坚则邪臣乱其官。星乱则亡其天，臣乱则亡其君。故为天者务刚其气，为君者务坚其政，刚坚然后阳道制命。"（《春秋繁露·天地之行》）这里阐明了王道实行的重要意义，王作为王道的实施者，必须遵循天道作为根本原则，天之刚其气，即自然运行的规律是无法改变的，也是不能改变的，作为一国之主的君王实施王道之坚是必须的，是循天之道，天要刚其气，君王必须要坚其政，只有这样才能使王道更好地落实并切实收到成效。

董仲舒进一步引用了五帝三王的具体爱民举措并进行了论述："什一而税，教以爱，使以忠，敬长老，亲亲而尊尊，不夺民时，使民不过岁三日。"（《春秋繁露·王道》）就经济政策而言，只征收百姓十分之一的税收，不占用百姓过多的生产时间，役使百姓不要超过三天。这是君王的爱民政策，不仅具有民本倾向，反映了君主的博爱之心，而且也反映了王道具有的生态智慧。除此之外，与百姓的交往也需要遵循一定的道的准则：要用博爱之心去教化百姓，以忠诚的心对待为君主工作的百姓，尊敬他们的长辈和老人，亲近亲人，尊敬那些值得尊敬的人。这种伦理恰恰是儒家倡导的道德价值观，从家庭孝悌的坚守到社会仁爱的传播。所以,在一定程度上讲,天道、王道就是儒家伦理道德。生态智慧也是要从儒家仁爱伦理获得重要启发。

(二) 王道实施的影响

总体概括来讲,董仲舒认为天道的实施会带来重要而积极的影响:"天道施,地道化,人道义。圣人见端而知本,精之至也,得一而应万,类之治也。动其本者不知静其末,受其治者不能辞其终。利者,盗之本也,妄者,乱之始也。夫受乱之始,动盗之本,而欲民之静,不可得也。故君子非礼而不言,非礼而不动。"(《春秋繁露·天道施》)在这里,董仲舒从天道的实施推出地道养化万物,再推出人道的"义",即遵循天道之始至于人道为"义"。这里自然也包含了王道的责任,就是推广天道到人道,从"仁"到"义"再到"礼"。这是王道的表现形式,表现为"非礼不言""非礼不动"。董仲舒又进一步阐释了循天之道的具体要求:"目视正色,耳听正声,口食正味,身行正道。"(《春秋繁露·天道施》)对于人的五官来说,遵循自然法则,即眼睛要看正当的颜色,耳朵要听正当的声音,嘴巴要吃正当的味道的食品,身体行动要遵循正当的道,即儒家的人伦道德。那么王道在其中起着引导教化的作用。

具体来讲,王道实施的影响表现在以下三方面:

首先,民修德而美好。"是故人之受命天之尊,父兄子弟之亲,有忠信慈惠之心,有礼义廉让之行,有是非逆顺之治,文理粲然而厚,知广大有而博,唯人道为可以参天。"(《春秋繁露·王道通三》)王道的实施,是天道的实行,百姓无不受益,社会伦理道德规范呈现天的意志,百姓遵循天道,便秉承了天赋予的父兄子弟的亲情以及人际交往具有的忠信慈惠的品德和礼义廉让的操行,即百姓遵循的是儒家伦理道德。就具体表现而言,董仲舒认为:"民家给人足,无怨望忿怒之患、强弱之难,无谗贼妒疾之人。民修德而美好,被发衔哺而游,不慕富贵,耻恶不犯。父不哭子,兄不哭弟。"(《春秋繁露·王道》)

王道的实行,让百姓家里衣食充足,人丁兴旺,就不会有怨恨愤怒的情绪带来的忧患,没有倚强凌弱带来的灾难,也不会有谗言妒忌之人。这样一来民德美好,即使是衔着食物、披头散发四处游荡的生活极端贫困者也会觉得快乐,不羡慕那些富贵人家,也不会犯上作乱。因民修德而使社会环境变得美好,即使有亲人去世也不会感到过于悲伤。社会道德的美好是天道仁德的至高要求,也是王道的终极价值诉求。当贫穷和富贵给人带来的快乐已无本质差异,当亲人离世、生死告别已经成为人人坦然接纳的社会现象,人与人不会因私利而产生仇怨谗言妒忌,社会则一片祥和。为达此目标,董仲舒提出了诸多举措被汉武帝接纳,比如为了防止贫富差距过大而产生社会动荡现象,他提出调均政策,在一定程度上缩小了社会贫富差距,对稳定社会秩序起到了重要的作用,并成为其后多个朝代效法的重要举措。为了提倡平等,进一步缩小官民之间贫富差距,他还提出官员"不与民争利"的措施,如他一再倡导的鲁国国相公仪休"拔葵出妻"的例子就是很好的说明。他认为上天对万物是公平的,这是天道的表现,如果国家给了官员俸禄,官员就不能再种菜织布,争夺菜农和织工的利益。董仲舒以身作则,一生都没有置产业。

其次,万物祥和共处。董仲舒认为,如果天道盛行,王道循天,就会"毒虫不螫,猛兽不搏,抵虫不触。故天为之下甘露,朱草生,醴泉出,风雨时,嘉禾兴,凤凰麒麟游于郊"(《春秋繁露·王道》)。天道的至高境界是万物和谐共存共生,大自然一片祥和,其乐融融。这是环境和谐、生态美好的最高境界,你中有我,我中有你,你不犯我,我不犯你,大家各居其所,各司其职,各谋其事,美美与共,天下大同

第三,民情至朴。董仲舒认为,天道的实施,民风淳厚,社会安定,国家强盛。"囹圄空虚,画衣裳而民不犯。四夷传译而朝。民情至朴而不文,郊天祀地,秩山川,以时至,封于泰山,禅于梁父。立明堂,宗祀先帝,以祖配天,天下诸侯各以其职来祭。贡土地所有,先以入宗庙,端冕盛服而后见先。德恩之报,奉之应也。"(《春秋繁露·王道》)如果实施天道即儒家伦理道德规范,那么犯罪的人很少,即使有人犯罪了也不用关进监狱,只是在他的衣服上画个记号以示提醒即可,他也不会再犯。国家礼制的强大会受到四夷的尊崇,引其前

来朝拜。百姓民风淳朴，礼仪盛行，"祭祀"文化表现得非常到位和充分，这样上天会回报他们以恩德。

（三）王道不施的后果

董仲舒以夏桀和商纣王为例进行了说明。"桀纣皆圣王之后，骄溢妄行。侈宫室，广苑囿，穷五采之变，极饰材之工，困野兽之足，竭山泽之利，食类恶之兽。夺民财食，高雕文刻镂之观，尽金玉骨象之工，盛羽旄之饰，穷白黑之变。深刑妄杀以陵下，听郑、卫之音，充倾宫之志，灵虎兕文采之兽，以希见之意，赏佞赐谗，以糟为邱，以酒为池，孤贫不养，杀圣贤而剖其心，生燔人，闻其臭，剔孕妇见其化，斩朝涉之足察其拇，杀梅伯以为醢，刑鬼侯之女，取其环。诛求无已，天下空虚，群臣畏恐，莫敢尽忠，纣愈自贤。周发兵，不期会于孟津之上者八百，诸侯共诛纣，大亡天下。春秋以为戒，曰：蒲社灾。"（《春秋繁露·王道》）由此可见，夏桀和商纣王作为君王，逆天而施，残忍至极，丧失人性，惨绝人寰，他们必然要遭到上天的惩罚，对于这样的暴君而言，取而代之是上天对他们最大的惩罚。从另一方面看，周武王发兵，八百诸侯共伐商纣，灭商而周代，这恰恰是遵循了天道。以夏桀和商纣王的例子从反面进行了论证，说明王道的实施是必需的。

那么王道不施还有其他后果吗？董仲舒以周朝末年状况为例说明了后果的严重性。"周衰，天子微弱，诸侯力政，大夫专国，士专邑，不能行度制法文之礼。诸侯背叛，莫修贡聘，奉献天子。臣弑其君，子弑其父，孽杀其宗，不能统理，更相伐锉以广地。以强相胁，不能制属。强奄弱，众暴寡，富使贫，并兼无已。臣下上僭，不能禁止。"（《春秋繁露·王道》）天子执政不力，诸侯篡权，王道衰落，诸侯臣子伦理败坏，倒行逆施，违反天道。这也说明了王道不施遭受的惩罚，最终的结果也是亡国。

天道不施，王道不行，自然界会有什么现象出现呢？"日为之食。星霣如雨。雨螽，沙鹿崩。夏大雨水。冬大雨雪。霣石于宋五，六鹢退飞。霣霜不杀草，李梅实。正月不雨，至于秋七月。地震。梁山崩，壅河三日不流。昼晦，彗星见于东方。孛于大辰。鹳鹆来巢，春秋异之。以此见悖乱之征。"(《春秋繁露·王道》)以上列举的均为自然灾异现象，如日食出现、陨石降落、水鸟退飞、地震发生、果实不在正常季节成熟、陨石霜雪不能杀死青草等，董仲舒认为自然界出现的这种不正常的现象是自然悖乱现象，是天人感应最典型的表现特征，说明违反天道和自然法则势必遭到上天的惩戒。这也强烈地说明了王道执行天道的不力，君王在国家管理的某个环节或者自身某些行为一定出了问题，违反了天道伦理，遭到了上天的警告或制裁。

董仲舒进一步举例说明天道礼治不尊的结果："鲁舞八佾，北祭泰山，郊天祀地，如天子之为。以此之故，弑君三十二，亡国五十二，细恶不绝之所致也。"(《春秋繁露·王道》)说明了违反国家礼治的行为也是违反王道和天道，也会遭到惩罚。因为"春秋立义，天子祭天地，诸侯祭社稷，诸山川不在封内不祭。有天子在，诸侯不得专地，不专封，不得专执天子之大夫，不得舞天子之乐，不得致天子之赋，不得适天子之贵"(《春秋繁露·王道》)。按照董仲舒引用《春秋》中的说法，只有天子祭祀才可以"舞八佾"，才可以"北祭泰山，郊天祀地"，诸侯和其他人这样做就是违背了天道和王道，其结果是遭受杀身亡国之祸，"弑君三十二，亡国五十二"。

(四) 王道实施的生态意义与启发

社会发展的理想状态是人道盛行，人道源于王道，王道源于天道，即自然规律，在一定程度上表现为儒家伦理道德价值取向。这是美好社会形成和发展的根本出发点和价值诉求。人道的美好和社会的美好、自然的美好是协同一致的，彼此相依的，共存共亡的。自然界的美好即董仲舒眼中的天地的和谐是人类社会美好的根本保障，上有天，下有地，即乾坤，这是人之赖以生存的自然父母。在董仲舒看来，天道在冥冥之中决定并指导着人道的天道化。这需要通过一个重要的管理者进行引导，这个人就是天的意志的体现者天子，即君王，他是代表上天对社会进行管理，对百姓实施教化，只有人遂天志，世间才是美好和谐的。可以说，只有通过王道的实施才能使天道融会百姓之中，才能维护自然的和谐美好，才能维护生态的平衡，使社会群体和个体共生相处，使上天之大爱眷顾每一个生灵、每一个自然存在之元素。

当今社会已经成为地球村,大家是命运共同体,自然之生态成为地球人共同呼吸和索取生命的源泉,很多国家、地区出现了严重的生态失衡状况,表现为诸多生物濒临灭绝、气温升高、土地沙漠化、草原耕地化等严重的生态问题,最重要的当属环境被严重污染,影响到人的生命健康以及带来更为严重的不堪设想的后果。当今的国家管理者,相关政策的制定者、实施者也应该站在自然生态发展的制高点来进行宏观管理,全面协调各种利益群体的关系,严肃治理各种违反自然规律和生态平衡的行为,利用董仲舒王道思想中"仁"的最高价值为指引,以"爱利天下,安乐一世"为追求,造福人类,全面遵循自然规律,不能有丝毫的违反天道的行为。

为此,世界各国为了环境治理和生态平衡举行了各种会议进行呼吁并进行合作,采取了各种措施进行补救,取得了一定的成效。就中国而言,近年来实施了若干重大举措进行生态改善,南水北调工程已经使沿途各地广为受益。下一个要实施的重大举措便是"红旗河"的开通,聚三江源之水资源绕经青藏高原进入河西走廊及新疆大部,借助这一水资源综合利用与开发,包括发电、灌溉、旅游、防洪与航运、国土利用等综合效益等,可以根本扭转西部缺水局面。"红旗河"一旦完工,最显著的一个好处是,有可能开发出8亿亩沙漠土地。这项工程一旦完成,将功在当代、利在千秋!是一项伟大的国土环境治理与开发建设工程!是一项伟大的"增雨与大漠绿化"工程!其价值将远超都江堰,是一项实现"大漠赛苏杭"的伟大工程!"红旗河"构想是着眼于大生态、大格局、大战略的西部调水方案,将是我国经济发展、文化融合的大动脉,是生态工程、民生工程、战略工程,是一举多得、造福中华民族的千年工程,必将助力实现中华民族伟大复兴的中国梦[1]!

生态失衡问题不是一两日造成的,治理起来需要措施和时间,任重而道远。但我们完全可以从董仲舒思想体系中吸取有利于环境保护和生态治理的思想,遵循天人合一原则,循天之道,为早日实现大自然淳朴和谐共生之态而努力。路漫漫其修远兮,人类将在天地之间,上下求索，贯行乾坤之道，在国家相关政策指引和约束下，"刚其气""坚其政"，让上天之"道"普照世间一切，让人道之"仁"盈润每个生命，使天道、王道、人道三位一体，真正实现"爱利天下""安乐永世"。让自然生态环境定格在"天为之下甘露，朱草生，醴泉出，风雨时，嘉禾兴"的美好状态。

参考文献：
[1] 中国史上最大工程开工，彻底改变华夏！[EB/OL]. http：//www. moyou. cn/v/1000010001073214. html.

本文为"2019董仲舒研究会和董子学院学术年会"提交的论文。

魏彦红（1967—），女，河北博野人，历史学博士，衡水学院董子学院教授。

董仲舒养生思想研究

董仲舒的君子养生观与饮食思想

唐 艳

"君子"堪称儒家设计的经典人格,《白虎通义·号》曰:"或称君子者何? 道德之称也。"[1]48 贤能尚德是君子的特质,修身养德是君子的"必修课"。《礼记·礼运》曰:"饮食男女,人之大欲存焉。"[2]607 "食"乃人大欲之一,也最能用来考验本能与德性之间的张力,"吃"关切人的伦理底线和品德贵贱。"吃"是本能,而"如何吃"则是文化。"夫礼之初,始诸饮食。"[2]586 "食礼一体"是中国特有的饮食思维,先秦礼乐制度与饮食活动紧密相关,饮食与生命、个体成长、婚嫁、繁衍、族群和社会,生物链般牵系在一起,不断催生出一系列的礼乐文明。儒家先贤把饮食之"养"与礼乐之"治"相融合,孔子、孟子和荀子都在试图把"吃"变成社会学、政治学和伦理学的话题,这是中国性情哲学的应有之义。直到董仲舒,饮食不仅指向仁义道德和礼乐制度的实践层面,而且上升到了自然神论和精神信念层面。他以"天"为本源,以"食"为载体,从天道运行的法则和规律中探寻君子的养生智慧。

一、"吃"的传统解读

一个民族对食色之欲的态度和处理方式,占据着文化的重要部分。《孟子·告子上》曰:"食、色,性也。"[3] 饮食男女,乃人之天性。古人对男女两性问题保守内敛，甚至停滞、堵塞，而对"饮食"的关注十分频繁，甚至牵扯到各个文化领域。《尚书》《诗》《礼记》《周易》《吕氏春秋》中均有丰富的食器及饮食文化的相关记载。《尚书·酒诰》："尔乃饮食醉饱。"[4]377《诗·小雅·楚茨》："苾芬孝祀，神嗜饮食。"郑玄笺："苾苾芬芬有馨香矣，女之以孝敬享祀也，神乃歆嗜尝女之饮食。"[5]即便是人们信仰中的神，都会因祭品馨香而有嗜欲，更何况人呢？《周易·颐卦》曰："贞吉。观颐。自求口实。"[6]口食物以自养，食物是人的基本需求。可见，口腹之欲在古典文献中普遍得到认可和重视。

"吃"是个体的本能，而"怎样吃"则会牵扯到经济、政治、历史、文化、习俗等领域。《周易·颐卦·象》曰："君子以慎言语，节饮食。"[7]"吃"与德行礼仪相挂钩，嗜欲无度，不讲节制，就会道德败坏，有违君子风范。老子曰："治大国，若烹小鲜。"[8]政治与饮食紧密相关，二者有共同的治理之道，故《史记·郦生陆贾列传》曰："王者以民人为天，而民人以食为天。"[9]龚鹏程在《中国传统文化十五讲》中写道："在中国，吃不只是吃，更是几乎可以延伸到一切事物上去的活动。"[10]足以看出，饮食对中国传统文化的辐射极其广泛和深刻。

古语讲"病从口入"，饮食与健康的关系更为直接。孔子曰："子之所慎：齐、战、疾。"朱熹注："疾又吾身之所以死生存亡者。"[11]疾病是人生死攸关之事，孔子将其与战争、斋戒相提并论，足以看出他对疾病的谨慎态度。《左传》昭公九年载膳宰屠蒯言："味以行气，气以实志，志以定言，言以出令。"杜预解曰："气和则志充，在心为志，发口为言。"[12]食物决定人之血气，气影响意志，意志作用于言行。《吕氏春秋·情欲》曰："古人得道者，生以寿长，声色滋味，能久乐之，奚故？论早定也。"[13]45古人的长寿之道，离不开声色滋味，饮食是人长寿的重要因素。《黄帝内经·灵枢》曰："夫百病之所始生者，必起于燥湿寒暑风雨，阴阳喜怒，饮食居处。"张志聪解曰："气合于有形而为病，藉人气之生长以慧安。"[14]饮食、居所和喜怒哀乐的情绪均为百病起因。

孔子对人吃什么、怎么吃的问题进行过很多讨论。《论语·乡党》提出君子"二不厌""三适度""十不食"。孔子曰:"食不厌精,脍不厌细。食饐而餲,鱼馁而肉败,不食;色恶,不食;臭恶,不食;失饪,不食;割不正,不食;不得其酱,不食;肉虽多,不使胜食气;惟酒无量,不及乱。沽酒,市脯,不食,不撤姜食,不多食。"[15]408—414孔子在饮食上十分谨慎严格,对于腐烂、发霉、反时常、烹饪不当、无调味佐酱等食物拒绝食用,甚至提出对吃肉喝酒都不能随便,君子要拒绝市面上的赝品,食酒肉要有辨别能力,以防对身体造成伤害①。"食不语,寝不言"[15]408—414,吃饭睡觉时应保持安静,专心致志;甚至对坐姿也有要求,"席不正,不坐"[16]237。饮食的环境必须有礼有序,否则不能进食。孔子极强的生命意识,渗透到生活的方方面面,细致入微。孟子以"仁爱"为中心,主张"饮食之人,则人贱之矣,为其养小以失大也。饮食之人无有失也,则口腹岂适为尺寸之肤哉"[17]?只顾口腹之欲,而忽视仁义道德是"养小以失大",为了仁义,宁可抛弃美食,甚至牺牲性命也不为过。荀子则更突出"礼治",重视饮食礼节和寓教于食,"食饮、衣服、居处、动静,由礼则和节;不由礼则触陷生疾。容貌、态度、进退、趋行,由礼则雅;不由礼则夷固僻违,庸众而野"[18]。"礼"是人们衣食住行的根本,一切都要以"礼"为基本原则,相对于个体生命,未免有些本末倒置了。

---

① 王充在《论衡·语增》中,曾驳斥过"文王饮酒千钟,孔子百觚"的传言,这话原本是想表明"圣人德盛,能以德将酒",可惜却成了对两位圣人的一种"高级黑"。文王、孔子如果真的可以"一坐千钟、百觚",那么,他们也就一定是"酒徒,而非圣人"了,算个酒囊饭袋还差不多。见余治平、唐艳:《周公训诫:"无彝酒"与"德将无醉"——经学诠释下〈酒诰〉对酒的使用控制与德性规定》,《中国社会科学院研究生院学报》2018年第5期。王充在《论衡·语增》中说:"世闻'德将无醉'之言,见圣人有多德之效,则虚增文王以为千钟,空益孔子以百觚矣。"见《百子全书》第四册,岳麓书社1993年版,第3286页。酒为"节度"之物,过则伤身坏事,故以此凸现君子"治心"的重要性。孔子对酒的质量、品质的要求,更是对君子"治身"的谨慎要求。

二、天人感应:"食"以"天"为根据

董仲舒吸取上古方术、黄老道论、精气学说,对儒家君子治身术进行弥补和修复。孟、荀之后,董仲舒的治身观念是朝向孔子的一次回归[19]。相比孟、荀,董仲舒更加重视养身问题。饮食上,他突破孔子对食材、习惯、礼仪等具体实践层面的阐释,以天人感应论、阴阳五行论为基础,为"食"寻求"天"的依据。首先,董仲舒继承先秦的天道论和人本主义思想,重构了天与人的关系。董仲舒曰:

> 天、地、阴、阳、木、火、土、金、水,九,与人而十者,天之数毕也。故数者至十而止,书者以十为终,皆取之此。人何其贵者?起于天至于人而毕。毕之外谓之物,物者投其所贵之端,而不在其中。以此见人之超然万物之上,而最为天下贵也。人下长万物,上参天地。[20]1085

"天人合一"是古人心性追求的最高境界,要凸显人的地位,必定要涉及天。董仲舒将天与人首尾并列于"十端",宇宙十大构成性元素的排列,从天开始,至人结束,这并非纯粹的宇宙现象,而是要体现人的重要性。十大元素始终处于一种相互依存、相互作用的状态之中,它们之间存在着复杂的相关性,盘根错节,纠缠往复。任何一个元素本身都不可能是独立的"单子",只有当它们相互发生作用才能够产生出万物[21]。天地、阴阳、五行与人之间相互作用、相互影响。人作为十端之一,下能培育万物,上能参照天地变化,显然超越于万物之上。人与天在作用、功能和地位上似乎等量齐观,从此足以看出人之尊贵。

其次,董仲舒把天的至上性与人的主观能动性结合起来。董仲舒曰:

> 天气上,地气下,人气在其间。春生夏长,百物以兴;秋杀冬收,百物以藏。故莫精于气,莫富于地,莫神于天。天地之精,所以生物者,莫贵于人。人受命乎天也,故超然有以倚。物疢疾莫能为仁义,唯人独能为仁义;物疢疾莫能偶天地,唯人独

能偶天地。[20]800

人与万物始于天地之精气，但人又比万物尊贵，唯人之数能与天地之数偶合、匹配。董仲舒提出天人感应的目的论，实际上是他对天人关系的回答①。《春秋繁露》中，天人感应的原因是"天道各以其类动"[22]。万物同性同质则可彼此沟通，相助相益，否则相互损耗。同类相动、以类度类是万物生存的普遍法则。金春峰认为："'类比''无类类比'是董仲舒认识方法的本质特点。"[23]董仲舒对人的理论自信在于人有偶合天地的条件和官能，这是天人感应的前提。从生物类存在上讲，只有同类可以理解对方的言语、行为和性情，故董仲舒构造神灵之天的参照物一定程度上有人，而并非全是神。董仲舒曰：

> 为生不能为人，为人者天也。人之人本于天，天亦人之曾祖父也。此人之所以乃上类天也。人之形体，化天数而成；人之血气，化天志而仁；人之德行，化天理而义；人之好恶，化天之暖清；人之喜怒，化天之寒暑；人之受命，化天之四时。人生有喜怒哀乐之答，春秋冬夏之类也。喜，春之答也，怒，秋之答也，乐，夏之答也，哀，冬之答也。天之副在乎人。人之情性有由天者矣，故曰受，由天之号也。[24]310

天人同类的人类学依据是繁衍关系，人由天所生，天是人的祖先，故人的一切特性均源于天。人的血气、德行、禀赋、喜怒哀乐都来自天，这从逻辑上把天归为上位，人归为下位。董仲舒天人感应、人副天数的逻辑论证虽满富联想与神秘色彩，实则是他在"神权"庇护下，宣扬人的力量、作用和地位。"受"有遭受、接受、承受之意，天有先在性和决定性，没有天不可能有人，人是天的受体，人的仁义性情、喜怒哀乐都与天同呼吸共命运。因此，人的饮食也必定源于"天"，受制于"天"。董仲舒曰：

> 凡天地之物，乘于其泰而生，厌于其胜而死，四时之变是

---

① 宋志明认为，董仲舒天人学说的第一个基本论点是"人上有天"，其不是一个关于自然哲学的论断，而主要是一个关于政治哲学的论断。见宋志明：《中国古代哲学通史》，中国青年出版社2016年版，第234页。

也。故冬之水气，东加于春而木生，乘其泰也。春之生，西至金而死，厌于胜也。生于木者，至金而死；生于金者，至火而死。春之所生，而不得过秋，秋之所生不得过夏，天之数也。饮食臭味，每至一时，亦有所胜，有所不胜之理，不可不察也。[20]1057

天地之气运行规律决定万物生死规律，四季变化是万物生死往复的过程。春天因木气旺盛而生的万物，到秋天金气旺盛时便会死亡；秋天因金气旺盛而生的万物，到夏天火气旺盛时便会死亡。春天物种活不过秋天，秋天物种活不过第二年夏天，这是天地阴阳之气运行的结果。《淮南子·地形训》曰："故禾春生秋死，菽夏生冬死，麦秋生夏死。"[25]175 禾、菽、麦的五行属性不同，根据天时运作规律而生死。董仲舒曰："天地之气，合二为一，分为阴阳，判为四时，列为五行。"赖炎元解曰："天地的气，相合而为一体，区分为阴气阳气，判别为四季，排列为五行。"[26]335 天地之气的流动有章可循，阴阳、四时、五行①都是气运动的结果和表现形式。因此万物生命也遵循此规律，天地之气运行到什么程度，万物就生长到什么程度。饮食万物各有其适宜之时，亦有不适宜之时，人要弄清楚阴阳五行与食物之间的存在关系。阴阳变化与万物生长的关系，"两和"与"二中"是关键，董仲舒曰：

> 天有两和，以成二中，岁立其中，用之无穷。是故北方之中用合阴，而物始动于下，南方之中用合阳，而养始美于上。其动于下者，不得东方之和不能生，中春是也。其养于上者，不得西方之和不能成，中秋是也。然则天地之美恶在？两和之处，二中

---

① 阴阳与五行，绝不是西方哲学意义上的范畴的抽象或概念的一般，也一定不是古希腊哲学中的万物始基，也有别于古代印度哲学所提出的地、水、风、火"四大"宇宙元素，而是包涵实存的物、可感觉的象、被思想的意在内的一种合体，是人人、物物、事事以及人与物、人与事之间的一种关系状态。见余治平：《中国的气质——发现活的哲学传统》，中国社会科学出版社2004年版，第20页。"五行"学说进一步完善了宇宙运作的图式，为人生存在世做了联系性、整体性的诠释。这与几千年来中国人的关系性思维不无关系，因为这种中国式思维特色，造就了中国与西方完全不同的养生哲学。

之所来归，而遂其为也。是故东方生而西方成，东方和生，北方之所起，西方和成，南方之所长起之，不至于和之所，不能生；长之，不至于和之所，不能成。[20]1023

两和，指东方之和与西方之和，分别指春分和秋分；二中，指南方之中和北方之中，分别指夏至和冬至。"两和"与"二中"每年周而复始、循环交替，北方之中（冬至），阳气初生与阴气合，万物生长于地下；南方之中（夏至），阴气初生与阳气合，万物生长得最茂盛。冬至开始生长于地下的万物，若不经过东方（春分）之和，就不可能再生长；夏至在地上生长茂盛的万物，若不经西方（秋分）之和，就不可能成熟。由此看来，冬至之目的是春分，夏至之目的是秋分，同时，没有冬至和夏至，更谈不上春分和秋分。这种严密的因果逻辑关系，是由完美主义的"天"所设计好的，是万物存在的定性法则和运作模式。万物生长都是根据天道规律进行的。

三、饮食规律："君子察物之异，以求天意"

董仲舒认为，万物不能与人相比拟，因为人生来自带"天"的基因，与"天"有相似的生理构造和精神意志，自然就有体达天、认识天、感应天的能力。董仲舒构建了一个善良的"人格神""有情神""感应神"，"天"与人有着同样向善、向生意义上的生存法则。天有道，人有道，饮食亦有道，关键是人能洞察天意，能读懂和执行"天"的意旨，从而领略饮食的智慧所在。董仲舒曰：

> 四时不同气，气各有所宜，宜之所在，其物代美。视代美而代养之，同时美者杂食之，是皆其所宜也。[20]1059

"宜"当适合、也许、恰当、大概讲，其本身就是中国模糊化、概括化思维的体现，"气"之所"宜"，无非指的是一种和谐、平衡、中庸的状态，而这种美好的状态是通过具体事物体现出来的。四时更替，阴阳变化，在任意时间节点总会以合适的事物为代表来体达天意，把天地精华最丰盈、最饱满的形态展现出来。故食物自带此季节的品格、特性和功能，取其精华，去其糟粕。如夏天的食物，有降暑功能，冬天的食物，有滋阴作用。天人同类，如母亲哺育婴孩一样，天赐于人的，也正是人所需要的。《吕氏春秋·尽数》曰："食能以时，身必无灾。"许维遹解曰："不过差，故身无灾疾也。"[13]68饮食符合时宜，身体就不会有疾病、灾难。《淮南子·本经训》曰："四时者，春生夏长，秋收冬藏，取予有节，出入有时。"[25]311秋收冬藏是万物四时生长的规律，人获取食物要有节律，掌握好合适的时间。

其次，按照董仲舒的精气论，人与物是"气"所构成的不同生命表现形式，"凡养生者，莫精于气"[24]447。气是宇宙的根本，也是人养生的根本。《郭店竹简·唐虞之道》曰："脂肤血气之青（情），准（养）眚（性）命之正。"[27]正乃正直、正道之意，血气顺乃养生之大道。饮食目的即养人之血气、精气。合适季节长得茂盛又可食的食物，正是天地精气的表征，故可以补人血气、养人正气。赖炎元解曰："代养，疑当作代食。"[26]423天赐予的美好食物，人用它来养身，食物种类多，人便可以杂食，有益身心，这也符合现代营养学原理。但董仲舒的解释比科学原理微妙得多，董仲舒曰：

> 故荠以冬美，而荼以夏成，此可以见冬夏之所宜服矣。冬，水气也，荠，甘味也，乘于水气而美者，甘胜寒也。荠之为言济与！济，大水也。夏，火气也，荼，苦味也。乘于火气而成者，苦胜暑也。天无所言，而意以物。物不与群物同时而生死者，必深察之，是天之所以告人也。故荠成告之甘，荼成告之苦也。君子察物成而告谨，是以至荠不可食之时，而尽远甘物，至荼成就也。天所独代之成者，君子独代之，是冬夏之所宜也。春秋杂食其和，而冬夏服其宜，则常得天地之美，四时和矣。[20]1059

以荠、荼两种植物为例，分别证明了冬夏为其所宜的原因，冬天为水气，荠菜味道甘甜，借着水气会长得茂盛，甘甜战胜寒冷，故而滋阴养人。《淮南子·地形训》："荠冬生而仲夏死。"刘文典解曰："荠，水也，水王而生，土王而死也。"[25]175冬天水气，夏天火气，故荠菜冬天生，夏天死。夏天为火气，荼菜味苦，借火气而熟，苦味胜过炎热，故而缓解酷暑。《白虎通义·五行》曰："火味所以苦何？南方主长养，苦者，所以长养也，犹五味须苦可以养也。"[1]171五味中苦具有养的特性，故夏季服苦味最适宜。《淮南子·时则训》曰："其位南方，其日丙丁，盛德在火。……王瓜生，苦菜秀。"[25]200-201孟夏之月是火气，荼，味苦，需借火气以成熟。

中医学认为，人体乃复杂的有机统一体，五脏、五位、五行、五味、五官、五情、五色之间相互作用。《尚书·洪范》曰："水曰润下，火曰炎上，木曰曲直，金曰从革，土爰稼穑。润下作咸，炎上作苦，曲直作酸，从革作辛，稼穑作甘。"[4]296-297五行、五味、五位都是一一对应的。董仲舒认为，天人同类，天有春夏秋冬，人有喜怒哀乐。董仲舒曰："春，喜气也，故生；秋，怒气也，故杀；夏，乐气也，故养；冬，哀气也，故藏。"[24]333春天喜气则万物生，秋天怒气则万物死，夏天乐气则万物养，冬天哀气则万物藏。故每个季节都有其恒常性、同一性的特质，恰恰是这一点，才使得万物生长有度、生死有方。《礼记·内则》曰："凡和，春多酸，夏多苦，秋多辛，冬多咸，调以滑甘。"郑氏曰："多其时味以养气也。"[2]746春夏秋冬，分别对应酸、苦、辛、咸，不同的味道，对应不同的季节，这样才符合阴阳五行的规律。《白虎通义·五行》中曰："南方者，任养之方，万物怀任也。西方者，迁方也，万物迁落也。北方者，伏方也，万物伏藏也。"[1]173南方阳气盛，主长养；北方阴气盛，主收藏。

从阴阳五行或中医学角度解释"吃"的问题，未免过于敷衍，几千年来，中国人构建的天人哲学是一个民族的思维方式和智慧结晶，易学思维和意象风格已经烙在中国人血统里了，其中难以具体化、客观化、精确化的部分，也因此能被原谅。故"夏"与"苦"，"冬"与"甜"的内在逻辑问题也就被默认了。然而，天不言不语，万物看似自生自长，实则由天所主宰。董仲舒在养生和天意之间投射了一道隐蔽的认知防线，唯君子谨慎察物，有了洞析事物的敏感性和判断力，才能真正明白参天取食的智慧。董仲舒是天道的大翻译家，将抽象晦涩的玄妙之理，转化为直观性、实践性的生活内容，实则是在构建人们饮食思维中的天道观念。为了更进一步地解释万物生死的具体内在法则，董仲舒又曰：

凡择味之大体，察其时之所美，而违天不远矣。是故当百物大生之时，群物皆生，而此物独死。可食者，告其味之便于人也，其不可食者，告杀秽除害之不待秋也。当物之大枯之时，群物皆死，如此物独生，其可食者，益食之，天为之利人，独代生之，其不可食益畜之。天愍州华之间，故生宿麦，中岁而熟之。君子察物之异，以求天意，大可见矣。[20]1062

董天工解曰："此言查食之所美，夏食芬，冬食荠，可以见天意。"[28]万物生死不同时，各季节都有长得茂盛的食物，也有死亡不生的，甚至同一季节生长的食物，生死也不同步。规律是：当万物生长茂盛之时，唯独一种生物在此时死亡，如果它能食用，此物便是美好之物；如果不能食用，说明有不好的事物必须去除。相反，当万物死亡之时，唯独一种生物长势旺盛又可食，人多吃有益；如果此物不可食，便可用来饲养家禽。自然万物的生长，似乎潜藏着某种规律，无论是巧合，抑或是人的主观臆想，都是受"天人合一"思想观念支配的。董仲舒揭示事物生长的普遍现象，也是在为天道寻求合法性。至于事物如何才算长得茂盛，如何区分可食与不可食，四季常青不败的事物又怎么解释，董仲舒并没有给出答案。其实，董仲舒通过构建饮食与天道的逻辑，尽心尽责地为中国的天人哲学寻找出路。

君子择食是以对"天"的理解，对事物的洞察及自身敏锐的判断力为前提的。董仲舒提出"可食"与"不可食"的观念，实则也反映出饮食"辨识度"的问题。掌握饮食规律，还需理智选择，否则同样迫害生命。《黄帝四经·前道》曰："是故君子卑身以从道，（知）智以辨之，强以行之，责道以并世，柔身以寺（待）之时。"[29]君子力行大道，一定要用智慧辨别好坏、是非。《论语·乡党》曰："康子馈药，拜而受之。曰：'丘未达，不敢尝。'"[16]239凡药自有三分毒，孔子在不明药性的情况下，如此警惕，是儒家严谨笃行的君子风范。饮食需要理智，人只有遵循自然，吃的才算是"美味佳肴"，"山珍海味"并非是龙肝凤脑、金精玉液，而是最普通、最常见的应季食材，如俗语讲的"冬吃萝卜夏吃姜，不找医生开药方""夏天一碗绿豆汤，解毒去暑赛仙方""热天一块瓜，强如把药抓"等。然而，当今人的味觉似乎已被科技化、商业化的内容所麻痹，认为吃萝卜白菜是平民，吃奇珍异食才是高人。于是，各种动物的脑髓、内脏首当其害，甚至已经恶化到吃人类自身的组织器官，如胎盘、死婴等，简直不可思议，天理不容。此外，太空养殖、转基因、药物催熟等食物比比皆是，这些虽是人们生活品质提高的标志，但是否意味着人们可以疯长口欲、丢弃自然呢？确实值得我们反思。

四、饮食要求："感念"与"中和"

天赐人以物，人必感念神的恩赐，心怀尊天敬祖之情，循天道择食祭祀，以表对天的思念和敬畏。在中国古代，"礼"与"醴"本一字，奉"天"、敬"神"都是以酒、食物。《礼记·礼运》曰："夫礼之初，始诸饮食。其燔黍捭豚，汙尊而抔饮，蕢桴而土鼓，犹若可以致其敬于鬼神。"[2]586 "礼"最初源于人的觅食求生活动，人们用黍米、猪肉、酒等食物通过简陋的仪式来向鬼神表达敬意，祈祷得到神的庇护和赐福。几千年来，中国人一直坚守祭祀的习惯和礼仪，董仲舒也不例外。董仲舒曰：

> 五谷食物之性也，天之所以为赐人也。宗庙上四时之所成。受赐而荐之宗庙，敬之至也，于祭之而宜矣。宗庙之祭，物之厚无上也。春上豆实，夏上尊实，秋上朹实，冬上敦实。豆实，韭也。春之所始生也。尊实，䵖也，夏之所受初也。䵖实，黍也，秋之所先成也。敦实，稻也，冬之所毕熟也。……故君子未尝不食新，天赐新至，必先之，乃敢食之，尊天敬宗庙之心也。[20]1013

春夏秋冬人们分别用应季的韭菜、大麦、黍稷、水稻祭祀天，故宗庙一年根据季节变化相应有四次祭祀。《礼记·王制》曰："庶人春荐韭，夏荐麦，秋荐黍，冬荐稻。"[2]353 郑氏曰："庶人无常牲，取兴新物相宜而已。"平民没有牛、羊、猪等家畜，只需按照万物自然生长的规律，春夏秋冬分别用与当季相适宜的韭、麦、黍、稻来祭神。孔子也十分强调祭祀的重要性，"虽疏食、菜羹、瓜，祭，必齐如也。"古人临食，每品各出少许，置笾豆之间，以祭先代始为饮食之人，所以报功，不忘本[16]236。饭前祭祀是古人重要的饮食习惯。王永祥说:"'崇德报本'是中国人的一贯思维,天生万物以养人,五谷之性可以食,乃天赐于人养其体者。"[30] 人在服食之前,必须通过祭祀报答天、感恩天。

董仲舒十分强调尊天敬祖之心,祭祀不忘天道,要求祭祀的季节和食物都要遵循自然规律。上天赐予的新食物,君子先祭祀后进食,以表对天的尊敬。《礼记·少仪》曰:"未尝不食新。"[2]937 新食物必须先用来祭祀。《诗·小雅·天保》曰:"禴祠烝尝,于公先王。"郑玄注曰:"春曰祠,夏曰禴,秋曰尝,冬曰烝。"[31] 祠、禴、尝、烝的祭祀活动以祭拜先王。"是故君子合诸天道,春禘、秋尝。"孙希旦解曰:"天道每时一变,而孝子思亲之心因之,故一岁四祭者,不疏不数之节也。"[2]1207 人祭祀天与祭祀祖先的心境相同,应满怀感谢与感恩,以新食物来祭拜和怀念。

同时,"中和"为饮食的原则。董仲舒曰:"心和平而不失中正,取天地之美,以养其身。"[20]1040 不偏不倚的中庸之道,是天地万物对真、善、美的共同夙愿,也是天人和谐的关键。"和"不仅是天道人道的根本,还是人自我修养、心身和谐、养生长寿的根本[32]。董仲舒曰:"和者,天地之正也,阴阳之平也,其气最良,物之所生也。"[20]1034 "中和"乃天地阴阳平衡的最佳状态,阴阳之气保持中正平和,万物才能扩充自性,发展本我。"顺天之道,节者天之制也,阳者天之宽也,阴者天之急也,中者天之用也,和者天之功也。举天地之道,而美于和,是故物生,皆贵气而迎养之"[20]1034,"阳道舒,阴道促"[1]453。宽、急、舒、促是阴阳二气的不同特性,相反相成,二者共存的唯一可能是"和",以得天地之美。《黄帝内经·素问》曰:"阴在内,阳之守也;阳在外,阴之使也。"马莳解曰:"阴性精专,阳性彪悍,故曰阴在内阳在外。"[33]49−50 阴精阳彪,阴内阳外,二者相互补充、相互影响,缺一不可。

无论在中国古人的人生实践、精神信念、伦理道德,抑或艺术创造中,"中和"之道都是最高的追求。从生理贯穿到心理、精神层面,以中为节,以和为美,是中国人几千年来酝酿的特有的审美韵味。董仲舒在天人感应的理论境遇里,自然要保留这种传统的审美逻辑和文化精髓。饮食虽小，原则事大，董仲舒还十分强调君子在小事上的谨慎作为，董仲舒曰：

> 君子慎小物而无大败也。是故春袭葛，夏居密阴，秋避杀风，冬避重漯，就其和也。衣欲常漂，食欲常饥。体欲常劳，而无长佚居多也。行中正，声向荣，意气和平，居处虞乐，可谓养生矣。……得天地泰者，其寿引而长，不得天地泰者，其寿伤而短。短长之质，人之所由受于天也。[20]1049

衣物保持清洁，饥饱不过度，劳逸适中，冷暖不失度，居处旷而不散，高而不威，此乃天地之"泰"。"泰"即天地中和的最佳状态，得"泰"者长寿，不得"泰"者短寿。《黄帝内经·素问》曰："饮食有节，起居有常，不妄作劳，故能形与神俱，而尽终其天年，度百岁乃去。"[33]4 饮食起居有节律，劳作有度，是人长寿的秘诀。《吕氏春秋·尽数》曰："凡食之道，无饥无饱，是之谓五脏之葆。"许维遹解曰："葆，安也。"[13]68 饮食过饥、过饱都会伤身体的五脏六腑，不挨饿，也不吃得太饱，才能确保内脏机能健全。对于统治者来说，饮食也必须有节制。《吕氏春秋·先识览》曰："周鼎著饕餮，有首无身，食人未咽，害及其身，以言报更也。"[13]398 统治者饮食如果太过丰盛，穷奢极欲、放纵口腹，就会有伤身亡国的下场。《黄帝内经·素问》曰："恬憺虚无，真气从之，精神内守，病安从来。"[33]5 人要控制自己的嗜欲，虚心恬静，守住真气，疾病从何而来呢？

饮食与君子品格也是分不开的。《春秋繁露·仁义法》曰："诗曰：'饮之食之，教之诲之。'先饮食而后教诲，谓治人也。又曰：'坎坎伐辐，彼君子兮，不素餐兮！'先其事，后其食，谓治身也。"[24]248-249 君子要修炼自身，必须要有所作为，而非满足于口实之需。孔子曰："君子食无求饱，居无求安。"[16]18 君子的志向不在口腹之欲、贪图享乐，德性才是最关键的。君子是儒家不变的理想人格目标，故饮食在修身面前显得十分逊色，而道家自然主义天道论，却比儒家更为密切地关注到人的生存问题。董仲舒虽吸收了黄老道家的养生精华，但他最终还是要回归儒家德性伦理的道场。

五、结语

"生命"一旦被赋予"天"的能量,似乎显得更有说服力。董仲舒在"神权"的庇护下,构建系统的天道论、人道论,在"天人感应"的心理场中,把"唯天为大"的饮食思维、文化沁入人心。"天"在人的饮食实践中扮演着精神引领者的角色,人保持对天的忠诚和敬畏,便能掌握和控制生命。人离不开食,食来自天,故人离不开天,这种看似合理的意象逻辑,很容易在中国传统的思维模式里生根发芽。君子必须以"天意"节"口欲",否则"天人合一"在最基本的问题上就没有了出路,人也就没有了方向。董仲舒以"天人感应"的立场,为人们找到了生存的希望,人的嗜欲在天道的笼罩中价值飙升,甚至成为"天"的一部分。如果说万物源于天的理论成立,那么"天"顶多在人的精神和意识世界中笃定了权威,而在人的现实需求上并没有即视性、实质性的功能,但信仰的力量远远超过现实的预想,这种精神动能正是当今社会所匮乏的。人们对食物的恩泽之心被欲望和利益所淡化,人类疯长的口欲、物欲正逐渐吞噬着美好的自然生态与资源。对大自然的敬畏和谢忱才是人与自然和谐相处的关键。

参考文献:

[1] 陈立. 白虎通疏证:上 [M]. 吴则虞,点校. 北京:中华书局,1994.

[2] 孙希旦. 礼记集解:中 [M]. 沈啸寰,王星贤,点校. 北京:中华书局,1989.

[3] 孟子. 孟子 [M]. 北京:中华书局,2016:242.

[4] 孙星衍. 尚书今古文注疏 [M]. 北京:中华书局,1986.

[5] 雒江生. 诗经通诂 [M]. 西安:三秦出版社,2000:605.

[6] 金景芳,吕绍纲. 周易全解 [M]. 上海:上海古籍出版社,2017:268.

[7] 朱熹. 周易本义 [M]. 天津:天津古籍出版社,1986:152.

[8] 陈鼓应. 老子注译及评介 [M]. 北京：中华书局，1984：298.

[9] 司马迁. 史记 [M]. 北京：中华书局，2011：2357.

[10] 龚鹏程. 中国传统文化十五讲 [M]. 北京：北京大学出版社，2006：25.

[11] 朱熹. 四书章句集注 [M]. 北京：中华书局，2011：93.

[12] 左丘明. 春秋经传集解 [M]. 杜预，集解. 上海：上海古籍出版社，1997：1325-1326.

[13] 许维遹. 吕氏春秋集释 [M]. 北京：中华书局，2017.

[14] 张志聪. 黄帝内经集注 [M]. 杭州：浙江古籍出版社，2002：272.

[15] 刘宝楠. 论语正义：上 [M]. 高流水，点校. 北京：中华书局，1990.

[16] 钱穆. 论语新解 [M]. 北京：生活·读书·新知三联书店，2012.

[17] 徐洪兴. 孟子直解 [M]. 上海：复旦大学出版社，2004：273.

[18] 荀子. 荀子 [M]. 王朝明，注说. 开封：河南大学出版社，2008：78.

[19] 余治平. 治身不敢违天——董仲舒的养身理念及性教育思想 [J]. 江苏教育学院学报（社会科学版），2002（2）：35-38.

[20] 钟肇鹏. 春秋繁露校释 [M]. 校补本. 石家庄：河北人民出版社，2005.

[21] 余治平. "推阴阳"而动天地：董仲舒的宇宙图式——如何实现对先秦儒家宇宙论的改造与超越 [G] //香港理工大学，香港孔子学院. 多维视野下的早期中国宇宙论国际研讨会会议论文集. 香港理工大学，2019：213-243.

[22] 董仲舒. 春秋繁露 [M]. 上海：上海古籍出版社，1989：44.

[23] 金春峰. 汉代思想史 [M]. 北京：中国社会科学出版社，1997：172.

[24] 苏舆. 春秋繁露义证 [M]. 北京：中华书局，1992.

[25] 刘文典. 淮南鸿烈集解：上 [M]. 北京：中华书局，2017.

[26] 赖炎元. 春秋繁露今注今译 [M]. 台北：台湾商务印书馆，1984.

[27] 刘钊. 郭店楚简校译 [M]. 福州：福建人民出版社，2005：149.

[28] 董天工. 春秋繁露笺注 [M]. 上海：华东师范大学出版社，2017：221.

[29] 余明光. 黄帝四经今注今译 [M]. 长沙：岳麓书社，1993：157.

[30] 王永祥. 董仲舒评传 [M]. 南京：南京师范大学出版社，1995：135.

[31] 阮元. 十三经注疏 [M]. 台北：艺文印书馆，2013：330.

[32] 肖群忠，霍艳云. 董仲舒"德莫大于和"思想探析 [J]. 伦理学研究. 2017（4）：48－51.

[33] 马蒔. 黄帝内经素问注证发微 [M]. 田代华，校. 北京：人民卫生出版社，1998.

基金项目：上海市高校青年教师培养资助计划重点推荐项目（ZZzdz19003）

原文载于《衡水学院学报》2019年第6期。

唐艳（1990—），女，陕西安康人，上海震旦职业学院教育学院讲师。

董学文本研究

《春秋繁露》辨伪三流派论

邓 红

一、序言

笔者最近撰写了两篇讨论董仲舒《春秋繁露》真伪问题的文章①，意犹未尽，于是对这个问题进行了进一步的思考，写下此文，以求教于方家。本文在一些具体细节上和上述两篇文章有重叠，但在结构和观点方法上迥然不同，谨请注意。

《春秋繁露》是研究董仲舒思想的重要材料，也是研究汉代思想的重要文献。但关于《春秋繁露》的文献辨伪问题，也一直困扰着董仲舒研究者们。

众所周知，《汉书·董仲舒传》云："仲舒所著，皆明经术之意，及上疏条教，凡百二十三篇。而说《春秋》事得失，《闻举》《玉杯》《蕃露》《清明》《竹林》之属，复数十篇，十余万言，皆传于后世。"在《汉书·艺文志》儒家类董仲舒名下，收录了《董仲舒》123篇，却没有《春秋繁露》这一书名。《汉书·艺文志》又在"春秋"类中，

---

① 《〈春秋繁露〉五行说辨》，载《管子学刊》2018年第1期。《〈春秋繁露〉"董仲舒真篇"新探——以〈对策〉检索〈春秋繁露〉的尝试》，"2018中国·衡水董仲舒与儒家思想国际学术研讨会"提交论文，尚未公开发表。

著录了《公羊董仲舒治狱》16篇。

《春秋繁露》这一书名最早出现于5世纪或6世纪初的《西京杂记》(卷二,《四部丛刊》本)中,在阮孝绪(479—536)的《七录》中,《春秋繁露》这一书名才与《汉书·艺文志》中为董仲舒所列的条目联系在一起,最后被载入《隋书·经籍志》。

由此可见,《春秋繁露》这一书名既没有和著者同步出现,成书也较晚,成书过程不明,和董仲舒的直接关系没有确证,所以关于该书的真伪,特别是和董仲舒的关系,自古以来众说纷纭,未能定夺。明代胡应麟综合各家观点,说:

> 余意此八十二篇之文即《汉志》儒家一百二十篇者。仲舒之学究极天人,且好明灾异,据诸篇见解,其为董居然,必东京而后,章次残缺,好事者因以《公羊治狱》十六篇合于此书,又妄取班所记《繁露》之名系之。而儒家之董子世遂无知者。后人既不察一百二十三篇之所以亡,又不深究八十二篇所从出,徒纷纷聚讼篇目间,故咸失之。当析其论春秋者,复其名曰《董子》可也。(《少室山房笔丛》丙部·《九流绪论》中)

他认为《春秋繁露》一书是后人辑录董仲舒遗文编辑而成书,书名为辑录者所加。换言之,《春秋繁露》以与董仲舒有关的文章为主("董仲舒真篇")编辑而成,但也有可能混入了一些和董仲舒无关的伪篇("董仲舒伪篇")。书名也可以不叫《春秋繁露》而应该恢复原有的《董子》。

到了近现代,随着现代学术方法的确立,特别是海外董仲舒和《春秋繁露》研究成果传入中国,学界出现了各种各样的观点。综观中外学界争论的焦点,全盘肯定论[1]有之,部分否定论有之(譬如本文将要讨论的"五行诸篇")、全部否定论有之。中国的孙景坛、日本

---

[1] 全盘肯定论者大多是中文世界的思想史家,如徐复观(《两汉思想史》第二卷,华东师范大学出版社2001年版)、李威熊(《董仲舒与西汉学术》,台北:文史哲出版社1978年版)、王永祥(《董仲舒评传》,南京大学出版社1995年版)等。

的福井重雅甚至提出班固《汉书》董仲舒本传捏造论①。

其中,对五行诸篇的讨论最为热闹。庆松光雄②、戴君仁对整个五行诸篇持否定态度;而田中麻纱巳③和近藤则之则认为五行诸篇前四篇是真篇、后五篇则是伪篇;江新认为《春秋繁露》五行诸篇中《五行对第三十八》《五行之义第四十二》两篇是真篇,其他七篇不是董仲舒的作品。程苏东认为,除《五行相生》《五行相胜》基本可定为董仲舒所作之外,其他的都有问题。

以上各家说法,仁者见仁,智者见智。在笔者看来,各家说法犹如盲人摸象,各取所需,皆在方法上存在着各种问题。为此,笔者将它们分别归纳为"推论派""唯理派"和"文献互见派"。下面对各派进行的论述着重于方法论上的讨论。

二、"推论派"——以逻辑推论代替考证

这一派的代表有宋代的程大昌、清代的程延祚、日本学者庆松光雄及台湾学者戴君仁等,他们使用的共同方法是以逻辑推论代替考证,故名"推论派"。

(一)程大昌的说法——辞意浅薄

最先宣判整个《春秋繁露》是伪书的,是宋代的程大昌。他在《秘书省书〈繁露〉书后》中说:

臣观其书辞意浅薄,间掇取董仲舒策语杂置其中,辄不相伦比,臣固疑非董氏本书矣。又班固记其说《春秋》凡数十篇,

---

① 关于对二者的批判,可见拙文《日本的董仲舒否定论之批判》,载《衡水学院学报》2014年2期。本文不再涉及。

② 庆松光雄:《春秋繁露五行诸篇伪作考》,《金泽大学法文学部论集(哲学文学)》第6号(1959),第25—46页。中文由笔者翻译,载《衡水学院学报》2015年第5期。

③ 田中麻纱巳撰,秦祺、邓红译:《关于〈春秋繁露〉五行诸篇的考察》,原载1969年《集刊东洋学》22号。中文载《衡水师范学报》2015年第5期。下文中近藤、江新、程苏东的论文以后再言及。

《玉杯》《蕃露》《清明》《竹林》各为之名,似非一书。今董某进本,通以《繁露》冠书,而《玉杯》《清明》《竹林》特各居其篇卷之一,愈益可疑也。他日读《太平寰宇记》及杜佑《通典》,颇见所引《繁露》语言,顾董氏今书无之。《寰宇记》曰:"三皇驱车抵谷口。"《通典》曰:"剑之在左,苍龙之象也;冠之在首,元武之象也。四者,人之盛饰也。"此数语者,不独今书所无,且其体致全不相似,臣然后敢言今书之非本真也。

他提出的理由有三条:1. 辞意浅薄。2. 与《汉书》本传所著录之书名不相符合。3. 书中的内容颇有出入,《太平寰宇记》《通典》所引《繁露》语言今本皆无。

仔细分析起来,1. "辞意浅薄"只是个人的主观感受,不能作为证据,犹如"我看你不顺眼,所以你是假的"之类的臆测。2. 与《汉书》本传所著录之书名不相符合,但班固所记录的《玉杯》《清明》《竹林》等篇名毕竟还在《春秋繁露》一书中,只是《繁露》变成了整个书的名字而已。也可解释成收集者不敢确定这些文章百分之百就是《汉书·艺文志》中说的《董子》一书中的,于是暂且拿其中的一篇文章的名字作为书名。3.《太平寰宇记》《通典》所引《繁露》语言今本皆无,则属于能不能以局部来判定全体的问题。

第2条和第3条理由属于《春秋繁露》文献的硬伤和软伤问题,不在本文讨论之列。

第一条理由以"辞意浅薄"来判断《春秋繁露》是伪书,是"推论派"的典型特征。"推论派"的主要特点,是先假设一个文辞方面的好坏(深浅、纯杂等等)标准,然后随意地宣判《春秋繁露》没有达到这个标准,于是他们便抬高嗓门宣布《春秋繁露》是伪书或《春秋繁露》中的一些文章是伪篇,而再不去寻找足以证明他们的结论是正确的任何具体证据,也不展开具体论证。如果我们用通俗的话来形容这种文风的话,叫作"我看你不顺眼,所以你是假的"。

具体而言,程大昌认为《春秋繁露》是伪书的理由是"辞意浅薄",那么他假设的标准就应该是其反面"辞意深厚"了吧。"辞意深厚"是什么意思,大概他自己也说不出个所以然吧,因为这也还只是个人的主观感想而已。而且从逻辑上我们还可以反问一句:"辞意深厚"就百分之百的是董仲舒真篇了吗?

(二)程延祚的说法——杂而伪

清人程延祚(1691—1761)是以董仲舒不讲五行来否定整个《春秋繁露》的始作俑者。他在《书〈春秋繁露〉后》中说:"汉儒言五行者始于夏侯始昌,始昌在仲舒后。仲舒他书不言五行,观五行志可见。而此书独数言之,又何在?其书盖出于众家而不得为一人所作。""是书之杂而伪也,亦可见于斯矣。"(《青溪文集》卷八)

"汉儒言五行者始于夏侯始昌"之说,大概指的夏侯始昌撰《洪范·五行传》。然《汉书·五行志》云夏侯始昌"善推《五行传》",只是说"善推"而已,所以我们也可认为《五行传》不是夏侯始昌所作。"汉儒言五行者始于夏侯始昌"在历史上本来是一个颇有争议的问题,如果沿着这条路线考证下去,也许可以得出谁是汉儒中首言五行者那样确切的结论,可惜程延祚没有这样做,大概是这个问题没有证据而无法考证吧。于是程延祚笔锋一转,认为《春秋繁露》"杂而伪",所以是伪书,这恰恰陷入了"推论派"的窠臼之中:"杂""伪"的另一面是"纯""真",而问题的设定恰好是讨论《春秋繁露》是不是伪书。所以程延祚提出《春秋繁露》是伪书的理由是"杂而伪",在逻辑上属于"循环证明",没有任何说服力。

综上所述,除了"辞意浅薄""杂而伪"那样的个人主观感受之外,推论派的另一个缺点在于,其可以看出《春秋繁露》的一些破绽(诸如"汉儒言五行者始于夏侯始昌,所以董仲舒不讲五行"之类),但最终找不出什么确切的证据,于是不得不落入循环证明的圈套之中。

(三)庆松光雄的说法——我怀疑

到了近代,日本学者庆松光雄说:

> 在本传或《五行志》中,他(董仲舒)的阴阳说随处可见,然在那有名的答武帝对策,或在以五行为题的《五行志》里,却找不出片鳞半爪五行说来。以上是我对《春秋繁露》五行诸篇产生怀疑的主要理由。因为《汉书》是远比《春秋繁露》更值得信

赖的资料，以之可以作为检验《春秋繁露》的证明。①

庆松对《春秋繁露》五行诸篇的真实性产生怀疑的主要理由是《汉书·董仲舒传》或《汉书·五行志》没有五行说，而《春秋繁露》五行诸篇专门讲五行说，所以五行诸篇可能是伪篇。可惜庆松的论文也只是提出了问题，而没有去解决问题，即没有对这个问题展开论证，也就是以"怀疑"为结论，还是和上面提到的程延祚一样，陷入了循环证明的圈套。

笛卡尔的怀疑论认为，要找到真实，必须找到一个能经得起任何怀疑检验的标准（proposition），一个无论如何也无法质疑的东西，这个东西具有完整的确定性（certainty）。庆松的怀疑论，是以《汉书·董仲舒传》或《汉书·五行志》没有五行说为标准（proposition），但是《汉书·董仲舒传》或《汉书·五行志》并没有如此完整的确定性（certainty）。

譬如《汉书·董仲舒传》的《天人三策》也有可以认为是五行说的文章：

> 春者天之所以生也，仁者君之所以爱也；夏者天之所以长也，德者君之所以养也；霜者天之所以杀也，刑者君之所以罚也。繇此言之，天人之征，古今之道也。

可见《汉书·董仲舒传》也是值得怀疑的。何况《天人三策》本身还有对策之年不明、三策的顺序有疑这样的瑕疵。

更重要的是，按照庆松的推论法，《汉书·董仲舒传》或《汉书·五行志》没有五行说，而《春秋繁露》五行诸篇专门讲五行说，所以五行诸篇可能是伪篇的话，那么是否也可以同样推论：《汉书·董仲舒传》或《汉书·五行志》中有阴阳说，《春秋繁露》中有许多讲阴阳的文章，特别是有一系列冠名"阴阳"的文章（我们也可以取名为"阴阳诸篇"），所以《春秋繁露》中讲阴阳的文章，特别是阴阳

---

① 庆松光雄：《春秋繁露五行诸篇伪作考》，《金泽大学法文学部论集（哲学文学）》第 6 号（1959），第 25—46 页。中文由笔者等翻译，载《衡水学院学报》2015 年第 5 期。

诸篇可说成是董仲舒真篇。譬如《天地阴阳第八十一》便是"阴阳诸篇"之一，里面却有很多五行说：

> 天、地、阴、阳、木、火、土、金、水、九，与人而十者，天之数毕也，故数者至十而止，书者以十为终，皆取之此。
>
> 天意难见也，其道难理，是故明阳阴入出、实虚之处，所以观天之志；辨五行之本末、顺逆、小大、广狭，所以观天道也。天志仁，其道也义，为人主者，予夺生杀，各当其义，若四时；列官置吏，必以其能，若五行；好仁恶戾，任德远刑，若阴阳；此之谓能配天。
>
> 天者，其道长万物，而王者长人；人主之大，天地之参也；好恶之分，阴阳之理也；喜怒之发，寒暑之比也；官职之事，五行之义也。

以上不单讲五行也讲阴阳天地人，而且讲得非常精彩深奥纯正，和阴阳结合得那么美妙，不算成董仲舒真篇简直说不过去。

看来，最省事的方式，还是把整个《春秋繁露》否定掉。但是仅仅凭《汉书·董仲舒传》或《汉书·五行志》没有五行说这一条理由而否定整个《春秋繁露》，从逻辑上是说不过去的，因为按照这个逻辑只能否定掉《春秋繁露》中有五行说的部分，却不能否定掉没有五行说的部分，特别是"阴阳诸篇"。

所以庆松式的仅凭"怀疑"便否定五行诸篇，光靠逻辑推论去搞考证，问题更多。

（四）戴君仁的说法——汉书的绝对真实

戴君仁说：

> 能代表他（董仲舒）的思想的真实材料，都在《汉书》中，只说阴阳，不及五行。①

戴君仁的观点和逻辑基本上和庆松相同，所以上文的论述，也适

---

① 戴君仁：《董仲舒不说五行考》，原载《台湾图书馆馆刊》（台北）第 2 期（1968），第 9—19 页。转载于《思想与学术》（台湾学者中国史论丛），中国大百科全书出版社 2005 年版。

用于戴氏说。只是戴氏理所当然地将《汉书》当作了代表董仲舒思想的真实材料，也即拥有完整的确定性（certainty），这样便会出现新的问题。因为如何去认定《汉书》中哪些东西是董仲舒思想的真实材料，不是一个新问题，而是属于哪些是"董仲舒真篇"的循环证明问题。譬如前面我们提到的"阴阳"，《汉书》讲阴阳，《春秋繁露》也大讲阴阳。台湾学者徐复观曾这样反驳过戴氏的说法：

> 戴先生忽略了一点，贤良三策，主要言任德而不任刑；春秋繁露中，凡以德与刑对举的，皆只言阴阳而不言五行。言阴阳不言五行之篇数，绝对多于言五行之篇数。①

其实在《春秋繁露》的辨伪史上，也存在着根据和《汉书》的重合的程度肯定《春秋繁露》的一派。譬如南宋的楼钥参照《汉书》本传"天人三策"等内容来判定《春秋繁露》，得出了和程大昌相反的结论。他在《〈春秋繁露〉跋》说：

> 其本传中对越三仁之问；朝廷有大议，使使者及廷尉张汤就其家问之；求雨，闭诸阳，纵诸阴，其止雨反是。三策中，言天之仁爱人君，天道之大者在阴阳，阳为德，阴为刑，故王者任德教而不任刑之类，今皆在其书中。则为仲舒所著无疑，且其文词亦非后世所能到也。

可见根据和否定派同样的逻辑，人们只要指出《春秋繁露》中和《汉书》重合的地方，便可以说明《春秋繁露》的可信性。至少是重合的部分值得信赖。上文一口气举出了"对越三仁之问""张汤就其家问之""求雨阴阳""天之仁爱人君""天道之大者在阴阳""阳为德，阴为刑""王者任德教而不任刑"等7个标准，认为在《春秋繁露》中这7个方面的内容都存在，所以《春秋繁露》"为仲舒所著无疑"②。

---

① 徐复观《两汉思想史》卷二《先秦儒家思想的转折及天的哲学的完成》，台北：学生书局1976年版，314页。
② 请参见拙文《〈春秋繁露〉"董仲舒真篇"新探——以〈对策〉检索〈春秋繁露〉的尝试》（未公开发表）。

按照寻找伪篇的"推论派"的逻辑和方法，至少《春秋繁露》中有这 7 个方面内容的篇章都是"董仲舒真篇"。

（五）《春秋繁露》肯定论者中的推论派

所以，运用"推论派"的逻辑和方法，也可以用来判断"董仲舒真篇"。除了上述宋代楼钥的说法之外，刚才我们也提到过，明代的胡应麟综合各家观点，讲《春秋繁露》的由来时说：

> 余思此八十二篇之文即《汉志》儒家一百二十三篇者。仲舒之学究极天人，且好明灾异，据诸篇见解，其为董居然，必东京而后，章次残缺，好事者因以《公羊治狱》十六篇合于此书，又妄取班所记《繁露》之名系之。而儒家之董子世遂无知者。后人既不察一百二十三篇之所以亡，又不深究八十二篇所从出，徒纷纷聚讼篇目间，故咸失之。当析其论春秋者，复其名曰《董子》可也。（《少室山房笔丛》丙部·《九流绪论》中）

"仲舒之学究极天人，且好明灾异，据诸篇见解，其为董居然"，他认为《春秋繁露》的内容有涉及天人灾异的地方，因为"究极天人，且好明灾异"，所以基本上是董仲舒真篇。这就是典型的以推论辨真。

无独有偶，《四库全书总目》评论《春秋繁露》说："今观其文，虽未必全出仲舒，然中多根极理要之言，非后人所能依托也。"也可说是标准的"以推论辨真伪"的推论派手法："根极理要之言"很多，就是董仲舒真篇？那么，不是"根极理要之言"便是董仲舒伪篇了？这同样也属于"我看你顺眼，所以你是真的"之类的臆测。

总而言之，"推论派"的主要特征，是以"我看你顺不顺眼"，来瞬间判断"你是不是真的"。

三、唯理派——以思想内容判断文献的真伪

这一派以日本学者田中麻纱巳和近藤则之为主。笔者曾在一些文章里，对二者的观点进行过介绍和批判。现不厌其烦，重新介绍他们的观点，然后站在本文的立场对之进行分析。

（一）田中说的主要观点

田中麻纱巳于1969年发表了一篇题为《对〈春秋繁露〉五行诸篇的一个考察》①的论文，对《春秋繁露》的所谓五行诸篇的真伪进行了考察。他的主要观点是：

五行诸篇的九篇文章可分为两组。

一组是《五行对第三十八》《五行之义第四十二》《五行相生第五十八》《五行相胜第五十九》等四篇，这些是以五行相生相胜说五行，所以是属于董仲舒的。而且这四篇的一些说法在《繁露》的其他一些文章里也可以见到。

一组是《五行顺逆第六十》《治水五行第六十一》《治乱五行第六十二》《五行变救第六十三》《五行五事第六十四》等五篇，这些不是用相生相胜说论述的，而是"采用时令说讲究灾异，和《尚书》系统的灾异解释有关，和作为春秋公羊学者的董仲舒的思想是不一致的"；再加上这五篇的说法不见于《繁露》的其他文章，它们只是用五行说来讲灾异。所以这一组不是董仲舒的。

在我们看来，田中之说在逻辑方法上也有根本错误之处。他认为后五篇"采用时令说讲究灾异，和《尚书》系统的灾异解释有关"，于是这些就不是董仲舒的。然而田中首先得证明，为什么"以五行相生相胜说五行"就是董仲舒的，而"采用时令说讲究灾异，和《尚书》系统的灾异解释有关"的篇目就不是董仲舒的了这一大前提。可惜田中并没有做过这样的证明。

其次，田中自己也承认，时令说和五德终始说有密切关系，然而五德终始说的顺序就是五行相胜，这等于说后五篇的五行说也和五行相胜说有密切关系。

最后，后五篇里的灾异说既可说有《尚书》的灾异说，也有春秋公羊学的灾异说。《五行变救第六十三》说："五行变至，当救之以德，施之天下，则咎除；不救以德，不出三年，天当雨石。"这和董

---

① 原载《集刊东洋学》二二号。后收入《两汉思想的研究》，研文出版2003年版。

仲舒在"天人三策"和《春秋繁露·必仁且智篇》里的"国家将有失道之败,而天乃先出灾害以谴告之"(天人三策)的灾异说精神是一致的;而天雨石,又是春秋学者所鼓吹的谴告方法的一种。春秋经庄公七年有"夏四月,星陨如雨",《公羊传》曰:"记异也。"《春秋繁露·王道篇》则将之作为对"周衰,天子微弱,诸侯力政"之乱政的谴告。诸如此类,还有许多,有什么证据能够断定这些不是董仲舒和春秋公羊学的,而只是《尚书》系统的呢?

(二)近藤的说法

近藤则之针对董仲舒(严格说来是关于《春秋繁露》)撰写过《〈楚庄王篇〉三世异辞说和董仲舒的灾异说》(九州大学《中国哲学论集》23集,1997年)、《关于董仲舒思想中的"元"的意义》(《日本中国学报》第51集、1998年)、《关于〈春秋繁露〉的改制说》(《九州中国学报》第37卷、1999年)、《关于董仲舒的五行的考察》(九州大学《中国哲学论集》25集,1999年)等论文。

近藤在《关于〈春秋繁露〉的改制说》和《关于董仲舒的五行的考察》两篇文章中,对《春秋繁露》的文献问题,主要是五行诸篇,提出了自己的观点。

首先,近藤在《关于〈春秋繁露〉的改制说》一文中,以《楚庄王第一》和《三代改制质文第二十三》为中心,考察了"繁露"的改制说。他认为这两篇的改制说有连续性,并认为这一改制说在循环方式上采用了"三统"和"四法"之二重循环,这和五德终始说是对立的。然而《春秋繁露》的改制说只是在"五"的循环定数上持否定态度,而继承强调了五德终始说的改制上的革命性意义和以气的推移为王朝交替的动力之说,也就是以符瑞、受命、革命加之改制,这是对儒教教说的改造。

在本文的前一节"田中说的主要观点"中笔者说过,田中的《对〈春秋繁露〉五行诸篇的一个考察》的论文,对《春秋繁露》的所谓五行诸篇的真伪进行了考察。他认为五行诸篇的前四篇,是以五行相生相胜说五行,所以是属于董仲舒的。五行诸篇的后五篇,不是用相生相胜说论述的,而是"采用时令说讲究灾异,和《尚书》系统的灾异解释有关，和作为春秋公羊学者的董仲舒的思想是不一致的"，再加上这五篇的说法不见于《繁露》，它只是用五行说来讲灾异，所以这一组不是董仲舒的。

近藤的《关于董仲舒的五行的考察》一文，承袭田中的结论，对五行诸篇的前四篇和后五篇，进行了考察，考察的方式也十分独特。

他首先认为，经过他在前一篇文章中的考察可知，《三代改制质文第二十三》是董仲舒的作品。而《三代改制质文第二十三》的改制说在循环方式上采用了"三统"和"四法"之二重循环，这和五德终始说是对立的。他在此基础上考察了五行诸篇的前四篇，得出结论是"这四篇和《三代改制质文篇》同样，采取的是反五德终始说的主张和立场的"。而且《五行对》和《五行之义》中强调"以土德为忠"的说法，也是和五德终始说相异的。因而五行诸篇的前四篇是董仲舒的。

其次他简单地考察了五行诸篇的后五篇，认为如田中所说，这五篇的五行观没有连贯性，这五篇主要是以时令论为基础论述君王对灾异的态度，和前四篇的谈论的父子君臣关系的宗旨完全不同，因而可以考虑这五篇是出自另外的人之手。

于是近藤得出结论，由于《三代改制质文第二十三》是出自董仲舒之手，那么和这篇文章同样采取反五德终始说的主张和立场的五行诸篇的前四篇也是董仲舒的文章，而没有连贯性且五行说的宗旨不同的后五篇就不是董仲舒的文章。

（三）唯理派评说

关于笔者对上述两篇文章内容的评价，可参见拙文《日本中国学界有关〈春秋繁露〉伪篇问题的论争》[①]，这里不再赘述。

那么，为什么本文要将上述两篇文章归纳为"唯理派"呢？和"推论派"相比，本文归纳的所谓的"唯理派"，其主要特征在于使用的方法是"以思想内容来判断文献的真伪"。也就是说，他们是依据

---

① 最早载 2004 年台湾辅仁大学中文系《先秦两汉学术》第 2 期，后收入拙著《董仲舒思想研究》，文津出版社 2008 年版。

他们所认定的董仲舒的思想，通过自己主观上对《春秋繁露》一些文章流露出来的思想的检阅、所想表达的内容的理解及文面流动倾向的感受来判断《春秋繁露》文献的真伪，以义理的解说来代替文献考证。所以笔者将使用这种研究方法来研究（董仲舒）文献真伪的一派称之为"唯理派"。

这种研究方法比起"推论派"来似乎有着某种合理性，但无疑也有很大的风险。

首先，对一篇文献内容的解说和理解属于"义理之学"，对文献本身真伪的考证属于"考据之学"。"义理之学"重视"微言大义"，从理论的角度系统把握思想内容。其可称为"哲学的方法"。"考据之学"讲究"名物训诂"，也就是重视古典的文字、音义、文物及典章制度，从文化学的角度来把握儒学。其可称为"历史学的方法"。在人文科学领域里，特别是中国学术发展史上，这两种研究方法交错进行，在各个时代都取得了丰富的成果。但是两者毕竟是不同的学术方法和学术范畴乃至分野，单凭思想内容裁判不了文献章节和字眼的真伪，所以"义理之学"终究不能取代"考据之学"。

其次，"唯理派"需要保证和证明董仲舒的思想是始终保持一致且不发生任何变化的，至少是变化不大。关于这一点，笔者曾经说过：

> 人是在不断思想的，一个思想家的思想也不可能前后永恒不变。特别是董仲舒这样的一生经历了几朝皇帝，其生活的时期的是从战国时代的分封割据时代，过渡到了秦汉大帝国的政治上的统一时期，思想潮流呈现出由百家争鸣走向相对统合的倾向。董仲舒本人的思想也经历了从黄老到春秋公羊学再到"天不变道亦不变"的天道思想的进程，其间更换杂阴阳五行于其间。对于这样一个经过了如此复杂的思想历程，建立了异常庞大的思想体系的人物，完全有前后不一致的可能性。①

---

① 参见前引拙文《日本中国学界有关〈春秋繁露〉伪篇问题的论争》。

譬如田中写过论述《春秋繁露》中的《离合根》《立元神》《保位权》三篇有黄老倾向的论文①，近藤的《关于董仲舒思想中的"元"的意义》一文则认为《春秋繁露》各篇中的"元"有不同含义②。可见一个人不可能保持自己的思想永远不变。

第三，"唯理派"论者必须保证自己对《汉书》以及《春秋繁露》的理解是完全忠实于作者的真实想法和原文的本来意思。每个人在做学问时都是非常自信的，但在实际的研究工作中，论述者个人的学术素养和风格无疑会影响到他对文献（如《汉书》及《春秋繁露》）的理解。譬如田中对五行诸篇的后五篇的理解，认为它们不是用相生相胜说论述的说法，曾遭到台湾学者徐复观的批判：

> 按《五行顺逆第六十》，是将五行配入四时，而将土配于"夏中"。木火土金水的顺序，分明是相生的顺序。《治水五行第六十一》，是以冬至为准，用日数（不用四时）说明五行各当令用事七十二日，由木而火而土而金而水，各说明其特性。五行的顺序，依然是相生的顺序。《治乱五行第六十二》是说五行若不顺着相生相胜的运行顺序而互相干犯；则必然产生灾祸；这必然是以五行相生相胜为基底，始能定出其是否相干犯，否则无所谓干犯。《五行变救第六十三》，是说明"五行变至，当救之以德"。此处所提出的五行之变，乃源于政治，而非来自自身运行上相生相胜有何乖舛，与上篇不同，当然不涉及相生相胜的问题，但排列出的五行顺序，依然是相生的顺序。《五行五事第六十四》，这是以《洪范》的"一，五行：一曰水，二曰火，三曰木，四曰金，五曰土"和"二，五事：一曰貌，二曰言，三曰视，四曰听，五曰思"，互相配合以言休咎的。"洪范"的水火木金土的顺序，既不是相生，也不是相胜；因"洪范"五行的本来意义，指

---

① 田中麻纱巳《两汉思想研究》，第一章第二节《离合根等三篇》，研文出版1986年版。

② 近藤则之《关于董仲舒思想中的"元"的意义》，《日本中国学报》第51集，1998年。

的是五种实用材料，根本没有相生相胜的问题。但董仲舒的时代，既已把实用材料的五行混入到五气的五行中间去，则他必须套上相生相胜的运行格套，使其成为一有机体。所以《五行五事第六十四》中的五事的顺序，与《洪范》相同，而五行的顺序，却与《洪范》不同。《洪范》的顺序是水火木金土，而董仲舒氏此处的顺序是木金火水土，这正是五行相胜的顺序。由此可知田中麻纱巳的说法，毫无根据。①

暂且不管二人孰是孰非，可见对同样话语的理解，可以得出完全不同结论出来。这也许就是"唯理派"以思想内容判断文献的真伪方法的最大缺陷。

另外，"唯理派"还得保证他们用于原始判断的、他们所理解的所谓真实的董仲舒思想（也即"董仲舒的思想应该是这样"的那个部分），确实是百分之百真实的董仲舒思想，而且还是原创的（而不是《论语》那样由弟子集录的）、在写作过程中没有掺杂进别人的东西的（譬如董仲舒学派的弟子们的）、在历史承传中没有遗漏的（像《史记》那样遗失掉最重要的《武帝本纪》）等。而这些都是需要经过严格的文献考证才能证明的东西。看来"唯理派"也会掉进"循环证明"的陷阱。笔者曾经说过：

> 以田中为代表的这一派的学者采取的，往往是认定《春秋繁露》肯定有伪篇，然后再去寻找（伪篇）的先入为主法。具体做法是，先发明一种理论，认为董仲舒的思想应该是这样，然后对繁露的文章群进行考察，如果其中的某些文章符合这一假定理论，他们就宣布这些文章是董仲舒的；如另一部分文章不符合这一假定理论，他们就宣布这些文章是赝作。②

以田中、近藤为代表的学者们对《春秋繁露》基本态度是，《繁露》一定有伪篇，学者们的任务只是去寻找哪些是伪篇而已。我们前

---

① 徐复观《两汉思想史》卷二《先秦儒家思想的转折及天的哲学的完成》，台北：学生书局1976年版，第314—315页。
② 拙著《董仲舒的春秋公羊学》，工人出版社2001年版，第52页。

面已经讲过，怀疑《春秋繁露》有伪篇是可以的，因为怀疑主义往往是学术进步的动力与源泉。然而，宣布《春秋繁露》有伪篇和宣布《春秋繁露》没有伪篇属于同一问题的两个侧面，都必须要有严格的论证和可靠的材料，不能结论先行①。

看来以思想内容寻找伪篇太难了。

四、文献互见派——没有确证的猜测

最近几年，江新和程苏东采用的文献互见的文献学研究方式讨论《春秋繁露》的文献问题，也就是将《春秋繁露》五行诸篇和《洪范五行传》、刘向《洪范五行传论》等五行学文献及秦汉时期流传的有关五行时令的文献进行互见比较，从而去寻找五行诸篇的伪篇。我们将这种研究方法归纳为"文献互见派"。"文献互见派"给人以耳目一新之感，也留下了许多教训。

（一）江新的研究

江新先把五行诸篇分为四组。第一组包括《五行对》第三十八、《五行之义》第四十二；第二组包括《五行相生》第五十八、《五行相胜》第五十九、《五行顺逆》第六十；第三组包括《治水五行》第六十一、《治乱五行》第六十二、《五行变救》第六十三；第四组包括《五行五事》第六十四。江新的研究结果如下，考证过程请参照原文②：

第一组：《五行对》第三十八是董仲舒针对河间献王"夫孝，天之经，地之义，何谓也？"的问题所作的策对。文章开头为"河间献王问于温臣董君曰。在我们已经证明了董仲舒是有五行思想的情况下，我认为此篇不可能出于伪造。《五行之义》的思想和《五行对》基本一致，都是用五行思想来论证儒家忠孝伦理。所以，如果《五行

---

① 参见前引拙文《日本中国学界有关〈春秋繁露〉伪篇问题的论争》。
② 江新：《〈春秋繁露〉五行诸篇真伪考》，载《河北师范大学学报》（哲学社会科学版）2011第4期。

对》是董仲舒的作品，那么《五行之义》就肯定是董仲舒的作品"。

第二组：1.《五行相生》第五十八、《五行相胜》第五十九、《五行顺逆》第六十。第二组所涉及的篇章有大量文字和刘向作品中的文字相似，其思想与其他有关董仲舒的可靠文献相冲突，所以不是董仲舒，而是刘向的作品。2.《官制象天》是董仲舒的作品，而记载"五官"的《五行相生》第五十八、《五行相胜》第五十九和《五行顺逆》第六十（因为和《官制象天》的说法不一致，所以）不是董仲舒的作品。

第三组：第三组最大的特点就是《治水五行》和《治乱五行》篇的内容与《淮南子·天文训》的相关内容几乎相同。因此这一部分的作者也是刘向。

第四组：《五行五事》第六十四用灾异思想对《尚书·洪范》部分经文逐条解释，同样也不是董仲舒的作品。因为"董仲舒和刘向虽同说《春秋》灾异，但他们所依据的理论基础是不同的。董仲舒以阴阳推演《春秋》灾异，刘向以《洪范》五行义推演《春秋》灾异。若是董仲舒和刘向一样都是以《洪范》推演《春秋》灾异，那班固没有必要严格区分二家之说"。

（二）程苏东的研究

程苏东在一篇题为《〈春秋繁露〉"五行"诸篇形成过程新证》的文章中有条件地肯定了江新的研究，认为[①]：

> 他注意到《春秋繁露》与《汉书·五行志》之间的互见关系，于是以此为据，认为《春秋繁露》中《五行五事》等诸篇并非董仲舒的作品，而是出于刘向。虽然他利用的文献资料尚不够完备，结论也略显草率，但这种根植于文本的方法与思路，无疑是值得称道的。

其次，程氏将五行诸篇和包括《洪范五行传》、刘向《洪范五行传论》在内的《洪范》五行学文献及秦汉时期流传的各类五行时月令

---

① 引文请参见程苏东《〈春秋繁露〉"五行"诸篇形成过程新证》，载《史学月刊》2016 年第 7 期。

文献进行了比较，得出结论认为：

> 《春秋繁露》与"五行"相关之文献共九篇，按主题可以分为三组：第一组即《五行相生》《五行相胜》，以"五行"生胜关系构建国家治理的官僚制度；第二组则是《五行顺逆》《治顺（水）五行》《治乱五行》《五行变救》《五行五事》，通过呈现"五行"内部的多种关系及其与四时之间的对应关系，阐述"依时　施政"的政治理念；第三组为《五行对》《五行之义》，由《孝经》论及"五行""父子相生"等义理，阐发"孝子忠臣之行"的必要性。
>
> 从文本生成的层面而言，除《五行变救》篇尚缺乏足够的资料暂无法考定外，其他八篇文献可以分为三个层次，第一层可视为董子原作，包括《五行相生》和《五行相胜》。第二层为后儒援据他学，尝试使之与董子五行生胜理论相合者，包括《五行顺逆》《五行五事》《五行对》。第三层为更晚之儒生据上述第二层文献再次编纂，欲使董子五行生胜理论更臻完备者，包括据《五行顺逆》而作的《治顺（水）五行》《治乱五行》以及据《五行对》而作的《五行之义》。
>
> 这些二、三层次的文本多受到包括《洪范五行传》、刘向《洪范五行传论》在内的《洪范》五行学文献以及秦汉时期流传的各类五行时月令文献的影响，另一方面又颇服膺董仲舒《五行相生》《五行相胜》篇所论五行生胜说，因此尝试将此三种"五行"理论整合为一种新的"五行"政治学说，反映了五行学发展到成熟阶段时出现的社会思潮。

关于程氏的证明过程，可参见原文，这里不再赘述。

（三）文献互见派评说

比起"推论派"和"唯理派"来，"文献互见派"要谨慎得多，研究手法也回到了文献考证领域，看起来很有新意。

但是首先笔者要指出的是，拿董仲舒之前的著作来和《春秋繁露》互见比较，有着一定的合理性①。拿董仲舒之后的文章来对照《春秋繁露》的话，则需要慎重起见。刘向比董仲舒差不多晚一百年。拿刘向的文章去比较董仲舒的文章，说《春秋繁露》的文章出自刘向，类似于去寻找判决董仲舒抄袭刘向那么滑稽，因为我们也完全可以说是刘向抄袭了董仲舒。

其次，"文献互见派"是沿袭几十年前"推论派"的《汉书·五行志》只讲阴阳不讲五行从而怀疑《春秋繁露》中的五行诸篇的逻辑去做文章。其实"推论派"的说法出来之后，曾遭到过人们的不断批驳。譬如徐复观批判戴君仁说：

> 戴先生忽略了一点，贤良三策，主要言任德而不任刑；春秋繁露中，凡以德与刑对举的，皆只言阴阳而不言五行。言阴阳不言五行之篇数，绝对多于言五行之篇数。《盐铁论·论灾第五十四》："文学曰，始江都董生推言阴阳，四时相继。父生之，字养之；母成之，子藏之"。此处文学所引，正见于《春秋繁露·五行对第三十八》。可以说，不言五行，便不成其为董仲舒了。②

一下子指出了"推论派"的方法有两个重要的错误。笔者也提到过，"宣布《春秋繁露》有伪篇却和宣布《春秋繁露》没有伪篇都属于同一问题的两个侧面，都必须要有严格的论证和可靠的材料，不能结论先行"③。

---

① 如《春秋繁露》的《服制第二十六》篇和《管子·立政》篇有着高度的重合，可以认定是增补《管子·立政》而成。但中国古代的学者们没有我们现代学术所说的版权保护和原创重视意识，许多著作不是作者本人亲自撰述的（如《论语》《老子》等），抄写、改编、诠释也是著述创作的重要方式（如郭象《庄子注》），寄喻名人表达自己的思想乃家常便饭（《黄帝内经》之类）。即使弄清楚《服制第二十六》是增补《管子·立政》而成没有什么特别意义，因为其内容不尽然相同，况且《春秋繁露》还有一篇《服制像第十四》。《服制第二十六》篇谈的是服饰制度的具体理论和细节，而《服制象》篇则根据春秋史实来讲服饰图案、细节的象征意义，可看作提契董仲舒服饰论的提纲。

② 徐复观：《两汉思想史》卷二《先秦儒家思想的转折及天的哲学的完成》，台北：学生书局1976年版，第314页。

③ 参见前引拙文《日本中国学界有关〈春秋繁露〉伪篇问题的论争》。

也就是说，研究者在做文章之前，至少要检查一下自己延续的这种逻辑推理是不是有合理性：我为什么要继续"推理派"去怀疑这几篇文章？这样的研究方法有没有延伸性、普遍性？这样的研究方法适合《春秋繁露》的其他文章吗？也就是说，这种比较首先得认定《春秋繁露》的这些文章中有假货，否则其结果还是有掉落到循环论证的陷阱中去的危险。

譬如，既然可以从董仲舒在《汉书》本传，特别是在《汉书·五行志》中只讲阴阳而不讲五行而去怀疑"五行诸篇"，进而去仔细检查五行诸篇的真伪的话，那么是不是可以沿着这个逻辑去这样推论：《汉书》本传和《五行志》大讲阴阳，所以《春秋繁露》中冠有"阴阳"之名的各篇可称为"阴阳诸篇"，这些文章不值得怀疑，也没有用文献互见的方式去检验它们的真伪的必要性了呢？可见"文献互见派"是重蹈"推论派"的覆辙。

其三，"文献互见派"拿五行诸篇开刀，不知他们想过没有，五行诸篇一开始就是一个整体呢，还是因为它们的标题冠有"五行"才被人为地算成了一个整体？

第一次提到"五行诸篇"这个概念的，应该是前面提到的日本学者庆松光雄。其实从他的学术背景来看，他不是研究中国思想史的学者，基本上没有读过《春秋繁露》的其他文章。从他的文章来看，他提出"五行诸篇"这个概念的唯一理由也只是它们的标题冠有"五行"，他似乎以为只有"五行诸篇"才有五行说。

"五行诸篇"的9篇文章，按照田中和近藤的分法可以分为前四篇和后五篇两个文章群，按照江新和程苏东的分法又分为四组，其中《五行对第三十八》可以单独成组。这也从另一面说明五行诸篇其实原来并非一个整体。

查《春秋繁露》中谈及五行的文章共有22篇文章，大致可以分为以下三种类型：

一是五行诸篇，共9篇文章。

二是除五行诸篇外含有"五行"字眼的文章，共7篇9条。它们是：《十指第十二》《保位权第二十》《官制象天第二十四》《天辨在人第四十六》《阴阳终始第四十八》《人副天数第五十六》《天地阴阳第八十一》（三处）。如果加上"五音""五谷""五帝""五等""五端"，则更多一些。

三是和《天人三策》一样，言及"春生夏长秋收冬藏"的文章，共6篇7条。它们是：《王道通三第四十四》《阴阳义第四十九》《四时之副第五十五》《人副天数第五十六》《循天之道第七十七》《威德所生第七十九》（二处）。①

可见单单怀疑"五行诸篇"是没有道理的，研究者为什么不去检查其他有五行思想的文章？可见只对它们进行文献互见法式的真伪检查是有问题的，研究者不免戴上有色眼镜去观察，以至于疑神疑鬼，掉进"推论派"的陷阱中。且在检查它们之前，论者已经有了先入为主之观：这些文章中肯定有伪篇，论者只是负责去查出这些伪篇而已。这又和"唯理派"随波逐流了。

总之，"文献互见派"固然可以指出五行诸篇中的一些破绽，但最终还是苦于没有决定性论据，还是和"推论派"和"唯理派"一样急于求成，过于轻率地宣布取得了成果，得出的结论还是不能令人信服。

但这也不能责怪他们。除非出现马王堆或郭店楚简那样的考古奇迹，要以现存的文献来否定《春秋繁露》的存在或者是考证出百分之百的"董仲舒伪篇"，基本上是找不到确切证明材料的。在这种大环境下去用文献互见的方式去探查"五行诸篇"的董仲舒真篇或伪篇，无异于猜谜。

五、结语

其实笔者对"五行诸篇"也是有看法的，因为整个《春秋繁露》只有"五行诸篇"才大讲五行相胜相生方面的理论，其他的文章要么

---

① 详细情况请参见拙文《春秋繁露"董仲舒真篇"新探——以〈对策〉检索〈春秋繁露〉的尝试》（未发表）。

没有言及，要么只是和阴阳一起带过。学界对《春秋繁露》也是存有疑窦的，因为《春秋繁露》内容过于繁杂，没有整体性和系统性，有的文章只是一些断章残简。学界同样对《汉书》董仲舒本传和《五行志》感到不满意，董仲舒本身就是一个"四不清"：生卒年代不清、家乡不清、师承著作不清、对策之年不清。

当代研究者之所以有这么多疑窦，和自己的学术背景和经历有关。当代研究者从小进的是正规学校而非私塾，接受了 university 教育，遵从的是 academic 规则，以西方学术规范为圭臬。以这样的经历为背景，再回头来看中国思想史文献，几乎个个都有问题：《论语》非孔子亲著；老子来历不明，老子孔子孰先孰后都没有搞清楚；《庄子》哪些篇章是庄子自己的著作是笔糊涂账；杨朱事迹不明没有留下著作；墨子生卒不详，《墨子》阙文错简太多，《管子》《吕氏春秋》《淮南子》署名者和著作者错位。和董仲舒《春秋繁露》同时代的各种书物，大都在不同程度上存在着文献学上的问题，如陆贾的《新语》、贾谊的《新书》、刘向的《新序》等，《公羊传》《穀梁传》的具体作者难以确定，《左传》有造假嫌疑，《黄帝内经》是借名人宣传私货，谶言纬书没有一个值得信赖。以这样的眼光再来审视董仲舒，有关董仲舒的文献缺陷和《春秋繁露》的硬伤破绽还算是比较轻微的。

对于如上述不完全的历史承传，研究者该如何应对呢？研究者可以用现代学术标准去对待和诠索两千多年前的文献吗？具体到董仲舒，是等把所有的董仲舒的生平事迹疑窦和《春秋繁露》的文献问题都解决清楚了，才去研究董仲舒的学术和思想呢，还是对那些疑窦视而不见呢？对此现代的日本学者大多倾向前者，他们对董仲舒研究一直采取"谨慎"态度。相反，大多数中国学者大多采取倾向后者，采取与我无关的态度，反正《四库全书总目》评论过《春秋繁露》："今观其文，虽未必全出仲舒，然中多根极理要之言，非后人所能依托也"，于是心安理得了。

幸好中国悠久的史学传统和学术承袭，给研究者界定了"义理之学"和"考据之学"的分野。研究董仲舒的学术和思想，属于"义理之学"，而本文所论述的"推论派""唯理派"和"文献互见派"的研究则属于"考据之学"。"义理之学"的研究者们应该采取的态度是：拥有董仲舒生平事迹存疑的基本知识，对《春秋繁露》的文献问题有大致的了解，对上述三派的研究成果有所关注，但在它们取得决定性成果或者是出现马王堆或郭店楚简那样的考古奇迹之前，不被拖住研究的后腿而踌躇不前。笔者甚至希望年轻学者在进入董仲舒研究领域之时，不妨涉猎一下"考据之学"。而"考据之学"的研究者们则应该不急于求成，板凳坐上十年冷，届时也许会一鸣惊人，不过一定要有方法上的突破，不应重蹈"推论派""唯理派"和"文献互见派"的覆辙。

本文为"2019中国·衡水董仲舒与儒家思想国际学术研讨会"提交的论文。

邓红（1958—），男，重庆合川人，日本北九州市立大学文学部教授。武汉大学中国传统文化研究中心兼职研究员，衡水学院、内江师范学院客座教授。

董仲舒论"智慧"及其现代启示
——兼谈先秦儒家智慧观

耿春红

古往今来，中外哲人千千万，无不对智慧情有独钟，因为哲学就是"爱智慧"。而何为智慧则有诸多定义，见仁见智。但总体上可以这样理解：智慧是个体生命活力的象征，在一定的社会文化心理背景下，在知识、经验习得的基础上，智慧在知性、理性、情感、实践等多个层面上生发，是在教育过程和人生历练中形成的应对社会、自然和人生的一种综合能力系统。它不只是一般意义上的聪明，甚至也不只是心理学概念中的智商，它是每个个体安身立命，直面生活的一种品质、状态和境界。中国的先哲们从先秦时期就开始探讨智慧，尤其是注重安身立命、直面现实生活的一代又一代儒家先哲们给出了对智慧的理解和探讨。

孔子以周礼继承者自居，但是他作为"圣之时者"（孟子语），在继承和阐发周礼的同时，也提出了自己的哲学思想体系，即"承礼启仁"思想。孔子最崇拜的人是周公。他曾经说："甚矣，吾衰也，久矣吾不复梦见周公。"（《论语·述而》）[1]96周公之所以受到孔子的崇拜，因为他制礼作乐。礼乐可以使文化普遍推广，使百姓有所遵从。但孔子的时代已是"礼崩乐坏"的时代，形式主义大行其道，礼乐只是在讲表面，内心没有真诚的情感，所以孔子提出"贵仁"的创新性思想。"仁"的主要内涵就是真诚，由内心真诚对人到真诚对待礼乐乃至一切，尤其是在爱人方面。但孔子不是一个糊涂的仁者，他提出"仁者爱人"，同时也提出"仁者知人"，也就是"仁且知"。孔子还说："知者不惑，仁者不忧，勇者不惧。"（《论语·子罕》）[1]137 又说："好学近乎知，力行近乎仁，知耻近乎勇。"即《中庸》中所说的"知、仁、勇三者，天下之达德也"。在知、仁之外孔子又提出了"勇"。孔子认为"勇"就是"知耻"，这个"勇"是以礼为本，而非强力的意思，具有伦理学的意味。这三者是天下通行的普遍的道德准则。孔子在知、仁、勇三位一体中考察、理解"知"，体现了知识论和伦理学的统一。由此可知，孔子的智慧观是智慧和道德的结合，这一点奠定了此后儒家智慧观的基本特征，也可以说，儒家的智慧观是带有道德质素的，在一定程度上说，智慧即德行。孔子对智慧的探讨，如同对其他主题一样，只言片语，分布在与学生的对话中，没有专门的系统论述。而且，在用词上多见"知"，而罕见"智"，只在《论语·阳货》中说过一句话"唯上智与下愚不移"[1]257，意思是只有上等的智者和下等的愚人是改变不了的。大部分时候，知、智不分，也说明孔子对知识和智慧没有严格区分，甚至认为是一回事，这制约了他对智慧的进一步论说。后来孟子将孔子的"仁且知"发展成"仁且智"，"学不厌，智也；教不倦，仁也。仁且智，夫子既圣也"（《孟子·公孙丑上》）[2]67，意思是，学习不知满足，这是智；教人不嫌疲劳，这是仁。既仁且智，老师就是圣人了，已经由"知"而变"智"了，尽管"知"还有知识的意思。字面上的改变，表明孟子向智慧的探讨进一步发展。孟子又提出了"是非之心，智之端"的命题，即是非之心是智的萌芽。又因为孟子强调"人皆可为尧舜"，所以他认为凡人也可以通过知识的积累和智慧的磨炼而"学以成圣"，而不再像孔子认为的那样"上智"和"下愚"之间的不可转移。智慧的获得人人平等，这是孟子对智慧论述的贡献。

荀子将"有知亦且有义"作为人"最为天下贵"的最根本特征，说明知识和仁义的结合是人与禽兽最后的区别。更重要的是荀子对知识的层次和分类有意识地进行了具体分析，提出征知、辩合、符验等一系列认识、推理、证明的环节，从而说明由"知"到"智"是有阶梯的,"求智"是有一个辩证发展过程的,从而为人们获得智慧指明路径和方法。首先,荀子认为人的认知属性和认知对象之间存在一定联系,"凡以知,人之性也;可以知,物之理也,以可知之性,求可以知物之理,而无所疑止之"[3],意思是:能够认识事物,是人的本性;可以被认识,是事物的自然之理。以人认识的本性,去探求可知的事物的道理,如果没有一定的目标所止,那人就会终身辛苦,甚至到死也不能穷尽事物的道理。其二,从"正名"的需要对人主体活动中的九个要素进行了定义性说明,其中就包括"知"和"智"。他说"人所具有的认识事物的本性"就是"知",人的认识应和外界相符合,达到对事物之理的把握则是"智"。可见,"智"是从知识中分化出来的结果,这种见解是荀子论智慧的一大创新。另外,荀子还通过耳目感知之知和心之征知两个阶段分别涉及感性和理性的认识,从而为进一步认识智慧开辟途径。总之,荀子对智慧的认识有诸多的开创,为后来儒家智慧观的进一步发展开辟了纵深道路。

虽然中国哲学家从先秦时期就开始探索智慧,表现为对知识和学问的大量探讨。但是先秦哲人没有将"智慧"两个字连用,而多是将知、智、慧等字单用,直至汉代儒者贾谊才在他的《新书》中将先秦儒家对智慧定义的基本思路揭示出来:"深知祸福谓之智,反智为愚;极见窕察谓之慧,反慧为童。"[4]意思是智慧就是深知祸患之辨,极见事物义理本质,侧重社会人事及其行为趋势的明智理解和理性把握,和知识、理性相关联,又具有浓重的人文色彩,并且和愚昧、童蒙相对立。

正是有了前人对智慧的诸多探讨,于是到了汉代董仲舒,作为哲学家的他才在其《春秋繁露》①中专辟一章论说探讨智慧,这就是"必仁且智第三十"。董仲舒也成为中国历史上第一个较为系统论说智慧的人。这一章在《春秋繁露》中跟那些动辄大段议论和描述的长篇文章比起来,算不得长篇,只有三段,且每一段都在 200 字左右,全

---

① 以下所引《春秋繁露》内容均出自张世亮、钟肇鹏、周桂钿译注的《春秋繁露》,中华书局 2012 年版。

文约在600—700字之间；而且也不同于《春秋繁露》中的其他很多章节，既有议论又有叙述的写法，本章以具体分析说理为主，同时采用意象式的下定义方式，即谈董仲舒对仁、智等概念的感受和印象。这种段落分明、短小简练，论点突出、具体说明的写法，和本篇题旨——谈仁、智非常吻合。可以说，全篇说理充满了干净利落、言简意赅且具体细致的特点。董仲舒的智慧观依然来自孔子开创的智慧观，即知识与伦理的结合，但又有其创新。下面通过对文本的分析，具体说明董仲舒的智慧观。

第一段，他从仁爱和智慧的重要性出发，指出"不仁不智而有材能""适足以大其非，而甚其恶"，意思是，没有仁爱、没有智慧却有才能的人，会运用他的才能去助长他邪僻不正的思想，去帮助他邪恶乖僻的行为。所以董仲舒强调必须将仁爱和智慧这些德行作为人行事的根本，从而强调了智慧的道德性特征。在这里，董仲舒除了仁和智之外，又提到了一个概念，就是"材能"，即才能。所以下面提到了人才观的问题。董仲舒认为，仁与智的统一是选才用人的标准。他说"有否心者，不可藉便埶（势）；其质愚者，不与利器"，意思是，有邪恶心的人，不可以给他便于利用的权势；资质愚钝的人，不可以给他锐利的武器。所以"仁者所以爱人类也，智者所以除其害也"，意思是，仁爱是用来爱人类的，智慧是用来为人类除害的。对一个人来说，仁爱、智慧缺一不可，即"莫近于仁，莫急于智"。当然，在董仲舒那里，智、知两字有明确区别：智与仁德相对应，则专指智慧；知与"为"相对应，是指知识，即"智而不仁，则知而不为也"，即有智慧而不仁爱，虽知道什么是善事而不会去做。第一段仁、智对举，让我们想到现代心理学上的情商和智商。那么对仁、智的描述，是否和情商、智商一样呢？看后面两段。

第二段，何谓仁。先用三个肯定句"憯（惨）怛爱人，谨翕不争，好德敦伦"，意思是，忧伤痛苦地爱护别人，恭敬和合地不与人争斗，喜好并诚恳地遵从伦理道德。孔子讲"仁者爱人"，董仲舒又加上了"憯（惨）怛"二字，说明爱与同情、怜悯心有相同之处，和孟子的"恻隐之心"相同，且颇有现代"爱"的理念之意味，属于本体之心。第二、三句话是讲和人相处之道及对伦理的遵从，体现了儒家重伦理的特点，属于用的范畴。这三句话体现了"仁"这个概念体、用结合的特点。另外这三句话都侧重于与别人适当关系的处理，也体现了儒家"仁"的基本特征就是处理人和人之间的关系。紧接着连用六个否定句论"仁"所反对的内容："无伤恶之心，无隐忌之志，无嫉妬（妒）之气，无感愁之欲，无险诐之事，无辟违之行。"意思是，没有伤害别人的心理，没有暗中记恨别人的心志，没有嫉妒别人的情绪，没有抱怨忧闷的意愿，没有阴险邪僻的事情，没有邪恶乖僻的行为。前四句话从心志写，写人内心的幽暗，意识支配行动，所以后面两句写效果、写行为，符合行为逻辑。后面顺理成章写道："故其心舒，其志平，其气和，其欲节，其事易，其行道。""故能平易和理而无争。"如此者，谓之仁。董仲舒论仁，抓住了实质，主要就人的心理及其意识支配行动而言，它是心的一种活动，一念之间天壤之别。仁，主要是对心、对意念、对情绪的管控。只要管控好心、意念和情绪，行为就不会出现偏差，也就不会出现坏的结果。由上面的描述看出，仁，确实类似于现代心理学所说的情商。所谓情商（Emotional Quotient）通常是指情绪商数，简称 EQ，主要是指人在情绪、意志、耐受挫折等方面的品质，情商是与后天的培养息息相关。情商主要反映一个人感受、理解、运用、表达、控制和调节自己情感的能力，以及处理自己与他人之间的情感关系的能力。它是非理性的，其物质基础主要与脑干系统相联系。所以，董仲舒所描述的"仁"，近似现代心理学上的情商。

第三段，何谓智。分三点：首先，智慧就是正确谋划。"凡人欲舍行为，皆以其智，先规而后为之"，意思是，人们大凡要实行或放弃某项行动，都先用他们的智慧进行谋划，然后才去实行。这里，"规"字很关键。《说文解字》："规，有法度也。从矢，从见，会意。"规，就是按法度或规则或天道谋划，但是谋划有正确与错误之分，按谋划而行为的结果也就有了天壤之别：谋划正确的人，"其所为得其所事，当其行，遂其名，荣其身，故利而无患，福及子孙，德加万民，汤、武是也"；谋划错误的人，"其所为不得其所事，不当其行，不遂其名，辱没及其身，绝世无后，残类灭宗亡国，桀、纣是也"。故曰："莫急于智。"所以人的行为没有比需要智慧更急切的。这里，董仲舒通过两类著名的人物——汤武和桀纣行为的结果谈到谋划的重要性，其于己、于人、于家、于国至关重要。谋划正确就是有智慧，谋划错误就是无智慧。所以智慧就是理智判断。同时汤武、桀纣的行为也带有道德性，所以智慧的道德属性不言而喻。其次，智慧能预测。"智者见祸福远，其知利害早，物动而知其化，事兴而知其归，见始而知其终。"有智慧的人能预测祸福，能提前知道利害，事物刚一发动就知道它的变化情况，事业刚一兴起就知道它的结果，看到开端就知道结果。这里强调智慧的先见之明，它是基于知识、经验习得积累基础上的不完全等同知识的知识，从而强调了学习、积累、总结的重要性。其三，智慧有威严。"言之而无敢哗，立之而不可废，取之而不可舍，前后不相悖，终始有类，思之而有复，及之而不可厌。"这里强调智慧的结果能服众。其四，智慧很简约。"其言寡而足，约而喻，简而达，省而具，少而不可益，多而不可损"，意思是，有智慧的人的言语不多而理由充分，语言简约而清楚明白，简单而能表达充分，省略却又全面，语句少时别人无须增加什么，语句多时别人无法减少什么。其五，智慧言行既合理又合情。"其动中伦，其言当务。"智慧的行为符合伦理规范，智慧的话语切合时务。总之，智，侧重理性判断，和现代心理学上所说的"智商"非常相近。智商，即智力商数（Intelligence Quotient），系个人智力测验成绩和同年龄被试成绩相比的指数，是衡量个人智力高低的标准。智商主要反映人的认知能力、思维能力、语言能力、观察能力等。也就是说，它主要表现人的理性的能力。

从上面分析可以看出，仁和智的内在逻辑关系比较清晰。"仁"类似情商，"智"类似智商，现代心理学研究表明，情感常常走在理智的前面。情商主要与非理性因素有关，它影响着认识和实践活动的能力。智商的作用主要在于更好地认识事物。智商高的人，思维品质优良，学习能力强，认识程度深，容易在某个专业领域做出杰出成就，成为某个领域的专家。情商主要与非理性因素有关，它影响着认识和实践活动的能力。它通过影响人的兴趣、意志、毅力，加强或弱化认识事物的驱动力。智商不高而情商较高的人，学习效率虽然不如高智商者，但是，有时能比高智商者学得更好，成就更大。因为锲而不舍的精神使之勤能补拙。另外，情商是对自我情感把握和调节的一种能力，因此，与人际关系的处理有较大关系。其作用的效果与社会生活、人际关系、健康状况、婚姻状况有密切关联。情商低的人，人际关系紧张，婚姻容易破裂，领导水平不高。而情商较高的人，通常有较健康的情绪，有较完满的婚姻和家庭，有良好的人际关系，容易成为某个部门的领导人，具有较高的领导管理能力，情商会影响智商的发挥。董仲舒和先秦儒家一样，认识到了仁和智同样重要的同时，他通过"仁""智"前加的定语"必""且"两个字，就说明了"仁"在智慧中的不可或缺性及第一重要性，段落的先后安排，也同样肯定了"仁"的重要地位。这和情商、智商的关系非常相似。但董仲舒认为，智慧包括仁、智两方面，且缺一不可，而且智慧高于才能，是人做人做事、安身立命不可或缺的德行和品质。

一方面，董仲舒的智慧观以德为主，符合中国儒家传统，这是对先秦儒家智慧观的继承，通过对词语和段落的安排，肯定了"仁"在人类智慧中的不可或缺和第一重要性；另一方面，他对仁、智的描述，又和现代心理学对情商和智商的定义和认识有着惊人的相似度。可见董仲舒的智慧观，既有继承性，又有超前性。需要说明的是，在中国语言的诞生之初，"德"字有表达事物功能的含义。章太炎就在探讨语言缘起的时候谈到，对实物的命名有实、德、业三个方面的考虑，其中实就是事物之本体，随着这些事物的其他表达的产生，就有了与实体相对应的德性，即功能。如人云、马云，是其实；仁云、武云是其德。德和才在一定程度上有相同的指向[5]。后来，到了春秋战国时代"德"和"才"才逐渐分离。董仲舒认为仁和智都属于德行范畴，说明董仲舒不但是一位醇儒，因为儒家自古就重德，而且他对中华元文化也是有很大的认同。

此外，董仲舒对智的论说中也包括了对才能的重视和肯定，因为他谈到了行为和结果问题，也就是谈到了实践的问题，实践既是一个人展示智慧的过程，同时也是展示才能的过程，两者缺一不可。所以董仲舒既重视德，又重视才。

董仲舒的智慧观如同他在其他很多方面的思想见解一样在中国哲学史上有着承前启后的作用，而且对于今天的现代社会依然有启示意义。

启示一，要点燃对智慧的爱和尊重。董仲舒作为哲学家，他领会和实践了智慧的重要性。他一生起起伏伏，但是他对中国的历史、政治、经济、法律、文化等都有着深入的学习、深刻的洞察和深邃的思考。从中看出，无论做事、做人，无论对个人还是对社会，智慧极其重要，不可替代。所以人人要爱智慧。但他认为智慧本身有其特点，需要对其掌握和尊重：第一，智慧和仁爱不可分，缺一不可，"必仁"两字，就使得智慧带有了伦理性和人文色彩，有了温情脉脉的感觉，而非冷冰冰的只是理性的一个东西；第二，智慧与否在很大程度上取决于心理是否健康，如是否具有同理心、善良、豁达、坦荡、开朗、积极、乐观等品质，这些良好的心理品质决定了一个人有智慧。第三，智慧是可以学习和积累的。上文说到"凡人欲舍行为，皆以其智，先规而后为之"，规，有图画、规矩的意思，也就是说，做事之前，先了解事物的规律、规则，然后按规律办事，才能既成功又有利于人和社会；不按其规律或规则办事，轻则不利，重则既害人又害己。所以智慧就是尊重规律。智慧很大部分不是先天就具有的，而是在后天学习、积累的基础上形成的一种应对社会、自然和人生的综合能力。所以智慧需要学习。

启示二，选人用人，德为先。"不仁而有勇力材能，则狂而操利兵也；不智而辩慧狷给，则迷而乘良马也。故不仁不智而有材能，将以其材能以辅其邪狂之心，而赞其僻违之行，适足以大其非而甚其恶耳"，没有仁爱和智慧的才能是可怕的，古往今来，这样的事例多不胜数。轻则个人遭殃，重则给国家和民族带来深重的灾难。董仲舒的人才观，强调了以德为主，德实际上包括"仁"和"智"。他认为仁偏于仁爱，但爱什么样的人，如何去爱，则须有智慧做鉴别，需要认知能力和判断技巧，所以"仁"不能不讲"智"，而"智"也须由

"仁"加以辅正。所以董仲舒认为，人的德行里仁爱和智慧互相渗透，缺一不可，这在选材任人方面尤其重要。

启示三，要重视对心理和意识的正确引导。仁爱在德行中是必要前提，不可或缺，类似于现代心理学中的情商。一个人或许智商高，也或许有才能，但是缺乏仁爱之心，则做起事来容易缺乏同理心，又容易争强好胜违反人之常理，从而导致心理的偏差，如仇恨、嫉妒、抱怨、睚眦必报、斤斤计较及贪婪等，这些负面的心理和意识又常常导致恶性事件的发生。如现在高知阶层的抑郁症多发、大学生犯罪频发、贪官腐败层出不穷，一个很大的原因是德行中的心理意识出了问题，也就是情商出了问题。董仲舒尽管只是举出了"仁"即情商中六个方面的心理意识的负面问题，不尽全面，但是他已经认识到了"仁"也就是情商的第一重要性问题。观念支配行动的方向，情商影响智商的发挥，所以管理好心、意识和情绪至关重要。

启示四，要重视行为和结果。董仲舒谈智慧，不是就其定义、概念或理论而言，他更重视过程，即实践性，这就是对行为和结果的看重。董仲舒把智慧看成思维的规范性、判断的合理性及行事的恰当性三者的有机统一，既把智慧中的理性主义内容论说了出来，又是对其实践性的重视。这也是董仲舒论智慧的创新之处。

参考文献：

[1] 杨伯峻. 论语译注 [M]. 北京：中华书局，2017.
[2] 杨伯峻. 孟子译注 [M]. 北京：中华书局，2019.
[3] 荀况. 荀子 [EB/OL]. [2019-6-6] https://so.gushiwen.org/guwen/bookv_3482.aspx.
[4] 王洲明. 贾谊集校注 [M]. 北京：人民文学出版社，1996：304.
[5] 章太炎. 国故论衡 [M]. 上海：上海古籍出版社，2003：31.

本文为"2019中国·衡水董仲舒与儒家思想国际学术研讨会"提交的论文。

耿春红（1968—），女，河北衡水人，衡水学院学报编辑部教授，衡水学院董子学院兼职教师。

董学史研究

从《论衡》看王充的董仲舒观

魏可音 魏彦红

董仲舒和王充是汉代思想史上杰出而有代表性的两位思想家。人们无论在关注或研究哪一位的思想时,另一位的思想都是无法绕开的,所以,在研究董仲舒时不能离开王充对他的评价,研究王充时也无法回避他对董仲舒的评价。从学者们早年对二者研究的成果来看,鉴于中华人民共和国成立初期及"文化大革命"期间特殊的政治背景及语境,以及唯物唯心哲学观分类的影响,对董仲舒的评价倾向于认为董仲舒的思想是以阴阳五行为中心的唯心主义哲学体系和神学目的论。如"董仲舒就是这样建立起他的天人感应目的论的神学体系。董仲舒的唯心主义哲学就是这样向唯物主义进行斗争而成为两汉居于统治地位的哲学思想"[1]76。"董仲舒综合和继承了先秦哲学中的神秘主义和唯心主义的传统,(和王充的唯物主义传统)形成了两汉哲学上两个阵营的对立。"[2]学者们认为王充的思想是唯物主义哲学体系,认为他坚持以元气为中心的自然观,反对"天人感应",并认为王充是极力反对董仲舒的唯心神学论思想的。如:"王充是东汉中叶时的最重要的唯物主义哲学家,也是中国古代哲学史上极其少有的唯物主义哲学家,他对两汉居于统治地位的官方哲学,董仲舒唯心主义哲学,进行了相当彻底和全面的批判,所有的董仲舒唯心主义观点,王充都针对着一一加以批判。王充在批判董仲舒时充分运用了当时所达到的科学水平。"[1]76"就性质上说,王充的哲学思想是与董仲舒的唯心主义针锋相对的，完全相反的。"[1]77 "王充为驳斥董仲舒的神秘主义目的论，强调了唯物主义的经验论"[3]，且"王充的唯物主义世界观正是与中世纪神学，特别是与董仲舒及《白虎通义》的神学的斗争中发展起来的。"[4]

很多学者得出了与以上观点相似的结论，这些结论几乎成为一种普遍性的观点，并带有很深的时代烙印。20世纪80年代始，有不少学者对王充与董仲舒的研究有了新成果，得出了与前面相反的结论，对二者的关系重新进行了定位，尤其是对王充评价董仲舒进行了翻案，如："王充不只是在学术流派，政治观点上推崇董仲舒，而且对董仲舒的个人素质、才气、风格也给予了很高评价。"[5] "从《论衡》来看，应该说王充对董仲舒的基本态度是赞扬而不是批评，是肯定而不是否定。"[6]周桂钿也认为："董仲舒的对策，切中时弊，论君臣政治得失，中肯深刻，深受王充赞赏。董子理论的出发点和归宿都是现实社会。这种理论上的实事求是态度，就体现了唯物论精神……王充与董仲舒在社会问题见解上颇多相通之处，因此他们并非针锋相对的，而是心有灵犀一点通。"[7]

那么王充到底是如何评价董仲舒的？在王充心目中，董仲舒到底是个怎样的人呢？王充在《论衡》中评论董仲舒有多处，他结合自己的哲学观，对董仲舒及其思想、学问等进行了或正面或侧面的引用和评析，既有价值判断，也有非价值判断；既有肯定，也有否定和怀疑，但更多的是肯定和赞誉。邓红也对王充的董仲舒评价进行了梳理研究[8]1—10，本文拟在以上研究的基础上对王充的《论衡》进行全面系统的梳理，对所有涉及董仲舒和对董仲舒进行评论的内容都整理出来并进行归类，以期从多个角度全面解读王充的董仲舒观。

一、对董仲舒人性论的评论

对人性的探讨是每个思想家必须要面临的首要问题，董仲舒也不例外。王充在表达自己对董仲舒思想的看法时，也没有回避这个问题。

董仲舒览孙、孟之书,作情性之说曰:"天之大经,一阴一阳。人之大经,一情一性。性生于阳,情生于阴。阴气鄙,阳气仁。曰性善者,是见其阳也。谓恶者,是见其阴者也。"若仲舒之言,谓孟子见其阳,孙卿见其阴也。处二家各有见,可也。不处人情性,情性有善有恶,未也。夫人情性,同生于阴阳,其生于阴阳,有渥有泊。玉生于石,有纯有驳;性情〔生〕于阴阳,安能纯善?仲舒之言,未能得实。(《本性篇》)[9]211-122

在这里,王充通过引用董仲舒的性情之说,批驳了董仲舒的人性论,认为董仲舒关于人性的观点"未能得实",未能得到证实,所以不一定符合事实。董仲舒从天之常道为阴阳推导出人之常道为性情,阴阳有鄙仁之分,性情有善恶之别。人性生于阳,人情生于阴。既然董仲舒的性情观来自孟子、孙卿之说,那么孟子性善论只能说明孟子只见性之阳,孙卿持性恶论,说明他只识性之阴。王充进一步用类比的方式进行了说明,认为人的性情虽生于阴阳,但有厚薄之分,玉产于石头,有纯与不纯之分,这是自然存在的,不可能都是纯的善的。所以,从这个道理出发,王充推导出董仲舒的人性论"未能得实"。

二、对董仲舒"雩祭"的评论

王充在《论衡》中多次提到董仲舒的"雩祭","雩祭"是提及董仲舒最多的一个话题,看来王充对该做法非常重视,是想借此话题表明自己的系列观点。

彼短书之家,世俗之人也。见雷电发时,龙随而起,当雷电〔击〕树木(击)之时,龙适与雷电俱在树木之侧,雷电去,龙随而上,故谓从树木之中升天也。实者,雷(云)龙同类,感气相致,故易曰:"云从龙,风从虎。"又言:"虎啸谷风至,龙兴景云起。"龙与云相招,虎与风相致,故董仲舒雩祭之法,设土龙以为感也。夫盛夏太阳用事,云雨干之。太阳,火也;云雨,水也,〔水〕火激薄则鸣而为雷。龙闻雷声则起,起而云至,云至而龙乘之。云雨感龙,龙亦起云而升天。天极雷高,云消复

降。人见其乘云,则谓"升天",见天为雷电,则为"天取龙"。(《龙虚篇》)[9]251—252

本篇意在驳斥龙是神物且会升天的虚妄说法,故篇名为"龙虚"。汉代盛行龙是神物,雷电击断树木,劈坏房屋时,是天来取龙上天的说法。王充在《龙虚篇》主要是想阐述自己关于"龙"的看法,他认为龙是"虚妄"的,不是真实的。他从"短书之家""世俗之人"入手,是想批评这样的民间传说,借此引用董仲舒"雩祭"的做法也是要进一步说明其原理是值得怀疑的。因为,王充认为天不会取龙,龙也不会升天,龙和雷一起升天之"天取龙"说是错误的。

董仲舒求雨,申春秋之义,设虚立祀。父不食于枝庶,天不食于下地,诸侯雩礼所祀,未知何神。(《明雩篇》)[9]583—584

王充在此是想借董仲舒求雨一事,来发挥《春秋》的大义,说明祭祀是《春秋》重礼的重要表现,容不得人们稍有怠慢,一定讲究正宗主脉者主持实施祭祀活动。这里引用董仲舒"雩祭"之"设虚立祀"不是批评,而是为了强调说明"雩祭"作为礼的重要意义。

夫雩,古而有之。故礼曰:"雩祭(宗),祭水旱也。"故有雩礼,故孔子不讥,而仲舒申之。夫如是,雩祭,祀礼也。雩祭得礼,则大水,鼓用牲于社,亦古礼也。得礼无非,当雩一也。(《明雩篇》)[9]594

王充认为,"雩祭"自古就有,而且《礼记》中也有记载,说明了"雩"礼是一种重要的古礼,是祭祀的礼仪。作为儒家代表的孔子尊重古礼,董仲舒更是将"雩祭"古礼发挥到了极致。王充进一步表明自己的观点,认为符合古礼是对的,举行"雩祭"的首要原因也是其符合古礼的要求。所以,王充在这里从重视礼、发展礼的视角对董仲舒举行"雩祭"礼仪给予了积极肯定。

推春秋之义,求雩祭之说,实孔子之心,考仲舒之意。孔子既殁,仲舒已死,世之论者,孰当复问?唯若孔子之徒,仲舒之党,为能说之。(《明雩篇》)[9]595—596

这句话是《明雩篇》的最后一句,是对本篇的概括总结,王充是想说明:以上议论是为了推究《春秋》的原义,寻求关于雩祭所蕴含的道理，证实孔子的想法，查考董仲舒的心意。可是，孔子已经死了，董仲舒已经死了，世间上的论述者，谁能解释清楚呢？唯有像孔子这样的人，像董仲舒这样的人，才能去解释它了。其实，这就是对董仲舒雩祭的意义加以赞颂。王充认为董仲舒的雩祭，其根据是春秋的义理，是对孔子思想的发扬光大。

在《乱龙篇》，王充对"雩祭"有3处阐述。虽然只有3处，但该篇主题就是阐释雩祭"云龙相致"的原理，王充认为只有该篇才把这个问题解释彻底，故称"乱龙篇"。

> 董仲舒申春秋之雩，设土龙以招雨，其意以云龙相致。易曰："云从龙，风从虎。"以类求之，故设土龙。阴阳从类，云雨自至。(《乱龙篇》)[10]605—606

王充在这里对董仲舒举行雩祭的原理进行了梳理。他认为，董仲舒遵循了《春秋》中所包含的雩祭的原理，用堆置土龙的办法引致天降雨，董仲舒引用《周易》中的"云从龙，风从虎"的记载，用类比法推导出云和龙是同类之物可以互相招致的道理。王充认为董仲舒的做法完全符合《周易》上同类相招的原理，故此设置土龙。这样的做法也遵循了同类相感应的原理，因此与龙同属于阴的雨就被龙吸引下来了。在这里，王充只是对董仲舒设土龙招雨的原理进行了推导，并没有进行价值评价。

> 仲舒览见深鸿，立事不妄，设土龙之象，果有状也。龙暂出水，云雨乃至。古者畜龙、御龙，常存，无云雨。犹旧交相阔远，卒然相见，欢欣歌笑，或至悲泣涕，偃伏少久，则示行各怳忽矣。易曰"云从龙"，非言龙从云也。云(雷)樽刻雷云之象，龙安肯来？夫如是，传(儒)者〔之〕何(问)可解，则桓君山之难可说也，则刘子骏不能对，劣也，劣则董仲舒之龙说不终也。论衡终之，故曰"乱龙"。〔乱〕者，终也。(《乱龙篇》)[10]615—616

针对董仲舒的雩祭，后世很多人不能理解，并提出了各种问题。王充对其进行了详细而透彻的解释。王充认为，董仲舒知识渊博，见多识广，阅历深厚，做事情不会随随便便的，一定会考虑成熟，所以他堆置土龙求雨,肯定是有依据的,并以形象的比喻进行了生动的说明。他认为,才学低的人是无法理解董仲舒雩祭的深刻内涵和蕴含的义理,只有《论衡》才能彻底地解释它,这也是本篇名称的由来,"乱"的意思就是终结,是彻底的解释。由此看来,本篇虽然涉及董仲舒雩祭内容不太多,但却是对董仲舒雩祭的宏观的综括和评价。最重要的是,王充对董仲舒雩祭的合理性和所包含的政治意义给予了肯定。

至此,或许有人会质疑,《乱龙篇》和《龙虚篇》精神不相符合,有些矛盾。其实一点也不矛盾,《龙虚篇》是从自然现象所蕴含的科学原理的角度对雩祭进行了分析,王充认为董仲舒的做法有问题,值得怀疑。而《乱龙篇》则是从雩祭所遵从的儒家礼仪的精神而言的。在王充的分析和评判中,他更看重的是董仲舒雩祭所体现的《春秋》的儒家精神及尊崇礼仪的重要意义,而不是"土龙"到底能否致雨的问题。

> 难之曰:春秋大雩,董仲舒设土龙,皆为一时间也。一时不雨,恐惧雩祭,求有请福,忧念百姓也。(《感类篇》)[10]686

这里提到雩祭,只是王充在批驳其他人的观点时以董仲舒设土龙求雨为例进行的说明,这是客观引用和描述,没有价值判断。

> 大旱,春秋雩祭;又董仲舒设土龙,以类招气。如天应雩、龙,必为雷雨。何则?秋夏之雨,与雷俱也。必从春秋、仲舒之术,则大雩、龙,求天〔怒〕乎?(《感类篇》)[10]690

王充为了表明自己对雷雨现象的观点,为了反驳当时流行的"天人感应"的说法,举出了多个例子,董仲舒雩祭则是其中之一。王充认为,无论是《春秋》记载的雩祭还是董仲舒设土龙的做法,都应该是以属阴类的土龙招致阴气。如果按照《春秋》和董仲舒的主张,那么举行雩祭和设置土龙,是为了激怒上天而降下雨来。王充是想借此来说明秋夏雷雨往往同时发生,这只是自然现象,并不是天人感应的表现。

> 董仲舒请雨之法,设土龙以感气。夫土龙非实,不能致雨,仲舒用之致精诚,不顾物之伪真也。然则周公之请命,犹仲舒之

请雨也;三王之非鬼,犹聚土之非龙也。(《死伪篇》)[10]778

这里王充借评价周公"三王之非鬼"一事讨论了董仲舒设土龙求雨的诚意,土龙不是真龙,不能致雨,但只要有了诚意,土龙是不是真龙就无所谓了(即要心诚,把假龙当真龙)。王充想表现的是董仲舒继承发扬了孔子"祭如在,祭神如神在"的思想。在这里可以看出,王充是在评价董仲舒设龙求雨时表现的敬与诚的心意,即使不能致雨,这种诚意也是值得提倡的。这是积极的评价。

夫阳燧、刀、剑、钩能取火于日,恒非贤圣亦能动气于天。若董仲舒信土龙之能致云雨,盖亦有以也。夫如是,应天之治,尚未可谓贤,况徒得人心,即谓之贤,如何?(《定贤篇》)[10]964

王充以"阳燧、刀、剑、钩能取火于日"的现象说明,即使是普通的人,不是圣贤,也能够影响天上的气象变化了。这就像董仲舒相信用土龙能招来云雨一样,大约也是有他的理由的。后面他进一步解释,如果能这样做就能得民心,能得民心者也是贤人。所以王充在这里也是说明了董仲舒设土龙招雨一事是为了百姓,民心所向,这就是好事。

总之,王充从尊崇儒家重礼的角度,从发挥《春秋》微言大义的角度,从对孔子精神传承发扬的角度,从民心所向的角度,对董仲舒的"雩祭"进行了积极评价;从雩祭的原理和自然现象产生的角度进行了批评。

三、对董仲舒春秋学的评论

董仲舒是治春秋公羊学的大家,对其持有的学术观点王充要进行评论是必然的。

夫五经亦汉家之所立,儒生善政,大义皆出其中。董仲舒表春秋之义,稽合于律,无乖异者。然则春秋,汉之经,孔子制作,垂遗于汉。论者徒尊法家,不高春秋,是暗蔽也。春秋五经,义相关穿,既是春秋,不大五经,是不通也。五经以道为务,事不如道,道行事立,无道不成。然则儒生所学者,道也;

文吏所学者，事也。假使材同，当以道学。如比于文吏，洗涤泥者以水，燔腥生者用火，水火，道也，用之者，事也，事末于道。儒生治本，文吏理末，道本与事末比，定尊卑之高下，可得程矣。(《程材篇》)[9]474

这一段集中体现了王充的儒家观。在此，他对儒家经典五经，尤其是《春秋》赋予高度评价，认为儒家思想处于"道"的地位，是做事应遵循的根本原则；而法家思想则处于"事"的地位，即具体做事。王充并以董仲舒所治的《春秋》学为例，讲解了儒家经典的重要意义。王充认为，董仲舒阐述《春秋》的道理，完全符合当时的律令，然而汉代人所治的《春秋》这部重要经典，是孔子写的，传承到汉代，而治学的人只尊重精通律令的人，会导致人们对《春秋》的地位认识不到位，这是愚昧不明的表现，因为《春秋》和五经其他经典的道理是互相贯通的。王充进而赞赏了《五经》的重要地位，认为赞赏《春秋》却不推崇《五经》，是不懂类推的道理。五经就是阐述做事应遵循的原则的。相比而言，具体做事不如原则重要，原则被执行了，事情就办成了；没有原则，事情就办不成。王充一再强调，儒生学的东西——五经，正是原则；文吏学的东西，是做具体事情。所以，王充认为，儒生能治理根本，文吏只是处理细枝末节。属于根本性的"原则"与属于细枝末节的"具体事情"相比，其尊卑高下就可以对比出来了。王充在此给予了儒家经典至高的评价，并以董仲舒春秋学为中心进行了诠释，这恰恰说明王充对董仲舒春秋学的高度赞颂。

赵人吾丘寿王，武帝时待诏，上使从董仲舒受春秋，高才，通明于事，后为东郡都尉。(《定贤篇》)[10]964

这段文字说赵人吾丘寿王是汉武帝时的待诏，汉武帝派他向董仲舒学习《春秋》学，他才干高超，通晓事理，后来做了东郡都尉。从王充的记载不难看出，既然汉武帝派吾丘寿王向董仲舒学习春秋学，则说明董仲舒的春秋学非常有影响力，也得到了皇帝的认可和推崇。吾丘寿王向董仲舒学习春秋学之后，变得有才干，明事理，做了高官，皇帝非常信任他，就再没有派其他官员。王充之所以举此例进行说明，是因为他非常认可董仲舒的春秋学。这反过来也说明董仲舒春秋学影响力之大。所以王充在这里是从侧面高度评价董仲舒春秋学的。

四、对董仲舒文章的评论

> 世称力者，常褒乌获，然则董仲舒、扬子云，文之乌获也。秦武王与孟说举鼎不任，绝脉而死。少文之人，与董仲舒等涌胸中之思，必将不任，有绝脉之变。(《效力篇》)[9]508

故事中的"乌获"是传说中战国时代的大力士。王充以社会上称赞大力士，常常以乌获代称为切入点，进一步用类比法得出了如下结论：如此类推，董仲舒、扬子云（扬雄）的文采之好就是文界的"乌获"了。王充又举例说，秦武王跟大力士孟说比举鼎，不能胜任，筋脉崩断而死。如果文采差的人跟董仲舒比抒发胸中的文思，一定不会胜任，而且血脉枯竭的危险。所以，王充用传说中"乌获"的例子类比董仲舒和扬雄，这是何等高的赞赏！

> 若夫陆贾、董仲舒，论说世事，由意而出，不假取于外，然而浅露易见，观读之者，犹曰传记。(《超奇篇》)[9]531

王充认为，陆贾、董仲舒写文章评论国家大事时，有自己的主见，不受外界的影响，且内容浅显易懂，读者叫它传记。针对王充如此的评论，有人认为这是对董仲舒文章的批评，认为"陆贾和董仲舒论说世事的文章，有'由意而出，不假取于外'的真实性，但也'浅露易见'，缺乏修饰，深度不够"[8]4。笔者认为，这里所说的"浅露易见"恰恰说明董仲舒文章浅显易懂，读者"犹曰传记"，是一种写文章的高境界。

> 孔子曰："文王既没，文不在兹乎！"文王之文在孔子，孔子之文在仲舒。仲舒既死，岂在长生之徒与？何言之卓殊，文之美丽也！(《超奇篇》)[9]537

这段话代表了王充对董仲舒思想的总结性评价，也是后世人们对董仲舒思想进行评价时经常引用的一句话。主要是说周文王的文风被孔子继承，孔子的文风被董仲舒继承，董仲舒的文风被周长生继承。

并以周长生的语言的高超和文章的美好说明了董仲舒的文风的美妙高超。这里貌似是评价的孔子和董仲舒的文风,但事实上表达了王充对董仲舒继承发展孔子思想的高度评价。在王充看来,周文王、孔子和董仲舒是儒家思想发展史上的三个关键节点,是三个里程碑。孔子发展了周文王的礼乐等思想,成为儒家思想的创始人,他的思想只有到了董仲舒才真正地发展传承了。本段文章后面介绍了周长生,他是州郡中文章最好的人,是论说文章的头号人物,所以文人都尊崇他,王充唯独把他记录下来,这跟《春秋》采用鲁国的年号来记年以表示尊重本国的道理相同。

新语,陆贾所造,盖董仲舒相被服焉,皆言君臣政治得失,言可采行,事美足观。鸿知所言,参贰经传,虽古圣之言,不能过增。陆贾之言,未见遗阙;而仲舒之言雩祭可以应天,土龙可以致雨,颇难晓也。(《案书篇》)[10]1020

王充认为,董仲舒的思想深受陆贾《新语》的影响,说的都是君臣政治得失的道理,书中的言论可以采用施行,叙事流畅,足以供人观赏。他们二人都是鸿材大智之人,其言论,堪称经传,圣人都很难超越。这是对陆贾和董仲舒的学问和文采之美的赞颂。王充还认为,董仲舒所论关于通过举行雩祭可以感动上天、堆置土龙可以招致降雨所包含的道理是很深奥的,不是一般人能够理解的。

仲舒之言道德政治,可嘉美也;质定世事,论说世疑,桓君山莫上也。故仲舒之文可及,而君山之论难追也。骥与众马绝迹,或蹈骥哉?有马于此,足行千里,终不名骥者,与骥毛色异也。有人于此,文偶仲舒,论次君山,终不同于二子者,姓名殊也。(《案书篇》)[10]1023

王充在这里分别评价了董仲舒与桓君山二人撰写"论说道德政治"和"论说世事世疑"的文章无人能比!董仲舒谈论道德政治,值得赞美。董仲舒论说道德政治的文章写得好,不仅表现在文采极佳,更重要的是文章有思想,对当朝的道德政治建设具有很强的指导价值,而且深受当权者欣赏和接纳。这从侧面反映了王充对董仲舒文章和学识的肯定。

五、对董仲舒对策的评论

董仲舒以《天人三策》赢得汉武帝的欣赏和信任,也借此将其儒家学说发扬光大。在他的对策中集中反映了他的天人哲学思想。

> 自武帝以至今朝,数举贤良,令人射策甲乙之科。若董仲舒、唐子高、谷子云、丁伯玉,策既中实,文说美善,博览膏腴之所生也。使四者经徒能摘,笔徒能记疏,不见古今之书,安能建美善于圣王之庭乎?孝明之时,读苏武传,见武官名曰"柙中监",以问百官,百官莫知。夫仓颉之章,小学之书,文字备具。至于无能对圣国之问者,是皆美命随牒之人,多在官也。"木"旁"多"文字,且不能知,其欲及若董仲舒之知重常,刘子政之知贰负,难哉!……董仲舒虽无鼎足之位,知在公卿之上。(《别通篇》)[9]526—528

在本段中,王充首先通过汉武帝朝开始的举贤良和"射策"考试,来说明董仲舒等人脱颖而出的优秀,并阐明董仲舒等能把竹简上的题目全部准确地回答出来,而且文章内容完善、形式优美,这是他广泛阅读内容丰富的书籍得来的。"策既中实,文说美善,博览膏腴之所生也。"并与那些只凭借运气和关系升官的不学无术的人相比,来说明董仲舒读书多、学问深,不是一般人可比的。

这里的"董仲舒虽无鼎足之位,知在公卿之上",是在赞美董仲舒虽然没有三公那么高的官职和地位,但他的知识、学识及在对策表现出来的智慧却在公卿等高官之上。由此可见董仲舒在王充心目中的影响力之大。

> 若夫陆贾、董仲舒论说世事,由意而出,不假取于外,然而浅露易见,观读之者,犹曰传记。(《超奇篇》)[9]531

这一段评论陆贾和董仲舒论说世事的文章,是自己的真知灼见,不是道听途说,不受外界论述而影响,而且文章"浅露易见",通俗易懂,读者奉若传记一样。说明了董仲舒对策内容写的言简意赅,没有故意卖弄学问,这是董仲舒学问和文章境界高的表现。

> 孝武之时，诏百官对策，董仲舒策文最善。王莽时，使郎吏上奏，刘子骏章尤美。美善不空，才高知深之验也。（《佚文篇》）[10]753

这句话是明显地称赞董仲舒的对策水平最高、最好，即"美善不空，才高知深"。

六、对董仲舒成就的评价

（一）关于"孔子之文在仲舒"的评价

> 孔子曰："文王既没，文不在兹乎！"文王之文在孔子，孔子之文在仲舒。仲舒既死，岂在长生之徒与？何言之卓殊，文之美丽也！（《超奇篇》）[9]537

该句话出自《超奇篇》，本篇即要说明什么样的人才是超级奇才的。这一段前面有所提及，是王充从文风的角度进行了评说。其实这句话不仅仅指文风的继承和光大，更重要的是指学说和思想。孔子继承了周文王的礼乐思想，始创儒家学说，之后儒家学说成为诸子百家之中有重要影响力的一家。随着战国时期的百家争鸣，以及秦朝重法暴政带来的严重后果，儒家学说被更多的人尤其是执政者所欣赏，这便成为儒家学说被西汉武帝所接纳的时代背景。孔子儒家思想之所以被汉武帝接纳，董仲舒起了关键的作用，因为孔子儒家学说集中体现在董仲舒的思想中，董仲舒继承发展了孔子学说，他对儒家思想的理解更为深刻，使得儒家思想能够在西汉及之后诸朝作为官方独尊的意识形态发挥作用。王充的"孔子之文在仲舒"的评价是极高的，也是恰当的，更是精准的。没有董仲舒的吸纳、发展、推崇和力荐，孔子的儒家思想也许还只是争鸣中的诸子百家之一。

（二）关于"董仲舒乱我书"的界定与"孔子终论，定于仲舒之言"的评价

> 孔子将死，遗谶书，曰："不知何一男子，自谓秦始皇，上我之堂，踞我之床，颠倒我衣裳，至沙丘而亡。"其后秦王兼吞天下，号始皇，巡狩至鲁，观孔子宅，乃至沙丘，道病而崩。又

曰:"董仲舒乱我书。"其后江都相董仲舒,论思《春秋》,造著传记。又书曰:"亡秦者,胡也。"其后二世胡亥,竟亡天下。用三者论之,圣人后知万世之效也……

曰:此皆虚也。案神怪之言,皆在谶记,所表皆效图、书……原此以论,孔子见始皇、仲舒,或时但言"将有观我之宅""乱我之书"者,后人见始皇入其宅,仲舒读其书,则增益其辞,著其主名。如孔子神而空见始皇、仲舒,则其自为殷后子氏之世,亦当默而知之,无为吹律以自定也。孔子不吹律,不能立其姓,及其见始皇,睹仲舒,亦复以吹律之类矣。……"不知何一男子"之言不可用,则言"董仲舒乱我书"亦复不可信也。(《实知篇》)[10]931—934

这段话的主旨是王充对俗儒的谶纬之学的虚妄之为进行批评的。当时的俗儒评论圣人,认为圣人前知千年以前的事,后知万年以后的事。王充举例说出了有关"董仲舒乱我书"的话语,是持谶纬之学的人添加进去的,肯定不是事实,王充认为应该是后人得知"董仲舒乱我书"的事实后进行了虚妄的构化和添加。这也是谶纬之学经常采用的手法。该段文字几次提到董仲舒,并没有评价董仲舒,只是举例引用而已,和董仲舒没有直接关系。文中提到的"其后江都相董仲舒,论思《春秋》,造著传记"也是以同样的笔法进行了人为添加。不过,这里的关于"董仲舒乱我书"和"论思《春秋》,造著传记"的记述,从另一个角度也反映了董仲舒对孔子儒家思想发扬光大做出的巨大贡献及他对《春秋》学研究取得的卓著成就。试想,如果董仲舒没有这样巨大的成就,没有巨大的影响力,谁会杜撰出来"董仲舒乱我书"呢?既然能被谶纬之学所收入,一方面说明了俗儒对孔子圣人能力的崇拜和神化,另一方面也恰恰说明了俗儒对董仲舒学术成就的高度肯定。

董仲舒著书,不称子者,意殆自谓过诸子也。汉作书者多,司马子长、扬子云,河、汉也,其余泾、渭也。然而子长少臆中之说,子云无世俗之论。仲舒说道术奇矣,北方三家尚矣。谶书云"董仲舒,乱我书。"盖孔子言也。读之者或为"乱我书"者,烦乱孔子之书也。或以为乱者，理也，理孔子之书也。共一"乱"字，理之与乱，相去甚远。然而读者用心不同，不省本实，故说误也。夫言烦乱孔子之书，才高之语也；其言理孔子之书，亦知奇之言也。出入圣人之门，乱理孔子之书，子长、子云无此言焉。世俗用心不实，省事失情，二语不定，转侧不安。案仲舒之书，不违儒家，不及（反）孔子，其言烦乱孔子之书者，非也；孔子之书不乱，其言理孔子之书者，亦非也。孔子曰："师挚之始，关雎之乱，洋洋乎盈耳哉！"乱者於（终）孔子言也。孔子生周，始其本；仲舒在汉，终其末。班叔皮续太史公书，盖其义也。赋颂篇下其有"乱曰"章，盖其类也。孔子终论，定于仲舒之言，其修雩始龙，必将有义，未可怪也。（《案书篇》）[10]1020—1022

本段的前两处关于董仲舒的论说，是对董仲舒学问的称赞，虽然"董仲舒著书，不称子者，意殆自谓过诸子也"是王充的推测，但从后面论说的董仲舒和司马迁、扬雄的学问的比较来看，还是董仲舒更胜一筹，即"仲舒说道术奇矣，北方三家尚矣"。接下来王充引用谶书上的"董仲舒，乱我说"，并对"乱"字进行了充分的论证。他认为，"乱"既不是"烦乱孔子之书"的"弄乱"，也不是"理孔子之书"的"整理"。考察董仲舒所写的书，没有违背儒家的规范，没有违反孔子的原意。所以，"乱"，其实是指总结孔子的言论。孔子生在周代，开创了儒家学说；董仲舒生在汉代，总结了孔子及其之后的儒家学说，把道理都论说透彻了。王充概括说："孔子终论，定于仲舒之言。"孔子儒家学说的全貌，是经过董仲舒的阐述发展而最后确定下来的，因此，董仲舒所说的搞雩祭、设土龙，一定有他的道理，没有什么可奇怪的。

关于"乱"的意思，王充在《乱龙篇》里专门做了解释，他说："乱者终也。""乱"就是"终"的意思，就是"总结""完善"的意思。和这里的解释是一致的。

（三）其他成就的评价

董仲舒作道术之书，颇言灾异政治所失，书成文具，表在汉室。主父偃嫉之，诬奏其书。天子下仲舒于吏，当谓之下愚，仲舒当死，天子赦之。夫仲舒言灾异之事，孝武犹不罪而尊其身，况所论无触忌之言，核道实之事，收故实之语乎！故夫贤人之在世也，进则尽忠宣化，以明朝廷；退则称论贬说，以觉失俗。俗也不知还，则立道轻为非；论者不追救，则迷乱不觉悟。(《对作篇》)[10]1028

这段要说明的是董仲舒灾异学说的影响力之大。王充认为，董仲舒写的天人感应、灾异迷信的书，大多讲的是灾异的出现是政治败坏造成的，书写完以后，就要呈献给汉朝廷。主父偃恨他，就诬告这部书。董仲舒被判处死刑，汉武帝却赦免了他。董仲舒大讲灾变怪异的事情，汉武帝仍然不判他的罪反而很尊重他本人，这说明了董仲舒天人感应学说在当时是很有影响力的。最重要的一点是，董仲舒学说的出发点是好的，主要是敦促人尤其是帝王要做善事，要爱护百姓，要纠正不良风气。并进一步提出，贤人生活在社会上，做官就尽忠宣扬教化，以显扬朝廷的圣德；不当官就著书评论是非，纠正不良的风气。这也是在借董仲舒之例为自己进行辩解。

按古太公望，近董仲舒，传作书篇百有余，吾书亦才出百，而云泰多，盖谓所以出者微，观读之者不能不谴呵也。河水沛沛，比夫众川，孰者为大？虫茧重厚，称其出丝，孰为多者？(《自纪篇》)[10]1050

这段话出自《论衡》最后一篇《自纪篇》，王充考虑到《论衡》要写完了，它可能会产生很大的影响，也可能会遭到很多人的批评或指责，于是王充非常感慨地说了这段话。他的意思是，无论是古代的姜太公，还是近代的董仲舒，他们写的书都在百篇以上，而自己写的书也才刚超过一百篇，可能有人会认为太多，这样的评论跟自己的地位低有关系啊。进而用比喻说明了自己文章的影响力。这里用董仲舒文章百篇说明自己的文章并不多，不应该受到非议。这也从侧面反映出董仲舒文章在百篇以上的卓越成就。

七、关于"三年不窥园"的评论

"三年不窥园"是人们在评论、赞扬董仲舒勤奋而专注的治学精神时经常引用的一个典故,在一定程度上成了董仲舒的代表。那么王充又是如何评价的呢?

> 儒书言:"董仲舒读春秋,专精一思,志不在他,三年不窥园菜。"夫言不窥园菜,实也;言三年,增之也。仲舒虽精,亦时解休。解休之间,犹宜游于门庭之侧,则能至门庭,何嫌不窥园菜?闻用精者,察物不见,存道以亡身。不闻不至门庭,坐思三年,不及窥园也。尚书毋佚曰:"君子所其毋逸,先知稼穑之艰难,乃佚。"〔佚〕者〔解〕也。人之筋骨非木非石,不能不解。故张而不弛,文王不为;弛而不张,文王不行;一弛一张,文王以为常。圣人材优,尚有弛张之时,仲舒材力劣于圣,安能用精三年不休?(《儒增篇》)[9]325—326

本篇题目为《儒增篇》,"增"的意思就是增加、夸张的意思。王充认为儒书上说的"董仲舒读《春秋》,专精一思,志不在他,三年不窥园菜"就夸张了。说不看一眼菜园,是事实;说三年之久不看菜园,是夸张。他进一步解释说,董仲舒即使专心一意,也有松懈和休息的时候,在松懈和休息的时间,也应当到门和厅堂边走走,能到门和厅堂边,怎么会不看一眼菜园呢?即使是圣人周文王也讲究劳逸结合,况且董仲舒比圣人的能力差,怎么能够用心专一到三年不休息呢!董仲舒"三年不窥园"出自《史记·儒林列传》,王充针对这样的描述提出了自己的看法。这里他更多地是针对《史记》的描述手法有点"增",不应该是针对董仲舒个人的。

八、对董仲舒鼓社祭祀法的评论

> 春秋之义,大水,鼓用牲于社。说者曰:"鼓者,攻之也。"或曰:"胁之。"胁则攻矣。阳〔阴〕胜,攻社以救之。或难曰:

攻社谓得胜负之义,未可得顺义之节也。人君父事天,母事地。母之党类为害,可攻母以救之乎?以政令失道,阴阳缪盭者,人君也。不自攻以复之,反逆节以犯尊,天地安肯济?使湛水害伤天,不以地害天,攻之可也。今湛水所伤,物也。万物于地,卑也。害犯至尊之体,于道违逆,论春秋者,曾不知难。(《顺鼓篇》)[9]596

该段文字出自《顺鼓篇》。"顺",是训诂解释之义。本篇专为解释《春秋》鲁"大水,鼓用牲于社"而作的。主要内容是水灾产生的原因及治理方法。

文中"说者"一般认为是以董仲舒为代表的汉儒,不一定就是董仲舒。但这里的观点具有代表性,姑且认为就是董仲舒的观点。王充认为,以董仲舒为代表的汉儒把《春秋》中关于"大水,鼓用牲于社"的记载解释为遇到水灾要击鼓攻击土地神来加以消除。他们认为,水灾是"阴盛阳微"的产物,是由于代表"阴"的卑贱的"地",凌犯了代表"阳"的至尊的"天"造成的,按照"卑不犯尊"的伦理道德,只有对"地"实行惩戒,采用击鼓攻击土地神的办法才能消除水灾。王充批判了这种观点,并指出"见有鼓文,则言攻矣"的解释是望文生义。王充认为只有他的解释才是合理的,所以题名"顺鼓"。王充指出,"云积为雨,雨流为水",雨、晴、水、旱是阴阳之气自然运行变化造成的。"旸极反阴,阴极反旸",就如冬夏昼夜一样,是自然本身的变化。因此,用祭祀的办法以去解除水患,就像祈求冬变为夏,夜变为昼一样荒唐。天灾如人病,"祷请求福,终不能愈;变操易行,终不能救"。正确的态度是加以治理,就像尧对待洪水那样,既不祈求鬼神,也不改变政治方式,而是派禹去治理它。但王充也认为,击鼓祭祀对解除水患虽不会有效,可是作为一种向土地神告急的信号,作为君主有"恻怛扰民之心"的一种表示,也还是应该举行的。

所以,在这里既有王充对董仲舒鼓社祭祀法的批驳,也有对该行为具有激发君主爱民之心的意义所给予的肯定。

综上所述,在王充心目中,董仲舒是西汉历史上伟大的人物,他的学问、思想及人品均为楷模,并对王充产生了重要的影响。王充对董仲舒春秋学的影响力给予了历史最高评价,"孔子之文在仲舒""孔子终论,定于仲舒之言",认为董仲舒是孔子儒家思想的正宗传承人,并对"董仲舒乱我书"进行了完美的解释。在王充评论董仲舒时,他坚持的是董仲舒的思想和做法无违孔子儒家思想、以儒家经典为根本,其立意符合儒家道德价值观,这也是他赋予董仲舒高度评价的重要原因。王充和董仲舒毕竟处于不同的时代,受时代思潮影响,他们的哲学思想有着深刻的不同也是正常的。随着时代的发展,人的认识水平会不断提升,王充对董仲舒的人性论及击鼓祭祀法、"三年不窥园"等产生了怀疑和批评,体现了思想的进步。

参考文献:

[1] 汤一介. 关于唯物主义与唯心主义的斗争与转化问题[J]. 哲学研究,1961(1):69—81.

[2] 冯友兰. 中国哲学史新编:第二册[M]. 北京:人民出版社:304.

[3] 任继愈. 中国哲学史:第二册[M]. 北京:人民出版社:139.

[4] 侯外庐,赵纪彬,杜国庠,等. 中国思想通史:第二卷[M]. 北京:人民出版社,1976:275.

[5] 王生平. 王充和董仲舒针锋相对吗?[J]. 社会科学辑刊,1984(3):34—38.

[6] 张祥浩. "王充批判董仲舒"辨[J]. 浙江学刊,1985(5):71—75.

[7] 周桂钿. 董仲舒是儒家大圣人[J]. 衡水学院学报,2015(5):1—4,26.

[8] 邓红. 王充论董仲舒[J]. 广西大学学报(哲学社会科学版):2016(1):1—10.

[9] 黄晖. 论衡校释(上)[M]. 北京:中华书局,2018.

[10] 黄晖. 论衡校释(下)[M]. 北京:中华书局,2018.

基金项目:2019年国家社科基金重大项目《董仲舒传世文献考辨与历代注疏研究》(19ZDA027)阶段性成果;2019国家社科基金一般项目《董仲舒学术研究史》(19BZX051)阶段性成果。

魏可音（1999—），女，河北博野人，西安电子科技大学人文学院哲学系学生。

魏彦红（1967—），女，河北博野县人，历史学博士，衡水学院董子学院教授。

朱熹对董仲舒的品评研究

王宏海

董仲舒是汉代大儒，对后世的政治、文化有着极其重要的影响。宋代《册府元龟》《太平御览》等重要文献对董仲舒的文章、语录、事迹有大量的收录。拙文《论〈册府元龟〉对董仲舒刻板印象的塑造》从心理学、政治学、历史学等跨学科的视角解释了宋真宗及其政治官僚王钦若、杨亿、孙奭等人是如何利用历史材料编修历代君臣事迹，并以董仲舒为例分析了宋真宗时期意识形态对董仲舒刻板印象的塑造的引导与制约。可是目前学界尚未有关于宋儒对董仲舒品评的专题研究，本文拟以《朱子语类》为史料，对朱熹对董仲舒的品评做些探讨，以表抛砖引玉之意。

一、何谓品评，品评何为？

品评也叫品藻，主要指对人物德行和言语的评价。古已有之，于汉代末期至南北朝为盛。刘庆义在《世说新语》第九门《品藻》对魏晋时期著名人物的行为、言语、气质、形象做断语，并取高下之分，标明了汉以来文人交往的众生相。孙董霞对品评做了系列研究，有《论〈论语〉人物品评的主要方法》《春秋时代人物品评的功用》《论春秋时期人物品评的天人二元模式》等系列文章。王相飞的《汉代谣谚与官吏品评》，王今晖、张晓晴的《人物品藻与六朝文学批评》，汪高鑫的《玄学与魏晋南北朝史学的玄化倾向》,都对魏晋时期的品评人物现象做了不同侧面的分析和总结。

魏晋时期品评之风大盛,最有代表的人物是刘劭。刘劭是曹魏时期的尚书郎,广平邯郸人。所著《人物志》不仅是对前代人物品评的继承,更是对在现实政治文化生活中如何进行人物品评的总结。他在不到300字的自序中说明了写《人物志》的缘起和目的,他说:"夫圣贤之所美,莫美乎聪明,聪明之所贵,莫贵乎知人,知人诚智,则众材得其序而庶绩之业兴矣。是以,圣人著爻象则立君子小人之辞,叙《诗》志则别风俗雅正之业,制《礼》《乐》则考六艺祗庸之德,躬南面则授俊逸辅相之材,皆所以达众善而成天功也。天功既成,则并受名誉。是以,尧以克明俊德为称,舜以登庸二八为功,汤以拔有莘之贤为名,文王以举渭滨之叟为贵。由此论之,圣人兴德,孰不劳聪明于求人,获安逸于任使者哉!是故,仲尼不试无所援升,犹序门人以为四科,泛论众材以辨三等。又叹中庸以殊圣人之德,尚德以劝庶几之论。训六蔽以戒偏材之失,思狂狷以通拘抗之材;疾悾悾而信,以明为似之难保。又曰:察其所安,观其所由,以知居止之行。人物之察也,如此其详。是以敢依圣训,志序人物,庶以补缀遗忘;惟博识君子,裁览其义焉。"① 该序立意明确,认为管理社会重在知人,知人才能用人,用人得当才能人尽其才,而庶绩之业兴。圣人作《六经》,为世俗立法,用"六艺"为考核人才提供标准。知人识人者就是要明察所知之人安于什么,看他来自哪里,做事依据,以确定他的举止品行。

他认为:"盖人物之本,出乎情性。情性之理,甚微而玄;非圣人之察,其孰能究之哉?"又说:"凡有血气者,莫不含元一以为质,禀阴阳以立性,体五行而著形。苟有形质,犹可即而求之。"② 刘劭认为品评人物就要明确人从哪里来的道理,而人从哪里来就是情性,

---

① (三国)刘劭著,刘国建译注《人物志》之《自序》,长春出版社2001年版,第2—4页。

② 《人物志》之《九征》之一。第3页。

情性的原理就是玄之又玄的形而上学，要圣人才能研究明白。不过，从生成论的方面来看，有血气的生命源于元一，禀赋阴阳，体含五行，运动而成。根据这样的生命理论，就可以对人物进行评鉴。因此，刘劭就把人分为三材、九征、十二流业，分别举例论述。又从体别、材理、材能、利害、接识、英雄等方面分述，用8种观察方法对人进行分析，同时要注意人情之六机、七缪。而事实上仍然存在着效难和释争的问题。

刘劭的《人物志》的出现与两汉时期的人才选拔制度是分不开的，它是对曹魏时期用九品中正制选拔人才的理论总结。选拔人才的办法是察举和征辟。"察"就是考察，"举"是推举，皇帝征召谓"征"，官府征召称"辟"。概而言之，就是汉代皇帝和官府"以德治国"的官员任用制度。察举征辟制度的兴起，离不开前代的采风制度。

《诗经》的风、雅、颂类诗是天子了解民生、民意和民情的题材，通过这样的题材就可以发现人才为天子所用，也可以警示天子，不要胡作非为。从采风之官上报天子的言事，到"风闻言事"[①]，从民间坊间议论到官府官话，无论是抱怨还是直谏都成了人们获得高官厚禄的谋略，由此逐步形成了中国古代的清谈之风。而秦汉皇帝有一种效仿三皇五帝的心理欲望，他们要通过巡幸天下，表现自己广纳贤才的聪明睿智。"上有好者，下必甚焉"是流行的趋利避害心理，而儒家又提倡"学而优则仕"。以品求官，以品评谋利社会就成了魏晋时期的风尚。即使到了科举考试选拔官员的时代，人们仍难以摆脱人物品评的习惯。无论是《论语》《庄子》《孟子》，还是《坛经》《近思录》《传灯录》，这些语录体的文本都有大量的人物品评内容。语录体文本也就成了历代的人物品评的重要史料证据。

---

① 见刘长江、秦静：《"闻风"源流考》，《求索》2008年第1期，第214页－216页。

二、朱熹的品评标准

目前，关于朱熹的品评思想研究较少，台湾学者张元在《评朱熹对历史人物的看法》一文中对朱熹对历史人物品评的论点、方法和意义有所讨论，张元认为朱熹品评历史有三特点：一是推究史事，不妄立说；二是辨别记载，明言信伪；三是体会时代，理解大势。他并以《朱子语类》的史料证其论之真[1]。

大陆学者汪高鑫则认为朱熹品评历史人物的标准是以儒家道德立论，不求全责备，以"仁者之功"为要[2]。陆敏珍、何俊的研究也有一定的启发意义，他们用哲学阐释学的方法将《四书章句集注》《论语精义》《四书或问》和《朱子语类》对读，试图找到朱熹经典诠释的理念、标准和方法。他们认为朱熹的诠释一是以求是为理念；二是以通训诂、正音读、发精微作为经典解释标准；三是以内涵剖析、诠释尺度、引征与比喻为诠释方法。

综合上述有关品评的理论和历史及朱熹评价历史的研究成果，可见，朱熹品评历史有其时代特征。一是受理学影响，作为理学集大成者，他把理学圣贤追求的价值导向作为品评历史的思想基础；二是考据辨伪，一分为二，重在教化。朱熹对历史人物的品评也遵守了这些基本原则，并赋予了历史人物以特定的意义。他从历代人物的时间秩序和空间秩序中建构历史人物的评价坐标系，而该坐标系尤以理学精神和现实工作为骨架，以理学家独特的语言赋予人物功过善恶的评价。

然而，就朱熹的品评思想研究而言，这方面的研究仍然有许多可开拓的空间，如关于文史哲的跨学科的品评研究有待进一步拓展和研究；再如对品评的语境意义需要进一步探讨；对朱熹对历史人物的品

---

[1] 张元：《评朱熹对历史人物的看法》，《史学史研究》1994年第1期，第43—52页。

[2] 汪高鑫：《朱熹的史论和史学评论》，《安徽史学》1994年第4期，第6页。

评的个案需要进行系统地全面归纳和分析，不仅需要从时空的维度研究，还需要从思想演变的维度观照和体悟。《朱子语类》记载了大量的朱熹品评历史人物的内容，有待进一步整理。

《朱子语类》是典型的语录体，具有鲜明的时代性特征。有关《朱子语类》的成书年代、版本及其语言特征已经有许多研究成果①，不再赘述。从相关研究文献看，多数学者认为语录体散文或小说思想凝练，简明易懂，富有启发，传播广泛。而事实上，深究语录体的内涵，就会发现许多困难。如不读刘劭的《人物志》或没有对古代思想流派的了解，就很难理解"法制之人，以分数为度，故能识较方直之量，而不贵变化之术"。再如《论语》之《尧曰》："咨尔舜！天之历数在尔躬。允执其中。四海困穷，天禄永终。"如果不理解中国古代天文学及古代时空观念②，就很难理解这句孔子和他的弟子都认为是常识的话。因此，在阅读语录体的品评历史时，必然会遇到特定历史文化语境的限制。同样，《朱子语类》给了人们理解朱熹品评历史人物的辅助的时候，也带来了历史的限定和后人理解的困难。

三、《朱子语类》对董仲舒的品评

钱穆说朱熹开了宋学的一个新传统，说"初期宋儒，尤其是北方

---

① 如，潘牧天的《〈晦庵先生朱文公语录〉存世本考论》，《文献》2018年第1期，第109—123页；黄冬丽的《〈朱子语类〉口语词汇与洋县方言词汇》，《咸阳师范学院学报》2017年第3期，第38—44页；徐时仪的《〈朱子语类〉执拗概念词语类聚考》，《南阳师范学院学报》2017年第2期，第40—45页；孙淑娟的《从常用词的更替看〈朱子语类〉一书的方言背景》，《南昌大学学报：人文社会科学版》2016年第3期，第135—140页；程碧英的《〈朱子语类〉中"涵"类词群的文化解读》，《四川文理学院学报》2015年第6期，第62—65页。

② 见冯时的《河南濮阳西水坡45号墓的天文学研究》，《文物》1990年第3期，第52页—69页。《中国早期星象图研究》，《自然科学史研究》1990年第2期，第108—118页。董立章的《龙、凤、虎天族与濮阳西水坡大墓》，《中山大学学报（社会科学版）》2002年第2期，第46页。叶林生的《濮阳西水坡M45号墓的释读问题》，《苏州大学学报（哲学社会科学版）》2004年第2期，第103—107页。张彩玲的《濮阳西水坡M45号墓主研究综述》，《濮阳职业技术学院学报》2013年第4期，第4—8页。

孙复、石介一派，认为孔孟之下有扬雄、王通、韩愈而至宋。熹始把此诸人排除了，毋宁是董仲舒，而亦不得与于斯道之大传统"①。那么，朱熹究竟对董仲舒是如何评价的呢？

本文以《朱子语类》为基本材料，搜罗45条朱熹对董仲舒的评价，分列如下：

> 1. 且如看文字，圣贤说话粹，无可疑者。若后世诸儒之言，唤做都不是，也不得；有好底，有不好底；好底里面也有不好处，不好底里面也有好处；有这一事说得是，那一件说得不是；有这一句说得是，那一句说得不是，都要恁地分别。如临事，亦要如此理会那个是，那个不是。若道理明时，自分晓。有一般说，汉唐来都是；有一般说，汉唐来都不是，恁地也不得。<u>且如董仲舒贾谊说话，何曾有都不是底，何曾有都是底。须是要见得他那个议论是，那个议论不是。</u>如此，方唤做格物。如今将一个物事来，是与不是见得不定，便是自家这里道理不通透。若道理明，则这样处自通透。"淳黄自录详，别出。（《朱子语类》卷十八）

> 2. "所以格物，便是要闲时理会，不是要临时理会。如水火，人知其不可蹈，自是不去蹈，何曾有人错去蹈水火来！若是平时看得分明时，卒然到面前，须解断制。若理会不得时，也须临事时与尽心理会。十分断制不下，则亦无奈何。然亦岂可道晓不得后，但听他！如今有十人，须看他那个好，那个不好。好人也有做得不是，不好人也有做得是底。如有五件事，看他处得那件是，那件不是。处得是，又有曲折处。而今人读书，全一例说好底，固不是。但取圣人书，而以为后世底皆不足信，也不是。<u>如圣人之言，自是纯粹。但后世人也有说得是底，如汉仲舒之徒。说得是底还他是。</u><u>然也有不是处，也自可见。</u>须是如此去穷，方是。但所谓格物，也是格未晓底，已自晓底又何用格。如

---

① 钱穆：《宋明理学概述》之二十三《朱熹》，九州出版社2010年版，第116页。

伊川所谓'今日格一件，明日格一件，也是说那难理会底。"（《朱子语类》卷十八）

3. 樊迟问知章问："'务民之义，敬鬼神而远之'，诸家皆作两事说。"曰："此两句恐是一意。民者，人也；义者，宜也。如诗所谓'民之秉彝'，即人之义也。此则人之所宜为者，不可不务也。此而不务，而反求之幽冥不可测识之间，而欲避祸以求福，此岂谓之智者哉！<u>'先难后获'，即仲舒所谓'仁人明道不计功'之意</u>。吕氏说最好，辞约而义甚精。"（《朱子语类》卷三十二）

4. 问"狂狷"集注，云："善人胡为亦不及狷者？"曰："善人只循循自守，据见定，不会勇猛精进；循规蹈矩则有余，责之以任道则不足。淳录下云："故无可望。"狷者虽非中道，然这般人终是有筋骨。淳录作"骨肋"。其志孤介，知善之可为而为之，知不善之不可为而不为，直是有节操。狂者志气激昂。圣人本欲得中道而与之，晚年磨来磨去，难得这般恰好底人，如狂狷，尚可因其有为之资，裁而归之中道。道夫录云："得圣人裁抑之，则狂者不狂，狷者不狷矣。"淳录云："末年无奈何，方思得此等人，可见道之穷矣。问：'何谓狷？'曰：'介然有守也。'"且如孔门只一个颜子如此纯粹。道夫录作："合下天资纯粹。"到曾子，道夫录有"气质"字。便过于刚，与孟子相似。世衰道微，人欲横流，若不是刚介有脚跟底人，定立不住。汉文帝谓之善人，武帝却有狂气象。陆子静省试策：'世谓文帝过武帝，愚谓武帝胜文帝。'其论虽偏，容有此理。文帝天资虽美，然止此而已。道夫录云："若责之以行圣人之道，则必不能，盖他自安於此。观其言曰：'卑之，无甚高论，令今可行也。'"武帝多有病痛，然天资高，足以有为。便合下得个真儒辅佐它，岂不大可观！惜乎辅非其人，不能胜其多欲之私，做从那边去了。末年天下虚耗，其去亡秦无几。然它自追悔，亦其天资高也。如与卫青言：'若后世又为朕所为，是袭亡秦之迹。太子厚重好静，欲求守文之主，安有贤于太子者乎！'见得它知过处。<u>胡氏谓：'武帝</u>

能以仲舒为相,汲黯为御史大夫,岂不善乎?"道夫录、淳录同。(《朱子语类》卷四十三)

5. 孟子见梁惠王章说义利处。曰:"圣贤之言,所以要辨别教分明。但只要向义边一直去,更不通思量第二著。才说义,乃所以为利。固是义有大利存焉,若行义时便说道有利,则此心只邪向那边去。固是"未有仁而遗其亲,未有义而后其君。"才于为仁时,便说要不遗其亲;为义时,便说要不后其君,则是先有心于为利。圣贤要人止向一路做去,不要做这一边,又思量那一边。仲舒所以分明说"不谋其利,不计其功"。贺孙(《朱子语类》卷五十一)

6. 生之谓性章。问"生之谓性"。曰:"他合下便错了。他只是说生处,精神魂魄,凡动用处是也。正如禅家说:'如何是佛?'曰:'见性成佛'。'如何是性?'曰:'作用是性'。盖谓目之视,耳之听,手之捉执,足之运奔,皆性也。说来说去,只说得个形而下者"。故孟子辟之曰:"'生之谓性'也,犹白之谓白与? 又辟之曰:'犬之性,犹牛之性;牛之性,犹人之性与?'三节谓犹戏谑。然只得告子不知所答,便休了,竟亦不曾说得性之本体是如何。"或问:"董仲舒:'性者生之质也。'"曰:"其言亦然。"(《朱子语类》卷五十九)

7. 《中庸》。问:"舜之大德受命,止是为善得福而已。中庸却言天之生物栽培倾覆,何也?"贺孙录云:"汉卿问:'栽培倾覆',以气至、气反说。上言德而受福,而以气为言,何也?"曰:"只是一理。此亦非是有物使之然。但物之生时自节节长将去,恰似有物扶持也,及其衰也,则自节节消磨将去,恰似个物推倒它。理自如此。惟我有受福之理,故天既佑之,又申之。董仲舒曰:'为政而宜于民,固当受禄于天。'虽只是叠将来说,然玩味之,觉他说得自有意思。"贺孙录云:"上面虽是叠将来,此数语却转得意思好。"又曰:"嘉乐诗下章又却不说其他,但愿其子孙之多且贤耳。此意甚好,然此亦其理之常。若尧舜之子不肖,则又非常理也。"(《朱子语类》卷六十三)

8. 问"苟不至德，至道不凝焉"。曰："至德固是诚，但此章却漾了诚不说。若牵来说，又乱了。盖它此处且是要说道非德不凝，而下文遂言修德事。"或问："'大德必得其位，必得其禄，必得其寿。'尧舜不闻子孙之盛，孔子不享禄位之荣，何也？"曰："此或非常理。今所说，乃常理也。"因言："<u>董仲舒云：'固当受禄于天。'虽上面叠说将来不好，只转此句，意思尽佳。</u>"（《朱子语类》卷六十四）

9.《尚书》："孔氏书序不类汉文，似李陵答苏武书。"<u>因问："董仲舒三策文气亦弱，与晁贾诸人文章殊不同，何也？"曰："仲舒为人宽缓，其文亦如其人。大抵汉自武帝后，文字要入细，皆与汉初不同。"</u>（《朱子语类》卷七十八）

10.《诗》。后世但见诗序巍然冠于篇首，不敢复议其非，至有解说不通，多为饰辞以曲护之者，其误后学多矣！大序却好，或者谓补凑而成，亦有此理。书小序亦未是。只如尧典舜典便不能通贯一篇之意。尧典不独为逊舜一事。舜典到"历试诸艰"之外，便不该通了，其他书序亦然。至如书大序亦疑不是孔安国文字。<u>大抵西汉文章浑厚近古。虽董仲舒、刘向之徒言语自别。读书大序便觉软慢无气，未必不是后人所作也。</u>（《朱子语类》卷八十）

11.《春秋》。因举陈君举说左传，曰："左氏是一个审利害之几，善避就底人，所以其书有贬死节等事。其间议论有极不是处：如周郑交质之类，是何议论！其曰：'宋宣公可谓知人矣，立穆公，其子飨之，命以义夫！'只知有利害，不知有义理。此段不如穀梁说'君子大居正'，却是儒者议论。某平生不敢说春秋。若说时，只是将胡文定说扶持说去。毕竟去圣人千百年后，如何知得圣人之心？且如先蔑奔秦，书，则是贬先蔑；不书时，又不见得此事。若如今人说，教圣人如何书则是？吕伯恭爱教人看左传，某谓不如教人看论孟。伯恭云，恐人去外面走。某谓，看论孟未走得三步，看左传底已走十百步了！人若读得左传熟，直是会趋利避害。然世间利害，如何被人趋避了！君子只看道理合如何，可则行，不可则止，祸福自有天命。且如一个善择利害底人，有一事，自谓择得十分利处了，毕竟也须带二三分害来，自没奈何。仲舒云：'仁人正其谊不谋其利，明其道不计其功。'一部《左传》无此一句。若人人择利害后，到得临难死节底事，更有谁做？其间有为国杀身底人，只是枉死了，始得！"因举"可怜石头城，宁为袁粲死，不作褚渊生"！"盖'民之秉彝'，又自有不可埋没，自然发出来处。"〔璘〕可学录云："天下事，不可顾利害。凡人做事多要趋利避害；不知才有利，必有害，吾虽处得十分利，有害随在背后，不如且就理上求之。孟子曰：'如以利，则枉寻直尺而利，亦可为欤？'且如临难致死，义也。若不明其理而顾利害，则见危致命者反不如偷生苟免之人。'可怜石头城，宁为袁粲死，不作褚渊生！''民之秉彝'不可磨灭如此，岂不是自然！"（《朱子语类》卷八十三）

12. 礼一《论考礼纲领》。凶服古而吉服今，不相抵接。释奠惟三献法服，其余皆今服。至录云："文、质之变相生。"百世以下有圣贤出，必不踏旧本子，必须斩新别做。如周礼如此繁密，必不可行。且以明堂位观之，周人每事皆添四重虞戬，不过是一水担相似。夏火，殷藻，周龙章，皆重添去。若圣贤有作，必须简易疏通，使见之而易知，推之而易行。盖文、质相生，秦汉初已自趣于质了。太史公、董仲舒每欲改用夏之忠，不知其初盖已是质也。国朝文德殿正衙常朝，升朝官已上皆排班，宰相押班，再拜而出。时归班官甚苦之，其后遂废，致王乐道以此攻魏公，盖以人情趋于简便故也。（《朱子语类》卷八十四）

13. 《仪礼·总论》。河间献王得古礼五十六篇，想必有可观。但当时君臣间有所不晓，遂至无传。故先儒谓圣经不亡于秦火，而坏于汉儒，其说亦好。温公论景帝太子既亡，当时若立献王为嗣，则汉之礼乐制度必有可观。又"致堂谓：'武帝若使董仲舒为相，汲黯为御史大夫，则汉治必盛。'某尝谓：'若如此差除，那里得来！'"（《朱子语类》卷八十五）

14. 先王之礼，今存者无几。汉初自有文字，都无人收拾。

河间献王既得雅乐，又有礼书五十六篇，惜乎不见于后世！是当时儒者专门名家，自一经之外，都不暇讲，况在上又无典礼乐之主。故胡氏说道，使河间献王为君，董仲舒为相，汲黯为御史，则汉之礼乐必兴。这三个差除，岂不甚盛！〔贺孙〕（《朱子语类》卷八十五）

15. 小戴礼《总说》。许顺之说，人谓礼记是汉儒说，恐不然。汉儒最纯者莫如董仲舒，仲舒之文最纯者莫如三策，何尝有《礼记》中说话来！如乐记所谓"天高地下，万物散殊，而礼制行矣；流而不息，合同而化，而乐兴焉"。仲舒如何说得到这里！想必是古来流传得此个文字如此。德明。（《朱子语类》卷八十七）

16. 《程子之书二》。论大成从祀，因问："伊川于毛公，不知何所主而取之？"曰："程子不知何所见而然。尝考之诗传，其紧要处有数处。如关雎所谓'夫妇有别，则父子亲；父子有亲，则君臣敬；君臣敬，则朝廷正；朝廷正，则王化成'。要之，亦不多见。只是其气象大概好。"问："退之一文士耳，何以从祀？"曰："有辟佛老之功。"曰："如程子取其原道一篇，盖尝读之，只打头三句便也未稳。"曰："且言其大概耳。便如董仲舒，也则有疏处。"蜚卿曰："伊川谓西铭乃原道之祖，如何？"曰："西铭更从上面说来。原道言'率性之谓道'，西铭连'天命之谓性'说了。"道夫问："如他说'定名'、'虚位'如何？"曰："後人多讥议之。但某尝谓，便如此说也无害。盖此仁也，此义也，便是定名；此仁之道，仁之德，此义之道，义之德，则道德是总名，乃虚位也。且须知他此语为老子设，方得。盖老子谓'失道而后德，失德而后仁，失仁而后义，失义而后礼，失礼而后智'，所以原道后面又云：'吾之所谓道德，合仁与义言之也。'须先知得他为老子设，方会得。"曰："如他谓'轲之死，不得其传'，程子以为非见得真实，不能出此语，而屏山以为'孤圣道，绝后学'，如何？"先生笑曰："屏山只要说释子道流皆得其传耳。"又问："如十论之作，於夫子全以死生为言，似以此为大事了。"久之，乃曰："他本是释学，但只是翻誊出来，说许多话耳。"道夫

(《朱子语类》卷九十六)

17.《程子之书三》。问："程先生云：'自汉以来，儒者皆不识此。'"曰："如仲舒语，只约度有这物事。韩退之虽知有这物事，又说得太阔疏了。"(《朱子语类》卷九十七)

18. 胡安国。或问："胡文定之学与董仲舒如何？"曰："文定却信'得于己者可以施于人，学于古者可以行于今'。其他人皆谓得于己者不可施于人，学于古者不可行于今，所以浅陋。然文定比似仲舒较浅，仲舒比似古人又浅。"又曰："仲舒识得本原，如云'正心修身可以治国平天下'，如说'仁义礼乐皆其具'，此等说话皆好。若陆宣公之论事，却精密，第恐本原处不如仲舒。然仲舒施之临事，又却恐不如宣公也。"(《朱子语类》卷一百一)

19."读书，须立下硬寨，定要通得这一书，方看第二书。若此书既晓未得，我宁死也不看那个！如此立志，方成工夫。"郭德元言："记书不得。"曰："公不可欲速，且读一小段。若今日读不得，明日又读；明日读不得，后日又读，须被自家读得。若只记得字义训释，或其中有一两字漏落，便是那腔子不曾填得满，如一个物事欠了尖角处相似。少间自家做出文字，便也有所欠缺，不成文理。尝见蕃人及武臣文字，常不成文理，便是如此。他心中也知得要如此说，只是字义有所欠缺，下得不是。这个便是'不得于言，勿求于心'之患。是他心有所蔽，故如此。司马迁史记用字也有下得不是处。贾谊亦然，如治安策说教太子处云：'太子少长知妃色，则入于学。'这下面承接，便用解说此义；忽然掉了，却说上学去云：'学者所学之官也。'又说'帝入东学，上亲而贵仁'一段了，却方说上太子事，云'及太子既冠成人，免于保傅之严'云云，都不成文义，更无段落。他只是乘才快，胡乱写去，这般文字也不可学。董仲舒文字却平正，只是又困。董仲舒匡衡刘向诸人文字，皆善弱无气焰。司马迁贾生文字雄豪可爱，只是逞快，下字时有不稳处，段落不分明。匡衡文字却细密，他看得经书极子细，能向里做工夫，只是做人不好，无气节。仲舒读书不如衡子细，疏略甚多，然其人纯正开阔，衡不及也。"又曰："荀子云：'诵数以贯之，思索以通之。'诵数，即今人读书记遍数也，古人读书亦如此。只是荀卿做得那文字不帖律处也多。"（《朱子语类》卷一百十六）

20. 伯恭子约宗太史公之学，以为非汉儒所及，某尝痛与之辨。子由古史言马迁"浅陋而不学，疏略而轻信"。此二句最中马迁之失，伯恭极恶之。古史序云："古之帝王，其必为善，如火之必热，水之必寒；其不为不善，如驺虞之不杀，窃脂之不穀。"此语最好。某尝问伯恭："此岂马迁所能及？"然子由此语虽好，又自有病处，如云："帝王之道以无为宗"之类。他只说得个头势大，下面工夫又皆疏空。亦犹马迁礼书云："大哉礼乐之道！洋洋乎鼓舞万物，役使群动。"说得头势甚大，然下面亦空疏，却引荀子诸说以足之。又如诸侯年表，盛言形势之利，有国者不可无；末却云："形势虽强，要以仁义为本。"他上文本意主张形势，而其末却如此说者，盖他也知仁义是个好底物事，不得不说，且说教好看。如礼书所云，亦此意也。伯恭极喜渠此等说，以为迁知"行夏之时，乘殷之辂，服周之冕"，为得圣人为邦之法，非汉儒所及。此亦众所共知，何必马迁？然迁尝从董仲舒游，史记中有"余闻之董生云"，此等语言，亦有所自来也。迁之学，也说仁义，也说诈力，也用权谋，也用功利，然其本意却只在于权谋功利。孔子说伯夷"求仁得仁，又何怨"！他一传中首尾皆是怨辞，尽说坏了伯夷！子由古史皆删去之，尽用孔子之语作传，岂可以子由为非，马迁为是？可惜子约死了，此论至死不曾明！圣贤以六经垂训，炳若丹青，无非仁义道德之说。今求义理不于六经，而反取疏略浅陋之子长，亦惑之甚矣！（《朱子语类》卷一百二十二）

21. "庄周是个大秀才，他都理会得，只是不把做事。观其第四篇人间世及渔父篇以后，多是说孔子与诸人语，只是不肯学孔子，所谓'知者过之'者也。如说'易以道阴阳，春秋以道名分'等语，后来人如何下得！它直是似快刀利斧劈截将去，字字有着落。"公晦曰:"庄子较之老子,较平帖些。"曰:"老子极劳攘,庄子得些,只也乖。庄子跌荡。老子收敛,齐脚敛手;庄子却将许多道理掀翻说,不拘绳墨。方子录云:"庄子是一个大秀才,他事事识得。如天下篇后面乃是说孔子,似用快刀利斧斫将去,更无些碍,且无一句不着落。如说'易以道阴阳'等语,大段说得好,然却不肯如此做去。老子犹是欲敛手齐脚去做,他却将他窠窟一齐踢翻了!"庄子去孟子不远,其说不及孟子者,亦是不相闻。今亳州明道官乃老子所生之地。庄子生于蒙,在淮西间。孟子只往来齐宋邹鲁,以至于梁而止,不至于南。然当时南方多是异端,如孟子所谓'陈良,楚产也,悦周公仲尼之道,北学于中国';又如说'南蛮鴃舌之人,非先王之道',是当时南方多异端。"或问:"许行恁地低,也有人从之。"曰:"非独是许行,如公孙龙'坚白同异'之说,是甚模样?也使得人终日只弄这个。"汉卿问:"孔子顺许多话却好。"曰:"出于孔丛子,不知是否?只孔丛子说话,多类东汉人文,其气软弱,又全不似西汉人文。兼西汉初若有此等话,何故不略见于贾谊、董仲舒所述?恰限到东汉方突出来?皆不可晓。"(《朱子语类》卷一百二十五)。

22. 外篇天地第十二庄子云。"庄子云:'各有仪则之谓性。'此谓'各有仪则',如'有物有则',比之诸家差善。董仲舒云:'质朴之谓性,性非教化不成。'性本自成,于教化下一'成'字,极害理。"(《朱子语类》卷一百二十五)

23. 历代二。周太繁密,秦人尽扫了,所以贾谊谓秦"专用苟简自恣"之行。秦又太苟简自恣,不曾竭其心思。太史公董仲舒论汉事,皆欲用夏之忠。不知汉初承秦,扫去许多繁文,已是质了。〔至〕学蒙录:"汉承焚灭之后,却有忠质底意。"(《朱子语类》卷一百三十五)

24. 文帝便是善人,武帝却有狂底气象。陆子静省试策说武帝强文帝。其论虽偏,亦有此理。文帝资质虽美,然安于此而已。其曰"卑之无甚高论,令今可行",题目只如此。先王之道,情愿不要去做,只循循自守。武帝病痛固多,然天资高,志向大，足以有为。使合下便得个真儒辅佐，岂不大有可观？惜乎无真儒辅佐，不能胜其多欲之私，做从那边去了！欲讨匈奴，便把吕后嫚书做题目，要来揜盖其失。他若知得此，岂无"修文德以来"道理？又如讨西域，初一番去不透，又再去，只是要得一马，此是甚气力！若移来就这边做，岂不可？末年海内虚耗，去秦始皇无几。若不得霍光收拾，成甚么！轮台之悔，亦是天资高，方如此。尝因人言，太子仁柔不能用武，答以"正欲其守成。若朕所为，是袭亡秦之迹"！可见他当时已自知其罪。向若能以仲舒为相，汲黯为御史大夫，岂不善！先生归后，再有取答问目云："狂者志高，可以有为；狷者志索，有所不为，而可以有守。汉武狂，然又不纯一，不足言也。"（《朱子语类》卷一百三十五）

25. 汉儒董仲舒较稳。刘向虽博洽而浅，然皆不见圣人大道。贾谊司马迁皆驳杂，大意是说权谋功利。说得深了，觉见不是，又说一两句仁义。然权谋已多了，救不转。苏子由古史前数卷好，后亦合杂权谋了。（《朱子语类》卷一百三十五）

26. 贾谊之学杂。他本是战国纵横之学，只是较近道理，不至如仪秦蔡范之甚尔。他于这边道理见得分数稍多，所以说得较好。然终是有纵横之习，缘他根脚只是从战国中来故也。汉儒惟董仲舒纯粹，其学甚正，非诸人比。只是困苦无精彩，极好处也只有'正谊、明道'两句。下此诸子皆无足道。如张良诸葛亮固正，只是太粗。王通也有好处，只是也无本原工夫，却要将秦汉以下文饰做个三代，他便自要比孔子，不知如何比得！他那斤两轻重自定，你如何文饰得！如续诗、续书、玄经之作，尽要学个孔子，重做一个三代，如何做得！如续书要载汉以来诏令，他那诏令便载得，发明得甚么义理？发明得甚么政事？只有高帝时三诏令稍好，然已不纯。如曰'肯从吾游者，吾能尊显之'，此岂所以待天下之士哉？都不足录。三代之书诰诏令，皆是根源学问，发明义理，所以灿然可为后世法。如秦汉以下诏令济得甚事？缘他都不曾将心子细去读圣人之书，只是要依他个模子。见圣人作六经，我也学他作六经。只是将前人腔子，自做言语填放他腔中，便说我这个可以比并圣人。圣人做个论语，我便做中说。如扬雄《太玄》《法言》亦然，不知怎生比并！某尝说，自孔孟灭后，诸儒不子细读得圣人之书，晓得圣人之旨，只是自说他一副当道理。说得却也好看，只是非圣人之意，硬将圣人经旨说从他道理上来。孟子说'以意逆志'者，以自家之意，逆圣人之志。如人去路头迎接那人相似，或今日接着不定，明日接着不定；或那人来也不定，不来也不定；或更迟数日来也不定，如此方谓之'以意逆志。'今人读书，却不去等候迎接那人，只认硬赶捉那人来，更不由他情愿；又教它莫要做声，待我与你说道理。圣贤已死，它看你如何说，他又不会出来与你争，只是非圣贤之意。他本要自说他一样道理，又恐不见信于人。偶然窥见圣人说处与己意合，便从头如此解将去，更不子细虚心，看圣人所说是如何。正如人贩私盐，担私货，恐人捉他，须用求得官员一两封书，并掩头行引，方敢过场、务，偷免税钱。今之学者正是如此，只是将圣人经书，拖带印证己之所说而已，何常真实得圣人之意？却是说得新奇巧妙，可以欺惑人，只是非圣人之意。此无他，患在于不子细读圣人之书。人若能虚心下意，自莫生意见，只将圣人书玩味读诵，少间意思自从正文中迸出来，不待安排，不待杜撰。如此，方谓之善读书。且屈原一书，近偶阅之，从头被人错解了。自古至今，讹谬相传，更无一人能破之者，而又为说以增饰之。看来屈原本是一个忠诚恻怛爱君底人。观他所作离骚数篇，尽是归依爱慕，不忍舍去怀王之意。所以拳拳反复，不能自已，何尝有一句是骂怀王。亦不见他有偏躁之心，后来没出气处，不奈何，方投河殒命。而今人句句尽解做骂怀王，枉屈说了屈原。只是不曾平心看他语意，所以如此。"（《朱子语类》卷一百三十七）

27. 问扬雄。曰："雄之学似出于老子。如太玄曰：'潜心于渊，美厥灵根。'测曰：'潜心於渊'，神不昧也。乃老氏说话。"问："太玄分赞于三百六十六日下，不足者乃益以'踦赢'，固不是。如易中卦气如何?"曰:"此出于京房,亦难晓。如太玄中推之,盖有气而无朔矣。"问:"伊川亦取雄太玄中说,如何?"曰:"不是取他言,他地位至此耳。"又问:"贾谊与仲舒如何?"曰:"谊有战国纵横之气;仲舒儒者,但见得不透。"曰:"伊川于汉儒取大毛公,如何?"曰:"今亦难考。但诗注颇简易,不甚泥章句。"问:"文中子如何?"曰:"渠极识世变,有好处,但太浅,决非当时全书。如说家世数人,史中并无名。又,关朗事,与通年纪甚悬绝。"可学谓:"可惜续经已失,不见渠所作如何!"曰:"亦何必见?只如续书有桓荣之命。明帝如此,则荣可知。使荣果有帝王之学,则当有以开导明帝,必不至为异教所惑。如秋风之诗,乃是末年不得已之辞,又何足取?渠识见不远,却要把两汉事与三代比隆!近来此等说话极胜,须是于天理人欲处分别得明。如唐太宗分明是杀兄劫父代位,又何必为之分别说!沙随云,《史记》高祖泛舟于池中,则'明当早参'之语,皆是史之润饰。看得极好,此岂小事!高祖既许之明早入辨,而又却泛舟,则知此事经史臣文饰多矣。"问:"禅位亦出于不得已。"曰:"固是。它既杀元良,又何处去?明皇杀太平公主亦如此,可畏!"(《朱子语类》卷一百三十七)

28. 子升问仲舒文中子。曰:"仲舒本领纯正。如说'正心以正朝廷',与'命者天之令也'以下诸语,皆善。班固所谓'纯儒',极是。至于天下国家事业,恐施展未必得。王通见识高明,如说治体处极高,但于本领处欠。如古人'明德、新民、至善'等处,皆不理会,却要斗合汉魏以下之事整顿为法,这便是低处。要之,文中论治体处,高似仲舒,而本领不及;爽似仲舒,而纯不及。"因言:"魏徵作隋史,更无一语及文中,自不可晓。尝考文中世系,并看阮逸、龚鼎臣注,及《南史》《刘梦得集》,次日因考文中世系,四书不同,殊不可晓。"又检李泰伯集,先生因言:"文中有志于天下,亦识得三代制度,较之房魏诸公文,稍有些本领,只本原上工夫都不曾理会。若究其议论本原处,亦只自老庄中来。"(《朱子语类》卷一百三十七)

29. 先生令学者评董仲舒扬子云王仲淹韩退之四子优劣。或取仲舒，或取退之。曰："董仲舒自是好人，扬子云不足道，这两人不须说。只有文中子韩退之这两人疑似，试更评看。"学者亦多主退之。曰："看来文中子根脚浅，然却是以天下为心，分明是要见诸事业。天下事，它都一齐入思虑来。虽是卑浅，然却是循规蹈矩，要做事业底人，其心却公。如韩退之虽是见得个道之大用是如此，然却无实用功处。它当初本只是要讨官职做，始终只是这心。他只是要做得言语似六经，便以为传道。至其每日功夫，只是做诗，博弈，酣饮取乐而已。观其诗便可见，都衬贴那原道不起。至其做官临政，也不是要为国做事，也无甚可称，其实只是要讨官职而已。"（《朱子语类》卷一百三十七）

30. 问："先生王氏续经说云云，荀卿固不足以望之。若房杜辈，观其书，则固尝往来于王氏之门。其后来相业，还亦有得于王氏道否？"曰："房杜如何敢望文中子之万一！其规模事业，无文中子仿佛。某尝说，房杜只是个村宰相。文中子不干事，他那制度规模，诚有非后人之所及者。"又问："仲舒比之如何？"曰："仲舒却纯正，然亦有偏，又是一般病。韩退之却见得又较活，然亦只是见得下面一层，上面一层都不曾见得。大概此诸子之病皆是如此，都只是见得下面一层，源头处都不晓。所以伊川说'西铭是原道之宗祖'，盖谓此也。"（《朱子语类》卷一百三十七）

31. 只有董仲舒资质纯良，摸索道得数句著，如"正谊不谋利"之类。然亦非它真见得这道理。（《朱子语类》卷一百三十七）

32. 问："仲舒云：'性者，生之质。'""也不是。只当云，性者，生之理也；气者，生之质也。"璘谓："'性者，生之质'，本庄子之言。"曰："庄子有云：'形体保神，各有仪则，谓之性。'前辈谓此说颇好，如'有物有则'之意。"（《朱子语类》卷一百三十七）

33. 问："仲舒以情为人之欲，如何？"曰："也未害。盖欲

为善，欲为恶，皆人之情也。"(《朱子语类》卷一百三十七)

34. 童问董仲舒见道不分明处。曰："也见得鹘突。如'命者，天之令；性者，生之质；情者，人之欲。命非圣人不行，性非教化不成，情非制度不节'等语，似不识性善模样。又云，'明于天性，知自贵于物；知自贵于物，然后知仁义；知仁义，然后重礼节；重礼节，然后安处善；安处善，然后乐循理'，又似见得性善模样。终是说得骑墙，不分明端的。"(《朱子语类》卷一百三十七)

35. "仲舒言：'命者，天之令；性者，生之质。'如此说，固未害。下云'命非圣人不行'，便牵于对句，说开去了。如'正谊明道'之言，却自是好。"道夫问："或谓此语是有是非，无利害，如何？"曰："是不论利害，只论是非。理固然也，要亦当权其轻重方尽善，无此亦不得。只被今人只知计利害，于是非全轻了。"(《朱子语类》卷一百三十七)

36. 建宁出"正谊明道如何论"。先生曰："'正其谊不谋其利，明其道不计其功。'谊必正，非是有意要正；道必明，非是有意要明，功利自是所不论。仁人于此有不能自已者。'师出无名，事故不成；明其为贼，敌乃可服'，此便是有意立名以正其谊。"(《朱子语类》卷一百三十七)

37. 在浙中见诸葛诚之千能云："'仁人正其义不谋其利，明其道不计其功'，仲舒说得不是。只怕不是义，是义必有利；只怕不是道，是道必有功。"先生谓："才如此，人必求功利而为之，非所以为训也。固是得道义则功利自至；然而有得道义而功利不至者，人将于功利之徇，而不顾道义矣。"(《朱子语类》卷一百三十七)

38. 仲舒所立甚高。后世之所以不如古人者，以道义功利关不透耳。其议匈奴一节，娄敬贾谊智谋之士为之，亦不如此。(《朱子语类》卷一百三十七)

39. 刘淳叟问："汉儒何以溺心训诂而不及理？"曰："汉初诸儒专治训诂，如教人亦只言某字训某字，自寻义理而已。至西汉末年，儒者渐有求得稍亲者，终是不曾见全体。"问："何以谓之全体？"曰："全体须彻头彻尾见得方是。且如匡衡问时政，亦及治性情之说；及到得他入手做时，又却只修得些小宗庙礼而已。翼奉言'见道知王治之象，见经知人道之务'，亦自好了；又却只教人主以阴阳日辰贪狠廉贞之类辨君子小人。<u>以此观之，他只时复窥见得些子，终不曾见大体也。惟董仲舒三篇说得稍亲切，终是不脱汉儒气味。只对江都易王云'仁人正其义不谋其利，明其道不计其功'，方无病，又是儒者语。</u>"（卷一百三十七）

40. <u>董仲舒才不及陆宣公而学问过之。张子房近黄老，而隐晦不露。诸葛孔明近申韩。</u>（《朱子语类》卷一百三十七）

41. 文中子，看其书忒装点，所以使人难信。如说诸名卿大臣，多是隋末所未见有者。兼是他言论大纲杂霸，凡事都要硬做。如说礼乐治体之类，都不消得从正心诚意做出。又如说"安我所以安天下，存我所以厚苍生"，都是为自张本，做杂霸镃基。黄德柄问："续书：'天子之义：制、诏、志、策，有四；大臣之义：命、训、对、赞、议、诫、谏，有七。'如何？"曰："<u>这般所在极肤浅。中间说话大纲如此。但看世俗所称道，便唤做好，都不识。如云晁董公孙之对，据道理看，只有董仲舒为得。如公孙已是不好，晁错是话个甚么</u>！又如自叙许多说话，尽是夸张。考其年数，与唐煞远，如何唐初诸名卿皆与说话？若果与诸名卿相处，一个人怎地自标致，史传中如何都不见说？"因说："史传尽有不可信处。尝记五峰说，看太宗杀建成元吉事，尚有不可凭处。如云，先一日，太宗密以其事奏高祖，高祖省表愕然，报曰：'明当鞫问，汝宜早参。'只将这几句看，高祖且教来日鞫问，如何太宗明日便拥兵入内？又云，上已召裴寂萧瑀陈叔达欲按其事，又云：'上方泛舟海池。'岂有一件事怎么大，兄弟构祸如此之极，为父者何故恁地恬然无事！此必有不足信者。只《左传》是有多难信处。如赵盾一事，后人费万千说话与出脱，其实此事甚分明。如司马昭之弑高贵乡公，他终不成亲自下手！必有抽戈用命，如贾充成济之徒。如曰'司马公畜养汝等，正为今曰。今日之事，无所问也。'看《左传》载灵公欲杀赵盾，今日要杀，杀不得；明日要杀，杀不得。只是一个人君要杀一臣，最易为力。怎地杀不得，也是他大段强了。今来许多说话，自是后来三晋既得政，撰造掩覆，反有不可得而掩者矣。物来若不能明，事至若不能辨，是吾心大段昏在。"（《朱子语类》卷一百三十七）

42. 汉初贾谊之文质实。晁错说利害处好，答制策便乱道。<u>董仲舒之文缓弱，其答贤良策，不答所问切处；至无紧要处，有累数百言</u>。东汉文章尤更不如，渐渐趋于对偶。如杨震辈皆尚谶纬，张平子非之。然平子之意，又却理会风角、鸟占，何愈于谶纬！陵夷至于三国两晋，则文气日卑矣。古人作文作诗，多是模仿前人而作之。盖学之既久，自然纯熟。如相如封禅书，模仿极多。柳子厚见其如此，却作贞符以反之，然其文体亦不免乎蹈袭也。（《朱子语类》卷一百三十九）

43. 司马迁文雄健，意思不帖帖，有战国文气象。贾谊文亦然。老苏文亦雄健。似此皆有不帖帖意。<u>仲舒文实</u>。刘向文又较实，亦好，无些虚气象；<u>比之仲舒，仲舒较滋润发挥</u>。大抵武帝以前文雄健，武帝以后更实。到杜钦谷永书，又太弱无归宿了。匡衡书多有好处，汉明经中皆不似此。（《朱子语类》卷一百三十九）

44. <u>仲舒文大概好，然也无精彩。</u>（《朱子语类》卷一百三十九）

45. 问："南丰文如何？"曰："南丰文却近质。他初亦只是学为文，却因学文，渐见些子道理。故文字依傍道理做，不为空言。只是关键紧要处，也说得宽缓不分明。缘他见处不彻，本无根本工夫，所以如此。但比之东坡，则较质而近理。东坡则华艳处多。"或言："某人如搏谜子，更不可晓。"曰："然。尾头都不说破，头边做作扫一片去也好。只到尾头，便没合杀，只恁休了。篇篇如此，不知是甚意思。"或曰："此好奇之过。"曰："此安足为奇！观前辈文章如贾谊董仲舒韩愈诸人，还有一篇如此否?夫所贵乎文之足以传远,以其议论明白,血脉指意晓然可知耳。文之最难晓者,无如柳子厚。然细观之,亦莫不自有指意可见,何尝如此不说破?其所以不说破者,只是吝惜,欲我独会而他人不能,其病在此。大概是不肯蹈袭前人议论,而务为新奇。惟其好为新奇,而又恐人皆知之也,所以吝惜。"(《朱子语类》卷一百三十九)

综上所述,朱熹品评董仲舒重在传道授业,鉴古知今,直言快语。他对董仲舒的评价表现为:

第一,朱熹认为董仲舒是汉唐时期"本领纯正"的大儒。"汉儒最纯者莫如董仲舒,仲舒之文最纯者莫如三策,何尝有《礼记》中说话来!"(第15条)"仲舒识得本原,如云'正心修身可以治国平天下',如说'仁义礼乐皆其具',此等说话皆好。"(第18条)"汉儒惟董仲舒纯粹,其学甚正,非诸人比"(第26条),班固说的极是(第28—29条)。"与文中子王通比较,据(朱熹的)道理看,只有董仲舒能够正心诚意,是最为得。"(第41条)

第二,朱子高度肯定董仲舒的"仁人正其义不谋其利,明其道不计其功"的思想。他说:"'先难后获',即仲舒所谓'仁人明道不计功'之意。"(第3条)"仲舒云:'仁人正其谊不谋其利,明其道不计其功。'一部《左传》无此一句。若人人择利害后,到得临难死节底事,更有谁做?"(第11条)"仲舒所立甚高。后世之所以不如古人者,以道义功利关不透耳。"(第38条)"才如此,人必求功利而为之,非所以为训也。固是得道义则功利自至;然而有得道义而功利不至者,人将于功利之徇,而不顾道义矣。"(第37条)"谊必正,非是有意要正;道必明,非是有意要明,功利自是所不论。仁人于此有不能自已者。'师出无名,事故不成;明其为贼,敌乃可服',此便是有意立名以正其谊。"(第36条)

第三,朱熹认为董仲舒的思想有理学的一些特质。如他说:"圣贤之言,所以要辨别教分明。但只要向义边一直去,更不通思量第二著。才说义,乃所以为利。固是义有大利存焉,若行义时便说道有利,则此心只邪向那边去。固是'未有仁而遗其亲,未有义而后其君。'才于为仁时,便说要不遗其亲;为义时,便说要不后其君,则是先有心于为利。圣贤要人止向一路做去,不要做这一边,又思量那一边。仲舒所以分明说'不谋其利,不计其功'。"(第5条)"或问:'董仲舒:"性者生之质也。"'曰:'其言亦然'。"(第6条)"只是一理。此亦非是有物使之然。但物之生时自节节长将去,恰似有物扶持也,及其衰也,则自节节消磨将去,恰似个物推倒它。理自如此。唯我有受福之理,故天既佑之,又申之。董仲舒曰:'为政而宜于民,固当受禄于天。'虽只是叠将来说,然玩味之,觉他说得自有意思。"(第7条)"或问:'"大德必得其位,必得其禄,必得其寿。"尧舜不闻子孙之盛,孔子不享禄位之荣,何也?'曰:'此或非常理。今所说,乃常理也。'因言:'董仲舒云:"固当受禄于天。"虽上面叠说将来不好,只转此句,意思尽佳。"(第8条)

第四,朱熹用"格物"的态度对待董仲舒思想,是其是、非其非。他说:"如临事,亦要如此理会那个是,那个不是。若道理明时,自分晓。有一般说,汉唐来都是;有一般说,汉唐来都不是,恁地也不得。且如董仲舒、贾谊说话,何曾有都不是底,何曾有都是底。须是要见得他那个议论是,那个议论不是。如此,方唤做格物。"(第1条)"如圣人之言,自是纯粹。但后世人也有说得是底,如汉仲舒之徒。说得是底还他是。然也有不是处,也自可见。须是如此去穷,方是。"(第2条)

第五,朱熹认为董仲舒是汉唐时期的群儒首。"汉儒惟董仲舒纯粹,其学甚正,非诸人比。只是困苦无精彩,极好处也只有'正谊、明道'两句。"(第26条)"或问:'胡文定之学与董仲舒如何?'曰:'文定却信"得于己者可以施于人,学于古者可以行于今"。其他人皆谓得于己者不可施于人,学于古者不可行于今,所以浅陋。然文定比似仲舒较浅,仲舒比似古人又浅。'又曰:'仲舒识得本原,如云"正心修身可以治国平天下",如说"仁义礼乐皆其具",此等说话皆好。若陆宣公之论事,却精密,第恐本原处不如仲舒。然仲舒施之临事,又却恐不如宣公也'。"(第18条)"汉儒董仲舒较稳。刘向虽博洽而浅,然皆不见圣人大道。贾谊司马迁皆驳杂,大意是说权谋功利。说得深了,觉见不是,又说一两句仁义。然权谋已多了,救不转。苏子由古史前数卷好,后亦合杂权谋了。"(第25条)又问:'贾谊与仲舒如何?'曰:'谊有战国纵横之气;仲舒儒者,但见得不透。'"(第27条)"子升问仲舒文中子。曰:'仲舒本领纯正。如说"正心以正朝廷",与"命者天之令也"以下诸语,皆善。班固所谓"纯儒",极是。至于天下国家事业,恐施展未必得。王通见识高明,如说治体处极高,但于本领处欠。如古人"明德、新民、至善"等处,皆不理会,却要斗合汉魏以下之事整顿为法,这便是低处。要之,文中论治体处,高似仲舒,而本领不及;爽似仲舒,而纯不及。'"(第28条)"先生令学者评董仲舒扬子云王仲淹韩退之四子优劣。或取仲舒,或取退之。曰:'董仲舒自是好人,扬子云不足道,这两人不须说。'"(第29条)"问:'先生王氏续经说云云,荀卿固不足以望之。若房杜辈,观其书,则固尝往来于王氏之门。其后来相业,还亦有得于王氏道否?'曰:'房杜如何敢望文中子之万一!其规模事业,无文中子仿佛。某尝说,房杜只是个村宰相。文中子不干事,他那制度规模,诚有非后人之所及者。'又问:'仲舒比之如何?'曰:'仲舒却纯正,然亦有偏,又是一般病。<u>韩退之却见得又较活,然亦只是见得下面一层,上面一层都不曾见得。大概此诸子之病皆是如此,都只是见得下面一层,源头处都不晓。</u>所以伊川说'西铭是原道之宗祖',盖谓此也。'"(第30条)"仲舒所立甚高。后世之所以不如古人者,以道义功利关不透耳。"(第38条)"<u>文中子,看其书忒装点,所以使人难信。</u>如说诸名卿大臣,多是隋末所未见有者。兼是他言论大纲杂霸,凡事都要硬做。如说礼乐治体之类,都不消得从正心诚意做出。又如说'安我所以安天下,存我所以厚苍生',都是为自张本,做杂霸镃基。黄德柄问:'续书:"天子之义:制、诏、志、策,有四;大臣之义:命、训、对、赞、议、诫、谏,有七。"如何?'曰:'<u>这般所在极肤浅。中间说话大纲如此。但看世俗所称道,便唤做好,都不识。</u>如云晁董公孙之对,据道理看,只有董仲舒为得。'"(第41条)

第六,董仲舒留给朱熹的遗憾。"武帝多有病痛,然天资高,足以有为。使合下得真儒辅佐它,岂不大可观!惜乎辅非其人,不能胜其多欲之私,做从那边去了。末年天下虚耗,其去亡秦无几。然它自追悔,亦其天资高也。如与卫青言:'若后世又为朕所为,是袭亡秦之迹。太子厚重好静,欲求守文之主,安有贤于太子者乎!'见得它知过处。胡氏谓:'武帝能以仲舒为相,汲黯为御史大夫,岂不善乎?'"(第4条)"温公论景帝太子既亡,当时若立献王为嗣,则汉之礼乐制度必有可观。又致堂谓:'武帝若使董仲舒为相,汲黯为御史大夫,则汉治必盛。'某尝谓:'若如此差除,那里得来!'"(第12条)"先王之礼,今存者无几。汉初自有文字,都无人收拾。河间献王既得雅乐,又有礼书五十六篇,惜乎不见于后世!是当时儒者专门名家,自一经之外,都不暇讲,况在上又无典礼乐之主。故胡氏说道,使河间献王为君,董仲舒为相,汲黯为御史,则汉之礼乐必兴。这三个差除,岂不甚盛!"(第14条)"可见他当时已自知其罪。向若能以仲舒为相,汲黯为御史大夫,岂不善!"(第24条)"问:'退之一文士耳,何以从祀?'曰:'有辟佛老之功。'曰:'如程子取其原道一篇,盖尝读之,只打头三句便也未稳。'曰:"且言其大概耳。便如董仲舒,也则有疏处。"(第16条)"问:'程先生云:"自汉以来,儒者皆不识此。"'曰:如仲舒语,只约度有这物事。韩退之虽知有这物事,又说得太阔疏了。'"(第17条)"若陆宣公之论事,却精密,第恐本原处不如仲舒。然仲舒施之临事,又却恐不如宣公也。"(第18条)"董仲舒文字却平正,只是又困。董仲舒匡衡刘向诸人文字,皆善弱无气焰。司马迁贾生文字雄豪可爱,只是逞快,下字时有不稳处,段落不分明。匡衡文字却细密,他看得经书极子细,能向里做工夫,只是做人不好,无气节。仲舒读书不如衡子细,<u>疏略甚多,然其人纯正开阔</u>,衡不及也。"(第19条)"董仲舒云:'质朴之谓性,性非教化不成。'性本自成,于教化下一'成'字,极害理。"(第22条)"太史公董仲舒论汉事,皆欲用夏之忠。不知汉初承秦,扫去许多繁文,已是质了。"(第23条)"仲舒儒者,但见得不透。"(第27条)"仲舒却纯正,然亦有偏,又是一般病。"(第30条)"终是说得骑墙,不分明端的。"(第34条)"唯董仲舒三篇说得稍亲切,终是不脱汉儒气味。"(第39条)"董仲舒之文缓弱,其答贤良策,不答所问

切处；至无紧要处，有累数百言。"（第42条）"仲舒文大概好，然也无精彩。"（第44条）

朱熹对董仲舒的品评极为细致。他对董子的品评是他对历史人物的评价中具有代表性的案例之一。朱熹一改魏晋以来的品评范式，不再以刘劭《人物志》中的三材、九征、十二流业和八观来定义人、描述人。然而朱熹的品评内涵中又渗透着魏晋以来的品评精神，如《人物志》中说："儒学之材，安民之任也。"而朱熹一而再再而三地肯定董仲舒是纯儒，比汉代贾谊、司马迁、扬雄、匡衡等著名儒学家都好，甚至比隋代的著名儒学家王通，唐代的韩愈及宋代的胡安国都好，遗憾的是董仲舒没有成为汉武帝的相，董仲舒的安民之任未能实现。刘劭说："能属文著述，是谓文章，司马迁、班固是也。"然而，在朱熹看来，司马迁不过是董仲舒的学生，而且"司马迁贾谊文字雄豪可爱，只是逞快，下字时有不稳处，段落不分明"；匡衡读书、写文章都很细致，然而做人不好，无气节；而董仲舒却纯正开阔，不足的是像匡衡、刘向等人一样，他的文章善弱无气焰，只能说大概好。

朱熹对董仲舒品评的另一个视角是理学理论，用理学的方法分析董仲舒和其他历史人物，朱子认为："仲舒识得本原，如云'正心修身可以治国平天下'，如说'仁义礼乐皆其具'，此等说话皆好。""仲舒本领纯正。如说'正心以正朝廷'，与'命者天之令也'以下诸语，皆善。"评价隋代大儒王通时，认为："房杜如何敢望文中子之万一！其规模事业，无文中子仿佛。"而文中子王通又怎么比得上董仲舒呢？由是，得出了"据道理看，只有董仲舒为得"的结论。这里的"道理"不是今天的语义，而是宋代理学的"道理"[1]，在这里朱熹开启了理学品评人物的话语模式。

朱熹品评董仲舒重事实，通过不同层面、不同视角的比较说话，

---

[1] 见王宏海：《易理解释：从"道""理"到"道理"的转化——论理学核心观念的形成》，《宋史研究论丛》第十九辑，保定：河北大学出版社2016年版，第365—386页。

在思想的关系中阐述朱熹式的董仲舒。朱熹对董仲舒的品评也是对宋以来不断升华的董仲舒刻板印象[①]的再次升华，有着特殊的历史意义。正如他认为董仲舒终究脱不了汉儒气味，朱熹品评董仲舒终究也脱不了宋儒的历史局限。本文仅仅从朱熹对董仲舒的品评进行了些许的研究，对于朱熹如何创造性构建理学的品评话语体系有待于进一步探讨。

本文为"2019中国·衡水董仲舒与儒家思想国际学术研讨会"提交的论文。

王宏海（1968—），男，河北沽源人，历史学博士，三亚学院跨文化研究中心教授。

---

① 见王宏海论：《〈册府元龟〉对董仲舒刻板印象的塑造》，《宋史研究论丛》第二十一辑，北京：科学出版社2017年版，第311—330页。

康有为对董仲舒的历史定位和态度评价

魏义霞

无论将董仲舒置于康有为关注的国学人物中还是近代哲学家对董仲舒的解读、态度中予以考察,都可以感受到董仲舒在康有为那里的礼遇。换言之,康有为给予董仲舒的格外青睐乃至情有独钟是独特的,与近代哲学家的学术兴趣迥然相异。

一、历史地位

在近代哲学家中,率先对董仲舒的历史贡献予以高度评价的无疑首推康有为。康有为认为,董仲舒的功绩不仅在于对孔子微言大义的诠释和发挥,而且在于对孔子的定位和膜拜。在康有为看来,董仲舒的功劳是将孔子定位为"素王",最契合孔子的身份和地位。"素王"指有帝王之德而无帝王之位的人。《淮南子》盛赞孔子文武双全,却"专行教道,以成素王"(《淮南子·主术》)。这是文献中第一次将孔子与"素王"直接联系起来。之后,《汉书》中引述董仲舒对孔子的评价,称董仲舒尊孔子为"素王":"孔子作《春秋》,先正王而系万事,见素王之文焉。"(《汉书·董仲舒传》)耐人寻味的是,康有为没有提及《淮南子》的"素王"说,而是对《汉书》的记载加以演绎和发挥。康有为如此做是含有深意的,那就是凸显董仲舒对孔子的推崇和定位。依据康有为的说法,董仲舒的贡献之一是尊孔子为"素王",

给予了孔子精准定位。对此，康有为的下面这段议论提供了佐证："孔子、尧、舜，后世疑其差等。王阳明有'尧、舜万镒，孔子九千镒'说，固为大谬。朱子谓孔子贤于尧、舜，在事功似矣。然不知孔子改制，治定百世，乃为功德无量。不然，区区删述，仅比老、彭，宰我不诚阿好哉！"① 尧舜都是中国的圣人，不仅有德，而且有位。两人建立了传说中的唐虞盛世，被归入三皇五帝。唐虞指唐尧和虞舜，两人与黄帝（或太昊、少昊）、颛顼、帝喾一起被奉为五帝。在康有为看来，孔子虽然无位而不能得位行权，但是，孔子与尧舜好有一比。沿着这个思路，康有为坚决反对在尧舜与孔子之间分出高低，更是批评王守仁关于"尧、舜万镒，孔子九千镒"的观点"大谬"。令康有为大为光火的王守仁的"尧、舜万镒，孔子九千镒"之说，源出《传习录》中的两段记载。现摘录如下：

> 圣人之所以为圣，只是其心纯乎天理，而无人欲之杂。犹精金之所以为精，但以其成色足而无铜铅之杂也。人到纯乎天理方是圣，金到足色方是精。然圣人之才力，亦是大小不同，犹金之分两有轻重。尧、舜犹万镒，文王、孔子有九千镒，禹、汤、武王犹七千镒，伯夷、伊尹犹四五千镒：才力不同而纯乎天理则同，皆可谓之圣人；犹分两虽不同，而足色则同，皆可谓之精金。（《王阳明全集卷一·传习录上》，《王阳明全集》上海古籍出版社1992年版，第27页）
>
> 德章曰："闻先生以精金喻圣，以分两喻圣人之分量，以锻炼喻学者之工夫，最为深切。惟谓尧、舜为万镒，孔子为九千镒，疑未安。"先生曰："此又是躯壳上起念，故替圣人争分两。若不从躯壳上起念，即尧、舜万镒不为多，孔子九千镒不为少；尧、舜万镒只是孔子的，孔子九千镒只是尧、舜的，原无彼我。所以谓之圣，只论精一，不论多寡。只要此心纯乎天理处同，便同谓之圣。若是力量气魄，如何尽同得！后儒只在分两上较量，

---

① 《孔子改制考》卷九，《康有为全集》（第三集），中国人民大学出版社2007年版，第116页。

所以流入功利。若除去了比较分两的心,各人尽着自己力量精神,只在此心纯天理上用功,即人人自有,个个圆成,便能大以成大,小以成小,不假外慕,无不具足。此便是实实落落明善诚身的事。后儒不明圣学,不知就自己心地良知良能上体认扩充,却去求知其所不知,求能其所不能,一味只是希高慕大;不知自己是桀、纣心地,动辄要做尧、舜事业,如何做得!终年碌碌,至于老死,竟不知成就了个甚么,可哀也已!"(《王阳明全集卷一·传习录上》,《王阳明全集》上海古籍出版社1992年版,第31页)

在孔子与尧舜的地位高低上,康有为赞同朱熹关于孔子在事功方面胜于尧舜的观点,却批评朱熹没有看到孔子托古改制、模范百世的无量功德。显而易见,康有为认为朱熹对孔子的评价不精准,给予孔子的地位不到位。在康有为看来,与朱熹、王守仁相比,董仲舒称孔子为"素王"最为贴切。

在康有为的视界中,董仲舒还有一个让孟子、荀子及朱熹、王守仁等众多孔学大家望尘莫及之处,那就是对《易》的传承。当然,《易》在孔子思想中的独特地位和对于孔教的至关重要也彰显了董仲舒的功德无限。具体地说,康有为反复强调《易》对于孔子的思想不可或缺,是孔子晚年所作,属于孔子的高级之学。孔子本人对《易》格外看中,并不轻易传人而是"择人而传"。《易》对于孔子的意义非凡,对于孔教更是不可或缺:第一,《易》讲天道,《春秋》等专讲人道。《易》的存在表明,孔子之道尽管侧重人道,却同时讲"性与天道"。这就是说,《易》与《春秋》一起共同证明了孔子的思想本末远近大小精粗无所不包。第二,《易》有"精气为物,游魂为变"(《周易·系辞上》)等语,足以证明了孔子关注鬼神、死后之事。这就是说,《易》证明孔子的思想是宗教,因为关注鬼神、死后之事是康有为判断是否是宗教的标准。换言之,《易》作为讲灵魂界之书,为孔子争得了宗教家之名。如果说第一点表明了孔子思想的博大精深,印证了"百家皆孔子之学"的话,那么,第二点则证明了孔子是宗教家,孔教与佛教、耶教一样是宗教。两点相互印证,表明孔子是教主。康有为将救亡图存的希望寄托于孔教，主张通过保教（孔教）来保国保种，因而大声疾呼立孔教为国教，而这一切的前提则是孔子是宗教家，孔教是中国的国教。明白了这一点，便不难理解《易》在孔教中的不可或缺了。在以《易》证明孔子是宗教家的前提下，康有为一面批评孟子不传《易》，荀子罕传《易》，一面指出传孔子之《易》的老子只得孔学之一体，将一阴一阳之道变成了只讲阴而不讲阳。与对包括孟子在内的孔子后学的批判形成鲜明对比的是，康有为不仅肯定董仲舒传《易》，而且对董仲舒的易学大家赞赏。于是，康有为断言："《易》大明终始。董子出于阳，入于阴。生于阳，死于阴。皆以日月为终始。"① 这就是说，与孟子、荀子对《易》的不传、罕传相比，董仲舒深知孔子大道在《易》。与老子等人对《易》的传授只讲阴相比，董仲舒兼阴阳，明终始，颇得孔子真传。

至此可见，康有为视界中的董仲舒不仅破解了孔子主人道之《春秋》的微言大义的密码，而且深谙孔子讲天道、兼阴阳、明终始之《易》。这意味着无论孔子的人道还是天道皆赖董仲舒得以传承。难怪康有为对董仲舒顶礼膜拜、誉之谓孔子之后一人了。

二、态度变化

综观康有为视界中的董仲舒可以发现，董仲舒是康有为最早集中阐发、推崇备至的国学人物，却不是始终都被纳入视野的国学人物。换言之，康有为对董仲舒的崇拜时间早，并且主要集中在戊戌变法之前的早期阶段。这就是说，董仲舒是康有为早期推崇的主要国学人物之一，在康有为戊戌变法之后的思想中便逐渐被边缘化，在《大同书》代表的中期思想中尤其是在以《诸天讲》为代表的后期思想中则不见了踪影。经过董仲舒与康有为视界中的其他国学人物的比较，可以发现康有为对待董仲舒的两个显著特征：第一，康有为对国学人物

---

① 《万木草堂口说·学术源流》，《康有为全集》（第二集），中国人民大学出版社2007年版，第146页。

的选择侧重和态度评价处于变化之中，庄子、荀子和朱熹在康有为那里都经历了一个先褒后贬、由尊到黜的过程。与此形成强烈对比的是，康有为对董仲舒只有崇拜推崇而没有抨击鞭挞，这在康有为那里是极为罕见的。就地位来说，康有为给予董仲舒的地位足以让包括孟子、荀子和朱熹等人在内的绝大多数的孔子后学黯然失色，康有为认为董仲舒在孔子后学中的贡献甚至无人比肩。就董仲舒获得的荣誉称号来说，孔教之教主与朱熹分享，然而最终朱熹被淘汰出局。综合分析、考量康有为的思想可以发现，他眼中的孔教教主和集大成者除了孔子本人之外，只有两人：一位是董仲舒，一位是朱熹。这就是说，在孔教传播的过程中，董仲舒和朱熹功不可没，堪称教主。换言之，康有为认定朱熹是教主，同时也将董仲舒誉为教主。通过朱熹与董仲舒的比较，康有为对两人区别对待，直观流露出对董仲舒与朱熹的不同态度和评价。康有为强调，不可将朱熹与董仲舒的地位等量齐观：第一，董仲舒"得孔子大教之本，绝诸子之学，为传道之宗"，而朱熹却得孔子大道之一端，犹如"西蜀之偏安"。第二，朱熹与董仲舒面对的处境相差悬殊，董仲舒不染佛老，朱熹则近老入佛循墨，以至于康有为承认朱熹是孔子后学却批判他的思想属于"另一种学问"。只有董仲舒擅于发挥孔子微言大义，最终成为"孔子之后一人"。朱熹生于荀子、刘歆之后，充其量不过是荀子、刘歆之一小支。再加上朱熹坐而论道，轻视六经而关注四书，故而与孔子大道渐行渐远。值得注意的是，康有为一再肯定朱熹思想博大精深，然而，当朱熹遭遇董仲舒时，情况却急转直下：康有为一面声称董仲舒的思想精深博大，一面抨击朱熹偏于一隅。至此，董仲舒的地位足以令朱熹相形见绌，康有为对董仲舒的顶礼膜拜由此可见一斑。由此，董仲舒成为除了孔子之外的唯一教主。另外，康有为认为，孟子、荀子是孔门战国时期的"二伯"，董仲舒超孟逸荀。这意味着无论孟子还是荀子在董仲舒面前都自叹弗如。被称为"二伯"时的荀子尚且如此，至于与朱熹一样被视为从内部败坏孔教的罪魁祸首，荀子与董仲舒只能是相去霄壤了。耐人寻味的是，康有为给予董仲舒的地位不可谓不高，却没能够善始善终。这是因为，在戊戌变法之后，康有为便不再推崇董仲舒。由此，虎头蛇尾成为董仲舒在康有为思想中的命运轨迹。

三、思想诠释

康有为关注董仲舒的时间特殊，关注董仲舒的视角更特殊。这是因为，康有为对国学人物的解读和审视有一个共同特点，那就是：关注身份归属和传承谱系。对于董仲舒，康有为关注的重点不是身份确证或传承谱系，而是思想本身。事实上，康有为对董仲舒的思想兴趣盎然，对董仲舒的思想解读、地位认定和态度评价都围绕着《春秋繁露》展开。这使康有为成为最早研究《春秋繁露》的近代哲学家。在肯定《春秋繁露》兼备大义与微言、礼与例的前提下，康有为强调书中不同篇章各有侧重。例如，他提到了《春秋繁露》的许多篇名，并对各篇内容予以阐发。在此过程中，康有为注意到：“《王道》《观德》《玉英》《楚庄王》数篇，多言例。"[①] 除此之外，他还对《春秋繁露》的篇名予以审视，并且得出了这样的结论："《繁露》篇目，多用三字，与《纬书》合。"[②] 但翻阅《春秋繁露》即一目了然，并非如康有为所说。就康有为提到的《春秋繁露》的篇名来说，从《王道》《观德》《玉英》到《人副天数》（康有为写作《天副人数》）《深察名号》《必仁且智》《循天之道》都是证明。

除了对《春秋繁露》全书的整体透视和宏观把握之外，康有为还对书中的各篇进行专门概括。这方面的例子同样俯拾即是，下仅举其一斑：

《繁露·天副人数篇》（"天副人数"应为"人副天数"之误，《人副天数》是《春秋繁露》第五十六篇的篇名、下同——引者

---

① 《万木草堂口说·春秋繁露》，《康有为全集》（第二集），中国人民大学出版社2007年版，第203页。

② 《万木草堂口说·春秋繁露》，《康有为全集》（第二集），中国人民大学出版社2007年版，第206页。

注）言人甚详，与物相同。①

《人副天数篇》，言人甚详，与物相同。②

《循天之道篇》甚有精思。③

上述内容显示，康有为从不同方面呈现了董仲舒的思想。总的说来，康有为对董仲舒思想的解读和评价与他对董仲舒身份归属和传承谱系的勾勒相印证。深入思考康有为对董仲舒思想的解读，可以归纳出两个显著特征：第一，彰显董仲舒对孔子思想的薪火相传，强调董仲舒的思想得孔学真传。为与此相一致，康有为对董仲舒思想的阐发与对孔子思想的阐发密切相关，甚至可以说始终围绕孔子的微言大义的发微展开。第二，正如康有为对孔子思想的诠释以作为六经之金钥匙的《春秋》为第一经典一样，康有为对董仲舒思想的阐发由始至终都围绕着《春秋》三世三统展开。前者服务于康有为立孔教为国教的理论初衷，后者迎合了思想启蒙的时代主题。

提起康有为对董仲舒思想的阐发或对《春秋繁露》的研究，就不能不提《春秋董氏学》。康有为于1893—1897年之间作《春秋董氏学》，虽然是编纂而非思想发挥或诠释，但是，《春秋董氏学》表明了康有为对董仲舒思想的系统梳理和集中阐发，故而意义非凡：第一，就康有为来说，他对许多国学人物的思想解读并不凭借文本。例如，无论康有为对公孙龙的身份归属还是思想解读都没有提及《公孙龙子》。康有为之所以对《春秋繁露》乐此不疲，除了对《春秋》的推崇，还在于以公羊学范式解读《春秋》的初衷。第二，就康有为与近代哲学家的比较来说，翻检近代哲学史可以看到，董仲舒在其他近代哲学家那里不受重视，甚至不在场。这与康有为对董仲舒的高度关注、推崇备至形成强烈反差。这个反差折射出康有为与其他近代哲学

---

① 《万木草堂口说·学术源流》，《康有为全集》（第二集），中国人民大学出版社2007年版，第147页。

② 《万木草堂口说·春秋繁露》，《康有为全集》（第二集），中国人民大学出版社2007年版，第204页。

③ 《万木草堂口说·春秋繁露》，《康有为全集》（第二集），中国人民大学出版社2007年版，第188页。

家对国学人物的不同遴选标准，背后隐藏着天差地别的国学观。具体地说，康有为、谭嗣同将诸子百家整合为孔学一家，故而推崇孔子；康有为以孔子为儒家代言，故而对作为儒家代表并且传承《春秋》的孟子和董仲舒格外青睐。严复和章炳麟推崇道家，因而并不关注董仲舒。谭嗣同虽然推崇孔子并且与康有为一样将诸子百家削减为孔学一家，但是，他并不像康有为那样具有儒家情结而是排斥儒学（"后儒"），因而对董仲舒敬而远之。

进而言之，康有为对董仲舒的兴趣和阐发秉持一贯的立言宗旨和学术立场，服务于立孔教为国教的国学理念和变法维新的政治需要。因此，探究康有为推崇董仲舒的深层动机和良苦用心，既有助于深刻体悟他的国学观和孔教观，又有助于直观感受康有为的学术研究与政治诉求的互为表里、相得益彰。也正是由于这个原因，康有为是作为思想家而不是作为学问家审视董仲舒的地位、解读董仲舒的思想的。与其说康有为着力还原、呈现董仲舒的思想，不如说其执着于大胆阐发以至于过度诠释更为恰当。当然，研究者面对康有为视界中的董仲舒，在肯定其创新的同时，对于其中公羊家言的过度诠释要有一个清醒而客观的认识和态度。

与服务于立孔教为国教的学术立场和变法维新的政治需要一脉相承，康有为视界中的董仲舒是在各种关系中存在的。大致说来，康有为视界中的董仲舒除了有以孔子为核心的牵涉关系与作为孔子后学的亲授弟子和与孟子、荀子的关系之外，从横向来看，康有为关注董仲舒与刘歆的关系。他对董仲舒的思想阐发和态度评价与对刘歆的思想阐发和态度评价截然相反，因为两人是作为一正一反的教材出现的。康有为以发扬被湮灭的孔子大义为己任，《新学伪经考》与《春秋董氏学》沿着两个不同的方向展开。众所周知，1891年康有为作《新学伪经考》，旨在揭露古文经是伪经，刘歆是篡改经书的千古罪人。这是反着说，旨在以刘歆为反面教材为孔教拨云见日；1897年康有为完成《孔子改制考》，这是正着说，着重从正面阐发孔子托古改制的微言大义。两部著作之所以引起学术界的大飓风、大地震效应，是因为书中的观点石破天惊，甚至可以说冒天下之大不韪。因此，为自己的观点提供辩护成为康有为的当务之急，他的奥援则是董仲舒和《春秋繁露》。这也是《春秋董氏学》作于1893—1897年间，成为康有为早期著作的主要原因。既然新学——古文经学是伪学、古文经是伪经，那么，什么是正学、是真经？董仲舒代表康有为答曰：今文经学是正学，《春秋》是真经。接下来的问题是，既然孔子改制，并将托古改制的密码隐藏在《春秋》之中，那么，为什么几千年无人知晓？孔子改制的秘密如何知见？改制的方式究竟如何？康有为答曰：董仲舒在《春秋繁露》中揭示了其中的秘密，解答了所有问题。至此可见，正如孔子托古改制一样，康有为借董仲舒之口发出自己的声音，是康有为推崇董仲舒、借助《春秋繁露》解读董仲舒思想的目的所在。

明白了康有为的初衷和目的便不难发现，正如董仲舒以今文经学的家法对《春秋》尽情发挥和过度诠释一样，康有为以如此家法对董仲舒的思想及《春秋繁露》如法炮制。有鉴于此，与其说康有为沿袭、秉持今文经学的传统对董仲舒的思想予以阐发，不如说他借董仲舒之名，以《春秋繁露》为噱头伸张了自己的政治主张、哲学理念和价值意趣。正因为如此，康有为的思想与董仲舒之间既存在一定程度的继承关系，也呈现出区别明显。以哲学思想为例，董仲舒奉天为本原，康有为则借董仲舒的名义奉元为本原。诚然，董仲舒重视元，并且使元成为一个重要概念。董仲舒重元与《春秋》有关，《春秋》第一句话是"元年春正月公即位"。正是在发微《春秋》的过程中，董仲舒由"元年春正月公即位"而贵元重始。尽管董仲舒重元，然而，他所说的元具体指元年之元，也就是君主年号顺序的第一、开始。有鉴于此，元在董仲舒那里充其量只是时间上的称谓，即使勉强算得上一个政治学概念，也绝非哲学概念，故而与宇宙论、本体论无涉。换言之，董仲舒所看中的只是元年即新主从政之始对于王道的初始意义，故而对元进行了夸大。董仲舒是第一个对元予以深入阐发的哲学家，主要是赋予元以政治学意蕴。他以始训元，致使元等同于具有开始、起始、开端等时间含义的始，并进而宣称元就是王道之始。由此可见，董仲舒尽管重视元，却只限于政治领域。沿着这个思路，董仲舒强调，孔子改制为元年的所谓始不过是重视王道之始。在哲学上，他继承了孔子、孟子和荀子等先秦儒家的尊天传统，将天视为宇宙中的最高主宰，断言"天者百神之大君也"。在此基础上，董仲舒将对天的尊崇贯彻到人性论、政治论等各个领域，提出了"人副天数"的命题，同时声称天为人之曾祖父，君主是天之子。天有阴阳，天生人有贪仁之性。由此，董仲舒从人性的角度讲划分三品，治国理民仁主刑辅。在这个前提下，他呼吁人尊天、奉天。尽管如此，董仲舒并没有对天与元的关系进行具体或详细探究，既没有将元归入天之统辖范围，也没有视元为天之所生。与董仲舒有别，康有为则将元变成了一个哲学概念，使元拥有了宇宙本原或万物主宰之义。更为重要的是，康有为在阐发董仲舒的思想时，明确提出天与人同源于元。对此，康有为解释并论证说：

> 盖天地之本皆运于气，孔子以天地为空中细物，况天子乎？故推本于元以统乎天，为万物本。终始天地，本所从来，穷极混茫，如一核而含枝叶之体、一卵而具元黄之象；而核卵之始，又有本焉，无臭无声，至大至奥。孔子发此大理，托之《春秋》第一字，故改"一"为"元"焉。此第一义也。老子所谓道、婆罗门所谓大梵天王、耶教所谓耶和华近之，而不如言元统天之精也。①

康有为在此主要申明了三个观点：第一，孔子改"一"为"元"，寄托了托古改制的微言大义。第二，以元统天表明，元是本原，既是万物之本，又是天之本。第三，在是天地本原的维度上，元既与道、大梵天王和耶和华同义，又比后者精微。基于这种理解，康有为借助董仲舒对孔子思想的阐发将元奉为世界本原，进而声称天与人都归于元。于是，他断言："岂知元为万物之本，人与天同本，于元犹波涛与沤同起于海，人与天实同起也。然天地自元而分别为有形象之物矣。人之性命虽变化于天道，实不知几经百千万变化而来，其神气之

---

① 《春秋笔削大义微言考》，《康有为全集》（第六集），中国人民大学出版社2007年版，第10页。

本，由于元。溯其未分，则在天地之前矣。人之所以最贵而先天者，在参天地为十端，在此也。精奥之论，盖孔子口说，至董生发之深博，与华严性海同。幸出自董生，若出自后儒，则以为勦佛氏之说矣。（尝窃愤儒生只能割地，佛言魂，耶言天，皆孔子所固有，不必因其同而自绝也。理本大同，哲人同具，否则人有宫室、饮食，而吾亦将绝食露处矣。）"① 康有为在此声称，天与人都归于元是孔子口说，董仲舒发挥了孔子这方面的思想。深入剖析可以发现，康有为的观点与董仲舒的差距是巨大的。一言以蔽之，董仲舒的哲学本原是天，康有为的哲学本原则是元。

当然，作为康有为解读国学人物的通病，他对董仲舒的解读难免有头无尾，让人摸不着头脑。例如，康有为指出："王阳明：先知而后行。程子曰：未能知说甚行。后人多异之，岂知先发于董子哉！欲舍行为，舍知何所下手？此天然之理也。见祸福远，知利害早，见始知终，立之无废，智之条理最博而深矣。"② 众所周知，知行关系并非董仲舒关注的热门话题，康有为断言董仲舒、二程和王守仁一样主张知先行后不知从何说起。尤为值得一提的是，王守仁以知行并进、不分前后的知行合一著称于世，康有为却断言王守仁主张"先知而后行"，更是匪夷所思。

本文为"2019 中国·衡水董仲舒与儒家思想国际学术研讨会"提交的论文。

魏义霞（1965—），女，安徽濉溪人，哲学博士，黑龙江大学哲学学院教授，博士生导师。

---

① 《春秋董氏学》卷六，《康有为全集》（第二集），中国人民大学出版社 2007 年版，第 373—374 页。
② 《春秋董氏学》卷六，《康有为全集》（第二集），中国人民大学出版社 2007 年版，第 393 页。

从三科九旨到六科十旨
——以康有为、苏舆对《春秋繁露》的诠释为中心

李有梁

陈居渊说:"《公羊传》作为两汉哲学和历史解释的一部权威著作,其核心和命脉就是所谓的'三科九旨',它是一切今文经学家借以阐发自己的历史观和政治理想的理论依据。"① "三科九旨"一词,出自徐彦疏《春秋公羊经传解诂》,是春秋公羊学里的核心理论,董仲舒的《春秋繁露》,虽未明确提出这个概念,但对其内容早已做过具体阐述。康有为对它们进行了极富己见的诠释,以充分发挥他的改制思想。而苏舆对他的"驳正",也凭借对"三科九旨"这一概念的重新阐释而展开。康有为对"三科九旨"的重新诠释,融入了西方的社会进化论,但仍以传统的公羊理论为根本。而苏舆的"驳正",说到底还是对康有为结合西学解经的不满。

一、三科九旨的提出

宋初的春秋学大家刘敞,其代表作有《春秋权衡》,书中认为:

《公羊》之所以异二传者,大指有三:一曰据百二十国宝书

---

① 陈居渊:《论孔广森与刘逢禄的公羊学研究》,《孔子研究》1995年第1期,第77页。

而作,二曰张三世,三曰新周、故宋、以《春秋》当新王。吾以此三者皆非也。①

刘敞所提到的"据百二十国宝书而作",见于何休《春秋公羊经传解诂》徐彦疏,其说如下:

> 问曰:若《左氏》以为夫子鲁哀公十一年自卫反鲁,至十二年告老,见周礼尽在鲁,鲁史法最备,故依鲁史记修之以为《春秋》。《公羊》之意,据何文作《春秋》乎?答曰:案闵因叙云:"昔孔子受端门之命,制《春秋》之义,使子夏等十四人求周史记,得百二十国宝书,九月经立。《感精符》《考异邮》《说题辞》具有其文。"以此言之,夫子修《春秋》,祖述尧、舜,下包文、武,又为大汉用之训世,不应专据鲁史,堪为王者之法也。故言据百二十国宝书也。周史而言宝书者,宝者,保也,以其可世世传保以为戒,故名宝书也。

《左传》认为,孔子告老还国之后,发现"周礼尽在鲁",而且鲁国也是"史法"最完备的,于是依据鲁国的史籍来撰修《春秋》。徐彦不同意这种说法,他采引闵因所作《春秋序》说,孔子曾派子夏等十四人前往周天子那里求请诸侯史记,"得百二十国宝书"。宝书就是各国诸侯世代传承保护,并且以之为警戒的书。徐彦说《感精符》《考异邮》《说题辞》这三部与《春秋》有关的纬书都记载了此事,可见并非空穴来风。他又认为,《春秋》之道至为广大,上述尧、舜,下至周文王、周武王,所制义法又被大汉采用,所以不是一部小小的鲁国史书就能承载的。当然,对于这种说法,刘敞并未苟同,而他提到的"张三世"和"新周,故宋,以《春秋》当新王"二说,则都隶属于传统公羊家所说的"三科九旨"。那么,什么是"三科九旨"呢?徐彦为何休《春秋公羊经传解诂》所做的疏解是这样说的:

> 问曰:《春秋说》云"《春秋》设三科九旨,其义如何?"答曰:何氏之意,以为三科九旨正是一物,若总言之,谓之三科,

---

① 刘敞:《春秋权衡》卷八,《文渊阁四库全书·经部·春秋类》。

科者,段也;若析而言之,谓之九旨,旨者,意也。言三个科段之内,有此九种之意。故何氏作《文谥例》云"三科九旨"者,"新周,故宋,以《春秋》当新王",此一科三旨也;又云"所见异辞,所闻异辞,所传闻异辞",二科六旨也;又"内其国而外诸夏,内诸夏而外夷狄",是三科九旨也。问曰:案宋氏之注《春秋说》:"三科者:一曰张三世,二曰存三统,三曰异外内,是三科也。九旨者:一曰时,二曰月,三曰日,四曰王,五曰天王,六曰天子,七曰讥,八曰贬,九曰绝。时与日、月,详略之旨也;王与天王、天子,是录远近亲疏之旨也;讥与贬、绝,则轻重之旨也。如是,三科九旨,聊不相干,何故然乎?"答曰:《春秋》之内具斯二理,故宋氏又有此说,贤者择之。①

这里给"三科九旨"提供了两种解释:第一种以何休《文谥例》为依据,"三科九旨"是一个大的总纲,概括来说,可以分为三个大的义类,每类又分三个小的意旨。"新周""故宋""以《春秋》当新王",这是第一科之中的三旨;"所见异辞""所闻异辞""所传闻异辞",这是第二科之中的三旨;"内其国而外诸夏""内诸夏而外夷狄",这是第三科之中的三旨。第二种则认为"三科"与"九旨"不是一回事,三科即是"张三世""存三统""异外内";九旨则是时、月、日、王、天王、天子、讥、贬、绝等。为什么这两种说法看起来"聊不相干"呢?徐彦没有回答,只是说《春秋》一书本来就包含两种道理,贤者可以择而从之。

其实,这两种看似毫不相干的解释也有丝丝缕缕的联系。首先,宋氏所说的九旨,也可以分为三个科类:时、月、日为第一科,表示"详略之旨";王、天王、天子为第二科,表示"远近亲疏之旨";讥、贬、绝为第三科,表示"轻重之旨"。其次,何休所说的"新周,故宋,以《春秋》当新王",对应宋氏所提三科里的"存三统";"所见异辞,所闻异辞,所传闻异辞"对应"张三世";"内其国而外诸夏,

---

① 徐彦:《春秋公羊传注疏》,北京大学出版社1999年版,第1—5页。

内诸夏而外夷狄"则对应"异外内"。不过,后世提及的三科九旨,则多以何休的为准,如宋代王应麟《小学绀珠》卷四有《三科九旨》一条,即照搬何休之说。又如明代卓尔康《春秋辩义》卷首三所引"晁氏说",也以何休之说为三科九旨的正解。而康有为的改制变法理论,正是立足于何休三科九旨而进行阐发的。

二、康有为对三科九旨的推阐及苏舆之批判

康有为的改制理论,建立在何休所阐发的"三科九旨"的理论基础之上。为了反对康有为的立论,苏舆则认为董仲舒自有他的"六科十指",并且对"通三统""张三世"和"异外内"等一一进行辨析。

(一)"通三统"之辨

前文已述,何休所说的"通三统",其主要内容是"新周,故宋,以《春秋》当新王"。苏舆认为,《春秋繁露》中也有这个内容,其文其义见于《三代改制质文》篇。康有为《春秋董氏学》卷五《春秋改制》,专设《改制三统》一节,大量援引《三代改制质文》篇的内容。看来,在"通三统"与《三代改制质文》篇相关属的这个问题上,两人意见是一样的。但康有为认为,"通三统"这个命题,反映的是圣人改制的思想;苏舆的《春秋繁露义证》,却做了另外一种解读。

在康有为的著作里,论及"通三统"的内容随处可见,他曾对这一科进行过非常详细的叙述,如:

孔子每立一制,皆有三统,若建子建寅建丑,尚白尚黑尚赤,鸡鸣平旦日午为朔,托之夏、殷、周者,制虽异而同为孔子之正说,皆可从也。①

这种说法,以何休《春秋公羊经传解诂》为依据,其文如下:

夏以斗建寅之月为正,平旦为朔,法物见,色尚黑;殷以斗建丑之月为正,鸡鸣为朔,法物牙,色尚白;周以斗建子之月为

---

① 康有为:《康南海自编年谱》(外二种),中华书局1992年版,第20页。

正,夜半为朔,法物萌,色尚赤。①

夏朝以孟春月——每年第一个月为正月,古人又以天干地支相互搭配用以记录年、月、日、时等,而此月地支为寅,即建寅之月,又以平旦之时为初一日的开始;后商朝鼎革旧制,以季冬月——每年的第十二个月为正月,此月地支为丑,故称建丑之月,又以鸡鸣之时为初一日的开始;至周代商而为天子之后,又以仲冬月——每年的第十一个月为正月,此月地支为子,故称建子之月,又以夜半之时为初一日的开始。由此可见,随着朝代的更替,历法时令等制度必须做出相应的变革,用以显示天命的转移。除了历法时令,颜色的崇尚也会因朝而异,夏朝以黑色为正色,商朝以白色为正色,周朝则以赤色为正色。

那么,苏舆对"通三统"又有何见解呢?《春秋繁露义证》里,有一段这样的按语:

> 问者曰:"本书《三代改制》篇明以《春秋》为一代变周之制,则何也?"曰:此盖汉初师说,所云"正黑统""存二王"云云,皆王者即位改制应天之事,托《春秋》以讽时主也。②

当有人问起《三代改制质文》篇何以明言"一代变周之制"时,苏舆回答说,这是汉初时期的儒家师说,他们讨论的"正黑统""存二王"等命题,与汉初易姓而王天下,一切制度都因袭秦朝有关。所以,儒者们将这种思想托付于《春秋》之中,用以讽喻当时的天子,早日"改正朔、易服色",改旧制以应承天命。当然,这种改制,仅仅是一种物质层面的变革。

在《春秋繁露义证·例言》中,也有与"通三统"相关的内容。苏舆说何休的《公羊解诂》"略依胡母生《条例》,多得其正",而胡母生与董仲舒又是"同业",因此其师说有相同之处,"究其义",《公羊解诂》与《春秋繁露》相合的十有八九。但是,何休"以'新周,故宋,以《春秋》当新王'为一科三旨",苏舆认为"此实误会。董

---

① 徐彦:《春秋公羊传注疏》,北京大学出版社1999年版,第8页。
② 苏舆:《春秋繁露义证》中华书局1992年版,第16页。

决不以此为科旨"。苏舆认为，董仲舒决不会把"通三统"当作《公羊传》中最重要的旨义。他还说，书中反映"通三统"义的《三代改制质文》篇，"其引'《春秋》''杞子'，乃借以证兴礼之意"①。此篇中所引述的《春秋》和"杞子卒"之类的话，并非用来证明"通三统"，而用于说明"兴礼"的重要性。

（二）"张三世"之辨

基于变法维新的需要，康有为利用春秋公羊学"张三世"这一宝贵的理论资源，融合个人的思想主张对它进行更加深入的阐发，形成了具有鲜明"渐变"特色的政治变革思想，也极大地丰富了公羊学这一古老思想的内涵。比较起前面所论的"通三统"，"张三世"一科的内涵要更加复杂。

梁启超曾经说："有为所谓改制者，则一种政治革命、社会改造的意味也。故喜言'通三统'，'三统'者，谓夏、商、周三代不同，当随时因革也。喜言'张三世'，'三世'者，谓据乱世、升平世、太平世，愈改而愈进也。有为政治上'变法维新'之主张，实本于此。"②指出"通三统"与"张三世"是康有为特别强调的两种理论，是其改制变法的思想基石。尤其值得重视的是，他揭示了"三统"与"三世"的理论特征："随时因革"，"愈改愈进"。这实际上是一种渐而变之的改革思路。

那么，康有为又是怎样来阐发他的"张三世"理论的呢？在他的著作中，"三世"之说和"张三世"的字样俯拾即是。最近出版的《南海师承记》，系其门人张伯桢据1896年至1897年间于万木草堂的听讲笔记整理而成，是康有为早期思想的载体，其书卷二有《张三世例》，康有为说：

> 隐、桓、庄、闵、僖为衰乱世，文、宣、成、襄为升平世，昭、定、哀为太平世。衰乱世为高祖、曾祖时事也，升平世为王父时事也，太平世为己与父时事也。有见三世，有闻四世，有传

---

① 苏舆：《春秋繁露义证》，中华书局1992年版，第2页。
② 梁启超：《清代学术概论》，上海古籍出版社1998年版，第79页。

闻五世。……《春秋》托始于据乱世，中而升平世，进而太平世。①

除了"有见""有闻""有传闻"等来自《春秋繁露》之外，其他说法几乎全部袭用何休的《春秋公羊经传解诂》，看不出有多少创新。另外，除了使用"衰乱世"一词，康有为也说"据乱世"，前者来源于何休的发明，后者则是龚自珍的首创。同时期的著作还有《万木草堂口说》，也有涉及"张三世"的内容：

> 《春秋》分三世：有乱世，有升平世，有太平世。乱世无可得言，治升平世分三统：夏、商、周，治太平世亦分三统：亲亲、仁民、爱物。②

《万木草堂口说》也是康有为早期思想的载体，亦系康有为在广州万木草堂讲学时其学生所记讲义的辑录，只不过时限在1891至1897年之间，比《南海师承记》稍长。从上面引文可见，这里的诠释仍以何休之说为主，但把"张三世"与"通三统"进行对接。他说"治升平世"可以分为"夏、商、周"三统，"治太平世"可以分"亲亲""仁民""爱物"三统。显而易见，康有为的"三世"，已经突破了《春秋》所记二百四十二年的范围，夏、商、周三代仅是其中的"升平"之世。康有为的"通三统"，是一个朝前发展进化的理论体系。又如《论语·为政》篇："子张问：'十世可知也？'子曰：'殷因于夏礼，所损益可知也；周因于殷礼，所损益可知也；其或继周者，虽百世可知也。'"

章太炎治经，笃守古文经学立场，他曾经批评康有为沟通"张三世"与"通三统"的做法：

> 世儒或喜言三世，以明进化。察公羊所说，则据乱、升平、太平于一代而已矣。礼俗变革，械器迁伪，诚弗能于一代尽之。（《公羊》三统指三代，三世指一代三统文质迭变，如连环也。三

---

① 康有为：《万木草堂口说》（外三种），中国人民大学出版社2010年版，第246页。
② 康有为：《长兴学记桂学答问万木草堂口说》，中华书局1988年版，第100页。

世自乱进平，如发镞也，二者本异，妄人多混为一。)①

根据公羊学的理论，一代之中可分为据乱、升平、太平三世，发展进程极快；而通三统理论，反映的却是三代之间的礼俗和械器变革，就像连环一样环环相因。因此，二者并非一回事，而"妄人"却把它们混同起来。这个妄人，指的就是康有为。但章太炎"据乱、升平、太平于一代而已"的说法，不知何据，似非公羊家言。

而作为康有为在今文经学"经生派"阵营里的论敌，曾经在戊戌时期因编辑《翼教丛编》而声名大显的苏舆，又是如何来阐发他的"张三世"理论的呢？且看苏舆《春秋繁露义证》对前引《春秋繁露·楚庄王》里相关文段的注释：

> 《隐元年》传："所见异辞，所闻异辞，所传闻异辞。"……孔广森谓所见世宜以襄为限，所闻世以成、宣、文、僖四庙为限，殆不必然。董子言三世，不用乱世、升平、太平之说。（近人多称"据乱世"。案：何休《公羊解诂·序》云："本据乱而作。"疏云："谓据乱世之史而为《春秋》。"是"据乱"二字不相联也，今删"据"字。）要以渐进为主，所谓拨乱世，反之正也。②

和康有为一样，苏舆也对孔广森的公羊学思想不以为然。关于三世的划分，孔广森认为应该把襄公划入"所见世"，而以"成、宣、文、僖"四世为"所闻世"，苏舆并不认同此种说法。苏舆又说董仲舒不采用"乱世、升平、太平"之类的字眼来解说"三世"之义，即是对龚自珍和康有为使用"据乱"一词进行驳正，认为这个常识性的错误源于对徐彦疏文的误读。何休《春秋公羊经传解诂序》说："传《春秋》者非一，本据乱而作。"徐彦解释"据乱"一词说："据乱世之史而为《春秋》。"由此可见，与动词"据"相对应的宾语是"史"，而不是"乱"，因此，可以说"据史"，不能说"据乱"，二字不相连

---

① 章太炎：《检论·尊史》，《章太炎全集》第3册，上海人民出版社1984年版，第420页。
② 苏舆：《春秋繁露义证》，中华书局1992年版，第10页。

属。所以，苏舆在引用康有为的话时，把"据"字删去了。需要补充的是，"据乱"一词，传世文献里虽有载录，但并没有朝世混乱无道的意思。曲洪波说，"苏舆认为，据乱不是一个词"，"康有为把'据乱'解作据乱世是不正确的。据乱世站不住脚，三世之说也就难以成立"①。实际上，苏舆在这里质疑的仅仅是"据乱"一词的合理性，并没有否定公羊学里"三世"之说。

康有为的维新变法理论，确实受到西方进化论思想的影响，但传统的儒家春秋公羊学里的"张三世"理论，本来就有渐次进化的内涵，这才是康有为以"渐变"为特色的变革思想的主要来源。那么，苏舆对康有为的渐进理论有何评价呢？他说：

> 史公学于董生，故其说颇与之合。尽差世远近以为亲疏，推制礼以明作经之旨，理自可通。由一代言之，则有所闻、所见、传闻之不同，由异代言之，则有本代、前代之不同，其归一也。《春秋》纪鲁元以系事，故史公云："据鲁于周则亲，于宋则故。"词义明显。②

对于《史记·孔子世家》里出现的"据鲁，亲周，故殷，运之三代"之说，苏舆认为，司马迁曾向董仲舒求学，所以二人说法一致。而这个"运之三代"的"据鲁，亲周，故殷"，表达了孔子作《春秋》的大旨，即视年代之远近来判断是亲是疏。若从某个朝代来看，可以分为"所闻""所见"和"传闻"三世的不同；如果从几个朝代的发展历程来看，则有"本代"和"前代"的不同。其意思是一样的。此段论述，不仅仅解释了"通三统"，而且对"张三世"的义理也进行了发掘。康有为依靠此二科推出了渐变的理论，苏舆却忠于董仲舒本来的说法，把这个解读成"差世远近以为亲疏"，认为仅仅是圣人书写的"笔法"不同而已。

---

① 曲洪波：《晚清学者"董氏学"研究的殊途异归》，《中国典籍与文化》2010年第2期，第32页。
② 苏舆：《春秋繁露义证》，中华书局1992年版，第189—190页。

（三）"异外内"之辨

"异外内"，即何休《文谥例》所录"三科九旨"里的第三科。比较起"张三世"和"通三统"，此一科常常被研究康有为思想的学者所忽视。苏舆对"通三统"和"张三世"二科，从不同角度对康有为的说法予以了辩驳，但对于此一科，二人之论相合处甚多。

何休认为，对于传闻之中的"衰乱"之世，《春秋》记事时"内其国而外诸夏"；对于所闻中的"升平"之世，则"内诸夏而外夷狄"；对于所见的"太平"之世，"夷狄进至于爵"①。质言之，这反映了孔子对不同"世"中的"诸夏"和"夷狄"，会有不同的亲疏态度。晚清公羊学者王闿运在《陈夷务疏》中说："臣闻《春秋》之义，内其国而外诸夏，内诸夏而外夷狄。外之云者，言略不深责，而先自咎也，非屏之海外，而不与同也。"②指出"外诸夏""外夷狄"里的"外"字，并非把他们摒弃于海外，互不往来，而是"言略不深责"，即对他们的记述稍为简略，对他们的过错也不予以深究，而重在"自咎"。此种解说，正体现了"异外内"一科的主旨。而这种思想，在董仲舒的《春秋繁露》里也有反映。苏舆指出，"异外内"一科，见于《王道》篇。而何休的阐发，则是对此篇之说的继承。《王道》篇主要讨论君王的统治与灾异之间的关系，其中有一段关于"《春秋》立义"的论述："亲近以来远，故未有不先近而致远者也。故内其国而外诸夏，内诸夏而外夷狄，言自近者始也。"主要意思为：亲爱本国之民，施以仁政，使远方之人前来归附，因此《春秋》才有针对"内""外"的不同而采用不同的笔法。《春秋董氏学·春秋微言大义下》对此有按语，系康有为的高弟徐勤秉承其师之说所作，他说：

此董子发明《春秋》所以立内外例之故。盖至治著大同，远

---

① 按：有学者认为，徐彦疏所引何休《春秋文谥例》"三科九旨"之"异外内"一科唯有二旨，尚阙一旨，当补上"大同"之类字样。然董仲舒《春秋繁露·王道》篇有"故内其国而外诸夏，内诸夏而外夷狄，言自近者始也"句，亦阙一旨。似本如是，未有阙文。若强补之，似宜依文意以此"夷狄进至于爵"六字相补为是。

② 王闿运：《陈夷务疏》，《湘绮楼诗文集》，岳麓书社2008年版，第45页。

近大小若一，而无内外之殊者，理之所必至者也。先近致远，详内略外，等差秩然者，势之所不能骤变者也。盖圣人只能循夫理而顺夫势而已。《易》曰："地势坤。"周子曰："天下势而已。"其即此义也。①

徐勤的解释是，只要到了大同之世，无论远近，无论大国还是小国，都如同一家，没有什么"内"和"外"的差别，故《春秋》在"书法"上也不会有什么差别，这是理所当然的。但是，"据乱世"和"升平世"，不能骤然变成"太平世"，孔子不得不遵循天理，顺从时势，故在撰作《春秋》时总是"先近致远"，"详内略外"。

既然"夷狄"可以"进爵"而与"诸夏"同列，也就是说"夷狄"与"诸夏"之间，并非因为种族的不同而有一条固定不变的界线，这是公羊学里一直强调的内容。因此，董仲舒《春秋繁露·竹林》篇还说：

> 《春秋》之常辞也，不予夷狄，而予中国为礼，至邲之战，偏然反之，何也？曰：《春秋》无通辞，从变而移，今晋变而为夷狄，楚变而为君子，故移其辞以从其事。

鲁宣公十二年，晋国大夫荀林父率军与楚君在邲这个地方展开大战，吃了败仗。《春秋》是这样记载的："晋荀林父师师及楚子战于邲，晋师败绩。"楚是夷狄之国，晋是诸夏之国，按照《春秋》书法的"常辞"，"不予夷狄"，当贬称楚为"楚人"。又据《公羊传》："大夫不敌君，此其称名氏以敌楚子何？不与晋而与楚子为礼也。"何休《春秋公羊经传解诂》："不与晋而反与楚子，为君臣之礼以恶晋也。"一般情况下，大夫不能"敌君"，即不能与君王相提并论，为何这里晋国的荀林父却这样呢？《公羊传》说这是因为邲之战时，晋国无礼，楚国反而有礼，于是破例改称"楚人"为"楚子"，将其升至诸夏之国的地位，晋国方面则以一大夫姓名记之，通过这种方式来贬抑晋国，暗喻楚晋之间是一种"君臣之礼"，借以来表达对晋国的憎恶之

---

① 康有为：《春秋董氏学》，中华书局1990年版，第204页。

情。因此，董仲舒说，《春秋》没有固定不变的"通辞"，可视其行为的变化而改变用辞。邲之战时，"晋变而为夷狄，楚变而为君子"，所以因其事而"移其辞"了。

再来看苏舆《春秋繁露义证》对"异外内"一科所作的阐发。《春秋繁露·王道》篇："内其国而外诸夏，内诸夏而外夷狄，言自近者始也。"苏舆注：

> 成十五年《传》："曷为殊会吴？外吴也。《春秋》内其国而外诸夏，内诸夏而外夷狄。王者欲一乎天下，曷为以内外之辞言之。言自近者始也。"何注："明当先正京师，乃正诸夏，诸夏正，乃正夷狄，以渐治之。"①

虽然没有直接发表自己的见解，但从苏舆所引《公羊传》与何休《春秋公羊经传解诂》文来看，他认为，虽然王者有统一天下的伟大志向，但也要区分"内"和"外"，用以表示王道教化是从最近的地方开始实施的。因而京师正，诸夏就正；诸夏正，夷狄乃正。王道之治，总有一个渐而进之的过程。可见他所持的基本观点，与康有为和徐勤的并没有什么不同。因此，他也说："中国、夷狄，以德为准，《春秋》非漫然进夷狄。"②《春秋》一书，并非随随便便就抬高夷狄的地位，而是以道德作为评判行为文明的标准。对此，他还进行过一番阐发：

> 事者，义之本也。进夷狄而为君子，以其合于礼义耳。锺离杂父之会，不与吴为礼，至伯莒、黄池之会，则爵而不殊，亦其例也。此圣人之大，天地之至仁也。韩愈《原道》云："孔子之作《春秋》也，诸侯用夷礼则夷之，进于中国则中国之。"程子亦云："《春秋》之法，中国而用夷道，即夷之。"是故卫而戎焉，（《隐七年》。）郱娄、牟葛、（《桓十五年》。）郑、（《闵二年》，《成三年》。）晋（《昭三年》。）而狄焉。即内而我鲁，亦以城郱娄、葭而狄焉。（《哀六年》。）以此见中国、夷狄之判，圣人以其行，

---

① 苏舆：《春秋繁露义证》，中华书局1992年版，第116页。
② 苏舆：《春秋繁露义证》，中华书局1992年版，第272页。

不限以地明矣。然《春秋》于中国、大夷、小夷,各有名伦,不相假借,抑又谨于华、夷之防。董子两明其义。宋胡安国诸人,以为《春秋》专重攘夷,固因时之论,得其一端耳。①

和《春秋董氏学》一样,苏舆认为,《春秋》一书,总是根据具体的史实来说明义理,之所以矜扬夷狄为君子,是因为在这件事情中,夷狄的行为合乎礼义。他借用韩愈和程颐的话来发表观点,诸侯行夷狄之礼,也就成了夷狄;相反,如果夷狄行中国之礼,则就进化而成中国了。另外,苏舆也对胡安国"专重攘夷"的春秋学观不以为然,认为这只是"得其一端"罢了,并没有发扬《春秋》最重要的大旨。不过,比较起康有为和徐勤的尖锐用词,苏舆的批评还算客气,认为这是"因时之论",受金兵入侵南宋偏安江南的时局影响,不得已才有这样的侧重。

有了道德这个标准,诸夏和夷狄之间便可互相进退。《春秋繁露·基义》:"君为阳,臣为阴;父为阳,子为阴;夫为阳,妻为阴。"苏舆注:"阴阳,不易者也;君臣、父子、夫妇之伦,亦不易也者也。夷狄与中国,《春秋》之义则有因礼义为进退者焉。故董不以为言。"② 在儒家所规定的伦理关系中,君为阳而臣为阴,父为阳而子为阴,夫为阳而妻为阴,这些是不能改变的纲常。为什么董仲舒不把夷狄与中国设定成阴阳关系呢?苏舆认为,正是因为他们之间可以根据礼义而或进或退,不是一组永恒不变、不能换位的纲常关系。《春秋繁露·观德》:"邢、卫,鲁之同姓也,狄人灭之,《春秋》为讳,避齐桓也。当其如此也,惟德是亲。"对此,苏舆注:

> 昭十五年《注》:"戎曼称子者,入昭公,见王道太平,百蛮贡职,夷狄皆进至其爵。"又《哀十三年》黄池之会,吴赤进称子。《汉书·匈奴传赞》载董子论匈奴主和亲。班固反之,以为《春秋》内诸夏而外夷狄,又曰:"外而不内,亲而不疏。"太史公《天官书》云:"及至五家、三代,绍而明之,内冠带,外夷

---

① 苏舆:《春秋繁露义证》,中华书局1992年版,第46—47页。
② 苏舆:《春秋繁露义证》,中华书局1992年版,第350页。

狄,分中国为十二州。"应劭驳开募鲜卑事云:"鲜卑隔在漠北,朝家外而不内。"所谓外之者,摈之不得与于和会,犹《周语》所谓"狄无列于王室"也。并用《春秋》前义。舆谓以治理言,则主渐进,故《春秋》外夷狄。至其终也,内而不外,虽政交于中国,亦暨讫之道有然。顾自秦、汉以来,变日丞矣,然而伦彝攸叙,礼教相沿,有不随国而俱亡者存焉。故《春秋》立其极于礼义,以为华夷进退之机。杞、越圣裔,习于用夷而夷矣。潞子赤狄,离于夷而许其慕夏矣。循是以往,六合之外,有进于中国而胥为大同者,亦天地之仁所许也。苟先自弃礼义,以蹈《传》所谓"新夷狄"之讥,则将为进于礼义者所指治,而君子之忧愈切矣。①

苏舆指出,董仲舒认为夷狄可以进爵而为诸夏,这是他主张与匈奴和亲的理论根据。但班固、司马迁、应劭则认为应"内诸夏而外夷狄",主张与夷狄划清界限,摈弃他们于大漠之外,更不主张与他们谈和。苏舆认同董仲舒的做法,他说治理天下应当讲求"渐进",最初阶段,固然是"《春秋》外夷狄",但最终会是"内而不外"的情形,诸夏与夷狄融为一体。要言之,《春秋》制定了"礼义"这个标准,用以进退夷夏。如杞和越,虽然是王者之后裔,但采用夷人之法,《春秋》便黜之为夷;潞子虽是赤狄,钦慕诸夏文化而脱离夷狄,《春秋》便进之为夏。苏舆说,天地有仁爱之心,允许"六合之外"的夷狄学习中原先进文化。而那些丢弃礼义,纲纪废弛,王道不行,沦为"新夷狄"的诸夏之国,才是更让君子担忧的。因此,《春秋繁露·楚庄王》:"我君臣同姓适女,女无良心,礼以不答,有恐畏我,何其不夷狄也?"苏舆注:"《春秋》论夷狄,不以地限,故曰中国亦新夷狄。"②

综上所述,苏舆通过"异外内"一科讨论诸夏与夷狄关系,几乎与康有为和徐勤所阐发的一模一样,看不出有什么区别。后来,徐勤

---

① 苏舆:《春秋繁露义证》,中华书局1992年版,第281页。
② 苏舆:《春秋繁露义证》,中华书局1992年版,第7页。

著成《春秋中国夷狄辨》一书，梁启超为其作序，其说可以看作对上文所论的一个总结。梁启超说：

> 且《春秋》之号夷狄也，与后世特异。后世之号夷狄，谓其地与其种族；《春秋》之号夷狄，谓其政俗与其行事。……然则《春秋》之中国、夷狄，本无定名。其有夷狄之行者，虽中国也，腼然而夷狄矣；其无夷狄之行者，虽夷狄也，彬然而君子矣。然则，藉曰攘夷焉云尔，其必攘其有夷狄之行者，而不得以其号为中国而恕之，号为夷狄而弃之，昭昭然矣。

后世所指的夷狄，是指其生活地域和种族与华夏族不同。而对于《春秋》来说，是否成为夷狄，当视其政俗与行事方式。有夷狄之行，虽然是中原之国，也终究是夷狄；有君子之行，虽然是夷狄，也可为中原之国。若要发其攘夷之义，就必须攘除那些夷狄的行为，不能因为他是"中国"而宽恕，也不能因为他是夷狄而摈弃。

三、苏舆所归纳的六科十指

虽然《春秋公羊经传解诂》以胡母生《条例》为蓝本，但董仲舒对何休的学术影响仍然非常大。在《春秋繁露》里，虽然没有集中阐发三科九旨，但其理论散见于多篇。对此，魏源《董子春秋发微》曾做过整理工作，惜其书早佚。而苏舆对此也做过简单的梳理，如在注解《春秋繁露·楚庄王》"由此观之，正朔、服色之改，受命应天制礼作乐之异，人心之动也。二者离而复合，所为一也"数句时，他曾对此有过辨明：

> 改正朔、易服色在先，礼乐制作在后，虽不同时，而同归于创垂。故曰"离而复合"，所为应天顺人之意一也。钱云："何氏三科九旨之说，实本仲舒。此已得二科六指，尚有一科三指，见《王道》篇，或宜在此。" 舆案：何氏三科九旨，所谓"张三世"，见此篇；"通三统"，见《三代改制》篇；"异外内"，见《王道》篇。然董自有六科十指，何自言用胡母生《条例》，或不

必尽同。①

董仲舒所认为的改制，首先进行的是改正朔，易服色，虽然也是草创一代法规，但与制礼作乐并不同时，所以称之为"离而复合"。曾与卢文弨一同参校《春秋繁露》的清初学者钱唐，据此认为，这就是何休"三科九旨"里的"二科六指"，另有一科三指在《王道》篇，也有可能就在此篇。苏舆对钱唐之说有所驳正，他的按语明白地指出，何休所说的"张三世"，见于此篇，即《楚庄王》篇，"通三统"见于《三代改制质文》篇，"异外内"见于《王道》篇。苏舆更是旗帜鲜明地指出，董仲舒自有他的"六科十指"，与何休依据胡母生条例而发明的"三科九旨"不尽然相同。

另外，这里还附带出两个问题，一是"九旨"之"旨"与"十指"之"指"，写法并不相同。二是苏舆在这里把"三科九旨"说成是"九科三旨"，这是偶然的笔误，还是刻工一时的疏忽呢？兹对"旨"与"指"两字稍加辨析，"指"有"旨义"之意，如司马谈的《论六家要指》，又如《史记·孔子世家》："约其文辞而指博。"《春秋繁露·竹林》篇也有"由是观之。见其指者，不任其辞"句。在苏舆的《春秋繁露义证》中，也可以找到证据。《春秋繁露·竹林》篇："辞不能及，皆在于指。"苏舆注："指，即孟子之所谓义。"②明确指出"指"就是"义"的意思。至于"旨"，凌曙《春秋繁露·十指》篇题解说："旨者，意也。"③因此，"九旨"的"旨"是"旨意"之意，"十指"的"指"也是"旨义"之意，二字可以通用，古人亦常混同，殆无疑义。

苏舆对"科"字也有所辨证，如《春秋繁露·深察名号》篇："深察王号之大意，其中有五科：皇科、方科、匡科、黄科、往科。"苏舆注：

> 凌云："《后汉·桓谭传》：'校定科比。'注：'科，谓事

---

① 苏舆：《春秋繁露义证》，中华书局1992年版，第23页。
② 苏舆：《春秋繁露义证》，中华书局1992年版，第50页。
③ 凌曙：《春秋繁露注》，中华书局1975年版，第182页。

条。"　舆案：号其凡也，科其目也。君王名科，并依声起，可以识文字声义相生之旨。①

凌曙引章怀太子李贤注《后汉书》"校定科比"时的说法，认为"科"就是"事条"。如果说"名"像一根树干的话，那么"科"就像树干生发出的许多枝条。因此，苏舆说，事物的名号是"凡"，是总称；科则是"目"，是意义的分条。比如《深察名号》篇里提到的"王"，所包含的意义都是依声而起的，如"皇""方""匡""黄""往"五个条目。因此，如果深究其义的话，"科"与"旨"是不同层面的两个概念，"科"是"事条"，是"义段"，是"类别"，而"旨"则是包含在"科"中的一个个相对独立的义项。可见，至少在这个方面，苏舆的"义证"还不够精密严谨。

那么，苏舆所说的董仲舒"自有六科十指"又是什么呢？《春秋繁露》有《十指》一篇，苏舆作题解说："此篇六科十指，何休则用三科九旨，殆胡母生《条例》别与。"②指出董仲舒此处所论及的是"六科十指"，与何休的祖师爷胡母生的《条例》不同。《十指》篇里的"十指"，其内容如下：

> 《春秋》二百四十二年之文，天下之大，事变之博，无不有也。虽然，大略之要有十指。十指者，事之所系也，王化之所由得流也。举事变见有重焉，一指也。见事变之所至者，一指也。因其所以至者而治之，一指也。强干弱枝，大本小末，一指也。别嫌疑，异同类，一指也。论贤才之义，别所长之能，一指也。亲近来远，同民所欲，一指也。承周文而反之质，一指也。木生火，火为夏，天之端，一指也。切刺讥之所罚，考变异之所加，天之端，一指也。

董仲舒认为，《春秋》一书所记载的二百四十二年间的史事，囊括天下，包含诸多复杂的变化，但总的来说，其大略不过就是"十指"而已，现归纳如下：一指，"举事变见有重"；二指，"见事变之

---

① 苏舆：《春秋繁露义证》，中华书局1992年版，第289页。
② 苏舆：《春秋繁露义证》，中华书局1992年版，第144页。

所至";三指,"因其所以至而治之";四指,"强干弱枝,大本小末";五指,"别嫌疑,异同类";六指,"论贤才之义,别所长之能";七指,"亲近来远,同民所欲";八指,"承周文而反之质";九指,"木生火,火为夏,天之端";十指,"切刺讥之所罚,考变异之所加,天之端"。董仲舒认为以上"十指"就是《春秋》之大略,其重要性非同一般,因此他又总结说:"统此而举之,仁往而义来。德泽广大,衍溢于四海,阴阳和调,万物靡不得其理矣。说《春秋》者凡用是矣,此其法也。"一言以蔽之,以"十指"来记述各国史事,其目的在于推广仁义,流播四海,调和阴阳二气,于是天下万物没有"不得其理"的。因此,"说《春秋》者",也要会通此说。周桂钿认为,把这个"再简化一下,就是'仁义'二字"①,其说甚确。

细勘其文,可以发现"十指"当中,第七指为"亲近来远",可以理解为亲近同姓诸侯国,实行仁政使夷狄之国前来归附,这与何休"三科九旨"里的第三科"异外内"有联系;第八指为"承周文而反之质",又与第一科"通三统"类似。其他各指,看起来与"三科九旨"并没有什么联系。而《春秋繁露》里并无"六科"一篇,其义见于《正贯》篇,全文如下:

> 《春秋》,大义之所本耶!六者之科,六者之恉之谓也。然后援天端,布流物,而贯通其理,则事变散见辞矣。故志得失之所从生,而后差贵贱之所始矣。论罪源深浅,定法诛,然后绝属之分别矣。立义定尊卑之序,而后君臣之职明矣。载天下之贤方,表谦义之所在,则见复正焉耳。幽隐不相逾,而近之则密矣。而后万变之应无穷者,故可施其用于人,而不悖其伦矣。是以必明其统于施之宜,故知其气矣,然后能食其志也;知其声矣,而后能扶其精也;知其行矣,而后能遂其形也;知其物矣,然后能别其情也。故倡而民和之,动而民随之,是知引其天性所好,而压其情之所憎者也。如是则言虽约,说必布矣;事虽小,功必大

---

① 周桂钿:《董学探微》,北京师范大学出版社 2008 年版,第 266 页。

矣。声响盛化运于物，散入于理，德在天地，神明休集，并行而不竭，盈于四海而讼咏。《书》曰："八音克谐，无相夺伦，神人以和。"乃是谓也。故明于情性乃可与论为政，不然，虽劳无功，夙夜是寤，思虑惓心，犹不能睹，故天下有非者。三示当中孔子之所谓非，尚安知通哉！

董仲舒说，《春秋》一书，是天下大义的本原。这个大义之本，可以分为六个"科类"，哪六个呢？董仲舒没有明白地提出来，像《十指》篇里的"十指"一样，苏舆的《春秋繁露义证》也没有对它们进行概括。笔者认为，简而言之，此篇可以分为两个部分，第一部分从段首句到"然后能别其情也"，由几组排比句来申明"六科"的内容；第二部分从"故倡而民和之"到段末，中心意思是要倡导"六科"带来的善果，否则会"虽劳无功"。现以《春秋繁露义证》的释义为依据，将董仲舒所载录的"六者之科"，即"六科"整理如下：

第一科，"援天端，布流物，而贯通其理，则事变散见辞矣。故志得失之所从生，而后差贵贱之所始矣"，援本上天，布于万物，贯通义理，对于事情变化施予不同的褒贬之辞，然后可以明得失，别贵贱。这一科，明"天地尊卑之义"，因而置之第一。

第二科，"论罪源深浅，定法诛，然后绝属之分别矣"，给某人定罪之时，要看其罪状是深是浅，然后依据王法或刑或诛，判然而别。此一科，与王法相关，也很重要，故置之第二。

第三科，"立义定尊卑之序，而后君臣之职明矣"，《春秋》立义，制定尊卑的序列，只有这样，君臣的身份才能明白清楚。此一科，与君臣之义相关。

第四科，"载天下之贤方，表谦义之所在，则见复正焉耳"，载录天下贤明之法，表彰谦让之义，这样的话，就可以拨乱反正了。此一科，关乎君主选贤与能之义。

第五科，"幽隐不相逾，而近之则密矣。而后万变之应无穷者，故可施其用于人，而不悖其伦矣"，幽隐之事，难于深究，但圣人可以智究天人之际，可以钻研发掘，愈加邃密。然后可以应对万物之变，如果施用于人事，也不会违背伦理。此一科，似与宋儒常说的

"格物致知"的工夫论有联系。

第六科,"是以必明其统于施之宜,故知其气矣,然后能食其志也;知其声矣,而后能扶其精也;知其行矣,而后能遂其形也;知其物矣,然后能别其情也",即必须明白在什么情况下出现什么头绪端倪。如果能这样,那么,观看一个人的气色,便可以推知他所蓄养的志气;聆听一个人的声音,便可以推知他所潜含的精神;观察一个人的行为举止,便可以推知他所具备的"形质";了解一个人身边的事物,便可以推知他所形成的性情。此一科,与原始儒学"见微知著"之义有很大的关系。

综上来看,苏舆所说的董仲舒"六科十指",与何休的"三科九旨"相比较,在内容和意义方面均有很大的不同。所以,对于康有为等人以"三科九旨"来解说董仲舒的《春秋繁露》,苏舆认为这是一种方法论上的错误。当然,也要看到,为何魏源、康有为等用"三科九旨"发掘《春秋繁露》里承载的大义呢?笔者认为,"通三统"反映的是一种朝代制度的变迁;"张三世"反映的是社会秩序由"乱"反"正"的飞跃;"异外内"反映的则是民族文化的进退。总的来看,三者之中皆隐含有除旧布新的因素。苏舆作为现有秩序的维护者,必然对此非常警惕,因此他突出董仲舒的"六科十指"理论,侧重于强调君臣等级和仁政的施行。

本文为"2019中国·衡水董仲舒与儒家思想国际学术研讨会"提交的论文。

李有梁(1977—),男,湖南平江人,湖南理工学院中文学院副教授。

董仲舒"三纲五常"说的解读及其价值
——以刘师培、贺麟董子学研究为视角

姜淑红

"三纲五常"说是西汉董仲舒提出的。"三纲"是指"君为臣纲，父为子纲，夫为妻纲"，"五常"是指仁、义、礼、智、信。"三纲五常"是用以调整、规范君臣、父子、兄弟、夫妇、朋友等人伦关系的行为准则，在漫长的封建社会中被视为社会的基本道德准则。然而自五四新文化运动之后，董仲舒的"三纲五常"说被当成封建专制的护符而遭到普遍挞伐，甚至被称为封建专制的罪魁祸首，所有的贵贱、等级、不平等都与之画上了等号。随着时代的发展，"三纲五常"说的等级意义逐渐消解，人们逐渐理性地分析它的来龙去脉和历史意义。本文试图从刘师培、贺麟的董子学研究为切入点，分析"三纲五常"说的内在价值，希冀其正面价值得到凸显，进而得到传承和弘扬。

一、刘师培论董子"三纲五常"说

20世纪初年的中国处于文化转型时期，东西方文化互相碰撞，各种流派充斥中国的思想界，以发扬光大中国传统文化与思想为宗旨的国粹主义思潮为很多的知识分子所接受。国粹派的代表人物有邓实、刘师培、章太炎、黄节等，他们多是一些具有传统学术根底的资

产阶级、小资产阶级知识分子，虽然思想博杂不一，但都主张立足于复兴中国固有文化前提下，效法西方改革中国社会，主张进行排满革命，是"民主革命思潮的一部分"①。国粹派要求改良中国社会，其中一项重要的涉及社会深层次的改革便是伦理改革，即给旧有的伦理以新的诠释，使之符合现代西方民主平等观念，企图以此实现旧有伦理的现代转化。

刘师培著有《两汉伦理学发微》，其中对董仲舒伦理学多有发挥，尤其值得一提的是，他试图用西方伦理学观念来解释和阐释董仲舒的伦理思想。刘师培将董仲舒的"三纲五常"说大体分为修身伦理、家族伦理和社会国家伦理。

首先，刘师培认为董仲舒的修身伦理细致完备，既养身又养心，在身体健康基础上重视心理健康和人格的完善，把人看作一个健全的整体，强调只有健康中正平和诚信正直的人才是完整的人。刘师培肯定董仲舒的身心兼修论："《春秋繁露》曰：'循天之道，以养其身。'又曰：'男女体其盛，臭味取其胜，居处就其和，劳佚居其中，寒暖无失适，饥饱无过平，欲恶度理，动静顺性，喜怒止于中，忧惧反之正，此中和常在乎其身。'"今天看来，董仲舒的修身方法依然比较科学，比如冷暖饥饱要适度，喜怒哀乐要中和，不大喜大悲，不过于忧虑，顺应规律，身心同时调养等。

刘师培还指出了一个人格完整的人应该具备的品质。一是中和，要人无所偏倚，《春秋繁露》曰"夫德莫大于和，而道莫大于中"；二是诚信，要人真实不虚妄；三是正直，《春秋繁露》曰"是非之正，取之逆顺"；四是恭敬，警戒人身心怠慢；五是智慧，语言表达切中肯綮，《春秋繁露》曰："其言寡而足，约而喻，简而达，省而具，少而不可益，多而不可损，其动中伦，其言当务，如是者，谓之智。"②

---

① 郑师渠：《晚清国粹派——文化思想研究》，北京师范大学出版社2000年版，第9页。

② 刘师培：《两汉伦理学发微论》，《刘申叔遗书》，江苏古籍出版社1997年版，第537页。

为人处世上，严于律己，宽以待人。《春秋繁露》曰："春秋之所治，人与我也；所以治人与我者，仁与义也；以仁安人，以义正我；故仁之为言人也，义之为言我也，言名以别矣。仁之于人，义之于我者，不可不察也，是故春秋为仁义法，仁之法在爱人，不在爱我；义之法在正我，不在正人。"① 仁，仁爱，是相对他人而言，要求自己做到对他人有仁爱之心。义，是相对自己而言，要高标准要求自己，用义规范自己。刘师培认为，有了对自我个个体之"义"的限制，才能限制自我自由的无限膨胀，才能实现真正的自由。"古人所谓义，乃于自由之中加以限制，非因裁制己身之故而并失身体之自由也，惜宋儒之不明此义也。"②

第二，刘师培认为董仲舒"三纲五常"说中蕴含了丰富的家族伦理思想，并以此宣扬平等权利之思想。比如父子一伦，为人父者，应当尽其教子之责任，"《繁露》有言父不慈则子不孝"，则慈孝为父子互尽之伦，故《繁露》以"爱而少严"为父道③。父慈子孝，慈孝是父亲和子女互尽之义务，是统一的，不可片面强调一方而忽视甚至忽略另一方。刘师培为了宣扬平等观念，甚至指出汉儒本没有父尊子卑之义，是后世附会和强加的："汉儒何尝有父尊子卑之说？又何尝有父虽不慈，子不可以不孝之说？……其言夫妇一伦也，亦多主平等……《解诂》云：'不再娶者所以节人情，开媵路。'盖男子不得再娶，犹女子不得再嫁也，此汉儒限抑夫权之精义。"④

第三，刘师培认为董仲舒的社会伦理有两点特别突出，值得发挥和传扬。一是师弟之伦："《春秋繁露》曰：善为师者，既美其道，又

---

① 刘师培：《两汉伦理学发微论》，《刘申叔遗书》，江苏古籍出版社1997年版，第536页。
② 刘师培：《理学字义通释》，《中国现代学术经典·黄侃、刘师培卷》，河北教育出版社1996年版，第639页。
③ 刘师培：《两汉伦理学发微论》，《刘申叔遗书》，江苏古籍出版社1997年版，第537页。
④ 刘师培：《两汉伦理学发微论》，《刘申叔遗书》，江苏古籍出版社1997年版，第537页。

善其行。"二是朋友之伦:"《春秋繁露》曰:'仁者所爱人类也'朋友贵恕,要有以己度人之心。"[1] 刘师培的师弟之伦实际上是对儒家五伦关系的一种扩展。孟子认为,社会存在五种人伦关系,分别是君臣、父子、夫妇、兄弟、朋友。所谓伦,也就是人伦,是人与人之间的道德关系。人伦中的双方都有彼此的规定:为臣的,要忠于职守,为君的,要以礼给他们相应的待遇;为父的,要慈祥,为子的,要孝顺;为夫的,要主外,为妇的,要主内;为兄的,要照顾兄弟,为弟的,要敬重兄长;为友的,互相要讲信义。董仲舒则在孟子五伦基础上,发展出了"仁义礼智信"五常,是对孟子五伦的具体化,使得五伦规范更具操作性。刘师培发挥董仲舒人伦思想,扩展出师弟之伦,强调了师弟之伦在人际关系的重要性和教师在人际关系中所发挥的巨大作用。可见,刘师培特别强调师弟之伦和朋友之伦,其旨在宣扬教育之重要,平等相处之真义。

刘师培指出,汉儒所言国家伦理有四端,一是守法、以定国律,二是达情、以伸民权,三是纳税、以富国家之财,四是服兵、以固国家之防,这都是国家伦理的精义。且汉儒言国家伦理以身为国家之身,不以身为家族之身。人是独立的个体,不是家族的附属品,作为个人,要有高尚独立之人格。刘师培认为汉儒伦理观中对此有所体现:一是立个人之人格,二是明义利之界限,尽义务即为享受权利之基,《春秋繁露》曰:"正其谊不谋其利。"又曰:"义之养生人大于利。"[2] 谋"利"要讲"义",只有讲"义"的利,才是长久可靠的。由人推至国,亦是如此道理,《繁露》又有"故王者爱及四夷,霸者爱及诸侯,安者爱及封内,危者爱及旁侧,亡者爱及独身"[3]。

---

[1] 刘师培:《两汉伦理学发微论》,《刘申叔遗书》,江苏古籍出版社1997年版,第538页。

[2] 刘师培:《两汉伦理学发微论》,《刘申叔遗书》,江苏古籍出版社1997年版,第538页。

[3] 刘师培:《两汉伦理学发微论》,《刘申叔遗书》,江苏古籍出版社1997年版,第538页。

二、贺麟新三纲说

贺麟,早年留学出国,回国后从事西方哲学的研究,在翻译介绍西方哲学上做出了突出的成就。在抗日战争时期,他全身心地投入到"儒家思想新开展"的工作中,担当起了复兴儒学的重大历史使命,希冀新开创出一种即能保持中国的传统和特色,又能适应时代潮流和世界形势的新型文化。在 1940 年发表的《五伦观念的新检讨》一文是贺麟这一时期的代表作,在此文中,他倡导中国思想道德的现代化,首先要检讨中国的传统道德,肯定传统道德理性层面的价值。他从哲学的角度重新阐释了董子三纲说,认为董子三纲说的提出不仅具有历史必然性,而且是一种历史的进步。

贺麟说三纲说最早形成于董子《繁露》,在三纲说形成之前,五伦说只是关于人与人关系,注重人生、社会的伦理学说,五伦说开始有传统或正统礼教的权威性与束缚性是在董子对其阐释并得到官方承认以后的事。

贺麟说董子提出的三纲说,具有历史必然性:

> 西汉既是有组织的伟大帝国,所以需要一个伟大的有组织的礼教,一个伟大的有组织的伦理系统以奠定基础,于是将五伦观念发挥为更严密更有力的三纲说,及以三纲说为核心的礼教。这样,儒教便应运而生了。儒家之成为中国的礼教,实有其本身的理论上的优胜条件,汉武帝之崇儒术罢百家,只是儒教成为礼教的偶然机缘,而非根本原因。[①]

正是因为三纲说太适合统治需要,后来才会在系列运动中遭到最猛烈的批判。过去的人说它如何如何桎梏人心,束缚个性,妨碍进步,攻击的只不过是三纲的死躯壳,是三纲被封建专制集团所利用、扭曲了的三纲的形式,而不是三纲的真正精义。三纲说的真正精义其

---

① 贺麟:《文化与人生》,商务印书馆 1988 年版,第 356 页。

实是与西方近代伦理思想和近代精神相符合的。三纲说注重、尽忠于永恒的理念或常德,包含有柏拉图的思想;三纲说注重实践个人单方面的纯道德义务,不顾经验中的偶然情景言,包含有康德的道德思想,即超出世俗一般相互报酬的交易式的道德,一方尽单方面的义务。

贺麟阐释了五伦发展到三纲是一种历史的进步的理由。

第一,由五伦发展到三纲更有利于稳定维系整个社会秩序,更能形成社会统治的牢固基础。关于五伦的君君、臣臣、父父、子子、夫夫、妇妇,假如君不君,那么臣可以不臣,其他的也一样。这样一来,只要社会上有不君之君,不父之父,不夫之夫,则臣弑君,子不孝父,妇不尽妇道之事,在理论上都是有可能发生的。所以就要有三纲说来补救这不太稳定的关系,如何做呢?这就是要求关系的一方对另一方履行单方面的绝对义务,以避免不稳定关系造成的不稳定秩序。

> 所以三纲说的本质在于要求君不君,臣不可以不臣;父不父,子不可以不子;夫不夫,妇不可以不妇。换言之,三纲说要求臣、子、妇,尽单方面的忠、孝、贞的绝对义务,以免陷于相对的循环往复。①

第二,由五伦发展为三纲包含有五常之伦发展为五常之德的过程。也就是说先秦时候的五伦说注重人对人的关系,发展到西汉的三纲说则转变为人对理、人对位分、人对"常德"的单方面绝对关系。三纲的本质要人付出单方面的爱,尽单方面的纯义务。贺麟说董子的"正其谊不谋其利,明其道不计其功"中的"义"和"道"就是"常德",就是绝对的单方面的纯道德规范。贺麟用哲学上的"名理"说来抽象解释三纲说:

> 三纲说认君为臣纲,是说君这个共相,君之理是为臣这个职位的纲纪。说君不仁臣不可以不忠,就是说为臣者或居于臣的职

---

① 贺麟:《文化与人生》,商务印书馆1988年版,第356页。

分的人，须尊重君之理，君之名，亦即是忠于事，忠于自己的职分的意思。完全是对名分、对理念尽忠，不是做暴君个人的奴隶。①

每个人应该抛却外界的一切干扰，来努力忠于自己的职分，比如说教师不应该因学生懒惰而不认真教学，学生也不因教师不给高分而不认真学习，双方都应忠于自己的位分和职责。因此贺麟指出，现在的任务不是批判三纲说的死躯壳的时候了，而是发挥三纲的真义，建设新的行为规范和准则的时候。

贺麟抽掉三纲说的腐朽的外壳，挖掘其真义，是希求将新三纲说移植到现代社会中，使其继续发挥维系人心、稳定社会的作用。贺麟是在抗日战争的大历史环境下倡导新三纲五伦说的，在维护民族团结方面有其积极的意义。贺麟提出的人应该遵循的耶稣式的道德，即超出世俗一般相互报酬的交易式的道德，一方尽单方面的义务，忠于自己的位分和职位等，尤其值得深思。

刘师培、贺麟肯定了董仲舒"三纲五常说"产生的历史必然性、必要性和道德理性价值，对今天学者研究董子学，研究传统文化，从而实现传统文化的创造性转化与创新性发展，推陈出新，有一定的借鉴意义。

本文为"2019 中国·衡水董仲舒与儒家思想国际学术研讨会"提交的论文。

姜淑红（1983—），女，山东潍坊人，历史学博士。现任淄博职业学院稷下研究院业务部副主任，齐鲁理工学院齐鲁文化研究院兼职教授。

---

① 贺麟：《文化与人生》，商务印书馆 1988 年版，第 357 页。

董仲舒思想的价值、影响与当代借鉴研究

董仲舒儒学的精神方向[*]

李宗桂

大家好,我演讲的题目是《董仲舒儒学的精神方向》。什么是精神方向呢?就是精神所向。一个人、一个学派、一种理论、一个团体,大而言之一个民族的价值追求、精神寄托。简而言之,董仲舒儒学的精神方向,就是其所追求的精神所在、价值取向所在、发展方向所在。

我觉得董仲舒儒学是真正地实现创造性转化、创新性发展的"新儒学"。董仲舒是对先秦儒学进行创造性转化、创新性发展的一个思想大家,他所创建的儒学是真正的"新儒学",这是一个基本看法。在这个看法之下,我想谈一下董仲舒儒学的精神方向。我觉得董仲舒儒学的精神方向可以用四个词、八个字概括——"向前、向上、向善、向实"。

第一个,"向前"。就是不后退,不守旧,它要依托于传统,但是它并不是僵化地固守传统,而是要更新传统。它要创造性发展,在守成中创新,构建新型的价值系统,开辟新局,真正做到继往开来。大家熟悉的董仲舒的"更化"主张,"三纲五常"核心价值观的构建,就体现了"向前"。

---

[*] 本文为 2019 年 6 月 29 日李宗桂教授在"2019 中国·衡水董仲舒与儒家思想国际学术研讨会"上发表的主题演讲。根据录音整理,并有所补充完善。

第二个，"向上"。董仲舒思想非常重视大一统，这一点大家很熟悉了。"《春秋》大一统者，天地之常经，古今之通谊也。"董仲舒重视国家统一、民族融合、民族团结，重视社会风尚的提升，重视国家治理、社会治理的价值原则、指导方向的正义性，重视礼乐教化的化民成俗功能，这些都是"向上"的表现。

董仲舒《天人三策》中有一段话，我在这里想说一说，因为我觉得这个很典型地反映了"向上"之风。这段话是："故为人君者，正心以正朝廷，正朝廷以正百官，正百官以正万民，正万民以正四方。四方正，远近莫敢不一于正，而亡有邪气奸其间者。"君主首先要端正自己的思想，端正自己的价值观，然后才能正天下。如此，天下无不认同、归服于"正"，不端正的不好的风气、邪气奸气就无法存在，这叫作正气，就是"正心"的作用所在，就是"向上"的凝练体现。

此外，《天人三策》中说："道者，所由适于治之路也，仁义礼乐皆其具也。故圣王已没，而子孙长久安宁数百岁，此皆礼乐教化之功也。"什么是道呢？道是适合于治理天下、治理社会的正确道路，由于这样，人就坚持道，善用仁义礼乐这些工具。即使圣王已经不在了，但是子孙后代长治久安数百岁，什么原因呢？就是因为施行礼乐教化实现了长治久安。这是更为深厚、更为长久的"向上"。

第三个，"向善"。追求善治、善道、善人。善治就要求统一思想、统合价值、长治久安，包括调均。调均不仅仅是调节财富，使其均衡，使其相对合理，还要调节政治，使不同阶层的人享受到政策的实惠、享受到君主的恩泽，这也是调均。还有，要构筑思想道德的堤防，引人向善。董仲舒强调的更化，更是自觉地与"善治"的目标直接联系起来。他明确说过"更化则可善治"。他还说："夫仁谊礼知信五常之道，王者所当修饬也。"首先君主要去培育、掌握、践行仁义礼智信五常之道，如果能够这样，就可以"受天之祐，而享鬼神之灵，德施于方外，延及群生也"。如果王者懂得这些道理，他就要以教化为首要任务："立大学以教于国，设庠序以化于邑，渐民以仁，摩民以谊，节民以礼。"仁义礼都是用来引导民众向善的。如果这样做的话，则"教化行而习俗美也"。美就是一种善。西北政法大学赵馥洁教授的《中国传统哲学价值论》,我认为是写得非常好的一本书。这本书中提到中国传统哲学有六大思想特色,其中有一条就是"善统真美",真和美是统一服从于善。我觉得董仲舒的儒学思想也是一种真善美结合而又"善统真美"的思想。

第四个,"向实"。重视实际,解决现实的社会治理问题,不是空谈道理、概念。我觉得这是很重要的一点。董仲舒的大一统观念、更化思想、调均主张,关于性三品的教化论,关于学校教育与社会教育相结合以解决人的素质的提高和社会良好治理问题的观点,以及以儒学治国解决思想统一的问题、价值整合的问题、民族融合的问题等等观点,这些都是在面向社会现实,解决实际问题。

董仲舒不仅仅是坐而论道,而是面向社会,思考如何把先秦孔孟荀儒家的价值理想落实到社会实践中去,变成实际的精神动力和价值支撑,这是很重要的一点。但是学者只能用学术的方式去参与社会的建设,参与社会的发展。于是,学者要通过行政架构,通过行政力量的中介,也就是说,思想家和政治家合作来实现。董仲舒正是通过与政治家的合作,把理论变成了现实,解决了儒家的社会关切,这是一种"向实"。

另外一个方面,董仲舒的儒学是内圣外王之道,是真儒学。董仲舒是政治化的儒家,具有也是实践性的儒家。在当时的历史条件下,政治化的儒家、实践性的儒家才是真儒家。这些年有一些新儒家学者,还有一些传统文化爱好者,在批评、否定董仲舒,认为董仲舒不是儒家,是儒家里面的"贼"。我觉得这些评价太情绪化、太片面化,脱离了历史实际。我认为判定其是不是儒家,应该有其历史的标准。《汉书·艺文志》中说:"儒家者流,盖出于司徒之官,助人君顺阴阳明教化者也。游文于六经之中,留意于仁义之际,祖述尧舜,宪章文武,宗师仲尼,以重其言,于道最为高。"这就是儒家思想。董仲舒完全符合这些条件。与此类似,《论六家要旨》中说:"儒者博而寡要,劳而少功,是以其事难尽从,然其叙君臣父子之礼,列夫妇长幼之别,不可易也。"董仲舒思想非常典型地反映了这些特征。因此我们觉得董仲舒儒学的方向"向实",这确实是值得肯定的。

原文载于《衡水学院学报》2019年第5期。

李宗桂（1952—），男，四川眉山人，中山大学哲学系教授，博士生导师。

董仲舒与中国"文"化
——王充"孔子之文在仲舒"说诠说

杨朝明

在董仲舒与儒家思想研究愈加深入的今天，从整个中国文化的视野去审视董仲舒的历史地位，窃以为东汉思想家王充《论衡·超奇》中的话值得注意："文王之文在孔子，孔子之文在仲舒。"此言内涵丰富，值得细细品味。这一评价从孔子思想来源说起，涉及以往人们注意不够的周文王，这启示我们要以更加广阔的视野，准确把握董仲舒的历史地位。

一、王充心目中的董仲舒

王充（27—约97）出生在董仲舒（前179—前104）去世130年之后，他的《论衡》是他用毕生精力写成。到王充时，汉代学术文化经过了200多年的发展，出现了很多优秀的学者和思想家，王充通晓百家，学识渊博，从而能独抒己见，批古论今。在《论衡》中，王充"铨轻重之言，立真伪之平"，对往古与当时的学术思潮、思想学说进行衡评，"折衷以圣道，析理于通材"，定其是非，攻击虚妄。

王充对历史人物、事迹的评价鞭辟入里，与他自身成长经历关系密切。据说，他小时候逛书店，就阅读那里的书籍，后来回到乡里教书。王充善于思考，不死记章句。他擅长辩论，认为庸俗治学会失去儒家本质。他曾闭门思考，谢绝一切俗礼和仪节，专心研究写作。故所著《论衡》解释万物异同，解答了当时的不少疑惑。

在王充对自己家族渊源的叙述中，可以看出他思想中的特立独行之处。在《论衡·自纪篇》中王充记载了个人祖上的"家丑"。当然，王充的本意是为凸显自己出身贫贱，说明"宗祖无淑懿之基"，个人成功靠的是自己。但也印证了王充"疾虚妄"而禀实直言的人生信条。在那个格外崇尚孝道的年代，他的做法难免会令人误解，如唐代的刘知几就认为其不合纲常，说他"历诋其祖父之恶，恐难称孝"。我们今天看，王充不为祖上讳，自抖"家丑"，显现了王充对于前人评价中的笃实、中肯、可信。

王充对包括董仲舒、司马迁、扬雄等人在内的汉代不少名家都有评价。例如，王充尤其赞赏和推崇桓谭（约前40—32，字君山），他把桓谭与董仲舒进行比较，说："仲舒之文可及，君山之论难追。"（《论衡·案书》）他还把孔子称为"素王"，而称桓谭为"素丞相"。就像孔子从来未曾做王一样，桓谭也从来没有做过丞相，可王充认为桓谭可与孔子相配，将桓谭作《新论》与孔子作《春秋》类比。在王充看来，桓谭评定世事，讨论疑难，无人能出其右。与桓谭一样，王充反对神学迷信等虚妄之言，所以他的《论衡》才能"解释世俗之疑，辨照是非之理"（《论衡·对作》）。

王充反对虚妄，所以称道董仲舒为"孔子之文"的落实者。那时，章句之学炽盛，很多儒生拘泥于家传，师徒相传，不敢改变，故所知有限。王充反对章句之儒只知信守师说，他认为，既然"六经之作皆有据"，那就说明"书亦为本，经亦为末。末失事实，本得道质"（《论衡·书解》），既然如此，诸子也各有其长。王充认为"初为章句者，非通览之人也"（《论衡·书解》），所以他说："知屋漏者在宇下，知政失者在草野，知经误者在诸子。"王充广涉诸子，所见亦深，他形象地比喻说："涉浅水者见虾，其颇深者察鱼鳖，其尤深者观蛟龙。"（《论衡·别通》）

在王充的视野里，董仲舒是一位博学的"鸿儒"。王充把儒学之士分为"儒生""通人""文人""鸿儒"四等："能说一经者为儒生，博览古今者为通人,采掇传书以上书奏记者为文人,能精思著文连结篇章者为鸿儒。"又说:"儒生过俗人,通人胜儒生,文人逾通人,鸿儒超文人。"(《论衡·超奇》)儒生托身儒门,治圣人之经,学圣人之道,自然胜过不学无术的俗人。但儒生仅守一经,不知世务,不通古今,不离师法,辞说虽多,也不能称博;通人则博览群书,识古通今,但知识丰富,却未必了解世事。如果学而不能用,知道再多也没有益处。王充"贵其能用",主张文人要能"抒其意指",反对"信师是古",文人草章属文,损益博通而能用世。如果在此基础上连缀篇章,成一家之言,那就成为非常理想的鸿儒。王充最贵鸿儒,就在于其为"世之金玉",他们"超而又超""奇而又奇",在王充那里,董仲舒、司马迁、扬雄、刘向、刘歆、桓谭等人都属于"鸿儒"。

在王充心目中,无论是董仲舒的治学精神,还是他的道德政治论述,都值得充分肯定。周桂钿先生说,王充《论衡》提到董仲舒62次,大都是正面评价或推崇[1]。例如,他说董仲舒论"君臣政治得失,言可采行,事美足观""虽无鼎足之位,知在公卿之上",评价他的对策"策既中实,文说美善""虽古圣之言,不能过增",如此等等。在我们看来,王充对于董仲舒的评价是颇值得玩味的。除此之外,他在《论衡·超奇》中把董仲舒与文王、孔子并提,说"文王之文在孔子,孔子之文在仲舒"。王充的这句话也许在当时并非郑重其事的评论,却很能表达董仲舒在中国文化史上的地位。

二、"文王之文"与"孔子之文"

那么,"文王之文"说的是什么,王充何以说"文王之文在孔子",关键是怎样理解这个"文"。

孔子周游列国,经历过很多困厄。一次,他和弟子们在匡地被围困数日,《论语·子罕》记:"子畏于匡,曰:'文王既没,文不在兹乎?天之将丧斯文也,后死者不得与于斯文也;天之未丧斯文也,匡人其如予何?'"在这样的困厄中,孔子的担当与使命感充分体现出来。在此,孔子自谓为"后死者",以传承中华文明、继承文王之道为己任。孔子极力推崇文、武、周公之道，《中庸》说他"宪章文武"，《论语·子张》记子贡曾说孔子学修"文武之道"。孔子一生求道，他以文、武、周公之道的继承者自居。他渴望道的实现，希望社会具有正确的价值与信仰。他在匡地的淡定和从容，正源自他内在的信仰与生命追求，他要传承周文礼乐，继承发扬以周文王为创立者的周文化。孔子说，文王死后，礼乐文化遗产不都在我这里吗？上天若要消灭这种文化，那就不会让我掌握这种文化了；如果上天不灭亡这种文化，匡人又能把我怎么样呢？

正如后来许多文庙"斯文在兹"的匾额所提示的，孔子所说的那个"文"指的是斯文、文化，也可以指文献，指蕴含文武之道的六艺典籍，孔子正是用这些文献传授于弟子。这个"文"，不可简单地理解为"文章"而已。古代教育有小学、大学之分，朱子《大学章句序》说："人生八岁，则自王公以下，至于庶人之子弟，皆入小学，而教之以洒扫、应对、进退之节，礼、乐、射、御、书、数之文。及其十有五年，则自天子之元子、众子，以至公、卿、大夫、元士之适子，与凡民之俊秀，皆入大学，而教之以穷理、正心、修己、治人之道。"所以黄震《黄氏日钞》说："所谓文者，又礼、乐、射、御、书、数之谓，非言语文字之末。"金履祥《论语集注考证》引何北山曰："所谓文者，正指典章文物之显然可见者。盖当周之末，文王、周公之礼乐悉已崩坏，纪纲文章亦皆荡然无有，夫子收入散亡，序诗书，正礼乐，集群圣之大成，以昭来世，又作《春秋》，立一王之法，是所谓得与斯文者也。"这个说法更为准确！

孔子推崇周文化，还在于周文化本身，在于它继承了夏商以来中华民族所创造的文化成果。《论语·八佾》记载说："子曰：'周监于二代，郁郁乎文哉！吾从周。'"所谓"郁郁"，形容事物盛美、繁多，这里是指富有文采。孔子斯言体现了他对周代文化的整体认识。在他看来，夏商周三代文化是损益发展的，周代礼乐文明并非全然新创，而是在夏、商基础上有所借鉴、有所损益发展而成。在对夏商周三代文化进行比较的基础上，孔子认识到周文化继承了夏、商的主体结构与基本精神而更加充实灿烂，故而他才对周文化非常向往，明确表示

"从周"。

"文王之文在孔子"不仅在于孔子对周文化的体认,还在于他对周文化的发扬光大。周文化"郁郁乎文哉",故孔子之口常常不离"周道""周训""文武之政",他还时常"梦见周公"。孔子信仰周代的文化,希望恢复这样的礼乐之治。他意念坚定,表现在时时处处。例如,途经宋国时,他与弟子们在大树下习礼,"宋司马桓魋欲杀孔子,拔其树",《史记·孔子世家》曰:"孔子去,弟子曰:'可以速矣。'孔子曰:'天生德于予,桓魋其如予何?'"《论语·述而》也记载了孔子的这句话。这样的情形与他在匡地被困正相仿佛。对自己的文化使命,孔子似乎有一种神圣体认和自觉意识。此种近乎宗教般的精神,正是古今中外伟人应对危难、创造伟业的动力与支柱。有人说此不过是"壮胆的话",则失之浅矣。

周文王代表文、武、周公,文、武、周公之道在孔子那里得到了充分继承与阐发、完善。文武之政、周公礼乐,从而充分地展开。如果对文、武、周公之道进行历史解读,就会发现孔子对周代礼乐文明的系统化。《淮南子·要略》说:"孔子修成康之道,述周公之训,以教七十子,使服其衣冠,修其篇籍,故儒者之学生焉。"武王、周公作为"文王之子",他们自然要大力发扬文王之道,不忘"文考"遗训。所以,不论"成康之道",还是"周公之训",皆"文王之文"也。王充说的"文王之文在孔子",说的就是孔子对他以前历史文化的继承和发展。

总之,孔子"宪章文武",以"斯文在兹"的使命担当,发扬光大周文化,系统阐发周朝礼乐文明,形成了他的博大思想体系。正如"文王之文"得到了武王、周公、成王、康王的阐发与弘扬那样,孔子思想也被包括孔子弟子、子思、孟子、荀子等在内的早期儒家进一步发扬光大,"孔子之文"由此更加光彩夺目。

三、董仲舒与中国"文"化

孔子的儒家学说是治世的学说,所追求的是人心和顺、社会和谐、天下和平。儒学绝不仅仅停留在认知的层面,绝不仅仅是空洞的理论,孔子和早期儒家都关注现实。不仅孔子和他的弟子们栖栖惶惶到处奔走,子思、孟子、荀子也与孔子一样周游列国,希望说服当政者行教化、施仁政、兴礼乐。然而,孔子儒家的治世学说真正具体落地而变为现实,却是从董仲舒开始的。

从春秋末年的孔子时代开始,社会持续动荡不安。孔子去世到董仲舒出生的整整300年间,可以说社会一直处在孔子所言的"天下无道"状态。春秋末年,礼坏乐崩;战国时期,征伐不断;秦朝短暂统一,实行暴政,二世而亡;楚汉战争以后,西汉虽然建立,但经济凋敝,民不聊生。对于如何治理天下,汉初君臣都不得不去探索、去思考。他们总结秦朝灭亡的教训,认识到"仁义不施"是秦朝灭亡的重要原因,也看到了儒家"难与进取,可与守成"(《史记·刘敬叔孙通列传》)的特点,明白骑在马上可以打天下而不能治天下的道理。无奈受制于西汉之初的经济状况,只能采取与民休息的基本国策。于是,黄老之学兴盛一时,儒家思想依旧黯然不彰。

这种状况,到了董仲舒时发生改变。《汉书·董仲舒传》说:"自武帝初立,魏其、武安侯为相而隆儒矣。及仲舒对策,推明孔氏,抑黜百家,立学校之官,州郡举茂才、孝廉,皆自仲舒发之。"

孔子学说的特点在于经国济世,董仲舒阐发了孔子思想,并且将这一学说具体落实在政治与社会实践中。班固所说"推明孔氏",正是王充推崇董仲舒的原因所在。

孔子一生追寻,希望天下有道。他周游列国,晚年回到鲁国,在迟暮之年根据鲁国的历史作了《春秋》。《春秋》寄寓了孔子的微言大义,寄寓了孔子的政治理想。孟子说:"晋之《乘》,楚之《梼杌》,鲁之《春秋》,一也;其事则齐桓晋文,其文则史。孔子曰:'其义则丘窃取之矣。'"(《孟子·离娄下》)孔子痛心于礼崩乐坏、诸侯恣行、名分淆乱的现实,感叹道:"弗乎弗乎,君子病没世而名不称焉。吾道不行矣,吾何以自见于后世哉?"(《史记·孔子世家》)他认为"载之空言不如见诸行事深切著明"(《史记·太史公自序》),于是与左丘明入周,论史记旧闻,删烦去重,制定书法义例,借史明义,以期救世。这本是王官之事,而孔子以布衣身份代行天子赏罚,为后世垂教立法,所以他说"知我""罪我",其惟《春秋》!

孔子之"文",从某种意义也可以理解为"道",是人之所以为人、社会之所以为社会的和谐、和顺之道,其中包含了文、武、周公所聚合起来的三代圣王治世理念,这个"道"又为孔子所接续、所传承、所发扬。另一方面,所谓"文",也是"事",即事功,"文"不是不着边际的空洞遐思,而是可以落实和践行的。在此基础上,董仲舒"推明孔氏",他所做的工作就是具体"文化"社会。

孔子作《春秋》,"其文则史",借史明义,经过董仲舒的切实努力,《春秋》大义又得以明于汉世。《春秋》通过鲁国历史表达孔子的政治理想,董仲舒则推动这种思想在汉代社会现实中具体落实。他在汉代确立以三纲五常为核心的价值体系,构建礼法结合的治国方略及思想传统,都具有极其重要的价值意义。董仲舒关注社会现实,就像前人指出的,董仲舒的许多做法,如"限民名田、塞并兼""天不重与"及"有大俸禄亦皆不得兼小利、与民争利业"等,有利于缩小贫富差距,弥合官民对立,"调均"社会资源分配。

王充所说"孔子之文在仲舒",其所指应该就是孔子的治世理论到董仲舒这里成为政治管理的实践,这其实也是孔子当年所孜孜以求者。董仲舒的历史功绩在于他适应西汉中期的历史需求,与汉武帝这样的政治家合作,努力把儒家思想变成国家意识形态,使其成为全社会的指导思想,然后通过制度建设、核心价值观构建,通过行政系统的中介,把儒家思想落到实处,使先秦儒家孔孟荀的思想在汉代变成现实。所以,李宗桂先生说,这种"思想家与政治家的政治合作传统,从源头看,并不起于董仲舒,但真正将其落到实处,并且将其锻铸为后世认可并践行的文化传统的,是董仲舒"[2]。

董仲舒对孔子思想的继承和弘扬,使孔子之道深入人心。如果把董仲舒思想与孔子学说放在中国文化大背景中,进行深入研究和细致比较,就会更加有助于对董仲舒思想的认识。孔子思想儒家文化的形成有一个广阔的文化背景,我们对孔子儒学及董仲舒思想的认识,不应该过于简单化。例如"三纲五常"思想,人们对此讨论虽多,但却局限于"天地秩序"范畴。还有被认为董仲舒"政治思想两大武器"的祥瑞说、灾异谴告,其实算不上董仲舒的创造发明,在孔子整理的《尚书》中就有这样类似的事例,如《金縢》篇里的"大雷电以风"、《归禾》篇所谓"异亩同颖"(《史记·鲁周公世家》亦载)都是。其实,祥瑞说、灾异谴告就是《中庸》所说"国之将兴,必有祯祥;国之将亡,必有妖孽",这里所说是国家兴亡与社会民情直接相关,假如悖情违理的事情不断出现,难道还不应该引起统治者的重视和警觉!

董仲舒受到世人称赞,其实是由于他在"正其谊""明其道"的社会意识与价值信仰方面的切实努力。他在《贤良对策》的最后说:"《春秋》大一统者,天地之常经,古今之通谊也。今师异道,人异论,百家殊方,指意不同,是以上亡以持一统,法制数变,下不知所守。臣愚以为诸不在六艺之科,孔子之术者,皆绝其道,勿使并进。邪辟之说灭息,然后统纪可一,而法度可明,民知所从矣。"统一国家要有统一的思想意识,古今皆然。董仲舒强调要统一于六艺、孔子之术,这就是后人所概括的"罢黜百家,独尊儒术"。历史上,很多学者都看到了董仲舒的杰出贡献,纷纷对他加以称赞和表彰。《汉书》称董仲舒"为群儒首""为儒者宗",王充《论衡·案书》说:"孔子终论,定于仲舒之言。"这与班固的"推明孔氏"相同,而康有为《春秋董氏学·天地人》则说:"赖有董子,而孔子之道始著矣。"这些其实都与"孔子之文在仲舒"的表述一致。

对于董仲舒的历史定位,以前学者们多认为:董仲舒是一个伟大的思想家,与孔子、朱子并称儒学三大巨擘。依今天看,我们更应当把眼光放大、放宽,从而站在中华文化创造与发展的广阔视野里,更多关注中华文化形成的漫长过程。如果将中华文化比喻为大树,那么其主干是儒家文化,根脉是孔子之前的"文王之文",而董仲舒则使儒家思想和现实相结合,才使中华文化的大树有了这样的姿态,伸展出枝条,开结出花果。

窃以为,王充所说"文王之文在孔子,孔子之文在仲舒",可以很好地诠释董仲舒在中国文化史上的地位。王充处在东汉时期,他对于孔子儒学形成的历史应该看得更为真切。可以说,孔子继承了他以前的中国文化,奠定了中国的价值观念基调,董仲舒则通过汉代的社会政治实际进行了有效铺染。与"孔子-董子-朱子"的论说框架相比,似乎"文王-孔子-董子"更能说明董仲舒在中国文化史上的重要地位。

参考文献:

[1] 周桂钿. 我的学术历程(三):三次定性董学[EB/OL]. [2019-06-12]. http://m.sohu.com/a/196820453_99916795.

[2] 李宗桂. 董仲舒思想历史作用之我见[J]. 衡水学院学报,2019(2):10-13.

原文载于《衡水学院学报》2019年第5期。

杨朝明(1962—),男,山东梁山人,中国孔子研究院研究员,博士生导师。

董仲舒思想的当代借鉴

李奎良

　　思想家的心路历程大抵是继承前人思维精华、研判时代需求和时代特征、提出具有时代印记的理论成果。学习和吸收前人的思想精华以充实自己的理论功底是为传承；根据时代需求借鉴前人思维成果以提出符合时代特征满足时代需求的理论即是创新。纵观世界历史，无论中外，历代思想家都有许多闪光的思维成果，既解决了当时的社会问题，又充实了人类思想精华宝库。我们现在处在新时代，又面临复杂多变的国际局势，必须系统整理传承历代思想家的思想精华，根据时代需求，以问题为导向，多方位、多角度进行立论创新，以适应当代社会发展，推动社会治理和社会进步。

　　董仲舒是中国历史上著名思想家，对世界历史文化也颇有影响。他生活在西汉初期的景帝、武帝时期，这一时期是中国历史上的盛世，其主要时代特征是秦朝结束了春秋战国时期的分封制，建立了郡县制，然而由于秦朝实行极端专制，造成社会大乱，所以汉初的社会管理以郡县制为主，辅之以分封制，同时倡导以无为而治、黄老之学的社会治理理念。但是这样的体制和治理理念又导致诸侯王势力坐大，与中央朝廷离心离德，酿成七国之乱，思想文化纷繁复杂，众说纷纭。所以汉初的主要社会需求是优化完善社会管理体制和优化与之相适应的社会治理理念。董仲舒作为当时的思想家的代表成功地解决了这些问题，从而提出了一整套优化方案，使得以郡县制为主、辅之以分封制的社会体制得到了优化和巩固,同时确立了与社会需求相适应的思想文化体系。在以董仲舒为代表的知识群体的建议和推动下,汉武帝时期确立的社会管理体制和社会治理文化延续两千年,在世界史上影响深远。直至今日,汉初董仲舒等思想家的所思所虑和真知灼见仍有借鉴意义。(当然,他的思想必然带有那个时代的局限性,今天不必为此纠结,暂且不提即可。对于董仲舒的历史评价也是众说纷纭,以至于于右任先生在《悼汉武帝陵》一诗中说"绝大经纶绝大才,功过是非成轮台。百家罢后无奇士,永为神州种祸胎"。看法不同,评价各异,但是不影响我们研究和发现董仲舒思想的现代价值。)

为了叙述方便,本文把探讨范围限定于董仲舒的社会治理思想,至于他的哲学思想、教育思想等方面则容另文详述。

第一,政治文化的大一统思想。"大"是动词,本意为尊崇,大一统的意思是尊崇、认同、维护政治文化统一。大一统思想起源很早,《诗经》的"溥天之下莫非王土,率土之滨莫非王臣",即是大一统思想的初期表达。孔子作《春秋》开篇即云"隐公元年,春王正月",《公羊传》解释说"王正月,大一统也",这是"大一统"本词的首次出现。以后出现很多注疏,但是解释最清楚、说得最明白的是董仲舒。他认为:"《春秋》大一统者,天地之常经,古今之通谊。"他把大一统上升为世界本源概念。

董仲舒认为大一统思想包含两个维度,首先是政治上的大一统,主张强化中央朝廷的权力,弱化诸侯王的势力,改变那种诸侯国地盘过大、动辄千城,自养精兵、对抗朝廷,财政独立、自行铸币,培养亲信、独断专权的局面。其次是思想文化的大一统,他认为"今师异道,人异论,百家殊方,指意不同,是以上亡以持一统,法制数变,下不知所守",所以应该有统一的国家主流思想。以当时的情况而论,在先秦诸子百家中影响力比较大的几家,法家在秦朝的实践中被证明是失败的,墨家在秦朝亡后销声匿迹,道家和黄老之学经过汉初的社会验证也是弊端颇多,因此董仲舒主张倡导儒学以稳定社会。他建议:"诸不在六艺之科,孔子之道者,皆绝其道,勿使并进,邪辟之说灭息,然后统纪可一而法度可明,民知所从矣。"

大一统思想从一开始的政统与道统出发，逐渐延伸到社会的方方面面，成为中国各民族、各地方、各种政治势力的共同思想，使得语言各异、习俗不同的民族和地域都认同华夏文明和炎黄传承，都承认中华大家庭，珍惜同胞之情。这与世界上很多地方的情况不可同日而语。中国历史在统一的道路上前进，尽管有南北朝、十六国、五代十国等分裂时期，但是久分必合的大趋势始终未变。大一统思想已成为中华文化的特征和宝贵精神财富，也为世界文化做出了贡献。

回首历史，任何国家、任何民族，只要认同一致便可统一长存；反之，则必然四分五裂。统一的认识和统一的政治环境是社会进步的必备条件，当然也是社会稳定的基石。国家与民族诚如斯，地区和单位亦是如此。思想统一和认同一致，是稳定的前提、发展的基础。

第二，官吏资源的培养和官吏选拔的察举制度。汉初七十年，官吏来源非常混乱，主要有三类，即官二代由父兄举荐、低级官吏以年资得到升迁、富家子弟捐资得官。这些人没有受过系统的教育培训，道德根基薄弱，治国理念混乱，能力参差不齐，不仅能胜任的职位有限，而且容易带坏一方风气。一旦有风吹草动，这些人的表现千奇百怪。董仲舒认为官吏是一方百姓的表率和教化民众的导师，然而这些人自身素质就参差不齐，难当教化大任。所以他在天人三策中系统提出了官吏资源培养和官吏选拔制度，即察举制。这个方案包含四层内容。其一，兴办学校，系统培养人才。在朝廷设太学，立五经博士（博士的职责是教授太学生和为皇帝提供咨询），在郡县设庠序，各级学校的教学内容以儒学为主。其二，各郡县和诸侯国每年要向朝廷推荐两名贤良方正（即优秀人才，必须德才兼备，且在本地得到公认）。其三，朝廷要在太学中对推荐而来的各地人才进行进一步培养和考察，"量才而授官"。其四，这些官吏一旦被任用，如发现问题，则要追究举荐地方官的责任。

察举制优化了西汉的官吏队伍，改善了社会治理。这套制度在南北朝时期演化为九品中正制，到隋唐时期为科举制所替代。十五世纪英国设立文官制度，公开说明是借鉴了中国的科举制度。从察举制到科举制再到西方文官制度，名称各异，但其核心精神是一脉相传的。

所以西方的政治学教科书明写，文官制度起源于中国。这是董仲舒等历代学人对世界文化的贡献。

第三，"调均"的经济管理思想。董仲舒认为社会不稳定来自两方面：其一是大贫，百姓大贫，生活无继，必然为盗，甚至揭竿而起；其二是大富，大富则骄，骄则为暴，称王称霸，危害一方。所以社会治理首先教民以富，但不可大富；对贫弱百姓则应助其致富，不可陷入大贫。战国秦朝实行极端经济政策，导致大富大贫并存，即当代经济学的所谓两极分化，出现了富可敌国的富豪，同时也出现了生活无着的"流民"，导致社会秩序被破坏，社会治理出现混乱。调均政策有效地解决了这个问题。

第四，不与民争利官吏不得置田产的思想。董仲舒举公仪休拔葵出妻的事例说明问题。鲁国相公仪休，其妻自己在家织锦以满足家用，公仪休认为官吏已有俸禄，如果再自己织锦，则必然伤害市面上那些以织锦为生的人生计，因此有休妻之举；公仪休的家人在府中种菜（葵，类似今天的苋菜，是当时的主要食用蔬菜）以满足家用，公仪休认为这将损害社会上种菜人的生计，因此将府中所种之葵全部拔除。董仲舒还论述天不两予的道理说明问题，他认为天生万物，各予其长，有角的没有爪，不能兼得。董仲舒的结论是官吏既已有俸禄，就不能与民争利。具体办法就是不置田产。他自己以身作则，"终身不置田产"。

董仲舒不仅是思想家、教育家，而且是汉代的社会制度设计师，他在《天人三策》中除了系统论述天人关系，还详细论述了他的社会设计方案，为郡县制体制下的社会优化提供了学术文化支撑。这些思想在后来的社会实践中取得了良好效果，许多思想与今天世界通行的社会治理方法异曲同工，值得我们借鉴和深思。

本文为"2019中国·衡水董仲舒与儒家思想国际学术研讨会"提交的论文。

李奎良（1957—），男，河北枣强人，衡水学院董子学院教授。

以儒家"五常"引领新时代"五商"

苗泽华

一、"五常"是"五商"之魂

培育适应中国特色社会主义新时代的中华儒商,要坚持以德为先,重视"德商、情商、财商、胆商、智商"等"五商"并举。中国人民大学葛荣晋教授认为,要培育现代儒商,需要将古代儒家的"三达德"(孔子倡导的"知、仁、勇")君子人格融入我国社会经济发展与企业管理人才培养之中[1]。葛荣晋先生率先提出了"智商""德商""胆商"和"情商"四位一体的儒商人才品格[2]。笔者在葛先生所倡导的儒商人才"四商"基础上,增加了"财商",并形成了相生相克的"五商"运行模型。要赋予"五商"中华民族特有的精神与文化,不仅要以"三达德"为纲领,还需要将"五常"融入"五商"构建之中,使"五常"成为"五商"之魂。

"五常"中的每个字,在孔子《论语》等儒学经典中有诸多论述,但孔子及其弟子并没有明确提出"五常"这个理念。孟子继承了孔子的儒学,并明确提出"仁义礼智"四端之说。"四端"直指人性,为性善论奠定了坚实基础。汉代大儒董仲舒在继承孔孟儒学的基础上,提出了"三纲五常"[3]。董仲舒认为,天有"五行",人有"五常",他将"五常"与"五行"进行了融合与统一,以仁配木,以礼配火,以信配土、以义配金、以智配水。从此,"五常"成为儒家的核心理念,成为中华民族的重要思想[4]。本文的事实上,当代所提倡的"五商",也与"五行""五常""五方""五脏"等相互匹配、相互融合的。详见表1。

表1 五商、五常、五行、五方对照表

五商	德商	情商	财商	胆商	智商
五常	仁	礼	信	义	智
五行	木	火	土	金	水
五方	东	南	中	西	北
五脏	肝脏	心脏	脾脏	肺脏	肾脏

众所周知,五行是遵循生克之道。事实上,五常、五方、五脏也像五行一样遵循生克之道。就"五常"与"五商"的关系而言,"五常"为体,"五商"为用。"五常"通达心性,"五商"修身立业。"五常"为"五商"之灵魂,"五商"为"五常"之载体。二者相辅相成,相互融合,相得益彰。"五常"和"五商"皆遵循生克之道,如图1所示。

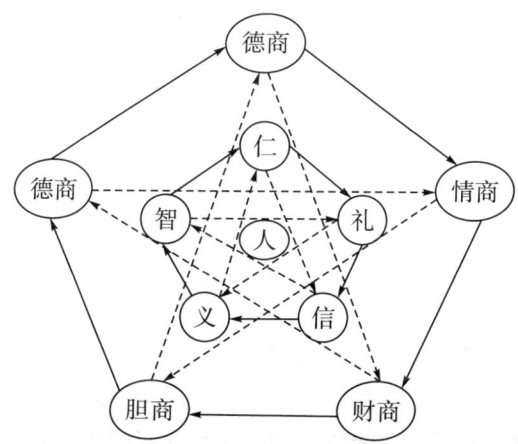

图1 五商与五常之相生相克关系

二、以"五常"之"仁"引领"德商"

1996年,美国哈佛大学罗伯特·科尔斯教授在其著作《孩童的道德智商》中提出了德商的概念。2005年,美国的道格·莱尼克(Doug Lennick)和弗雷德·基尔(Fred Kiel)在著作《德商:提高业绩,加强领导》中明确了"德商"的内涵,强调了"德商"是"道德罗盘","做正确的事"需要道德素养与道德能力。2011年,美国的布鲁斯·温斯顿在著作《德商:为什么比情商和智商都重要》中,不仅对"德商"的概念进行了具体详细的阐述,而且强调了德商比情商、智商更重要。德商(Moral Intelligence Quotient,英文缩写为MQ),一般是指个人的品德、品质、气质、人格、作风等商数的简称[5]。在"五商",德商居于统领地位,具有引领情商、财商、胆商、智商的作用。

培养中华新儒商以德为先,以"德商"为基[6]。什么是德呢?《道德经》上说:"上德不德,是以有德;下德不失德,是以无德。上德无为而无以为;下德无为而有以为。"《康熙字典》正韵释"德"为:"凡言德者,善美,正大,光明,纯懿之称也。""仁"为儒家核心理念,乃"五常"之基,"仁"亦为人伦美德。曾有人统计"仁"字在《论语》一书中出现的次数达到109次。培育新儒商之"德商",需要兴仁弘仁,以"五常"之"仁"引领新儒商之"德商"。什么是"仁"呢?"仁"有丰富的内涵,这些内涵及其精神正是"德商"之基础。具体地说:(1)仁为爱人泛称。樊迟问仁,子曰:"爱人。"仁爱是仁的本质。"爱人"二字中的"人"字是泛称。自己是人,他人也是人,大家都是人。"爱人"不仅仅是爱自己,爱亲人,还要爱他人。在商业中,如果能真正做到爱人,就不会伤害员工,也不会坑害顾客。(2)仁为忠恕思维。子贡也曾问仁,子曰:"己所不欲,勿施于人。"这句话就强调了"恕"。忠恕不仅是理念与态度,还是一种"推己及人""换位思考"的思维方式。这是普遍推行仁爱的心路。(3)仁是内在的修为。颜回也曾问仁,子曰:"克己复礼为仁。"克己重在修心，提升内在修为。(4) 仁道人性。孟子曰："恻隐之心，仁也。"两千年后的亚当·斯密在《道德情操论》一书中，也把"适宜的同情心"作为道德的基石。《孟子·尽心上》中还说道："仁也者，人也。合而言之，道也。"孟子认为，"仁"不仅人之本质属性，也是道之根本[7]。(5) 懂得如何爱人就是真正的爱己。董仲舒认为"仁之法，在爱人，不在爱我"。并提出了"以仁安人，以义正我"的重要思想[8]。因此，人的一生需要学会爱人，懂得如何爱人，才是真的爱己。从"仁"字象形来看，"二"不仅是两个人，更是天地阴阳。人立于天地之旁，要学会敬畏天地，领悟上天自强不息之道，体悟大地厚德载物之理。把仁爱由人推及天地自然，才能真爱无界、大爱无疆。把"仁"字的内涵与精神挖掘出来了，能明天理、致良知，德商自然就有了灵魂。

三、以"五常"之"礼"引领"情商"

1990年，耶鲁大学的心理学家彼得·萨洛维和他的合作伙伴新罕布什尔大学的约翰·梅耶共同提出了情商的概念。1995年，美国的丹尼尔·戈德曼在《情商：为什么情商比智商更重要》一书中，系统地阐述了情绪智力的重要性，引起世人的广泛关注[9]。1997年，我国的学者引入了情商理论。丹尼尔·戈德曼认为，长期以来，经济社会过于强调"思维"智力的重要性，而对情商重视不够。丹尼尔·戈德曼不仅厘清情商内涵，还从科学认识领导效力视角，论述了情商与智商的关系。情商（Emotional Intelligence Quotient，缩写为EQ），一般是指情绪、意志、意识、耐挫力及自我激励等方面智力商数的简称。情商也是一种自我情绪、情感综合控制能力的指数，主要受情绪、情感、信心、抗挫折等诸多因素影响。"情商"一词，其汉语意思是"情绪智慧"或"情绪智商"。在汉语中，"智慧"是一个常用词。笔者认为，"智"对应"智商"，而"慧"则对应"情商"。"慧"就是经常反思自己，能用"扫帚"反扫自心，不断清除内心之"垃圾"。心悟则生慧。孟子倡导的"行由不得反求诸己"，就是"由心悟而生慧"的修行方式。

　　培养中华新儒商不仅要以"仁"培育"德商",还要以"礼"引领"情商"。《说文解字》上解释"情,从心,青声。情,人之阴气有欲者也"。《摸鱼儿·雁丘辞》上的"问世间情为何物?直教生死相许"成为千古名句。情通心性,由心而生。心对应五行之火,五常之礼。子曰:"不学礼,无以立。"又曰:"发乎情,止乎礼。"礼教可以使人"恭俭庄敬",从而生出大智大慧。子曰:"人而不仁,如礼何?"这句话不仅强调了"仁"是"礼"的内在本质,还指出了"礼"是"仁"的外在行为。荀子曰:"礼者,法之大分,类之纲纪也。"[10] 董仲舒认为:"质文两备,然后礼成。"董子强调了人内在之"仁"与外在之"礼"的和谐。人们要知礼节,懂道理,通晓礼仪,才能克服心中之火,从而达到心平气和之境界,产生为人经商的真智慧。人若不知礼,必然心乱,从而乱性,还可能导致伦常混乱。到了背道而驰、悖理而行的地步,恐怕离毁灭也就越来越近了。以"五常"之"礼"引领"情商",则心得清净,慧根入心性,情绪自然温和而不乱。敬畏天地需要礼,敬重顾客也需要礼,敬重利益相关者还需要礼。礼到人不怪,礼成则质文两备。礼,追溯伦理之根;礼,和睦家庭之本;礼,通向文明之路;礼,敲开世界之门;礼,引领小康之道;礼,驱动大同之轮。培育新儒商之情商,需要贯彻中华民族五千年来的礼教。

四、以"五常"之"信"引领"财商"

　　在《富爸爸穷爸爸》这书中,美国的罗伯特-T·清崎(Robert T. Kiyosaki)最早提出了"财商"一词。财商(Financial Quotient,缩写为FQ),其本意即指"金融智商",是指个人认识、创造和管理财富的综合能力。财商继智商、情商之后的现代"社会人"基本素养之一。财商也反映是人作为"经济生物"在现代经济社会中生存发展的某种能力[11]。财商一般包括创造财富和驾驭财富两个方面的能力,还包括阅读理解财务数字、投资生财、市场供求和会计税法等四个方面的技能。我国财商教育的领航者汤小明将"财商"定义为"一个人与金钱（财富）打交道的能力"。也可以说，财商就是一种创造财富、驾驭财富，在市场中能够生财有道的综合能力。人生在世，不论是家庭生活，还是经商创业，都需要钱，也离不开钱。财商不仅反映了一个人对稍纵即逝的生财机遇的把握与运用，也反映了一个人的财势与财运在特定时间的走向与趋势。我国古人倡导的"君子爱财取之以道"就是一种财富取予的价值尺度。这一价值尺度不仅强调了财富的创造与取得，还强调了财富的处置与使用。财富源于社会，也应回报社会。我国古代的范蠡与子贡等人，不仅深谙生财之道，还深谙"取予之术"，从而生成了"取之于民，用之于民"人生智慧。"取予之术"的根基就是商道，凝聚着儒商精神！

培养中华新儒商还要以"五常"之"信"引领"情商"。孔子曰："人而无信，不知其可也。"孟子曰："信，言合于意也。"董子曰："信在为人。"《说文解字》上说："信，诚也。""信"是人与人交往的准则，做人要树立自信心，在交往中奉行诚实守信的原则，才能取信于人。不论是个人还是企业，先守住了诚信，才有信用与信誉。人们大都知道"天道酬勤"，但却未必知道"商道酬信"。古今中外，信是商道之本，信是经营之魂。讲诚信，遵守诚信，笃行诚信，就是新儒商之根本。在全球化与市场经济中，诚信是企业管理的灵魂与根本。企业、政府、消费者都讲诚信，重诚信，守诚信，行诚信，心中自然少些虚妄，交易中自然减少欺骗，市场交易的成本就会降低。不论是个人、企业，还是政府，要领悟"五常"之"信"，讲人情，重情义，培育情商，让"信"像广袤的大地一样厚德载物。做人经商一旦学会了"信"字，守住了信誉，自然能立德、立言、立功。企业也自然造福人群，利益苍生，可谓功在当代，利在千秋。"信实"形象地告诉世人，守住了"信"才有甘美的果实。当今，竞争激烈，风险增大，要构建全球商业共同体，就要奉行"五常"之信，在构建商业共同体的过程中实现共生、共享与共赢，生财自然有道矣。

五、以"五常"之"义"引领"胆商"

胆商（Daring Intelligence Quotient，缩写为DQ）是继智商、情商之后提出的新概念。2001年，中欧国际工商学院的执行院长刘吉教授较早地提出了"胆商"这一概念[12]。胆商是对胆量、胆识、胆略度量，也是某种智力商数。胆商不仅反映了一个人的胆识、胆量、胆略与胆魄，而且还反映一个人或一个组织的创新意识、竞争理念、创造能力、挑战能力、竞争实力与冒险精神。俗话说"艺高人胆大"。在竞争加剧的今天，胆商具有重要的意义。胆商必须以德商和智商为基础，以个人气度与胆魄为两翼，让人善于决策，勇于决断，敢于担当，敢为人先。具备胆商也是个人在更高更险的层次与境界上的具体表现。仁德者，有爱心之人；智慧者，胸有谋划之人；有胆者，敢于冒险、勇于担当、善于决断之人。一个人有德商和智商，在配以胆商，就能抓住机遇，勇担重任，勇往直前。古代"胜者王侯败者贼"，不论胜败，敢于冒险，敢于奋争，就是有胆之人。三国时期的赵子龙在长坂坡"七进七出"的拼杀，就表现出浑身是胆的英雄气概。关云长"单刀赴会"更是忠肝义胆，传颂千秋。

培养中华新儒商还要以"五常"之"义"引领"胆商"。子曰："君子喻于义，小人喻于利。"孟子曰："羞恶之心，义也。"董仲舒曰："义之法，不在正人，在正我。"《释名》上说："义，宜也。裁制事物，使各宜也。"《说文解字》上说："义，己之威仪也。从我羊。""义"字是"我""羊"结构。"羊"代表"善"，我从羊，实为从善。也可以说，"义"字反映了"善"与"不善"、"是"与"不是"、"该"与"不该"、"为"与"不为"之辩证关系。合乎天地道德，则为之；不合乎天地道德，则不为。合乎天地道德，有为就要做成做好；不合乎天地道德，不为就要止恶扬善！"义"大致有三层意思：一是应当、正当、合理、合宜；二是适宜、适度、适当；三是正道、正义、正式、正为[13]。由此，"义"可以引申为义理、义务、大义、正义和公义。尚义者，弥足珍贵。培育中华新儒商，就要心怀大义和正义，时时考虑公义,先义后利。坚持"义以生利"不仅是儒学的传承,也是文化自信的重要表现。

六、以"五常"之"智"引领"智商"

智商(Intelligence Quotient,缩写为 IQ)是指智力商数,也是用以衡量个人智力高低的标准。1905 年,法国心理学家比奈·阿尔弗雷德(Binet Alfred)和他的学生西蒙编制了世界上第一套智力量表。2006 年,理查德·林恩教授出版了新书《种族智力的差异:一种进化分析》。1914 年,德国心理学家施特恩提出了智商的概念。1916 年,特曼教授将比奈·阿尔弗雷德制定的智力量表介绍到美国,并对该套量表进行了修订,命名为斯丹福—比奈智力量表。它是通过这些量表用来测试个人在不同年龄段的智力水平。智商主要反映人的认知能力、思维能力、语言能力、观察能力、计算能力和律动能力等。智商不仅是个人智力的体现,还是个人价值实现的重要基础[14]。智商水平高低,不仅反映了个人的知识结构与智力水平,还反映个人的创新意识、认知能力、计算能力与表达能力等。

培养中华新儒商还要以"五常"之"智"引领"智商"。子曰:"智者乐水,仁者乐山。"孟子曰:"是非之心,智也。"《法言·修身》上说:"智,烛也。"《韩非子·显学》上说:"智,性也。"董子曰:"为人必仁且智。"《说文解字》中解释:"智,从日,从知,知亦声。"儒家的"智"不仅是智力的高低,更是一种做人做事、明辨是非与善恶的智慧[15]。所谓"智"就是日日学习知识、增长见识,把知识转化为智慧的过程。儒家所倡导的"智"不是孤立的,而是以"仁"为基础,与"义""礼"和"信"紧密结合在一起。智商也对应五行之水,所谓"上善若水"。儒家的"智"以"仁"为核心,人之大智自然生仁。"士农工商官"之"商"就对应五行之水,离开了智慧,就无法经商。俗话说"花钱如流水",财富永远像水一样流动,在人与人之间流转,在天地之间循环往复。经济就是"经世济民",一个"济"字,就充分体现了"水"之圣德,体现了人之智慧。就连"混日子"的"混"字,都离不开水。没有点水平,想混下去,都不太容易。当今,不少商人贪得无厌,唯利是图,甚至鬼迷心窍,乃至丧尽天良。没有把财富做活,生意自然就成为一潭死水,实则不明智也。管理之智慧源于良知与仁心。智慧是以良知与仁心管理自心,从而产生谋略。智慧反映人之本性,大智慧就要继承弘扬人之良善,弘仁尚义。企业管理中真正的智慧其本质就是仁爱。通过致良知滋生仁爱,正己化人,才能达到较高的管理境界,产生"取之于民,予之于民"的人生智慧。

参考文献:

[1] 葛荣晋. 企业创新与现代儒商 [J]. 中共中央党校学报,2009,13 (5):90-95.

[2] 葛荣晋. 儒家"三达德"思想与现代儒商人格塑造 [J]. 学术界,2007 (6):128-137.

[3] 苗泽华. "三纲五常"新解及其管理智慧 [J]. 衡水学院学报,2017,19 (2):44-50.

[4] 邹顺康. 董仲舒"三纲五常"思想评析 [J]. 道德与文明,2014 (6):17-20.

[5] 罗廷槐. 德商、道德价值规律与品德标尺的应用 [J]. 西南政法大学学报,2002,4 (3):53-58.

[6] 苗泽华. 论新儒商及"五商"品格培育 [J]. 河北地质大学学报,2017,40 (1):108-114.

[7] 吕本修. "三纲五常"思想探析 [J]. 湖南师范大学社会科学学报,2018 (6):63-69.

[8] 赵玉玲. 董仲舒"三纲五常"伦理观的时代价值 [J]. 学理论,2016 (3):72-73.

[9] 李化侠,宋乃庆,辛涛. 从智商、情商到动商——刍议动商的内涵、价值及路径 [J]. 课程·教材·教法,2017,37 (7):4-10.

[10] 张波,韩子玉. 儒家"五常"思想与家风建设的契合研究 [J]. 铜陵职业技术学院学报,2015 (3):14-16.

[11] 肖俊. 对构建我国财商教育体系的思考 [J]. 湖北第二师范学院

学报，2016，33（4）：46-48.

［12］宋瑞灵. 浅析胆商在人才素质评价中的新定位［J］. 经济师，2009（3）：211-212.

［13］张景云. "五常"与儒家"慎言"传播思想［J］. 传播学研究，2009（2）：30-33.

［14］王莉莉. "德商"的价值及其提升路径［J］. 中共青岛市委党校青岛行政学院学报，2017（3）：60-64.

［15］胡洪彬. 论思想政治教育者的德商、智商、情商与逆商［J］. 思想理论教育导刊，2014（6）：17-20.

该文系2018-2019年度河北省高等教育教学改革研究与实践项目"新儒商人才培养改革研究——以河北地质大学商学院为例"（编号：2018GJJG286）、2017年度河北省社会科学发展重点研究课题"河北省企业伦理文化与社会责任研究"（编号：201702120201）和国家第三批高等学校特色专业建设点（工商管理专业）建设项目（编号：TS10689）的研究成果。

本文为"2019中国·衡水董仲舒与儒家思想国际学术研讨会"提交的论文。

苗泽华（1964-），男，河北巨鹿人，管理学博士，河北地质大学商学院教授。

董仲舒生平事迹研究

董仲舒年谱考补

王 泽

董仲舒是汉儒中具有时代代表性的人物,其交往者尽属景、武两朝精英,他的生平,可作为同时代学者相交接的典型代表。理清董仲舒的生平,对于理解董仲舒学脉的嬗变及实践历程,甚至为确定董仲舒作品系年,有很大帮助。

论及董仲舒生平的著作为数不少①,对于董仲舒的生卒、对策年三事,前人已有大量讨论。此三事材料繁复,或有龃龉,学者用力于此,难有定论。董仲舒的求学、仕途,他与公孙弘等人的接触,他的作品的阶段性等问题,学界尚未给予足够关注。一些年谱类论著在涉

---

① 专著类有:苏舆《春秋繁露义证》(中华书局 2015 年版)中的《董子年表》;韦政通《董仲舒》(台北东大图书公司 1986 年版)中的《董仲舒年表》;周桂钿《董学探微》(北京师范大学出版社 2008 年版)中的《董仲舒年谱考略》;钟肇鹏《春秋繁露校释》(河北人民出版社 2005 年版)中的《董仲舒年谱及生卒考》等。论文类有:施之勉《董子年表订误》(《东方杂志》1945 年第 41 期);章权才《董仲舒生卒年考》(《社会科学评论》1986 年第 2 期);岳庆平《董仲舒生年考》(《中国哲学史研究》1988 年第 1 期);冯树勋《董仲舒生卒年与对策考》(《书目季刊》2008 年第 3 期)等。此外,刘汝霖的《汉晋学术编年》(华东师范大学出版社 2009 年版)、李威熊的《董仲舒与西汉学术》(文史哲出版社 1978 年版)、刘跃进的《秦汉文学编年史》(商务印书馆 2006 年版)、桂思卓的《从编年史到经典——董仲舒的春秋诠释学》(中国政法大学出版社 2010 年版)、鲁惟一的《董仲舒儒家遗产与〈春秋繁露〉》(香港中华书局 2017 年版)等书,对董仲舒生平事迹也有论及。

及上述几点时，或有疏漏。故不揣冒昧，试成此谱。

所引诸家，下文引用但注人名；本文所引《春秋繁露》，用钟肇鹏校释本；前四史用中华书局旧标点本，不另注。取事多从《史记》《汉书》，逸事不录。各项事迹，分志于各年之内，附史料说明事迹，事有模糊者再加考证，若有可述者，再加按语。

高祖六年（前201）庚子，董仲舒一岁。

董仲舒生。

材料：《汉书·匈奴传》：仲舒亲见四世之事，犹复欲守旧文，颇增其约。

《新论·本造》：董仲舒专精于述古，年至六十余，不窥园中菜[1]24。

《汉书·董仲舒传》：盖三年不窥园，其精如此。武帝即位，举贤良文学之士，前后百数，而仲舒以贤良对策焉。

《后汉书·应劭传》：故胶西相董仲舒老病致仕，朝廷每有政议，数遣廷尉张汤亲至陋巷，问其得失。

《汉书·叙传》：身修国治，致仕县车，下帷覃思，论道属书，说言访对，为世纯儒。

考证：章权才认为，董仲舒在武帝即位（前140）前已经"年至六十余"，故生于前200年之前，亲见四世为高、惠、文、景四世；周桂钿认为董仲舒在武帝元光元年（前134）前"年至六十余"并且六十岁后"三年不窥园"，由此推测董仲舒生于前200年至前196年，取其中数为前198年。亲见惠、文、景、武四世。并以孔子生于襄公二十二年，"哀、定、昭，君子之所见也"为例，来说明10岁以后才能"亲见世事"。

以董仲舒的致仕时间也可以推测其生年。"悬车致仕"为70岁至79岁。岳庆平认为董仲舒在元朔三年（前126）公孙弘任御史大夫后即辞官，由此知其生于前204年至前195年。周桂钿则推测董仲舒在元狩元年（前122）或元狩二年致仕。

《匈奴传》此条上文论说和战取决于时，从"和亲之论，发于刘敬"到"孝惠、高后时"，再到"文帝中年"，则此四世，为高、惠、文、景四世,仲舒当生于高帝初年。本文认为董仲舒于元朔六年(前123)致仕,考证见"武帝元朔六年"条。由此推其生年可上至前201年,高祖时已为童,能知高、惠、文、景四世之事。

  高祖七年(前200)辛丑,董仲舒二岁。公孙弘一岁。
  公孙弘生。
  材料:《汉书·百官公卿表下》:(元狩二年)三月戊寅,丞相弘薨。

《汉书·公孙弘传》:武帝初即位,招贤良文学士,是时弘年六十……年八十,终丞相位。

按:建元元年十月,武帝即位之时,公孙弘六十岁。秦汉时民间"岁初增年""秦统一至汉初这段时期,以十月为岁首,但没有改变正月"[2]。建元元年正月后,增至六十一岁。故元狩二年(前121)三月卒,为八十岁。

  吕后元年(前187)甲寅,董仲舒十五岁,公孙弘十四岁。
  董仲舒始治《春秋》;公孙弘后为薛狱吏,因罪免,海边牧豕。
  材料:《汉书·董仲舒传》:董仲舒,广川人也,少治《春秋》,孝景时为博士。

《史记·平津侯主父列传》:丞相公孙弘者……少时为薛狱吏,有罪,免。家贫,牧豕海上。

考证:《汉书·食货志》:十五入大学,学先圣礼乐,而知朝廷君臣之礼;《汉书·景十三王传》:去年十四五,事师受《易》;《史记·吴王濞传》:少子年十四,亦为士卒先;《汉书·高帝纪》如淳引《汉仪注》:民年十五以上至五十六出赋钱。从文教、军赋各角度来看,十五岁是由"童"至"少"的节点。

  文帝前元元年(前179)壬戌,董仲舒二十三岁,公孙弘二十二岁。
  董仲舒与夏无且游。
  材料:《史记·刺客列传》:始公孙季功、董生与夏无且游,具知其事,为余道之如是。

《史记·太史公自序》：（答壶遂问《春秋》之作）太史公曰：余闻董生（服虔曰："仲舒也。"）曰：周道衰废，孔子为鲁司寇，诸侯害之，大夫壅之。孔子知言之不用，道之不行也，是非二百四十二年之中，以为天下仪表，贬天子，退诸侯，讨大夫，以达王事而已矣。

考证：两处互见，可知董生为董仲舒。岳庆平认为，夏无且为秦医官，其生年至少在前250年左右，与董仲舒游，仲舒壮年当在文帝时期。

按：太史公引董生语，与《春秋繁露·玉杯》之义略同："《春秋》论十二世之事，人道浃而王道备。法布二百四十二年之中，相为左右，以成文采。其居参错，非袭古也。是故论《春秋》者，合而通之，缘而求之，伍其比，偶其类，览其绪，屠其赘，是以人道浃而王法立。"《史记·十二诸侯年表》言《春秋》："上记隐，下至哀之获麟，约其辞文，去其烦重，以制义法，王道备，人事浃。"钟肇鹏指出"王道备，人事浃"乃公羊家通说。

　　景帝前元元年（前156）乙酉，董仲舒四十六岁，公孙弘四十五岁。

　　董仲舒治学不问世务，弟子众多；与胡毋生同为博士，著书称颂胡毋生。胡毋生归齐后，公孙弘从之受《春秋》。

材料：《史记·儒林列传》：（仲舒）孝景时为博士。下帷讲诵，弟子传以久次相授业，或莫见其面，盖三年董仲舒不观于舍园，其精如此。进退容止，非礼不行，学士皆师尊之。

《史记·儒林列传》：言《春秋》于齐鲁自胡毋生，于赵自董仲舒。

《史记·平津侯主父列传》：（弘）年四十余，学春秋杂说。

《史记·儒林列传》：胡毋生，孝景时为博士，以老归教授。齐之言《春秋》者多受胡毋生，公孙弘亦颇受焉。

《汉书·儒林列传》：（胡毋生）与董仲舒同业，仲舒著书称其德。

考证："三年不窥园"说明董仲舒勤学不辍、不问世务。《新论》"年至六十余，不窥园中菜"，说明董仲舒年高而不废学。此条可以解释董仲舒早年活动史料稀少。刘汝霖指出："弘是年已四十五岁，是其受学子都,至迟不过景帝五年,而又在子都辞博士之后,故知子都之初为博士在景帝初年也。"

景帝中元二年(前148)癸巳,董仲舒五十四岁,公孙弘五十三岁。

十月,献王以《孝经》问董仲舒,仲舒以五行义对之。

材料:《春秋繁露·五行对》:河间献王问温城董君曰:"《孝经》曰:'夫孝,天之经,地之义。'何谓也?"……王曰:"善哉!"

考证:刘汝霖将此条定于景帝中二年。刘氏认为,武帝时献王于元光五年朝,是时仲舒为江都相,不得见,故系之于景帝初年献王来朝之时。刘跃进从其说。钟肇鹏《年表》悬疑不决,景帝中二年与武帝元光五年都记了献王问董仲舒一事。

本文从刘说。江都王刘非上书请击匈奴,引起武帝忌讳,导致时任江都相董仲舒"废为中大夫",此事在元光五年。若系献王问对于元光五年十月,假使刘非于同年十月上书,武帝旨意迅速下达,董仲舒也难以在同一月内由江都回到京师。

辕固生与黄生辩,答窦太后问。次年辕固生任清河王太傅。

材料:《史记·儒林列传》:辕固生,齐人也,以治《诗》为博士,与黄生争论于上前。……窦太后好《老子》书,召辕固生问《老子》书。……居顷之,帝以固为廉直,拜为清河王太傅。

考证:《史记·五宗世家》:清河哀王乘,以孝景中三年用皇子为清河王。《诸侯王年表》言景帝中二年置清河国,故置之于中二年。

按:《春秋繁露·尧舜不擅移汤武不专杀》即辕固生与黄生争论语。苏舆注:"此篇非董子文。"钟肇鹏注:"疑后人混入。"桂思卓认为:"《春秋繁露》对黄生和辕固生之争的两次记载,可能说明董仲舒目睹了这场论辩。"

武帝建元元年(前140)辛丑,董仲舒六十二岁,公孙弘六十一岁。

十月,诏举贤良,公孙弘六十岁,首次参加对策。

材料:《汉书·公孙弘传》:武帝初即位,招贤良文学士,是时弘年六十,以贤良征为博士。

辕固亦征,论公孙弘。

材料:《史记·儒林列传》:今上初即位,复以贤良征固。诸谀儒多疾毁固,曰"固老",罢归之。时固已九十余矣。固之征也,薛人公孙弘亦征,侧目而视固。固曰:"公孙子,务正学以言,无曲学以阿世!"

武帝独善庄助对,擢为中大夫。

材料:《汉书·严助传》:郡举贤良,对策百余人,武帝善助对,由是独擢助为中大夫。

《史记·东越列传》:(建元三年)于是中大夫庄助诘蚡。

公孙弘为博士,旋以病归。

材料:《史记·平津侯主父列传》:征以贤良为博士。使匈奴,还报,不合上意,上怒,以为不能,弘乃病免归。

丞相绾请罢贤良文学中治法家、纵横家言者。

材料:《汉书·武帝纪》:丞相绾奏:"所举贤良,或治申、商、韩非、苏秦、张仪之言,乱国政,请皆罢。"奏可。

六月,窦婴为相,田蚡为太尉,"俱好儒术",赵绾、王臧得用。

材料:《汉书·百官公卿表下》:孝武建元元年六月,丞相绾免。丙寅,魏其侯窦婴为丞相。武安侯田蚡为太尉。

《史记·儒林列传》:及今上即位,赵绾、王臧之属明儒学,而上亦乡之,于是招方正贤良文学之士。

《史记·魏其武安侯列传》:魏其、武安俱好儒术,推毂赵绾为御史大夫,王臧为郎中令。

按:陈苏镇指出,《史》《汉》所载丞相卫绾、御史大夫直不疑以"过免""病免"是"欲加之罪",实际上出于当权者更换宰相的需要[3]215-221。建元二年窦婴、田蚡免亦然,触及窦太后为代表的黄老派的利益。窦太后崩,她安排在三公位置上的许昌、庄青翟也被撤下。

赵绾、王臧都曾受学于申公。而据《史记·儒林列传》,王臧曾"事孝景帝为太子少傅,免去",王臧曾为武帝老师。

七月,征申公,议立明堂,不得用。

材料:《史记·魏其武安侯列传》:迎鲁申公,欲设明堂,令列侯就国,除关,以礼为服制,以兴太平。

《史记·封禅书》:赵绾、王臧等以文学为公卿,欲议古立明堂城南,以朝诸侯。草巡狩封禅改历服色事未就。

考证:《汉书·武帝纪》系此条于七月至十月之间。刘跃进、陈苏镇系之于七月,从之。

按:申公师徒改制的失败,固然有窦太后势力的阻挠;另一方面,徐复观认为,赵绾、王臧所欲实现的明堂,需要在庙制之外再创造一套建筑与仪式,本身难以实行[4];陈苏镇提出,申公"为治者不在多言,顾力行何如耳"的态度也使武帝失去了兴趣[3]221。

董仲舒与韩婴辩。

材料:《汉书·儒林传》:武帝时,婴尝与董仲舒论于上前,其人精悍,处事分明,仲舒不能难也。

考证:董仲舒景帝朝博士,居于京师;韩婴为文帝时博士,年长于董仲舒。系于武帝即位之初。

武帝建元二年(前139)壬寅,董仲舒六十三岁,公孙弘六十二岁。

十月,赵绾、王臧下狱死;丞相窦婴,太尉田蚡免。

材料:《史记·魏其武安侯列传》:举谪诸窦、宗室毋节行者,除其属籍。时诸外家为列侯,列侯多尚公主,皆不欲就国。以故毁日至窦太后。太后好黄老之言,而魏其、武安、赵绾、王臧等务隆推儒术,贬道家言,是以窦太后滋不说魏其等。及建元二年,御史大夫赵绾请无奏事东宫,窦太后大怒,乃罢逐赵绾、王臧等,而免丞相、太尉,以柏至侯许昌为丞相,武强侯庄青翟为御史大夫。

按:《史记·封禅书》文略同,但无"毁日至窦太后"等文字,突出了儒道之争这一学术背景。排斥儒术是窦太后打击申公师徒的主要动机。

武帝建元五年(前136)乙巳,董仲舒六十六岁,公孙弘六十五岁。

春，置五经博士。

材料：《汉书·武帝纪》：五年春，罢三铢钱，行半两钱。置五经博士。

按：刘汝霖认为，文景时，"使诸博士共讲此书，非以诸书各立博士也"，至武帝时，"博士各掌其经，不复相乱，自是始有专责矣"。仲舒在景帝时为博士，五经皆通，因而与江公辩论时"通《五经》，能持论，善属文"。

武帝建元六年（前135）丙午，董仲舒六十七岁，公孙弘六十六岁。

二月，辽东高庙灾。

四月，长陵高园便殿火。董仲舒推说灾异，中稿未上。

材料：《汉书·武帝纪》：六年春二月乙未，辽东高庙灾。夏四月壬子，高园便殿火。上素服五日。

《汉书·董仲舒传》：先是，辽东高庙、长陵高园殿灾，仲舒居家推说其意，草稿未上，主父偃候仲舒，私见，嫉之，窃其书而奏焉。

《汉书·五行志》：董仲舒对曰：《春秋》之道举往以明来，是故天下有物，视《春秋》所举与同比者，精微眇以存其意，通伦类以贯其理，天地之变，国家之事，粲然皆见，亡所疑矣。……今高庙不当居辽东，高园殿不当居陵旁，于礼亦不当立，与鲁所灾同。……故天灾若语陛下："当今之世，虽敝而重难，非以太平至公，不能治也。视亲戚贵属在诸侯远正最甚者，忍而诛之，如吾燔辽东高庙乃可；视近臣在国中处旁仄及贵而不正者，忍而诛之，如吾燔高园殿乃可"云尔。在外而不正者，虽贵如高庙，犹灾燔之，况诸侯乎！在内不正者，虽贵如高园殿，犹燔灾之，况大臣乎！此天意也。罪在外者天灾外，罪在内者天灾内，燔甚罪当重，燔简罪当轻，承天意之道也。

按：《五行志》载辽东高庙灾为六月丁酉，《武帝纪》载之于二月乙未，从《纪》。董仲舒之对，"罪在外者"，当指建元年间淮南王"愈益治攻战具，积金钱略遗郡国"。

五月，窦太后崩。

材料：《汉书·武帝纪》：五月丁亥，太皇太后崩。

六月,复用田蚡为丞相,黜黄老,儒术起。

材料:《汉书·儒林传》:及窦太后崩,武安君田蚡为丞相,黜黄老、刑名百家之言,延文学儒者以百数,而公孙弘以治《春秋》为丞相封侯,天下学士靡然乡风矣。

武帝元光元年(前134)丁未,董仲舒六十八岁,公孙弘六十七岁。

十一月,初令郡国举孝廉。

材料:《汉书·武帝纪》:元光元年冬十一月,初令郡国举孝廉各一人。

二月,董仲舒与鲍敞论阴阳。

材料:《西京杂记》:元光元年七月,京师雨雹。鲍敞问董仲舒曰:雹何物也?何气而生之?[5]

《古文苑》:元光元年七月,京师雨雹[6]。

考证:《古文苑》名之为《雨雹对》。周天游注《西京杂记》,系之于七月,言《古文苑》系之于二月;刘汝霖引《西京杂记》,反系之于二月。不知两者所据何本。钟肇鹏亦系之于七月。笔者所见四部丛刊影宋本《古文苑》、影明本《西京杂记》皆系之于七月。

惟思仲舒五月对策,策文中亦有"上下不和,则阴阳缪盭而妖孽生"之语,与《雨雹对》意略同,《雨雹对》当成之于前。且"对即毕,天子以仲舒为江都相",不合七月仍滞留京师。故从二月说。

按:《雨雹对》中言:"圣人之在上,则阴阳和,风雨时也。政多纰缪,则阴阳不调,风发屋,雨溢河,雪至牛目,雹杀驴马。此皆阴阳相荡。"从阴阳关系的角度说明政治与气象的关系,和《春秋繁露·王道》中的"王正,则元气和顺,风雨时,景星见,黄龙下;王不正,则上变天,贼气并"接近。此两篇成书时间或相近。

五月,董仲舒对策。

材料:《汉书·董仲舒传》:武帝即位,举贤良文学之士,前后百数,而仲舒以贤良对策焉。……对即毕,天子以仲舒为江都相,事易王。易王,帝兄,素骄,好勇。

考证:天人三策上于何时,聚讼垂千年不休。以各家说法产生时间排序，有建元元年说①，元光元年五月说②，元光元年二月说③，建元五年说④，元朔五年说⑤，建元元年、元光元年两对策说⑥，元光五年说⑦等。

从策文文意来看，第二策发于前，第一策、第三策发于后。桂思卓提出："审慎的推论似乎是，董仲舒参加了公元前140年和公元前134年的两场策问，而他在这两场策问中的议论则同时成了《汉书》

---

① 司马光《通鉴考异》首倡，沈钦韩《汉书疏证》，沈家本《诸史琐言》，苏舆《春秋繁露义证》等皆从之。这一说依据《史记》文本，主要论据有：董仲舒对策应在元光元年十一月举孝廉之前，在建元六年灾之前，"史公学于董生，记事必确"等。

② 洪迈《容斋随笔》根据第二策"亲耕藉田""黎民未济"等立论，认为即位初不能有如此之辞。王先谦《汉书补注》又提出第二策中的"夜郎、康居"反驳建元元年说，王氏认为夜郎之通在建元六年。今人多持此说。

③ 王益之《西汉年纪》首倡，王氏举出第一策"七十余年"反驳建元元年说，对于司马光提出的"对策应在元光元年十一月举孝廉之前"，王氏认为时间矛盾是由于改历后史官追改。举孝廉之十一月，实为当时之八月；对策之五月，实为当时二月。此说支持者寥寥。

④ 齐召南《汉书考证》首倡，认为"建元五年始置五经博士，即传所谓'推明孔氏，抑黜百家，立学校之官'也。至元光元年初，令郡国举孝廉各一人，即传所谓州郡举茂才孝廉也。"

⑤ 苏诚鉴的《董仲舒对策在元朔五年议》（《中国史研究》1984年第3期）持此说，主要依据是第二策中的"夜郎、康居"，苏氏认为，康居之通，至早为元朔三年张骞通西域归。王葆玹的《天人三策与西汉中叶的官方学术——再论"罢黜百家，独尊儒术"的时间问题》（《哲学研究》1990年第6期）附此说。

⑥ 岳庆平的《董仲舒对策年代辨》（《北京大学学报（哲学社会科学版）》1986年第3期）；陈苏镇的《董仲舒对策年代考》（北京师范大学史学研究所编《历史科学与理论建设——祝贺白寿彝教授九十华诞》，北京师范大学出版社1999年版）；桂思卓的《从编年史到经典——董仲舒的春秋诠释学》（中国政法大学出版社2010年版）持此说。

⑦ 刘国民的《董仲舒对策之年辨兼考公孙弘对策之年》（《古籍整理研究学刊》2004年第3期）。此说根据《史记》《汉书》互有冲突的材料否定占主流的建元、元光元年说；论据方面，作者认为先有元光五年武帝征召，后有董仲舒以"今以一郡一国之众，对亡应书者"（策二）评论元光五年的征召，并建议"使诸列侯、郡守、二千石各择其吏民之贤者，岁贡各二人以给宿卫"（策二），再发生了元朔元年诏"阖郡而不荐一人"（《汉书·武帝纪》）的情况。此说的问题是：忽视了策文以外其他材料，不能解释《春秋繁露·止雨》的"二十一年"等元光元年至元光五年董仲舒的活动。

卷五十六所保存之资料的来源。"而第二策武帝所问"亲耕藉田""阴阳错缪",仲舒答"夜郎、康居"三处,与建元元年说冲突。本文仅能取与史料矛盾最少的一说,将三策系之于元光元年。以下对前人未深入讨论的材料略做说明。

亲耕藉田事。《史记·孝文本纪》文帝二年正月诏:"农,天下之本,其开藉田,朕亲率耕,以给宗庙粢盛。"《汉书·文帝纪》:"(文帝二年)十一月癸卯晦,日有食之。……及举贤良方正能直言极谏者,以匡朕之不逮。……春正月丁亥,诏曰:'夫农,天下之本也,其开藉田。'";文帝十二年举贤诏后,又有亲耕诏:"朕亲率天下农耕以供粢盛,皇后亲桑以奉祭服,其具礼仪。"系于十三年春二月。《封禅书》又有文帝十三年增设诸神祠之诏。《史记·孝景本纪》有"(景帝后二年)为岁不登,禁天下食不造岁";《汉书·景帝纪》同年载夏四月诏"朕亲耕,后亲桑,以奉宗庙粢盛祭服,为天下先"。

武帝即位初亲耕,仅见于天人三策。征和四年亲耕山东钜定,《汉书·武帝纪》载:"三月,上耕于钜定。还幸泰山,修封。庚寅,祀于明堂。癸巳,禅石闾。"

本文推测,亲耕活动一方面与"岁不登"有着直接、明晰的联系;另一方面与祭祀活动、人才选拔有着潜在的联系。《春秋繁露·立元神》立"三本说":"郊祀致敬,共事祖祢,举显孝悌,表异孝行,所以奉天本也;秉耒躬耕,采桑亲蚕,垦草殖谷,开辟以足衣食,所以奉地本也;立辟雍庠序,修孝悌敬让,明以教化,感以礼乐,所以奉人本也。"皇帝躬耕是奉地本,与郊祀致敬之奉天本,修孝悌敬让之奉人本并列。那么,根据《汉书·武帝纪》"(建元)三年春,河水溢于平原,大饥,人相食"的记载,能否做出推测:武帝首次亲耕,很可能是在建元年间这场大饥荒之后?反之,由公孙弘首次对策年龄可知,建元元年对策在武帝即位之冬。而亲耕藉田往往在正月到四月,建元元年对策不可能讨论亲耕藉田。

按:其余材料,前人讨论极多,不赘述。天人三策起于何时,实质是尊儒的发生时间与主要发起者的问题,即"推明孔氏,抑黜百家"究竟起于武帝即位时还是即位后一段时间,是否由董仲舒率先提出的问题。

武帝元光二年（前133）戊申，董仲舒六十九岁，公孙弘六十八岁。

八月，董仲舒在江都相任内，作《止雨》篇。

材料：《春秋繁露·止雨》：二十一年八月甲申朔丙午，江都相董仲舒告内史中尉：阴雨太久，恐伤五谷，趣止雨。

考证：苏舆认为此二十一年为武帝二十一年，并说："武帝二十一年，从建元元年起数之，则元狩四年。时仲舒免归家居。元鼎以前纪元并追称，故此不列年号耳。"

《史记·汉兴以来诸侯王年表》："（景帝前四年）初置江都。六月乙亥，汝南王非为江都王元年。是为易王。"《武帝纪》："元朔元年，江都易王薨。""（元狩二年）江都王建有罪，自杀。"《年表》："（元狩二年）反，自杀，国除为广陵郡。"

可见，元朔元年易王刘非薨，元狩二年江都王建反，国除为广陵郡，元狩四年何来江都国？此处的"二十一年"是江都易王二十一年，为元光二年①。

按：《续汉书·礼仪志·请雨条》刘昭注："又仲舒奏江都王云：'求雨之方，损阳益阴。愿大王无收广陵女子为人祝者一月租，赐诸巫者。诸巫毋大小皆相聚于郭门，为小坛，以脯酒祭。女独择宽大便处移市，市使无内丈夫，丈夫无得相从饮食。令吏妻各往视其夫，皆到即起，雨注而已。'"此事可系于此年。钟肇鹏认为，仲舒奏江都王之文，为本传所谓"上疏条教"之类，非《求雨》篇脱文。

董仲舒与江都王相善，答"越大夫不得为仁"。

材料：《汉书·董仲舒传》：仲舒以礼谊匡正，王敬重焉。久之，王问仲舒曰："粤王句践与大夫泄庸、种、蠡谋伐吴，遂灭之。孔子称殷有三仁，寡人亦以为粤有三仁。桓公决疑于管仲，寡人决疑于

---

① 《春秋繁露·止雨》所载年月日系于何时，仍有武帝建元六年、元光元年等意见，陈侃理《〈春秋繁露·止雨〉二十一年八月朔日考》（《史原》复刊第4期，2013年，第257—261页）主张系于元光元年，可参。

君。"(《春秋繁露·对胶西王越大夫不得为仁》语略同)

考证：凌曙、苏舆、钟肇鹏等人注本，题目皆作"胶西王"，但注"合作江都王"，从注。以"久之，王问"，系于次年。

武帝元光三年（前132）己酉，董仲舒七十岁，公孙弘六十九岁。

主父偃见卫青，久不得用。

材料：《史记·平津侯主父列传》：元光元年中，以为诸侯莫足游者，乃西入关见卫将军。……资用乏，留久，诸公宾客多厌之，乃上书阙下。

《汉书·主父偃传》：元光元年，乃西入关见卫将军。

考证：《汉书》当脱"中"字，从《史记》，暂系之于元光三年。

武帝元光五年（前130）辛亥，董仲舒七十二岁，公孙弘七十一岁。

十月，河间献王献乐，答问于武帝。

材料：《汉书·景十三王传》：武帝时，献王来朝，献雅乐，对三雍宫，及诏策所问三十余事。其对推道术而言，得事之中，文约指明。

《汉书·武帝纪》：五年春正月，河间王德薨。

考证：诸侯皆以十月朝贺，春正月献王薨，故系献王来朝于十月。献王早逝，《史记·五宗世家》《集解》引《汉名臣奏》谓武帝有忌于献王，"王知其意，归即纵酒听乐，因以终"。

夏，发巴蜀治南夷道。

材料：《汉书·武帝纪》：（元光五年）夏，发巴蜀治南夷道。

公孙弘对策，武帝擢其为第一，拜为博士。谏上无用事西南夷。

材料：《史记·平津侯主父列传》：元光五年，有诏征文学，菑川国复推上公孙弘……策奏，天子擢弘对为第一。召入见，状貌甚丽，拜为博士。是时通西南夷道，置郡，巴蜀民苦之，诏使弘视之。还奏事，盛毁西南夷无所用，上不听。

江都王刘非请击匈奴，武帝忌之，国相董仲舒废为中大夫。

材料：《史记·五宗世家》：（刘非）以军功赐天子旌旗，元光五年,匈奴大入汉为贼,非上书愿击匈奴,上不许。非好气力,治宫观,招四方豪桀,骄奢甚。

  公孙弘、董仲舒赞献王所献乐。

  材料:《汉书·礼乐志》:是时,河间献王有雅材,亦以为治道非礼乐不成,因献所集雅乐。天子下大乐官,常存习之,岁时以备数,然不常御。

  《汉书·礼乐志》:河间献王聘求幽隐,修兴雅乐以助化。时大儒公孙弘、董仲舒等皆以为音中正雅,立之大乐。

  考证:钟肇鹏系此事于元光五年十月,献王来朝之际。此时董仲舒尚在江都,公孙弘亦尚未以对策为博士。《汉书·礼乐志》既云:"常存肄之,岁时以备数,然不常御。"则公孙弘、董仲舒未必同时在此年赞献王之乐。暂系于此。

  董仲舒以《春秋》授吾丘寿王。

  材料:《汉书·吾丘寿王传》:诏使从中大夫董仲舒受《春秋》,高材通明。

  按:董仲舒为中大夫,当在主父偃窃书前,故系于此。

  公孙弘迁左内史,与汲黯有隙。

  材料:《史记·平津侯主父列传》:上大悦之,二岁中,至左内史。

  《汉书·公孙弘传》:一岁中,至左内史。弘奏事,有所不可,不肯庭辩。常与主爵都尉汲黯请间,黯先发之,弘推其后,上常说,所言皆听,以此日益亲贵。

  《汉书·百官公卿表下》:(元光五年)博士公孙弘为左内史,四年迁。

  《汉书·汲黯传》:上方乡儒术,尊公孙弘,及事益多,吏民巧。上分别文法,汤等数奏决谳以幸。而黯常毁儒,面触公孙弘等徒怀诈饰智以阿人主取容,而刀笔之吏专深文巧诋,陷人于罔,以自为功。

  考证:从《汉》表,系之于元光五年年末。公孙弘此年迁左内史,然后服丧三年,元朔二年再迁御史大夫。

  按:汲黯与公孙弘、张汤有隙,固然因为汲黯"为人性倨,少礼，面折，不能容人之过"，而汲黯"学黄老言，治官民，好清静"也是不可忽略的因素。黄老与儒、法之间的斗争，在此体现。

武帝元光六年（前129）壬子，董仲舒七十三岁，公孙弘七十二岁。

董仲舒居舍，著《灾异之记》，参阅建元六年书稿。

材料：《史记·儒林列传》：（仲舒）中废为中大夫，居舍，著《灾异之记》。

考证：《史记》此处下文云："是时辽东高庙灾，主父偃疾之，取其书奏之天子。"辽东高庙、高园便殿灾在建元六年，是时主父偃尚未发迹。故《汉书》本传此处为"先是，辽东高庙、长陵高园殿灾，仲舒居家推说其意，中稿未上"，如此方通。董仲舒元光六年在京师，写作《灾异之记》，如非参阅建元六年书稿，主父偃安能见此六年前之旧稿？

主父偃上书，高升，数献策于武帝。

材料：《史记·平津侯主父列传》：书奏天子，天子召见三人，……乃拜主父偃、徐乐、严安为郎中。……（偃）数见，上疏言事，诏拜偃为谒者，迁为中大夫。一岁中四迁偃。

《史记·平津侯主父列传》：愿陛下令诸侯得推恩分子弟，以地侯之。……上又从其计。尊立卫皇后，及发燕王定国阴事，盖偃有功焉。

考证：据《孝武本纪》，尊卫后在元朔元年春，故系主父偃发迹于前一年。燕王定国事，史料有出入：据《史》表，燕王定国在位二十四年，身死于元朔元年；《史》传同。《汉》表同《史》表；而《汉》传又言其元朔中自杀，在位四十二年。《汉》传与其他三处不同。

主父偃窃稿，董仲舒下狱，幸蒙不诛，复为太中大夫。

材料：《史记·儒林列传》：主父偃疾之，取其书奏之天子。天子召诸生示其书，有刺讥。董仲舒弟子吕步舒不知其师书，以为下愚。于是下董仲舒吏，当死，诏赦之。于是董仲舒竟不敢复言灾异。

《汉书·刘向传》：又董仲舒坐私为灾异书，主父偃取奏之，下吏，罪至不道，幸蒙不诛，复为太中大夫，胶西相，以老病免归。

按：武帝此举，意在立威，以灾异论为不可取。故"当死，诏赦之",仲舒亦知其意,"不敢复言灾异"。以该年为限,可推断董仲舒著作的形成时间。

公孙弘服后母丧。

材料:《汉书·公孙弘传》:养后母孝谨,后母卒,服丧三年。

按:此处从《汉书》说。《史记》本传置"服丧三年"于"二岁中,至左内史"之前,如此,元朔二年丧服未满,而史载公孙弘已迁御史大夫。

武帝元朔元年(前128)癸丑,董仲舒七十四岁,公孙弘七十三岁。

十一月,武帝再下求贤诏。

按:见于《汉书·武帝纪》,文繁不录。诏中提出"今或至阖郡而不荐一人","与中二千石、礼官、博士议不举者罪"。有学者认为董仲舒对策于元朔五年,就引用了这条材料,认为第二策中"今以一郡一国之众,对亡应书者",同元朔元年诏"阖郡而不荐一人"描述的是同一事件[7]。某个郡国没有察举孝廉,并非极罕见之事,不能以此断定第二策上于元朔元年之后。董仲舒对策引五年前一件小事立论的可能性也不大。

十二月,董仲舒故主江都易王刘非薨。

材料:《汉书·武帝纪》:(元朔元年)十二月,江都王非薨。

三月,卫后立,主父偃有功。

按:《汉书·主父偃传》言,卫后之立,主父偃有功焉。元光五年七月乙巳陈皇后以巫蛊废,张汤是时为侍御史。陈皇后之废,外家窦氏衰也是值得考虑的因素。

武帝元朔二年(前127)甲寅,董仲舒七十五岁,公孙弘七十四岁。

江都王建立,淫虐残杀,无人匡正。

按:事见于《汉书·景十三王传》。有学者认为董仲舒于此年再相江都。考证见"元朔五年条"。

武帝元朔三年(前126)乙卯,董仲舒七十六岁,公孙弘七十五岁。

公孙弘代张欧为御史大夫；张汤由中大夫迁廷尉。

材料：《汉书·百官公卿表下》：（元朔三年）左内史公孙弘为御史大夫，二年迁。……中大夫张汤为廷尉，五年迁。

主父偃说武帝筑朔方，下公卿议，公孙弘与朱买臣辩。

材料：《汉书·公孙弘传》：为内史数年，迁御史大夫。时又东置苍海，北筑朔方之郡。弘数谏，以为疲弊中国以奉无用之地，愿罢之。于是上乃使朱买臣等难弘置朔方之便。发十策，弘不得一。弘乃谢曰："山东鄙人，不知其便若是，愿罢西南夷、苍海，专奉朔方。"上乃许之。

《汉书·主父偃传》：偃盛言朔方地肥饶……上览其说，下公卿议，皆言不便。公孙弘曰："秦时尝发三十万众筑北河，终不可就，已而弃之。"朱买臣难诎弘，遂置朔方，本偃计也。

按：据《武帝纪》，元朔元年秋，东置苍海郡，元朔三年春，罢苍海郡，元朔三年秋，罢西南夷，城朔方。《地理志》：元朔二年开朔方郡。《公孙弘传》已言（弘）"为内史数年，迁御史大夫"，因此将这场辩论系于元朔三年初。辩论后，"罢苍海郡""城朔方"。《地理志》言元朔二年开朔方郡，为元朔二年春置郡，二年夏"募民徙朔方十万口"之事。

公孙弘说武帝诛主父偃。

材料：《汉书·主父偃传》：及齐王以自杀闻，上大怒，以为偃劫其王令自杀，乃征下吏治。偃服受诸侯之金，实不劫齐王令自杀。上欲勿诛，公孙弘争曰："齐王自杀无后，国除为郡，入汉，偃本首恶，非诛偃无以谢天下。"乃遂族偃。

武帝元朔五年（前124）丁巳，董仲舒七十八岁，公孙弘七十七岁。

十一月，公孙弘以《春秋》之义绳臣下，为相，封侯。

材料：《汉书·百官公卿表下》：十一月乙丑，丞相泽免。御史大夫公孙弘为丞相。

董仲舒与瑕丘江公辩，公孙弘为相，辑其议论，用董仲舒议。

材料：《汉书·儒林传》：武帝时，江公与董仲舒并。仲舒通《五经》，能持论，善属文。江公呐于口，上使与仲舒议，不如仲舒。而丞相公孙弘本为《公羊》学，比辑其议，卒用董生。

董仲舒上《诣丞相公孙弘记室书》，公孙弘使之相胶西。

材料：《汉书·董仲舒传》：胶西王亦上兄也，尤纵恣，数害吏二千石。弘乃言于上曰："独董仲舒可使相胶西王。"

考证：《诣丞相公孙弘记室书》抬头为"江都相董仲舒"，说"言君侯以周召自然休质，擢升三公。……郡国翕然望风，更思改新"。可知此书上于公孙弘初为相时。抬头自称"江都相董仲舒"，应当是以自身所担任的最高职位自称，取孔子"以吾从大夫之后，不可徒行也"之意。钟肇鹏、周桂钿认为董仲舒在元朔二年，江都王建时再任江都相，以附会《诣丞相书》中"江都相"的抬头。愚以为董仲舒没有再次出任江都相。原因有二：其一，《景十三王传》载，易王丧时，建与父姬、女弟奸，淫虐残杀。仲舒若为相，必力图匡正；其二，《诣丞相书》是仲舒转任胶西的契机，此书上于公孙弘为丞相、董仲舒尚未任胶西相之时，当为元朔五年无疑，若此前仲舒江都为相，何时何地与瑕丘江公辩？

公孙弘与吾丘寿王辩，寿王承仲舒师说，弘诎。

材料：《汉书·吾丘寿王传》：后（寿王）征入为光禄大夫侍中。丞相公孙弘奏言："禁民毋得挟弓弩便。"上下其议。

按：吾丘寿王所论"圣王务教化而省禁防"，乃承董仲舒师说。

六月，公孙弘请置博士弟子员，学者益广。

材料：《汉书·武帝纪》《史记·儒林列传》。

雷被至长安，告淮南王阴事，罚以削地。

材料：《史记·淮南衡山列传》。

武帝元朔六年（前123）戊午，董仲舒七十九岁，公孙弘七十八岁。

淮南王庶孙刘建上书告，审食其之孙求淮南阴事构之于弘。公孙弘深探淮南狱。

材料：《史记·淮南衡山列传》：是时故辟阳侯孙审卿善丞相公孙

弘，怨淮南厉王杀其大父，乃深购淮南事于弘，弘乃疑淮南有畔逆计谋，深穷治其狱。

董仲舒与胶西王相善，仲舒为胶西王拟议淮南书，不久辞官。

材料：《史记·儒林列传》：胶西王素闻董仲舒有行，亦善待之。董仲舒恐久获罪，疾免居家。至卒，终不治产业，以修学著书为事。

《史记·淮南衡山列传》载，有司请逮捕衡山王，武帝下其议，胶西王端引《春秋》之义论之。

《汉书·叙传》：身修国治，致仕县车，下帷覃思，论道属书，谠言访对，为世纯儒。

考证：钱穆认为，"胶西之议出于其相董仲舒。仲舒固深疾汉廷兄弟亲戚骨肉之骄扬奢僭，而主为忍而诛者"[8]。今从之。元朔六年后，武帝使吕步舒穷治淮南事，仲舒一惧武帝，二惧胶西王，当于此前后辞官。合于"悬车致仕"之数。

武帝元狩元年（前122）己未，董仲舒八十岁，公孙弘七十九岁。

十一月，淮南衡山事发，吕步舒大治狱。

材料：《汉书·武帝纪》：（元狩元年）十一月，淮南王安、衡山王赐谋反，诛，党与死者数万人。

《汉书·五行志》：上思仲舒前言，使仲舒弟子吕步舒持斧钺治淮南狱，以《春秋》谊颛断于外，不请。

按：武帝对诸侯王的态度复杂。武帝有削夺诸侯王权力的需要，尤其针对河间王德、淮南王安等有名望的诸侯王；考虑到舆论的态度，这种需要又不能过度表现出来，如齐王次昌事。

公孙弘以大臣奉职不称致使诸侯畔逆为由，上书请辞以避祸，不许。

材料：《汉书·公孙弘传》：后淮南、衡山谋反，治党与方急，弘病甚，自以为无功而封侯，居宰相位，宜佐明主填抚国家，使人由臣子之道，今诸侯有畔逆之计，此大臣奉职不称也。

董仲舒居家著书，张汤问事。

材料：《汉书·董仲舒传》：仲舒恐久获罪，病免。……及去位归居，终不问家产业，以修学著书为事。仲舒在家，朝廷如有大议，使使者及廷尉张汤就其家而问之，其对皆有明法。

《春秋繁露·郊事对》：廷尉臣汤昧死言：臣汤承制，以郊事问故胶西相董仲舒。

按：张汤自元朔三年至元狩三年为廷尉，董仲舒元朔六年居家著书。系于淮南狱次年。

四月，戾太子刘据立。太子少壮，学《公羊》家说，私淑《穀梁》。

材料：《汉书·武五子传》：元狩元年立为皇太子，年七岁矣。……少壮，诏受《公羊春秋》，又从瑕丘江公受《穀梁》。及冠就宫，上为立博望苑，使通宾客，从其所好，故多以异端进者。

《汉书·儒林传》：宣帝即位，闻卫太子好《谷梁春秋》，以问丞相韦贤、长信少府夏侯胜及侍中乐陵侯史高，皆鲁人也，言穀梁子本鲁学，公羊氏乃齐学也，宜兴《穀梁》。

按：戾太子初学《公羊》，当在元鼎中。武昭宣之际《公》《穀》之争，始于两家对戾太子的"争夺"①。戾太子"守文"倾向的形成，受到了窦太后选定的石氏家族的影响，也有瑕丘江公为代表的儒家的影响，"守文"是黄老政治遗风和儒家思想兴起的混合物[9]。

武帝元狩二年（前121）庚申，董仲舒八十一岁，公孙弘八十岁，卒。

三月，公孙弘薨；李蔡代相，张汤代李蔡为御史大夫。

材料：《汉书·百官公卿表下》：（元朔三年）中大夫张汤为廷尉，五年迁。……（元狩二年）三月戊寅，丞相弘薨。壬辰，御史大夫李

---

① 参见辛德勇《汉武帝晚年政治取向与司马光的重构》（《清华大学学报（哲学社会科学版）》2014年第6期）。辛德勇认为；戾太子对《穀梁》的喜好，是因为《穀梁》对隐公和桓公的身份地位的解释更加契合戾太子自身的政治处境。《公羊》认为"桓幼而贵，隐长而卑"，主幼弟之立；《穀梁》则认为隐、桓俱非嫡子，宜从长幼之序。在卫后失宠的情况下，戾太子身为长子，更偏好《穀梁》的解释。

蔡为丞相。……（元狩三年）三月壬辰，廷尉张汤为御史大夫。

考证：《百官表》言张汤元狩三年为御史大夫，与"五年迁"不合，御史大夫之职空缺一年。张汤为御史大夫为三月壬辰，李蔡代相为同一日，难以巧合解释。本传叙张汤升迁于江都狱之后，按《诸侯王表》江都事发于元狩二年，故系张汤升迁于次年，不从《百官表》。

武帝元狩三年（前120）辛酉，董仲舒八十二岁。

秋，武帝用董仲舒议，遣谒者劝有水灾郡种宿麦。

材料：《汉书·食货志》：董仲舒说上曰："《春秋》它谷不书，至于麦禾不成则书之，以此见圣人于五谷最重麦与禾也。今关中俗不好种麦，是岁失《春秋》之所重，而损生民之具也。愿陛下幸诏大司农，使关中民益种宿麦，令毋后时。"

《汉书·武帝纪》：（元狩三年秋），遣谒者劝有水灾郡种宿麦。

武帝元狩四年（前119）壬戌，董仲舒八十三岁。

行盐铁官营。

材料：《汉书·武帝纪》：（元狩）四年冬，有司言关东贫民徙陇西、北地、西河、上郡、会稽凡七十二万五千口，县官衣食振业，用度不足，请收银锡造白金及皮币以足用。初算缗钱。

《汉书·食货志》：于是以东郭咸阳、孔仅为大农丞，领盐铁事，而桑弘羊贵幸。

考证：《食货志》前文言"乃徙贫民于关以西，及充朔方以南新秦中，七十余万口"，东郭咸阳、孔仅领盐铁事当在元狩四年徙关东贫民后。

董仲舒建议，"盐铁皆归于民"。

材料：《汉书·食货志》：古者税民不过什一，其求易共。使民不过三日，其力易足。……限民名田，以澹不足，塞并兼之路。盐铁皆归于民。去奴婢，除专杀之威。薄赋敛，省徭役，以宽民力，然后可善治也。

武帝元狩六年（前117）甲子，董仲舒八十五岁。

六月，董仲舒弟子褚大循行天下。

材料：《汉书·武帝纪》：诏曰：日者有司以币轻多奸，农伤而末众,又禁兼并之涂,故改币以约之。……今遣博士大等六人分循行天下,存问鳏寡废疾,无以自振业者贷与之。

武帝元鼎元年(前116)乙丑,董仲舒八十六岁。

六月,吾丘寿王说汉鼎。

材料:《史记·汉兴以来将相名臣年表》:六月中,河东汾阴得宝鼎。

《汉书·吾丘寿王传》:及汾阴得宝鼎,武帝嘉之,荐见宗庙,臧于甘泉宫。群臣皆上寿贺曰:"陛下得周鼎。"寿王独曰非周鼎。

按:寿王所言"上天报应,鼎为周出""汉自高祖继周""昔秦始皇亲出鼎于彭城而不能得,天祚有德而宝鼎自出,此天之所以与汉,乃汉宝,非周宝也"等语,以鼎出为祥瑞,与董仲舒黜秦、以汉继周的观点相合。

武帝元鼎二年(前115)乙丑,董仲舒八十七岁。

十一月,张汤自杀。

材料:《汉书·武帝纪》:二年冬十一月,御史大夫张汤有罪,自杀。

武帝元鼎三年(前114)丁卯,董仲舒八十八岁,卒。

董仲舒年老,以寿终于家。

材料:《汉书·食货志》:仲舒死后,功费愈甚,天下虚耗,人复相食。

《汉书·武帝纪》:(元鼎三年)夏四月,雨雹,关东郡国十余饥,人相食。

《汉书·匈奴传》:(仲舒)以为:义动君子,利动贪人。如匈奴者,非可以仁义说也。独可说以厚利,结之于天耳。故与之厚利以没其意,与盟于天以坚其约,质其爱子以累其心,匈奴虽欲展转,奈失重利何,奈欺上天何,奈杀爱子何。

《汉书·武帝纪》:(元封四年)秋,以匈奴弱,可遂臣服,乃遣使说之。

《汉书·匈奴传》:杨信说单于曰:"即欲和亲,以单于太子为质于汉。"

考证：董仲舒卒年争议颇多。苏舆认为，"仲舒著书，皆未改正朔以前事，则其卒于太初前可知"；武帝朝"人相食"见于建元三年与元鼎三年，施之勉、李威熊据"人相食"认为董仲舒死于元鼎三年以前；周桂钿则认为《匈奴传》中董仲舒议论是根据现实政治而发，由此将董仲舒的卒年推迟到元封四年。

然而，《匈奴传》引董生之言，是承文帝对匈奴的政策改变而来，指责董氏"亲见四世之事，犹复欲守旧文，颇增其约"。厚利、盟约、质子，是董仲舒对外政策的一贯态度，并非因杨信事而发。本文从元鼎三年说。

参考文献：

[1] 桓谭. 新辑本桓谭新论［M］. 朱谦之，校辑. 北京：中华书局，2009：2.

[2] 张荣强. 从"岁尽增年"到"岁初增年"——中国中古官方计龄方式的演变［J］. 历史研究，2015（2）：51-67.

[3] 陈苏镇.《春秋》与汉道［M］. 北京：中华书局，2011.

[4] 徐复观. 两汉思想史：卷2［M］. 北京：九州出版社，2014：27.

[5] 葛洪. 西京杂记［M］. 周天游，校注. 西安：三秦出版社，2005：243.

[6] 佚名. 古文苑［M］. 章樵，注. 四部丛刊影宋本. 上海：上海书店出版社，1989：333.

[7] 苏诚鉴. 董仲舒对策在元朔五年议［J］. 中国史研究，1984（3）：87-92.

[8] 钱穆. 秦汉史［M］. 北京：生活·读书·新知三联书店，2005：81.

[9] 阎步克. 汉武帝时"宽厚长者皆附太子"考［J］. 北京大学学报（哲学社会科学版），1993（3）：120-123.

原文载于《衡水学院学报》2019年第3期。

王泽（1996—），男，浙江诸暨人，中国人民大学国学院在读硕士。

董仲舒与淮南之狱考究

王文书

一、问题的提出

董仲舒是"谜"一样的历史人物,关于他生平事迹,仰赖《史记》和《汉书》为我们留下了些许记载,但是这些记载并不详尽,影影绰绰,我们看董仲舒就像"隔着纱窗看晓雾",这就更增加了我们的好奇感了。所以,很多学者对董仲舒的生平做过考证,但是至今仍未有一致的定论。董仲舒生活的汉代距离今天已经有两千多年了,随着岁月的流逝,世事的变迁,汉代的历史很多已经变得模糊不清了,不仅具体的行政区划我们搞不清楚,比如广川国、江都国和胶西国的范围、所辖县域,虽然可以大致作一考证,但是详细的资料我们确实不能知道了,这只能依赖有新的出土文献和文物来挖掘更多的历史细节。而且,即使是一些历史上非常出名的历史事件,也不能尽述,比如说淮南之狱。对刘安是否真的有反叛中央政府的行为都有截然不同的看法。当然造成看法对立的原因除了历史记载的缺失外,还与评判者的个人历史观有直接关系。

董仲舒在这一历史事件中扮演了什么样的角色,发挥了怎样的历史作用,学界关注的还不是太多,或者是考证太过简略。鲁惟一在其《董仲舒儒家遗产与〈春秋繁露〉》一书中只说:"我们只能想象董仲舒可能从别人口中得知这些人的传闻，这些信息可能影响到对诸侯王的看法，有能导致他在公元前134年的火灾发生后提出了如此严厉的建议。"① 王永祥的《董仲舒评传》中只说："自元狩元年至元狩三年，主要是有关淮南、衡山、江都三王的谋逆罪决狱的问对，以及天子的郊祀对。"② 周桂钿的《董学探微》和马勇的《帝国设计师董仲舒传》亦未详细论及董仲舒与淮南之狱的关系。

本文欲在前人基础上，通过耙梳史料，搜寻历史事件的细节，建立事件前后的逻辑关系，考究董仲舒在汉武帝时期的重大政治事件淮南之狱中所扮演的角色，论证董仲舒在西汉武帝时期对帝国的一统所起的推动作用，从历史细节处补充董仲舒的生平事迹。

二、田蚡和刘安两大政治集团的形成与呼应

汉武帝初年汉廷内外形成了刘安和田蚡两大政治集团，直接威胁着年轻的汉武帝的统治。汉景帝后三年（前141），汉景帝驾崩，汉武帝刘彻继位，其母太后王娡称制，王太后的异父弟田蚡受重用，被封为武安侯，"所镇抚多有田蚡宾客计筴"。建元元年（前140），田蚡拜太尉。以田蚡为中心，逐渐形成了一个政治集团。"建元六年，窦太后崩，丞相昌、御史大夫青翟坐丧事不办，免。以武安侯蚡为丞相，以大司农韩安国为御史大夫。天下士郡诸侯愈益附武安。"③ 田蚡曾"荐人或起家至二千石，权移主上。上乃曰：'君除吏已尽未？吾亦欲除吏。'"田蚡"尝请考工地益宅，上怒曰：'君何不遂取武库！'"汉武帝也感到了威胁。

王国问题是文景时期国家的心腹大患。经过七国之乱，第一大诸侯国齐国系被瓦解，第二大诸侯国三郡五十三县的吴国被肢解，到汉

---

① 鲁惟一：《董仲舒儒家遗产与〈春秋繁露〉》，香港：中华书局2017年版，第185页。
② 王永祥：《董仲舒评传》，南京大学出版社1995年版，第81页。
③ 《史记》卷一百七《魏其武安侯列传第四十七》。

武帝初年，最大的诸侯国就是淮南国了。因为历史的原因，淮南王刘安之父淮南厉王刘长被汉文帝流放致死，刘安"时时怨望厉王死，时欲畔逆，未有因也"。而且刘安善于收买人心，在百姓中具有一定的威望："淮南王安为人好读书鼓琴，不喜弋猎狗马驰骋，亦欲以行阴德拊循百姓，流誉天下。"①

田蚡和刘安两大政治集团渐趋勾结起来："及建元二年，淮南王入朝。素善武安侯，武安侯时为太尉，乃逆王霸上，与王语曰：'方今上无太子，大王亲高皇帝孙，行仁义，天下莫不闻。即宫车一日晏驾，非大王当谁立者！'淮南王大喜，厚遗武安侯金财物。阴结宾客，拊循百姓，为畔逆事。"②

西汉南方诸越始终是包括汉王朝在内的多方势力竞相利用的一颗重要棋子，淮南国背靠诸越与西汉中央政府讨价还价，不希望失去诸越的凭依，极力阻止汉廷统一东南诸越。在此问题上田蚡与刘安达成默契："建元三年，闽越举兵围东瓯，东瓯告急于汉。时武帝年未二十，以问太尉田蚡。蚡以为越人相攻击，其常事，又数反复，不足烦中国往救也，自秦时弃不属。"③ 刘安上《谏伐南越书》，阻止朝廷对闽越用兵，其上书的核心意思是用兵有害无益。汉武帝在征伐闽越取得胜利之后，派严助给刘安一道软中带硬的答复诏书，申明对闽越用兵的意图。而此时汉武帝可能是出于策略上的考虑，并未对刘安采取措施，但刘安的战略意图已暴露无遗。今人邹旻的文章《淮南王刘安谋反与否的重要文献新解——〈谏伐闽越书〉意图辨析》一文非常清晰地论述了刘安阻止汉廷用兵闽越的意图。淮南国与诸越之间存在利用关系，淮南国利用闽越，牵制制约西汉中央政府，维持中央、淮南和诸越的战略平衡，一旦中央王朝完全控制诸越后，战略平衡被打

---

① 《史记》卷一百七《魏其武安侯列传第四十七》。
② 《史记》卷一百七《魏其武安侯列传第四十七》。
③ 《汉书》卷六十四上《严朱吾丘主父徐严终王贾传》。

破,淮南国就失去了可以凭借的重要棋子①。

王夫之则从地理形势角度论述统一闽越之必要,并指出刘安谏止伐闽越包藏祸心。其文曰:"淮南王安之谏伐南越,不问而知其情也。读其所上书,讦天子之过以摇人心,背汉而德己,岂有忧国恤民仁义之心哉!越之不可不收为中国也,天地固然之形势,即有天下者固然之理也。天地之情,形见于山川,而情寓焉。水之所绕,山之所蟠,合为一区,民气即能以相感。中国之形,北阻沙漠,西北界河、湟,西隔大山,南穷炎海,自合浦而北至于碣石,皆海之所环也。形势合,则风气相为嘘吸;风气相为嘘吸,则人之生质相为俦类;生质相为俦类,则性情相属而感以必通。"②

三、董仲舒《灾异对》矛头直指刘安和田蚡

汉武帝建元六年是汉帝国的多事之秋。建元六年(前135)"春二月乙未,辽东高庙灾。夏四月壬子,高园便殿火,上素服五日。""秋八月,有星孛于东方,长竟天。"③汉代天人感应已经成为人们的共识,天变足以引起人们的重视。建元六年彗星出现在东方天空,激起淮南王及其属下的非分之想。"或说王曰:'先吴军起时,彗星出长数尺,然尚流血千里。今彗星长竟天,天下兵当大起。'王心以为上无太子,天下有变,诸侯并争,愈益治器械攻战具,积金钱赂遗郡国诸侯游士奇材。诸辨士为方略者,妄作妖言,谄谀王,王喜,多赐金钱,而谋反滋甚。"④刘安反迹已经非常明显了。

面对汉帝国的政治局势,被罢免江都相在长安担任中大夫的董仲舒忧心忡忡,作了著名的《灾异对》,其内容如下:

---

① 邹旻,方胜:《淮南王刘安谋反与否的重要文献新解——〈谏伐闽越书〉意图辨析》,《南昌航空大学学报(社会科学版)》2018年,第39—43页。
② 《读通鉴论》卷三《武帝三》。
③ 《汉书》卷六《武帝纪第六》。
④ 《史记》卷一百七《魏其武安侯列传第四十七》。

《春秋》之道举往以明来，是故天下有物，视《春秋》所举与同比者，精微眇以存其意，通伦类以贯其理，天地之变，国家之事，粲然皆见，亡所疑矣。按《春秋》鲁定公、哀公时，季氏之恶已孰，而孔子之圣方盛。夫以盛圣而易孰恶，季孙虽重，鲁君虽轻，其势可成也。故定公二年五月两观灾。两观，僭礼之物。天灾之者，若曰僭礼之臣可以去。已见罪征，而后告可去，此天意也。定公不知省。至哀公三年五月，桓宫、釐宫灾。二者同事，所为一也，若曰燔贵而去不义云尔。哀公未能见，故四年六月亳社灾。两观、桓、釐庙、亳社，四者皆不当立，天皆燔其不当立者以示鲁，欲其去乱臣而用圣人也。季氏亡道久矣，前是天不见灾者，鲁未有贤圣臣，虽欲去季孙，其力不能，昭公是也。至定、哀乃见之，其时可也。不时不见，天之道也。今高庙不当居辽东，高园殿不当居陵旁，于礼亦不当立，与鲁所灾同，其不当立久矣。至于陛下时天乃灾之者，殆其时可也。昔秦受亡周之敝，而亡以化之；汉受亡秦之敝，又亡以化之。夫继二敝之后，承其下流，兼受其猥，难治甚矣。又多兄弟亲戚骨肉之连，骄扬奢侈，恣睢者众，所谓重难之时者也。陛下正当大敝之后，又遭重难之时，甚可忧也。故天灾若语陛下：'当今之世，虽敝而重难，非以太平至公，不能治出。视亲戚贵属在诸侯远正最甚者，忍而诛之，如吾燔辽东高庙乃可；视近臣在国中处旁仄及贵而不正者，忍而诛之，如吾燔高园殿乃可'云尔。在外而不正者，虽贵如高庙，犹灾燔之，况诸侯乎！在内不正者，虽贵如高园殿，犹燔灾之，况大臣乎！此天意也。罪在外者天灾外，罪在内者天灾内，燔甚罪当重，燔简罪当轻，承天意之道也。

董仲舒以《春秋》昭公、定公、哀公时期鲁国两观、桓、釐庙、亳社灾异类比辽东高庙灾和高园便殿火。其说可以分三层意思：（一）灾异具有示警的意义，不当立而立者，天会以灾异的手段予以去除；（二）不当立而立者预示着朝廷有不当立而立的大臣贵戚；（三）灾异示警的出现是有条件的，只有圣人出现了才可能出现灾异示警。董仲舒强调，当时的形势是"大敝"加"重难"，"大敝"乃是汉承秦敝，且无以化解;"重难"乃贵戚、近臣在君侧而不正,因此必须像天焚烧高庙和高园殿一样忍而诛之才能化解不利的局势。董仲舒把矛头指向田蚡和刘安是再清晰不过了。

从时间节点上看,董仲舒起草《灾异对》是在庙火发生后不久,大概在建元六年或元光元年。其时武安侯田蚡的权势熏天,其与淮南王勾结的事情已经在民间流传开来,因此在元光年间魏其侯窦婴和武安侯田蚡的斗争中,双方各自紧抓对方的小辫子作为迫使对方让步的理由。元光四年,"灌夫亦持丞相阴事,为奸利,受淮南王金与语言"①。

据《汉书·五行志》载:"元光元年二月丙辰晦,日有食之。七月癸未,先晦一日,日有食之,在翼八度。"刘向以为,"前年高园便殿灾,与春秋御廪灾后日食于翼、轸同。其占,内有女变,外为诸侯。其后陈皇后废,江都、淮南、衡山王谋反,诛。日中时食从东北,过半,晡时复"。可见别的人也是这样看待的。

四、董仲舒的庙火之狱

董仲舒直接得罪了田蚡和刘安两个权势集团,必然遭到他们的仇视和愤恨,两个集团必欲除之而后快。虽史书没有明确记载,按常理推断,也是必然的情势。董仲舒在《灾异对》中还有一层意思没有言明,就是类似孔子的圣人已经出现,但是还没有受到重用,这个圣人当然不是汉武帝,那究竟是谁?这会引起人们的无限遐想。很明显的,董仲舒是以孔子自比。另外,《灾异对》把武帝统治的年代类比春秋的定哀末世,就是把武帝类比鲁定公、鲁哀公末世之主,必定引起汉武帝这位雄心勃勃的少年帝王的不快。于是董仲舒的庙火之狱在所难免。

董仲舒的高庙之狱的关键人物涉及主父偃。主父偃经过长时间的

---

① 《史记》卷一百七《魏其武安侯列传第四十七》。

困顿后到元光元年骤得起用。元光元年（前134），主父偃"乃西入关见卫将军。卫将军数言上，上不省。资用乏，留久，诸侯宾客多厌之，乃上书阙下。朝奏，暮召入见。所言九事，其八事为律令"。"是时，徐乐、严安亦俱上书言世务。书奏，上召见三人，谓曰：'公皆安在？何相见之晚也！'乃拜偃、乐、安皆为郎中。偃数上疏言事，迁谒事、中郎、中大夫，岁中四迁。"① 元光中主父偃是最为当红的政治明星。也就是在元光元年，主父偃到董仲舒家中拜访，窃取了董子的《灾异对》草稿，直报汉武帝。"是时辽东高庙灾，主父偃疾之，取其书奏之天子。天子召诸生示其书，有刺讥。董仲舒弟子吕步舒不知其师书，以为下愚。于是下董仲舒吏，当死，诏赦之。于是董仲舒竟不敢复言灾异。"②

方是时田蚡气焰正盛，刘安贿赂朝中大臣，广布内线，"王有女陵，彗有口。王爱陵，多予金钱，为中诇长安，约结上左右"③。严助就是其中之一。"淮南王来朝，厚赂遗助，交私论议。"④ 虽汉武帝已经对刘安有芥蒂，但在众位权势人物的说服之下，并未对刘安采取措施。况且《灾异对》不恰当的类比引起了汉武帝的不快。只有牺牲董仲舒平息朝中的非议，因此，董仲舒遭遇庙火之狱必不可免。

在吕步舒等人的苦苦哀求之下，也许是汉武帝对董仲舒"大一统"的言论的赏识，董仲舒的一统理论符合西汉政府的战略布局，更可能是汉武帝故意设置两大集团的对立面，其实汉武帝已经对田蚡产生怀疑，只是碍于太后的面子而没有对田蚡下手。"上自魏其时不直武安，特为太后故耳。及闻淮南王金事，上曰：'使武安侯在者，族矣。'"⑤ 于是汉武帝很快就赦免了董仲舒，并恢复了他江都相的职位，调出长安。董仲舒没有像司马迁遭受李陵之祸确是不幸中的万幸了。

---

① 《汉书》卷六十四上《严朱吾丘主父徐严终王贾传》。
② 《史记》卷一百一十二《平津侯主父列传》。
③ 《汉书》卷四十四《淮南衡山济北王传》。
④ 《汉书》卷六十四上《严朱吾丘主父徐严终王贾传》。
⑤ 《史记》卷一百七《魏其武安侯列传第四十七》。

五、张汤陋巷问策的内容是淮南之狱

董仲舒悬车致仕后,身居陋巷,朝廷每有大事辄遣使者问计于董子。《汉书》记载:

> 仲舒为人廉直,是时方外攘四夷,公孙弘治《春秋》不如仲舒,而弘希世用事,位至公卿。仲舒以弘为从谀,弘嫉之。胶西王亦上兄也,尤纵恣,数害吏二千石。弘乃言于上曰:'独董仲舒可使相胶西王。'胶西王闻仲舒大儒,善待之。仲舒恐久获罪,病免。凡相两国,辄事骄王,正身以率下,数上疏谏争,教令国中,所居而治。及去位归居,终不问家产业,以修学著书为事。仲舒在家,朝廷如有大议,使使者及廷尉张汤就其家而问之,其对皆有明法。①

问计的内容原文并未直接说明,我们可以通过钩沉史料,排比逻辑顺序,从中发现蛛丝马迹。接上节,董仲舒在元光元年庙火之狱后再任江都相。《西京杂记》卷五载:"元光元年七月,京师雨雹,鲍敞问董仲舒曰:'雹何物也,何气而生之?'仲舒曰:'阴气胁阳气,天地之气,阴阳相半,和气周回,朝夕不息。阳德用事,则和气皆阳,建巳之月是也。故谓之正阳之月。'"②董仲舒与鲍氏论阴阳,当在离京师再赴江都相任前。

《春秋繁露》记载:"二十一年八月甲申朔丙午,江都相仲舒告内史中尉:阴雨太久,恐伤五谷,趣止雨。止雨之礼,废阴起阳。……"③"二十一年"即江都易王刘非在江都国王任上二十一年,"吴楚反时,非年十五,有材力,上书愿击吴。景帝赐非将军印,击吴。吴已破,二岁,徙为江都王,治吴故国,以军功赐天子旌旗"④。七

---

① 《汉书》卷五十六《董仲舒传》。
② 《全漢文》卷二十四《董仲舒三》。
③ 《春秋繁露》卷十六《止雨》。
④ 《汉书》卷五十三《景十三王传》。

国之乱在景帝前元三年（前154），正月开始只用两个月平定叛乱，景帝前元四年（前153）刘非开始统治江都国，在位二十一年时是汉武帝元光二年（前133），此时董仲舒在江都国相任上。也就是说董仲舒再任江都是在元光元年或元光二年。

据《汉书·百官公卿表下》可知，元朔三年，左内史公孙弘为御史大夫，二年迁丞相。中大夫张汤为廷尉，五年迁。另，《史记》载："元朔三年（前126），张欧免，以弘为御史大夫。"御史大夫位列三公，可以向皇帝推荐诸侯国相。所以，大概在元朔三年，公孙弘陷害董仲舒，推荐董仲舒转任胶西相。可知，董仲舒再任江都相大约是从元光元年或元光二年到元朔三年，共计八九年的时间。

为了避祸保身，董仲舒很快就提出辞呈，致仕回家。时间必在张汤任御史大夫之前的廷尉任上。张汤任御史大夫是因执行汉武帝意图严厉打击淮南王刘安之后因功提升，淮南之狱从元朔五年案发到元狩元年结案大约三年时间。可知，董仲舒在元狩元年之前已经致仕在家。从元朔三年到元狩元年共计五年时间，结合上文，董仲舒在胶西相任职不过一年半载，最多不过两年，大概在元朔四年致仕回家，元朔五年淮南王案发，汉武帝忆起的董仲舒的《灾异对》和元光元年的庙火之狱，派遣廷尉张汤就淮南案问计董仲舒，董仲舒推荐了学生吕步舒。《汉书·五行志上》："上思仲舒前言，使仲舒弟子吕步舒持斧钺治淮南狱，以《春秋》谊颛断于外，不请。既还奏事，上皆是之。"①

六、结论

董仲舒在建元六年辽东高庙火、高园便殿灾后作《灾异对》，矛头直指田蚡和刘安两大政治集团，因此遭到权贵集团的仇视；因《灾异对》措辞的不当，引起汉武帝的不快，所以在几方的夹击之下，元

---

① 《汉书》卷二十七上《五行志第七上》。

光元年董仲舒遭庙火之狱。后被特赦，再任江都相八九年。大概在元朔四年致仕居家后，元朔五年淮南之狱案发，张汤赴陋巷就淮南王谋反一事咨询董仲舒意见，董子推荐吕步舒严治淮南之狱。董仲舒在整个淮南之狱的事件中，虽不是直接执行者，但他始终是一个重要的幕后推手。

本文为"2019中国·衡水董仲舒与儒家思想国际学术研讨会"提交的论文。

王文书（1974—），男，河北衡水人，历史学博士，衡水学院董子学院副教授。

董子故里文化研究

地方志书视角下的董子故里文化

田卫冰

大儒董仲舒生于今衡水市域东南景县、故城县、枣强县三县交界的广川镇一带，生于斯，长于斯，其学术思想也形成于此。通过董仲舒对先秦文化的整合，儒学适应了当时历史发展需要，一改秦汉之际在历史大转折中，出现的"秦皇焚旧典，汉祖溺儒冠"发展逆境，董氏春秋公羊学从衡水走来，走向庙堂，使儒学成为中华文化的主脉。世代衡水人民尊崇董子，历代府州县志都对这位乡邦前贤纪录甚详。董子故里文化是衡水的优质地域文化资源，如何推动这一优秀传统文化创造性转化，是摆在每位人文工作者面前一个重要课题。系统梳理相关原始记录，为编制董子故里文化产业园区总体规划、控制性详细规划成果提供资材，为当务之急。是以笔者不揣愚陋，将明清以来一府一州一县（河间府、景州、故城县）、一州一县（冀州、枣强县）方志各选取两部，辑录如下。

河间府志

一、明嘉靖樊深纂《河间府志》

卷之三·建置志·古迹·景州："董子书院，在广川镇，祀汉董仲舒。元至正总管王思奏建书院，设山长。

广川台，在州治东，台高三丈，上有杰阁三层，旧为官僚游憩之所。元蓨尹吕思诚移董子祠于此，因名广川台，又名广台，又读书台，见程敏政记。

董家里，在州城西南六十里广川镇，董子下帷读书处。

董子祠，在州治东广川台上，旧祠在广川镇，唐宋碑刻犹存。又有祠在州北门道右，元大德中，蓨县人林士豪尝加修葺。

《元曹元用撰董子祠堂记》：汉中大夫董子邃于春秋，其学醇正有原，武帝时，对策三篇，切中时弊，致武帝表章六经，罢黜百家，先儒以为其功不在孟子之下，两相骄王，动必有礼，守正不阿，公孙弘方以容悦位宰相，故终身不得复进。夫孔子既久，异端并兴，学者愈失其传，秦汉以来知道者鲜。惟董子能言正谊而不谋利，明道而不计功，以仁义礼乐正心修身，为平天下之具，论道之大原及明于天性之说，多言圣人之旨。其言奥衍宏深，沛有余味。或者乃讥其见道未明，窃以为过矣。夫以游夏之言，方诸孔子，犹为有疵。况董子承秦灭学之后，而能造道如是，讵易得哉？使其游于孔门，可与十哲亚；使居相位，兴三代之治。刘向以为有王佐之才，管晏不及也，真知言哉。按汉书董子，广川人，广川属汉冀都郡，今景州蓨县是也。县西南乡有广川镇，其别墅曰董家里，有祠在焉，唐宋碑刻犹存。县北门道右，故有董子祠，不知创于何时。国朝大德初，县尹林士豪尝加补葺。天历元年，承务郎、县尹吕思诚视事，始拜谒祠下，顾瞻而叹曰，祠当通衢，湫隘若非所以居董子也。八月，迁于县治之东。东有崇台三丈，杰阁二层，旧为官僚游憩之所，遂新其敝，定为董子祠。更其衣冠，悉遵古制。明年某月落成，聿修祀事。蓨旧无县学，吕君又筑讲堂祠下，为东西两斋。命教谕刘澄权主董子祠事，朔望先谒孔子庙，次则及焉。又为孔子像置之社学，使民知所向慕。吕君字仲实，平定州人。由国子伴读擢进士第，补同知辽州事，以母忧去官，终丧而有蓨之命，清廉无私，临民明决，讼十年不绝者，谆谕以理，辄两已之。子爱其民，事集而民不扰，咸畏威怀惠，境内大治。安陵道士以久旱，持庐师蛇名小青者至郡，僚佐罗拜以祷，君怒，欲取而杀之，道士泣请得免，后数日乃雨，其不惑于邪如是。予与乃父廉访君昔联仕宪台，今嘉其有子而能官也，故为作董子祠堂记，仍赋享神辞以继之。其辞曰：蓚之土，平原膴膴；爰有哲人兮，道传千古。道传千古兮，为纪为纲；徽猷允塞兮，嘉言孔章彰。天既佑我蓚兮，笃生元哲；不克取而师兮，是曰自绝。层台兮巍巍，杰阁兮翚飞。神灵兮有托，祭祀兮无违。想高风兮如在，期进德兮逾励，继自今兮，毋忽毋怠。

《国朝翰林院学士吕原撰景贤祠记》：监察御史章公璠按行畿郡至于景，询父老知是州有董子书台遗址，还以问予曰，仲舒广川人，而景有书台，何也？予曰，景故蓚县及广川县地，汉初两县俱属信都，后广川废而唐置景州于东光县，元始徙州治蓚，皇朝又省入州。元史传，载吕思诚为蓚尹，改毁淫祠，惟董子祠独存，又载河间总管王思诚以广川镇为董子故里，请建书院，设山长。及观曹元用记云，广川郡董家里有祠堂，唐宋碑刻犹存。又云县治东有崇台，吕思诚自北门迁其祠于此，并筑讲堂祠下，此其可征者也。昔仲舒学明经术，武帝时以博士应贤良对策，历陈王道，推明孔氏，抑黜百家，其论道之大原出于天，与夫正谊明道之说皆度越诸子，有功圣门，是虽从祀先圣，而乡里不可以无祠，章公闻予言，跃有起废之意。予又以谓景之先贤，非特仲舒，若元魏咸阳郡公高允伯恭与齐尚书仆射封隆之祖裔、隋齐国公高颎昭玄、唐太子少师李纲文纪、许国高公俭士廉、吏部侍郎高凭季辅皆蓚人。又若南阳郡王袁恕己以及宋观文殿大学士刘挚莘老皆东光。考之于史，伯恭博通经史，春秋公羊立朝，屡疏时政……皆此乡伟人，亦不可以无祠也，诚能礼以义起，尸而祝之，则景人将无瞻仰而奋兴者乎？章公韪予言，寻至景属知州杨琼任其事，于是诹日庀工增筑台址，甓甃以复旧观，台下建祠，中为堂，翼以两庑，其间各三，外为门，缭以周垣，自董子以下，咸秩于位，妥侑如礼，以诸贤皆景产，兼取诗景行行止之义，故扁其祠曰景贤，且置闲田若干亩隶于祠，俾主者收其租以入供祀。盖经始于天顺四年冬十月，而以明年夏六月讫工，州之父老士庶，聿睹新祠，交口称叹，谓章公及杨君，财不费于官，役不劳其民而成此尊贤励俗之远计，请予述其颠末，以示来者。曩予亡兄本训导州学，迎先人教谕府君就养，没葬东城,予因久寓此州,故知其先贤大略,而记弗可辞也,遂笔之,庶将来有考焉。章公会稽人,故礼部侍郎之子也。杨君泸州人,起家乡进士,其他相成祠事,咸书其名于石阴。

《元胡翰号仲子撰吊董子文》:予自京师南归,次于直沽,泝流而达衡漳,过陵州,陵州故广川地也,或曰汉江都相董子墓在焉,为文吊之,其辞曰……

《长乐谢士元董子庙诗》:三载垂帷园不窥,潜心道学日孜孜。致君已有天人策,议礼都无封禅仪。辨论三人圣贤学,推明一统帝王规。一官远徙江都相,事业如何可设施。

《元翰林学士王恽过董子庙诗》:吾观汉家制,所法皆亡嬴。中间去取之,易苛稍宽平。何参不足责,本是刀笔生。文景尚黄老,申公负虚名。贤哉董大夫,三策贯汉廷。论说天人际,高吐三代英。仁义我所重,功利我所轻。纷纷弘汤间,独能尊圣经。所惜王者佐,竟老胶西卿。过蓨得遗庙,再拜瞻冠缨。至今读公书,片语皆世程。浩浩广川水,万古朝沧溟。因之观其澜,吾道得少行。

《元监察御史宋绍明诗》:汉武贤良独数君,至今三策有余芬。英灵耿耿临乡土,祠宇空碑对日曛。连村禾黍名犹昔,古址荒芜草自春。慨想江都为相日,高风千古更谁论。

《郡人程敏政景州望董子祠诗》:先哲巍巍老仲舒,古祠犹枕旧园居。一时仁义江都相,百世渊源鲁国儒。稍慰夙心思奠水,仰瞻遗像欲停车。后生碌碌成何用,翘首风前思有余。

《前人谒董子祠》:江都仍旧地,无复汉王臣。故宅碑全毁,荒园井未湮。一言分利义,三策动天人。转运今祠主,相随奠绿蘋。

董子园,原文空缺。

《景州八景》,孙博诗,其一高台晓日:乾坤老大一书台,仰止高山惜大才。三策当年承汉诏,六经从此出秦灰。天留古月陪清庙,地借春风管绿苔。却笑公孙空饰诈,不知东阁为谁开。

董子墓,见前朝胡翰吊辞。"

樊深按语:"董家里在景州西南广川镇,即仲舒下帷读书处也。元曹元用祠堂记云,按汉书董子广川人,广川属冀郡,即今景州蓨县是也。后又相传董子墓在东光,以元胡翰词可考。矧今墓既不知其处,而董学村碑记亦无所考,当阙以俟知者。"

卷之三·建置志·古迹·故城县:"董学村,在县西北四十里,即汉董仲舒下帷读书处。马伟董学荒村序曰,董学村,汉董子之墅,有祠,祠有咏,元季毁于兵燹,今犹以董学名村,而里民耕耘其上,然知名贤事业者鲜矣,诣其地而伤之,其诗曰,先生养晦不求伸,诏下宁教遂隐沦。力学几年明道义,廷陈三策贯天人。连村禾黍名犹昔,故地荒芜草自春。慨想江都为相日,高风千古更谁论。"

卷之九·典仪志:"河间府……乡贤祠,在文庙东……旧祀董公仲舒、毛公苌、刘公炫……

景州……景贤祠,在儒学东。董子祠,在州治东南崇台上。

故城县……乡贤祠,在明伦堂西,祀澹台灭明、广川董子,配以户部侍郎沈全、知府马伟、左都御史马中锡、监察御史李咨、封吏部员外郎孙振……董子祠,在县西北。"

卷之二十四·人物志·儒林:"董仲舒,少治春秋为博士,动止非礼不行,学士皆尊师之,及举贤良方正,汉武帝三策之,以江都相两世骄主,皆正身以率下,及去位,家居不问产业,专倚讲学著书为事云。

殷忠,广川人,董仲舒弟子,治春秋。

段仲温,广川人,与殷忠师事董仲舒,卒之名位成达,又与同郡吕步舒从胡毋生治公羊春秋,步舒至丞相长史。"

卷之二十六·人物志·荐辟:"董仲舒,以博士举,迁江都相。"

樊深按语:"汉董仲舒对策曰,臣愚以为使列侯郡守二千石各择其吏民之贤者,岁贡各二人以给宿卫,后遂令州郡举茂材孝廉,终汉之世,河间荐举者一十九人……"

卷之二十八·艺文志·文类:"程泰之题秘书省书繁露后,宋人有繁露十七卷,绍兴间董某所进。臣观其书辞意浅薄,间掇取董仲舒策语杂其中,辄不相伦比,臣固疑非董氏本书。又班固记其说春秋凡数十篇,玉杯、繁露、清明、竹林各为之名,今董某所进本,通以繁露冠书,而玉杯、清明、竹林特各居其篇卷之一,愈益可疑。他日读太平寰宇记及杜佑通典,颇见所引繁露语言,顾今书无之。寰宇记曰,玉皇驱车抵谷。通典曰,剑之在左,苍龙之象也;刀之在右,白虎之象也;鞍之在前,朱雀之象也;冠之在首,元武之象也。四者人之盛饰也。此四语者,不独今书所无,且体致全不相似,臣然后敢言今书之非本真也。牛享问崔豹,冕旒以繁露者何?答曰,缀玉而下垂,如繁露也。则繁露也者,古之冕之旒似露而垂,是其所从,假以名书也。以杜佑所引,推想其书,皆句用一物,以发已意,有垂旒凝露之象焉,则玉杯、竹林同为托物,又可想见也。汉魏间人所为文,有名连珠者,其联贯物象,以达己意,略与杜佑所引同,如曰,物胜权则衡殆,形过镜则形穷者,是其凡最也,以连珠而方古体,其殆繁露之自出欤?其名与体,皆契合无殊矣。"

南宋程大昌,字泰之,著有《演繁露》。此文与《文献通考》多有不同,辑录如上。艺文志目列入董仲舒著述,皆为前代所载,不再一一抄录。

二、清乾隆黄文莲、胡天游纂《河间新府志》

卷之首·宸章:"……圣祖仁皇帝御书'阐道醇儒',在景州广川书院。康熙四十二年赐董子祠额,景州知州周钺于古北口行在献诗恭请,得颁给悬祠,祠后建圣藻阁,恭摹镌石,树阁下……"

卷之四·古迹:"广川台,在景州东城上,州志,台高三丈,元县尹吕思诚移董子祠于此,因名,又名读书台。

董仲舒墓,在景州董家里。"

卷之五·关隘津梁:"广川镇,景州西南三十里,唐广川县旧处也,州东北七十里为连窝镇,在卫河东岸,与吴桥接界,于此有驿。"

卷之六·祠祀·景州:"董子祠,旧在北门外,至元天历间,县尹吕思诚迁东城之崇台,以修祀事,祠有像有碑,碑阴有刻像,元学士曹元用撰记,久废。明天顺间知州杨琼建祠台下,而附以高允等。嘉靖三十九年知州张泊修葺祠宇,专祀董子。国朝乾隆十年,知州屈成霖重加整葺,详在景州志。

故城县，二贤祠，在城南，下临卫河，邑人建此，以令祀澹台、董子焉。

学校，景州社学，一在广川书院，一在龙华镇。

瀛洲书院，……享堂以祀先儒董子、毛公……

广川书院，在景州南门大街，康熙四十三年景州知州周越（钺）建为董子祠，祠有赐额，越（钺）所请也。一在广川镇，元至正间设，明正德中重修。"

卷之九·征辟荐举，与旧志同，不录。

卷之十·人物志："董仲舒，广川人也，少治春秋，孝景时为博士，进退容止，非礼不行，学士皆尊师之。武帝即位，举贤良方正文学之士，前后数百，而仲舒以贤良对策，天子览而异焉，凡三册既毕，以仲舒为江都相，事易王，王素骄好勇，仲舒以礼谊匡正，王敬重焉。仲舒为人廉直，公孙宏嫉之，胶西王亦上兄也，尤纵恣数害吏二千石，宏乃言于上，独仲舒可使相胶西王，王闻仲舒善待之。凡相两国，辄事骄王，正身率下，所居而治，及去位，家居以修学著书为事。廷有大议，使使者及廷尉张汤就其家问之，年老以寿终。仲舒所著公羊治狱十六篇，石渠论议奏三十九篇、春秋繁露十余万言、决事比十篇。仲舒既殁，刘向称以为王佐之材，而东汉王充仲壬著书，指为国之鸿宝，文章之乌获云。东汉钟离意为鲁相，修孔子庙得素雍，发之有文云，后世修吾书，董仲舒。仲舒春秋，广川段仲温传之，而与仲舒同国，广川人孟但者，以传田何易，仕为太子门大夫。"

卷之十八·典文志·琐录记载，万历时福王就国过河间，糜费无度，地方供应颇难，河间知府杜应芳有诗"满眼鸿飞真可哀，千供万饷总成灰。摧残殿角当关急，汎滥缥头动地来。倾耳尚思祈文戒，令人长忆董生才。荒城太守难摅臆，缥缈楼居一望哉"云云，深盼福王能有像董仲舒一样的王相，能够时加约束。

卷之十九·典文志·艺文上："汉董仲舒河间献王对"，《春秋繁露》已载，不录，惟"温城董君"此书为"温成董君"。

班固书董仲舒赞——刘向称仲舒有王佐之材，虽伊吕亡以加，管晏之属，伯者之佐，殆不及也。至向子歆以为，伊吕乃圣人之耦，王者不得则不兴。故颜渊死，孔子曰，噫！天丧余。唯此一人为能当之，自宰我、子赣、子游、子夏不与焉。仲舒遭汉承秦灭学之后，六经离析，下帷发愤，潜心大业，今后学者有所统一，为群儒首。然考其师友渊源所渐，犹未及乎游夏，而曰管晏弗及，伊吕不加，过矣。至向曾孙龚，笃论君子，以歆之言为然。"

宋程大昌书秘书省繁露后，与前志同，不录。

宋楼钥春秋繁露书后，见《春秋繁露》，不录。

卷之二十·典文志·艺文下，元曹元用董子祠堂记，与前志同，不录。

明胡翰董子文，与前志同，不录。

元王恽董子祠，与前志同，不录。

诗有"明黎民表董子祠：古庙丹青在，幽人此重寻。浮云碣石外，落日广川阴。壁尚藏书古，庭犹积草深。因怜不遇者，此地倍沾襟。

国朝王士祯广川作：广川二月尘十丈，枯柳无枝晚相向。戍旗落照翻荒墩，白草黄芦疑塞上。董公祠庙总烟沉，空效日暮愁人心。玉杯旧学应难问，一为停车咏竹林。

国朝朱彝尊董子祠：汉日江都相，荒祠旧水滨。玉杯存俎豆，青简重天人。夕乌窥园下，秋花裛露新。凄凉不遇赋，千载一沾巾。

国朝庞垲过景州：广川南北道，来往叹相仍。日冷舍利塔，烟荒虾蟆陵。冲尘悲老马，掠野迅苍鹰。正欲投人处，疏林见远灯"。

景州（县）志

一、乾隆屈成霖纂《景州志》

卷首·宸章："……圣祖仁皇帝御评董子贤良三策——致知力行，学之要也，不强勉则功无由入。仁义礼乐，治之具也，不更化则治无由成。篇中立意如此，深得纲领（第一策）。设诚于内而致行之，圣功王道不外乎此（第二策）。诸不在六艺之科，孔子之术者，皆绝其道，勿使并进。非学有本原，见得真切者，安得遽为是言（第三策）。

皇上御制读董江都贤良三策——汉承秦敝，文教未兴，高祖拨乱反正，文景休养生息，至于孝武表章六经，兴学校之政，首举贤良方正之士，策之于廷，而董江都以宿学硕儒实对其问，首策陈天人相感之理，二策言修明教化，兴太学以养天下之士，三策劝帝法天尽性，知仁义，重礼节，安处善乐循理，盖内内圣外王之道，修已治人之方，无不备于三策之中，而所谓诸不在六艺之科，孔子之术者，皆绝其道，勿使并进。武帝用之以罢申韩苏张之学，尤为有功于圣教。使武帝信任仲舒，大究其用，则将有光于文景，而贤相若萧曹辈，俯出其下，又岂有穷兵黩武之祸，舟车缗钱之失哉。而摈之江都，以终其身。君子读起策，想见其为人，盖不为江都惜，抑为武帝惜也。世之论者，谓汉儒通晓经术，宋儒深于理学，夫穷经即所以明理，而理学未尝不衷之于经术。汉之董子，宋之程朱，又岂可以经术理学限哉。程子曰，董仲舒有儒者气象。可谓的论矣。"

卷之一·城池："醇儒坊，在董子庙前，知州吴昌龄建，今废。

董子祠，旧在北门外道右，元天历间，县尹吕思诚病其湫隘，乃因东城之崇台，遂迁于其上，岁修祀事，祠有像，有碑，碑阴有刻像，元学士曹元用撰记，久废。明天顺间，巡按御史会稽章璠命知州杨琼建祠三间于台之下，以祀董子，益祀高允以下八人，名景贤祠。弘治十五年，知州马驭重修增，前知州刘深又增封敞，以备十人配享之位。嘉靖三十九年知州张洧建名宦、乡贤二祠，乃迁配享诸公神主，扁曰董子祠，专祀董子。围墙重门俱久坍圮。乾隆十年，知州屈成霖捐赀修葺，并月台、甬道、神厨案桌，一应完整，祠后崇台，原有杰阁二层，为宫僚游憩之所，吕尹定为董子祠，颜其台曰广川，久颓废，今成霖捐赀重筑，仍建亭一，扁曰景贤台。

书院，一在广川镇，即董子乡祠，旧有唐宋碑刻，元至正间，河间路总管王思诚奉建书院，设山长，久废。正德乙卯巡按御史吴郡卢雍命知州徐政复建，造奉董子像（大学士李东阳撰记）。嘉靖丙午监生冯时选，再建祠，置田十七亩以资膏火。

一在州城南门大街，康熙四十三年知州周钺创建，匾曰广川书院，内正祠三间，奉董子木生，祠前为一仪门，又前为大门，门旁照厅三间，门房一间，祠后建圣藻阁一座，上下各三间，前厢房六间，阁后馔堂五间，厢房四间，偏左厨房三间，后门一座。先是康熙四十二年五月圣祖皇帝临幸古北口，钺祗役密云，献诗得召对，恭请御书董子祠匾额，六月二十日华鱼沟行在特赐'阐道醇儒'四大字，钺谨领赉回，选石镌树书院圣藻阁下。每年知州延请名师教授生徒，官出脩脯又置买腴田一十八亩以资师生膏火，坐落城南薛家窑。

社学……国朝康熙八年后，屡次奉文建设，今义学一设广川书院中，一设龙华镇东门外，即前知州周钺祠堂……"

卷之三·古迹："董家里考，旧志广川南十三里土人呼为董家庄，即董子下帷读书处。今考枣强县志，董家庄即董子所生之地，南十里许为董学村，乃董子下帷之所，今董学村割属故城，董家庄、广川镇割属景州。夫因董子生于是庄，故地以人显，若下帷之处乃别墅也，故城马伟曰，德州郡名，俗称广川，学宫有董子读书台，城西有广川桥，尝考汉书，董仲舒广川人，广川在今景州嘉谷乡，则董子为景州人明矣。今按德州、枣强、景州三处郡名，皆曰广川，祠祀董子，夫德州之曰广川，以晋武时改广川为长河，移属平原故也；枣强之曰广川，以汉景时分广川为枣强，后复并枣强入广川故也；景州之曰广川，以广川来属故也。其实董子所生之董家庄在汉为广川县地，时未置枣强，亦不属脩，故太史公直书董子曰故广川人，后代既以广川割属景州，则庙食者自在此，不在彼矣。旧志讹以别墅，注其所生之地，故并识之。

汉儒董仲舒墓考，旧志在董家里，畿辅通志亦云。按董子本传，年老以寿终于家，家徙茂陵，子及孙皆以学至大官，则其家固在茂陵也，且何以知非其子若孙徙去者，曰传言仲舒在家，朝廷如有大议，使使者及廷尉张汤就其家而问之。朝廷大议，张汤贵臣，苟非其家近在茂陵，何以能数数就问耶。家既徙，徙而以寿终，则何以知其不反葬也，曰孟坚书法，家徙茂陵在寿终于家下，天下有反葬其父而恝然去此者乎？学至大官者不为也。故曰志之误，通志仍其误。

屈成霖注，旧志云董家里墓，往年被发，石椁砖圹，其圹穴连环状，正德初有亲闻其事者，石椁遂焚毁不存。"

卷之四·宦绩"周铖……景治学宫东北隅，旧有董子祠，明知州杨琼建也。宇湫隘，岁久渐圮，铖修之，又于南门大街筑室四十余楹为广川书院，奉安董子神主，而召州人士以事讲肄其间，会圣祖仁皇帝幸古北口，铖祇役密云，恭请御书'阐道醇儒'匾额，选石镌树书院圣藻阁下，自为文记之……"

卷之五·选举表："荐辟 汉董仲舒，孝武时为江都王相，有传。

乡献汉董仲舒，广川人，字宽夫，少治春秋，孝景时为博士，武帝即位，举贤良文学之士前后百数，仲舒以贤良对策第一，天子以为江都相，事易王，中废为中大夫，主父偃窃奏其居家所推说灾异，上召视诸儒，下仲舒吏，当死，诏赦之。公孙弘希世用事，尤嫉仲舒，乃言于上，使相胶西王，以病免。凡两相骄王，正身以率下，数上书谏争，教令国中，所居而治。及去位家居，以修学著书为事，朝廷如有大议，就其家问。汉自武帝初立，魏其武安为相而隆儒，及仲舒对策，推明孔氏，抑黜百家，立学校之官，郡举茂材孝廉，皆自仲舒发之。年老以寿终于家，家徙茂陵，子及孙皆以学至大官。初刘向称仲舒有王佐才，而向子歆常过其父言，然以为仲舒遭秦灭学之后，六经离析，下帷发愤，潜心大业，令后学者有所统壹，为群儒首云。

文学作叙云，……汉代大儒，笃生兹土，天人三策，玉杯繁露之属，彪彪炳炳，独有千古，自兹以还……"

卷之六·文苑叙："董子承秦绝学之后，遭遇右文之主，发策大廷，首以道之大原出于天者为对，至于今而其说益信。班孟坚以为大汉之文章炳焉，与三代同风者，犹未能推明，董氏而深探其议论之醇也。蒋古与广川接，而广川董子之所生，其地来属，以故蒋皆习知有董子而俎豆之，然则董子之学与文，其在吾州如先畴之畎畂焉，如高曾之规矩焉，耕不越畔而器不苦窳。吾知其蒸蒸日上者之进而必有合矣，今之所载者一班云。

董子贤良策与各书同，不录。元曹元用撰董子祠堂记，与河间府志同，不录。胡翰吊董生文，与河间府志同，不录。

州人李孔嘉作《董仲舒春秋繁露异同对》：董子当汉承秦敝之后，六经离析，下帷发愤，求圣人之精意。既以天人之旨为武帝置对于篇，而又著书以传于后，其微言渺论无非得于春秋者也。本传如玉杯、竹林、清明之属数十篇，十余万言，体各不一，而概名以繁露。先儒未有释者意者，逸周书王会解所注，繁露，冕之所垂，有联贯之象，春秋比事属辞或取诸此也。宋绍兴间，尚书程大昌谓，体非一书，以篇名为疑，又以太平寰宇记与杜佑通典所引繁露之书，如剑之在左，刀之在右，以及钩之在前，冠之在首等语，今本所无，遂以为非董氏本书，且以书名谓必类小说家。其后程自为一编，说杂事名演繁露。抑知欧阳永叔所藏书原八十三篇，所引之旨皆在篇中，则知程所见未广，遂谓为小说者，非也。传中越有三仁之对，求雨止雨之论，三策中，阳为德，阴为刑，故王者任德教而不任刑罚之类，书中咸载，则为仲舒所著无疑矣。呜呼，武帝崇尚儒术，士以治经名者众矣，独董子以醇儒称，人知其对荣第一，两事骄王，正身率下，抑知其得之，笃志下帷，三年不窥园者，甚深哉。

　　安溪李光地撰《重修董子祠堂记》：凡仕宦所至，首考其地之先贤先儒以暨名臣高士，风被于来世者，为之垣墉俎豆，使邦人有所称思，礼也。景州旧有董子祠而窄隘无规模，且芜不修，无以动州人仰止之敬。岁甲申知州事周钺遂更买地于城东，偏斥大其基，出资营葺。凡门堂室庑斋房具备，自舍菜降登及官吏止憩，学者讲肄之所，皆宽然有余，又能以扈从自请于天子，赐以额字曰'阐道醇儒'，此千古之异数。而钺之勤恳，诚歆为可书也。吏部尚书管理直隶巡抚事李光地观祠之成，而记之曰：韩愈氏论道醇孟子，而疵况雄当已。然于董子则莫之及何哉，在汉惟刘向颇知之，以为王佐之材，伊吕之匹。刘歆、班固虽颇过其论，然亦谓六经离析之余，使学者有所统壹，为群儒首，则非扬雄以下之所及也。韩氏于孟子之后，乐道扬雄，至于董子同时如司马迁、相如皆有述焉，而独遗于是，是皆以华实为进退，岂笃论哉？自宋以来，更历大儒而其品始定，于是三策之书，上拟七篇而与之相接，盖其曰天性，曰天地之性，则性善之所出也，其说虽源于《孝经》《乐记》，而汉唐诸儒未有能述之者，谓非有闻于性与天道之传者乎？其对江都王义利之分，王霸之判，则孟氏所反覆于齐梁之廷，累千百言以悟世者，如此而已。然则谓孔孟既没，董子之学独醇，程朱之言不可易也，自是而又五百余年。以熙代尧舜孔孟之统复合，三十年间，自邹鲁圣贤之区，以逮濂洛关闽诸儒，毓生居寓讲读之处，皆贲以天章高鼇巨榜，而董子旧里，近属畿封，亦徼俯俞下州小臣之请，阐幽显微，使千载道系，粲然重光，恩明意美，垂示罔极，程朱之言至是益信，岂非所谓百世以俟圣人而不惑者与？地适以持节于兹，因木石之峻，记识月日，自托不腐，又将使州之人士仰窥圣代表章之盛，下守此邦文献之传，庶几嗣音有继，爰述旧闻，表新衷以告来者，仍使钺董其事而勒之祠左。

  州人魏廷珍撰《重修董子祠记》：景在汉为广川，董子故里，旧有祠在文庙东北隅，芜废不治，藩拔级夷。邑侯兴修文庙，工甫竣，顾瞻董祠曰，岂独繄邦之赐守兹土，亲莅公宇，其可以辞。乃蠲吉鸠工庀材，趋事越月告成，俨如翼如，间洁清严，深靓邃密，士大夫钦瞻懿范，愿勒石以纪其事。甲寅秋，余督漕事峻，路回广川，邑侯告曰，愿有述。余惟孟子没，孔子之道衰，仪秦功利之说燔乱人心。汉兴用黄老，治刑名法律，蜂起杂投，文景武帝策集儒士，收辑遗文，抱残补缺，谨守训诂，各执所是，求其畅天人之旨，皙义利之辨，使人心晦而复明，孔孟之道绝而复续，功必推董相。相当下帷，即以昌明绝学为己任，进退容止，非礼不行，学者师尊之，闻风兴起，实繁有徒。间尝盱衡往代风教固殊，而学士大夫之文章气节，西京为近古。伊川谓其度越诸子，有儒者气象。朱子谓其识得本原，孔孟以后为有汉一代之醇儒信，然也。当年封策大廷，光明俊伟，仁义教化，力任昌明，其言一一见诸施为，风流令行，古治可复，虽谓三代之郅隆复见于建元元符间，可也。昔刘向谓，仲舒有王佐才，伊吕无以加，管晏殆不及，岂虚语哉。圣王之道在仁义，王霸之辨在诚伪，至诚动物，汤武称仁义之师，久假不归，管晏终桓文之业，其云王者，先正心以立教化，春秋先正王而系万事。尧以天下为忧，不以位为乐，深得乎内圣外王之道，歆之假名应谶，固之附势忘身，乌足以语正心诚意之学乎？历相江都、胶西，两王素骄，数谏争，动见礼重，虽有忌嫉者，弗能害及，此非学有原本，诚能动物，彰明较著者欤。去位家居，朝廷有大议，辄使使者就问，其对皆有明法，则坐而言者即可以起而行，非迂阔不达事情也，虽生平经术未竟，厥施而立论，必洞澈理要，其云明天性，天地之性，云道之大原出于天，即性与天道之旨，正其谊不谋其利，明其道不计其功，即先难后获之意，强勉学问，则闻见博而知益明，强勉行道，则德日起而大有功，即好学近知，力行近仁也。其于天人之际，感礼之理，阴阳之会，义利之介，治乱之几，言之深切著明，事在勉强实得乎人以合天之学，凡以入圣之基，又且平易近人，非渺杳而无涯涘也。自昔论道统者，靡不以程朱上接孔孟，然自周迄宋，千五百余年，其间绵绵延延，不绝如线，所赖发愤于暴秦燔灭之后，掇拾煨烬之余，茅塞未开，廓清推陷，上以承孔孟之统，下以启洛闽之传，非相之功而谁归。或曰自董相至程朱千有余岁，中任此统，人推韩子，论韩子当贞观之文运，昌明较易，董子值亡秦之坑毁，兴起较难。譬之承家，广川宗子也，昌黎别子也，本支俱可以百世而醇乎，其醇一私不杂，则董子也。从来专功德于人，食报无穷，相之流风遗韵，如江河行地，无远弗届，而神所凭依，沾被我广川之人士为尤深，宜其专祠，以祀俎豆不祧，至今不衰。余州人也，生当盛世，圣天子崇儒重道，良有司克修祀事既，乐祠之重光，推明董子，所以食报来兹之意，尤乐我侯知所先务，其加惠景之人心，风俗将未有已也，爰书数行，以诏千万祀。

  故城孙绪撰《董子故里志序》：郡邑有志，志往迹也。人与事悉备焉，备则文献足征矣，胡为复有里志也，贵于专也。贤有大小则景仰有重轻，而纪载有详略，道学醇儒，万世俎豆，乃戈戈焉，与彼一艺一善并列外乘，使后学邈焉，莫知适从，尚友论世，泛泛无所考于详，非载笔者与守土者之责乎，孔颜道在天下，在万世，何俟于志，而阙里有志，陋巷有志，尚欲尊且专之，况他贤耶，故濂溪、伊洛、武夷俱有志，岳阳、太白诸楼，醉翁诸亭俱有哀集，君子不谓赘也。吾景守浍溪李侯博古好文，甫下车即纂州志，既又念城西广川镇，实汉儒董子故墟，而别墅曰董家庄，曰董学村，皆下帷讲学之所，村祠败壁，金元来，名贤题咏，碑刻森列，恐岁久或湮，集录成帙，附以董子应制著述诸作，侯亦时参己意，而缙绅君子乐成侯志，亦各有撰述，共六卷，题曰董子故里志。盖州志备稽，验于舆图，董志专恭敬于桑梓，侯之言曰，天地之大德曰生，而人性为贵，生物之统体曰仁，而道义为用，全仁以存性，则道义出矣，故曰成性存存，道义之门。董子所谓，道之大原出乎天，人性之本原也，不计功，不谋利，仁人之本心也，尽之矣。今学者皆知尊孔子，称董子，然功利挽于内，百家庞于外，不叛而去者几希，昌黎训子，谓读书媒禄仕，欧阳教人，谓人性非所先，韩欧且然，他固不论也。吾辑斯志，非敢谓独能知董子也，郑乡栗里，想见其人，余韵流风，犹有存者，道贯于一，义精于神，仁极于万理，明尽以求，不辱于乡先生之后尘，愿与境内贤豪共勉之，不然志为赘，吾言为复词乎？绪闻之悚然起敬曰，侯所养深矣，今途次喧传，胡马牧晋，鄙窥畿甸，燕赵魏博，小大在位，罔不浚池筑垒，训兵守阵，皇皇如不及心，亦知其可已，而故不已，盖欲藉是以掠隆名，希赏格，是则计功谋利之大者，董子之罪人也，预为清野，不顾未成之稼穑，严于稽呼，不恤民事之尽废，不仁孰大于是。侯，晋人，宜尤急切，而砥柱中流，屹然独立，虽不敢弛戎务，格简书以玩寇，从容暇豫，不动声色，羽书星飞，火迅启函，漫读而徐寘之，然民心久怀手足头目，一顾百废俱兴，半言万夫齐和，坚墉浚隍，利兵壮卒，顾境所不及。古称有文事，有武备，横槊赋诗，倚马草檄，非诬也。应酬勿遽，不废讨寻，乡邦休戚，不挠衷悰，所谓不计功，不谋利，旷世相感，微斯人吾谁与归，志成，绪序其末，义如此。侯名廷宝，字国用，平阳曲沃乡进士，浍溪其别号。"

屈成霖注，董子故里志，今遍觅不可得，仅购序文一首，志之于篇。

查《四库全书总目提要》，《董子故里志》六卷，为两江总督采进本，提要说道——明李廷宝撰。廷宝字国用，号浍溪，曲沃人，嘉靖中官景州知州。考《汉书》称董仲舒广川人。而广川地大，今山东德州、直隶景州、枣强县皆其故地。故三邑皆祀董子，皆有董子故迹。其作志书，皆自以董子为乡人。德州斥景州之牵引，景州斥德州之附会，枣强又出而斥二州之影占。数百年来，喧如聚讼，迄今未有所归。廷宝官於景州，故据广川里名，定仲舒为景州人。而所载马伟《董子辨》一篇，又以董学村割隶故城，欲引之以为故城重。夫惠、跖兄弟，不以惠而宽跖；向、歆父子，不以向而荣歆。况夫前代乡贤，何关后人之事。郡邑志乘，锢习相仍，纷纷为无益之争，皆其所见之小也。

知州屈成霖撰《重修大成殿董子祠记》：今天下郡邑皆有学上丁，有司与其群士奔走而俎豆筵，若曰明天子崇儒重道之深意，俾尔称师以临之相与助，流教化敢弗敬欤异日。余忝牧是邦，遂释奠于先师门庭，墙仞廊庑之制，略备讲筵之位，鼓箧之室，非不绳之墨之也，独至圣大成殿，榱折瓦裂，雨飘风瞥，腐檐败梁，神颠人跪，已事而叹，久乃不释。嗟乎，废兴之故，由人乎哉，吾闻夫入庙知敬者矣，前此二三大夫暨国人之从事者，宁独有所不暇或土功其未可也，然过此以往，毁日速而成日难，则又虞其敬之无从也，而谁之责哉。董江都，州之先贤也，江都之民，高其闬闳，大其宫室，到于今俎豆而尸祝之，若彼则不知为甘棠者爱乎，为桑梓者敬乎，城郭几迁，井庐安在，祠之肖而存者，硗硗确确，杂瓦砾于湫隘间，徒升彼墟台，有风穆如，为之增欷鸣咽，长喟而不自禁已耳，传曰三王之祭川也，先河而后海，言乎河，夫子是已，言乎海，舍董子，州之人谁与归。岁辛酉，麦有秋，夏时雨泽，可以率作兴事，乃首捐俸二百金，召匠石庀材，重修大成殿，凡瓦之破败者，木之朽腐者，悉撤去而更新之，时乡先生魏大司空，领袖诸绅士，共相依助，又得四百余金，然后告成，而董江都之祠，尚未暇及也。越明年恒阳告灾，矻矻赈抚，又明年以工代赈，祗役城垣，倥偬靡宁，忧心如焚，迨乙丑夏，五崇埔告竣，心气少安，谒董子庙庭，忾然见榱桷之益漏，门墙之益敝，于是作庙翼翼，规制从朔，材值工需计费百六十余金，自是先圣先贤之庙貌，焕然改观，肃然可以起敬矣，祠畔有台，为官僚游憩之所，元时崇祀董子其上，年久颓废，更为修筑，台中建亭，廊槛悉其，题曰景贤，非复游观之旧，实深景仰之私，故并志之，乾隆十年六月十五日记。

诗钞录有，元朱绍明作《寻董子旧宅》："连村禾黍名犹昔，古址荒芜草自春。慨想江都为相日，高风千古更谁伦。"（作者案：诗与府志异一"伦"字，作者姓氏有"宋""朱"之别。南海黎民表作董子祠，与府志同。秀水朱彝尊作董子祠，与府志同。新城王士祯作广川作，与府志同。）

州人李孔嘉作《咏怀古迹四首之二——董村·董子故里》：孤村澹将夕，高名传董字。三年不窥园，百代殷祀事。想其下帷时，渺渺天人际。

庞垲作《过景州》，与府志同。前知州周钺作《恭请御书董子祠匾额十二韵》：汉代推儒者，醇乎董仲舒。一言崇道谊，千载托权舆。术在诸家上，功存六籍余。广川今故宅，条地昔幽居。莫可寻苗裔，空教式里闾。荒祠贻俎豆，旧述展邱墟。至治间芸阁，昌期重石渠。文明当炳蔚，经训正菑畲。扬阐须宸翰，追随叩禁除。摅祠陈黼扆，拜赐奉琼琚。山水资天制，烟云落御书。得蒙颁圣藻，理学幸何如。

王士祯作《董公祠》：董公祠庙已荒凉，凭吊西京意倍伤。漫以园林劳主父，只将经术奉骄王。时逢明主身空老，志在春秋道正长。我自爱传繁露学，玉杯曾问广川乡。

州人张芬作《董子祠后崇台》：古台傍郭右，余构出榛莽。围林起遐心，缅怀千载上。挟书禁既除，用儒道遂广。斯人实挺生，高文发天响。三策何巍峨，千言罗万象。经术奉骄王，义利训吾党。想其下帷时，邃诣穷孤赏。笔削致精微，天人通俯仰。故里留几席，虚室行灵爽。徘徊念遗躅，云谁继既往。

元王恽作《董子祠》，与府志同。明故城孙绪作《董子祠》：云满空庭水满渠，颓垣曾见驻安车。九天不尽三篇策，繁露无惭一亩居。漫说韩彭悲犬兔，肯同马郑注虫鱼。茂陵勋业今安在，俎豆春风自有余。

州人魏廷珍作《董子祠》：六经余烬日经天，伊吕声华御藻传。诗继春秋雅亡后，道承邹鲁建元前。汉兴礼乐三千禩，董策天人五百年。泗水心源会闽洛，广川砥柱护风烟。

李开叶作《董江都》：东西两汉一醇儒，述作其能与道俱。三策大廷存国史，十年贤相卧江都。平津阿世官应达，贾傅忧时骨早枯。

试问传经诸博士，计功能似广川无。

二、民国二十一年张汝漪纂《景县志》

卷一·沿革："蓨市县故志，在景县城西大温城，即水经注所云，漳水东径董仲舒庙南，又东径蓨市县故城北，俗谓之温城者是也。查今县城西相距三十里有温城，四村相连，均称温城，其附近仍存有高原一段，相传为古代城址。其漳水自西南入境，必先经董子庙南始能东北流到温城者，以县城西南七十里有广川镇，镇内有董仲舒庙，温城即在广川镇东北，相距四十里，按之现在地势，西南高而东北低，与古代河流北来故道亦颇相合，温城为汉蓨市县故治确无疑义。

广川为景县故名之由来，广川命名原因境内有长川而起，查今景县、枣强两县中间为古漳河所经过此，即当日广川县之中心地也。考通志，广川县注为今枣强地，高堤县注为今枣强地，可征高堤县在西，广川县在东。汉广川县之区域确为枣强东部暨蓨之西南部所合而成，况今景县西南有广川镇，为景县西镇，据此益证景县西南部为古广川之主要区域。景县之故名广川，实由于此。"

区划记载，董故庄属杨木社，原名赵庄地方。

卷四·建设："东庑从祀，先儒董子，名仲舒，广川人，按元至顺元年从祀东四十四位。"董子祠条全依州志，不录。

卷五·书院全依州志，不录，注云："据董故庄初级小学教员刘岳采访稿内述，董故庄董子祠内存有大明重建董子书院碑上载，正德乙亥知州徐政建祠，而旧志载正德乙卯知州徐政复建祠奉董子像。查明代正德在位共十六年，十年为乙亥，十四年为己卯，其间并无乙卯年，或系旧志误刊故也，当以己卯年复建为是。又述碑载大明嘉靖二十四年岁次乙巳秋七月甲申吉旦立，景州知州陈璋、赐进士冯时雨等重建，而旧志载嘉靖丙午监生冯时选再建祠，查乙巳之次年即为丙午年，乙巳年即立碑告竣，丙午年又鸠工兴筑，按诸事理，似不相合。试就明代碑刻及旧志文意揣之，其乙巳年之重修或为董子书院内之祠宇，丙午年之再建者或为董子书院内之师生斋室，亦未可知。

完全小学校,县立第一女子完全小学校,景县女校开办于民国元年,当时校舍在董子祠,入学者仅城内女子,民国三年停止,四年移校址于旧守备营内……

县立模范初级小学校,此校于清光绪三十一年成立,校址先在东方丈,民国三年移董子祠内……"

卷七·乡献,董仲舒条与正史所记无异,不录。

卷十·荐辟表,董仲舒条与各旧志同,不录。

卷十一·政迹,周钺条与州志同,不录。"汪煜字星岩,江南甘泉县举人,由青县令升景州。州旧有广川书院久圮,文风衰颓,自道光戊子辛卯壬辰三科,无乡举者。公下车后亟力振兴,慨捐廉俸,于董子祠东偏筑室三楹,月季考试诸生童,拔其尤者,破格优赏,甲午科乡试举行宾兴大礼,凡与秋试者皆假以资斧,是科州人张维崧、张景沂中式,嗣是每科获者或一二人、三四人不等,至今不衰。"

卷十二·艺文志,董仲舒贤良策与正史同,不录。康熙、乾隆御评与州志同,不录。李孔嘉、胡翰、孙绪、李光地、魏廷珍、屈成霖、曹元用诸人之文,与州志同,不录。

卷十三·诗赋,朱绍明、黎民表、周钺诸人之诗,与州志同,不录。李景潞《董子祠诗》:"王佐遗芳躅,家山蠹旧祠。天人相与际,黄老未衰时。户阒惟狸窜,园荒有鸟窥。好披繁露帙,竹月照书帷。

查慎行《景州董子祠诗》:西风残照广川城,董相祠边感慨生。官秩稍增秦博士,文章独辟汉西京。醇儒岂以科名重,浊世无如经术轻。却笑武皇亲制策。牧羊牧豕尽公卿。"

卷十四·史事,董仲舒条与正史同,不录。古迹董家里、汉儒董仲舒墓考条与州志同,不录。

故城县志

一、雍正五年蔡维义裁定本

卷一·古迹,董学村:"在县西北三十里。汉儒董仲舒别墅,尝于此下帷讲授，董子事具汉书，不备载。

董子遗墟，即董仲舒下帷讲授处，在董学村。

乡贤祠，旧无此祠，嘉靖壬午邑令赵荣显建祠于明伦堂西南隅，附祀名宦于内。万历辛卯邑人知府宋诺之子廪生宋吉祝以父入先贤，改建名宦乡贤两祠于戟门左右。康熙六年教谕柴应辰重修。内祀澹台灭明、董仲舒、沈全、马伟、马中锡、李咨、孙绪、宋诺、周世选、刘清涟。

二贤祠，在城南卫河边，内塑澹台、董子两像。岁时致祭。董子祠，在董学村，即董子下帷处。"

卷二·人物，董仲舒："广川人，本县清河北乡董学村为董子下帷地，西去三里董子故居在焉，旧有碑，断烂不可识，邑人马伟著有董子辨，事见汉书，祀乡贤"。

卷四·文翰：《重修庙学碑记》邑人尚书周世选撰："余邑为汉儒董子故里，是时董子崛起秦火之后，精核经术，究斯道之大原，其所论著，直足以衍洙泗而开濂洛，两汉儒者无以过之，盖甚盛也。历代以来斯地学脉寝以微矣……

邑人太仆卿孙绪撰《重修先贤祠碑记》：……西北五十里曰董学村，董子下帷地也，昔者澹村隶武城，董村隶景州，今皆为故城地……"

卷五·文翰，邑人周世选撰《重修董子祠碑记》："大儒先生以德猷勋业，节义文章，炳耀今古，卓乎无以议者代每，难乎其人至于探本真，翼圣道，继绝开来，崇正黜谬，粹然超然，不惑异说，不溺俗好，俾统绪弗淆，而后世得有所藉以发明，斯其不尤难矣乎。粤自姚姒授受，精一执中，万世心学肇其源矣，嗣是圣哲应运迭出，斯道布濩，如日中天，至子思孟氏而降，申韩荀列之徒，心心喙喙，驰惊争衡，而秦火继之，教堕人亡，莫可收拾。炎汉习成马上，罔事诗书，数百年间，道之不绝于天下者，奚啻如线已耶。惟天牖民，文不遽丧，笃生一董仲舒者，能自得师于灭学之余，颛志发愤，心乎大业，足不及园者盖三年，精思极诣，渊粹真纯，烛大道之本原，明礼乐教化之治，具达天人流通往来相应之至理，黜百家，崇孔氏，尊王道，卑霸术，发正谊明道之谈，揭尊闻行知之训，洞识邃养，直步趋于，距诐放淫，羞管晏，称仁义，以远绍乎，诚明博约，惟精惟一之旨也。汉庭诸彬彬文学士，无能闯其藩篱，而从谀者，忌且倾挤，偃蹇终身，不事家人生业，日与诸弟子讲学明道，宛然一邹鲁家法。奈何后学谫肤不加深考，泥汉史阴阴纵闭之说而訾之，然不知其求雨作用一事，亦月令出土牛类耳。班氏初无贬辞，而何后世之呶呶也，窃怪夫韩昌黎氏，原道而云轲后无传，未始一语及董氏，然至于荀与杨也，以不精不详致疵焉，意可识矣。魏晋以还，士议舛驳，承伪踵谬者纷纷，退之岂不窥董生之奥，盖亦不敢轻加轩轾，以俟夫后之论定云尔，不然何于荀杨，而无少含蓄也。迨有宋诸大儒，或谓其度越诸子，功不在孟子下，或谓其本领纯正，最有功于学者。然后知孔孟之道不遂澌灭，濂洛诸君子，藉以寻流而穷其本原，咸于若人乎攸赖焉，则夫天生董子于汉也，而岂徒哉。董子之生实汉广川，今入景州版图，所谓广川镇者，即其故居也。吾邑城西井三十里所，有村曰董学，去镇仅数里。相传为董子下帷地，旧有祠在焉，毁于兵燹，故址茫不可识，弘正间居氓浔断碑地中，字画多漫灭不可读，隐隐辨董祠数字，以是知名村之义以董子下帷，故无疑也。村著姓苏氏，世衣冠旧家，礼义望族，讳岷者，雅德君子也，喜其居为前哲游息之所，谋于弟岢辈暨乡耆儒绅醵金，协力复建祠于村之西，岁时祭享，以寓高山景行之思，历岁既久，渐就倾圮，岷子贡士浐率族人某撒新之，布置结构惟坚惟称，以永前人志事之存，迄今庙貌言言，过者生敬。浐子乡进士权，余同年友，且姻契也，谓不可加言以纪颠末，今年春复率族人树石丽牲，因谒余文勒之，以为昭往示远之谋，文未就绪，有过者云，董儒从祀庙庑矣，载祀乡贤矣，是祠之建不几于渎乎，而文之也，曰不然，庙庑之祀，朝廷隆儒之典也，乡贤之祀，邑侯尚德之公也，是祠也，乡晚后进企慕先达，恭敬桑梓之谊也。礼有攸当，事各协宜，且孔孟不祀于海内乎，阙里之庙、邹之庙又何为也，此岂不可窃比者，即矧苏氏祖孙父子汲汲焉，惟先贤之祠是图，其向往可知矣，世德焯焯，脍炙月旦，夫固有所师承云，是故余不容以不文辞也，因缀之以铭曰：道在天下，万古如斯。所以不坠，人焉是资。人不世出，道有绝续。前者懵懵，后断何瞩。惟世教隆，倡之斯易。榛塞荒芜，艰哉力辟。虞夏殷周，以君以师。云何季世，决裂支离。执有崇玄，立言各异。汉接嬴秦，愈倡愈炽。爰有大儒，奋起于兹。力挽颓波，障川东之。天人三策，摅悃彤墀。道义两言，起疴当时。六经表章，伊谁之力。孙马卜儿，走而且仆。洙泗流派，伊洛宗依。承前启后，斯人庶几。后贤定论，曰汉醇儒。宇内钦仰，矧兹故居。有庙峨峨，有像堂堂。尸而祝之，骏奔皇皇。骏奔者谁，苏氏子姓。来奠来献，偕彼同盟。献也彝轨，奠也瑶觞。神之格思，霓盖霞裳。高风雅韵，洒洒洋洋。云树苍苍，漳水茫茫。

邑人周世选撰《二贤祠碑记》：盖闻山川灵秀之气毓为人才，所谓人才者，非必附凤攀龙，都津陟要之谓，而高风大节，足以师表百世，乃为其地重，后世称先贤梓里者，因以重其地焉。至若褒扬往哲，兴起后人，又为民父母之责也。吾邑故城西北去县治三十五里有董学村，西南二十五里为郑家口镇，镇西一里有澹村，澹村为子羽故居，盖旧属武城地也。董学村即仲舒下帷地也。二先生去今垂二千年，然传所称，乡先生殁可祭于社者，孰有加于开先生哉。明兴，建学育才，式重乡贤之典，二先生之祀，无论故城，在景、德、冀三州，枣强、武城二县皆然，二百年来不废也，为邑侯者循习故事，谓二先生飨此足矣。无有专设祠宇，合二先生而表著之者，盖执节劳省费之议，未镜阐幽示则之要机也。穆庙时，山西李侯绍先来令兹邑，始书董子故里，勒石竖通衢以为一邑光，而竟遗澹台，若有所俟者。今上乙酉贵州李侯承露拜故城令，甫下车即按地图语群吏曰，予生万里外，佩服孔门遗训，窃欲北游邹鲁间，冀得高迈端醇之贤如澹董其人，而与之游，今兹作宰，即未遽臻弦歌以为君子小人，倡举贤良方正以称上指使，敢不率尔士民共师二先生于百世下乎。遂慨然为专祀计，属岁不登，急于民而缓于神，然惓惓念之不置也。丙戌九月岁成，度民力可用矣，侯喜不胜，于卫河之阳创二贤祠一区，设堂三楹，肖二先生像于其中，前后各五楹，为岁时奉祀，祝人栖息之处。阅七月而毕工，复竖丰碑于道左，书澹董故里，以为往来轺舸之所竚，皆侯捐俸为之，士民乐而助之，民不告劳，财不告费，而二千年来未有之盛举,实自侯始,且令百世下之乡人,瞻其像而思齐焉,不肖者亦藉以愧而争自励,侯不特有功于二先生意也,今以后由田捷径者,有非公事而请谒者,有发愤向学而未免窥园者,有所事如胶西江都而不匡以正直者,过二先生之祠亦可以奋志矣。嗟夫。澹台一遇子游,遂获为圣人徒,董子称述天人,耸动武帝,见嫉公孙,竟以病免。则上之人由邑宰以至相天下,能留意人才者,自古难之有,子游而后知澹台有李侯,而后专祀澹台与董子,侯其善学子游而羞比曲学阿世者哉。予不佞,生二先生里中,愿执鞭素矣,值祠成,李侯驰书滁阳问记,予虽不文,然诵李侯嘉惠之德,勉乡人仰止之思,私心所最切者,因次第其语,俾镌之贞□兔□,庶祠之下,河之滨水,浮陆走者咸知二先生,能为故城重而窃庆,故城有贤令如李侯者,乃克褒扬往哲,兴起后人如此云。

马伟撰《董子辨》:余曩校德州学,其郡名俗称曰广川,又学宫西庑后为董子读书台,城西卫河桥扁曰广川桥,考之史传,参之诸志,皆无所载,其冀州枣强县,亦志董子为枣强人,妄说纷纷莫知所指,而景州之与故城不预焉。按汉书,广川董仲舒少治春秋,为博士,进退容止,非礼不行,学士皆师尊之,及举贤良方正,汉武帝三策之,以江都相,两事骄王,皆正身以率下,所居而治,及去位,家居不问产业,专以讲学著书为事。且德州之与景州、与枣强、与故城相距密迩犬牙,盖仲舒有名当世,及去位家居之时,其邻邑文学士夫必有从而师之者,一则曰读书台,二则曰广川桥,后人慕其名而好得之也。又按广川今景州嘉谷乡有曰广川镇,故城清和北乡有曰董学村,其二村相去甚近,稽之元朝文类载,翰林学士曹元用撰董子祠堂记,云广川属汉冀都郡,今景州蓚县是也,县西南乡有广川镇,其别墅曰董家里,有祠在焉,且董学村东,旧有董子祠,金承安间内翰冯子俊所撰碑文,元至元间御史宋绍明所题壁咏,元末皆废于兵,洪武初以广川为景州之地,以董学为故城县之辖,以此验之,则广川为董子故居,而别墅岂非故城县之董学乎,又曰县北门道右,故有董子祠,大德初县人林士豪常加补葺,天历元年县尹吕思诚以谓祠当通衢，湫隘若此，非所以居董子也，乃迁于县治之东，命教谕刘澄权主祠事，则蓨为董子故里无疑矣。至元壬辰礼部郎中陈刚中奉使交趾，过景州留题广川大夫庙，注云在景州北门。逮至国朝，行在刑部侍郎宋性、翰林学士杨士奇晚次景州，皆有怀古咏歌，则董子为景州人又明矣。余既历叙出处于志，复详辩之，庶有以释众说之疑，而览者亦有所据云。

马伟撰董子像赞——广川古镇，在于蓨城。秀气所钟，伟人乃生。下帷讲诵，儒业既精。进退容止，非礼不行。汉廷三策，度越群英。两相骄王，格之以诚。正谊明道，为世准程。著书立言，文辞精荧。乡曲晚进，昧于师承。敬赞遗像，永仰仪型。"

卷六·文翰，宋绍明诗董子遗墟"汉武贤良独数君，至今三策有余芬。英灵耿耿临乡土，芳草啼鸦映夕曛"。此诗末句与府志不同。

马伟、孙绪诗董子遗墟，与府志同，不录。李际可诗董子遗墟："炎汉儒臣满石渠，江都独不见回车。千年有庙瞻遗像，三岁忘园此故居。度越迥如云外凤，穷探深愧壁间鱼。平生怀抱天人策，徒使空言尽有余。"

二、光绪十一年丁燦等纂修，张瑛等续修重刊本

卷三·学校，西庑第三位先儒董仲舒"字宽夫，汉广川人，元至顺元年从祀，明封江都伯，改封广川伯，后称先儒。

二贤祠义学：旧学因无款久废，光绪九年知县张公煐重建，筹款一千缗发当生息，取息月利一分作延师之费，以期久远，学额十二名……"

卷四·乡村，清北乡东西董学村"距城四十里，大庄"。

卷五·坛庙、古迹陵墓，二贤祠"旧在为何边城守营，东壁塑像，久圮，乾隆四十一年纪侯芾改建于西南街，年久倾圮，道光十六年许侯瀚重建，专祀澹董二贤。

乡贤祠，右第一位为，广川伯董子。

董子祠，在董学村，同治九年文生苏鸿勋修。

董学村，在县西北三十里，旧志相传为董子下帷处，即董园。今居人三百余家，皆苏姓。

董墓考，枣强志云："自前明以来，广川镇移入景州，故老所传董墓、董园俱移入故城，语甚无征，前通志载董墓在景州董家里，郡志、景州志并引，本传家徙茂陵，寿终于家，辨墓不在景州，至故城原无董墓之说。"

卷七·人物叙："……澹台子、董子是诚千古人物，惟澹村纵为子羽所居，犹之寓贤，董学村为江都相下帷处，而其生长之里，昔属枣强，今入景州，亦不得称邑人。二贤祠有主，澹村董学又各有祠，表师承，荣村里，各自奉祀，均无不可……"

卷八·杂志：澹董考辨"……枣强志云，董墓、董园俱移入故城，按董园即城西北四十五里董学村，传为下帷处，旧无董墓之说。又云旧县村东有董子祠石像也，土人相传故城界内有董子墓，其居人于墓所建祠，自西山舆石来至村西，忽石重不可举，遂置之而去，村众因于其地建祠，为故里之验，语近迂怪。景州旧志云，墓在董家里，屈志引本传，家徙茂陵，寿终于家，证其墓实不在景。河间新志辨同，又引西京杂记，仲舒门人至多，过其墓者必下马再拜乃去，以故人呼为下马陵，至唐时转讹为虾墓陵，是董墓并不在广川境内，何论故城也。千秋之后，数州县犹争牵引崇祀，亦各有本，自故城董学村西去，过清洋江至枣强境旧县村，枣人传为董子故里；自董学北去六七里至景西南界河渠村，又北十余里为广川镇，景人传为董子故里。由董学西北数里有村名董故庄，此庄三州县交界，北景、西枣、东南故城。水经注，清河北径广川县，阙骃曰，县中有长河为流，故曰广川也。今清洋江为清河水故道，以地里方位考之，适在汉广川县中，今枣强之旧县、故城之董学、景州之董家里，汉时俱为广川县属，汉后收广川入枣强，元魏又分枣强立广川县，北齐天保年又收广川入枣强，历隋唐金总属枣强，是广川隶今枣强久，则祀董广川也，宜。至元世祖移景治蓨，始割广川镇属景州，今几五百年，则景州之祀董广川也，亦宜。清洋江在广川县境中，自明以来江之东境割入故城，而下帷处适即故城之董学村，则故城之祀董广川也，亦宜。但董子大儒从祀天下孔庙，三州县既在汉广川境中，地以人传，斯爱斯慕，允当俎豆宗仰，后学矜式，而代远迹湮，似不必固执某村为其墓，某村为其故里，徒浮慕虚尚为也。乃高山景行，人有同诚，隋时于安乐西北，曾特立广川县，在今德州地，去汉广川县尚隔八十里，亦立董子祠，祠圮碑湮有年，至明景泰间掘地得碑，德州因重建董子祠，又有董颜祠，明德为乡国之荣远矣哉。"

卷九·文翰与董子相关诗文与旧志同，不录。

卷十·文翰，武城苏纮撰《重修二贤祠碑记》："二贤祠者祠澹台子羽、董仲舒也。澹台，武城人，而故城有澹村，相传以为子羽故居；董，广川人，故城则有董学村，为仲舒下帷处，是以甘陵先贤，惟二人为称首，向无专祠。自前明李侯始建于卫河之滨，大司马周公为之记，载在邑乘，已距今二百余年，中间修葺之者，无闻焉。岁月滋深，水啮岸崩，遗墟断础，化为乌有，采风者每思而吊之，而居人几莫名其处，盖有待于后贤者久矣。岁丙申晋江纪公莅临兹邑之四年，德及化洽，为政多暇，慨然以兴教式俗为己任，因群诸生课文艺，丹铅甲乙，率旬日辄一试，复相与征文考献，溯先儒之流风，寻祠宇之故址，其有楹梁栋桷板槛之挠折宜完者，盖瓦级砖之破缺宜补者，赤白之漫漶不鲜者，皆将以次举，而二贤祠独芜坏无所藉手者，乃首先为之，虽重建，实创举也。是役也，择地于城南弦歌巷，经始八月之吉，其制则为堂三楹，阶三级，有唐有门，缭以周垣，甃以瓴甋，惟坚惟朴，其鸠工庀材，用钱若干缗，皆捐俸以济，事不繁而民不扰，凡两阅月功告成，成之月，陈俎豆，具牲牢酒醴，帅僚属缙绅耆宿之士，合乐以祭。于时仰瞻榱桷，俯睇几筵，莫不缅怀高望，穆然想见其为人，而缙绅耆宿之士，私心相庆，以为二贤往矣，而公重之如是，继自今有不由径，不入室，仿佛先贤之一二者，其见重于公，崇奖而培植之，更当何如也。吾侪可不勉乎哉，夫表章前哲，善志也，风示儒林，善教也，兴废举坠，善治也，其此三善，不可不志焉。公之命纮也，则曰愿志其始末，以俟后之踵起云尔，夫为人所不为于二百余年之后，而其意犹若有所未尽，亦可谓自待者厚，而所思之远也已，不辞而承公以为之记，至于疆域之所分，里居之所属，其连延错置，前人论之详矣，兹故不复赘云，乾隆四十一年岁次丙申十月下浣之吉。"

县令许瀚撰《重修二贤祠碑记》："甘陵旧有二贤祠，在县城南卫河之阳，建自前明万历年间，规模虽属宏敞，而年久倾颓，不无榛苓怅望之叹，历任以来，春秋致祭，均系望空遥献，瀚自乙未冬莅故邑，循例瞻谒二贤祠，目击墙坍塌，壁宇俱倾，心切忧然，虽欲议重修而不可得，丙申孟春，时值倡修文庙，余有捐赀，遂议重修之举，并因故邑义学废弛已久，虽经瀚先于忠义暨周公二祠设立义学，捐廉延师授徒，但周公祠系周氏家祠，终非久计，若于二贤祠添建数椽，即可永作义学，连忠义祠共有两处，足可教育人材矣。随督率董事人等，购材鸠工，不匝月，而工已告竣，并刻澹董木主于其中，树风规而开后学，于斯称厥盛焉。核计所需工料，共银捌百伍拾两，尚计存剩捐项银，易换大钱壹千陆百千文，当即发交各当商具领，年利一分生息，每年可得息大钱壹百陆拾千文，作为两义学延师修膳之需，并择诚实绅董经管其事，永不许官自提用，以杜侵挪。斯役也，民不劳而事举，财不糜而功成，将见一乡之人瞻仰前徽，追思先达，庭无干谒之请，野有笃实之儒，虽二贤去今千百余年，安知不有继澹董之人，文而步其后尘也哉，是为记。"

冀州（县）志

一、乾隆十二年范清旷纂修《冀州志》

卷之二建置·冀州学宫载，嘉靖十四年"建乡贤祠，在学西，即旧训导宅地，俱知州缪宗周建……二十二年因定所祀名宦乡贤，先是知州缪宗周以迁秩未定，至是知州张景达始议名宦祀汉范滂、李忠等，先贤祀晋郤缺、汉董仲舒等"。

卷之十五人物上·冀州先哲载："按旧志先哲，冀州载董仲舒，枣强载吕尚。考元曹元用《景州董子祀堂记》云，按《汉书》董仲舒广川人,广川属汉信都郡,今景州蓚县是也,西南乡有广川镇,其别墅曰董家里,有祠在焉,唐宋碑镌犹存,其说殊核,洪武年蓚并入景,则景之宜载董子明矣。冀之载董子者,盖因汉时蓚隶冀州而傅会之耳。"

卷之十六人物中·枣强文学载:"吕步舒,广川人,与同郡段仲温从董仲舒授春秋,皆名位称达。步舒仕为丞相长史,武帝建元六年,辽东高庙、长陵高园灾,仲舒居家推说其意奏之,后淮南、衡山王反,帝思仲舒之言,使步舒持斧钺治淮南狱,以春秋义颛断于外,还奏,帝皆是之。"

卷之十八拾遗·枣强古迹载:"董子里,在城东,旧传董子下帷讲学处。"

二、民国十八年王树枏等纂修《冀县志》

卷四·金石,班固书《董仲舒赞》石刻:"《天下金石志》载有班固书董仲舒赞石刻在冀州,赞文云:刘向称'董仲舒有王佐之材,虽伊吕亡以加,管晏之属,伯者之佐,殆不及也。'至向子歆以为:'伊吕乃圣人之耦,王者不得则不兴。故颜渊死,孔子曰'噫!天丧余。'唯此一人为能当之,自宰我、子贛、子游、子夏不与焉。仲舒遭汉承秦灭学之后,六经离析,下帷发愤,潜心大业,令后学者有所统一,为群儒首。然考其师友渊源所渐,犹未及乎游夏,而曰管晏弗及,伊吕不加,过矣。'至向曾孙龚,笃论君子,以歆之言为然。"

赞文与《汉书》董仲舒传相同,惟"笃论君子"处少一"也"字。《天下金石志》为明代宛平于奕正编纂。

卷五学宫记载全依范志,惟在"名宦祀汉范滂、李忠"处加"明李德美"一人,"先贤祀晋郄缺、汉董仲舒等"处加"明陈霱、谢缜"二人。

卷九·职官云:"冀州建官,秦以上无可征信,春秋晋大夫郄芮之子缺尝耨于冀,案冀氏县,隋地理志属临汾郡,非今冀地也。"

卷十八·人物云:"太平御览以周之太公吕尚,明一统志以晋之郤缺入之冀州，不知左氏之所谓冀者，乃临汾郡之冀氏县，隔在两省。"

民国《冀县志》认为，春秋时冀州在冀氏县，吕尚、郤缺不能算作冀州先贤。然明河间府志记载吕尚为观津人，枣强县境内古迹有棘津城、卖浆台均与吕尚有关，且武邑之称或源自齐太公，此处与本文关联不大，存疑待考。另在人物卷中又说到"今录其信而可征者，汉则秦恭、邳彤、刘植、马宠、孙璆、啸父"，未将董仲舒列入。

枣强县志

一、嘉庆八年任衔蕙纂《枣强县志》

自嘉庆八年知县任衔蕙修纂的《枣强县志》序中可知，当时存世县志有康熙六年知县胡梦龙和乾隆十七年知县单作哲递修的两部。

卷六·选举表·荐辟载："汉董仲舒，孝景时博士，武帝继位以贤良对策为江都相，又为胶西王相。"

卷七·地理志·古迹·董子故里载："【胡志】广川旧城东即董子下帷讲诵处，明知县罗廷唯考曰，汉世广川枣强本为一也，离合废置有不同焉耳，董子生于文景之间，实此邦之产，故汉儒序董子集曰清河广川人，则董子所生之地即属清河之广川，而未尝属于他郡，尤为确证矣。【单志】案旧县村西有董子祠石像也，土人相传故城界内有董子墓，其居民于墓所建祠，自西山举来石像，至村西忽重不可举，遂置之而去，村众因于其地建祠，以是为董子故里之验，语近迂怪，附识备考。"任衔蕙又作案语："胡志载罗廷唯考，详见大原书院记中，载艺文录。"

卷八·建置志·坛庙·忠义孝悌祠，祠祀汉吕步舒。

董子祠，在县治西，"顺治十七年知县何之图置祭田六十亩，乾隆十一年知县赵杲重修，岁久倾圮，嘉庆八年知县任衔蕙即旧址重建"。

卷十·学校志·东庑从祀先儒第三"董仲舒，广川人，汉景帝时为博士，武帝时为江都相。元至顺元年从祀，明成化二年追封广川伯，嘉靖九年改称先儒"。任衔蕙案语中说先儒自"宋元丰七年以荀况、扬雄、韩愈从祀……明洪武二十八年以董仲舒从祀，罢扬雄"。

书院义学条下大原书院载"旧在县署西，今废"，任衔蕙案语"旧志明知县罗廷唯建，万历初江陵为政，檄毁天下书院，遂改为北察院，今仍建董子祠及杨公祠、节孝祠皆其地也"，张居正当政，毁书院，禁讲学，大原书院改为北察院。

卷十一·典礼志·董子祠"春秋仲月上戊日祭"。

卷十三·史传收录汉书董仲舒传、史记儒林传中董仲舒弟子部分。

卷十四·列传·先儒注明，董仲舒见史传，殷忠见董仲舒传。

卷十八·艺文录上·罗廷唯撰大原书院记云："……汉高祖初置广川县于此，属信都国。景帝前二年始分广川置枣强县，属清河郡。中元二年复并枣强入广川县，属广川国。历武帝至宣帝甘露四年，广川国除，复广川为枣强，属信都国，而后汉则又复枣强为广川，属清河国，是则终两汉之世广川、枣强本为一也，离合废置有不同焉耳。其曰广川国、信都国皆今冀州治，而清河则山东之恩县。董子仲舒生于文景之间，仕于武帝之时，实此邦之产，故汉儒序董子集曰，清河广川，则董子所生之地即属清河之广川，而未尝属于他郡尤为确证矣。若夫并枣强为广川，移属渤海，渤海者古景州也（在东光），乃晋武时事。改广川为长河，移属平原，平原者今德州也，乃隋炀时事。已非两汉地理统辖之旧，然其与后燕之置广川郡于枣强，北齐之合广川县为枣强，则始终一地，犹未之有异也。后代信其委而不考其源，乃使董子寓祀于景德二州，元学士曹元用记其祠曰：广川属冀都郡，今景州蓚县是也，此因广川镇分属景州而附会谬误，遂至于此。不知蓚县在汉自为条市，与广川并建，至晋始改条为蓚，至元始徙今景州于此，岂可以蓚县为广川，而强以后世暂属平原渤海之广川为董子故里耶。或谓景州治东有广川台，即董子读书处，是又不知旧本为官僚游憩之所。元蓚尹吕思诚始移董祠于此，因名为广川台耳，况广川镇即晋所置，广川虽属景州，其去枣强尤为密迩，而枣强郭东二里许在元为广川乡，有郑侯墓表岿然尚存，故真定、冀州二志俱载，汉广川废城即今之故县村，而直书董子为枣强人物。质之史志，验之封疆，皆明确无可疑者。一统志习见元事，遂误认为广川为景州属，而于沿革漫无所附，岂非杂于采获而略于考订耶？余尝著其说于邑乘，即乃毁境内诸淫祠，建书院于县治西偏，以表章其遗迹。选邑庠弟子员，俾肄业期间，自念寡陋，无足为诸生师帅者，因取朱子白鹿洞学规揭诸堂上，以备朝夕省览焉。盖古人为己之学莫要乎此，而董子格言亦在其中，学者苟能由是而相与切磋，则优游渐渍，道义日隆，乡邦大儒有不难于企及者，岂特工文字逐功利而已耶，或视此为嬉游之区，群居终日，言鲜及乎道义，则又董子之罪人，而余亦与有深辱矣，诗曰：高山仰止，景行行止，诸生其知所自勉乎哉！院制为堂三楹，曰：明道正义之堂。翼以两厢，东曰：明道书舍。西曰：正义书舍。各五楹，分十会，东曰：道原，曰：正心，曰：求贤，曰：更化，曰：蕃露；西曰：教本，曰：成德，曰：养士，曰：善治，曰：玉英。堂之后为三策亭，亭后为董子祠，有厨有斋有园，曰：不窥之圃。堂前为仪门三，匾曰：道义之门。门外东西列义仓各二厫，余措处粟谷三千石有奇贮其中，每岁仲春以贷贫民之乏种者，秋则收之，不责以息，事具别石，此亦董子限民名田，教种麦以赡不足之意也。总题其大门曰：大原书院，缭以周垣，围凡五十丈一尺，共集地六亩八厘二毫。夫易荒者学也，易弊者政也，振作而完缉之，以图永久，又不能无望于后之君子也，故记之。

明何尔健撰董子祠记，枣强在汉为广川郡，乃董子故里。旧有书院奉祀事，久之废为公署，而移祠于城之西南隅，湫隘殊甚。廉访郑君一麟过谒祠下，太息良久，遂为文赋诗，遍告邑之父老子弟，谋所以新之。会余按部至其地，与君意合，因各出赎锾若干缗，自郡贰胡君熙载以下，咸有所助，因檄邑令李君梦熊相地于察院之西，即故祠所。经始间李君寻以迁去，新令王君阶至，遂鸠工庀材，以学博张君仁宏董其事，创为享堂三楹，堂后讲堂三楹，东西庑厨、书室各二楹，大门、二门各一楹，屏墙三座，达以甬道，涂以丹垩，缭以周垣，其规制宏敞，经理精密，较之往昔不翅倍蓰什伯间矣，事竣冀守杨君嘉猷谒余请记……"

何尔健，曹州人，万历十七年进士，二十二年任监察御史，二十八年畿南蝗旱灾重，何尔健巡按至此。郑一麟，上虞人，万历五年进士，官至按察使，元代时按察使称"肃政廉访使"，廉访是旧称。查范清旷纂修《冀州志》可知，杨嘉猷，怀远人，举人，万历二十六年至三十年任知州。李梦熊，潞州人，举人，万历二十三年至二十九年任枣强知县。王阶，云南人，举人万历二十九年至三十三年任枣强知县。冀州州判胡熙载，范志及民国《冀县志》均未载。

清邑人刘元炜撰董子祠置田立义学记云："枣治西北旧有董祠，祀汉江都相仲舒氏也，岁戊戌慎菴何侯莅临枣二年，百废俱兴，以董祠之颓圮，乃召匠石，鸠采工，易朽焕圬，虽历年久远，特然若新祠焉。复以为人性皆善，人皆可学，有学有不学者，富者之逸诚无足责，贫者之废学则大可悯也。董子曰教化行而习俗美，学诚不可不广，因于祠前之左右及后，益置数椽，复缩俸置田四十亩，使士之业于其中……"

刘元炜，顺治十七年庚子科举人，何之图，会稽人，监生，康熙十五年至十八年任知县，戊戌年是康熙十七年。

卷十九艺文录下收有明金华胡翰撰吊董子文，与前同，不录。宋刘厂撰《董子赞》：仲舒先觉，承秦绝学。进退规矩，金玉其璞。法明春秋，大义以修。旁及五经，博哉优优。世莫能容，黜相诸侯。仁义所渐，易刚以柔。茫茫大道，在昔圣考。盖又不闻，爰究爰讨。主父掎之，步舒诡之。嗟若先生，有以启之。惩达告休，不预世忧。著作孔多，后世是遒。嗟尔君子，允遵厥猷。

吟咏董子故里诗有陈孚七绝两首：俯窥人情仰宪天，素王心事第三篇。大夫不向江都死，换尽炎刘四百年。

义利从来界限殊，大夫一语破昏愚。平生最笑秋风客，只爱黄金灶鬼书。

宣城胡梦龙五言长诗《董子故里》：自有生民来，至圣惟孔子。二百四十年，千古成信史。世道不可极，倏焉七雄峙。郡县祖龙兴，诗书一炬死。帝王自有真，丰沛汉高起。铁马跃金戈，治术非尽美。萧曹任刀笔，良平用奇诡。惠文迄景武，微言安所倚。天未丧斯文，先生振萎靡。贤良策尔咨，阐发天人旨。反复数千言，匡君致上理。公孙尚曲学，远做江都使。寓意托繁露，虽工不吾以。抱志郁郁终，千秋存庙祀。巍巍恒山巅，悠悠滹沱水。徘徊山水间，感遇何时已。余也宛陵客，吏迹基于此。登堂拜遗像，向往思仰止。

寓圃作《董子故里和胡梦龙韵》：汉高兴马上，佐命推三子。定律如鄂侯，伯术半秦史。吴公荐洛阳，孝文治方峙。宣室空前席，未几赋鹏死，武皇勤币曛，董子广川起，卫霍事北征，博士饰观美。平津貌求贤，娟嫉怀奇诡。先生法春秋，中立无所倚。溯自孟轲没，庞杂哀群靡。天人策万言，正谊标宗旨。惜徒外施仁，贤良未佐理。汲狂亦典郡，骄王两为使。正身骄亦恭，谁曰化难以。胶西谢病归，尼山隆从祀。缅彼公孙阁，奚似广川水。广川列数郡，里贤争未已。石像岿然存（畿辅志，董子石像从西山抬至枣邑界内，遂重不可举，以此传为故里），下帷应在此。瞻拜仰休风，微言欣觌止。

二、同治十三年《枣强县志补正》

卷一载："董子祠同治十年知县方宗诚重修，旧县村有董子庙，当是建城时所建，宗诚亦修理之，其后王善友村亦有董子祠，盖其子姓所建，今皆存。"东庑从祀董子仍列第三。

卷二·先贤载："……先贤一门惟董子一人足以当之，余无可续者……"

卷五知县方宗诚创建敬义书院记载："……汉大儒董子盖生是邦，今县城中有董子祠，旧县村、王善友村多姓董氏者，亦有董子祠三……即董子之生果为今枣强境与否，亦未可定，然人心秉彝好德之良，与学者慕古希贤希圣之怀，有非口舌所能夺者……董子独抱仁义礼乐道德为学，其对武帝之策曰，仁人者，正其谊不谋其利，明其道不计其功……同治十年予来宰枣强，构讲舍五间于署之西偏，立学规以课士。又二年得前邑令张君所购宅基一区，在董子祠前，爰筹资创建书院讲堂，因取太公所述丹书之言名之曰敬义书院，而讲堂则大书董子正谊明道之训……"

民国二十年，张宗载、齐文焕纂《枣强县志》卷一·疆域中案语云："金史枣强有广川镇，元史有广川萧张二镇，自明以来，广川镇移入景州，故老所传董墓、董园俱移入故城，县界不惟幅狭于前代，而先儒笃生之故，亦纷如聚讼矣。"

乾隆皇帝历次南巡，对董子相关遗迹多有吟咏，地方志书所载不全，今依《御制诗集》整理如下。《御制诗集》二集卷六十六《广川台》：三丈崇台级几层，董祠移自广川曾。贤良策少即成诵，惟是施行惭未能。三集卷十八《广川台》：春秋义具天人策，灾异阴阳却鲜稽。未识葩经明哲旨，奚辞谀谪相胶西。三集卷四十四《董学村》：三策原非时事疏，醇儒惟董岂虚誉。天人注尽春秋理，繁露翻嫌太凿诸。四集卷六十六《董学村》：汉儒醇者斯人耳，疾自公孙岂系心。三策童时即成诵，推行惭愧至于今。五集卷二《董学村》：汉儒贾董并称之，系颈单于董弗为。以此二人分伯仲，春秋繁露却邻奇。五集卷五十四《董学村》：三载下帷独著书，却言灾异祸招诸。择交自是学人重，弟子何容吕步舒。

综上可知，在董子出生和生活过的地方，历史上曾建有董子祠宇有如下数处：

1. 景县广川镇（设有广川书院）2. 故城县董学村，3. 景县董故庄（设有董子书院），4. 枣强县旧县村，5. 枣强县王善友村。

历史上景州、枣强、故城等州县所建董子祠宇，多作为乡贤崇祀，由于山川陵谷之变，汉初之时大多尚未有城垣，不好遽定董子是否活动其间，反而是今冀州区在汉为广川国都，班固所书董仲舒赞石刻至明代时仍存。

董子故里之争，纪晓岚纂《四库全书总目提要》介绍六卷本《董子故里志》时说"数百年来，喧如聚讼，迄今未有所归"。究其深因，都是河道变迁所致，查《衡水地区水利志》图1-2-1-①，汉代张甲河流经线路在枣强境内较清凉江偏西数里，入景县境，穿广川镇西部北去，汉代时以上五个村镇都在张甲河以东，按照故城县志《澹董考辨》所说"元世祖移景治蓚，始割广川镇属景州"，董学村是明代以清洋江（今清凉江）为界，"之东境割入故城"，至此把汉时董子生活的广川一县划入三州县内，遂使董子故里之争以至于今。

在旧方志还可以发现另一桩历史公案，即是董子的传人问题。董子的著名弟子在《史记》记作"兰陵褚大、广川殷忠、温吕步舒"，《汉书》记为"兰陵褚大、东平嬴公、广川段仲、温吕步舒"，殷忠、段仲是不是一个人呢？明版《河间府志》解作两个人"殷忠，广川人，董仲舒弟子，治春秋。段仲温，广川人，与殷忠师事董仲舒，卒之名位成达，又与同郡吕步舒从胡毋生治公羊春秋"，清《冀州志》直接说"吕步舒广川人，与同郡段仲温从董仲舒授春秋"，枣强县的忠义孝悌祠，专祀汉吕步舒。如此"广川殷忠、温吕步舒"解作"广川殷忠、段仲温、吕步舒"为宜，或系《史记》流传过程中简脱文断所致，当然这是一种推测，尚需新出土的《史记》简帛原文印证。

董子故里文化产业园区的规划与建设，关系到贯彻实施乡村振兴伟大战略，通过整合旧方志中董子故里文化资源，打造好董子故里这一文化品牌，必将推动衡水的文化产业整体性升级。

本文为"2019中国·衡水董仲舒与儒家思想国际学术研讨会"提交的论文。

田卫冰（1975—），男，河北深州人，衡水市规划设计院规划师。

董学研究综述

风雨沧桑七十年　董学研究归正道
——1949年以来的董仲舒哲学研究回望与反思

余治平

在中国儒学史上，董仲舒的研究从汉代以后就不是那么太热了，更没有成为过什么"显学"，往往却因为演绎阴阳灾异、容易得罪当朝政权的关系而不招致杀身之祸就已算是万幸的了。人们只要稍微回顾一下近代以来的董学研究历程就可以发现，董子也几经沉浮，命运坎坷。一百二十年前，"戊戌变法"过程中，康有为推扬今文经学改制传统，光大了董仲舒，实际上也利用了董仲舒，罔顾学术与现实的边际而竭尽公羊学阐发微言大义之能事。一百年前的"五四"新文化运动中，董仲舒又被痛骂，承受着"千年专制""文化独裁罪魁祸首"之类不堪重负的骂名。

1949年至今，学术界已经走过七十年的伟大里程。我国学界的董仲舒研究，笔者大致划分出六个阶段。三十二年前，解成、王真《建国以来的董仲舒哲学思想研究》（河北省社会科学院、河北省哲学社会科学联合会编：《董仲舒思想研究》，河北人民出版社1987年版，第242—287页）曾把1949年至1987年的董仲舒哲学思想研究分为四个历史时期，即，第一个时期是1950年到1956年，第二个时期是从1957年到1965年，第三个时期是从1966年到1976年，第四个时期是从1977年到1987年。1949年后董学研究的前四十年这种划分还是很合理的，故笔者以之为回望基础，增添新内容，再作后三十年的进一步延续。

第一个阶段，1949—1956年，董子新标签。

伴随着侯外庐编著《中国思想通史》第二卷、吕振羽《中国政治思想史》的出版，董学进入中国高等学校中国哲学史专业课程体系，成为一个重要的知识点。侯外庐称董仲舒是"中国的奥古斯丁"，董仲舒的历史观是"一种循环论"，其政治论是"一种德治主义"，是"秦代任法专制主义的反对命题"，"王充的伟大异端体系"也是董仲舒哲学的"反对命题"。但在1957年修订版中，则删去了许多对董仲舒称许过分的词句。冯友兰1950年为苏联大百科全书撰写的《中国哲学底发展》一文（经过中国哲学会讨论后的修改稿，于1958年首次发表），则将董仲舒和王充看作是"纪元前二世纪至纪元后二世纪间的唯物论与唯心论的斗争"，显然受到日丹诺夫哲学史定义的巨大影响。1951年，《毛泽东选集》第一卷正式发行，收录了毛泽东1937年发表的《矛盾论》。"在中国，则有所谓'天不变，道亦不变'的形而上学思想，曾经长期地为腐朽了的封建统治阶级所拥护"，董仲舒被不点名地扮演了马克思主义哲学的反角儿。

第二个阶段，1957—1965年，"帽子"换着戴。

1956之后，陆定一做了《百花齐放，百家争鸣》的报告，中国哲学界许多人对日丹诺夫的哲学史定义表示不满。1957年1月举行的、后来也颇为著名的"中国哲学史座谈会"上，张恒寿指出，二十多年来，用马克思主义阶级分析方法写的"大部分论著，基本上还没有超出简单比附西方哲学发展的阶段，还没有完全克服在唯心唯物的框子上贴阶级标签的缺点"，董仲舒的天人感应论尽管是"非科学的、迷信的"或者"神学的、宗教的"，但"其言论中的人民性不会比大诗人杜甫、白居易作品中的更为少些"。然而，侯外庐《中国思想通史》第二卷修订则改口称董仲舒的思想活动是武帝政治措施的"苟合取容"，是"承武帝意旨所演绎的庸俗哲学"，是一种"宗教化的唯心主义体系"。范文澜《中国通史简编》称："董仲舒的哲学观点是循环的不是发展的，是调和的不是斗争的。有唯物论的因素，但基本上是唯心论，有辩证法的因素，但基本上是形而上学"。周辅成1961年出版的《论董仲舒思想》一书称董仲舒的认识论,"从物理(个人的心与天意的交接点)开始,经过理、义、天意、反省等范畴,逐渐向一形而上学的世界"迈进,因而"不仅是反人民的,而是反科学的",也"不同意把董仲舒列为当时的进步人物"。1962年李民先后发表《凡物必有合》《略论董仲舒的认识论》《试论董仲舒是自然观——哲学史笔记》三篇论文,把董仲舒哲学体系概括为"素朴的唯物主义"和"自发的辩证法思想",推翻了侯外庐修订本的全部论点,因而遭到了来自各方面的反对和批评,张岂之、杨超、李学勤、陈正夫、冯友兰、汤一介、任继愈、张立文、李锦全、杨宪邦等都卷入其中。学者们虽然可以发表不同意见,但意识形态主流价值观的清洗和左右已经不可避免了。

第三个阶段,1966—1976年,董仲舒被痛骂。

"文化大革命"中的董仲舒研究可谓一片荒芜。因为林彪曾说过一句"汉朝罢黜百家,独尊儒术,有个董仲舒,我希望大家都当董仲舒",1972年"九一三事件"后,董仲舒便遭受深度谴责和批判的命运。杨荣国主编《简明中国哲学史》,任继愈主编《中国哲学史简编》,潘富恩、瓯群合著《中国古代两种认识论的斗争》,凡涉及董仲舒的部分,无一例外地都遵循了侯外庐《中国思想通史》第二卷的立场和态度。1973年2月1日《红旗》杂志发表《林彪和董仲舒是一个窝里的蝎子》一文,作者是"景县董故庄大队党支部"。随后还有北京大学、河北师范大学的教师和工农兵学员专门跑到景县大董故庄开展过"批林批孔批董"活动。杨荣国在1973年8月18日《人民日报》上发表《两汉时代唯物论反对唯心论先验论的斗争》一文,直接把董仲舒思想裹挟进现实的"意识形态领域阶级斗争"。董健在1974年3月5日的《人民日报》上发表《林彪与董仲舒》,顾为锦在1974年第3期《南京大学学报》上发表《董仲舒的〈天人三册〉与林彪的复辟之道》,都是典型的"大批判文章",影响甚为恶劣。这个十年,董学研究的唯一进展可能就是中华书局在1975年9月出版了清代凌曙的《春秋繁露注》(全三册)点校本的大字本。

第四个阶段,1977—1989年,重估董仲舒,董学复苏期,处于改革开放的初始阶段。

改革开放以来，中国哲学界终于有勇气进行正常的学术研究和理论探讨了。一阳来复，万象更新，而拨乱反正、纠偏改错则是首要任务。1979年7月在北京、10月在太原的两次中国哲学史讨论会上，都有学者重提董仲舒思想评价问题。就在1980年前后，张春波、金春峰、孙实明、吴光、杨宪萍、严北溟等一批学者纷纷在《哲学研究》《中国社会科学》《浙江学刊》《中国哲学史研究》《复旦学报》等期刊上撰文，对董仲舒思想作了基本肯定。但也有学者，如于首奎、李锦全、柯兆利、何春光，对董仲舒则作了有限肯定，而完全否定董仲舒的学者已经极为少见了。晚年冯友兰的董学研究成果体现于他在80年代撰写的《中国哲学史新编》第三册，第二十七章"董仲舒公羊学和中国封建社会上层建筑"。单从章节的标题上看，《新编》就依然具有浓厚的政治色彩，马克思社会发展"五阶段论"的痕迹异常明显。冯友兰以一种社会矛盾分析、阶级观点分析的方式变相肯定了以汉初董仲舒为代表的儒家思想在"封建社会"所发挥的治理功能和积极价值，他是在为董仲舒从马克思主义阵营里、从意识形态话语中争得一块属于自己的地盘，谋求董仲舒思想在现时代的合法性，使之能够进入当下人们的学术视野，成为社会主义中国人民精神生活的有益给养。

李泽厚在1984年发表《秦汉思想简议》一文，凸显并褒扬"以董仲舒为代表的秦汉思想"，随后便形成他著名的"儒学四期说"，以与牟宗三的"儒学三期说"相针对和抗衡。李泽厚的观点对于董仲舒能够被公正评价、董学研究回归常态和正道，都具有不可磨灭的重要贡献。1986年9月22—26日，全国首届董仲舒哲学思想学术研讨会在石家庄举行，张岱年称董仲舒在哲学上"确有反动性，但是也有进步的一面"；张恒寿理性评价董仲舒"是颇有进步意义的思想家"；严北溟则为董仲舒鸣冤叫屈，呼吁"必须排除董仲舒研究中'左'的偏见"。这个时代涌现出钟肇鹏、于首奎、金春峰、周桂钿、王永祥、华友根、吴光、李宗桂、李奎良等一批志于董学的中坚力量。对后来有影响、至今仍然在发挥学术借鉴作用的全景视野研究著作，包括金春峰的《汉代思想史》，董学研究专著、周桂钿的《董学探微》，都产生于这个时代。于首奎《两汉哲学新探》（1988）以探讨董仲舒哲学思想为主，却因明显的意识形态话语叙事而自断了后来的学术生命。80年代后期，随着"传统文化热"的出现，作为儒学家、思想家的董仲舒才开始被客观而公正地对待，董学研究也才获得相对独立的学术空间。

第五个阶段，1990—2000年，董学研究范式转型期。

中国学界自1989年之后，在整体风格上开始逐步呈现"思想淡出，学问登场"的特点。人们开始不满足于对董仲舒的思想和学术只作地位评价和泛泛而说的定性研究，而更愿意沉入实实在在的具体问题探讨，以有效推进董学、提高董学。这一时期，虽然不时仍夹杂着唯物论与唯心论、辩证法与形而上学之类的"扣帽子"研究范式，毕竟接受过马克思主义教育的那一代人还都健在，但显然已经不是董学研究的主流。王永祥的《董仲舒评传》（1995）一书，"农民阶级与地主阶级的矛盾""封建理论""封建伦理"一类的话语依然痕迹明显。但华友根的《董仲舒思想研究》（1992）一书则更为自觉，因而也更为干净地摒弃和清洗了意识形态味太浓的话语系统，而更趋近于从哲学、政治法律、社会经济、历史与民族等多学科层面去展开并分析董学思想内容。这个阶段，董仲舒思想研究开始走上一种正常的、健康的学术轨道，年轻一辈的董学研究者正在涵泳成长，他们已经完全抛弃了那种粗暴地给董仲舒套上一顶诸如"封建专制卫道士""唯心哲学家""教条主义者""先验神学主义"之类大帽子的简单化处理方法。超越于前辈学者，而以一种理性的、平静的心态对待董仲舒的生平、思想及其学术史，而力求做出理性、科学、客观、公正的评价和阐发，已经被多数董学研究者所接受和认可。曾振宇、范学辉《天人衡中：〈春秋繁露〉与中国文化》（1998）一书则是董学研究范式转型的一种有益尝试。

第六个阶段，2001年至今天，是董学研究繁荣期，经学与哲学交汇期。

邓红《董仲舒的春秋公羊学》（2001），段熙仲老先生的《春秋公羊学讲疏》（2002年）一书经过他弟子整理而在南京师范大学正式出版，余治平《董子春秋义法辞考论》（2013），都聚焦于董仲舒董子公羊学的核心内容，都是当今治董学人所必须参考的经学研究专精之作。黄开国《公羊学发展史》（2013）对董仲舒的公羊学也进行了认真梳理，并作精湛独到的阐发，嘉惠董学界。董学界的人越发意识到，必须重新把董学纳入经学的轨道、恢复对董学进行原生态的研究。蒋庆在1997年也出版过《公羊学引论》一书，第一次系统而简略地介绍了公羊学知识，为董子的公羊学研究奠定了初步基础。余治平《唯天为大——建基于信念本体的董仲舒哲学研究》（2003）一书则从天道信仰的角度开辟出董学研究的文化心理学、准宗教性维度，视野独特，并且还能够穿透阴阳五行之学而深挖出董仲舒天学思想体系的脉络结构和天人感应的内在机理。刘国民《董仲舒的经学诠释及天的哲学》（2007）、崔涛《董仲舒的儒家政治哲学》（2013），也表现出一定的哲学＋经学的研究特色。张祥龙《拒秦兴汉和应对佛教的儒家哲学——从董仲舒到陆象山》（2012）一书并没有把西方哲学现象学的方法带入董仲舒研究，而是相当谨慎地模仿走中国哲学的诠释路径。俞荣根《儒家法思想通论》（1992，1998，2018），探讨了董仲舒以天为最高法权，其"天人感应"对法的价值论和方法论的积极贡献。方朝晖在《"三纲"与秩序重建》（2014）一书中，通过系统梳理董仲舒"以天正君"的观念，纠正了人们以为董仲舒"维护专制""绝对服从"的长期误解。在经学与哲学交互变奏的潮流中，黄朴民《天人合一：董仲舒与两汉儒学思潮研究》（2013）一书则侧重从史学进路阐发董子新儒学产生的社会背景、思想渊源，挖掘董仲舒学术在汉代占据主导地位的原因。

这一阶段，作为董学研究基础性文献，袁长江主编的《董仲舒集》（2003），钟肇鹏主编的《春秋繁露集释》（校补本，2005）一书的出版，王永祥呕心沥血考订章句而铸出皇皇百万字的《春秋繁露注》，都为董学研究提供了必要的文献支撑。海外董学成果也获得了大量翻译，美国学者S. A. 桂思卓《从编年史到经典：董仲舒的春秋诠释学》（*From Chronicle to Canon*：*The Hermeneutics of the*

Spring and Autumn, according to Tung Chung-shu）（中译本，2008）一书，把传世文献《春秋繁露》82篇划分为"解经编""黄老编""阴阳编""五行编""礼制编"，几乎对每篇文字的真伪性都做了认真考辨，具有重要的文献参考价值。旅居日本的邓红教授带领团队先后翻译了斋木哲郎、田中麻纱巳、庆松光雄等日本学者的董学研究论文。

这一阶段，与董仲舒相关的学术组织和研究活动也呈现出非常活跃的趋势。2014年依托于衡水学院学术力量的"河北省董仲舒研究会"宣告成立。2015年3月，衡水学院在海内外率先成立董子学院、董子研究院。10月，中华孔子学会在上海成立了"董仲舒研究会"，余治平出任会长。2018年，西北大学现代学院成立董仲舒研究院。最近我们也正在与江苏省扬州市人民政府、扬州大学协调，酝酿在扬州——董仲舒两次出任"江都相"的地方，成立董仲舒研究机构。中共衡水市委、市政府、市政协以及衡水学院长期致力整合各方面资源，积极为董仲舒研究搭建有益的学术平台，多次组织和召开学术会议（论坛），凝聚海内外董学研究的有生力量，开启董学研究新局面。《衡水学院学报》自2007年起开辟了"董仲舒与儒学研究专栏"，云集了国内外一大批研究董学的专家学者，通过十年的积累已成为董学研究的重要阵地；他们先后编辑出版了《董仲舒与儒学研究》八册（前两辑名为《董仲舒研究文库》），成为当今董学研究的重要文献资料和不可替代的董仲舒研究学术档案。

回望和反思董学研究这七十年，道路是曲折的，成绩也是明显的，经验与教训同在。董仲舒研究在现当代中国多灾多难的遭遇与命运，其实就是我们国家和民族所承载的风云骤变、跌宕反复历史的真实写照，正所谓风雨沧桑、坎坷不平。而值得欣慰的是，董学研究终究回归了正常轨道，百折不挠的董学，愈摧弥坚，浴火重生，并又开始了它自身复苏、纠偏、调整和繁荣发展的演进历程。苍天有眼，不绝董学，颇似于孔子所感言："天之将丧斯文也，后死者不得与于斯文也；天之未丧斯文也，匡人其如予何？"（《论语·子罕》）

但目前看来，跟先秦儒家、宋明儒家和当代新儒家研究的高热不退相比较，可以说，包括董仲舒在内的所有汉代儒家思想和汉代哲学研究目前仍还处于一种冷门化、边缘化的状态。这主要表现在汉儒的学术关注度还比较低、经学的内在问题尚未进入公共话语而不易引起学术共鸣，研究队伍太过小众化，研究成果稀少并且密度低，研究领域宽泛化而仍多属粗放型等方面，这些都有待克服和消除的问题。

今后一段时期内，我们董学界需要进一步营造良好的学术氛围，整合各方面的有利资源，集中精力攻克和解决一些制约董学进一步发展的瓶颈性问题，诸如董学研究长效机制的构建，国家社科基金重大项目的申报，董仲舒传世文献考辨与历代注疏的系统研究，如何向学界和社会提供董学研究的可靠文本，董学若干疑难问题系统考证研究，董仲舒学术内在脉络的清理与挖掘，董仲舒思想分别与诸子的继承关系，董仲舒对汉代政经文化与社会形态的塑造，董学向官、民两个层面的普及与推广，董学如何"走出去"发挥世界价值，这些都亟待有所突破。

当然，董仲舒思想的现实意义与时代价值，也值得强调，学以致用，济世惠民，献治安策，是儒者的追求，但今后的董学研究则应当以学术的方式关注现实，而不是直接插手现实，乃至赤膊上阵。学者应当以学术为本，守护学术，推动学术，以超越、批判为己任。理性启蒙，觉民行道，不去争做"帝王师"，而致力于为董子春秋学注入现代养分，释放哲学解释力，激活董学新生命，让董仲舒的思想在今天这个时代也能够熠熠生辉，为人类文明进步而贡献智慧力量。

原载于《衡水学院学报》2019年第5期彩页1—7，系作者在"2019中国·衡水董仲舒与儒家思想国际学术研讨会"开幕式致辞，内容有删节。

余治平（1965—），男，江苏洪泽人，哲学博士，上海交通大学人文学院哲学系教授、博士生导师。

近四十年"罢黜百家，独尊儒术"问题研究的三个阶段

丁四新

"罢黜百家，独尊儒术"是两句众所周知的口号。近四十年来，就"罢黜百家，独尊儒术"及其相关问题，学者发表了大量论文，展开了持久的学术反思和争论。这场争论和反思不属于政见之争，而属于时过境迁的学术"较真"，既解决了一些老问题，又提出了一些新问题。笔者在阅读了其中六七十篇论文后，仍感到有一些关键材料和关键问题没有得到足够的重视和恰当的叙述，这直接影响了人们对"罢黜百家，独尊儒术"问题的解决，以及我们对于汉代学术思想政策的评判。

一、引言

在近四十年里，学者发表了大量探讨和研究"罢黜百家，独尊儒

术"的论文和文章,估计在 100~200 篇之间①。另外,有大量书刊文章或论文在不知不觉中采用了这两句经典口号,"读秀学术搜索"(www.duxiu.com)显示,有近五万条之多。近十年来,有三篇文章专门综述了研究"罢黜百家,独尊儒术"问题的学术成果,它们分别是刘伟杰的《汉武帝独尊儒术问题的研究现状与反思》[1]、郝建平的《近30年来汉武帝"罢黜百家,独尊儒术"问题研究综述》[2]和郭炳洁的《近三十年"罢黜百家,独尊儒术"研究综述》[3]。这三篇文章都采用分类法,综述了 1993—2005、1983—2012、1979—2014 年间的研究成果,其中郝、郭二文的综述较为清晰和细致,在质量上明显胜过了刘文。郝氏的综述包括如下五个方面:汉武帝是否实行过"罢黜百家,独尊儒术"的政策,这一政策何时实行,谁是这一政策的首倡者,以及独尊儒术的原因和历史作用是什么[2]。郭氏的综述也包括五个方面:对"罢黜百家,独尊儒术"可信性的质疑和反驳,对这一政策的原因分析,历史过程考察,与董仲舒的关系,以及其内涵和性质的重新诠释[3]。很容易看出,这两篇综述在子题上颇为相近,对讨论的问题都做了很好的概括。依此,郝、郭二氏对于"罢黜百家,独尊儒术"问题的研究做了较为细致的综述。

分类综述有一大好处,即能够很清晰地显示各子问题及学者对于这些子问题的回答。郝、郭二氏的分类综述正是如此。不过,他们的综述难以避免分类综述本身所固有的缺点或不足,即它容易忽视某一研究的阶段性特征及其主要问题,容易犯主次不分的毛病,容易不辨是非而杂陈各家意见。在笔者看来,学术综述的目的应当是:一在于告诉人们研究的历程和不同层面;二在于告诉人们已取得的积极成果和正确结论;三在于告诉人们既往研究之不足,并进而指明问题之所

---

① 在 2013 年,郝建平统计发表的相关论文约为 180 篇。在 2015 年,郭炳洁说:"迄今为止,公开发表的相关论文有上百篇之多。"参见郝建平《近 30 年来汉武帝"罢黜百家,独尊儒术"问题研究综述》(《古籍整理研究学刊》2013 年第 4 期,第 103 页);郭炳洁《近三十年"罢黜百家,独尊儒术"研究综述》(《史学月刊》2015 年第 8 期,第 105 页)。

在。在这三点上，郝、郭二氏的综述又是颇为不足的，甚至存在严重的缺欠。就当代"罢黜百家，独尊儒术"问题的研究，郝、郭二氏忽视了学者研究这一问题的历史性和阶段性特征，忽视了对人们研究此问题之动力的揭示，以及忽视了对主导意见的强调和对于不同意见之是非的评判。因此郝、郭二氏的综述实际上仅罗列了一堆看似"不偏不倚"的意见，但其是非然否仍有待读者的甄别和评判。

笔者认为，当代"罢黜百家，独尊儒术"及其相关问题的研究可以划分为三个阶段：20世纪70年代末至20世纪90年代初为第一阶段；1993年至21世纪10年代初为第二阶段；21世纪10年代初至今为第三阶段。第一阶段为初步反省期，第二阶段为深入辩论期，第三阶段为总结期。每一阶段各有其问题、内容和特点。

二、第一阶段

第一阶段的研究为初步反省期，主要围绕董仲舒的《天人三策》作于何时和汉武帝是否实行了"罢黜百家，独尊儒术"的政策这两个问题展开。

就第一个问题，大部分学者赞成由范文澜、侯外庐和翦伯赞主导的意见，认为董仲舒的《天人三策》作于建元元年（前140）[4—6]。后于传波、施丁、岳庆平三位开始了批评，认为由司马光提出的这一说法是不对的①；他们认为《天人三策》作于元光元年（前134）五月。于氏说："上述大量事实确凿地证明了董仲舒对策是在元光元年。"[7] 施丁的主张更为具体，认为《天人对策》作于元光元年五月，并大力批驳了建元元年说、建元五年说和元光元年二月说，且详细地列数了古今提出或支持这四种说法的学者。他认为，董仲舒不是"罢黜百

---

① 司马光将董仲舒对策一事系于汉武帝"建元元年"条下，并在《通鉴考异》中说明了其理由。参见（宋）司马光编著《资治通鉴》第2册《汉纪九》（中华书局1956年版，第549—556页）；（宋）司马光《资治通鉴考异》卷一，影印文渊阁《四库全书》第311册（台湾：商务印书馆1986年版，第8页）。

家,独尊儒术"的创始人[8]。应该说,"董仲舒《天人三策》作于何时"的问题在施丁那里已经得到了很好的解决。岳庆平继续了于、施二氏的观点,不过他的批评针对的主要是苏诚鉴所谓元朔五年的新说[9]①,有较强的针对性;同时岳文在资料上有所扩充[10]。

需要指出,尽管于、施、岳三氏早在20世纪70年代末和20世纪80年代提出了正确的观点,并做出了令人信服的论证,但是令人遗憾的是,此后仍有许多人在"《天人三策》作于何时"的问题上纠缠不清:或者顽固地坚持司马光旧说②,或者别出心裁、提出新说,例如刘国民提出了元光五年说[11],孙景坛提出了班固伪作说③;而王葆玹为了论证"汉成帝建始二年开始形成独尊儒术的局面"的观点,竟然轻率地同意了苏诚鉴的元朔五年说[12]。

就第二个问题,即就"汉武帝是否实行了'罢黜百家,独尊儒术'政策"的问题,学者一般不否定这一政策的存在④,但在"何时实行"及"由谁实行"的问题上,王宾如、苏诚鉴、王葆玹和黄开国等人的意见不同。王宾如、王心恒认为"罢黜"和"独尊"都发生在"王莽当权之时",而"不是武帝在位之际"[13];王葆玹认为发生在汉成帝建始二年[14];苏诚鉴、黄开国则重新肯定所谓汉武帝实行"独尊儒术"政策的流行意见[15—16]。王葆玹还认为:"汉武帝不但没有

---

① 苏诚鉴的元朔五年说,还遭到了周桂钿、于传波的批驳。参见周桂钿《董学探微》(北京师范大学出版社,1989年版,第10—19页);于传波《从董仲舒在胶西的年代看元朔五年对策说》(《学术研究》1990年第3期,第102—103页)。此外,周桂钿较早地维护了元光元年五月说。

② 例如张大可维护建元元年说,见氏著《董仲舒天人三策应作于建元元年》(《兰州大学学报(社会科学版)》1987年第4期,第39—45页)。

③ 孙景坛说:"《天人三策》无疑是班固作的伪。班固为什么要作伪呢?……前两策非董仲舒所作是肯定的。……由于第三策是董仲舒与汉武帝晚年的书信,所以司马迁当时不可能见到,后来班固虽见到了,但却将它误成了董仲舒的儒学考试对策。这也许就是班固伪造《天人三策》及'汉武帝罢黜百家独尊儒术'的原始动机和唯一根据。"见氏著《董仲舒非儒家论》(《江海学刊》1995年第4期,第113—114页)。

④ 例如张岱年先生即是如此。参见张岱年《汉代独尊儒术的得失》(《清华大学学报(哲学社会科学版)》1988年第2期,第1—4页)。

'罢黜百家',反倒使官方学术的内容更加丰富,范围更为宽广了。"[12]

与以上诸氏不同,赵克尧主要从内容和思想实质上直接批评了"罢黜百家,独尊儒术"这一说法本身,认为它是难以成立的。他说,"罢黜百家"的提法"不够科学""不符合实际情况",从枢臣的构成来看汉武帝是兼收并用的,从人才观来看汉武帝是宽容"百端之学"的。又说,汉武帝实行的是"崇儒",而不是"独尊儒术"的政策,而且其"崇儒"有始无终、有名无实,其本身即是汉代思想学术统一之过程的一个结果[17]。1991年,柳丝在一则补白短文中说道:"人们长期以来说汉武帝'罢黜百家,独尊孔子'或'独尊儒术',是误记了班固的《汉书·武帝纪赞》的'罢黜百家,表章《六经》'而臆说的。……所谓'表章《六经》',也只是设置'《五经》博士',把几个传授《五经》的迂儒养起来,还替他们招了五十几名官费学生,叫作'博士弟子员',把《五经》传颂下去,并无禁止百家流传的措施。"[18]柳氏的特别之处在于他认为,"罢黜百家,独尊儒术"的流行说法其实是对班固《武帝纪赞》"罢黜百家,表章六经"的臆说和歪曲。赵、柳二氏的观点颇具价值,后来在第二阶段的研究和学术争论中一再得到重复。

总之,在此一研究阶段,虽然绝大多数研究者依循惯性仍然将"罢黜百家,独尊儒术"看作对汉代学术思想政策的恰当定性,但是部分学者表示了怀疑,提出了颇具价值的新观点:其一,肯定《天人三策》作于元光元年五月,而不是作于建元元年,从而否定了"汉武帝采纳董仲舒建议"云云的流行意见;其二,质疑甚至否定武帝实行了所谓"罢黜百家,独尊儒术"的政策。后者又表现为两个方面:王葆玹、王宾如二氏认为这一政策分别是由汉成帝和王莽实行的,而赵克尧则针对这一政策本身,认为汉武帝实行的是"崇儒"而非"独尊儒术"、是包容"百端之学"而非"罢黜百家"的政策。柳丝沿着赵克尧的意见,进一步认为"罢黜百家,独尊儒术"乃是对班固"罢黜百家,表章六经"说的歪曲和臆说。可以看到,在此一阶段,学者的研究取得了一些积极见解。不过,距离"罢黜百家,独尊儒术"问题真相的揭明尚远。绝大多数学者似乎完全没有意识到所谓武帝"罢黜百家，独尊儒术"的说法，乃是由清末民初的启蒙思想家易白沙正式提出来的。不仅如此，对于"罢黜百家，独尊儒术"究竟是由谁提出来的问题，学者在那时一般缺乏探索的兴趣，而付之阙如。

三、第二阶段

第二阶段（1993年至21世纪10年代初）的研究为争论深入期，以孙景坛与其他学者的争论为主线，人们继续讨论了董仲舒《天人三策》作于何时和汉武帝是否实行了"罢黜百家，独尊儒术"的政策这两个老问题，同时开始思考这一政策的思想性质并探索它最先是由谁正式提出来的问题。此一阶段具有明显的争论特征，孙景坛是这场争论的发起者和主角。孙氏自为一方，管怀伦、吴九成、杨生民、张进、刘伟杰、江新、邓红等为另一方。从1993年至2010年，孙景坛至少发表了12篇相关论文[19—30]，其观点基本上在《汉武帝"罢黜百家，独尊儒术"子虚乌有——中国近现代儒学反思的一个基点性错误》和《董仲舒非儒家论》二文中表达了出来。概括起来，孙氏的观点大体如下：其一，孙氏认为，《天人三策》是班固的伪作，第三策乃是对董仲舒晚年诏对的拼凑，武帝的尊儒与董仲舒的建议无关。其二，孙氏认为"汉武帝'罢黜百家，独尊儒术'子虚乌有"，他不反对汉代存在过"罢黜百家，独尊儒术"的政策，但它不是由汉武帝或由武帝采纳董仲舒的建议而实行的，而是由汉章帝开始的。其三，孙氏将汉武帝的政策与董仲舒的建议在性质上二分，认为后者可以"罢黜百家，独尊儒术"概括之，且属于所谓"思想专制"性质。其四，孙氏认为，董仲舒不属于"儒家"，而属于"术家"。所谓"术家"，指申子、韩非、李斯等人物。其五，孙氏注重"中国传统文化反思的科学基点"或"近现代儒学反思的基点"问题，他认为，既然汉武帝"罢黜百家，独尊儒术"属于子虚乌有，那么它就不可能是中国近现代儒学反思的真正基点。其六，孙氏反驳了管怀伦、刘桂生、张进和刘伟杰等人对于他的批评。

现在看来，孙氏好辩。他撰写了大量论文，是此一阶段"罢黜百家，独尊儒术"问题之讨论和争论的动力源头。孙氏有些意见是正确的或恰当的，如他认为汉武帝没有实行"罢黜百家，独尊儒术"的政策，"罢黜百家，独尊儒术"属于思想专制性质，应当从"近现代儒学反思的基点"来看待"罢黜百家，独尊儒术"问题等，都是富有积极意义的见解。但是，他有更多的观点是错误的，甚至荒唐的。例如，他主张汉章帝是"罢黜百家，独尊儒术"的作俑者，认为《天人三策》是班固的伪作，董仲舒非儒家，宋明理学非儒家，以及主张汉武帝采纳主父偃的"推恩令"是中国传统文化反思的科学基点等，这些观点或论调要么过于大胆，要么根据严重不足，它们很难说是正确的。

管怀伦、吴九成、张进、刘伟杰、江新、邓红等人批评了孙景坛的观点。管氏认为，汉武帝"罢黜百家，独尊儒术"确有其事；又认为"罢黜百家，独尊儒术"是一个过程，"不仅是由八个形态各异的重大事件构成，而且充满惊心动魄的权力斗争和波谲云诡的政治权谋"[31—32]。吴九成专文批评了孙氏所谓董仲舒不属于儒家而属于术家的观点[33]。张进认为孙氏所谓"汉武帝'罢黜百家，独尊儒术'子虚乌有"的主张缺乏令人信服的证据，所谓《天人三策》乃班固作伪等说法根本不能成立，因此在张氏看来，汉武帝"罢黜百家，独尊儒术"绝非谎言[34]。刘伟杰认为："一个不争的事实是，儒术恰恰是从汉武帝时代起取得绝对的优势地位的，并且董仲舒在其中发挥了巨大的作用。……因此'罢黜百家，独尊儒术'的说法其实并没有错。"[35]江新再次肯定和论证了董仲舒对策之年为元光元年五月，批评了孙氏所谓《对策》为班固伪作的说法[36]。邓红将孙氏的论调概括为"董仲舒否定论"，即从怀疑《天人三策》的个别文本到怀疑其与董仲舒的关系，推断其为班固的伪作，进而否定汉武帝"罢黜百家，独尊儒术"这一历史事件。邓氏指出，在日本，平井正士、福井重雅二氏此前已持"董仲舒否定论"。邓教授不同意他们的观点，并从方法论上对"董仲舒否定论"做了深入的批评[37]。此外，刘桂生从近代学者之曲解的角度对汉武帝"罢黜百家，独尊儒术"说作了有力的辩护,其要点如下:一、"罢黜百家,独尊儒术"只是统一入学、入仕的学术思想标准,不是统一社会的政策。二、"罢黜"是罢之令归、斥之令退,而不是禁绝之意,所谓"独尊儒术"乃是以儒家思想为统治地位之意,与欧洲的宗教专制不同;同时,孔子也不等于罗马教皇。三、将"罢黜百家"等同于"禁绝诸子","独尊儒术"等同于"儒学专制",支持这种思想的理论渊源于欧洲,直接来自日本,且在十九、二十世纪之交由梁启超、章太炎等人共同评定的。梁、章等人认为,汉武帝的"罢黜"与"独尊"就是学术文化上的独裁,它们是扼杀学术与思想自由,造成中华民族在近代濒于危亡的重要缘由[38-39]。通过如此这般的辨析和考证,刘桂生剥离了"专制""独裁"的价值含意,而继续维护了"罢黜百家,独尊儒术"的流行说法。换言之,刘氏在一本正经地矫枉这两句话的原意,而使之向积极意义的一端滑转。可惜,他的学术考察漏过了易白沙,同时在方法论上没有反省到"罢黜百家,独尊儒术"所产生的时代背景及在此时代背景下此二语所具有的特定的思想性质。

在此阶段,杨生民与周桂钿,陈新业与李玲崧还展开了两场小争论。杨生民认为,"罢黜百家,独尊儒术"是董仲舒的建议,但汉武帝没有采纳,武帝实际上实行的是"尊儒术""悉延百端之学"和兼用诸子百家的政策[40-41]。后来,他回应周桂钿的批评时还说道:"汉武帝只是在学术上'独尊'了儒术,并未把这一方针贯彻到用人和政治各方面去。"[42]周桂钿不同意杨生民所谓武帝"并非独尊儒术"的说法,他说:"从汉代产生经学这一事实来看,汉代是独尊儒术的,以汉武帝立五经博士为标志。"又说:"经学是如何产生的?那就是独尊儒术的结果……不能因为汉武帝任用了一些其他学派的思想人物,就否定他独尊儒术;也不能因为他独尊儒术,就否定他任用儒家以外的人物。"又说:"如果没有汉武帝独尊儒术,怎么会有经学产生?"[43]周氏肯定和维护汉武帝"罢黜百家,独尊儒术"的传统说法。不过,很显然,他对于"独尊儒术"之思想性质的理解与梁启超、易白沙的定义不同。陈业新认为"罢黜百家,独尊儒术"最早是由卫绾提出的[44]，而李玲崧认为它最早是由董仲舒提出的[45]①。此外，庄春波[46]、朱翔非[47]等认为"罢黜百家，独尊儒术"首先是由司马光提出来的。

总之，在此一阶段，《天人三策》作于元光元年五月的说法进一步得到明确，而关于"罢黜百家，独尊儒术"的讨论在不断深化和两极化，并产生了两种用法：一种用法认为，"罢黜百家，独尊儒术"在思想性质上属于专制，为贬义用法；另一种用法则认为，这两句不过是对汉代之学术思想文化政策的客观描述，它们只不过表明了汉武帝对儒术的尊崇和重视，为褒义用法。前一种用法为流行意见，后一种用法见于周桂钿、刘桂生、刘伟杰等人的论文，其中刘桂生为这两句话专门作了辩诬。进一步，汉武帝本人是否实行了"罢黜百家，独尊儒术"的政策？这有两种意见：一种肯定之，但有贬义和褒义之别；一种否定之，且在此否定意见中，又有只否定汉武帝为施行者却不否认汉代曾实行过这一政策（如成帝或章帝说），以及完全否定汉代实行过这一政策的分别。不过，二说一般不否认班固所谓汉武帝"罢黜百家，表章《六经》"（《汉书·武帝纪赞》）的说法。

此一阶段的研究以学术争论为其基本特征，各方观点蜂出，纠缠不清，未能达成一致意见，某些错误的看法反而大获流行。不过，可以肯定，对于谁首先提出"罢黜百家，独尊儒术"这一政策及其思想性质是什么这两个问题，学者产生了浓厚的兴趣。因为这两个问题直接关系到人们对于"罢黜百家，独尊儒术"问题的研究和理解。同时，学者开始意识到，"谁提出""罢黜百家，独尊儒术"的建议和"谁实行"这一政策，其实是两个问题。

四、第三阶段

第三阶段的研究自21世纪10年代初至今。这一阶段为总结期：

---

① 李玲崧将作者"陈业新"错写成了"陈新业"，又将该文的发表期数误成《中国史研究》1998年第3期。

其一，学者开始了对相关学术研究成果的整理和综述，其中郝建平[2]、郭炳洁[3]的综述较好；其二，在掌握诸说的基础上，少数学者开始跳出历史的限宥，把握关键问题和环节，展开了深度的学术辨析和研究。在此方面，宋定国、邓红、郑济洲、秦进才和笔者的观点值得注意。

在当代学者中，朱维铮是最先言及易白沙与"罢黜百家，独尊儒术"有关的学者，但是从其论述来看，朱先生的反省意识不强，他似乎没有意识到"罢黜百家，独尊儒术"正是由易白沙首先提出来的这一学术要点①。另外，朱先生的这篇文章发表于三十多年前，至今几乎没有得到其他学者的引用，影响极小。

近十年来，情况有了较大的改观，宋定国、郑济洲、秦进才和笔者相继指出，易白沙是解决"罢黜百家，独尊儒术"问题的关键。宋定国指出，易氏《孔子平议》有一段话是"最早提出'罢黜百家，独尊儒术'的文字"[48]，换一句话说，易白沙为"罢黜百家，独尊儒术"的提出者由宋氏重新揭示出来。不过，从其引述来看，他似乎没有亲自查对原文，所引易白沙文很可能转引自他人。郑济洲不但肯定易白沙是"罢黜百家，独尊儒术"的提出者，而且认为易氏的思想"带有强烈的新文化运动的情结"[49—50]。最近，笔者和秦进才教授都再次肯定易白沙是"罢黜百家，独尊儒术"二语的最先提出者。秦氏的特别之处在于通过词源学的系统考察肯定了此说②，笔者则试图做系统的学术梳理和总结性的研究，全面辨析"罢黜百家，独尊儒术"问题并重新判断汉代是否实行了儒学学术思想专制的政策③。

总之，虽然学界对于"罢黜百家，独尊儒术"问题的总结开始了

---

① 朱维铮《儒术独尊的转折过程》，见氏著《中国经学史十讲》（复旦大学出版社，2002年版，第66页）。该文原题《经学史：儒术独尊的转折过程》，载《上海图书馆建馆三十周年纪念论文集》（1982年上海图书馆刊行，写于1982年4月）。

② 秦进才《"罢黜百家，独尊儒术"词语探源》（《2018中国·衡水董仲舒与儒家思想国际学术研讨会论文集》下册，第46页）。

③ 丁四新《"罢黜百家，独尊儒术"辨与汉代儒家学术思想专制说驳论（提纲）》（《2018中国·衡水董仲舒与儒家思想国际学术研讨会论文集》上册，第165—170页）。

一段时间，但仍有待深入研究，得出更为扎实的结论和形成广泛的学术共识。

五、结语

"罢黜百家，独尊儒术"是流行于现代中国学术界的两句口号和咒语。近四十年来，学界发表了大量相关论文。大体说来，目前对于此一问题的研究取得了如下成绩：董仲舒的《天人三策》写于汉武帝元光元年五月，这是大家比较一致的意见；汉武帝或汉代是否实行过"罢黜百家，独尊儒术"的政策，引起了学界的广泛怀疑和讨论；"罢黜百家，独尊儒术"的思想性质是什么，引起了学者的广泛思考和反省；"罢黜百家，独尊儒术"说的历史形成问题，受到学者的重视；而否定汉武帝实行过"罢黜百家，独尊儒术"政策的意见，在学界似乎占据了上风。此外，部分学者还区别了"罢黜百家，独尊儒术"与董仲舒《天人三策》"推明孔氏，抑黜百家"、班固《武帝纪赞》"罢黜百家，表章《六经》"的不同。

从总体上来看，在现有关于汉武帝"罢黜百家，独尊儒术"问题的研究成果中，正确的意见和错误看法纠杂在一起，长期处于争论不休的状态，难以达成共识。在笔者看来，以往的研究缺陷或不足主要表现在如下几个方面：一、绝大多数研究者不明"罢黜百家，独尊儒术"的真正来源，不知道这两句话最先是由谁及在什么历史背景下提出来的。二、研究者一般缺乏追问"罢黜百家，独尊儒术"之思想性质的兴趣，要么顺从流行说法，肯定其为专制，要么想当然地认为它是一个恰当的客观描述，认为它很好地肯定和描述了儒学在汉帝国中曾经享有的无与伦比的崇高地位。三、绝大多数研究者似乎不明"独尊"一语的词源及其思想内涵，不知董子《天人三策》"邪辟之说灭息"的语源出处。由此，他们也就难以准确地理解"独尊"和"罢黜"两词的含义。四、多数学者不能恰当地处理和辨明"罢黜百家，独尊儒术"与"罢黜百家，表章《六经》"，"独尊儒术"与"悉延百端之学""汉家本以霸王道杂之"的关系。五、绝大多数学者没有分辨"《六经》"与"儒术"的关系,对《史记·儒林列传》《汉书·儒林传》《汉书·艺文志》及汉代的知识体系缺乏必要的理解。

有鉴于此,笔者认为,如下问题是仍然值得研究的:"罢黜百家,独尊儒术"这两句话最先是由谁提出来的?其本意或思想性质是什么?进一步,"罢黜百家,独尊儒术"的建议是否是由董仲舒首先提出,而汉武帝是否实行了这一政策,且二者孰先孰后?"罢黜百家,独尊儒术"是否是对汉武帝或汉代所实行的学术思想文化政策的准确概括,它是否与那时的历史实际相符合?或者说,"罢黜百家,独尊儒术"是否可以应用于对汉武帝、董仲舒,或对汉代之学术思想文化政策的概括?与此相关,汉代是否实行了所谓儒家学术思想专制的政策?进一步,从语义和思想上来看,董仲舒所谓"推明孔氏,抑黜百家"、班固所云武帝"罢黜百家,表章《六经》",与"罢黜百家,独尊儒术"是什么关系?这些问题,都是研究所谓"罢黜百家,独尊儒术"问题所要关注和讨论的学术重点①。

参考文献:

[1] 刘伟杰. 汉武帝独尊儒术问题的研究现状与反思 [J]. 南京社会科学, 2007 (2):70-76.

[2] 郝建平. 近30年来汉武帝"罢黜百家,独尊儒术"问题研究综述 [J]. 古籍整理研究学刊. 2013 (4):103-107,42.

[3] 郭炳洁. 近三十年"罢黜百家,独尊儒术"研究综述 [J]. 史学月刊,2015 (8):105-112.

[4] 史念海. 董仲舒天人三策不作于武帝元光元年辨 [N]. 天津民国日报,1947-09-01 (6).

[5] 翦伯赞. 中国史纲要:第 1 册 [M]. 北京:人民出版社,1979:98.

[6] 侯外庐,赵纪彬,杜国庠. 中国思想通史:第2册 [M]. 北京:人

---

① 本节文字及笔者对于相关问题的新研究,参见拙作《"罢黜百家,独尊儒术"辨与汉代儒家学术思想专制说驳论》(待刊稿)。

民出版社,1958:96.

[7] 于传波. 董仲舒对策年代考[J]. 学术研究,1979(6):30-31.

[8] 施丁. 董仲舒天人三策作于元光元年辨——兼谈董仲舒不是"罢黜百家,独尊儒术"的创始人[J]. 社会科学辑刊,1980(3):92-101.

[9] 苏诚鉴. 董仲舒对策在元朔五年议[J]. 中国史研究,1984(3):90-92.

[10] 岳庆平. 董仲舒对策年代辨[J]. 北京大学学报(哲学社会科学版),1986(3):116-122.

[11] 刘国民. 董仲舒对策之年辨兼考公孙弘对策之年[J]. 古籍整理研究学刊,2004(3):83-89.

[12] 王葆玹. 天人三策与西汉中叶的官方学术——再论"罢黜百家,独尊儒术"的时间问题[J]. 哲学研究,1990(6):98-108.

[13] 王宾如,王心恒. 汉武帝"罢黜百家,独尊儒术"辨[G]//《中国古代史论丛》编委会. 中国古代史论丛:第7辑,福州:福建人民出版社,1983:295.

[14] 王葆玹. 中国学术从百家争鸣时期向独尊儒术时期的转变[J]. 哲学研究,1990(1):108-115.

[15] 苏诚鉴. 汉武帝"独尊儒术"考实[J]. 中国哲学史研究,1985(1):42.

[16] 黄开国. 独尊儒术与西汉学术大势——与王葆玹先生商榷[J]. 哲学研究,1990(4):61-70.

[17] 赵克尧. "罢黜百家,独尊儒术"辨[J]. 社会科学,1987(12):70-73.

[18] 柳丝. 汉武帝并未"罢黜百家,独尊儒术"[J]. 重庆师范大学学报(哲学社会科学版),1991(4):92.

[19] 孙景坛. 汉武帝"罢黜百家,独尊儒术"子虚乌有——中国近现代儒学反思的一个基点性错误[J]. 南京社会科学,1993(6):102-112.

[20] 孙景坛. 汉武帝采纳主父偃的"推恩令"是中国传统文化反思的科学基点——二论汉武帝"罢黜百家,独尊儒术"子虚乌有[J]. 南京社会科学,1995(4):33-44.

[21] 孙景坛. 董仲舒非儒家论[J]. 江海学刊,1995(4):109-115.

[22] 孙景坛. 宋明理学非儒家论 [J]. 南京社会科学, 1996 (4): 28-34.

[23] 孙景坛. 董仲舒的《天人三策》是班固的伪作 [J]. 南京社会科学, 2000 (10): 29-35.

[24] 孙景坛.《董仲舒》一书中几个重要问题之商榷 [J]. 中共南京市委党校学报, 2003 (5): 86-89.

[25] 孙景坛. 汉史研究中的几个重要问题新探 [J]. 南京社会科学, 2005 (6): 33-39.

[26] 孙景坛. 汉武帝采纳王臧的建议"绌抑黄老, 尊崇儒学"——兼论儒学反思的科学基点 [J]. 中共南京市委党校学报, 2007 (1): 92-96.

[27] 孙景坛. 元光元年儒学考试的第一名是公孙弘——再谈董仲舒没有参加汉武帝时的儒学对策兼答张进 (晋文) 教授 [J]. 中共南京市委党校学报, 2008 (1): 104-109.

[28] 孙景坛. "董仲舒的《天人三策》是班固的伪作"新探——兼答管怀伦和南师大秦汉史专家晋文 (张进) 教授 [J]. 中共南京市委党校学报, 2009 (2): 103-109.

[29] 孙景坛. "汉武帝'罢黜百家, 独尊儒术'子虚乌有"新探——兼答管怀伦和晋文 (张进) 教授 [J]. 南京社会科学, 2009 (4): 90-96.

[30] 孙景坛. 中国古代"罢黜百家, 独尊儒术"的始作俑者是汉章帝——驳"古代无'打儒家旗号的思想专制'"说, 同刘桂生、刘伟杰、管怀伦、张进等商榷 [J]. 中共南京市委党校学报, 2010 (3): 92-97.

[31] 管怀伦. 汉武帝"罢黜百家, 独尊儒术"确有其事——与孙景坛同志商榷 [J]. 南京社会科学, 1994 (6): 13-18.

[32] 管怀伦. "罢黜百家, 独尊儒术"的历史过程考论 [J]. 江苏社会科学, 2008 (1): 192-195.

[33] 吴九成. 略论董仲舒的儒家属性——兼与孙景坛同志商榷 [J]. 江海学刊, 1996 (4): 115-118.

[34] 晋文 (张进). 也谈"汉武帝尊儒"问题——与孙景坛教授商榷 [J]. 南京社会科学, 2005 (10): 41-46.

[35] 刘伟杰. 汉武帝独尊儒术问题的研究现状与反思 [J]. 南京社会科学, 2007 (2): 70-76.

[36] 江新. 董仲舒对策之年考辨兼答孙景坛教授 [J]. 河北师范大学学报（哲学社会科学版），2012（3）：27-32.

[37] 邓红. 日本的董仲舒否定论之批判 [J]. 衡水学院学报，2014（2）：7-18.

[38] 刘桂生. 论近代学人对"罢黜百家，独尊儒术"的曲解 [G] //北京大学历史学系. 北大史学：第2辑，北京：北京大学出版社，1994：116-132.

[39] 刘桂生. 近代学人对"罢黜百家，独尊儒术"的误解及其成因 [G] //袁行霈. 北京大学百年国学文萃史学卷. 北京：北京大学出版社，1998：515-527.

[40] 杨生民. 略谈汉武帝的文治 [J]. 炎黄春秋，2002（1）：78-80.

[41] 杨生民. 汉武帝"罢黜百家，独尊儒术"新探——兼论汉武帝"独尊儒术"与"悉延百端之学" [J]. 首都师范大学学报（社会科学版），2000（5）：11-16.

[42] 杨生民. 论汉武帝是否独尊儒术——也谈思想方法问题 [J]. 中国社会科学院研究生院学报，2004（2）：124-128.

[43] 周桂钿. 汉武帝是否独尊儒术？——兼论思想方法诸问题 [J]. 中国社会科学院研究生院学报，2003（2）：33-38.

[44] 陈业新. "罢黜百家"语出何人 [J]. 中国史研究，1998（2）：169-170.

[45] 李玲崧. "罢黜百家，独尊儒术"语主考辨——与陈新业先生商榷 [J]. 学术研究，1999（7）：69-70.

[46] 庄春波. 汉武帝"罢黜百家，独尊儒术"说考辨 [J]. 孔子研究，2000（4）：59-71.

[47] 朱翔非. "罢黜百家，独尊儒术"考辨 [J]. 江淮论坛，2006（5）：144-149.

[48] 宋定国. 国学纵横 [M]. 北京：首都师范大学出版社，2013：121.

[49] 郑济洲. "规约君权"还是"支持专制"——重论董仲舒"推明孔氏，抑黜百家" [J]. 衡水学院学报，2016（2）：46-52.

[50] 郑济洲. 董仲舒的"规约君权"理念——"推明孔氏，抑黜百家"新探 [J]. 河北师范大学学报（哲学社会科学版），2016（5）：17-21.

基金项目：国家社会科学基金重大项目（15ZDB006）

原文载于《衡水学院学报》2019年第3期。

丁四新（1969—），湖北武汉人，哲学博士，清华大学哲学系教授，博士生导师，教育部长江学者特聘教授。

"2019中国·衡水董仲舒与儒家思想国际学术研讨会"综述

曹迎春　韩　星

2019年6月29—30日,"2019中国·衡水董仲舒与儒家思想国际学术研讨会"在衡水隆重召开。本次会议由政协衡水市委员会、中华孔子学会董仲舒研究委员会、中国实学研究会、河北省董仲舒研究会共同主办,由衡水学院承办。研讨会的主题为"董仲舒儒家思想的时代价值与现代意义"。来自日本、韩国、马来西亚及中国大陆和台湾、澳门地区的110多位专家学者,参加了此次会议。会议共收到论文94篇,这些研究成果,在儒学研究和董学研究的诸多问题上都取得了新的突破,达到了对董仲舒思想及其时代价值的更加准确的崭新认识,为今后董学研究的进一步发展提供了极有价值的参考成果。现将主要观点分类进行总结。

一、儒学研究

北京东方道德研究所傅永吉教授以《中华生命大智慧的人文信仰之维》为题发表主题演讲。他认为儒家是精英群体通过"自诚明"的内省功夫而修养以仁、义、礼为基本内涵的美德,以士君子为健康人格的基本标准,希贤希圣,成贤成圣,与天地参,为天地立心的独特价值和使命，呼唤人们走出市侩化的人性失误，重塑人文信仰，重建精神家园。

杨朝明的《中国儒学的格局与气象》认为，中华文化追求以王道行天下。中华文明的王道精神从人心与人性出发，致力于满足人们的需求，向上仰望，是对深远历史经验的总结，是对天地智慧的体悟；向下扎根，是对多方利益的兼顾与平衡，求得最大公约数，昭示未来的发展方向。中华文明的精神气象、气质禀赋、价值追求，夯实了中华文明在世界价值体系中心点之地位。

杨新铎的《古典儒家"圣"义述释》认为，古典儒家"内圣外王"之道以"圣"为道德内核，"圣"之义实为了解中华德性文明传统之枢机。"圣"与"王"合内外之道，而道通为一。"圣"之义不可离"王"为释，因王道之用而观圣德之体，从王化所昭示礼乐制度之天下规模，以观圣人所体现德性文明之道德理想，可见"圣"所涵圣德天下文明，圣教大而化之，圣治尚德崇礼，多维互摄之诸义。

臧明的《从六朝儒释互黜看中华文化的会通精神》认为，会通是中华文化的一大特点，更是其五千年绵延不绝、波及广袤的不竭动力之源。六朝之时，面对释道的冲击，儒学自身也在变革、图新。儒释的会通，既使佛教置于名教之篱，又使儒学平添了些许对于现实、未来的憧憬，中华文化之内涵愈发丰富。

郑飞的《韦伯对儒学的反思》认为，"韦伯命题"兼有"新教伦理产生现代性"和"儒教文化阻碍现代性"的双重意蕴。杜维明通过对比儒家伦理和新教伦理，指出韦伯对中国传统儒家伦理的误解和歧见，批判了二元对立的文化观，倡导文化多元和儒学的自身转化。对"韦伯命题"的反思导向一种尊重多元、倡导对话的文明观，基于这种开放的视野，东亚社会能够更为积极地建构富于自身特色的现代性模式，在与西方文明的平等对话中实现自身文化传统的创造性转化。

吴龙灿的《早期中国儒家德治观》认为，先秦儒家德治思想是逐步完善的。周公强调"以德配天""明德慎罚""敬德保民"，孔子强调"为政以德""德主刑辅"，曾子和子思提炼出清晰的"内圣外王"德治模式，孟子强调"内圣"，荀子注重"外王"，从而完整地发展出

"内圣"为体、"外王"为用的先秦儒家德治范式。

杜运辉的《先秦儒家价值哲学之意蕴》认为,先秦儒家价值哲学提出的内在价值统一论、"天人合一"的价值本源论与"和而不同"的价值标准论,是不同于西方"需要－满足"说的另一种进路。这对我们今天反思近现代以来工具理性和外在价值论的过度膨胀,重构价值界说和个人与社会的关系、人类与自然的关系等基本问题都有重要启迪。

杨海文的《气养浩然与道德境界》认为,孟子所论"浩然之气"是道德之气,是道德境界。它不仅仅是孟子道性善、做大丈夫的生命体悟,更是中国哲学智慧内圣外王、涵盖乾坤的思想创新。道德境界不是天生的,而是"集义所生"。经过一件件事、千百件事的践履、磨炼、积累,才能慢慢地、真正地养成浩然之气。

孔德立的《论孟子的教育之道》认为,孟子的教育之道体现了以教育作为载体来传承儒家思想的文化体系,其主要内容包括善教、道德优先原则、大教育观、政德教育、教师教育、家庭教育、耻感教育、人格教育、教育环境等。

李若晖的《论正常之恶:郭店竹书〈鲁穆公问子思〉的哲学分析》由郭店竹书《鲁穆公问子思》中鲁穆公对待子思的态度,引出对"权力不以恶为恶"原因的分析,指出心理定式的日积月累所造成的"正常"构成了对"恶"的辩护,并由此形成"正常之恶"。在儒学中,最大的君之恶,就是将君主的个体行为普遍化,以单向性对待全体臣民,使君不再是责任体系中的一环,而是纯粹的权力。

欧阳祯人的《从黄老与儒学的比较看儒学的实质与前途》以《老子》和长沙马王堆汉墓出土的《黄帝书》文本为根据,站在当今世界公认的正义论角度,系统梳理并研究了黄老之术对中国传统政治带来的负面影响,进而讨论了先秦儒家被统治者利用的真正原因。他认为,先秦儒家具有很多民主政治思想的萌芽,其理论路向是指向现代民主政治的。因此应该大力弘扬其内在的精神实质,以形成我们民族的民主政治思想资源。

何俊的《经义型塑与经典搁置——啖助新〈春秋〉学的悖论》认

为，啖助新《春秋》学以"舍传求经"开启了宋学，但回归经典的诉求却造成了经典搁置。以经学与哲学之间的张力为视角来解释经学中的这一悖论，可以发现啖助新《春秋》学中的哲学方法与关怀；啖助新《春秋》学是在经义形塑的过程中，思想同时从经典的自我理解中获得解放，经典因此而被搁置。

程海霞的《王阳明龙场悟道的"来龙"与"去脉"略诠》认为，以三年悟道为范域，由前后两悟所构成的阳明龙场悟道，在义理上有其"来龙"与"去脉"。其"来龙"依次体现为"箪瓢"之乐、"无欲见真体"、"超然"之乐以及"寒根固生意"等；其"去脉"大体呈现为"静坐""知行合一"以及"三教关系"等。对此"来龙"与"去脉"进行勾勒，有助于明确龙场悟道的主体内容，更有助于厘清龙场悟道的基本性质。

二、董仲舒思想研究

（一）哲学思想

周桂钿的《谈谈关于董仲舒研究的方法论问题》认为哲学研究方法很多。首先要不迷信权威、不随众；其次，要全面掌握资料，对资料做精当解读；第三，要了解人物之间和事件之间的相互联系，认识人物和事件的发展变化。总之，为了做到实事求是，需要运用唯物的和辩证的方法。

陕西师范大学林乐昌教授以《论董仲舒与张载的天人之学》为题发表主题演讲。他认为董仲舒和张载是各自时代的儒学代言人，作者通过考察二人的天论、天道论及其特色，梳理了儒家天人合一观念从董仲舒到张载的演变脉络，指出二人天人之学既有共同之处，也各具特色。共同之处是都使用了"天—人"框架，突出天人合一观念，坚持儒家道德价值；不同之处如倚重的经典不同且天论、天道论、天人合一的具体内涵不同，这导致了儒家天人之学的一次大的历史转折。

李宗桂的《董仲舒天人论探析》认为，董仲舒的天人论是以天人感应为核心的天人合一论。他通过事物类同现象的归纳和演绎，以类同为类感的基础,由类感进而类推,将类感原理贯注于天地人之间。他建立起了不同于先秦孔孟荀儒学的天人思想的外在构架和内在机理,并在客观上为后世天人论提供了范型。从中国文化发展史的层面考察,董仲舒的天人论,有着重要的思维导向价值和理论建构意义。

梁世和的《沟通天命:董仲舒对儒家神圣性与超越性根基的再植》认为,绝地天通之后中国文化朝人文化、理性化、人间化方向发展,对神性的关注逐渐淡化。董仲舒天人之学的建立,将绝地天通以来天人分离的状态,拉回到天人相合的轨道,试图通过祭祀行为,将至上之"天"以及神圣性、超越性的理念,再度植根于儒学及儒者的心灵,重新建立起儒学对天的信仰,开启了儒学的神学时代。

朱康有的《董仲舒论"为政之理"之形上建构》认为,董仲舒通过对《春秋》"微言大义"释读,为中国古代统一的多民族国家政治意识形态的形成奠定了深厚的形上基础。这一理论建构历程,把处理好人与自然关系的"天命"置于首位,在对比了天与人的诸多可通之处后,得出"为政之理",从而透显出深邃的政治哲学智慧。

白效咏、黄朴民的《易学与董仲舒的"天人合一"思想关系试说》认为,董仲舒以"《春秋》为体、易学为用"来构建自己"天人合一"学说。易学的"天人同构"思想是董仲舒"天人合一"学说的立论基础。董仲舒将易学的"各从其类"说加以发挥,建立起"同类相动"的理论,作为"天人合一"学说的理论依据。

常会营的《董仲舒〈春秋繁露〉天命观研究》认为,对于国家之天命,董仲舒主要是从"新王必改制"予以论述,即改正朔、易服色、制礼作乐。人对于天而言,是根据天道来接受天命;对于人而言,是根据其所言来受天命。董仲舒还从人身养生之天命的角度,提出了"人其天之继与"的著名思想。

龚希平的《汉儒董仲舒"道出于天"说批判》认为,"道出于天"乃董仲舒哲学最核心、最基础命题,董氏哲学大厦即建基于此,其全部学说之论述亦围绕于此。"道出于天"脱胎于《中庸》开篇"天命之谓性,率性之谓道"句,但董仲舒对其思想进行了掐去中间连接头尾之改造,既调和了儒道,又为"大一统"与中央集权提供了理论依据。

安桂玲的《"天"在〈春秋繁露〉中的重要性》认为，董仲舒所说的"天"是其理论的基础；董仲舒所说的"天子"，要有学识德行和自省能力，接受天之监督，以遵循天道为原则。董仲舒的这套借天说人的思想体系，不仅有利于巩固王权，更极大维护了百姓利益。

秦际明的《论元作为治统的本原与方法——董仲舒"元"论新解》认为，在董仲舒思想体系中，"元"是一切存在的本质。治统的本原在于元，此即是天意，也是圣人之意与《春秋》之旨。董仲舒对治统之目的与手段的明确区分对于当代贯通治统、重建政教具有重要的启示作用。

刘国民的《董仲舒以五行之天道诠释人道》认为，董仲舒把天与阴阳五行之气紧密结合，指出天道之大者在阴阳五行，故从五行之气的运行及其相互关系中可知天道。董仲舒创立了五行相生说，以五行之间的相生作用，来解释儒家"忠""孝"的人伦准则，且以天之五行解释人之五官、五常、五事，并把五官、五常、五事组入到五行构架中形成了"五行范式"。

王文涛的《〈春秋繁露〉五行说对〈管子〉四时五行说的继承与发展》认为，董仲舒的五行说继承、发展、创新了《管子》的四时五行说，将五行与天人感应相联系，丰富了天人感应的内容，使之更有说服力。董仲舒以五行之次序，设计了一套政治措施，欲使政治与时令相配合，从而构成此完整的阴阳五行的政治哲学。

浙江大学何善蒙教授以《〈春秋繁露〉论"心"》为题发表主题演讲。他认为《春秋繁露》关于"心"的论述主要从道德之心、情感之心、认知之心和主宰之心四个层面展开。接着具体讨论心与董仲舒思想之间的内在联系，指出董子对"心"从功能意义上来使用，与宋明心学，尤其是阳明对"心"的本体意义的使用不同，应该区分。

崔锁江的《董仲舒自然哲学的构成及其评价》认为，董仲舒坚持"自然"本义，其天论具有"自然之天""主宰之天"等多重含义。自然界构成了"主宰之天"与"人类"相互感应的重要载体，阴阳五行构成了董仲舒自然哲学的核心范式。董仲舒的自然哲学是为政治服务的，但其探索自然奥秘的精神有引领科学技术的作用。

（二）经学思想

山东大学王新春教授以《董仲舒春秋公羊学与易学的会通》为题发表主题演讲。他认为董仲舒以天人之学的视域解读《春秋》，敞开了春秋学的天人之学底蕴，实现了"推见至隐"的春秋公羊学与"本隐之以显"的易学的会通，显现了通贯三才的王道，揭示了王之"以成民性为任"而"以人文化成天下"的王道愿景，重建了仁义之道，最终以春秋公羊学确立了汉代经学的典范形态与基本精神。

张延国的《浅谈提高董仲舒在我们心中地位的方法》以公羊家的视角讨论目前董仲舒研究存在的问题以及利用公羊学知识提高董仲舒在我们心中地位的方法。总结出董仲舒"公羊学"的三个特点：对孔子修《春秋》的心境进行了详细分析；利用春秋义理对无传之经进行辨析扩充；多个事件相比较以辨析春秋义理。

黄开国的《董仲舒〈公羊〉学方法论》认为，董仲舒从《公羊》中发挥出自己的学说，与其方法密不可分。贯比法以道义法则为准则性的前提，可保证对儒家政治伦常基本准则的固守；依经言指，可给人以忠实经传的假象；借经言指、离经言指，则能供其灵活、自由地发挥己说。董仲舒运用其法，建立起了与时代相契合的董氏《公羊》学。

何大海的《浅论董仲舒与谶纬之关系》认为，董仲舒对谶纬的影响集中体现在《春秋纬》《孝经纬》等文献中。董子后学参与谶纬的造作，当以成哀母本、王莽"符命四十二篇"与东汉定本而论。虽然董仲舒学派影响了谶纬，但谶纬是一个变化的载体，其不仅延续了董仲舒的核心思想，而且吸收了诸多他家思想，使之成为统一的体系，具有明显的整合性特色。

（三）政治思想

人民出版社金春峰教授以《从建构"社会共同体"看"三纲五常"的批判继承》为题发表主题演讲，他明确指出董仲舒以"罢黜百家，独尊儒术"和"奉天法古"为"三纲五常"做了新的理论论证，使"三纲五常"具有了神圣性和权威性，成为超越世俗、人群学说之上的道德与人伦关系。经过董仲舒的论证，中国的"纲常名教"真正建立了起来，这就为"社会共同体"奠定了理论基础。

衡水学院特聘韩国专家金周昌教授以《董仲舒天下命运共同体理念研究》为题发表主题演讲。他指出，董子承孔子之文，立春秋大义，打造了阴阳道德哲学体系，以阴阳辩证关系，将宇宙分成两半，又统合为一体，设计了当时的天下命运共同体图式。人类应该自觉认识到共同体观念，开启一个大家庭共同体和谐、和睦的时代。

浙江省社科院吴光教授以《董仲舒"皆绝其道，勿使并进"再解读》为题发表主题演讲，他认为，"罢黜百家，独尊儒术"是近代以来出于反孔反封建的需要而形成的，董仲舒本意是抑黜百家，即承认百家存在，只不过不使之与儒家齐头并进，后世中国文化的格局一般都是"一元主导，多元文化的客观存在并与主流文化互动互补的文化格局"。"罢黜百家，独尊儒术"既不符合董仲舒建议的原意，也不合乎汉武帝以后百家共存、儒释道互动的传统思想格局。

台湾政治大学董金裕教授以《"独尊儒术，罢黜百家"!?》为题发表主题演讲，对"罢黜百家，独尊儒术"问题进行了再反思。他通过考察《史记》《汉书》，认为汉武帝为五经立博士，而没有为诸子百家立博士，是在"表章六经"，但不能以此就认为是"独尊儒术"。依"独尊儒术"与"罢黜百家"的语意判断，两者立则两立、破则两破，实际上并没有此种互为关联的政策存在。

河北师范大学秦进才教授以《董仲舒与"罢黜百家，独尊儒术"关系新探》为题发表主题演讲。他对"罢黜百家，独尊儒术"这个老问题进行了新探索，认为董仲舒不是"罢黜百家，独尊儒术"的最早建议者。董仲舒主张的"大一统""六艺之科，孔子之术"并不等于"独尊儒术"，儒术在汉代并没有受到独尊。汉武帝表章的六经是华夏民族元典、诸子共同资源，并非独尊儒术。总之，"罢黜百家，独尊儒术"于情于理都与董仲舒无关。

江苏省社会科学院胡发贵研究员以《"儒如五谷"视域下的"独尊儒术"》为题发表主题演讲。他诠释了"儒如五谷"的含义：人伦日用性、"人为贵"的人本与仁爱思想，重民生和"与民同乐"、民本思想，指出儒家本身对古代社会的"五谷"一样的重要意义，这是董仲舒"独尊儒术"的思想价值基础和前提。

王刚的《"谊主"说与"推明孔氏"：董仲舒在"独尊儒术"中的理论贡献及相关问题探微》认为，董仲舒的"谊主"说是"大一统"理论得以实现的政治起点，董氏以"尊王绌霸"为基点，以"推明孔氏"为依托，对"谊主"的责任与使命作了适应时代的新阐释。董仲舒提出的这一概念，不仅仅有着学术的内在理路，更与大汉王朝的政治转向相呼应，是外在时势与学术理路相结合的历史产物，是观察西汉乃至中国古代政治文化嬗变的重要支点。

牛秋实的《董仲舒独尊儒术的现代价值与意义》认为，西汉以"罢黜百家，独尊儒术"为开始的文化上的革命，引发了典章制度大变革的社会革命，"汉承秦制"的局面土崩瓦解，以礼治国之势渐趋形成，并直接影响了往后两千年中国的封建社会。自汉之后，凡是要建立大一统的王朝，无不以董氏之学作为安身立命之本，以儒学作为统治学说，方针大政及典章制度也基本上不脱汉代礼制之轨范。

复旦大学谢遐龄教授以《董仲舒礼学思想初探》为题发表主题演讲。他指出，董仲舒六艺皆尊，独重《春秋》，而《春秋》大义缘礼而起，在"上天、天子、臣民"之"宗教－政治－社会"三位一体的结构中重建王道学，其论春秋之道"奉天法古"展示了礼学思想鲜明的宗教性，董子礼学为仁政提供了理论依据。

余治平的《儒家圣王治理传统：政教合一、官师一体——董仲舒对古代中国"弥漫性宗教"建构之贡献》认为，传统中国的本土宗教以天道信仰为核心，天子通过对全民进行"涵泳其德"与"鼓舞其化"而把天道信仰打造成一种具有强渗透性的"国家宗教"。董仲舒"立太学""设庠序"对策的付诸实施，儒家教条开始以有组织的方式渗透到中国社会生活的各个方面，而使之逐步成为一种"弥漫性宗教"。

中国人民大学韩星教授以《董仲舒的批判精神与王道构建》为题发表主题演讲。他先考察了《史记·太史公自序》中董仲舒告诉司马迁"贬天子，退诸侯，讨大夫"的问题，认为这是代表《春秋》及公羊学精神的，目的是批判现实，拨乱反正，重建王道秩序。王道核心是仁义，主体是礼义。董仲舒除了论证"王道三纲"，还提出"天为王纲"，限制王权，试图使汉武帝效法古代圣王，实现王道理想。

山东大学孟祥才教授以《董仲舒关于统治权合法性的阐释》为题发表主题演讲。他认为在中国历史上统治权合法性问题是政治思想的一个重要议题，先秦儒家在这个问题上贡献了丰富而深刻的内容。董仲舒系统阐述了"君权神授"理论，用"天人感应"将天意与人为沟通起来，给朝代更替和皇权转移一个合理的解释，奠定了此后中国两千多年皇权亦即统治权合法性的最经典的主流意识。

台湾辅仁大学陈福滨教授以《董仲舒的历史观与政治哲学》为题发表主题演讲。他梳理了董仲舒的"三统""三正""四法""质文"的历史观，以此为基础，进一步探讨了董仲舒仁德为政，阳德阴刑的政治哲学，认为董仲舒以儒家"仁政"为历史变迁的最高目标，以阴阳二者相协调为历史变化的基础。

韩国安养大学孙兴彻教授以《董仲舒的人间观》为题发表主题演讲。他从"性三品说""知识论""教化论"三方面，以"天人感应说"与政治观的联系为中心来探讨董仲舒的人间观，指出董仲舒通过强调可以进行赏罚的天意，试图建立可以惩罚最高权力者天子的牵制机制，以"春秋大一统"的国家政治理论，重新确立了人间观。

郑济洲的《天道·圣人·经典：董仲舒"制衡君权"思想审思》认为，天是董仲舒"制衡君权"思想的一个资源，这种制约的典型表述就是"君权神授"；圣，是董仲舒"制衡君权"思想的又一资源，董仲舒通过确立孔子的"素王"地位为儒家士大夫确立了一个精神领袖；《春秋》经也是董仲舒"制衡君权"思想的重要资源，董仲舒试图以《春秋》为汉王朝立法。然而，在现实政治中，汉帝国的统治者采取的治道策略是"霸、王道杂之"，董仲舒"制衡君权"的思想也在统治者的"选择"中"失效"。

董卫国的《略论董子对先秦儒家仁道的创造性开展》认为，孔子所开创的仁学实兼内圣与外王两个方面，内圣外王本为一体。董子之学是从根本上对儒家仁道思想的继承和开拓，开拓了先秦儒家仁道的外王——政治哲学——维度。董子之立论根基在天人之际，由仁理解天道之内涵，借助阴阳五行理论建构仁道的神学，以春秋大义诠释仁道的历史哲学，由天人之际的理论规范现实政治，寻找政治的合法性基础和治理思路。

宋冬梅的《"天人三策"与天人合———儒学登庭的时代机遇与理论创新》认为，在"天人三策"中，董仲舒的应对突出了倡德政、倡任贤、倡儒术等特点，迎合了汉武帝的政治需求；"天人关系"是董仲舒应答汉武帝策问的重要理论根据，其"天人合一"思想在继承前贤的基础上升华了本体论认识，建立了系统的理论体系，并对传统中国"大一统"社会的政治、历史与文化的发展延续产生了深刻影响。

安鲁东的《董仲舒与汉代新儒学》认为，董仲舒以《春秋公羊传》为切入点，创造性地重新解释了孔子的政治主张，并巧妙地通过阴阳灾异说及素王立法说等，限制皇权，矫正秦制之弊。他的这一努力，不仅解决了儒学在汉初的困境，使之成为官学，而且还为中国两千年的政治运作模式奠定了基础。

陈寒鸣的《董仲舒"大一统"思想略议》认为，汉代儒宗董仲舒发挥《春秋公羊传》之义，对"大一统"思想作出系统论述，在严格意义上奠定了儒家"大一统"传统的思想理论基础。董氏的"大一统"思想在中国历史上发生了深远影响，成为中华民族和中国文化的核心价值观念。时至今日，民族要团结、国家要统一，早已成为中国人根深蒂固的思想共识。

王传林的《董仲舒〈春秋〉"大一统"与"通三统"考论》认为，董仲舒提出《春秋》"大一统"是"天地之常经，古今之通谊"，"通三统"是新王受命改制之具体举措，二者作为新王朝的政治策略是并行不悖的。"大一统"与"通三统"的共进与共融，在文化层面所彰显出的是"一统"与"多元"的辩证关系以及文化宽容与求同存异之精神，这是实现社会和谐发展与政治有序运行的关键所在。

季桂起的《论董仲舒的政治思想及其在汉代的影响》认为，董仲舒为儒家的政治学说构建了由宇宙论、人性论作为哲学基础的完整思想体系,这一思想体系包括"天人合一"与阴阳五行的逻辑架构、"仁政"或"王道"的价值主体、"民生为本"及"善治"的功能属性、"德主刑辅"和"三纲五常"的制度化设计、"君权天授"及君民互为依存的国家构想、"大同"世界与天道公平的社会理想。董仲舒的政治思想在汉代的政治运作中产生了重要影响。

李玲的《董仲舒政治思想微探》认为,董仲舒的政治思想是中国封建社会一个较成熟的政治思想形态。他的大一统思想、德主刑辅思想、"三纲五常"思想、尊君抑君思想等对后世产生了深远的影响。

李英华的《董仲舒"更化则可善治"命题探析》认为,在董仲舒的"更化则可善治"命题中,"更化"是"善治"的先决条件,"善治"则是"更化"的必然结果。"更化"应遵循"奉天""法古""爱民"三条原则;"善治"应遵循"承天意""明教化""正法度"三条原则。董仲舒"更化则可善治"的思想,对于促进中国国家治理体系与治理能力的现代化,不无参考价值和启发意义。

王江武、王康的《论董仲舒的革命思想》认为,"汤武之禁"后以何种方式继续言说儒家的"革命"理论,成为汉代儒生所面临的重大挑战。董仲舒将儒家"革命"的精神内嵌于他的"改制说"中,以"改制"来言"革命",通过对"受命"和"王道"的强调,完成了儒家"革命"思想的创造性转化和创新性发展。

王博的《阴阳五行与董仲舒"官制象天"学说》认为,董仲舒以阴阳五行学说为理论基础构建起独具特色的"官制象天"学说。"官制象天"以天人相副为前提,具有两个层面的内涵:其一为纵向层面上天之数与官之制有着严格对应;其二为横向上五行与五官严格对应,以五行生胜为依据构建起彼此共生又相互制约的五官系统。第一个系统纯为理想化的构造;第二个系统乃依据现实而作,实为大一统政治环境中深具理性化的官制创构。

曹迎春的《董仲舒"慎德"思想及其现代价值》认为,董仲舒十分重视"慎德",其"慎德"思想主要包括三方面内容:上天慎罚、《春秋》慎微、君主慎行。董仲舒"慎德"思想,对于当前提升党员干部的道德修养水平和遵纪守法自觉性具有重要的教育意义。

刘贵生的《董仲舒的重贤思想》认为,在董仲舒的治国理念中,重视贤才是其中非常突出的一点,无论是《春秋繁露》还是《天人三策》,他都反复强调重视贤才的深远意义。董仲舒的重贤思想,一方面来源于他对天人关系的深刻体悟,另一方面,更与他对春秋治乱史实的深入分析有直接的关系。时至今日,这种思想仍然具有强大的生命力。

张倩的《董仲舒思想与传统家国情怀的特质》认为,董仲舒充分吸取了"天""天命有德"的传统理念,彰显天、君、臣、民的一体性,为家国情怀奠定逻辑基础和现实张力,使得君权与民意的价值平衡成为家国情怀的实现焦点。董仲舒重视"士"群体的道德建设,主张"以仁安人,以义正我",君王、士大夫更应该"爱人""律己",这也是士君子家国情怀的直接表现。

张丰乾的《"十指""五行"与"三之道"——董子的"天下"观》认为,董仲舒在"天下"视域中概括出了"《春秋》十指",基于"天之大经"指出了"正天端"与"治天下之端"的必要性,以及"治天下如视诸掌上"的可能;同时强调"人最为天下贵也"。董仲舒推崇"自三之道以治天下",提出了一系列的制度设计,又申明"天下随阳",力图在一体和多元之间找到最合理的构架。

代春敏的《从正名思想看董仲舒的仁义观》认为,董仲舒继承了孔子的正名思想,并在正名思想的基础上,系统阐发了他的仁义观,成为构建汉代社会政治制度,维护和完善社会秩序的重要理论基础和组成部分。

刘泉的《董仲舒〈天人三策〉中的天命与权利》认为,董仲舒以"天命"为线索,将王权、政权、教权凝聚为一个服务于现实的命运共同体。在《天人三策》中,董仲舒以儒家经典为核心,主导太学和地方官学体系的建立和完善,强化儒生的体制化培养和选拔机制,有效地促进儒学的政治化、制度化。

郭美华的《思想对权力的依附及其挣扎——读〈汉书·董仲舒传〉"天人三策"札记》认为,"天人三策"的具体讨论,体现出思想对于权力的依附性,这是帝制时代传统思想的内在特征。在当代哲学意义上，董仲舒的"天人三策"，可以视为作为读书人的自我通过向权力的他者之讯问而显现自身的事件。不过，董仲舒的回应并未走向自我最终的实在，而是陷入讯问者的遮蔽之中了。

（四）人性论

白延辉的《董仲舒人性论的黄老学特色及研究意义》认为，董仲舒人性论中"性者生之质"的概念界定、"为人者天"的天人关系、"阳性而阴情"的性情论、"顺性而导善"的治国思想，均与黄老学相通，表现出明显的黄老学特色，对黄老学人性学说的吸收容纳是董仲舒之所以不同于孟荀以善恶论人性的重要原因。

林桂榛的《董荀二子"性朴"论的同异》认为，董仲舒摇摆在孟子"性善"论、荀子"性朴"论之间，未理解荀子"材—性"关系论（科学思维），反残有孟子"本—善"关系论（哲学思维），是典型的半截子性善论、半截子性朴论综合体。

许敬辉的《汉儒对心性之学的继承与发展——以董仲舒为例》认为，在汉儒论性的各家中，董仲舒继承了孔子的"正名"思想，从哲学上探讨人性的名实问题，归结到重视圣王教化的政治思想。从正名的角度、用圣人的言论、以天道的权威驳斥孟子的性善论，批判继承了荀子的性恶论，从而开启了"性三品"的先河。

（五）伦理思想

左康华的《以"纲"统"常"，以"常"论"纲"——三纲五常思想在汉代的整合》认为，秦汉"定于一尊"的社会秩序形成，使"纲"的权威建立在更坚实的、更广泛的道德基础之上，完成了"纲""常"的观念整合。以董仲舒、刘向等为代表的汉儒熔铸"三纲""五常"两种价值观念，并最终提炼为"三纲五常"的"核心价值观"，既是细致而扎实的理论建构，更是将理论转化为一整套用于指导民众日常生活的价值观念和行为准则的重要尝试。

涂可国的《董仲舒责任伦理思想与当代社会责任体系建设》认为，董仲舒责任伦理思想极为独特而深刻，不仅从明言角度就"责""任"和"责过"等概念做了阐发，还从隐含视角立足于心学资源揭示了儒家责任伦理。董仲舒的责任伦理思想，可以为建立责任制度、培植责任人格、建构责任心学、塑造责任伦理和培育责任意识提供精神资源。

寇征的《董仲舒的伦理思想特色和思维倾向——基于人文理性与天赋神性的思考》认为,董仲舒的伦理思想由天人关系推演而来。他把人的存在与天地相关联,与阴阳五行相配副,这使得他的学说体系有了更具神圣意志的宗教性,也为后世的儒教化奠定了基础,从而引出关于人文理性和天赋神性二者关系的进一步思考。

王涵青的《环境伦理脉络中的主体价值思考——以孟子与董仲舒的"仁-义-利"结构为论》认为,在仁义关系上,孟子强调的是主体先验的内在道德自觉,而董仲舒则明确地将仁根源于外在的超越的形上实体。在义利关系上,董仲舒正面肯定了利为主体生存的基本需求。从环境伦理的脉络中思考,孟子与董仲舒的"仁-义-利"结构都可显现出儒学从人类中心主义的角度思考主体价值的意义。

王即之的《董仲舒正谊明道思想浅议》认为,董仲舒是在回答汉武帝之兄的提问时提出"正谊明道"思想的,此思想继承和丰富了儒家道统,言简意丰,直中要害,为当时情况下匡正诸侯王的思想意识和行为规范起到了积极的作用。

魏彦红的《董仲舒论"孝之天经地义"观及其现代价值》认为,董仲舒对"孝之天经地义"的阐释反映了他的天人哲学观。董仲舒认为五行乃孝子忠臣之行为准则;五行中,土德最贵,贵在对天之大忠。董仲舒对孝的阐释指出,孝之本源取道于天,是对自然规律的遵循。董仲舒对"孝之天经地义"的阐释仍然具有强烈的现实意义和价值。

白立强的《〈春秋繁露〉中的孝道思想及其现代价值》认为,以天人同构为视角,《春秋繁露》中的孝道思想包括:法天则地:孝亲敬上的根源性;唯天为大:天伦之孝的至上性;家国同构:移孝作忠的自然性;天经地义:孝敬之道的应然性;上行下效:圣君之孝的影响性。

此外,还有从美学、法学、生态思想、教育思想等角度对董仲舒思想进行研究的文章。

谢金良的《试论〈周易〉对西汉董仲舒审美观念的影响——以

〈春秋繁露〉为研究对象的考论》认为，董仲舒与《周易》经传及其学说关系密切，董仲舒的天人思想体系源于《周易》学说，董仲舒特别推崇的"天人合一""天人感应""中和之美"等审美观念也受到《周易》中正和谐思想的深刻影响。

张秀洁、刘炜华的《从法哲学的角度看董仲舒思想》认为，董仲舒以其人性论、天人感应理论、德主刑辅、"春秋决狱"等主张论证了法"圣人缘天意而作"之本源、"道德教化为主，刑罚强制为辅"之功能作用、"经权要义"之渊源以及司法、法律适用等理念，构建了法哲学思想体系，使儒家的价值追求与道德理想从此开始逐渐渗透到法律中，开创了中国传统法律儒家化的先河。

范慧、乔清举的《董仲舒的"天人之际，合而为一"的生态思想》认为，董仲舒的生态思想集中体现在《春秋繁露》中。他以"天人合一"为统摄，以"阴阳运行""五行生变"为运行机制，以"泛爱群生"为道德准则，以"顺时而为"为实践基础，建立起自己从思想到实践的生态哲学体系。

魏彦红的《董仲舒王道思想中的生态智慧与启发——以〈春秋繁露〉为中心》认为，董仲舒王道思想是其政治哲学体系的重要范畴。王道实施的基本原则是遵循天道。遵循天道带来祥瑞，违反天道遭到自然的惩罚。董仲舒的王道思想呈现出丰富的生态智慧，对当今生态环境保护具有重要的借鉴价值。

王章峰的《董仲舒的师德思想及其现代价值》认为，董仲舒非常重视教师在教育发展中的作用，十分强调教师在师德方面应具有"正道重志，行道养志""以仁安人，以义正我""强勉学问，闻博知明""积习渐靡，贵微重始"等品质。

郑艳芳《董仲舒〈春秋繁露〉中的教学思想及其启示》认为，董仲舒有着丰富的教学经验，凝练形成自己的教学思想："待教而善"的人性论是董仲舒教学思想的理论基础；"简六艺以赡养之"的教学内容侧重成"人"教育；教师教学的语言艺术讲究谨慎寡约；追求专一不二的治学精神；追寻圣人之道的教学智慧；追求智仁结合、德才兼备的教学目标。

三、《春秋繁露》篇章文本研究

日本北九州市立大学邓红教授以《〈春秋繁露〉辨伪三流派论》为题发表主题演讲。他对《春秋繁露》辨伪问题进行了深入讨论，将各家说法归纳为"推论派""唯理派"和"文献互证派"三派，指出他们各自提出了一些真知灼见，但都缺乏确切证据。邓红教授认为，"考据之学"与研究董仲舒哲学思想的"义理之学"属于不同的学术分野，应有各自的独立性。

吴锋的《观德及其他——董仲舒"德"论在儒学史上的意义》认为，"德"在中国历史发展过程中具有重要的价值，在中国思想文化史中具有丰富的内涵。原始儒家对"德"皆有宏论。汉儒董子《春秋繁露》中以"德"为题的篇章有《观德第三十三》和《威德所生第七十九》两篇，集中讨论、阐述了董仲舒"德"的思想。

徐鸿模的《〈春秋繁露〉论"祭"——际也、依归天道》认为，董仲舒在《春秋繁露》中表述"与天对遇"的路径即是祭祀。董仲舒强调：已然受命为天子，首先要祭天，才开始致力其政事；缘于尊天而推崇"郊天"，以确切表明天子与天际遇的天命授受关系；其次推及一般祭祀神明、祖灵与山川神祇之礼。

深川真树的《试探〈春秋繁露〉的郊祀论》认为，《春秋繁露》依据《春秋》与《孝经》等儒家经典，说明"祭天于郊"之礼的规定、位置、作用及性质等，同时对此赋予德行与教化的意涵，亦即使其伦理化及政治化。《春秋繁露》的郊祀论是在董仲舒学术思想的理论前提下形成的，并非神祇信仰或神秘思想的产物，而是汉代儒家经学理性地重新解释以神为本的活动之重要成果。

耿春红的《董仲舒论"智慧"及其现代启示》对《春秋繁露》中"必仁且智"一章进行了具体分析，认为董仲舒十分重视仁爱和智慧的重要性及其在选材用人方面的缺一不可性，尤其揭示出智慧的伦理性、理性主义、心理性、学习性及实践性。董仲舒的智慧观启示现代人要尊重智慧，选才用人以德为先，重视心理和意识的引导，重视行为和结果。

四、董学史研究

王宏海的《朱熹对董仲舒的品评研究》认为,董仲舒的形象在宋代一再被提升。通过对《朱子语类》中朱熹与学生关于董仲舒的对话逐条分析,得出在朱熹师生思想中的董仲舒的刻板印象。朱熹不仅认为董仲舒是汉唐时期"本领纯正"的大儒,还认为董仲舒是汉唐时期的群儒首。朱熹认为董仲舒的思想有理学的一些特质,甚至用"格物"的态度对待董仲舒思想,是其是非其非。虽然朱熹感到董仲舒思想中存在着一些缺憾,然并不能影响朱熹心目中的汉唐第一儒的思想地位。

魏义霞的《康有为对董仲舒的历史定位和态度评价》认为,在近代哲学家中率先对董仲舒的历史贡献予以高度评价的无疑首推康有为。在康有为看来,董仲舒的功劳是将孔子定位为"素王",这最契合孔子的身份和地位。康有为视界中的董仲舒不仅破解了孔子主人道之《春秋》的微言大义的密码,而且深谙孔子讲天道、兼阴阳、明终始之《易》。这意味着无论孔子的人道还是天道皆赖董仲舒得以传承。康有为是作为思想家而不是作为学问家审视董仲舒的地位、解读董仲舒的思想的。

李有梁的《从三科九旨到六科十旨——以康有为、苏舆对〈春秋繁露〉的诠释为中心》认为,三科九旨是公羊学思想体系中的核心概念,历代学者多有涉及。康有为出于构建维新变法理论的需要,往往结合西方社会进化论来阐发"通三统""张三世"和"异外内"等"三科"的内容;而苏舆出于反对变法理论的需要,对康有为的说法一一予以辩驳分析,进而提出董仲舒之真旨在于"六科十旨"而非"三科九旨"的主张,其论颇具创新性。

姜淑红的《董仲舒"三纲五常"说的解读及其价值——以刘师培、贺麟董子学研究为视角》认为,刘师培、贺麟的董学研究在考察董仲舒"三纲五常"说的历史必要性基础上,积极借鉴西方近代伦理学的成果,阐释董仲舒"三纲五常"说的正面价值,对于今天如何进行传统文化的创造性转化和创新性发展,多有助益。

五、董仲舒思想价值、当代借鉴研究

中山大学李宗桂教授以《董仲舒儒学的精神方向》为题发表主题演讲。他认为董仲舒儒学是真正的创造性转化、创新性发展的新儒学，并将董仲舒儒学的精神方向概括为"向前、向上、向善、向实"八个字。主张更化即"向前"；倡导一统、重视礼乐教化，即"向上"；统一思想、整合价值，即引人"向善"；解决现实问题，不尚空谈，即"向实"。李宗桂教授认为董仲舒是政治化、实践性的儒家，积极寻求与政治家合作，内圣外王之道兼备，在当时的历史条件下，这样的儒家才是真儒家。

中国孔子研究院杨朝明教授以《董仲舒与中国文化——王充"孔子之文在仲舒"说诠说》为题发表主题演讲。他认为，王充所说"文王之文在孔子，孔子之文在仲舒"，很好地诠释了董仲舒在中国文化史上的地位。孔子继承了他以前的中国文化，奠定了中国的价值观念基调，董仲舒则使儒家思想和现实相结合。如果将中华文化比喻为大树，那么其主干是儒家文化，根脉是孔子之前的"文王之文"，而董仲舒才使得中华文化的大树有了这样的姿态，伸展出枝条，开结出花果。与"孔子－董子－朱子"的论说框架相比，似乎"文王－孔子－董子"更能说明董仲舒在中国文化史上的重要地位。

李奎良的《董仲舒思想的当代借鉴》认为，董仲舒不仅是思想家、教育家，而且是汉代的社会制度设计师。《天人三策》中详细论述了董仲舒的社会设计方案。董仲舒的政治文化的大一统思想，已成为中华文化的特征和宝贵精神财富，也为世界文化做出了贡献；董仲舒的官吏培养和选拔制度，对中西方文官制度都有深远影响；董仲舒的"调均"思想有效地解决了社会经济问题；董仲舒的不与民争利思想，在后来的社会实践中取得了良好效果。

李素菊的《用历史眼光评判董仲舒思想价值》认为，应当把董仲舒思想还原于历史背景之中加以重新审视且客观评价。董仲舒是享誉盛名的旷世大儒，是中华文化的集大成者，是著名的政治思想家和极具影响的历史人物；另外，董仲舒的"天人感应，君权天授"、推崇孔学、确立三纲五常、建立"大一统"政治思想、建立太学选拔人才等思想具有重大的历史价值和当代价值。

陈启生的《我读董仲舒》认为，站在现实的角度，全面解读董仲舒，找出"什么学说""什么理论""什么见解"可以转化为今天所用，可以为今天实践，目的在于治时下 21 世纪中国人之弊。董仲舒认为"天"是"群物之主"，天人感应令人起敬畏心；董仲舒重视教育，主张求贤、养士、兴太学；董仲舒的"三纲"理论，强调君、父、夫的表率作用。这些都有重要的现实意义。

苗泽华的《以儒家"五常"引领新时代"五商"》认为，新时代需要培养新儒商，以德为先，德商、情商、胆商、财商、智商并举。"五常"是儒家重要思想，将"仁义礼智信"融入"五商"建设之中，以"五常"之"仁"引领"德商"，以"五常"之"礼"引领"情商"，以"五常"之"信"引领"财商"，以"五常"之"义"引领"胆商"，以"五常"之"智"引领"智商"，从而形成德商、情商、财商、胆商、智商相生相克、和谐运行的新模式，为我国新时期商业健康、和谐、持续发展注入新的生机，生长新的生命力，形成新的商业风气。

六、董仲舒生平事迹、故里文化研究

王文书的《董仲舒与淮南之狱考究》认为，董仲舒在建元六年辽东高庙、高园便殿火灾后作《灾异对》，矛头直指田蚡和刘安两大政治集团，在几方的夹击之下，元光元年董仲舒遭庙火之狱。元朔四年董仲舒致仕居家。元朔五年淮南之狱案发，张汤赴陋巷就淮南王谋反一事咨询董仲舒意见，董仲舒推荐吕步舒严治淮南之狱。董仲舒在整个淮南之狱的事件中，虽不是直接执行者，但他始终是一个重要的幕后推手。

田卫冰的《地方志书视角下的董子故里文化》对乾隆屈成霖纂《景州志》、民国 21 年张汝漪纂《景县志》、明嘉靖樊深纂《河间府志》等旧方志中有关董仲舒的记载进行了细致梳理。通过整合这些董子故里文化资源，有助于打造董子故里文化品牌，推动衡水的文化产业整体性升级。

此次"2019中国·衡水董仲舒与儒家思想国际学术研讨会"，是近年来衡水学院举办的第7次大规模的董学研究国际会议。专家云集，真正体现"国际性"；成果丰硕，格外凸显"时代性"。这次研讨会使董仲舒研究又上了一个新台阶，无论是从问题的广泛性、研究的方法和视角的独特性，还是内容的深刻性、现实性都标志着董子研究持续成为学界热点。

基金项目：衡水学院校内非实体性研究机构项目（2018yj09）；衡水学院高层次人才科研启动基金项目（2018GC03）；河北省社会发展研究课题（2019030602006）

原文载于《衡水学院学报》2019年第5期。

曹迎春（1976—），女，河北景县人，历史学博士，衡水学院学报编辑部教授。

韩星（1960—），男，陕西蓝田人，中国人民大学国学院教授，历史学博士，博士生导师。